,驱动你的心

ENERGIZE YOUR DREAM

明德成器 利物益世

十年行之精益之门

——中车株洲电机有限公司管理与技术成果集

（上）

中车株洲电机企业文化部◎编

周军军　宁文泽◎主编

中南大學出版社
www.csupress.com.cn
·长沙·

《十年行之精益之门——中车株洲电机有限公司管理与技术成果集》编委会

总序：与君俱少年

在汉语中，“十”是寓意丰富的数字：十全十美，十室容贤，十围之木始生如蘖，十步之内必有芳草。在人生体验中，“十年”又是那样令人感慨万千：十年磨一剑，霜刃未曾试；细数十年事，十处过中秋；十载长安得一第，何须空腹用高心。十年，在宇宙只是一瞬，于个人或是漫途，但对一家企业、一个组织而言，又意味着什么呢？自然，在适者生存的市场竞争中，不少企业没能活过十年，而对于基业长青的百年老店而言，最初十年，又仅仅是它的生命初始，宛如翩翩少年。

2010 年 1 月，原南车株洲电力机车有限公司控股的株洲南车电机股份有限公司升格为中国南车一级子公司，公司更名为“南车株洲电机有限公司”。2015 年，随南车、北车合并，“南车株洲电机有限公司”更名为“中车株洲电机有限公司”。

回顾初分立后升格之缘由，推百因而究其一，当时南车总部决策者的首要意图，即所属企业必须以市场化为立身成长之本，在业务分离重组之后，让集团业务新单元成为名副其实的市场主体。而所谓市场化，当为企业利用自身资源能力，直面并争取客户，置利他于利己之先，主动为客户创造价值，实现社会互利而与社会分享竞争成果。因此，株洲电机此次“升格”的本质意义，是在市场环境中的“升格”，从而在市场定位、市场反应和市场能力等方面实现角色的转换：从轨道交通牵引动力配套商，变为覆盖轨道交通、清洁动能、高效工业驱动和运载驱动乃至通用驱动装备领域的系统解决方案提供者。株洲电机由此从相对被动完成生产任务和经营指标，转向自主制定发展战略，主动研究、应对并创造市场，以高性价比的技术、产品和服务为客户提供价值，并由此实现制造型本体向经营型本体的嬗变，构成专业 - 客户 - EVA 为核心的价值系统，成为全要素市场主体。

——升格十年，事业全面进步。这首先得益于2004—2009 年，李志轩、刘万平、顾家骏、徐宗祥、周清和、肖安华、李瑾等领导人和经营者，克服改制初期的诸多困难，整合优良资产，成立现代股份制企业，建设新基地，推进“两车”项目，布局风力发电产业，推进新基地扩能，初创发展格局：销售收入从3.85 亿元迅速增长到 18.39 亿元，净利润从 1203 万元增长到 1.52 亿元。而升格以后，公司持续巩固和扩大轨道交通和风电产业的优势地位，加快新产业发展，产业规模不断攀升，销售收入从 18.39 亿元增长至 2019 年的 80 亿元，2020 年即将突破百亿元，年均复合增长率达 15.8%。公司资产总额由 15.44 亿元增长至82.8 亿元，增长约 4.4 倍，净资产由 4.4 亿元增长至 30 多亿元，增长超 6 倍。其间，公司持续加大技术创新力度，荣获中国专利金奖、银奖及中国工业大奖，在轨道交通牵引、大型风力发电、永磁和高速电机等领域，持续保持创新优势，并致力于内优外美的品质追求，经营品质和收益不断提升，净利润由 1.52 亿元增长至 2019 年的 4.5 亿元，十年累计实现净利润 31.89 亿元，年平均净资产收益 20.43%，综合业绩评价始终位居集团前列，连续六年获评 A 级企业和突出贡献奖。公司传承并践行“企业的生存与发展是为了员工的福祉”的宗旨，员工年平均收入增长1.9倍。

——升格十年，能力显著提升。十年市场化历程，让人深切感悟，无论是何种类型的企业，无论是成本领先还是差异化，无论是规模业务还是定制业务，获得客户认可的唯一途径，必是企业独有的能力优势。从很大程度上而言，公司事业进步的历程，正是公司综合能力和专业能力不断提升的历程，所以公司《确立竞争优势的企业能力行动纲要》得以有效执行。

公司资源逐步完善和丰富，产业区位布局从湖南株洲扩展至江苏盐城、内蒙古包头、四川成都、广东广州、新疆哈密、福建福清、广东阳江，并迈向欧盟、大洋洲、南非。公司专注于电机和变压器核心技术，系统构建了前瞻性技术研究、产品开发、基础性共性技术研究、试验验证、技术支持和技术管理六大平台，建设了国际一流的电机工程研究中心，构成全球领先的“2 + N”试验验证体系。公司将客户满意作为品质管理的唯一标准，始终直面终端业主和直接客户痛感而改善品质；持续提高工艺保障水平，着手轨道交通智能制造工厂建设。公司持续创新运控模式，经多次组织变革，打造了“平台化＋专业化”的组织架构，构建基于价值创造的经营型组织运作模式，全面导入和优化以持续改善和正向激励为核心的绩效管理，有效提升了组织效能和运营效率。公司全面推行精益生产，打造5S管理、标准工位、工位制节拍化生产线，精益车间建设全面梯次推进，同步配套建设“6621”运营管理平台，确保管理要素全面落实于现场工位，并积极延伸推动精益供应链与精益研发建设，从精益生产企业迈向精益管理企业。公司注重学习力培养，由理念而知识，由知识而实务，认知先导，知行合一，稳步推进学习型组织建设，并将学习力转化为创造力，推进学习工作化、工作学习化。学习型组织建设有效作用于团队建设，公司十年间七获集团四好领导班子，公司专业化，团队职业化，相得益彰。

——**升格十年，战略日臻明晰**。以“创建世界一流通用机电集团”为目标定位，公司明确了以“三创三化”为表述的战略愿景，即创百亿企业、精益企业、学习型企业，构筑专业化、集团化、国际化的百年基业。“百亿”言其规模，“精益”言其品质，“学习型”言其核心能力；而“三创”目标的实现，必须依赖专业化的竞争能力、集团化的产业和组织结构、国际化的业务和客户集群。

自升格之始，历任领导者均保持了良好的战略定力，历次组织变革均强化了整体战略管控，尤其是在学习型组织培建过程中，通过多层次、多途径、多领域的战略宣贯，将战略愿景与个人愿景紧密结合，将战略内化为员工内心意愿，外化为经营管理的实际行动，升华为推动公司进步的直接动能。公司轨道交通和风电两大产业持续占据国内领先地位，并逐步在新产业板块彰显优势，梯次产业格局日趋成熟。新能源汽车驱动随着技术经济问题的解决快速规模化，高速永磁电机因其技术优势已获得客户高度认可，特种变压器在新能源、轨道交通和工程总包领域已达成破窗，特殊装备、运动控制等正在加速孕育。当前，各新产业的方向已经明确，路径已经清晰，战略性客户正在加速聚集，技术优势持续积累，规模化市场正在形成。

——**升格十年，价值观已然固化**。升格之初，首任经营者倡导客户价值，在全员价值认知层面注入市场基因。由此，公司又提出“EVA不仅是公司价值的核心，而且是公司文化的核心”，结合公司差异化战略抉择，构成了专业－客户－EVA这一核心价值的稳定模型，并以此为依据，将公司核心价值观即企业精神表述为“明德成器　利物益世”。

十年价值认知的成果在于，通过专业能力取悦并获得客户认同，通过客户认同获得企业的经济增加值或曰超值收益。即专业－客户－EVA公司价值模型的成立，必须以“明德成器　利物益世”作为证明，必须以先贤亚当·斯密的“财富论”和“道德论”作为基础性理论和认知工具，践行利他先于利己，由利他实现利己。明德，成器，利物，益世，其要义即感恩，成长，创值，利人。“感恩”“利人”是万德之本。企业与个体的一切成就均源于社会的进步、上下游产业的繁荣、业务平台的优势、客户与股东的认可、合作伙伴甚至竞争对手的支持以及员工团队的共同努力。因而，必须崇尚于“利他”中获取正当收益，在为客户创造价值的过程中获取自我价值，重视并善待包括供应商在内的各领域合作伙伴和利益相关方，与其结为长期战略同盟，同改善，同进步，同分享，共创进步与繁荣。“成长”“创值”是益世之途。成长、价值有赖于竞争能力的保有和优化，能力提升又有赖于“比竞争对手学得更快的能力”。持续学习和自觉改善方可保证企业及其员工价值的有效提升，由此促成组织及其成员获得充分而持续的“成长”，从而让企业焕发出更大的生机，让员工活出生命的意义，获得生命的价值。

为回顾展示十年业绩、经验与认知，我们特编纂“中车株洲电机十年行”丛书，包括《十年行(2010—2019)》《驱动你的心》《成器之道》《精益之门》《兼程集》《精英录》《动心集》等7种。《十年行(2010—2019)》是规范性史志；《驱动你的心》是公司经营思想小结；《成器之道》是决策性文献结集；《精益之门》是专业能力成果展示；《兼程集》是新闻事件结集；《精英录》是对优秀员工的颂歌；《动心集》可视为员工心灵记录。

转瞬公司升格十年，事业适逢历史性节点。过往不可复得，未来只待求索。改变与创造，坚持与进步，在市场丛林中永葆生机活力，是公司及同仁的永恒使命。十年青春路，与君俱少年；青春须早为，岂能长少年。谨赋此志庆并以为序。

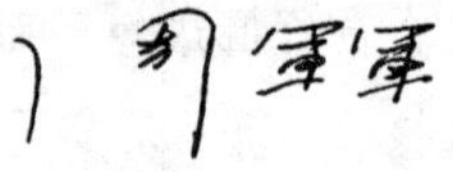

序

Preface

十年风雨坎坷，十年传承跨越，十年的并肩携手成就了公司从2010年经营收入17.3亿元到2019年经营收入突破80亿元的今天。值此公司十周年华诞之际，汇聚十年间公司专家们智慧结晶，以备后鉴，更希望通过论文集向外界打开一扇沟通之门，以期得到广大同行、专家学者的指正与引导。

本书分为上、下两册，收录了公司员工十年间在国家、省、市级获奖的科研论文和曾在国家、省、市级以及核心刊物上发表的论文。书中将论文的参考文献均进行了删减，保留了论文主体内容。

习近平总书记强调，“科技是国之利器，国家赖以之强，企业赖以之赢，人民生活赖以之好”。中车株洲电机有限公司作为高端装备制造企业，始终将科技创新作为公司发展的重中之重，并在创新能力提升方面逐步实现突破。“路漫漫其修远兮，吾将上下而求索”，公司全体员工将继续发扬科技创新精神，克难奋进、开拓创新，力争在绿色动力装备领域开展更深层次的研究和实践，进一步提升自主创新能力，共同努力创建世界一流通用机电集团。

胡雄辉　余　乐

目录 Contents

管理篇

管理篇

智能型财务精细化管理体系建设

南车株洲电机有限公司
2011 年 6 月

南车株洲电机有限公司系我国铁路干线电力机车、动车组和城轨车辆用牵引电机、变压器制造的骨干企业，也是风力发电机、工业特种电机的主要研制基地。近年来，公司成为铁道部和谐型大功率机车、高速动车组的核心部件供应商，我国风力发电机最大规模生产企业之一，公司工业特种产品成功打入电力、冶金、石油、电动汽车等新领域。随着市场的不断开拓，公司“十一五”期间以 58% 的复合增长率飞速发展，到 2010 年实现营业收入 33.04 亿元，净利润 1.83 亿元，净资产收益率超过 30%。

为适应公司发展战略和日益复杂激烈的市场竞争环境，满足精益管理需要，公司着力构建智能型财务精细化管理体系，经过三年多系统开发和应用，取得了一定成效。

一、智能型财务精细化管理体系建设背景

精益管理是现代企业管理的追求和必然趋势，财务管理作为企业管理的核心在此过程中应担当主导作用。近几年来，公司创建的适应市场，面向未来，以财务战略、成本效能、财务控制等“三个管理平台”为载体的新型财务管理模式，逐步发挥其系统管理功能优势，管理效能逐渐增强。同时，公司通过流程再造、ERP、绩效管理和精益生产体系建设等持续管理改进活动，大大增强了管理能力，也为拓展和深化财务管理创造了条件。

（一）财务精细化管理是整合和优化资源配置，实现财务管理转型的需要

随着公司快速发展及升格为一级子公司，公司的市场和管理环境发生了深刻变革，财务管理在资金管理、成本控制、风险防范等方面面临新的挑战。针对公司发展战略和日益复杂激烈的市场竞争状况，公司财务需要从精细化管理入手，加快财务管理由“核算型”向“智能型”的转变，提高财务控制能力，强化

资源整合能力，提升风险防范能力，实现财务管理对公司决策的强力支撑。

（二）财务精细化管理是强化业务活动过程控制，实现财务与业务一体化，提升财务管理活动价值的需要

财务精细化管理是以“细”为起点，每一项具体的业务、每一个岗位，都建立起一套相应的工作流程和业务规范，在实践中狠抓落实，并将财务管理的触角延伸到公司的各个生产经营领域，通过行使财务监督职能，拓展财务管理与服务职能，挖掘财务活动的潜在价值。这和财务与业务一体化的要求高度契合，财务与业务一体化，通过将企业经营中的业务流程、财务会计流程、管理流程有机融合，建立基于业务事件驱动的财务与业务一体化信息处理流程，使财务数据和业务融为一体，财务管理借助信息工具实现智能化。

为此，公司提出“智能型财务精细化管理体系建设”这一课题。

二、智能型财务精细化管理体系建设的内涵和目标

公司财务精细化管理体系建设是以价值链为主线，以目标为导向，以信息化平台为依托，从全面预算管理、作业成本管理、资金精细管理、财务风险管理、纳税筹划管理、财务报告与预警等方面着手，完善财务基本职能，建立财务精细化系统流程和方法架构；将财务管理功能分解纳入业务部门管理职责，扩大财务管理领域；通过信息化工具整合财务信息资源，智能化解决业务管理信息的集成应用，优化财务管理机制，提高财务管理效能，促进业务活动的价值创造。

智能型财务精细化管理体系建设的目标为：依托公司财务管理体系三个管理平台，增强财务管理功能，提高成本控制和抗风险能力，确保公司利润最大化，为公司快速健康发展提供强有力支持。通过财务部门与业务部门的分工协作，全员、全过程参与管理，建立起目标细分、任务具体、流程明晰、方法科学合理，与绩效管理紧密结合的财务管理模式。

1）依据公司管理架构和发展战略，对财务管理目标、方法、流程和标准进行系统的构建，形成财务管理主体多元化工作格局。

通过流程与作业分类，拓宽财务管理领域，将财务管理功能在流程上分解到关键控制点，在作业类别上分解到设计、物流、制造、销售、投资等业务活动中。改事后核算为事前预算、事中控制、事后监督评价全过程财务管理，降低消耗，把成本费用控制到最优，形成全员、全过程的财务与业务一体化管理机制。

2）建立全面完整符合管理需要的财务报告体系，有效、实时地管理业绩现状评估，确保预算完成。

以精确的财务管理活动信息，引导公司经营活动健康发展，对重点业务和重要财务变动情况进行跟踪，定期或不定期提出各种财务分析报告，及时反映财务状况，衡量经营业绩，促成工作改善。用准确的财务信息促进潜力挖掘，通过科学的资源配置，将资源用在能产生效益的地方，促进达成业绩目标。

3）以流程为媒介将财务与业务有机融合，带动公司管理信息化。

（1）构建以客户为中心的动态信息反馈和监控体系，涵盖项目从合同签订、设计、生产、采购、成本核算、成品发货到售后全过程，使财务管理与业务活动融合更紧密，为产品生产周期的缩短、准时交货率的提高以及库存和成本的降低提供保障。

（2）将包括作业成本管理、全面预算管理、资金管理、纳税筹划管理、财务报告等六个财务精细化管理子系统建设，融合到以业务管理为基础的 ERP 系统中，并与金蝶和 PDM 对接，逐步固化流程和方法，集成完善的管理信息化数据平台，形成公司管理所必需的计划、执行、控制和反馈激励等整个管理循环。发挥信息工具的智能化功效，在全公司范围内整合管理资源，发动各级管理者参与财务管理，促进管理水平提高。

三、智能型财务精细化管理体系建设的主要做法

构建财务精细化管理体系是一项长期、艰苦、细致的工作，公司遵循统一规划、循序渐进的原则，按照理念导入、职责功能分解、方法流程优化和信息化、成果固化的步骤，开展财务精细化管理体系建设工作。

（一）导入理念，加强领导，营造系统创建环境

1. 加强理念导入，树立精细化管理思想

公司首先在财务系统内部导入精细化管理概念，通过每年一期的财务管理论坛宣贯财务精细化管理理念，探讨其管理内容、实现方法等。同时在财务绩效会上进一步加强财务精细化管理理念宣导，让每一位员工树立精细化管理“精”在事前、“细”在过程和全员参与的思想，形成推动财务精细化体系建设的合力，继而在全公司范围内布局精细化体系建设，组织召开构建财务精细化管理体系启动会，向各级管理者宣传构建财务精细化管理系统的必要性、效能和意义，将财务精细化管理理念传导到全体管理者，调动员工参与创建工作的积极性。

2. 以项目管理形式分阶段有序展开系统构建工作

公司为加强组织领导，组建了公司总经理挂帅、副总经理兼财务总监牵头执行的项目工作组，财务部门负责项目的策划、组织实施，公司业务部门分工协作，负责具体工作的开展以及执行情况和异常信息的反馈；通过定期召开经验交流或评审会对系统构建的问题进行现场研讨和交流，实现进度与质量的整体把握。

（二）结合需求分析，制定建设财务精细化管理系统工作计划

1. 开展需求分析

通过问卷调查、访谈等形式征询各部门对公司财务管理工作的意见、建议，以及对财务信息表现形式的偏好、需要提供的财务服务等工作需求，以发现财务管理中的薄弱环节。

2. 制订实施计划

针对需求分析提出的意见、建议及需求，全面部署和规划各子系统建设，改进公司财务管理工作的薄弱点或盲点，提升财务管理水平。

（三）以财务价值管理为导向，依托数字化管理平台构建财务精细化管理体系

2008 年以来，公司依托数字化管理平台，以作业成本管理系统建设为起点，逐步将精细化财务管理从成本管理向预算管理、资金管理等管理要素演进。目前已经将作业成本管理、全面预算管理、资金管理、纳税筹划管理、财务报告等财务精细化管理子系统建设融合落实到业务管理系统中，以充分挖掘利用其信息价值。各子系统相对独立又紧密关联，形成结构清晰、功能完善、责任明确的财务精细化管理体系。同时，加强过程控制，深入经营管理流程各环节，检查财务精细化管理实施效果，根据收集、反馈的信息修正系统建设方案，促进财务管理良性循环。公司智能型财务精细化管理体系管理要素构成和思维导图见图 1。

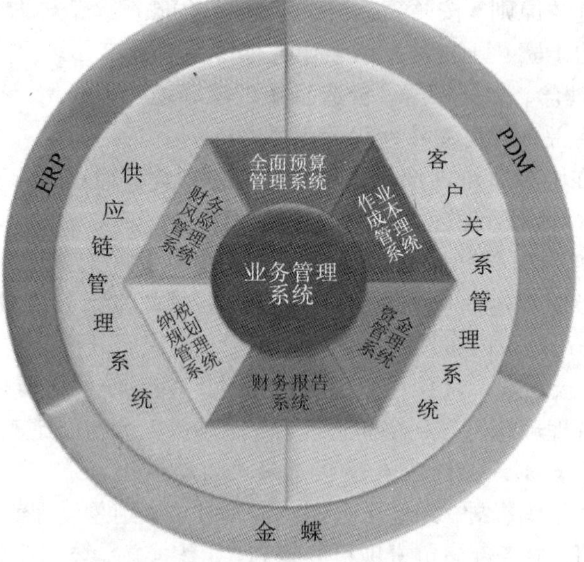

图 1　公司智能型财务精细化管理体系结构图

1. 以作业成本管理理念和方法深入推进成本精细化管理，落实成本管控实效

公司在2007年年底，与ERP同步开始作业成本管理系统建设工作，经历准备分析、需求调研、系统设计、实施试运行及完善等阶段，2008年底实现上线正式运行。两年来为公司经营目标的顺利实现做出了突出贡献。

1)用作业成本管理系统的功能布点在ERP中构建业务管理系统，夯实成本管理基础工作。

(1)从流程标准化着手，规范BOM清单与标准工艺路线，完善公司各项定额。公司组织生产部门、技术部门对产品加工流程(工艺路线)进行了重新优化。从整理基础数据着手，整合ERP、PDM、金蝶三大系统并实现无缝对接，对全公司物料、产品定额、生产能力等数据统一生成、统一维护和统一管理，实现了物流、资金流、信息流融合统一。

(2)明确成本中心与成本动因，分解成本管理职责。公司按照管理需求设立三级成本中心，将资源与成本费用会计科目对应，并落实到各成本中心，与会计核算实现对接。

(3)以销售管理为龙头，串联业务管理系统。建立销售—设计—采购—仓储—生产—发运—售后的一系列业务管理子系统，形成以客户为中心的动态信息反馈和监控体系，有效融合财务与业务活动。

2)建立三级精细化成本管理体系，分解成本管理责任。

公司以作业成本管理系统建设为载体，依托ERP系统建立公司本部—项目部与车间—班组的三级精细化成本核算与管理体系，制定成本核算与管理细则，分解各级成本管理责任和管理内容。

(1)创建成本管理例会工作平台，建立成本目标过程控制保障机制。每月一期的成本管理工作例会，对照指标汇聚公司成本管理信息，滚动管理执行进程，及时沟通解决问题，输出改善方案。借助此平台夯实成本管理组织，调动各级成本责任主体的积极性，逐步将成本管理活动延伸至班组，提高执行力。

(2)建立成本绩效制度，尝试操作员工成本浪费和节约结果与工资挂钩，操作员工试行622分配制度，即60%的计件工资，20%的成本工资和20%的质量工资，成本的高低左右员工的工资高低，激发员工参与成本控制的热情，使“成本理念”深入人心。

3)加强作业成本管理系统运用，有效控制产品成本。

(1)建立设计成本管控机制，通过PDM与ERP系统的接口，实时智能化模拟设计成本，将成本控制延伸到设计源头，充分发挥设计降成本的实效性。2011年6月实现设计成本管理系统上线试运行。公司设计成本管理流程图如图2所示。

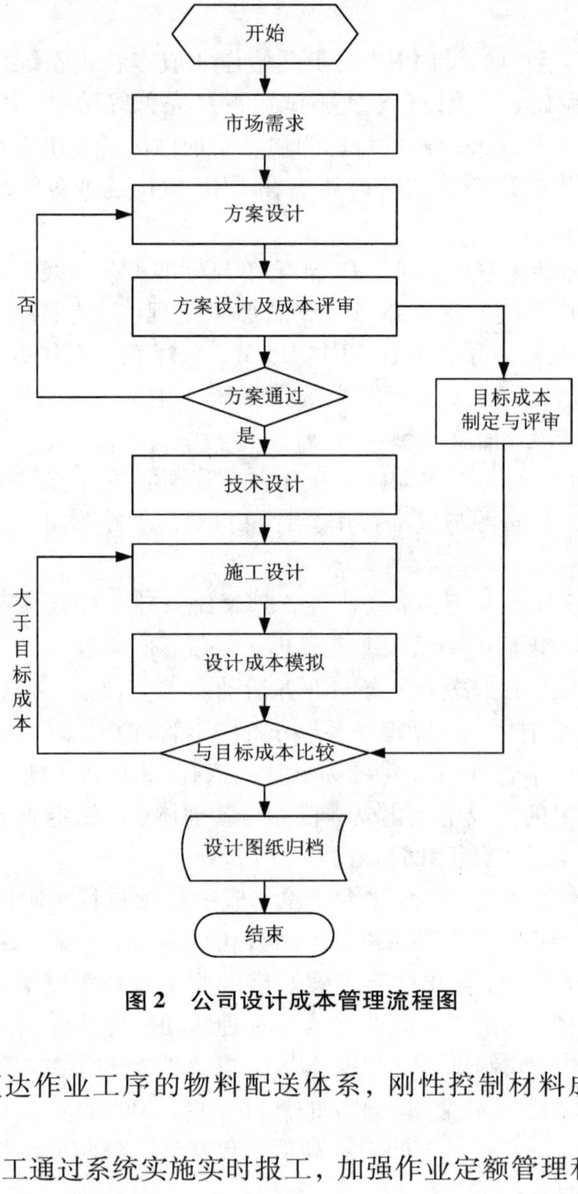

图 2　公司设计成本管理流程图

(2)建立直达作业工序的物料配送体系，刚性控制材料成本，降低材料浪费。

(3)操作员工通过系统实施实时报工，加强作业定额管理和工序完工数量的控制，人工成本控制精细化。

(4)制定工具、刀具定额标准，按产品、按作业工序进行配送，控制发放数量。公司作业成本管理系统管理要素构成和思维导图见图 3。

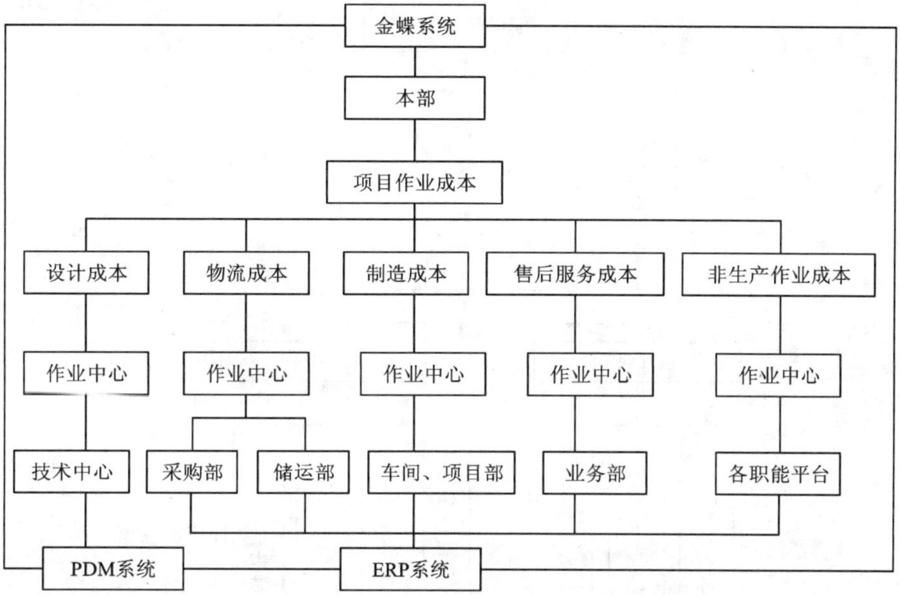

图 3　公司作业成本管理系统结构图

2. 建设基于 ABCM 和 ERP 系统的全面预算管理系统，增强公司业绩管理能力

2010 年 6 月，公司经过近一年的需求调研、系统设计、程序设计等工作准备，全面预算管理系统上线运行。系统以财务预算管理为核心，以全过程成本控制为手段，通过预算、检查分析、考核与改善，使全面预算管理形成闭环控制，为公司预算管理信息化打下良好的基础。公司预算管理架构图如图 4 所示。

(1) 建立基于作业的精细成本预算。成本预算以各个作业中心为基础预算单元，明细到各成本要素，原材料明细到材料构成，显示具体的作业需求以及所需的各项资源，通过多级分解，使预算控制主体下移，预算控制有据。

(2) 建立刚性控制和实时在线管理平台。预算的执行通过报账系统，根据预先定义的管控方式对所有控制类型的预算项目进行刚性控制。同时业务部门以实时在线查询，查看到责任项目的预算额、已执行额、可用预算等数据，发生业务超标系统智能化自动预警，实现了预算由粗放管理向精细化的全方位、全过程动态控制转变。

(3) 预算执行结果由系统输出直接用于绩效评价。公司将经营指标体系纳入预算管理，实现系统智能化自动对标并输出绩效考核数据。提高了业绩计量的严谨性，使考核与评价更加有效地满足绩效管理要求。公司预算管理系统运行框架图如图 5 所示。

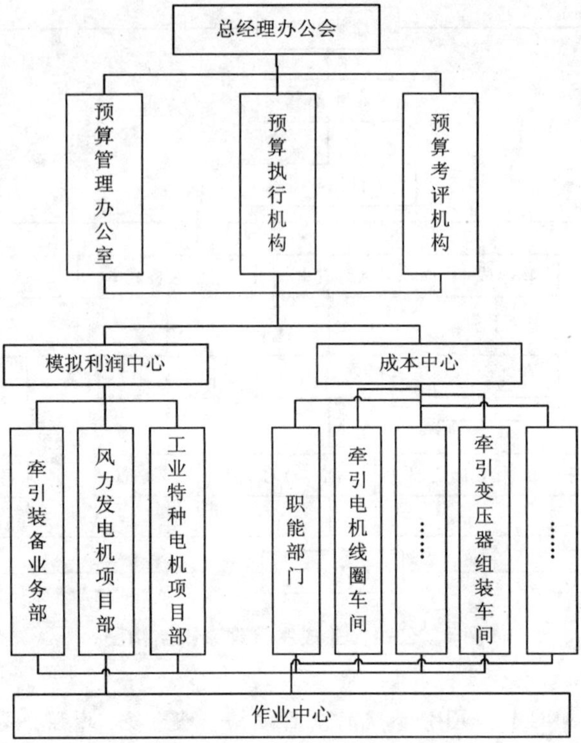

图4　公司预算管理组织架构图

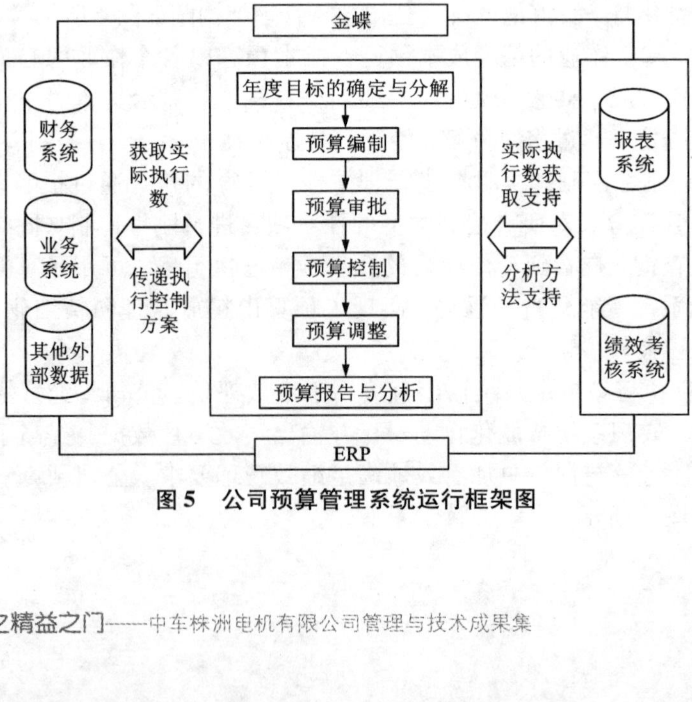

图5　公司预算管理系统运行框架图

3. 以管理会计方法构建财务报告系统，提高财务信息实用性

(1)建立信息收集的分工协作机制。公司财务部门与相关部门积极探讨，建立信息收集分工协作机制，明确各相关部门职责，如营销部门负责应收账款信息收集分析、制造部门负责在制品占用信息收集分析等。各业务部门具有专业部门的信息优势，在收集分析过程中注重实际，善于发现管理中的问题，能有效规避财务的数据对比游戏，在财务与业务部门信息的融合中，取长补短。

(2)建立业务板块评估的财务简报制度。通过对公司作业级预算和实施情况的汇总以及费用按成本动因的分解，将公司业绩表现落实到三大业务板块，输出财务简报，测算各业务板块盈利状况，评价各类业务的绩效，预测发展前景，为公司决策提供支持。

(3)加快决算进度，提高工作效率。根据南车总部要求，公司组织相关部门对影响决算报表报出进度的关键项点进行调查、摸底，找出工作瓶颈并逐一攻克，形成调研报告并严格实施，财务决算基础工作得到有效提高，财务决算进度与质量得到有效保障。

4. 建立资金精细化管控机制，确保公司低成本安全运行

资金信息是公司各类信息的交汇点，也是支撑经营决策的基础。针对公司资本金严重不足的现状，公司把生产经营活动中的资金收支纳入严格的预算管理程序，做到量入为出、精打细算、科学理财、严格考核，形成资金安全有效使用、合理占用、监督与考核相结合的资金管控机制。

1)建立资金管理组织，明确管理职责。

为了加强资金管理工作，公司明确执行董事兼总经理为公司资金管理总负责人，公司副总经理兼财务总监具体组织资金管理，财务部具体归口负责资金管理，公司其他各部门承担资金收支计划预测、存货资金占用控制、应收账款管理、资本性支出效益分析等管理职能，各部门齐抓共管，形成决策、执行、操作三个层次资金管理组织。

2)以预算管理为平台，建立基于供应商评价的付款额度管控机制。

公司资金管理以预算为主导，预算的控制前置于资金的计划、审批和支付等各环节，强化进程控制，注重过程管理，通过全面预算管理实现对资金的统筹安排和有效监控。同时，各相关单位根据实际情况每月提交资金计划申报，经审核并综合权衡后确定当月资金计划，经批准后正式执行。通过日常控制，监督资金计划执行，并依据供应商评价结果进行智能化付款额度管理，保障资金使用不超过月度资金计划金额，并加强月度资金执行情况分析，以加大资金流向的控制，及时发现资金使用和管理中存在的问题和漏洞，有效地提高资金使用效率。

5. 以信息支持体系建设为重点，构建纳税筹划体系

纳税筹划是企业为实现战略目标和财务管理目标而在税收方面所进行的策略性的选择。为支撑税收策略应用，公司着力构建税务、财务、业务三位一体的信息支持体系。财务信息方面，根据纳税筹划的需求，预先通过合理的会计处理产生有价值的会计信息；业务信息方面，分解技术开发费、进口税金减免等纳税筹划管理功能，财务提供税政理论支持，采购、设备部门自主开展税金减免工作，形成管理协作优化机制。同时纳税筹划人员从始至终跟踪各项涉税环节，进行实时监控，使各项工作操作符合纳税筹划要求。

6. 以推行全面风险管理为契机，完善财务风险管理体系

公司将财务风险管理融入全面风险管理体系，形成有机整体，通过风险辨识、风险应对、风险评估等方式建立完善公司财务管理风险事件库，明确公司各种风险级别，建立风险应对方案库，有效针对问题及时采取措施防范风险。

（四）总结和固化财务精细化管理成果，编制财务精细化管理手册

1. 总结财务精细化管理成果，评议管理成效

公司对实施后一定时间段的财务指标进行数据收集、分析，用以检验财务精细化实施的效果，持续优化管理流程和职责。同时，通过总结会展开交流，相互学习，共同探讨财务管理精细化的有效途径，汇总公司财务管理的成功经验，共享管理成果，持续推进财务精细化管理工作。

2. 固化管理方法和成果，编制财务精细化管理手册，实行公司财务的知识管理

根据财务精细化管理建设方案，结合学习型组织建设目标，公司组织财务及相关管理人员分工学习全面预算、作业成本、资金管理、财务风险等相关知识，并制订财务精细化管理手册编制计划，明确各子系统编制负责人以及详细分工情况，制作手册目录和工作时间表，提炼财务精细化各子系统管理目标、管理内容、部门职责、工作流程与标准。通过定期召开系统编制负责人讨论会的形式，不断完善管理手册的内容和形式，达到高水平、新颖性、实用性和可拓展性的总体要求，最终汇总编制为公司财务精细化管理手册，为公司参与财务管理人员提供工作范本。

与此同时，公司积极寻求外部协同效应，正开发实施供应链管理与客户关系管理系统，将管理向公司外部两端延伸，与上下游信息共享、联动，形成战略同盟，稳定公司内外部环境，增强公司竞争力。

四、智能型财务精细化管理体系建设初步成果

公司财务精细化管理系统的构建从实施效果来看，对公司财务管理理念的

转变和财务管理水平的提升起到巨大推动作用，公司财务驾驭财务管理资源的能力大大增强，公司财务与业务一体化管理为财务管理活动产出价值提供了广阔舞台，业务部门参与财务管理的热情和能力大幅提升。

（一）财务管理流程与制度持续完善，有效降低业务风险

制度和流程建设是财务精细化管理工作的基础。公司在推行财务精细化管理过程中，对财务管理制度和流程建设情况进行了梳理，修订和新编了公司财务管理主要工作流程，确保各项财务管理工作有章可循、有法可依。同时对系统建设过程中的管理经验、管理工具加以提炼和升华，细化各岗位的精细操作标准，形成严密的财务精细化管理手册，为参与财务管理的人员提供工作范本，为公司规范核算、回避风险、提高财务管理水平打下了坚实的基础。

（二）财务与业务一体化协同管理，有效挖掘内部潜力，产出可观经济效益

公司积极调动各业务部门参与财务管理的积极性，分解财务管理功能，扩大财务管理领域，通过组织召开销售四项指标工作例会、成本管理例会、ERP系统建设工作例会等形式积极沟通，形成协作互动工作机制，最终落实各业务部门的财务管理功能。

1. 采购与财务一体化控制采购成本及风险

铜材占公司产品材料成本的比重超过20%，如何有效地规避铜材价格波动给公司经营效益带来的影响是公司生产经营过程中的难点之一。公司通过作业成本管理系统支持，年初精确测定完成利润目标对应的主材成本价位，在市场铜价波动较大的情况下，密切关注铜材走势，在保本点及时采取措施锁定铜材价格，有效规避了铜材价格风险，确保了成本整体受控。并形成财务与业务协作的大宗材料风险管理决策机制。2010 年度，公司在没有发生保证金的情况下锁定铜材采购价格的价量和时点组合操作，降低采购成本 2000 多万元。

2. 三级成本管理组织的职责落实与指标管控机制，达成自发成本管理格局形成

公司建立了公司本部—项目部及车间—班组的三级精细化成本核算与管理体系，分解各级成本管理责任和管理内容。制造单元一把手亲自抓成本管理工作，承担成本管理工作责任和任务，并积极主动地组织内部成本管理活动，如工特项目部在财务的指导下，自主调研、讨论、分析，制订《深入推进作业成本管理实施计划表》，为解决项目部多品种小批量的复杂成本核算和控制难题提供系统方法并落实了责任。

3. 建立了项目管理成本控制模型，释放出全员全过程成本管理效能

公司面对风电产品降价以项目管理方式向内挖掘潜力，向外传递压力，取得可观经济效益。2010 年 7 月中旬，金风公司对 1.5MW 定子销售价格实施第

三次降价，下降11.12%。公司在总经理部署下成立了以财务牵头的兆瓦级定子成本控制项目组。通过非增值作业分析，形成覆盖设计、物流、制造、销售等产品生产全过程的分项成本控制工作方案。以PDCA循环，通过上半年和下半年前后两次1.5MW定子成本精细化管控，该项目制造成本单台下降了10%，总成本下降6300多万元。

4. 制造过程的资源占用大幅减少

通过作业成本管理系统的刚性控制、作业分析及指标控制，公司以加强制造过程控制、竞价采购、设计与工艺优化、质量损失管控等手段降低存货资金占用9800余万元。2010年末，原材料和在制品资金占销售收入的比重较2009年分别下降42.5%和56.4%，有效支撑了公司经营目标的圆满完成。

（三）财务精细化体系建设有效带动公司管理信息化

精细化实施的过程本身就是规范化、标准化、信息化的过程。公司在构建财务精细化管理体系的过程中，有效带动了管理的信息化、现代化。

1. 基础数据信息化

财务精细化管理体系的实施，进一步理顺了公司的相关管理程序，实现全公司基础数据（如物料数据、产品结构数据、产品设计工艺数据、生产能力数据等）的统一生成、统一维护和统一管理，供经授权的各相关部门使用，真正做到数出一家、数据共享，避免冗余。

2. 生产计划控制信息化

采用先进的生产计划控制方法，建立了一个有效、灵活的自主生产计划、物料需求计划和车间作业计划三级计划所组成的生产计划管理体系，最大限度地缩短产品生产周期、采购周期、准时交货，快速响应客户需求，最大限度地降低库存和成本，提高售后服务水平。

3. 财务管理信息化

一是采用先进的成本核算和管理方法，在ERP平台建立起涵盖设计、物流、制造与售后的全员全过程的成本核算体系，准确核算出各型产品成本，为精细成本分析、销售报价和财务核算提供可靠依据。二是建立完成基于ERP的预算管理体系，实现全部资源的在线与刚性控制，以全员全过程的管理理念和方法强化预算管理。

（四）课题开发应用锻炼财务管理人员队伍，提高素质和能力

在公司财务精细化管理体系构建过程中，财务管理人员广泛参与，吸收了先进的管理理念，通过自学培训及实践掌握了新的管理工具、管理方法，通过撰写财务精细化管理手册提高了计划和总结能力，锻炼了写作分析能力，综合素质得到普遍提高，有利于精细化管理的进一步推进。

五、充实完善课题的下一步目标

“精细”是一种精益求精的文化。在现代企业竞争中，“精细”已经成为最重要的表现形式，精细化管理是决定企业未来竞争成功的关键，也是企业长盛不衰的必然选择。

公司财务管理已经迈开了精细化管理的步伐，并取得了初步成效，但还处于起步阶段，离真正的精细化要求还有差距。公司下一步将引入战略成本管理思想，建设基于供应链和客户关系的外向型财务管理体系，拓展财务管理空间，同时以商业智能系统全面整合作业成本管理、全面预算管理等六个子系统的管理信息，进一步开发智能化功能，挖掘财务管理价值，持续向精细化管理迈进。

基于精益管理的物流条码系统应用

南车株洲电机有限公司
2013年5月

一、引言

南车株洲电机有限公司(以下简称“电机公司”)隶属于中国南车股份有限公司，坐落在南方工业重镇和交通枢纽湖南省株洲市。电机公司集大中型的电机研发、制造、生产于一体，主要包括牵引电机、牵引变压器、风力发电电机和工业特种电机的制造，是我国电力机车、高速动车组、城轨车辆电机和变压器专业化科研、生产基地，风力发电电机最大规模生产企业之一，电力、冶金、石油、电动汽车等工业特种电机产品专业化研制基地。作为中国南车最年轻的一级子公司之一，电机公司肩负中国南车做大做强关键零部件产业、专有技术延伸产业的历史使命。经过近50年的岁月积淀，秉承“传承、创新、进取”的企业精神，贯彻客户之道、质量之道、精益之道、能力之道、产业之道，定位于创建百亿企业、精益企业、学习型企业。

南车株洲电机有限公司是一家有着历史厚度的年轻企业，注册资本6.8亿元，固定资产8.6亿元，年销售收入近40亿元。现有从业人员3000余人，拥有工程技术人员400余人，其中教授级高工25人、中高级以上职称300余人；组建了湖南省轨道牵引电机工程技术研究中心、株洲市轨道牵引动力和发电装备工程技术研究中心，与国内风电行业巨头金风科技合作组建国家风力发电工程技术研究中心电机研究室，与西安交通大学联合共建电力设备电气绝缘国家重点实验室株洲实验基地，建成国家认可的检测试验站。

电机公司全面开展精益制造，积极参与全球化技术协作，不断拓展业务领域，提升产品研发和制造能力。依靠科技、质量、服务等方面的强大优势，电机公司在电力机车牵引电机、变压器方面一直保持行业领先地位，产品出口到欧洲、北美、中亚、西亚、非洲等地。

二、实施背景

近几年，我国物流信息技术与智能技术得到了迅猛的发展，在信息产业和商业自动化管理的带动下，作为信息数据自动采集重要手段之一的二维条码技术在我国得到了快速推广与应用。与其他自动识别技术相比，二维条码在信息载体的成本、信息量、保密性、抗污染和抗干扰及标准化等方面具有明显的优势。通过利用条码技术，实现电机公司仓储、配送过程中物资分拣、查询、采集、出入库管理等各环节相关功能的自动识别与管理，相应的物流信息实现自动收集与分析，使电机公司各层次人员实时掌握各项物资的收货、发货以及库存等状况，从而提高电机公司储运管理水平与仓储配送效率。因此，条形码技术的实施与推广已成为一种必然趋势。

如何把握条码技术的研究和推广，发挥好自身各项优势，进一步夯实发展基础，在新的起点上实现又快又好发展，把物流管理提升导入国家先进水平的快车道，这是电机公司当前和今后很长时间内的重要任务。一方面，电机公司根据自身的物流特点，努力探索实践新型物流管理与运作方式，不断积累经验，完善流程制度，积极为提升电机公司管理水平奠定基础。另一方面，在中国南车持续推进精益管理，深化管理提升活动的浓烈氛围下，各子公司均在全面推行精益管理，积极开展精益示范线建设，推广准时化、节拍化生产管理方式，而准时化、节拍化的物资配送作为供应链上极为重要的环节，是精益生产是不可或缺的组成部分。在这种情况下电机公司决定在仓储物流管理领域率先引入以条码技术为核心的信息化管理手段，进一步完善仓储物流管控模式，促进管理水平的不断提升，并为集团公司未来信息化集成奠定良好的基础。

电机公司以信息技术为支撑的 ERP 系统已正式运行 3 年，ERP 信息平台的建设基本上实现了信息共享和数据共用，也为进一步规划运营模式的研究提供了必要的依据，为电机公司推行条码系统提供了良好软件基础。条码信息技术实现应用后，将有效提升电机公司内外的信息传递速度、加强物资安全、提高仓储配送效率等，并为“线边店”提供良好的技术支撑，切实提升电机公司物流管理的电子化、信息化水平。

三、项目特色和实施步骤

（一）项目特色

融入精益管理理念，以信息技术为支撑，建立覆盖整个公司储运业务的物流信息系统，为电机公司实现精益管理提供管理手段和支撑平台。利用条码技术，对电机公司的物流信息进行采集跟踪。实时、动态地了解各个项目的执行情况以及项目生产所需的各项物资的投放状态。切实提升电机公司的物流管理水平，降低物资的积压，加快存货周转，完成电机公司物流管理提出的“信息化、准时化、标准化”九字方针，条码项目的特色主要体现在以下方面：

1. 降低人为错误，提高数据准确性

引入条码技术后，通过制定相应的条形码管理制度与标准化操作流程(见图1)，改变仓储数据人工输入的方式，通过 PDA 智能手持终端(以下简称PDA)扫描二维条码完成数据输入，降低人为输入的差错率，减少软件界面的跳转及重复操作、提高数据的准确性和可靠性。

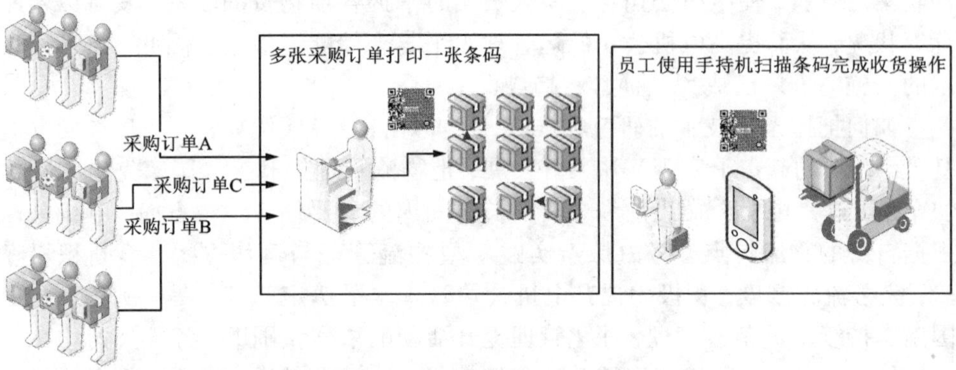

图1　条形码管理制度与标准化操作流程

2. 改善收货控制，促进供应商准时配送，降低库存资金占用

供应商物资信息查询平台(MIUI)将供应商纳入电机公司的信息系统，经过身份识别后，供应商在 MIUI 系统中可随时获得电机公司的物料需求动态与库存信息；电机公司亦通过条码严格控制收货数量，在满足生产投料的前提下，逐步降低库存资金占用。

3. 改变盘点模式，提升盘点效率

通过 PDA 扫描装置实施对物资的即时盘点。在仓储管理环节，直接使用 PDA 扫描货架上的仓位条码，能够迅速准确地获知相应仓位上物资的库存信息，加快盘点效率与准确度。同时，盘点工作可随时、动态进行而无须局限固定时间，亦无须停止收发物资。

4. 细化库管员职责分工，物资出入库过程形成相互监督

条形码技术应用后，将仓储管理过程中的收货、入库、理货、出库等管理环节独立出来，由不同的人员分别进行管理，加强了各环节之间的相互交接与监控。另一方面，通过对各环节进行专业分工后，对物资的管理不再是按产

品、按物资属性进行分工与设置库房，而是按职责进行管理，按工序台位的需求就近设置仓储场所，从而可有效地充分利用人力与仓储资源，降低人工成本与场地占用。

5. 量化辅助岗位的绩效管理，提高员工工作积极性

条形码技术应用后，可直接在 ERP 记录每一位仓储作业者从事收货、入库、拣货、搬运等工作的任务量与次数，按月汇总统计分析后，形成个人的岗位工作绩效输出，实现对库管员、搬运工等辅助岗位绩效的量化管理，为评优评先、薪酬分配等提供客观而直接的依据，从而有效改善对辅助岗位员工的管理，避免以往人为主观打分评价、员工收入难以与劳动付出挂钩等不合理现象，有助于提高员工的工作积极性。

（二）实施步骤

对目标进行分解，编制实施计划，明确责任人与完成期限。本项目是电机公司储运部为更好地服务于各制造单元，实现独具特色的精益物流管理项目。为了保证项目的实施效果，电机公司将项目分解成三个阶段进行分步实施，在各阶段分别策划并编制工作内容与实现目标，明确责任人与完成期限，确保项目有步骤、有计划地进行试点并推广。具体实施过程如下：

第一阶段：项目调研与流程设计

从 2011 年初开始提出项目设想到立项实施，前后经历近一年的时间，在这一年时间内，电机公司先后完成了项目调研、条码选型、作业流程改善、基础网络建设等工作。

1. 项目调研

条码在日常生活中已经随处可见，人们随手拿起身边的任一一样物品，无论是一本书、一包香烟，抑或是一支签字笔，几乎都可以看到物品上的条码存在。各行各业应用条码的现象已相当普遍，在南车集团内部，株洲所、浦镇公司等多家子公司在物流管理方面也已引入了条码管理方式。电机公司在策划条码应用之前，也先后到以上子公司及美的集团位于顺德的电机厂进行学习调研。经过相关的调研之后，电机公司决定高起点建设自己的条码应用系统，确定条码应用首先全面覆盖仓储管理的所有业务过程，并取代台式电脑的 ERP 操作，预留制造过程中的工序加工与质量控制数据接口，为不久的将来实现整个公司的制造信息与质量信息的实时采集与控制、实现节拍化生产管理打下信息与数据基础。

2. 条码选型

在电机公司对外的调研中，所看到的各家公司使用的均是一维条码，而且仅在物资管理范围内进行应用。电机公司在明确高起点建设条码应用的前提

下，对条码的第一选择是电子标签 RFID（无线射频识别系统）。电子标签除具备一、二维条码的储存信息功能之外，其最大的优势是能够写入信息，并能够无线识别。通过 RFID 系统，不但可以快速识别库存中的物资，还可动态追踪或锁定生产线上流动的工序配件甚至是终端产品的流动状况。

在对电子标签进行开发测试之后发现，由于电机公司大量的配件均为金属加工件，在生产现场各类加工设备同时开动的干扰下，电子标签的无线识别经常失真，加之在电机、变压器组装试验环境之下的磁场干扰，导致当前的电子标签技术难以在电机公司的生产环境下应用，因此电机公司不得以选择较一维条码更为先进的二维条码。

一维条码结构简单，处理速度快，但由于容量的限制，仅能标识商品，而不能描述商品；二维条码除具有一维条码的优势之外，还具有储存量大、保密性高、抗损性强等特性，特别是在物流管理方面更具优势，能够实现物资的自动识别、自动盘点，可有效发挥出"立即盘点、立即决策"的效果。基于以上因素，电机公司最终选择二维条码作为条码系统的应用媒介。

3. 物流作业流程重新设计

电机公司的物流管理，一直以来实施的是按物资的物理化学属性为主、产品属性为辅进行划分与分工，库管员负责各自分管物资的收货、入库、保管、配送等全过程管理，此管理方式最大的弊病在于，由于库管员个人负责全过程的业务操作，其在物资的收发过程中一旦失误，如未能即时监控，则一段时间内其他人员无法识别其是否发生问题，往往是 100% 盘点后才会暴露出来。另一方面，由于按物资属性分工，库管员往往只熟悉其分管的物资，一旦调整岗位则难以短期内适应其他的物资管理，长此以往，库管员的适应能力越来越差。

为此，电机公司在策划条码项目实施的同时，对旧的工作流程进行梳理与优化，对员工的职责重新进行分工调整，对收货、入库、配送三项业务分立，重新设计各项日常业务的操作流程与工作要求；取消在供应商送货单签字交接物资的方式，改为集中统一格式从 ERP 系统打印收货单，杜绝人为擅自接收无订单物资或过量接收等不良现象。新的管理流程中，基本全部取消手工签字、点数、录入收发货数量等主观工作方式，各项收货、入库、物资分拣、配送等业务均通过条码扫描完成交接与确认。

4. 基础网络建设

电机公司未引入条码管理之前，库管员在收发货的过程中，在接到收货通知后，需在台式电脑 ERP 终端查询对应的采购订单无误后，接着到现场清点物资数量，之后再返回终端前查询对应的采购订单，手工录入当次收货数量，经质检反馈合格单后，再一次登录终端录入合格品数量。整个过程中，库管员需多次在电脑终端上操作 ERP，且手工录入数据频繁，出错概率非常大。

条码项目策划中将省去一系列的手工操作电脑 ERP 终端，但需对网络进行全面升级。为此，电机公司在条码项目尚未投入应用之前，先行对网络进行测试与调整，在各生产厂房、库房周边安装无线网络，以确保后续引入的条码系统能够顺利实现数据的无线、实时交换与传输。

第二阶段：系统开发、测试与培训

从 2012 年 1 月起至 6 月，条码系统进入开发、测试与操作培训阶段，在此阶段，电机公司着重强化系统应用操作培训，为确保数据的安全，所有操作方式、功能实现均经过模拟测试、试点应用，确认系统操作与功能均满足业务与安全需求之后，正式将系统投入应用。

1. 系统开发与测试

2012 年 1 月，电机公司与金蝶软件公司签订物流管理信息化一期需求设计合同，在 2012 年 2 月完成软件开发及初步测试。为确保数据安全，各个系统模块均选择试点库房进行测试，在试点库房，又先后经历测试数据库—双数据库并行—正式数据库应用三个过程。

2012 年 2 月起，电机公司开始实行 PDA 在测试数据库模拟运行，对系统运行结果进行分析、核对，要求金蝶软件公司不断对系统进行升级、改进。至 2012 年 4 月，收货—入库流程开始在测试数据库与正式数据库并行，将 PDA 在测试数据库运行结果与使用电脑操作 ERP 正式数据的结果对比，确认数据完全无误，至 2012 年 6 月，开始使用正式数据库。至此，条码系统基本开发完成并投入正式应用。

2. 员工操作培训

员工操作培训自始至终与系统的开发同步。条形码与 PDA 均为新型的物流管理工具，为了确保各个年龄段的库管员均具备应用条码管理的实际操作能力，同时理解并执行全新的业务流程与工作职责，电机公司首先对试点库房的库管员进行了一对一、手把手的实作培训指导。培训内容包括了 EAS、PDA 收货—质检—入库—配送流程，二维条码打印机安装、使用及维护，电子身份确认等。电机公司对每一次的培训都进行评估与考试、考核，经过反复的培训与指导，从事物资管理的员工都能够正确掌握条码系统的操作，电机公司的物流管理也从台式电脑管理过渡到移动终端管理阶段，相应的工作效率与数据准确性都得到质的提升。

3. 开发供应商物资信息查询平台（MIUI）

供应商物资信息查询平台（MIUI）为顺应条码管理而开发，是供应商与电机公司物资供求信息的重要交互界面。通过 MIUI 平台，供应商可远程查询南车电机的物资需求信息及各自的物资供应状态。供应商在送货前可远程打印相应的条码，也可在送货到电机公司现场后，利用现场的终端打印。电机公司通过条码 PDA 完成相应的收货与入库，供应商即可在终端上自助查询、打印收货单、入库单等单据，物资信息进入 ERP 系统的速度可较之前提高 3 倍以上。

第三阶段：项目优化与全面推广应用

1. 系统升级与深度开发应用

根据 PDA 在电机公司的实际应用，积累经验，不断优化完善业务流程，同时升级 PDA 及相关 ERP 程序，满足新增业务需求，更加有效地满足库管员的工作要求。

条码系统的深度开发应用之一是仓位管理系统。仓位管理是目前电机公司物流管理推行的精益管理模式之一，所有的功能均通过条码技术来实现。仓位是库房中最小的储存单元，电机公司利用“四号定位”原则对所有储运单元进行编号形成固定的仓位条码。物资存入仓位时，库管人员通过扫描仓位条码即可立即执行物资的入库操作与物资定位管理。在物资配送环节亦如此，分拣人员只需扫描仓位条码，便可在现场完成物资的分拣与出库操作，通过无线网络同步更新 ERP 系统中的出入库数据，而无须返回办公室操作台式电脑。此外，电机公司充分利用通过仓位快速查询物资存放点的优势，在立体库房中，对通用物资不再限定固定的储存空间，而是根据仓位的空置状态将物资上架储存，从而达到最大限度利用仓储空间的目的。

2. 业务流程优化与标准作业指导书建立

电机公司针对物流管理各岗位的职责、库房功能及储存物资种类进行了相应调整之后，各个库房按收货、入库、分拣、出库等节点设置职能职责相对独立的岗位，实施对物资的集中收货、分类入库、按需分拣、配套出库的管理模式，实现了管理分工细化与科学化。随着条码应用带来管理方式的改变，电机公司重新对业务流程进行了梳理与优化，重新编制岗位说明书与岗位标准化作业指导书，在 2013 年 2 月电机公司将与条码项目相关的各项管理制度与操作流程等文件汇编成《标准化作业指导书——物流管理手持机条码应用手册》，批量印制后下发所有物流管理人员，此项工作同时标志着电机公司的条码项目基本建设完成并投入正式应用。

3. 为精益配送管理提供技术支持

随着条码应用的逐步深入，电机公司根据不同的用途，先后设置物资识别、仓位管理、分拣配送、身份识别等条码类型，不同类型的条码之间存在勾辑、主从等关系，一系列功能不同而又相互关联的条码共同构成电机公司的条码体系。条码体系的建立，使物资管理与配送等业务工作进一步清晰与简化，特别按工序配套配送方面，电机公司根据各车型制造 BOM 拆分出工序 BOM，形成物资需求清单后转换成主从结构的条码。物流人员可根据物资清单至各库房、各仓位分拣备货，集中转运至配送发货区后汇总成主条码，再通过专用的配送工装按节拍配送至生产现场，逐步推动电机公司物流管理向储运一体化方向转变。

四、实施效果

电机公司通过引进条形码技术，实现物流管理过程中物资的收货、入库、分拣、查询、信息采集及配送管理等各环节相关业务的自动识别与自动操作，使库管员从以往花费大量工作时间在电脑前核对 ERP 账目、手工操作各类单据中解放出来，有更多的时间投入到库房实物管理与配送之中。在管理水平和经济效益方面，本项目的建设主要取得了以下良好效果。

（一）通过利用条码的刚性控制机制，有效控制采购收货，降低库存资金占用

条码的刚性控制机制在物流管理中主要体现在采购收货方面：

（1）采购收货以采购订单为依据，未应用条码前，收货员需核对送货单与 ERP 采购订单，一致则收货，否则退货或通知采购员处理订单后再收货。应用条码后，相应的订单载明的物资规格、数量、供应商等信息全部存储到条码中，条码通过 MIUI 系统打印或供应商远程打印后张贴于实物。收货员使用 PDA 扫描条码后，PDA 自动完成订单的核对，收货员无须再往返办公室核对 ERP 订单，能否收货及收货确认均在现场通过 PDA 同步完成。

（2）收货批次与收货数量根据采购约定，分别形成批次收货条码，供应商在前批次未完成供货前无法打印后批次的条码，同样数量亦不可人为更改。收货员在收货过程中，若物资无条码则不允许收货，即使收货员人为收货，也无法往后走质检、入库等流程，此方式起到严格控制供应商过量送货的作用。

通过对采购收货的有效控制，同时结合日常生产投料修正采购批次与数量，电机公司的库存物资资金占用从 2012 年初的近 1.5 亿元降到 1 亿元以下（见图 2），月度库存资金占用趋于稳定状态。

（二）强化业务之间的相互监督与合作，切实提升工作效率

1. 物流管理各环节形成相互监督与合作的管理机制

电机公司应用条码项目之后，对物流从事者的职责重新进行分工，将原先库管员同时负责收、发、存三项职责的模式，调整为收货、理货、配送相互独立并由不同库管员集中管理的模式。新的模式在收货、入库、配送等业务环节环

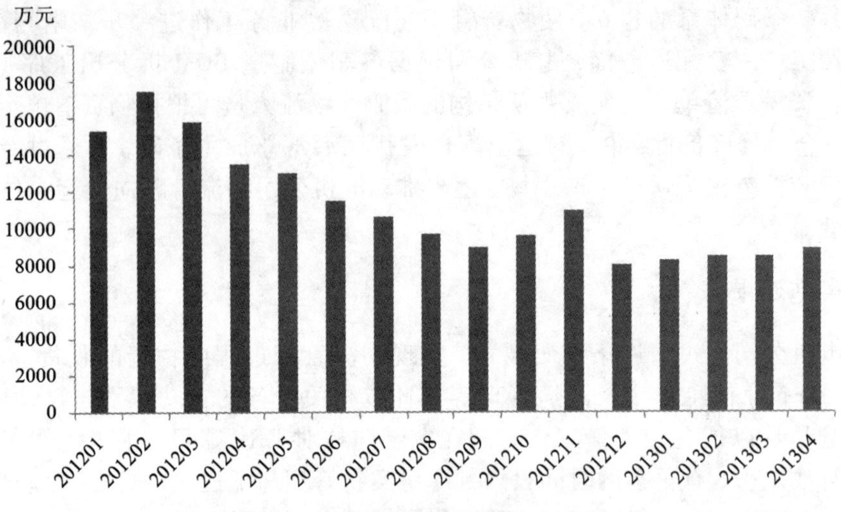

图 2　库存物资资金占用变化图

环相扣，细化职责与分工，通过条码系统串联成一体，上一环节未完成的任务，则下一环节无法实施，从而形成各业务之间的相互推动与相互监督。科学的三角管控，极大地促进了各项工作效率与效果的同步提升。直线管理模式图与三角管理模式图如图 3 所示。

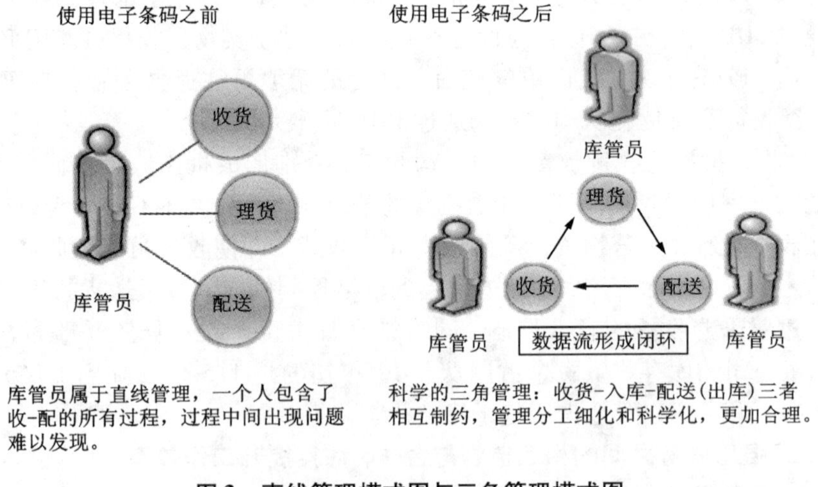

图 3　直线管理模式图与三角管理模式图

2. 收货与入库管理的效率提升显著，物资库存数据准确可靠

利用条形码技术信息采集速度快，并且可靠性高。与键盘输入相比，条形

码输入的速度是键盘输入的5倍，并且能实现“即时数据输入”。键盘输入数据出错率为二百分之一，利用光学字符识别技术出错率为万分之一，而采用条形码技术，误码率低于百万分之一，条形码的信息采集速度快且可靠，即减少了操作员的工作量，也大大提高了其工作效率。

未应用条码前，电机公司采购收货首先需要人工清点物资，再到ERP系统中查找采购订单，在对应订单上录入收货数量，经质检合格后再一次打开对应订单录入合格数量完成物资入库。在此过程中，存在同一物资分别由不同的供应商供货、一家供应商供应多种物资、同种物资分属多个订单、同一订单采购多项物资等情况，加之不同供应商的供应进度与数量的差异，导致ERP系统中存在海量的待处理单据。库管员任何不经意的疏忽都可能造成入库记录出差错，进而有可能导致在货款结算方面出现不可预知的问题。

应用条码系统之后，通过条码的刚性管理，杜绝了物资入错订单、人工录入数量错误等现象，物资收货与入库数据的可靠性与准确性得到本质改变。此外，通过应用条码扫描收货，可对同一供应商的订单进行合并形成主条码，收货员通过PDA扫描主条码便一次性完成多种物资的收货—质检—入库操作。据电机公司实测，未应用条码管理之前，平均单笔采购收货的ERP操作时间在2分钟左右，如订单数量增加，则耗时会更长；而应用条码PDA扫描，平均耗时不到30秒。两者相比，效率提升非常显著，且可靠性、准确性均得到保证，极大地确保公司的物资安全。

3. 仓位管理促进仓储空间的有效利用与管理水平的提升

仓位是库房中最小的储存单元，每仓位均有固定的条码，在ERP系统中可快速查询所有仓位的物资存储状态与闲置状况，通用物资可根据仓位的空置状态穿插上架储存，从而有效地提高仓储空间与面积的利用率。

另一方面，在物资进入仓位时，电机公司通过扫描仓位条码与物资条码，将仓位条码与物资条码绑定，记录入库日期或保质期，在出库时通过ERP控制实现物资的先进先出，确保物资在质保期内优先利用，避免因过期失效、变质等原因造成的财产损失。存储于仓位中的物资，使用PDA可对其进行不定期、实时盘点，可随时了解物资的出入库动态与物资的库存情况，并且可以实时传输收货、入库、配送数据，实现数据同步更新。

4. 配送管理实现按工序台位配套配送，为后续节拍化配送线奠定基础

电机公司一改以往库管员分散配送各自分管物资的模式，充分利用条码技术带来的便利，对库管员的工作重新进行分工之后，形成以下配送模式：配送员根据生产计划，打印配送条码与配送清单，根据配送清单在各库房、仓位分拣备货；分拣完成后物资进入配送发货区，理货员扫描配送条码完成物资检查

与出库；在配送发货区，配送员根据配送清单清点物资、完成配套确认后，由转运工按约定的时间节点将物资配送至生产现场，转运工利用条码机确认车间收料人身份条码，配送工作即告完成。

通过两两交接与条码确认过程的管控，电机公司杜绝了无计划发料、超定额发料、短发或错发物料等现象；通过配套供应，提前解决物料供应不平衡现象，以往物资积压与短缺等现象均得到有效改进；通过扫描收料人的身份识别码完成物资交接后，物资成本直接计入对应产品与车间，确保当期产品成本核算真实、可靠。

电子条码的优势如图4所示。

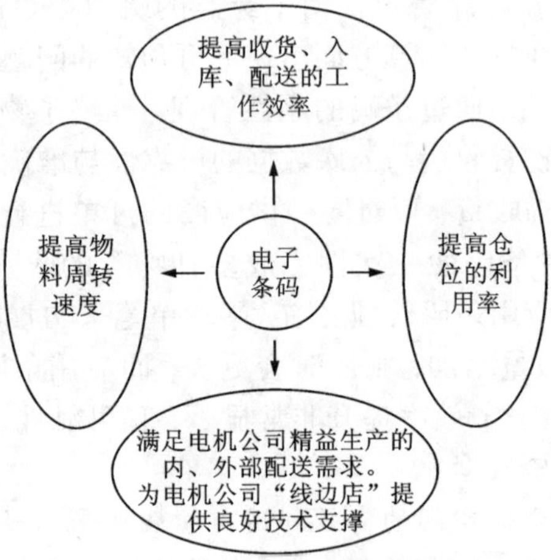

图4　电子条码的优势

随着电机公司精益管理的深入推进，按工序台位实施配套配送的物资供应方式已为工位制节拍化生产投料做出相应尝试，待相应的工位节拍制定完成后，工序台位配套配送将能够快速适应全新的工位制节拍化生产需求。

（三）改善工作理念，量化辅岗绩效管理，提高工作积极性

1. 员工工作理念得到有效改善

条形码物资信息系统的实施是电机公司物流管理思想与管理方法的重大变革，它改变了员工的思维方式、工作方法和工作习惯，变过去的粗放管理为精细化的管理。借助于PDA和ERP系统平台，通过对业务流程的重组、组织结构的优化设计，梳理、调整和明确各岗位的工作职责，加强对工作执行力的考核，强调团队精神和配合意识等一系列措施，以及结合电机公司推行的全面预算管理、绩效管理等管理手段，员工的工作理念正逐步发生改变，员工的规范作业意识、质量意识、成本意识、团队协作意识逐步提高，各级管理人员的精细化管理理念得到了初步建立。如收货时由收货员收货—报检后，与理货员交接入库；配送时由配送员分拣后与理货员交接清点，转运工配送至生产现场，各岗位之间环环相扣，保证收货与配送快速、准确，也防止物资丢失、损坏后难以落实责任的可能。物流管理人员的日清日结意识、配送服务意识、成本管理意识等均得到大幅提升。

2. 量化辅助岗位绩效管理，客观评价员工付出与收入，充分调动员工工作积极性

条码技术在物流各环节的应用，使辅助岗位的绩效量化管理得以实现。电机公司一直以来对生产辅助岗位的绩效管理均是由班长或上一级的管理员打分完成，人的主观因素始终影响评价结果；另外，又因辅岗员工做多做少难以直观评价，部分辅岗人员出工不出力，无监督、督促的场合，消极怠工不时发生。

应用条码之后，所有参与物流工作过程的员工，均需使用条码 PDA 各自完成物资的收货、分拣、入库、配送、交接等业务操作，相应的业务操作时间、工作量等通过 PDA 自动记录并传送到 ERP 服务器。电机公司通过电脑系统对 PDA 记录的工作信息进行数据分析，基于二项原则对员工进行绩效评价：一是根据每个员工使用 PDA 完成相应业务的个人数量占全员总数量的比例评价任务量绩效；二是根据各项业务所耗用时间与平均耗时的对比评价工作质量绩效。绩效评价的结果直接与员工绩效工资挂钩，实施奖励与考核，真正做到客观评价、多劳多得、奖惩分明，使绩效分配更加公平合理，充分带动了员工对待工作的积极性。

五、条码技术的应用远景

条形码技术的应用解决了数据录入和数据采集的“瓶颈”问题，为电机公司物流管理的“信息化、准时化、标准化”的方针目标提供了有力的技术支持。随着条码技术在电机公司物流管理中的深入与经验积累，此项技术的应用将不会只停留在物流领域，未来将重点在以下方面进行推广就用：

（一）生产制造环节

通过二维条码、电子标签 RFID 将生产管理系统和人机界面（PLC 触摸屏）、LED 生产看板、PDA 智能手持终端等多类硬件组合成智能一体化系统。在系统中建立一套标准化的生产控制程序，对条码、RFID 采集的实时数据进行运算与分析，控制物料、仓库、设备、人员、品质、工艺、异常、流程指令和其他设施等制造资源，协调各工序产品交接与均衡生产，实施精益化、节拍化管理，以最终实现企业的效率与效益提升。

（二）质量控制环节

目前，大多数企业的质量控制记录均是记录于卡片、图表等纸质媒介上，无论是保存或检索，均极为不便。而终端产品的配件构成，少则由几十上百、多则成千上万，如仅依靠纸质的媒介对如此海量的配件记录下质量信息，其难度与工作量可想而知。应用条码后，入库检验、产品加工、终端装配等实物的质量及生产者、检验者、加工设备等等信息将能够快速记录并保存到电子媒介中，甚至实现云储存，为日后实现产品的快速质量追溯与跟踪服务提供良好支撑。

（三）售后服务环节

未来条码过渡到电子标签RFID之后，电子标签可内嵌终端产品及各重要部件之中。产品交付业主之后，售后人员可在产品应用现场通过PDA无线识别部件的维保与检修状况，而无须架车、拆解整机。随着电子标签RFID整体成本的下降与技术标准的日渐成熟，此项技术将有可能快速取代条码技术，而将RFID技术与GPS技术融合之后，可实现远程监控产品的运行状态，强化对现场售后服务的管理与控制。

构建以可靠性管理为基础的质量安全风险管理体系

南车株洲电机有限公司
2013 年 7 月

一、引言(公司简介)

南车株洲电机有限公司(以下简称南车电机)隶属于中国南车股份有限公司，坐落于石峰区田心高科园，是轨道交通牵引电机及变压器、风力发电机和工业特种电机的研发和制造基地，是我国轨道交通、风力发电零部件装备领军企业，是矿山、电力、冶金、石油、防爆机械等工业特种电机产品专业化研制基地。

公司占地面积近 310 亩，注册资本 6.8 亿元，固定资产 8.6 亿元，净资产 9.6 亿元，总资产 34.8 亿元。现有从业人员 3000 余人，拥有工程技术人员 400 余人，其中教授级高工 25 人、中高级以上职称 300 余人；组建了湖南省轨道牵引电机工程技术研究中心、株洲市轨道牵引动力和发电装备工程技术研究中心，与国内风电行业巨头金风科技合作组建国家风力发电工程技术研究中心电机研究室，与西安交通大学联合共建电力设备电气绝缘国家重点实验室株洲实验基地，建成国家认可的检测试验站。

在轨道交通领域，构建了大功率机车、高速动车组、城轨地铁牵引电机、牵引变压器等多种产品的研发和制造技术平台，每个平台均有核心技术支撑，实现了铁路干线、城市间交通、城市内交通网络的牵引产品的全面覆盖。其中，配装我公司所产牵引电机和牵引变压器的 CRH380A 高速动车组创造了 486.1 km/h 的世界最高运行试验速度，500 km/h 更高速试验检测列车最高滚动试验速度达到 605 km/h。

在风力发电领域，形成了双馈风力发电机 1.5 MW 到 5 MW 级，永磁风力发电机 1.5 MW 到 6 MW 级的产品系列与技术平台。在永磁同步风力发电机方面开展了 1.5 MW、2.5 MW、3 MW 永磁直驱风力发电机关键技术的深入研究，完成了 2.5 MW 高速永磁同步电机、6 MW 海上永磁直驱风力发电机、3.2 MW

混合传动永磁同步电机的研制。

在工业特种电机领域，先后构建了基于美国 NEMA 标准的高效电机产品技术平台和商用空调永磁同步电机、钻井油田电机等多种特种电机产品技术平台。其中 400 kW 等级商用空调电机是具有世界领先水平的 12000 r/min 高速永磁同步电机，装备该电机的机组获国家科技进步一等奖；完成了 1000 kW 煤矿用隔爆变频电机的研制和国家矿用产品防爆合格证等三证的取证，使得在矿用设备高端市场上国产电机完全替代进口成为可能；完成了亚洲第一条高速精轧线 750 kW 和 500 kW 异步变频电机的研制，这些项目的成功开展，标志着工业特种电机产业开辟和拓展了高端市场的道路。

公司的“十二五”发展战略是：坚定不移地执行“技术领先”“精益制造”和“国际化经营”三大战略方针，做精、做优轨道交通产业，做强、做大风力发电产业，同时，积极拓展专有技术延伸产业产品相关多元化发展空间，做实、做快工业特种电机和变压器等产业。进一步提升技术创新能力和抵抗风险能力，着力推进品牌建设、人才队伍建设，拥有一流的技术，生产一流的产品，培养一流的员工，构建立足南车、辐射全国、面向世界的电机和变压器研制基地，向用户提供最有价值的绿色产品，将企业打造成“国内一流，国际知名”、最具社会责任的行业先锋，到“十二五”末期销售收入达到 100 亿元，企业精神面貌、装备手段、管理水平、产品档次达到国际先进水平。

二、成果背景

随着世界贸易的飞速发展，企业面临的风险呈多样性和复杂性，要求风险管理必须发挥更多的主动管理作用，而不是采用传统的方式等待风险出现后进行救火式处理。这就要求风险管理必须全面涉及企业的各个方面，并能够在科学分析的基础上，为企业的决策者提供前瞻性的信息和依据，真正做到高瞻远瞩、未雨绸缪。

2011 年，国务院印发的《质量发展纲要(2011—2020)》提出建立健全我国质量安全风险管理体系，加强产品质量安全风险预警，切实做到早发现、早研判、早预警、早处置。

2012 年，原铁道部部长盛光祖多次指出在全路迅速推行安全风险管理的必要性和紧迫性，从科学发展、安全发展、可持续发展的高度，做出了明确安排和部署，铁路装备制造企业，担负着铁路安全重要的源头质量责任，ISO9001/IRIS 的推行为铁路装备提供了质量保障的基础，要打造真正的安全型造修企业，必须真正满足铁路装备突出的安全性和可靠性要求，必须引入安全风险管理的方法。

在世界先进企业，风险管理已经成为企业管理的一项重要内容，已经成为企业预防、减少风险事故发生，降低损失程度的有效方式。客观准确地衡量和评价风险，做出恰当、合适的风险管理决策，才能减少因此而带来的工作失误，才能减少损失，合理配置资源。目前，风险管理的理论和方法在我国职业健康管理领域、航空航天、食品医药、电力、化工等安全管理领域和金融管理领域得到广泛的应用，铁路行业是一个高风险行业，企业每天都受到众多不确定性的困扰，风险无处不在，风险无时不有，在铁路行业推广安全风险管理势在必行。

南车电机作为轨道交通装备牵引电机和牵引变压器研制的领军企业，承担着提供高速动车组、机车牵引动力的光荣使命，其产品质量直接涉及广大乘客的安全正点出行，对建设和谐社会意义重大，因此，确保产品“零缺陷”，最大限度地降低产品的质量安全风险，始终是公司矢志不渝追求的目标。

三、成果内涵

构建以可靠性管理为基础的质量风险管理体系是指系统地运用质量管理、可靠性管理的政策、程序和方法进行风险评估、风险控制、风险沟通和风险回顾活动，同时为该活动分配适当的资源，包括：①人力、技能、经验和能力；②保障每个风险管理步骤所需的软硬件；③风险流程、方法和工具；④流程和程序文件；⑤信息和知识管理系统以及培训等。目的是对产品整个生命周期中的风险进行科学评估，不断提升决策水平，降低风险发生的概率，确保产品质量的安全性、有效性、稳定性和质量可控性。

四、主要做法

（一）启动宣贯、框架建立阶段

1. 明确质量安全风险管理体系构建流程

以可靠性为基础，以 ISO9001/IRIS 管理体系为主线，策划风险管理体系活动过程，从启动宣贯、框架建立、试点活动、风险处置和评估到风险审核回顾明确了体系构建流程（如图 1 所示）。

2. 成立质量安全风险管理体系委员会，明确职责和权限

为确保质量安全风险管理体系构建的规范化、体制化，充分并正确履行公司质量安全风险管理工作职责，加强工作领导，合理资源配置，确保公司质量安全风险管理工作有条不紊地开展，公司成立了以副总经理兼总工程师为主任，主要技术专家和核心管理层组成的质量安全风险管理委员会，明确了委员会的工作职责和工作制度，为质量安全风险管理体系奠定了组织和机制保障，委员会结构及职责分工如图 2 所示。

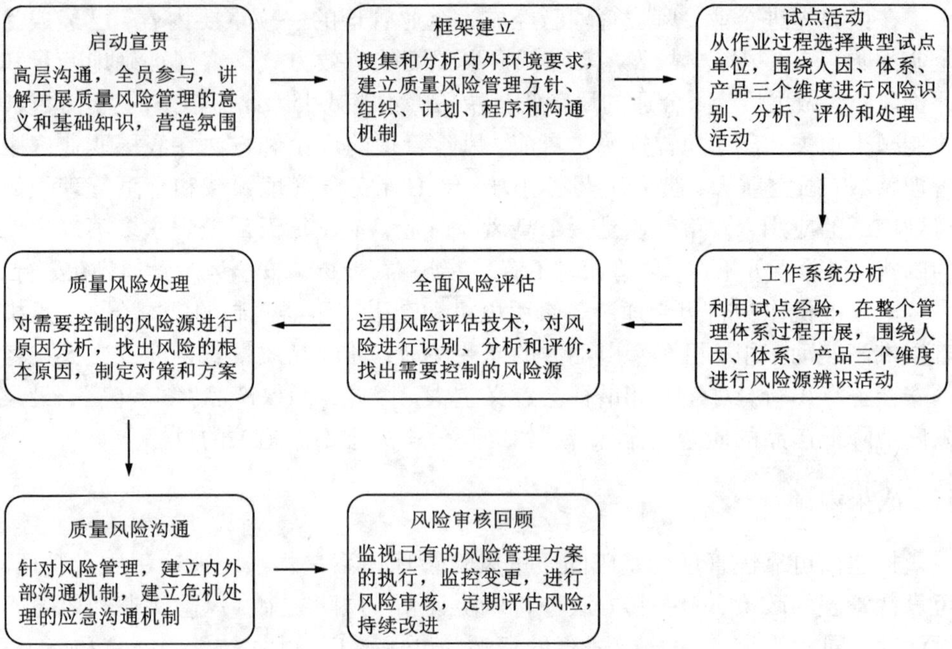

图 1　体系构建流程图

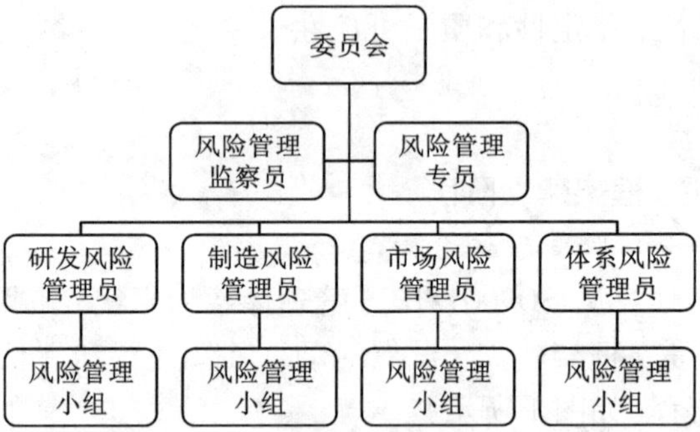

图 2　委员会结构及职责分工图

(1)风险管理委员会承担以下职责：

• 负责各部门风险管理的协调及资源调配；
• 负责确立风险管理的原则；
• 负责审核和批准风险管理总计划和策略，监督计划的执行和在风险发生时进行指导；

• 负责审核和批准风险管理报告；

• 负责风险管理框架适应性和有效性的监督、检查、回顾、评审、持续改进等。

(2)各部门风险管理员承担以下职责：

• 负责制订与本部门生产活动有关的风险管理计划；

• 负责风险问题的汇总工作，负责资料与数据的收集。

(3)风险管理小组承担以下职责：

• 参与整个风险管理过程的全部活动，主要负责执行风险的确认、分析和评价，提出风险控制措施的建议并进行有效性验证，起草风险管理报告，参与风险回顾等。

3. 开展质量安全风险管理相关知识培训

为确保质量安全风险管理体系的有效推进，实现预期目标要求，根据总体计划安排，全过程共开展12项专题培训(见表1)。

表1　培训具体内容

序号	培训名称	内容	时长	参与人员
1	ISO31000标准简介	启动宣贯	3H	全体干部
2	质量风险管理培训	启动宣贯	7H	全体干部
3	基本风险辨识技术培训	试点阶段	7H	风险评估人员
4	FMEA培训	全面风险评估	7H	风险评估人员
5	FTA培训	全面风险评估	7H	风险评估人员
6	FMECA培训	全面风险评估	7H	风险评估人员
7	PHA培训	全面风险评估	7H	风险评估人员
8	HAZOP培训	全面风险评估	14H	风险评估人员
9	HACCP培训	全面风险评估	7H	风险评估人员
10	趋势图、控制图培训	全面风险评估	7H	风险评估人员
11	风险处置方案培训	风险处理	3H	风险处置人员
12	风险管理审核培训	风险审核回顾	3H	风险管理审核人员

（二）试点工作阶段

1. 选取工作试点，打造优秀标杆

为确保体系构建过程中少走弯路，节约资源，集中力量最大限度地打造出优秀的标杆，公司最终决定，先选取一个车间作为工作试点，试点成功后，再向其他车间、部门全面展开。因此，经过评审，最终确定了牵引电机线圈车间（该车间主要负责牵引电机线圈的制作和试验，是牵引电机制造过程中的关键工序）为工作示范点，全面开展风险识别、风险分析、风险评估和风险处置工作。

2. 以牵引电机线圈车间为工作试点，开展风险识别

由质量管理部牵头组织，现场工艺人员、质量控制人员、风险管理小组成员参与，系统学习 ISO31000 标准，结合现场实际情况，召开专题会议，以头脑风暴的形式进行讨论分析，明确目标要求，制定工作方案，经过多次的讨论、评审和修订，最终输出以人、机、料、法、环、测六要素为对象的近 80 项检查项点的风险识别表（包括人的思想状态、技能水平、精神状态；作业方法、作业过程；设备状态；环境要求；物料供应状况；检测方法等），通过近两个月的运行、修订和优化，每个工序都根据其特点形成了工序（如线圈涨形工序、线圈包扎工序等）的产品风险检查表，并按要求开展风险识别工作。

3. 以牵引电机线圈车间为工作试点，制定风险评价准则

为突出风险管控重点，针对识别出来的风险，明确风险分析、评价时机、依据、方法和对策，依据 ISO31000（风险管理　原则与实施指南）、ISO31010（风险管理　风险评估技术）等标准组织编制了《南车电机质量安全风险管理评价准则》，内容包括：质量安全风险的分析、评价时机，评价方法、评价准则、评价标准、应对以及处置等，为质量安全风险管理工作的开展提供了依据和方法。

4. 以牵引电机线圈车间为工作试点，制定质量安全风险管理控制原则及对策控制措施，为质量安全风险管理奠定基础性的技术保障

按照 ISO31000（风险管理　原则与实施指南）标准要求，结合实际情况，制定了《质量安全风险控制原则及对策控制措施管理规定》，包括确立风险管理职责、风险等级划分标准、风险分类规范、风险信息传递、风险识别、分析、评估、处理、监控等内容，运用 FEMA 分析工具制定了质量安全风险控制及对策措施表单，包括：《质量安全风险控制及对策措施表》《岗位作业人员质量安全风险控制及对策措施表》和《现场质量安全风险检查表》，这些表单的内容将风险管理具体的操作方法进行了规定和明确，为质量安全风险管理工作的顺利开展奠定了基础性的技术保障。

5. 以牵引电机线圈车间为工作试点，开展质量安全风险信息双向预报预警机制

根据牵引电机线圈车间产品特点，结合标准要求，确定了质量安全风险等级标准，明确了各等级的预警预报机制。各环节一旦识别出风险源，根据规定的风险等级识别原则和划分标准对风险进行初步的分析和判断，确定风险等级，风险等级分为5类（分别是A、B、C、D、E，依次用红色、橙色、黄色、蓝色和绿色表示，重要程度依次降低），如若是A类风险事件提交到公司质量管理部，由公司技术质量副总经理、总工程师组织公司相关人员制定相应的处理措施或方案。B、C类风险由车间自行组织分析，制定相应的处理措施或方案。同时，建立了风险预警的网络信息平台（风险管理信息中心），在公司网站上建立了动静态质量安全风险信息专栏，车间按日、周、月、季报告并上传质量安全风险信息、预警报告及其处理方案，做到风险信息时时更新，动态管理，通过及时发布风险的动态管理信息、月度风险信息动态简报、新增风险事件、重大风险事件、风险监测情况和风险事件库等，共享至全员，达到全员知晓。此项工作的顺利开展，取得了风险预报预警的良好效果。

6. 以牵引电机线圈车间为工作试点，开展作业过程中的质量安全风险管控

（1）从关特工序和八防工序入手，利用《过程风险FEMA分析表》和质量控制相关图表等质量管理工具进行风险源识别和分析，形成《作业岗位风险源和对策措施表》，以作业标准、设备设施、现场管理与物流、人的行为状态等全过程的所有活动为对象，进行风险源的识别、分析和处置，真正做到及时发现风险，消除风险。

（2）为强化生产过程非正常情况下的风险管理，制定了《非正常情况下关键工序的监控措施》《非正常情况下人力资源控制措施》《非正常情况下生产设备控制措施》《非正常情况下物资供应控制措施》《开工前关键设备设施性能验证管理办法》等制度，规定了各非正常情况下的生产管理的风险处置要求，明确规定各环节必须完成并提交风险分析、评估和风险处置报告后方可进行生产制造。

（3）为最大限度地消除作业过程中的风险隐患，在每日开工前，由各班班长牵头，围绕各班组人员的身体和精神状况、设备验证、环境状况、工艺和作业标准、风险预警预报、物料提供状况等内容进行风险识别，对于发现的问题按不合格品控制程序及时报告，同时，对问题的分析、处置全过程实施监控和跟踪，并按月进行总结，极大地加强了现场质量安全风险的管理和监控，能够及时有效地发现和处置问题，将问题消灭在萌芽状态。

（4）为进一步提升员工质量安全风险意识，提升各岗位和各过程的质量保

证能力，开展了创建“质量安全型岗位、质量安全型员工、质量安全型班组、质量安全型车间”的评比活动，通过一系列措施的制定和活动的开展，强化了员工的质量风险意识、作业习惯和职业素养。

7. 系统开展试点工作总结，以此为标杆为后续工作奠定基础

通过一系列活动的开展，试点工作阶段取得了较好的成果，南车电机从试点工作区域风险识别、风险分析、风险评估和处置、风险预警和作业过程中风险控制进行系统总结，提炼出工作方法，以此为标杆，为后续在其他部门、区域推广奠定良好的基础。

(三)体系文件梳理、修订、整合阶段

1. 根据ISO31000和IRIS的要求，系统识别、修订需改进的过程和质量体系文件

为确保质量安全风险观管理体系与现有质量管理体系的有机结合，在牵引电机线圈车间前期实践基础上，依据各单位承担的质量安全风险职责、工作内容结合体系过程及要求进行梳理，共识别出包括设计开发、生产制造、质量管理、采购控制等过程的12个程序文件(见表2)。

表2 程序文件列表

序号	风险要素	主要控制内容及要求	输出/修订文件
1	4.1 外包或内部转移的风险	1. 工序外包过程中的风险识别和分析，对外包过程的必要性、风险隐患进行分析，评估其影响等 2. 工序内部转移的风险控制，工序之间的转移存在哪些风险、如何降低风险	外包控制程序
2	5.3.1 经营计划中的风险分析	1. 公司经营管理过程中的风险管理，经营计划涉及的风险控制点有哪些、如何识别、如何控制 2. 年度经营计划书中需增加风险计划	经营计划管理程序
3	6.4 研发活动员工职业健康安全风险	主要针对人员的安全管理，主要控制设计和开发过程中会影响人员安全的因素和风险，如安全性设计，确保最大限度地降低人员使用产品的风险	设计和开发控制程序
4	7.2.2 合同的风险分析	合同签订过程中的风险有哪些、合同评审过程中应识别出相应的风险，开展风险评估、制定减轻措施	产品销售合同评审程序

续表 2

序号	风险要素	主要控制内容及要求	输出/修订文件
5	7.2.4 投标的风险分析	投标过程中的风险分析。存在哪些风险、如何识别、如何评估和处置等	投标管理与评审控制程序
6	7.3.4 设计评审的质量风险评估	设计评审过程中存在的风险，评审过程中对风险进行识别、分析、评价	产品设计评审控制程序
7	7.4 采购供货短缺风险和关键件采购风险	采购过程中供货短缺和关键件的风险控制，如何应对、如何处置等	产品采购控制程序
8	7.5.1.1 生产计划执行紧急情况的风险	控制制造过程中存在的风险（如供方中断、人力资源短缺等其他因素）如何评估、处置	产品制造进程管理办法
9	7.7.5 项目评审的项目偏差风险评估	对项目评审的项目偏差风险进行评估和控制，识别存在哪些具体风险，如何分析、评估和处置等	项目管理程序
10	7.7.8 项目管理风险	项目管理全过程的风险管理，全过程引入风险管理的理念和方法来开展项目管理	风险和机会管理程序
11	7.3.7 设计和开发变更的风险	设计和开发变更过程中的风险控制，变更的评审需要考虑风险因素，对于存在的风险未评估完或未处置完将不予进行下一阶段	设计变更管理程序
12	7.13 变更控制	人员、生产设备、作业方法等要素变更的风险控制，识别变更存在的风险，评估其影响并制定减轻措施	变更控制程序

2. 体系文件的培训与宣贯

为确保公司各部门各级员工充分熟知体系文件的要求，组织对体系文件在各个层面进行专题培训与宣贯。在质量安全风险管理委员会积极倡导与推进下，各部门、车间分别组织员工从不同层面、不同重点对体系文件进行学习、消化和吸收，逐步了解质量安全风险管理体系建设的核心目的，了解单位的质量安全风险职责，掌握风险分析方法，清晰各单位间的质量安全风险工作接口及岗位职责与质量安全风险管理的关系等。

体系建成后，由试点单位（牵引电机线圈车间）向其他车间展开，在生产制造过程全面推动。质量安全风险管理体系推行之初，遇到了很多困难：一是质量安全风险管理是我们之前从未触及过的全新命题，很多员工从感知到逐步认知，从混沌不明到思路清晰还需要一个适应的过程。二是质量安全风险管理非常专业，掌握风险分析方法、工具的人员较少，大部分员工对这些工具和方法一知半解。三是主要供应商对质量安全风险管理知识了解甚少，更不会应用有关的工具和方法来识别风险、分析和处置风险，使外供件产品存在较大的隐患，直接制约公司产品最终的可靠性水平。

针对这些问题，首先利用各种渠道，从多个层面开展宣传，如印制宣传手册，利用短信平台、LED 屏、OA 系统等大力宣传质量安全风险管理的核心思想、基本知识，强调推行质量安全风险管理的必要性和迫切性，统一全体员工的思想认识，然后邀请有关质量安全风险管理专家进行专题培训，并结合体系文件开展内部审核。为推进供应商质量安全风险管理体系建设，公司制定了专项实施计划，选取重点、核心供应商开展供应商质量安全风险管理体系推动工作。通过一段时间的集中推动，工作有了较大起色，员工的风险意识、供应商的风险意识有了较大提升。

（四）全范围推行阶段

1. 以牵引电机线圈车间为标杆，根据体系要求，在各车间全面推行质量安全风险管理

根据在试点单位（牵引电机线圈车间）推行质量安全风险管理工作经验和体系的要求，在其他车间（牵引电机组装车间、牵引电机加工车间、动车牵引电机车间、牵引电机铁心车间、动车变压器车间、牵引变压器部件车间、牵引变压器组装车间）全面展开，目前，从关键工序、特殊工序推广至一般工序，均按要求开展质量安全风险管控，每个工序根据其特点制定相应的风险识别表，在开工前须按风险识别表的要求开展风险识别，针对发现的异常开展风险分析、风险评估和处置，直到风险完全消除或降低至可接受水平才予开工。

2. 以牵引电机线圈车间为标杆，根据体系要求，在职能部室全面推行质量安全风险管理

在车间推行的同时，质量安全风险同时在各职能部室全面展开，将风险控制纳入日常工作要求实施，同时，在各关键过程环节设置风险监控点，如设计开发过程在设计评审、设计验证、设计确认各环节工作开展时，同时要识别出该过程存在的潜在风险，要对该风险的危害程度进行分析，要评估该风险的影响，必须要确保其采取措施后让风险降低在可接受的水平内才予以进行下一阶段的工作。如外包过程在实施工序外包时，同时要考虑工序外包过程中的风险有哪些？工序内部转移过程中风险有哪些？要针对这些风险进行分析、评估和处置，确保在其可接受风险等级的范围内才能实施外包活动。质量安全风险管理体系在各职能部室的有效推广可极大地降低因管理或决策工作的失误而导致

产品、过程的缺陷。

五、取得的效益和成果

自南车电机推行质量安全风险管理体系以来，员工的风险意识、质量意识，供应商的风险意识显著提高，各过程、环节抗风险能力明显增强，产品实物质量稳步提升，主要表现在以下几方面：

1. 行业内首家建立"以可靠性为基础的质量安全风险管理体系"的轨道交通零部件供应商

以可靠性为基础的质量安全风险管理体系构建完成后，公司成为同行业内第一家建立以可靠性为基础的质量安全风险管理体系的企业。在市场对产品可靠性要求越来越高的今天，质量安全风险管理体系的导入与应用，可谓是一场及时雨，其成功构建与有效实施，使公司生产制造、技术开发、采购控制等关键环节的抗击风险能力明显增强，为公司今后在市场开拓、提升"南车电机"品牌形象等方面奠定了良好的基础。

2. 提升产品设计源头质量

以可靠性管理为基础，以产品开发为控制对象，从设计源头开始导入质量安全风险管理理念、方法，强化设计输入、设计输出、设计评审、设计验证、设计确认各环节的风险控制，通过制定相关程序文件，形成设计开发全过程的风险管控模式，确保产品源头的质量安全。近两年来产品设计责任差错率明显下降。

3. 强化了生产制造过程的风险控制，提升产品合格率

用风险管理的理念、方式方法，强化了生产制造过程的风险控制，特殊过程、八防工序、关键工序和一般工序的潜在风险明显降低，作业人员的风险意识得到了强化。

近两年来产品一次交验合格率、产品一次试验合格率显著提高：从2011年的98.43%、89.6%提升到了2013年的98.99%和98.74%。牵引变压器产品从2011年的99.21%、98.9%提升到2013年的99.88%、99.54%。

潜在风险隐患明显降低：NCR统计数据显示，2009年、2010年因潜在风险未识别而导致的不合格约占不合格总数的38%，2012年、2013年，因潜在风险未识别而导致的不合格占不合格总数的11%。

4. 改进了公司的质量管理水平

以可靠性为基础的质量安全风险管理体系的成功构建，强化了公司对产品设计质量控制、工艺质量控制、采购过程质量控制、制造过程质量控制、检验过程质量控制、售后服务过程质量的监管力度。

5. 成功构建了南车电机质量安全风险管理中心，实现风险动态监控和知识共享

根据质量安全风险管理体系构建实施计划要求，结合公司实际情况，利用公司的 OA 办公系统，构建了公司质量安全风险管理中心专栏，可开展风险信息预警、风险沟通、风险动态监控等活动，各单位及时通报质量安全风险管理活动的进展情况，上传优秀案例，实现了质量安全风险管理全过程监控和知识共享。

6. 公司员工的风险意识、质量意识得到提高和深化

经过几年的推行，质量安全风险的概念和要求已经逐步深入大部分员工的思想，开工前的风险识别和设备验证已成为每一个员工每日必不可少的工作内容之一，员工对产品质量的认识逐步从只关注是不是存在缺陷逐渐上升到关注产品是不是存在潜在风险的高度。

从 2011 年引入质量安全风险管理体系至今，各项工作取得了较显著的成果，设计开发、工艺技术、生产制造、售后服务、质量管理、采购控制等关键环节对质量安全风险理念认识程度越来越高，利用开展风险培训、宣传、审核、检查、通报等手段推进质量安全风险工作，使质量安全风险管理体系运行呈现良性循环上升态势，各项产品可靠性指标稳步增长，风险隐患大幅降低。但是，离国际先进企业相比，还有较大差距，后续过程中，公司质量安全风险工作的紧迫性将更加凸显，因此，质量安全风险管理体系工作还需要长期发展，继续推进，需要持之以恒的决心和耐心，只有这样才能够持续为公司在市场开拓、合同订单的签订等方面积累更多的筹码。

轨道交通牵引装备专有技术延伸产业集团化发展战略创新与实践

南车株洲电机有限公司
2015 年 5 月

一、引言

南车株洲电机有限公司是中国南车旗下牵引电机、变压器专业化研制企业。前身为铁道部田心机车车辆工厂 1961 年组建的电机车间；2004 年，由株洲电力机车厂电机分厂、变压器分厂和株洲电力机车研究所电机部分整合为株洲南车电机股份有限公司；2006 年，整体搬迁至田心高科技园区；2010 年，升格为中国南车一级子公司。公司 2014 年实现销售收入 53.33 亿元，同比增长 31%。2015 年销售规模预计超过 60 亿元。

公司占地近 315 亩，公司注册资本 10.43 亿元，固定资产 8.92 亿元，净资产 14.24 亿元，总资产 46 亿元。现有从业人员 4500 余人，拥有工程技术人员 500 余人，其中教授级高工 29 人、中高级以上职称 300 余人。公司是我国轨道交通、风力发电零部件装备领军企业，产品市场占有率 50% 以上，是矿山、电力、冶金、石油、防爆机械等工业特种电机产品专业化研制基地。在江苏大丰、内蒙古包头、四川成都、广东番禺设立四家全资及控股子公司。公司组建了湖南省轨道牵引电机工程技术研究中心、国家风电技术研究中心电机研究室、国家级检测试验站、电气绝缘电力设备国家重点实验室，2014 年成功跻身"国家技术创新示范企业"序列，获得国家认定企业技术中心称号。

二、实施背景

2010 年，南车电机升格为中国南车一级子公司，企业定位为轨道交通装备核心部件供应商，承担着将轨道交通牵引装备产业做强做优的历史任务。同时，南车电机积极探索和扩展专有技术延伸产业，在风电、高效节能型电机、民用变压器等方面取得了较好的业绩，在此基础上，企业制定了百亿企业的战略目标。这一时期，南车电机实行的是扁平化的组织架构，对各产业实行垂直的职能管控，在资源利用上有比较优势，可以保持产业的稳定，但不利于各产业，特别是专有技术延伸产业的市场化进程，难以支撑企业的发展战略。南车电机为实现百亿梦想，深入思考转型升级，潜心研究发展模式，以专有技术为基础，采用资本运营的方式，扩展产业链和产品线的内涵和外延，成立控股子公司，建立差异化的集团管控模式，开创南车电机集团化发展道路，推动企业战略落地实施。通过这几年的实践和成果检验，南车电机集团化发展取得了明显的效果，销售规模从2010年的30亿元增长至2014年的50亿元，产业布局辐射范围扩散至全国范围，产品结构进一步丰富，市场风险的抵御能力稳步提升。南车电机实施集团化发展是企业转型升级的现实需要和必然选择。

（一）以资本运作的方式搭建集团架构是南车电机的必然选择

南车电机的集团化开始主要通过资本运营的手段，搭建集团架构，成立控股子企业。资本运营的目标是尽量高效地利用现有资本实现更多的利益，根本的手段是通过资本的流动创造价值。流水不腐、户枢不蠹，资源如果不能得到合理的利用，将变成低效无效资产。南车电机近年来资产不断增长，如果在一个增量的资产上，现有业务的规模不能实现扩张，也没有新业务的注入，企业将出现资产利用效率不足的问题。因此，开展资本运营，盘活存量资产，是南车电机可持续发展的必然选择。

（二）南车电机已经具备实施集团化发展和管控的基本条件

南车自成立以来始终保持高速发展，企业规模和利润持续增长，在轨道交通、风力发电、工业特种电机及变压器等领域积累了丰富的行业经验和技术。同时，中国南车也在政策、资金、渠道、方法等各方面给予了高度重视和大力支持。这些都为公司推进集团化管控创造了有利条件。

（三）既有产业结构和商业模式已成为阻碍公司战略目标达成的主要因素，集团化发展是现实需要

南车电机规划在2020年做到100亿的收入规模，分析公司产业发展现状，南车电机主营业务为铁路及风电产品，营收占比达90%以上，“单一”业务占比过高，产业结构较不合理，企业发展受市场及政策影响较大。由于近十年来国家大力发展铁路和风电产业，相关产品需求急剧膨胀，整个行业得到了快速发展。但这轮增长是典型的政策拉动型增长，在规模快速扩张的过程中，也积累了许多深层次的矛盾和问题。仅2011年，受铁路行业政策调整影响，南车电机在轨道交通产业领域出现剧烈波动。另外，由于近几年风电产业过热发展，使得风电产业面临重新洗牌和政策调整，南车电机永磁直驱风电的生产面临巨大困境。在政策驱紧、需求下降、生产成本上升的复杂形势下，铁路和风电产业进入高成本、低盈利的时期，单纯依靠铁路和风电产业难以支撑南车电机实现100亿企业的战略目标。同时，产业发展在原有的架构内自生活力不够，难以持续。为进一步激发组织活力，推进产业深度参与市场化竞争，必须调整优化产业结构，推进产业的实体化，这是南车电机降低运营风险、保障公司战略目标达成的现实需要。

三、成果内涵

本项目主要内容是以资本运作为主要手段，重新构建以控股子公司为载体的专有技术延伸产业发展平台，系统设计组织架构、业务流程、权限边界、经营责任、业绩评价等环节的管控方式，坚持权责利得匹配，突出差异化管控特色，最终实现集团化协同发展。在初期的资本运作阶段，南车电机始终坚持中国南车的战略指引，努力切合集团内部业务重组需求，推动集团内部电机产业转型升级；坚持机电一体化战略，在既有产业和技术基础上，深入挖掘内涵，大力扩展外延，寻求产业链和产品结构的升级。在后期的集团管控阶段，南车电机充分借鉴先进企业的管理经验，结合自身实际情况，从管控体系入手，制定纲领性文件《子公司管理办法》，制定支撑性文件《子公司资产经营责任制考核办法》《外派人员管理办法》《子公司薪酬及工资总额预算管理暂行办法》和《子公司高层管理人员薪酬管理暂行办法》。体系文件充分考虑子公司股权构成情况，突出全资、控股以及混合所有制经营的差异化管控特色，以权限清单的形式划定对各子公司的管控深度和幅度，考核指标的设置也遵循差异化原则，既体现公平，又强化管控。南车电机还在建立适应集团化管控的信息平台。

四、主要做法

南车电机集团化发展道路主要分为两个部分，一是集团化架构的搭建，主要是通过资本运作，重新构建产业发展平台，成立控股子公司，同时改造职能管理部门；二是集团化管控体系的建设，主要是出台管理体系文件，建立子公司法人治理结构，规范母子公司业务流程并实施。

（一）集团架构的搭建

如图1、图2所示，从组织机构的变更可以看出集团化发展形态已基本成型。南车电机集团化进程从产业扩张开始，一是在整固既有产业的基础上，推动一体化进程。纵向加速产业链前伸和后延，横向并购重组同类型企业，扩大企业规模，优化资源配置，最终实现产业链竞争力提升。二是通过聚焦产业拓展，瞄准“智能、绿色、环保”等新兴技术延伸行业，努力推动企业有限多元化，

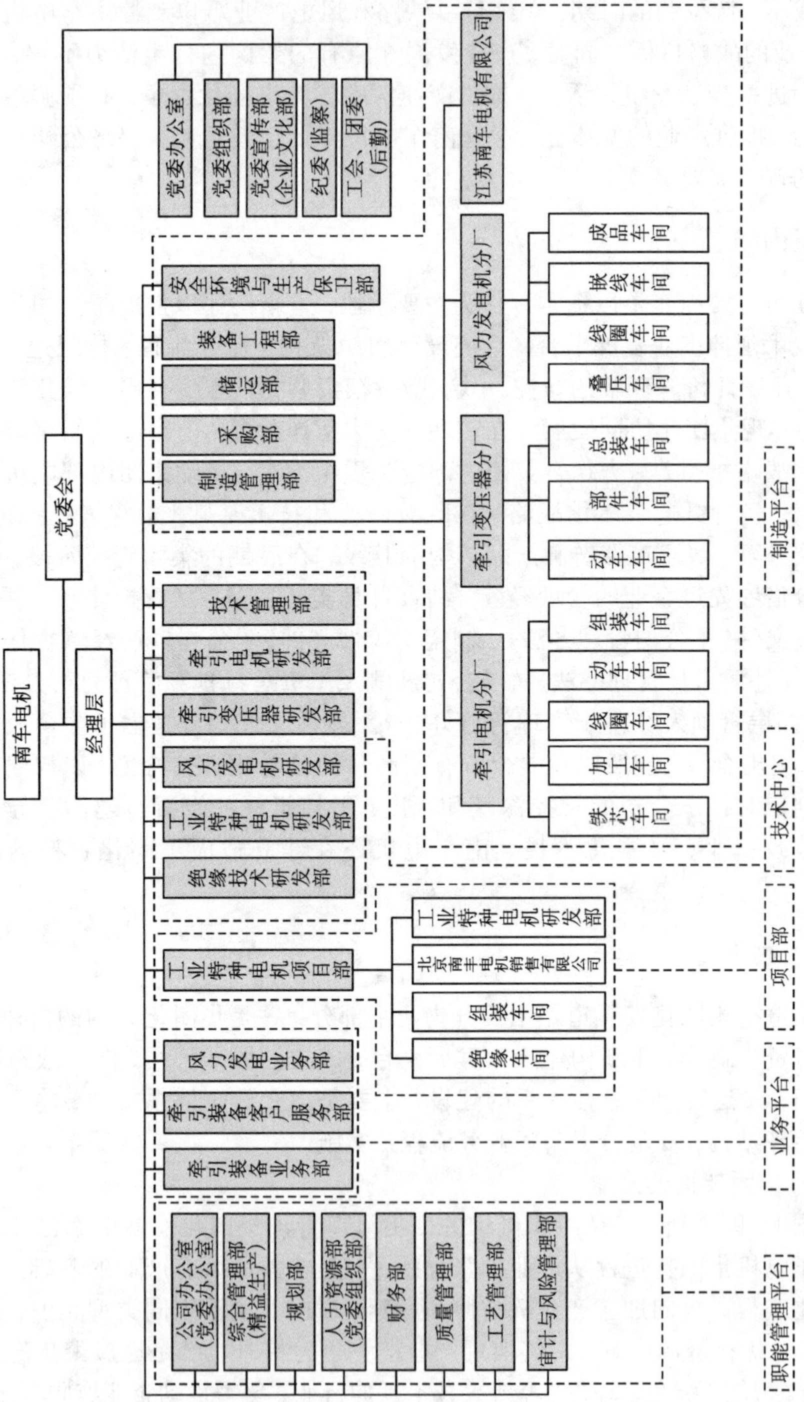

图1　南车电机2010年组织结构图

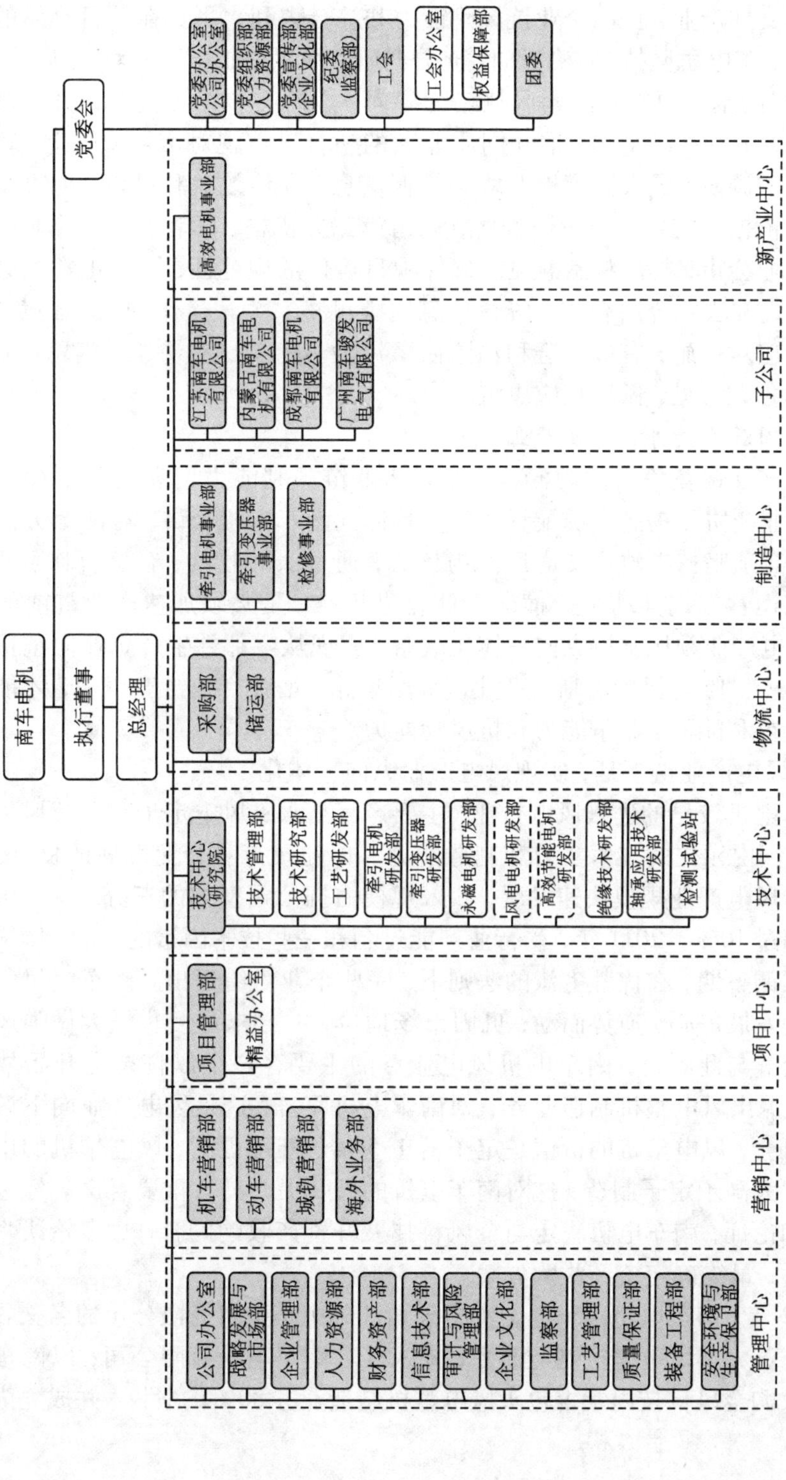

图2　南车电机2014年组织结构图

打造新的支柱产业，提高企业抗风险能力和综合盈利水平。在项目具体的实施过程中，南车电机坚持“明确方向、充分调研、科学论证、规范运作、风险可控、民主决策”的基本原则。强调以战略为导向，以既有技术为支撑，对产业链前伸和后延，丰富产品结构，推动同质业务的整合。重视对市场、行业、政策及目标企业的调研，最大限度地获取和掌握信息，评估效益和风险，为决策提供最基本的依据。完善评审论证程序，邀请第三方机构、学者、专家等对调研结果进行专业会审，提出权威意见。确保项目运作的规范性，履行正常和必要的程序，方式方法要合法合规，资料信息完整可查。关注运作和后续经营风险，制定风险应对措施，有效规避和消除隐藏风险。落实民主决策，集思广益，听取和采纳各方意见，做出相应决定。

1. 整固既有产业，增强产业链竞争力

增强产业链竞争力的内涵，就是以产业链盈利能力增强企业生存发展能力，以产业链协作提高资源配置效率。具体到南车电机来讲，有两个方面的内容，一是必须坚持以轨道交通产品为核心，通过兼并收购、合资合作、产业合作等资本运营方式推动企业横向一体化进程；二是必须加速产业链前伸与后延，在风电产业领域坚持纵向一体化战略，实现从零部件生产企业向整机生产企业的转变。唯有保持清晰的产业链战略思路，增强产业链竞争力，才能持续提升企业盈利能力、竞争能力和抗风险能力。

(1)风电产业链下延，实现风电产业纵向一体化。

南车电机较早的进入风电行业，主要产品是永磁风电定子和双馈风力发电机，拥有国内领先的技术实力和制造能力。伴随政策和行业发展的良好态势，南车电机风电产业规模快速发展，收入规模占据公司整体的三分之一，国内市场份额超过10%。2011年，受行业产能过剩和一些技术因素的影响，国内风电市场进入调整期，在优胜劣汰的法则下，一些企业纷纷退出。南车电机坚定风电产业的发展信心，逆势而动，巩固市场地位，并寻求进一步做大做强风电产业的机会。与此同时，南车电机风电业务的主要客户金风科技也开始战略转型，逐步退出风电整机制造业务。对南车电机而言，这是风电产业向下游延伸的绝好机会，风电整机的价值是定子的1.5倍，甚至更高，风电整机的市场影响力也大大高于定子制造，这对南车电机的品牌提升具有重要意义。经过全面的调研和论证，南车电机决定与金风科技展开资产收购的合作，多轮谈判和三方评估后，最终确定资产收购方案。

2012年，南车电机以下属全资子公司江苏南车电机有限公司的名义收购金风科技江苏大丰风电整机制造业务，并入江苏南车电机有限公司；以南车电机的名义收购金风科技内蒙古包头风电整机制造业务80%的股权，并成立内蒙古南车电机有限公司。上述收购总金额为2.6亿元，2013年，南车电机风电业务收入超过17亿元，其中因整机收购带来的收入规模约7亿元。未来，风电产业的前景依然看好，风电整机收购的意义远不止目前看到的规模增长，对南车电机的全国布局、产业升级、风险应对等影响深刻。

（2）重组成都电机，推动轨道牵引电机产业横向一体化。

在生产要素成本上升、市场竞争日益激烈的当下，以资本运营为手段，整合电机相关企业，扩大经营规模，优化资源配置是提高南车电机竞争力的有效手段。通过横向一体化，实现电机产品规模效应，快速获得互补性的资源、能力和稳定的客户关系，降低产品和运营成本，遏制竞争对手的扩张意图，能够维持公司的竞争地位和竞争优势。

2014年，中国南车以成都公司为试点，进行资源整合和拆分。南车电机作为集团内优势企业，根据集团要求，沿着产业链和业务单元整合原成都公司电机业务板块，成立全资子公司。同时为实现区域及产品特性的市场营销策略，中国南车确定将资阳公司和戚机公司机车业务全部交由成都电机配套，完成了中国南车在西南地区的重新布局。通过横向一体化整合成都公司电机业务板块，南车电机已构建覆盖内燃机车、电力机车、动车、城轨地铁等全体系的轨道牵引电机产业平台。

重组后，南车电机应以既定整合框架为基础，通过完善子公司管控体系，优化平台资源配置，提升产业链协作能力，努力使规模效应显现。

2. 瞄准“智能、环保、绿色”产业，实现有限多元化经营

“以轨道交通为原点向外扩展渗透新业务，探索新的商业模式”是南车集团提升跨行业发展能力的主要方针。具体到南车电机来说，我们必须坚持轨道交通产业，在做强、做优现有产品线的基础上，以行业管理经验和技术积淀为依托，向技术相关领域进行资源延伸，通过开拓新产业，实现有限多元化经营，提高企业风险抵御能力和整体盈利能力。

（1）探索混合经营，发展变压器延伸产业。

2013年2月，国家发改委发布的《战略性新兴产业重点产品和服务指导目录》中，明确铁路专用牵引供电系统、高速铁路牵引供电、城市轨道牵引供电系统、城市轨道车辆再生制动地面吸收装置、风电变压器、风电变流器、智能变压器、整流器和电感器等产品是国家战略性新兴产业重点发展的细分产品。南车电机作为中国南车旗下唯一的变压器专业制造厂家，更应该响应集团“做好资源延伸”的要求，立足轨道交通领域，在做优、做强轨道交通系列变压器的同时，将产业延伸至风力发电、工业整流、煤炭等与南车产业链覆盖领域的高端特种变压器市场，符合国家新兴产业发展规划，也符合中国南车及南车电机战

略发展的需要。

广州骏发电气有限公司作为中国环氧树脂浇注干式变压器六强企业，是变压器国家标准和行业标准的起草单位之一。企业具备与国际接轨的先进的环氧树脂浇注干式变压器核心技术，在铁路、地铁等轨道交通变压器市场有一定的资质和业绩。经过深入调研，我们认为南车电机与广州骏发电气有限公司具有高度的战略协同性和资源互补性。2014 年 10 月，公司投资 1 亿元控股广州骏发电器有限公司 60% 股权，成立广州南车骏发电气有限公司，通过与优势企业强强联合，南车电机承接了广州骏发在中国变压器行业长期积累的品牌和核心竞争力，通过获取环氧树脂浇注干式特种变压器成熟的技术、市场和制造平台，完善了南车电机的变压器产业体系。同时，绕过铁路、地铁等轨道交通变压器较高的行业壁垒，使我公司变压器产业至少提前 5 年实现轨道交通特种变压器市场大面积覆盖，为南车电机成为国内高端轨道交通系列变压器(类)产品的一流企业打下了坚实的基础。

(2)聚焦新能源汽车，打造下一支柱产业。

当前世界经济仍将延续缓慢复苏态势。为稳定和促进经济增长，抢占经济科技制高点，世界主要经济体都进入了空前的创新和发展新兴产业时代，把突破核心关键技术、推动新能源等战略性新兴产业发展作为新的经济增长点。瞄准并开拓“智能、环保、绿色”新兴产业，寻求产业突围也必然是南车电机转型升级的重要举措。

随着新能源汽车产业利好政策密集出台、补贴力度和推广强度的不断加大，未来新能源汽车有望成为国家“低碳经济”最重要的着力点，同时也将成为国家经济重要的新增长点。“十三五”期间，国家新能源汽车产业有望迎来爆发性增长。同时，集团最新修订的“十二五”战略明确把新能源装备和电传动及工业自动化列为重点发展的新兴产业，南车电机响应中国南车发展战略的总体要求，经过深入调研，确立了新能源汽车产业发展的方向。

通过选拔技术、市场方面精英，南车电机成立了新能源汽车产业市场拓展小组，举公司之力，全力拓展新能源汽车市场。在充分调研和请示集团批复后，南车电机决定与宁波菲仕运动控制技术有限公司、宁波南车产业基地开发建设有限公司合资组建宁波南车电机有限公司。以南车电机在轨道交通和风电领域和的技术积淀为依托，吸收意大利菲仕先进的永磁电机和运动控制技术，丰富公司产品线，完善产业结构，打造南车电机又一支柱产业。

以子公司为单位的传统的资源利用方式已做到了极致，“由‘资产经营型’向‘资本经营型’转变”是中国南车变革内部资产管理方式，对集团内优势企业提出的新要求，也是南车电机应对中国经济新常态，保持企业竞争力和可持续发展能力的必然选择。通过资本运作项目的实施，南车电机产业发展路径已经逐渐清晰，延伸产业以子公司实体经营将是南车电机后续发展的主题。接下来要面对的是如何发挥集团管控的效应，促进母子公司协同发展。

（二）集团管控体系建设

南车电机控股子公司已经达到 4 家，有全资控股的江苏公司和成都公司，有绝对控股的内蒙古公司，还有与民营企业合资的南车骏发公司。未来还可能与外资企业建立合资公司，甚至海外子公司等。南车设立子公司的目的是发挥子公司的自主经营权，激发组织活力，促进企业整体效益的增长。面对股权构成、业务形态、地域文化等差异明显的众多子公司，南车电机加快集团管控能力的建设，理清母子公司之间的各种关系（如无特殊说明，下述中母子公司之间的关系包括母子公司、子公司和子公司之间的关系），解决发展过程中的资源分配矛盾，共享发展经验和成果，以凝聚母子公司的力量，产生协同效应，创造额外价值。

1. 母子公司协同理论探究

南车电机对母子公司协同的概念作了系统的论述，将母子公司协同归为三个方面，战略协同、业务协同和文化协同。战略协同是指子公司的发展符合母公司的战略发展要求，并且实现母公司制定的战略目标。业务协同是指研发、采购、制造、营销、人才、财务等以管控为基础，相互影响、相互促进。文化协同是指母子公司有共同的价值观、企业精神、经营理念、品牌，并且得到员工的广泛认同。战略协同是方向，业务协同是保障，文化协同是目标。由于母子公司的业务衔接各有差异，因此在具体业务的管控上应当进行区分，可以根据实际情况强化或弱化某些业务的管控，但战略和文化的管控必须具有一致性。母子公司协同效应的意义重大，是实施集团管控的主要目的。

如何实现母子公司的战略协同、业务协同和文化协同？母子公司之间的业务衔接很多，在这些具体业务衔接过程中，企业要准确识别、把握甚至创造协同机会，在此基础上构建和完善协同的机制。

（1）母子公司共同参与战略目标和发展规划的制定和执行

南车电机从企业愿景和战略目标出发，制定发展战略，然后分解制定业务战略以及职能战略。在战略设计阶段，南车电机与各子公司进行了大量的沟通和指导，反复讨论达成共识。在战略执行阶段，保持对子公司的有效监控，确保用来实施战略的经营计划被有效地执行。实际上，每个子公司的战略都不是完全基于其自身的需要来设计，而是由总部站在全局的角度来确定，这种角度就是协同，这种战略设计的出发点就是战略协同。

若总部制定的战略不被子公司认同，说明子公司对自身行业有不同的认识，需要与总部做进一步的沟通。而战略没有被有效执行，一方面是总部的支持和监控不够，另一方面是子公司的营运能力不足。子公司战略确定下来后，作为战略执行者，子公司要将战略分解成年度经营计划，按照上下沟通一致的经营计划去逐步实现战略目标。每个子公司执行战略都是要有资源支持的，而母公司的资源毕竟有限，不能保证充分满足各子公司自身的需求，母公司则从总体价值最大化的角度出发，决定投入重点和及发展方向，并控制业务发展轻重缓急的节奏。

(2)建立健全母子公司业务对接的机制。

母子公司在投资、运营、财务、审计、人力资源、信息甚至研发、营销、采购等具体业务上的相互影响和相互促进。子公司处在市场的第一线，在对市场的认知和判断上必然与母公司存在差异，南车电机对此保持一种学习的心态，在这场一直持续下去的博弈中不断调整来追求管控的合适度，只有做到了这一点，协同效应才可以达到。因此，南车电机将协同理解成纵向双向作用和横向双向作用。

纵向双向作用指母公司对子公司的管控，相对的，子公司对母公司也有反哺作用。在对子公司的管控上，南车电机制定出台了《子公司管理办法》等一系列文件，并通过这种权限划分来调整对子公司管控的深度和强度，差异化的管控也由此产生。子公司的反哺作用，顾名思义，子公司也有其先进的管理方法、技术手段、客户资源等资源，通过母子公司的业务磨合，将先进的、有价值的资源传递到总部，支持总部的价值创造。横向双向作用指的是子公司之间的相互影响和促进，子公司各有所长各有所短，借助一些平台或者机会，通过相互的学习交流，取长补短，达到子公司之间的协同效应。

(3)将总部企业文化以管理活动为载体渗入子公司的企业文化当中。

企业文化的导入是一个长期的、循序渐进的过程，不能一蹴而就。只有让子公司员工理解并发自内心认同和接受，才能使母子公司企业文化及核心价值观趋同，管理也更得心应手。南车电机将文化协同视为集团管控的终极目标。

2. 集团管控体系文件

南车电机集团管控体系文件的构成主要有：纲领性文件《子公司管理办法》(含母子公司权限清单)，支撑性文件《子公司资产经营责任制考核办法》《外派人员管理办法》《子公司薪酬及工资总额预算管理暂行办法》和《子公司高层管理人员薪酬管理暂行办法》，这些文件的出台经过多次讨论研究，充分征求了子公司的意见。集团管控体系文件主要强调和遵循了四个方面的原则，一是合法合规，二是对接南车总部，三是经营实际，四是逻辑关系。

(1)合法合规是指这些文件在起草时考虑了《公司法》《劳动法》等国家法

律的相关条文规定，也考虑了南车总部对子公司的管控制度的要求，在对合资公司进行管理时，强调了《章程》的基本作用。南车电机对全资和合资子公司在管控方式的差异性上做了深入的研究，在文件中对全资子公司的管控以股东授权为基础，子公司与总部职能部门直接对接，子公司的重大事项和相应决策程序直接受总部职能部门管控或监督。合资子公司受股权结构影响，其权力机构主要是股东会、董事会和监事会（以下简称“三会”），从法理上来说总部不能直接对合资子公司的经营进行直接干预，所以转而通过对“三会”的控制来达到对子公司重大事项和经营决策的管控。南车电机在程序设计上强调的是对派驻的股东代表、董事、监事和高级管理人员的管理，派出人员要按照所赋予的权限以个人或股东方派驻团体的名义履行重大事项及其他规定业务的决策程序。

（2）对接南车总部是指体系文件内容的编写上参考了南车总部的既有制度，保证南车总部的管控模式、思路和重点在更下一级的传递。

（3）经营实际是指上述体系文件的制定一方面有参考南车总部的既有制度规定，但同时，我们在具体内容和管控项点上结合了公司的经营实际情况，并且努力创新。《子公司管理办法》对各子公司的权限区分设置。

表1　某全资子公司权限清单部分内容

序号	主要业务或事项	提案	审核	会签或会审	审批	批复	备案
3.3	财务决算（年中、年度）报告	子公司			子公司		财务部
3.4	财务快报	子公司					财务部
3.5	利润分配方案和亏损弥补方案	子公司			子公司	财务部	
3.6	月度资金计划	子公司			子公司		财务部
3.7	银行开户	子公司			财务部		中国南车
四	人力资源管理						
4.1	年度人力资源规划	子公司			子公司		人资部
4.2	定岗定编方案及调整方案	子公司			子公司		人资部
4.3	年度用工总量计划和人员结构	子公司	人资部		主管副总		人资部
4.4	年度培训计划	子公司			子公司		人资部
4.5	中高层以下人员招聘	子公司			子公司		人资部
4.6	高层干部任免、辞退及调动审批	人资部	主管副总/总经理		党委会		人资部

表 2 某合资子公司权限清单部分内容

序号	主要业务或事项	提案	审核	会签或会审	审批	批复	备案
1.1.9	公司合并、分立、解散或变更公司形式	子公司董事会			子公司股东会		
1.2	董事会决议事项						公司办、企管部
1.2.1	经营目标和投资计划	子公司总经理			子公司董事会		
1.2.2	聘任或解聘公司总经理，总经理报酬				子公司董事会		
1.2.3	聘任或者解聘公司副总经理、财务负责人，上述人员报酬	子公司总经理			子公司董事会		
1.2.4	内部管理机构设置	子公司总经理			子公司董事会		
1.2.5	公司基本管理制度	子公司总经理			子公司董事会		

如表 1、表 2 所示，母子公司权限设置按照各子公司的经营实际进行了单独设计，即每个子公司单独制定权限清单，权限清单由公司执行董事签署，定期(年)调整。全资子公司权限清单对子公司和总部单位有效，合资子公司权限清单对派出股东代表、董事、监事、高级管理人员和总部单位有效。权限清单的出台使得母公司职能部门与子公司之间的业务流程更加清晰，工作更加便利，有效地提升了工作效率，也加强了实际管控。《子公司资产经营责任制考核办法》建立了年度资产经营责任制考评指标库，各子公司考核指标保持一致，在考评指标的设置上根据各子公司的业务范围和经营重点，从考评指标库中挑选出 4 至 5 项总部重点关注的指标进行考评，避免了指标繁杂、不匹配，子公司难以兼顾等问题，突出了子公司当年的经营重点难点，有利于短板指标的改进。

(4)逻辑关系是指体系文件环环相扣，《子公司管理办法》是纲领，规定了重点管控项点，引出了其他支撑文件；《子公司资产经营责任制考核办法》是对子公司经营业绩的直接评价；《子公司薪酬及工资总额预算管理暂行办法》和《子公司高层管理人员薪酬管理暂行办法》承接《子公司资产经营责任制考核办法》，兑现子公司经营业绩考核结果。《外派人员管理办法》是子公司管控体系的重要组成部分，规定了派出人员的选聘、考核和评价程序。

3. 集团管控能力提升

集团管控的重要内容是最大限度地发挥母子公司协同效应，促进母子公司共同发展。

(1)加强各项职能的管控，以《子公司管理办法》为基础，充分发挥职能部门的指导、服务和监督职能，各职能部门要立足本专业，发散思维、拓宽视野，在与子公司进行业务衔接时要从全局出发，掌握方法，对不符合公司整体利益的事项要据理力争，逐步提升总部各职能部门的信心。健全集团管控模式下的组织机构，理顺总部职能管控和子公司法人治理的关系，快速提升业务人员的能力，不断检验和改进资产经营责任制考核办法机制，同时，建立子公司对总部职能部门服务的评价机制。加快信息化的建设，搭建统一的子公司信息管理平台，在这个平台上，子公司按时填报相关的数据信息，总部职能部门对数据信息进行及时的分析并报告。要提供稳定和畅通的交流平台和渠道，学习和推广先进知识，促进共同提高。

(2)通过派出人员推动子公司的规范运作。各子公司要清楚总部的管控模式，总部派出人员要通过定期的汇报制度与公司领导报告经营动态。总部通过向子公司外派一些关键人员来传递和执行母公司的意志。建立定期轮换的机制，母子公司之间可以相互交流人员，子公司和子公司之间可以进行一些领导干部的轮换。

(3)加强总部配置资源的能力。总部掌握着子公司所需的权限、资金、人才、技术、客户等重要资源，在有限的资源中，不应是哪个子公司跟总部职能部门的关系好就能获取更多的资源，这势必会造成资源的浪费。必须要通过一些措施来合理配置资源，既要体现公平，也要适当激励。应注意的是，子公司之间的相互联合对总部来说可能导致管控失效。

(4)促进母子公司的文化协同。第一是通过总部管理制度的移植来导入，总部要直接参与子公司的制度体系建设，将总部的管理理念融入子公司的制度当中，既可以实现业务上的衔接，又可以实现文化的初步导入。第二是通过派出人员的管理行为来推广，派出人员要对总部文化有深刻的认同，在派驻企业履行各自职责时，通过制度建设、管理风格践行和推广总部文化。第三是通过有效的宣传来提升，我们对企业文化中的 VI(视觉识别)、BI(行为识别)有统一的要求，一定要贯彻到底，还要注意宣传的方式方法。第四是通过包容来消除文化冲突，母子公司文化冲突不可避免，我们应该以包容的态度，取其精华，相互借鉴，促进企业文化的协同。

五、实施效果

南车电机集团化发展成果显著，主要表现在以下几个方面。

（一）经营模式转型升级

南车电机通过集团化发展道路的实践，逐渐探索出一条具有自身特色的集团管控模式，在经营模式上实现了重大突破，并努力实现企业由资产经营型向资本经营型转变。

（二）产业结构调整升级

目前，南车电机轨道交通产业、风电产业、高效电机产业、民用变压器产业并存，各产业内部产品结构也日益完善，轨道交通产业延伸至内燃机车、线路变压器，风电产业延伸至风电整机制造，高效电机延伸至系统集成。产业和产品结构的调整，为南车电机后续发展奠定了良好的基础，也提高了抵御市场风险的能力。

（三）企业规模换挡升级

南车电机2010年销售收入为30亿元，至2014年末销售收入已经突破50亿元，这其中专有技术延伸产业集团化带来的增长贡献超过30%，企业规模已经进入一个新阶段，南车电机百亿目标更进一步。

创新价值链成本管理理念
实现全项目周期精益成本管控

南车株洲电机有限公司
2015年5月

一、引言

南车株洲电机有限公司系我国铁路干线电力机车、动车组和城轨车辆用牵引电机、变压器制造的骨干企业，也是工业特种电机、风力发电机的科研和生产基地。公司推行“技术领先”差异化战略，2014年是公司“十二五”规划的关键之年，是内外部形势喜忧参半、经营环境复杂的一年。既有轨道、风电板块主业市场需求回暖的发展机遇，也面临客户大幅降低产品价格、货款结算机制造成存货、应收账款双高、成本要素刚性增长和“保增长”的巨大经营压力，在经济上行动力和经营下行压力并存的环境下，转型阶段的业绩增长压力加剧，如何通过战略创新实现健康、持续、快速发展是关键。

公司为适应激烈的市场环境，满足精益管理和客户需要，解决传统成本控制始终围绕内部制造环节实施、成本压力未有效分解等问题，在发展战略目标的推动下，通过一年多的系统开发与实施，构建了深化精益管理的价值链成本管理系统，并取得了阶段性成果。

二、实施背景

随着城市化、节能减排进程的加快，公司的轨道交通、风电、高效节能产品进入了快速发展的黄金时期，挑战与机遇并行，市场对产品技术、质量、服务等要求日益提高，国内各行业全面进入产能过剩，民营企业与社会资本正逐步进入，且大部分产品每年销售价格出现下降，为确保公司的核心竞争力，就如何提升产品质量，整合作业流程和企业价值链以降低产品成本，迫切需要通过价值链成本管理来提高公司成本竞争力。2014年，公司积极响应集团公司的“双效南车”的要求，以“保增长、提效益”为指导思想，深化落实“开源节流、降本增效"，将做强、做优中国南车电机、变压器产业及专有技术延伸产业为战略使命，在严峻的外部市场形势下，公司成本工作始终围绕"业财融合"，结合"全员市场投入活动"，在多年运行作业成本管理的基础上，大力探索成本价值链管理，获取全方位低成本竞争优势，深化精益成本管理，力争形成产品成本竞争力，在市场竞争中脱颖而出。

（一）公司战略推动实施价值链成本管理

公司中长期战略发展目标是2020年销售规模达到100亿元，新产业收入占总收入的50%，实现全价值链增值。随着销售规模不断扩大，公司原有收入结构和产品结构由路内产品主导转向市场产品主导，市场的竞争态势由产品竞争逐渐转化为价格竞争、质量竞争、服务竞争，以及整个企业软实力和价值链的竞争。在此背景下，公司需要通过控制全流程产品成本，整合企业价值链和作业流程，从而提升公司的核心竞争力。

（二）作业成本管理系统支持价值链成本管理

公司原有的传统成本管理模式无法适应精益管理的要求，主要表现在：集中关注产品制造成本，未从整个企业价值链的角度关注产品全过程成本；成本事前规划不足，缺乏标准成本模型，无法有效地进行成本控制；成本核算停留在事后计算，且存在成本信息扭曲现象等，难以为生产、营销等方面的决策提供支持。

作业成本管理是在准时制和精益生产的制造环境下逐渐发展起来的，它从确定作业的成本动因开始，将工作的重点放在如何改进设计和生产过程上，而不是盲目地增加投资改进设备来调整成本费用的结构，使得产品在制造和销售阶段都能够得到适时、有效的成本控制，这与精益管理的思想高度统一。公司从2008年起，提出并构筑"构建面向精益管理的作业成本管理系统"，已取得显著经济效果。

（三）公司精益管理理念为价值链成本管理创造了有利环境

以精益管理理念为指导，按作业动因寻找合理的作业成本分配标准，实现精细化成本核算，同时实现事中信息实时反馈与执行控制、事后全面分析考核，为公司的采购、生产、销售、投资、人力资源等多方面决策提供强力支持，优化了公司成本管理运行环境，促进公司核心竞争力的培育。在成本管理功能定位上，以精益管理为导向，分解拓展实施管理改进的内涵，其体系的模型如图1所示。

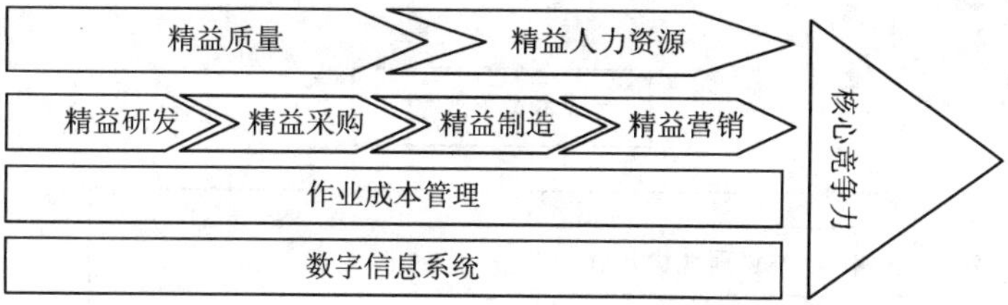

图1　公司精益管理体系模型

三、项目内涵

在市场经济条件下，一方面公司内部的管理机制必须服从于提高效益；另一方面公司外部激烈竞争不断挤压公司的生存空间，部分产业出现收入和成本“倒挂”的窘况，目前公司的成本竞争力不明显，这些促使公司必须立于战略的高度重新审视降低成本的意图和方法。

（一）价值链成本管理概念

价值链成本管理是以价值链管理和战略成本管理等理念为先导，以价值链分析和成本动因分析为手段，全面收集、分析和利用价值链上各环节的成本信息，通过推行和实施全价值链成本管理工具和方法，优化企业价值链，降低企业价值链各环节成本，实现总成本最优，提升企业长期竞争优势（见图2）。

（二）价值链成本管理内涵

价值链成本管理有两层含义：一是企业的成本管理要围绕企业的竞争战略来开展，站在战略的高度来考虑企业的成本，并深入到战略层面寻找影响企业成本高低的深层次原因，对战略成本动因进行分析、管理和控制，形成企业成本的长期竞争优势；二是企业的成本管理要有利于价值链的构建和优化，不仅要考虑企业自身的利益，还要关注企业与价值链相关企业之间的链接关系，如供应商、经销商、客户等，通过合作实现共赢。

（三）价值链成本管理特点

价值链成本管理首先拓展了成本管理的时间范围，向前扩展到研究和产品设计阶段，向后扩展到产品销售、售后服务以及顾客使用阶段；其次，价值链成本管理拓宽了成本管理的空间范围，从企业内部扩展到整个价值链，关注价值链上供应商、销售商、顾客及竞争对手情况，从而制定相应的成本管理战略和竞争战略，使企业在价值链中占据优势地位；最后，价值链成本管理既站在战略的高度考虑企业的成本，又深入作业层次，进行成本动因分析，消除不增值作业来降低成本，赢得竞争优势。

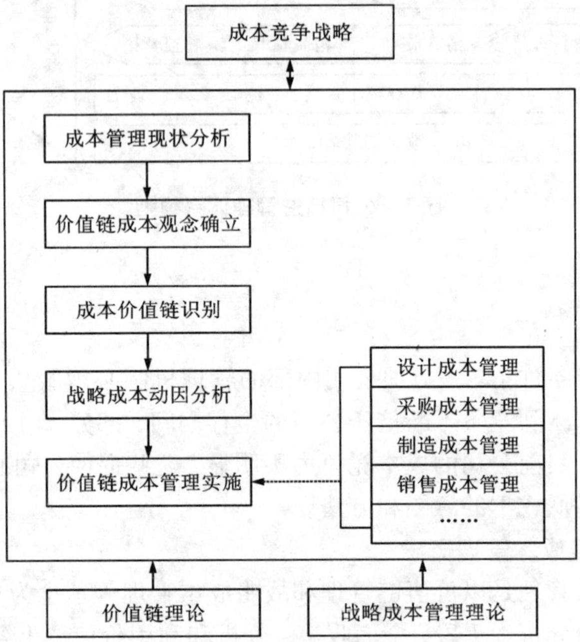

图2　价值链成本管理框架

四、实施目标

公司构建价值链成本管理是深入战略的高度来考虑公司的成本，并深入战略层面寻找影响公司成本高低的深层次原因，对战略成本动因进行分析、管理和控制，以获取成本竞争优势，提高经济效益、增强价值创造能力和提升核心竞争能力。公司构建价值链成本管理的目标包含基本目标和管理效能目标两个层次。

（一）系统建设的基本目标

系统建设包括计划、控制、核算、分析与考核于一体的闭环成本管理体系；建立战略成本动因分析体系；实现设计成本管理、采购成本管理、制造成本管理等多级成本管理，并建立公司与部门及员工的成本节约分享机制；通过价值链成本精细化核算实施实时监控；建立预警平台，对成本异常进行预警提示，并为公司经营决策提供多维的成本信息支持。

（二）系统管理的效能目标

（1）有效实时的成本费用管理现状评估，确保预算完成；

(2)识别成本价值链，全面反映战略成本动因，支撑精益生产体系建设，促进产能的合理安排，提高盈利能力；

(3)基于对成本中心的成本核算，量化和细化成本控制主体工作效果，为明确责任，深化绩效考评提供客观依据；

(4)全员全过程的价值链成本控制体系运行可充分利用内外部资源，发挥公司内外部的协同作用，实现"1 + 1 > 2"的规模效益目标，实现公司总成本最优。

五、主要做法

根据系统设计方案，围绕环境营造、机制建设、系统建设三条主线，按照总体部署、分步实施的原则，组织价值链成本管理系统构建方案的实施(见图3)。

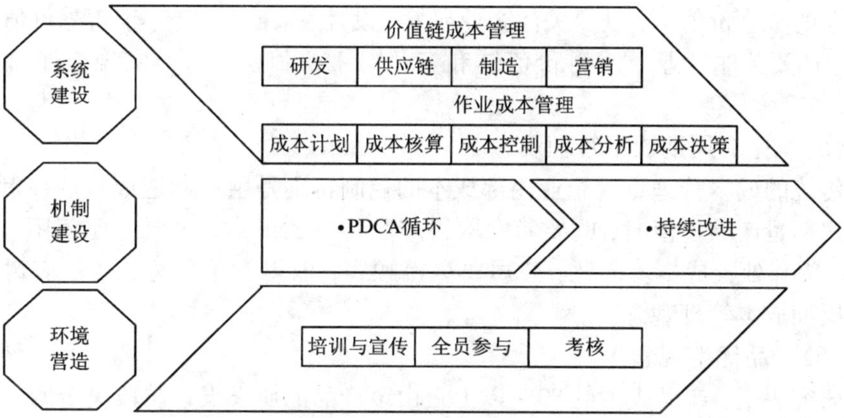

图3 价值链成本管理系统实施的三条主线

(一)营造良好的系统实施环境确保实现目标

1. 加强员工培训，转变成本控制理念

价值链成本管理作为现代成本管理模式，与企业传统的成本管理模式有着本质区别，且实施涉及面广，参与人员多，推广难度大。

公司利用例会、宣传报道、培训讲座、调研走访等多种形式帮助公司管理者和各层级员工在有关成本管理理念、观念上及时转变和更新，并通过资源分配、业绩评估等其他管理手段予以强化和保障。

(1)成本效益观念。

传统成本管理通常以降低成本为唯一目标，价值链成本管理强调成本管理效益。公司各部门及员工要树立成本效益观念，成本管理要从“产出(效益)”是否大于“投入(成本)”的对比分析来考察“投入”的必要性、合理性。

(2)战略导向观念。

战略是实现企业长期目标、增强企业竞争优势的基本策略方法。价值链成本管理要以公司确定的战略为指导，并与企业战略相匹配。

(3)成本动因控制观念。

成本管理不能就成本论成本，而应当追溯成本发生和变动的原因，通过成本动因的分析、控制和管理，实现成本管理的目标。成本动因分经营性成本动因与战略性成本动因两个层次，研究证明，战略性成本动因对企业成本影响的比重高达85%，而关注度较高的经营性成本动因对成本影响的比重占15%。

(4)全价值链成本管理观念。

传统成本管理仅重视生产制造过程的成本管理，价值链成本管理要求放眼于企业的整个价值链，既要关注企业研发、设计、采购、生产、销售等价值链全过程，还要关注行业上下游价值链和竞争对手价值链，从而实现企业总成本最优。

(5)全生命周期成本管理观念。

传统的成本管理重视企业内部成本的控制特别是生产制造成本的控制，但是客户衡量产品价值时，既要考虑取得产品付出的成本，也要考虑使用、维修保养、废弃处置成本。因此，公司要赢得顾客，取得竞争优势，必须应树立全生命周期成本管理观念。

(6)产品优生观念。

研究表明，产品成本的80%以上是由该产品的研发设计阶段决定的。公司亟待树立产品优生观念，通过该阶段以成本为导向的产品设计方案的反复优化，使推出的新产品既符合市场需要，又具有成本竞争优势。

2. 加强组织领导，合理配置人力资源

为保证系统实施的成功，公司在组织领导层面，形成了由总经理领导、财务总监负责的领导体制，组建由财务资产部牵头，相关部门领导、财务人员、工艺人员、项目成本控制人员参与的项目实施团队。

3. 围绕流程再造，进行系统实施，整合职能组织

2014年，公司聘请专业顾问公司开展流程再造，对公司的战略、企业文化、组织架构、部门职责、价值链成本管理等进行重新梳理和优化，进一步优化了业务流程和功能，使组织结构趋于扁平化，提高了执行力和减少了信息传递的时间和失真，为公司全价值链成本管理体系的建立提供了资源支持。

(二)设计构建适应公司特点的价值链成本管理系统

公司成本管理采用财务资产部主导的成本核算和项目管理部成本控制双轨并行模式，根据项目总体设计思路和基本目标，系统设计包括整体框架设计和业务流程与功能设计两大内容。

第一步，确定系统整体框架，包括功能框架、核算框架和应用框架等。

1. 功能框架

根据精益管理的需求进行规划，包括成本计划、成本核算、成本控制、成本分析与考核、成本决策等内容，目前主要运行的是ERP作业成本管理系统。

2. 核算框架

根据ERP系统业务流程中生产订单、领料单等基础数据，以及专项降本增效管理活动，通过分析成本动因据以按成本中心、作业中心和订单等项目进行分级归集与分配，并根据精益管理的需要形成各种报表体系(见图4)。

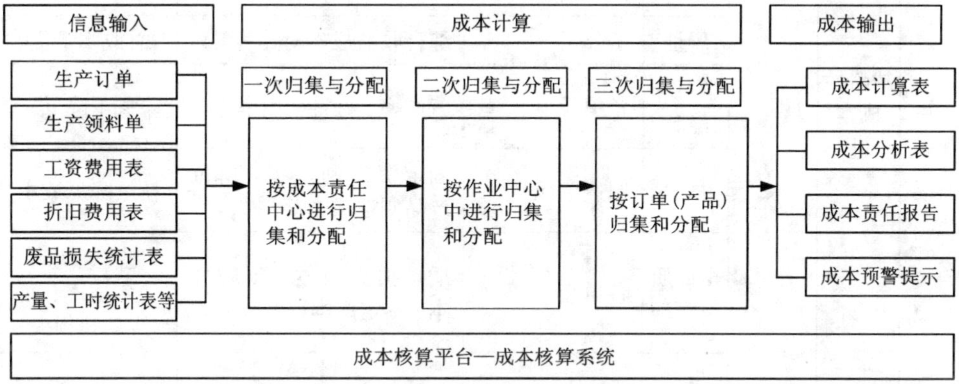

图4 成本管理系统核算框架图

3. 应用框架

通过作业基础数据的设置与录入，形成标准成本和成本计划等成本基础资料，通过作业成本管理系统进行成本信息归集、计算、分配、结转形成作业成本信息，为管理提供支持(见表1)。

表 1　主要成本动因与管理报表列示表

序号	成本动因层次	成本动因划分	具体动因	成本中心	管理报表/指标	目的
1	战略性成本动因	结构性成本动因	销售规模	各利润中心	本量利分析表—按产品/板块	规模经济
			业务范围	纵向整合（采购部、营销部、各利润中心）	主材锁定成本对比表、增设异地检修生产基地投入产出分析、工序委外或自制成本对比表等	投入大于产出
				纵向整合（合资双方）	投资项目指标分析表等	轻资产，降财务费用
				横向整合（增加新产品、服务）	新产业/新项目边际贡献表等	新产业/新项目盈利
			厂址	子公司	综合收益成本对比表等	总成本最优
			学习和经验	各单元	劳产率、材料利用率等	成本降低
			技术	制造单元	固定资产利用率、单位产品制造成本等	持续降低成本
		执行性成本动因	全面质量管理	各单元	质量损失成本、预防成本、鉴定成本	提高预防和鉴定成本，减少质量损失
			生产能力利用率	制造单元	产量、工时宽裕度、固定资产利用率等	增效降本
			沟通与协同	各单元	产量、生产周期、交货保证率、计划完成率等	增效降本
			员工成本意识	全员	成本费用占收入比、人均产量、劳产率等	增效降本
2	经营性成本动因	经营性成本动因	产量	制造单元	总制造成本、直接人工成本等	增效降本
			工时	制造单元	人均工时费率、人均产值等	增效降本
			能耗	制造单元	动能费、单位产品能耗率等	增效降本

第二步，从基础管理入手，梳理业务流程构建功能模块。

1. 以“标准化”为切入点，夯实成本管理基础工作

（1）建立批量产品标准成本库。公司以年度预算中的产量、成本加工费用、原料价格为基础，以各产品的工艺路线、加工工时确定各作业中心完成计划产量所需的作业时间，由这些构成要素确定标准成本。

（2）新增 ERP 系统内存货库龄、重量、所属产品和业务板块等基础数据。根据存货控制的现实需求，为实施月度存货弹性预算建立基础。

（3）结合预算管理，明确责任中心与成本责任。为方便费用归集，公司将原成本中心划分为研发类、营销类、管理类、生产管理类、生产类五种类型，根据职能和可控性原则，将公司资源落实到各成本中心，建立成本中心成本库，按会计准则要求对费用项目作会计属性定义，使五类成本中心的资源费用与成本费用会计科目一一对应，保证了与会计核算对接。

2. 以成本竞争战略为主线，构建价值链成本系统模块

（1）按业务发展选择成本竞争战略。确立企业竞争战略是价值链成本管理的起点，企业应选择和确立适合企业的竞争战略，进而确定企业成本竞争战略（见图 5），指导开展成本管理工作。

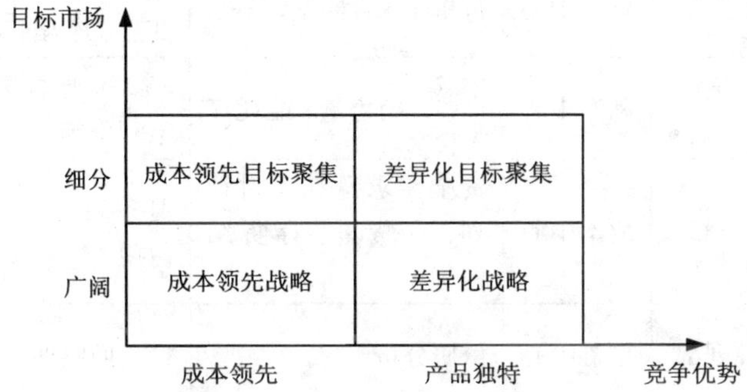

图 5　企业基本竞争战略图

在分析公司目前各板块所处行业竞争环境和自身优劣势后，确定公司的基本竞争战略为目标聚集战略，目标聚集战略分为成本领先聚集战略和差异化聚集战略两种形式。具体而言，对于市场处于成熟期的批量风电、轨道产品，适用于成本领先战略，继续赢得市场竞争优势的关键在于低成本，应通过价值链成本管理的各种技术、工具和方法努力实现总成本最优；对于高速永磁变频电机、直线电机等新产品，公司以核心技术和特色产品赢得市场，适用差异化战

略，公司凭产品差异占领市场的同时，需以较低的成本维持产品差异性。

(2)结合管理需求，建立不同管理关键指标。根据经营管理的特点和成本管理需求，按照成本控制和成本责任落实的原则，确定了成本中心、营收中心、投资中心、利润中心四级责任中心，财务资产部通过沟通调研，对应四级责任中心分别设置管理关键指标(见表2)。

表2　公司主要责任中心对应成本有关关键指标列示表

序号	部门	责任中心	成本动因	与成本有关的管理指标
1	采购部	成本中心	采购量、采购时点、供应商数量等	原材料占有、材料采购成本
2	储运部	成本中心	出入库量、计划量、到货时间、项目执行等	库存占有、存货库龄、低效无效存货占比、存货盘活率
3	工艺管理部	成本中心	定额、工艺布局等	定额、材料利用率、劳产率
4	车间	成本中心	产量、现场面积、设备等	产值、材料利用率、劳产率等
5	营销部	营收中心	订单量、合同签订等	应收账款、收入、回款、发出商品、库存商品
6	子公司	利润中心	产量、销售量、能耗等	EVA、成本费用占收入比、毛利率等
7	财务资产部	成本中心	资金需求量和支付计划、存货量、存货结构等	财务费用、低效无效资产占用
8	战略与规划部	投资中心	可研分析	投资回收期、投资回报率等

(三)整体参与，融入业务流程，形成精益成本管理长效机制

1. 全员参与，确保实效

全员参与是系统实施的一大特点。在系统设计阶段，公司充分发挥项目团队人员各方面的优势，积极吸纳各方意见，提出管理需求；在系统实施阶段，通过内部信息平台，定期发布工作简报，使全体员工了解系统的进展情况；在系统运行上，由于系统涉及企业整个作业链和控制点，系统的运行就是全体员工参与的过程。公司专门组织实施人员对系统涉及人员采用专题培训以及点对

点的演示和操作，保证全体员工充分了解系统特点，真正参与到系统建设中来。

2. 建立考核体系，加强责任落实

价值链成本管理系统通过与全面预算和KPI指标的结合，构建了定性与定量指标相结合的考核体系。通过建立基于价值链成本管理的预算体系，使成本考核指标分解到管理部门、车间和各个作业中心，满足了精益管理的考核需求；通过不同管理层级侧重点不同，结合其岗位职责设立关键作业考核指标，使公司的绩效考核体现了责权利、定量与定性的结合，做到了相对公平公正。

3. 各业务板块充分利用价值链成本信息进行成本控制

公司在设计环节，已试行通过事前成本模拟对产品设计进行事前控制，从源头约束设计成本；在采购环节通过各类存货周转率、交货及时率和库存成本等信息，采用集中采购和准时采购等方式降低库存成本和采购成本；在生产环节，通过作业成本方法对增值作业和非增值作业分析，消除不必要的生产环节和浪费，优化了工艺路线、定额基础等，为持续控制生产成本提供了有效路径；在销售环节，在售后服务环节，公司将售后服务费用分解到产品和客户，通过对比分析等方法，找到关键控制点，进而通过改变服务方式等途径来降低售后费用；与供应商研判材料价格走势，共同锁定市场价格，促进合作双赢；精研进口免税、高新企业等税收优惠政策，合法规划节税工程，挖掘财税工作的价值创造潜力；稳健推进资金集中管理，在应收账款和应付账款“双高”情况下，与客户及大额供应商协商，开展三方现金回款折让业务，达成与业务伙伴双赢。

4. 持续改进，不断优化系统

系统实施需要不断的持续改进。首先，公司在系统实施方式上采取了先搭框架、后充实内容，先易后难、先粗后细的方式逐步推进，巩固阶段性成果，同时也给予公司执行层面消化、适应的过程，减少了执行阻力与难度；其次，在改进方法上通过PDCA循环，将偏差分析的结果导入过程循环，并用以修订目标或采取有效措施，使公司综合管理水平保持螺旋式上升的良性循环，保证实施的时间和效果；在机制上，通过组织结构重组和业务流程再造，保证系统改进的长久化和深入化。

六、实施效果

公司价值链成本管理系统随着公司发展不断深入，对公司整体管理水平的提升起到巨大作用，成本控制效果初步显现，推动了公司精益管理工作。同时，该系统的实施使公司各级管理决策思路发生了根本转变，由传统成本控制转变为价值链成本控制，以形成公司核心竞争力支持型的科学决策。2014 年，公司实现销售收入 53.3 亿元，净利润 1.86 亿元。

（一）系统构建和实施过程的管理职能和流程整合，改善物流管理水平，大大降低运营和采购成本

公司围绕环境营造、机制建设和系统建设三条主线梳理相关流程及整合管理职能，同时，利用价值链成本管理系统信息和方法，加强了成本的全过程全生命周期控制和精益管理。

1. 调整资产管理模式，降低运营成本和经营风险

公司各单位开展清查处置工作，深挖根源，妥善解决遗留问题。定期发布工作简报，反馈工作进展，按流程规范处置资产，不断推进内源融资的常态化管理。

（1）清理处置低效无效资产。2014 年清理低效无效存货 1314 万元，固定资产 2508 万元。做到边清查、边反思，并针对问题实施问责处罚，及时补充修订相关流程制度，堵塞管理漏洞。

（2）开展应收账款专项治理，降低货款回收风险。通过明确组织责任、设定奖惩办法等方式调动营销人员的清欠积极性，2014 年共计收回一年以上积压账款 2480 万元，取得阶段性进展。

（3）科学确定存货控制目标。在强力推动存货信息流和实物流同步的基础上，分解存货控制目标至年度、月度，其中月度控制目标与市场和生产需求量保持弹性浮动，制定存货归口和日常管理二级管理机制，优化存货检查、分析、预警和考评流程。

2. 完善外购物料计划价格信息

使采购价格在计划价的波动范围内，价格异常信息达到受控。通过重点对主要产品项目的材料采购、配件采购、配件临时委外加工等价格重新进行价格测算和议价，实现降成本 4271 万元。在此项成本控制过程中价值链成本管理体系的功能运用发挥了重要作用。

3. 试行全生命周期价值链成本控制显现出管理效能

检修产品是公司新的利润增长点，经过对地点这一战略性动因的投入产出经济性分析，在部分重要客户或用户地实行检修基地属地化分布，投产前实施必领料、偶换件定额设置、物料采购目标价、设备购买或租赁决策等控制，制造过程根据作业动因分析物料定额和标准工时等多项措施，与周边供应商询价处置有价的更换物料，生产后将包装箱变更为木托盘运输并回收木条等，节约

了公司运输和装卸费，减少客户卸货工作量和空间占用，快速提供排查、安装辅导等服务，大大地降低公司检修产品全生命周期成本，很好地满足了客户需求。

4. 源头控制成本

产品设计阶段的成本管理属于成本事前管理，产品设计阶段不良将会持续放大反映到下游各阶段成本管理，通常情况下，产品设计一旦确认，下游各阶段降成本空间很难挖掘，所以，产品设计阶段对产品成本管理起着决定性作用，在公司价值链成本管理中，设计成本管理改善首当其冲。

产品设计成本是由设计的思考方法决定的，功能剩余是导致成本增加最大的原因；材料设计规格超高也是成本过高的一个主要原因，加工精度设计过高，会导致加工费、设备折旧及人工费用的增加；针对这些项点重视设计方案，梳理成本导向改进工作计划，并下达降成本指标，稳步推行，确保完成年度降成本工作计划。

以1.5 MW级风力发电机定子降成本为例，2011—2013年设计、采购、工艺、制造全过程降成本中，通过设计环节降成本额较总下降额平均达到50%以上。

5. 加大预防性成本投入，防范质量风险

随着公司提供和运行的产品数量增多，产品的质量损失成本呈现较大幅度增长趋势，质量形势较为严峻。为减少公司和客户的损失，经过比对历年数据，确定“加大预防投入，减少外部质量成本”的原则，调整质量成本结构，2014年质量预防鉴定成本较2013年多投入1.8个百分点，外部质量损失则同比例减少。此外，根据各板块质量损失成本历史数据占收入比重、产品运行和合同履约等情况，研究质量损失成本预算分配系数，加强质量损失的计划、归集、统计分析和质量索赔，确保外部质量损失成本控制在集团下达的目标之内。

(二)提升了成本计划的准确性

作业成本管理系统的实施，提高了公司成本信息的准确性。系统实施前，公司成本计划采用目标成本法制定，由目标利润、期间费用率倒推出产品成本计划，成本核算方式粗放，带有一定的盲目性。系统实施后，公司每项产品都有了完善的物料定额、工时定额、制造费用分摊标准等相关资料，建立了历史成本库、标准成本库，成本计划制定科学合理，成本数据涵盖成本要素精细度和准确性得到了较大的提高。

（三）更加精细、客观地反映成本信息

系统实施前，成本核算对象只能到产品的制造成本。系统实施后，公司的成本在时间和空间范围得到延伸，确定以项目号为归集单位的售前、售中、售后成本，同时对隐形的结构性成本动因和执行性成本动因导致的成本进行全面反映，形成了项目、产品、成本中心和作业中心四级成本核算报表。而且，为查找非增值作业提供了可能性，进一步优化了成本结构，为有效地支撑精益管理创造了客观条件和技术手段。

（四）对公司经营决策提供了强力支持

1. 系统实施后，提升了公司成本控制水平

以 JD160A 系列和 YQ－1633 电机为例，通过主材成本对标预警轴成本超标，经查原来为产品转子运行一段时间后，轴内孔易出现压痕，导致转轴和小齿轮断裂而换轴。公司年初立即组织攻关小组，经过大量工艺验证和评审后，改用经磨削压痕修复的转子轴方式规避小齿轮油槽棱边的集中应力对转子轴内孔的损伤影响，从而确保扭矩，达到不换轴，由此节省了大量的换轴材料费及工时费，2014 年 1—11 月，JD160A、YQ－1633 系列电机转子转轴磨削压痕数量分别为 3590、44 根，此项改进为公司节约成本达到 1900 余万元。

2. 支持新产品销售价格决策

一是响应速度更快，成本数据集成反映；二是成本信息质量对价格的决策支持力度加强，成本构成中研发、销售和管理费用、售后费用占比不断增加，采用项目全价值链成本分配，使成本与产品盈利决策依据更充分，利于市场营销。

七、后期目标

企业成长过程，其实就是管理逐步实现精细化的过程。面向精益管理的价值链成本管理系统的建立与实施不能一步到位。遵循总体部署、分步实施的原则，目前公司主要完成了价值链成本管理的基础工作，以及生产型作业中心成本核算与管理相关工作，包括资源、作业、成本对象、成本动因的定义等基础工作和高效电机事业部价值链成本管理模式的建立等。通过一段时间的试运行，价值链成本管理系统的成效得到了初步体现。

但总体看来，公司价值链成本管理系统还处于初级阶段，成本动因的选择还不精确，精细化程度还有待提高，还未完全涵盖全价值链，未有效地与行业标杆对标缩小差距，对产品设计以及非生产型作业的管控还有待加强。公司将

在现有系统上，进一步精细成本动因和项目，并将成本控制更深入扩展到产品设计和公司上下游供应链中去，同时持续改进实施过程中发现的问题，运用和发挥该系统的优越性，全面实现精细化成本管理目标，构建完成面向精益管理，以战略成本管理理念为指导，以预算成本为标准成本，价值链成本与责任成本相结合，成本管理与价值管理相结合的新型成本管理系统。

立足工业4.0发展蓝图
打造智能化制造工艺技术平台

南车株洲电机有限公司
2015年5月

一、引言

南车株洲电机有限公司是中国南车旗下牵引电机、变压器专业化研制企业。前身为铁道部田心机车车辆工厂1961年组建的电机车间；2004年，由株洲电力机车厂电机分厂、变压器分厂和株洲电力机车研究所电机部分整合为株洲南车电机股份有限公司；2006年，整体搬迁至田心高科技园区；2010年，升格为中国南车一级子公司。公司2014年实现销售收入53.33亿元，同比增长31%。2015年销售规模预计超过60亿元。

公司占地近315亩，公司注册资本10.43亿元，固定资产8.92亿元，净资产14.24亿元，总资产46亿元。现有从业人员4500余人，拥有工程技术人员500余人，其中教授级高工29人、中高级以上职称300余人。公司是我国轨道交通、风力发电零部件装备领军企业，产品市场占有率50%以上，是矿山、电力、冶金、石油、防爆机械等工业特种电机产品专业化研制基地。在江苏大丰、内蒙古包头、四川成都、广东番禺设立四家全资及控股子公司。公司组建了湖南省轨道牵引电机工程技术研究中心、国家风电技术研究中心电机研究室、国家级检测试验站、电气绝缘电力设备国家重点实验室，2014年成功跻身“国家技术创新示范企业”序列，获得国家认定企业技术中心称号。

二、实施背景

中国南车在国资委的号召下，先后出台了《中国南车关于开展信息化建设水平登高计划的指导意见》《“十二五”三大技术平台持续优化、重点提升工作纲要》，为公司“十二五”信息化指明了方向，其中《“十二五”三大技术平台持续优化、重点提升工作纲要》明确指出制造平台与工艺相关的建设目标：深入推进设计工艺一体化PDM管理、开展三维工程化应用工作、深入推进工艺仿真工作。

南车电机虽然建立了一系列的信息化系统，如加密系统、OA、ERP、EAM、PDM、FRACAS等，但工艺信息化依然非常落后，工艺文件的编制手段落后，电子文档不能有效重用，且一般分散保存在个人计算机上，也无法直接利用设计的信息。因而，南车电机建立工艺信息化系统已非常迫切，在某种程度上讲工艺信息化的落后已经制约了南车电机的前进发展速度。

按照南车电机的现状及中国南车的要求，南车电机建立与产品研发PDM系统同一平台的MPM系统为主的工艺信息化系统是工艺信息化正确发展方向，拟在第一阶段实现基本的工艺信息化平台搭建，为公司转变发展模式、持续管理创新提供新动力，为公司“十二五”发展战略提供有力支撑。

三、定义与缩略语(表1)

表1 定义与缩略语

序号	缩写词	定义及解释	备注
1	PDM	Product Data Management	产品数据管理
2	CAD	Computer Aided Design	计算机辅助设计
3	CE	Concurrent Engineering	并行工程
4	ERP	Enterprise Resource Planning	企业资源规划
5	MPM	Manufacturing Process Management	制造工艺管理
6	TC	Teamcenter	Teamcenter是Siemens公司基于SOA技术构架的PLM信息平台，简称TC；公司习惯上将TC中的PDM相关功能模块组合简称为TC
7	TCM	Teamcenter Manufacturing Process Management	TC平台下的制造工艺管理信息模块组合，提供了基于3PR数据构架，将产品、工艺、工厂、生产资源统一在一个数据模型中，较好地融合了三维可视化技术与数据库技术，是目前国际先进的结构化工艺规划信息平台

续表 1

序号	缩写词	定义及解释	备注
8	PLM	Product Lifecycle Management	产品生命周期管理，根据业界权威的 CIMDATA 的定义，PLM 是一种应用于在单一地点的企业内部、分散在多个地点的企业内部，以及在产品研发领域具有协作关系的企业之间的，支持产品全生命周期的信息的创建、管理、分发和应用的一系列应用解决方案，它能够集成与产品相关的人力资源、流程、应用系统和信息
9	TD	Team Designer	艾克斯特公司推出的基于 Autocad 的机械设计二维软件
10	NX		Siemens 公司的三维 CAD/CAE/CAM 软件，本文指南车电机 NX 企业定制版工艺版
11	BOM	Bill of Materials	物料清单
12	EBOM	Engineering Bill of Materials	工程设计物料清单
13	PBOM	Produce Bill of Materials	制造物料清单
14	SOA	Service-Oriented Architecture	面向服务的体系结构
15	3PR	Product-Process-Plant-Resource	产品、过程、工厂、资源
16	BOP	Bill of Process	工序清单
17	2D	2 dimensional	二维
18	3D	3 dimensional	三维
19	结构化工艺设计	工艺数据结构化，将 3PR（产品、工艺、工厂、生产资源）统一在一个数据模型中，产品为制造目标，工序工步活动为工艺的主体内容，工厂、生产资源为各工序的支撑资源，主要数据存储在数据库中，理论上比文件管理方式更易集成、重用性更好、信息共享性更高、工艺设计效率更高	

续表 1

序号	缩写词	定义及解释	备注
20	工装	工艺装备的简称，按照工艺要求采购和制造的各种刀具、量具、刃具、夹具、模具、吊具、辅具、胎具、平台、工位器具和自制专用试验装置等的总称	企业标准定义

四、项目内涵

通过搭建基于 Teamcenter 平台下的智能化制造工艺规划信息平台，开展 TCM 的应用，为南车电机的工艺信息化打下良好的基础，创造产品设计与工艺一体化的环境，有效地开展工艺设计与产品设计的同步工程，提高工艺响应速度，提高工艺文件的编制效率，提高工艺文件的重用率，节省工艺编制、审批流程的时间，有利于形成工艺文件的系列化、模块化管理，有利于工艺标准化的实施；通过三维软件在工装设计中的应用提高工装设计质量与工装设计的准确性，并通过三维手段逐步开展加工仿真、装配仿真、物流仿真等工艺仿真应用，将工艺设计方式从传统模式转变为数字化、智能化模式。

(一)建设第一阶段需要实现的目标

主要包含以下 6 个方面：

(1)基于 PDM 平台建立一体化的产品制造工艺信息管理系统 MPM，实现产品开发与工艺设计的同步工程，提高工艺设计的效率，降低工艺人员进行工艺设计的劳动强度，缩短工艺开发周期。

(2)基于 MPM 系统开展结构化工艺设计，建立工艺资源库(工艺方法库、工艺装备信息库、工艺设备信息库、工艺材料信息库等)，为工艺设计提供良好的支撑工具。

(3)自动统计汇总出各种工艺相关的报表，如工艺装备明细表、外购工具明细表、材料消耗明细表、工时定额明细表、产品零部件工艺路线表、工艺文件目录、设备明细表等。

(4)建立结构化工艺模型，为 ERP、MES(未来)提供精确制造信息，提供开放接口，确保产品、工艺及制造数据在各个相关信息化系统中顺畅传递，满足企业发展需要。

(5)通过合理设置权限及采取物理隔离等措施在满足生产需要的前提下保

证技术文件的安全。

(6)实现工装设计的数据管理(TD、NX 设计)，工装设计申请以及工装审签在系统中管理。

要实现第一阶段 MPM 建设的目标，除了投入资金购买计算机软硬件、开展软件的定制开发实施外，还需要得到公司领导的大力支持及广大工艺人员的支持，广大工艺人员应积极参与测试及验收后的推广应用，并接受新的信息化工艺设计方式，改变思路和工作习惯。

(二)第二阶段的建设目标

包含如下：

(1)建设三维工艺管理平台，完成三维零件工艺设计和装配工艺设计的管理。

(2)完成零件三维工艺设计系统建设，包括热工和冷工，利用 3D 可视化技术，提高零件工艺规程设计质量。

(3)完成 3D 数字化装配工艺系统的建设，通过采用可视化装配的技术，提高装配工艺的设计质量，输出三维装配工艺卡片等。

(4)TCM 与其他信息系统的集成，如 DNC 系统、MES 系统。

平台建设初期南车电机的新 PDM 系统为西门子的 Teamcenter，工艺信息化系统 MPM 经过调研比较及评审最终选择了 TCM 以保持集成性和可靠性，符合中国南车关于工艺信息化系统建设的要求。

五、主要做法

(一)建设过程

1. 调研与可行性研究

南车电机开展基于 PDM 系统管理下的工艺信息化建设项目，2012 年先后对中联重科、三一重工、浦镇公司、二七公司等十多家制造企业开展了调研，调研的重点为工艺信息化平台建设经验，依据调研获得的信息编制了《工艺信息化调研报告》，总结了调研成果，认为选择 MPM(Manufacturing Process Management)平台作为工艺设计数据管理平台符合南车的指示精神，也符合时代的发展；2013 年至 2014 年，工艺管理部持续开展了工艺信息化的调研，为工艺信息化建设的推广应用做好铺垫。根据 2012 年的调研情况结合公司的相关管理制度和管理标准，工艺管理部起草了《“十二五”工艺信息化建设规划》《基于 PDM 系统下的工艺信息化建设软件功能需求说明书》《基于 PDM 系统管理下的工艺信息化建设第一阶段 TCM 软件采购技术条件》，这些文件为基于 PDM 系统的工艺信息化建设软件的开发定制提供了文字依据。

通过调研发现一般 CAPP 的缺陷：CAPP 由于不支持三维或对三维的支持性不佳，与 PDM 的集成性差，基本上是个信息孤岛，对于工艺数据的管理以文件和电子仓库的方式进行，且文件一般采用闭源的专用格式，虽然也有工艺资源库，但工艺资源库与工艺文件不存在关联，不支持结构化工艺设计、一般不支持三维，因而 CAPP 的数据联动性差、技术水平落后，从调研的情况来看，大部分国产 CAPP 类软件处于淘汰状态，当然国内 CAPP 软件厂商有些已经看到和国外软件的差别纷纷提出改进不排除未来 CAPP 支持三维和结构化工艺设计、和设计 PDM 及 ERP 完美集成的转变。

国外各大 PLM 软件供应商已没有 CAPP，而是将工艺和制造融为一体，如 Siemens 的 Teamcenter Manufacturing Process Management 、Dassault Systèmes 的 DELMIA、PTC 公司的 Windchill MPM Link，这些软件属于 MPM（Manufacturing Process Management，生产制造过程工艺信息的管理）类的软件，功能范围比 CAPP 更广泛和全面，数据的共享和与其他信息化系统的集成性及对三维的支持性更好。MPM 类软件均支持结构化工艺设计，将工艺数据细化，与 PDM 在同一平台上，与 PDM 高度集成，各数据的关联性强，可视化与交互性较好，数据可输出为主流文件类型，如输出为 MS Office 类文件（主要为 Word 文档和 Excel 文档）和 PDF 文件，这些类型的文件的开放性和使用广泛性较好，扩展性和易用性强。

2. 项目建设正式启动

2013 年 7 月 4 日，公司隆重召开基于 PDM 系统的工艺信息化建设第一阶段启动会，会议由公司副总工程师曹翰清主持，副总经理、总工程师江有名做指示发言，各制造单元总经理、技术副总及工艺信息化建设联络员及关键用户参加了启动会。启动会的召开标志项目建设进入实质阶段。

3. 项目需求分析及设计

2013 年 7 月至 9 月，开展了系统分析工作。系统分析阶段的主要工作为软件开发商对公司的工艺管理流程、制度、管理标准及实际运作情况开展调研与分析，包含：系统分析阶段现状流程调研和分析、设计未来流程概念模型、设计未来信息概念模型、分析功能需求、功能需求定义、功能过程模型定义、应用接口和报表需求定义及相关评审，此阶段涉及各制造单元、工艺管理部、装备工程部、采购部、质量部。该阶段的输出文件为《当前业务过程描述及未来业务规划》《TCM 需求分析报告》《需求评审报告》等，主要由软件开发商编制，南车电机确认。

系统分析阶段南车电机内部开展了设备分类信息的整理 900 多条，工艺术语及工艺资源分类标准的完善工作。

随后开展了系统设计，系统设计的主要任务为根据系统分析编写系统设计报告、分析系统开发功能，为软件开发定制打下基础，主要工作集中在软件开发商方面，2013 年 10 月至 11 月系统设计工作完成。其间，南车电机内部完成工艺文档模板的梳理及文件模板的完善工作，共计对 70 多种工艺文件模板开展了完善与梳理，并配合厂家的系统设计工作对工艺管理标准及制度未规定的细节部分作了详细完善。

4. 系统实现

系统设计完成后开展系统实现，系统实现主要工作为软件成型，包含数据模型及系统配置、功能开发、流程权限配置、单元测试、报表开发及单元测试，这一阶段的主要工作为软件的定制开发，此阶段从 2013 年 10 月一直持续到 2014 年 3 月。经过本阶段的工作，南车电机工艺信息化 TCM 平台雏形形成。此阶段南车电机收集了测试产品的工艺文件、工装设计图纸等资料，工艺管理部对 TCM 平台开展了局部测试。此阶段正直面临南车电机工作组织机构调整，系统的建设进度受到了一定的影响。

系统测试与整改从 2014 年 3 月开始，持续到 2014 年 8 月，包含 TCM 平台第一轮测试及问题整改、第二轮测试及问题整改、试运行及问题整改、回归测试及问题整改，系统测试的 4 个阶段中各制造单元参与的力度较高，平均每个制造单元有 2 人参与，每个阶段持续约 1 个月时间。通过系统测试与整改，使 TCM 企业定制部分更完善，易用性更符合企业实际要求。

由于 2014 年 6 月公司组织机构调整，原来的企业管理标准做相应调整，组织机构的合并及分解给系统建设造成一定的影响，从 5 月开始，系统的建设进度略落后于计划进度。根据组织机构调整，工艺管理部编制了《弱化 TCM 系统对组织机构的依赖调整方案》，该方案减弱了 TCM 系统对组织的依赖程度。为避免后续组织机构变更对于系统造成不利影响，TCM 系统中的工艺文件编号不再依赖组织机构，通用文件代号如表 2 所示。

表 2　通用文件代号

产品类型	通用代号	对应工艺组	当前主要对应部门
轨道牵引类电机	GDT000	轨道牵引类电机工艺组	牵引电机事业部、工艺研发部、工艺管理部、检修事业部
轨道牵引类变压器	GBT000	轨道牵引类变压器工艺组	牵引变压器事业部、工艺研发部、工艺管理部、检修事业部
其他变压器	QBT000	其他变压器工艺组	

续表 2

产品类型	通用代号	对应工艺组	当前主要对应部门
工业特种电机	TDT000	工业特种电机工艺组	高效电机事业部、工艺研发部、工艺管理部
风力发电机	FDT000	风力发电机工艺组	高效电机事业部、工艺研发部、工艺管理部
其他通用	QTT000	通用工艺组	工艺研发部、工艺管理部及相关基础研发部门
公司新增产品类别	另外增加	另外增加	

TCM 中的组织机构采用产品种类来区分，和实际组织机构不同，如图 1 所示。

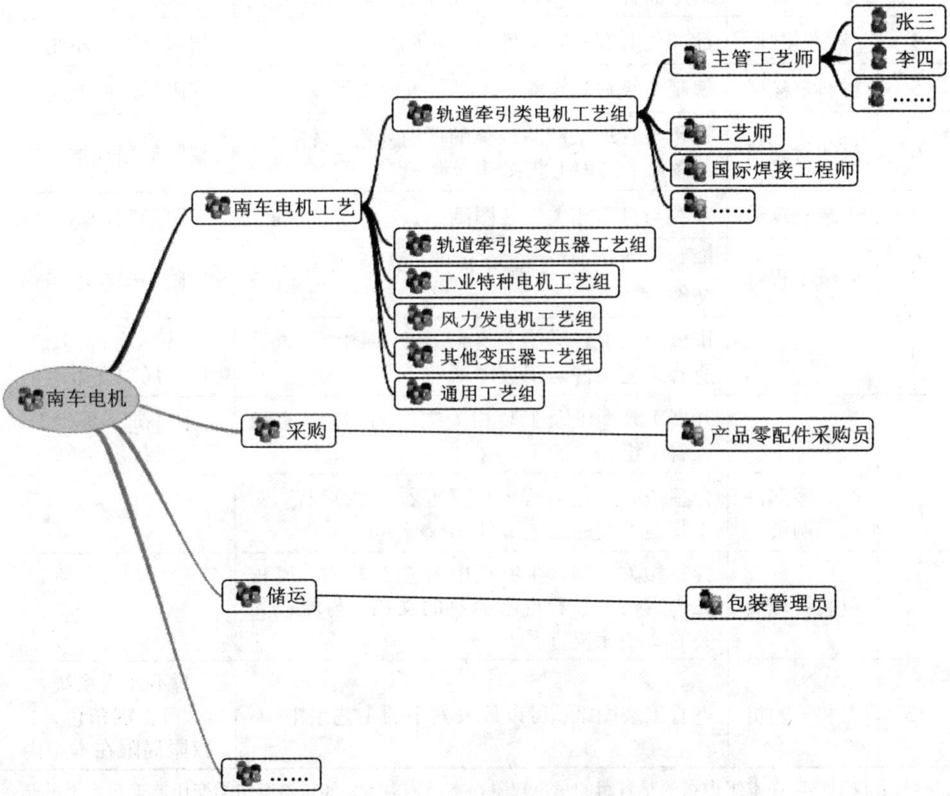

图 1　TCM 中的组织机构示意图

TCM 系统中的人员角色和实际角色也有所不同，避免了人员角色的变化需要调整系统。

各角色对工艺文件的编制/查看权限及职责描述如表 3 所示。

表 3　各角色对工艺文件的编制/查看权限及职责描述

序号	角色名称	角色职责与权限	备注
1	工艺师	编制各类工艺文件与检验文件，设计工装，校对与查看本组产品种类的所有工艺文件及工装图纸；分配二级材料定额至各工序；在一级流程首选项中的用户还有权限编制及修改一级流程	权限局限在本组内
2	主管工艺师	具有工艺师的所有权限，校对、审核与查看本组产品种类的所有工艺文件及工装图纸；开展工艺分工与下发	权限局限在本组内
3	国际焊接工程师	编制与各类焊接文件，校对、审核与查看本组产品种类的相关工艺文件及工装图纸	权限局限在本组内
4	标准化师	标准化所有工艺文件与工装图纸	权限局限在本组内
5	材料定额员	编制一级材料定额，开展一级分工下发	权限局限在本组内
6	打印管理员	打印与管理某产品种类的所有工艺文件与工装图纸，维护工艺文件资料	权限局限在本组内
7	工装管理员	查看与打印相关工装图纸	权限局限在本组内
8	质量工程师	编制与查看所有检验文件，查看所有工艺文件	权限局限在本组内
9	经理	审核或批准各类工艺文件及工装图纸，查看所有工艺文件与工装图纸	不区分部门，权限局限在本组内
10	工装设计师	开展工装图纸及工装相关文件的编制，有权查看本组相关的工艺文件	暂不加入系统，可扩展角色
11	产品零部件采购员	会签一级工艺流程，有权查看工艺流程，对于其他类型的工艺文件无权查看	
12	包装管理员	会签相关文档，在流程中有查看权限，流程完毕后仍可查看自己会签的文档，与流程无关的文档无权查看	
13	工装采购员	查看工装图纸，可以放入其中的工艺组中	暂不加入系统，可扩展角色，权限局限在本组内

注：权限局限在本组内指的是各组的角色权限在本组内有效，如轨道牵引类变压器工艺组下的角色默认只能编制和查看轨道牵引类变压器产品的工艺文件而不能编制和查看轨道牵引类电机的工艺文件。

系统内的工艺工作区设置为和实际组织结构无关联，以后的组织机构的变化不会对工艺工作区造成后影响，工作区分类如图2所示。

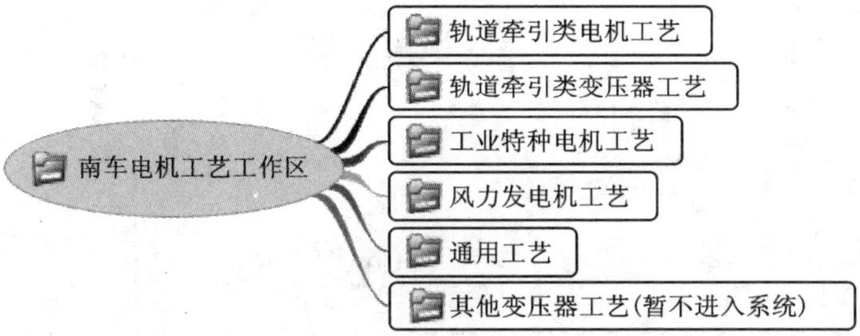

图2　工艺工作区分类示意图

5. 测试与验收

2014年9月，在独立系统中开展项目的预验收，10月，开展了TCM系统与设计TC系统的合并工作，在完成设计工艺一体化系统部署后，开展了TCM系统的第二轮预验收工作，第二轮预验收从10月10日持续到11月中旬，所有影响系统正常运转的问题均已整改完毕。

在各种测试过程中，共计发现问题多达400多条(含重复问题)，测试组织了全公司各制造单元的人员参与。

在安全控制方面，南车电机引进了Citrix虚拟桌面软件，保证了图纸资料电子档无法在管理网拷贝出去。

接入设计网络的工艺计算机等同研发计算机，必须安装安元可信客户端(安元可信系统是用于公司设计网的安全平台)，并且注册为合法计算机才能接入设计网络，只允许访问设计网服务器、管理网业务服务器，禁止访问其他网络；客户端之间的访问只限同一组织单元内。

在测试和培训阶段，工艺管理部客服重重困难，解决无测试专用计算机的问题，利用公司淘汰的计算机通过补充内存条的方式将已报废及将要报废的闲置计算机加以重新利用，集中了5~7台计算机专门用于TCM系统的测试和培训工作。

2014年12月2日，南车电机召开了TCM项目验收会议，与会人员一致建议TCM项目建设验收通过。

6. TCM试应用

在TCM验收完成后，2014年12月至2015年4月，工艺管理部组织各制造单元开展了TCM的试应用工作，在试应用的过程中，新发现系统缺陷问题20多条，督促厂家整改后在4月完成了TCM第一期试应用工作。

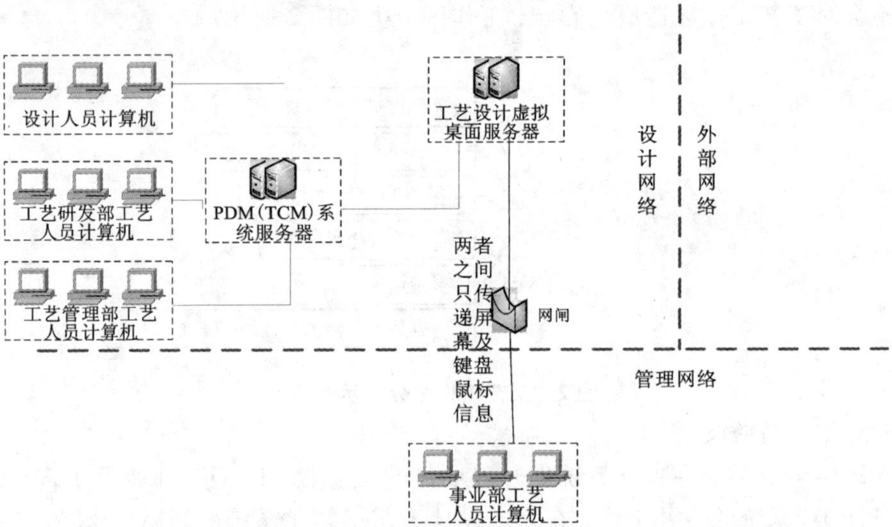

图3　设计工艺一体化系统应用网络示意图

TCM第一期试应用工作主要在高效电机事业部和牵引电机事业部开展，共2种产品，其中牵引电机事业部选择了历史产品开展非结构化的工艺设计与信息管理工作，高效电机事业部选择一种新产品开展了结构化工艺设计与信息管理工作，试应用过程中出现了虚拟桌面、加密、网络等种种问题，最终都予以解决，使得TCM第一期试应用工作顺利结束。

TCM第一期试应用工作结束后，经评估，南车电机TCM具备开展全面推广应用的基础，在服务器资源充足的前提下即可考虑开展TCM的全面推广应用。在完善虚拟桌面软件、调整加密策略、网络控制后，在2015年5月继续开展了TCM第二期试应用工作，5月下旬第二台虚拟桌面服务器采购到位，预计在7月可在南车电机全范围内推广应用。

(二)项目建设经验

(1)项目建设按照现代项目管理的要求开展各项工作，遵循PDCA循环，先制定工艺信息化发展规划，再制定智能化制造工艺规划信息平台系统建设计划，并根据具体实施调整完善项目计划。

(2)项目团队组建，项目建设以来就确定了项目团队成员不应随意更换、应尽量保持不变的原则，使团队成员对项目的开展保持可持续性和集成性；项目主要负责人在项目开展期间以项目建设为主，其他工作为辅。

(3)项目例会制度，通过项目例会及时总结项目建设进展及所遇到的问题并及时解决。

(4)根据公司的实际情况在不破坏软件总体功能构架的原则下不断完善软件平台的易用性。

(5)项目风险分析与控制：通过事前分析、事后总结及时预防风险和控制风险，针对软件操作困难多次开展软件操作培训工作，包含 TCM 客户端操作培训和 NX 三维软件操作培训降低了推广实施难的风险；通过各制造单位设立 2 名 TCM 培训师积极推进 TCM 的应用。

(6)长期坚持，项目自 2012 年调研至项目开始应用以来，经历了 3 年多时间，南车电机每年持续开展资金投入、人员投入，对工艺信息化建设锲而不舍。

(7)领导重视，项目规划至项目建设以来得到了各级领导的关心和支持，尤其是中高层领导的支持才使项目的建设得以顺利开展。

六、实施效果

基于 PDM 系统的工艺信息化建设第一阶段从调研至验收通过已有 3 年多时间，项目建设期间得到多个部门的各位领导及相关人员的支持和参与，先后有 20 多位领导、60 多名工艺人员的参与和支持，近几年的工艺管理标准和流程制度完善给项目的建设提供了规则基础，公司近年来对工艺信息化的持续投入，这些努力使项目建设第一阶段的目标得以实现。通过实施 TCM 系统，结束了南车电机没有制造工艺规划信息平台的历史，获得了相关软件：TCM 软件平台企业定制版(服务器端与客户端)、NX 三维设计软件企业定制版、TD 二维设计软件企业定制版、TCM 二次开发代码和程序、虚拟桌面软件；新购置硬件有：虚拟桌面服务器、提高配置的工艺人员计算机(主要提高存储性能和显示性能)；项目建设获得的相关文档有《当前业务过程描述及未来业务规划》《TCM 需求分析报告》《需求评审报告》《系统设计报告》《系统设计评审报告》《物理对象模型》《二次开发说明》《集成测试大纲及报告》《系统确认报告》《系统管理与维护手册》《弱化 TCM 系统对组织机构的依赖调整方案》《南车电机 TCM 客户端用户手册》《TCM 运行管理办法》《TCM 运行管理办法》《设计与工艺信息化平台一体化提案》。

通过第一阶段的建设，南车电机 TCM 平台已实现了如下功能：

(1)实现了工艺设计协同软件平台的建立：建立单一数据源的数字化工艺开发协同平台，整合工艺设计、PBOM 编制、BOP 编制、材料定额编制等业务环节在一个平台协同工作。

(2)实现了设计与工艺协同：在权限开放的前提下工艺人员能直接利用设计的产品数据(注：目前产品图纸未对工艺人员开放，仅开放了一张图纸作为功能试验），整合设计与工艺数据信息流，保证产品设计和工艺设计的一致性。

(3)资源管理与共享：实现了制造资源库(设备、量具)的管理。

(4)实现了结构化零件工艺与装配工艺的编制，同时兼容非结构化工艺设计，在系统中规范管理工艺文档及各种报表共计64种(52种工艺文件+12种报表与辅助文件)。

(5)系统集成：结构化工艺模型，相关信息能够传递到ERP系统中，ERP中的工具及材料信息可传递到TCM系统中。

(6)变更与版本管理：工艺变更按照公司的工艺变更管理标准进行，使问题的提出、更改方案评审、更改执行和更改实施形成一个闭环的业务控制流程，工艺文件变更和版本管理同步进行。

(7)自动统计汇总出各种工艺相关的报表，如工艺装备明细表、工具明细表、工艺文件目录、设备明细表等。

(8)工艺装备设计与数据管理：在TCM中管理工装的设计过程与设计数据(2D和3D)。

(9)电子档签字流程与工艺文档编码管理：已实现和设计图纸机签类似的流程签字功能、系统基本实现了所有工艺文档的编号管理(含无模板的工艺文档)。

(10)虚拟桌面环境：保证了数据的安全性，简化了复杂的TCM软件及配套软件的部署工作，并保证了软件操作的便捷。

基于企业战略发展的价值链成本管理体系构建

中车株洲电机有限公司
2016 年 3 月

中车株洲电机有限公司（以下简称“公司”）是中国电力机车、高速动车组、地铁车辆等轨道交通设备牵引电机、变压器的骨干研制基地，同时也是国内最大的风力发电机组发电机供应商之一。公司以市场需求为导向，依靠科技、质量、服务等方面综合强大优势，为用户提供质量可靠的产品和优质的服务，目前产品服务遍及轨道交通、风力发电、电力、冶金、电动汽车等多个领域。

“十二五”期间，公司面对严峻复杂的经营形势，以成为“集团化、国际化、专业化”的行业领跑者为发展愿景，坚持市场导向和技术创新的发展战略，不断淬炼核心能力，抢抓中车成立带来的新机遇，加快产业拓展和海外布局，“十二五”末实现营业收入 65.41 亿元，归属母公司净利润 3.31 亿元，较“十一五”末分别增长 98%、100%；销售净利率增长 1.6%，净资产增长 182%，固定资产周转次数上升 0.11 次，资产负债率下降 10%，人均劳产率增长 49%，经营业绩稳步攀升，2015 年被集团评为 A 级企业，并获得“突出贡献奖”和“管理一等奖”。

一、实施背景

（一）外部环境

随着科学技术的迅猛发展，在新的知识经济环境及全球化竞争的影响下，公司的外部环境发生了深刻的变革，经济全球化、需求多元及个性化、组织柔性化趋势明显，经济增速变缓，公司作为传统制造企业正面临着产能过剩、成本核心竞争力不足、转型升级的压力。

（二）内部环境

在近期中国经济维持“四降一升”（即经济增速下降、工业品价格下降、实体企业盈利下降、财务收入幅度下降、经济风险明显上升）的新常态下，公司产品售价连年走低，客户对产品技术、质量、服务等要求日益“苛刻”，创新投入、社会履约成本等刚性支出累积增长，公司盈利空间不断被挤压。公司遵从建设精益企业战略，积极变革，力图走出一条获取新的竞争优势的成本管理创新之路。

1. 战略推动

公司确定2020年的发展目标为销售规模100亿元，新产业收入占总收入的50%，实现全价值链增值。随着销售规模不断扩大，原有收入结构和产品结构由路内产品主导转向市场产品主导，市场的竞争态势由产品竞争逐渐转化为价格、质量和服务竞争，以及整个公司软实力和价值链的竞争。为落实战略，公司需要整合作业流程和公司价值链，以提升公司的核心竞争力。

2. 作业成本管理系统支持

公司从2008年起，提出并构筑“构建面向精益管理的作业成本管理系统”，已取得显著经济效果。

作业成本管理是在准时制和精益生产的制造环境下逐渐发展起来的一种成本管理方法，它从确定作业的成本动因开始，将工作的重点放在如何改进设计和生产过程上，而不是盲目地增加投资改进设备来调整成本费用的结构，使产品成本在制造和销售阶段都能够得到适时、有效的控制。

3. 精益管理理念创造有利环境

以精益管理理念为指导，按作业动因寻找合理的作业成本，进行精细化成本核算，同时实现事中反馈、执行控制和事后全面的分析考核，为决策提供强力支持，优化了公司成本管理运行环境，促进公司核心竞争力的培育。在成本管理功能定位上，以精益管理为导向，分解拓展实施管理改进的内涵，其体系的模型如图1所示。

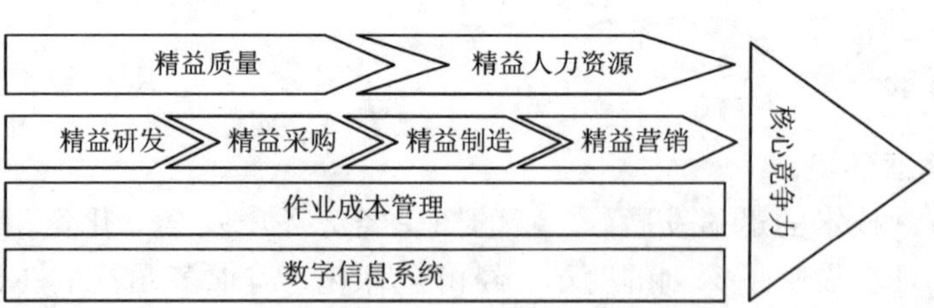

图1　公司精益管理体系模型

4. EVA绩效考评提供导向

EVA价值创造理念是公司公司文化的重要组成部分，主张以规模为导向转化为以价值创造为导向的发展模式，是一种促进规模和效率、长期利益和短期利益相统一的绩效管理工具。

二、内涵和主要做法

本项目主要内容是以价值链管理和战略成本管理等理念为先导，以价值链分析和成本动因分析为手段，分析公司内部乃至整个价值链的成本动因和成本信息，从而制定相应的成本管理战略和竞争战略，再深入作业层次，从"价值链分析—价值链优化—价值链评价"三阶段构建价值链成本管理系统，不断减少或消除不增值作业来降低成本，实现公司总成本最优(见图2、图3)，主要做法如下。

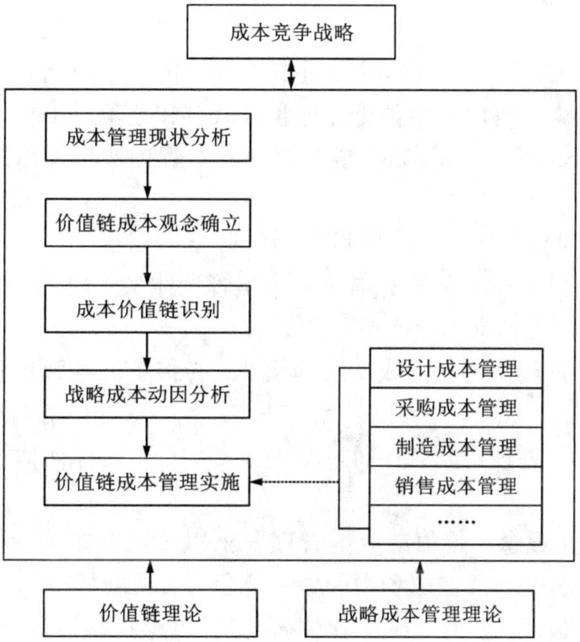

图2　价值链成本理论框架

(一)营造良好的实施环境

1. 强化组织领导，合理配置人力资源

为保证系统实施的成功，公司设立了自上而下、职责清晰的管理机构。

(1)项目领导组。负责制定集团成本竞争战略、公司中长期成本目标，并监督和管理集团成本体系。总经理领导，财务总监负责，财务部门是常设工作机构。

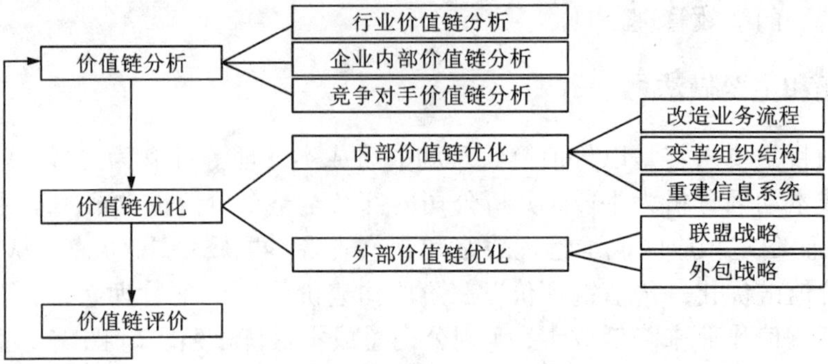

图3　公司成本链管理结构图

(2)本部项目工作组。负责对公司本部价值链成本进行控制，包括运用全生命周期成本思维进行内部价值链、行业价值链和竞争对手价值链的分析和优化工作。由本部采购部、储运部、事业部等成本管理业务部门领导和核心骨干组成。

(3)子公司项目工作组。在项目领导组确定的目标下，公司现有的四家子公司协助本部项目工作组及负责本单元成本管理体系的建设、实施、优化。

2. 培训员工，更新成本观念

价值链成本管理作为现代成本管理模式，与传统成本管理模式有着本质区别，且实施涉及面广，参与人员多，推广难度大。公司利用例会、宣传报道等形式转变员工成本管理观念，并通过全面预算、KPI 指标评估等手段予以强化和保障。

(1)战略导向观念。价值链成本管理要求以公司战略为指导，并与公司战略相匹配，逐步形成公司在市场中的核心竞争力，帮助战略达成。

(2)成本效益观念。引导成本管理要从“产出(效益)”是否大于“投入(成本)”，对比分析“投入(成本)”的必要性、合理性。

(3)成本动因控制观念。应当追溯成本发生和变动的原因，通过成本动因的分析、控制和管理，实现成本管理的目标。

(4)全价值链成本管理观念。价值链成本管理要求放眼于公司的整个价值链，既要关注公司内部价值链全过程，还要关注行业上下游价值链和竞争对手价值链，从而实现公司总成本最优。

(5)全生命周期成本管理观念。基于客户角度衡量产品价值，必须综合考量维修保养、废弃处置等成本。

(6)产品优生观念。60% ~80%的成本是设计阶段决定的。公司亟待树立产品优生观念，通过对比产品设计方案的经济性，使研制的产品更具性价优势。

(二)选择、确定成本竞争战略

确立公司竞争战略是价值链成本管理的起点。公司在分析目前各板块所处行业竞争环境和自身优劣势后，确定公司的基本竞争战略为成本领先战略和差异化战略两种形式(见图4)。

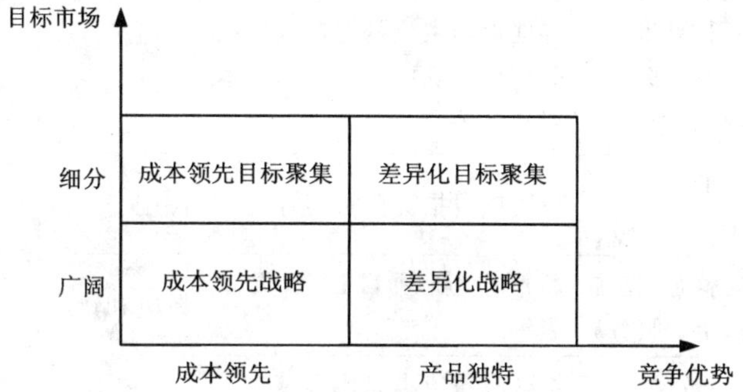

图4　公司基本竞争战略图

具体而言，对于处于市场成熟期的风电、轨道产品，适用于成本领先战略，继续赢得市场竞争优势的关键在于低成本，应通过运用内外部价值链成本管理努力实现总成本最优；对于高速永磁变频电机、电动汽车电机等新产品，公司以核心技术和特色产品赢得市场，适用差异化战略，公司凭产品差异占领市场的同时，需以较低的成本维持产品差异性。

(三)分析成本动因

公司价值链分析的方法主要是成本动因分析，识别执行性成本动因有助于发现降低成本的方式。

成本动因是公司价值链上影响各项价值活动成本大小的因素。分为两个层次：第一是经营性成本动因，为微观层次的与公司的具体生产作业相关的成本动因，即如生产准备次数、生产数量等。第二是战略层次的成本动因，如规模、技术多样性、质量管理等。研究表明战略成本动因对产品成本的影响约占85%。但战略成本动因往往被忽视。

公司在体系建设初期，梳理了公司内部价值链的成本动因，在价值链成本管理过程中针对性地分析成本动因，建立了基于成本动因的责任中心管理报表

（见表1），以深入寻求最优成本的途径。

表1　公司主要成本动因列示表

序号	成本动因层次	责任主体	管理报表/指标	运用板块	目的
1	战略性成本动因	各利润中心	本量利分析表—按产品/板块	各板块	规模经济
		纵向整合（采购部、营销部、各利润中心）	主材锁定成本对比表、增设异地检修生产基地投入产出分析、工序委外或自制成本对比表等	各板块	投入大于产出
		纵向整合（合资双方）	投资项目指标分析表等	民用变压器	轻资产，降财务费用
		横向整合（增加新产品、服务）	新产业/新项目边际贡献表等	风电和轨道	新产业/新项目盈利
		子公司	综合收益成本对比表等	各板块	总成本最优
		各单元	劳产率、材料利用率等	各板块	成本降低
		制造单元	固定资产利用率、单位产品制造成本等	各板块	持续降低成本
		各单元	质量损失成本、预防成本、鉴定成本	各板块	提高预防和鉴定成本，减少质量损失
		制造单元	产量、工时宽裕度、固定资产利用率等	各板块	降本增效
		各单元	产量、生产周期、交货保证率、计划完成率等	各板块	降本增效
		全员	成本费用占收入比、人均产量、劳产率等	各板块	降本增效
2	经营性成本动因	制造单元	总制造成本、直接人工成本等	各板块	降本增效
		制造单元	人均工时费率、人均产值等	各板块	降本增效
		制造单元	动能费、单位产品能耗率等	各板块	降本增效

（四）实施内部价值链成本管理

运用产品的生命周期分析方法将产品开发设计、采购、生产、营销、母子公司和子公司间等价值活动联系起来，做好计划、协调、监督和控制等工作，形成有机的整体，有效地实施成本控制。

1. 产品开发设计阶段

设计人员在图纸上“制造”产品的同时，也一并“装配”了产品成本，把“产品优生”理念运用到成本预防控制有着非常重要的现实意义。

（1）主要价值活动。产品开发设计价值链由编制设计任务书、技术设计、工作图设计三个价值活动构成。

（2）成本控制方法。根据开发设计阶段的价值活动，公司逐步采用“价值工程分析法”“三化”以及运用计算机模拟计算，努力使价值工程与成本估算有机结合，不断达到目标成本。

第一，价值工程分析法。

价值工程是一种方案创新与优选技术，研究产品以最低的寿命周期费用，可靠地实现用户要求的必要功能，取得较好的技术经济效益。功能分析是价值工程的核心，避免过高的表现系数、过高的质量要求标准和过剩的功能，实现产品功能与成本的最佳匹配。公司重点选择期望值大、收效显著的产品或部件作为分析对象展开价值分析。

第二，提高“三化”程度。

“三化”指产品系列化和零部件的标准化、通用化。推进“三化”减少了产品品种和设计工作量，缩短了设计试制周期，降低制造的难度和产品成本。

第三，运用计算机辅助设计。

公司利用计算机和应用软件系统（诸如 CAD）等进行设计计算、成本估算，完成装配结构实验与优选，提高了计算和设计的精确度和效率。

公司开发设计阶段成本控制基本流程如下：

第一，确定精益研发成本目标。为达成项目预期利润，项目管理部组织评审、制定设计成本预算，下达研发控制成本包。

第二，分解、修正设计成本。将目标成本进行二次分解，分配给产品设计的各个设计组。

第三，运用价值工程分析法寻找降低成本的途径。在设计技术要求和经济效益间找到平衡点，优化项目性价比。

2. 产品采购阶段

（1）主要价值活动。采购的价值活动由物资采购、运输、储存构成。

（2）成本控制重点。选择合格的供应商、控制物资采购价格以及物资储存成本是采购环节成本控制的重点。

(3)成本控制方法。

第一，建立供应商档案和准入制度。公司建立了合格供应商档案，将供应商划分为 A/B/C 分类管理，确保产品质量和采购物资价格的相对稳定。

第二，建立物资价格库和价格评价体系。公司建立了采购物资历史价格库，对计价的构成和原则进行登记，严控进货成本。

第三，与供应商建立战略联盟。与供应商建立战略联盟是指公司与供应商就供应物资在设计、质量控制和成本控制等方面密切合作，谋求共同发展的战略合作伙伴关系。供应商参与设计活动、派驻监造是公司主要采取的方法，在优化产品设计、缩短交付周期、提高质量等方面发挥积极作用，降低了供需成本。

3. 产品生产阶段

(1)主要价值活动。生产价值链由加工制造、搬运、检验和储存四个价值活动构成。

(2)成本控制重点。生产环节是工业公司价值链中最基本的价值活动，提高生产效率，降低质量成本，减少不增值的活动，是生产环节成本控制的重点。

(3)成本控制方法

第一，准时制生产方式。

准时制生产方式是需求拉动式的生产系统，追求生产过程合理性、高效性和灵活性，要求必要的时刻生产必要数量的必要产品或零部件。从经济性和适应性两个方面来保证整体利润。

"多品种、少批量"是公司目前生产的常态，公司以精益思维为指导，以设备的合理布局和生产流程为抓手，不断降低生产过剩、无价值重复动作、机器设备等待、不良品返工等浪费。公司以"激活公司内部物流，缩短生产实物流时间"为理念布局设备，在流程式生产线上"U 形"布局设备(见图 5、图 6)，加快了物流速度，减少了工序间存货量。

第二，培养多技能作业人员。

多技能作业人员是与"U 形"设备布局方式紧密联系的。在"U 形"生产单位内，多种设备紧凑布局，生产人员熟练操作多种设备，完成多道工序的作业，工效大幅提高。

第三，全面质量管理。

公司将质量上升到公司文化中，并体现于员工行为中。加大检验试验台、产品普查等预防成本投入，减少内部缺陷作业导致的缺陷成本，主要做了以下工作：

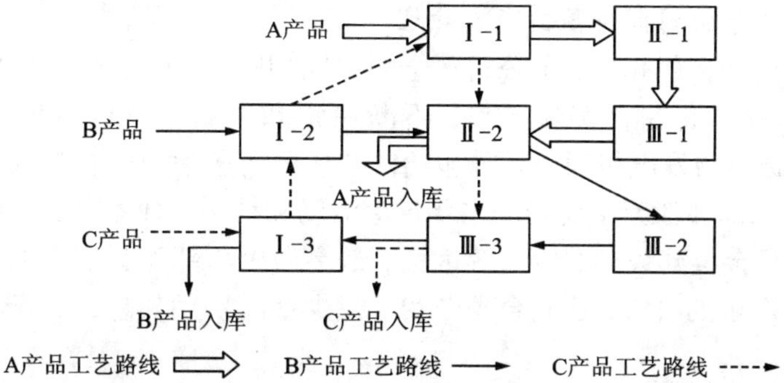

图5 流程式生产线

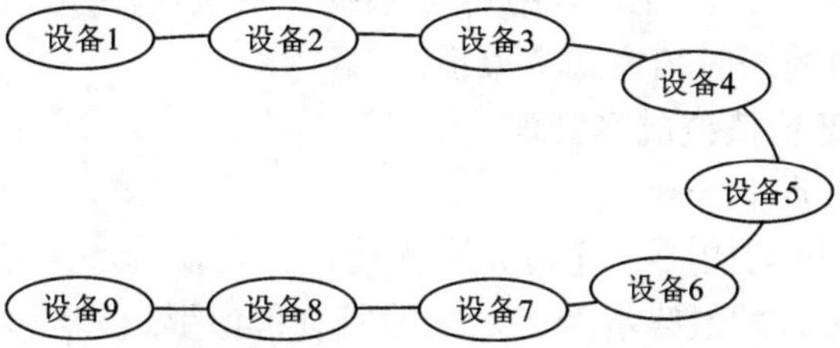

图6 "U形"设备布局

一是加强生产要素的控制。实施工艺标准化、设备操作手册、工量模具定期校检、生产作业环境的控制等。二是采用首检、自检、互检、巡检和全检等方式对产品的质量特性进行监视和测量。三是开展QC小组活动，调动全体员工参与质量管理的积极性和创造性，预防质量问题和改进质量。

4. 产品营销阶段

（1）主要价值活动。营销价值链由广告宣传、建立销售渠道、订单处理、运输和客户关系管理五个价值活动构成。

（2）成本控制重点。营销渠道和客户关系管理成本控制是营销环节成本控制的重点。

（3）成本控制方法。公司采用大客户管理以及与经销商战略联盟的方法控制营销环节的成本。通过建立联盟，由简单的契约关系转变为战略合作伙伴关系，公司在产品、技术、融资等方面给予大客户和经销商支持，同时大客户和经销商为公司提供产品的供应情况、价格行情和竞争情况等信息，双方分享规模分销的经济性，实现营销价值链的增值。

（五）实施总部与子公司及子公司间价值链成本管理

1. 总部与子公司间价值链成本管理

随着公司业务的拓展，子公司在全国多地“开花结果”，公司总部与子公司间不断创新模式，综合实际要素，不断探索和实施全价值链增值方案。如1.5 WM永磁风力发电机项目是外包给江苏子公司还是利用总部资源制造。首先公司分析总部和江苏子公司的主要价值活动和结构性成本动因，接下来对比财税政策、资金链建设、供应链等因素，最终做出总部配套生产1.5 WM永磁风力发电机定子的决策，达到合理节税、减少期间费用效果，实现了公司总体利益最大化。

2. 子公司间价值链成本管理

子公司间强化内部联系，通过最优化和协调一致带来竞争优势。如内蒙古子公司加强产品的质量控制，减少下游江苏子公司的服务支出；江苏子公司接收面额大商业票据，子公司间运用拆分票据、供应链融资等方式弥补资金缺口，缓解支付压力的同时拓宽融资渠道。

（六）实施外部价值链成本管理

1. 行业价值链成本管理

（1）行业价值链的构成。行业价值链是将公司作为一个整体考虑，它是指从最初的原材料投入到最终消费者之间的所有价值形成和转移环节所构成的价值活动（见图7）。

图7　行业价值链

（2）分析行业价值链主要目的为确定产业定位。

首先，进入前的决策。行业价值链分析帮助公司了解价值链上的利润获取和分配情况，行业中的上、下游公司以及竞争对手的相对地位，从而做出决策。

其次，进入后的成本优势打造。行业价值链分析确定在行业价值链中哪一部分的耗费较大，了解在行业中所处的位置，关注公司与供应商和客户的垂直联系，考虑是否可以利用上、下游价值链进一步降低成本或调整公司在行业价值链中的位置及范围，以取得成本优势。

（3）行业价值链分析的方法。行业价值链分析主要针对行业中的产品和市场，分析方法主要有SWOT模型和五力竞争模型。譬如，2015年公司运用SWOT模型开展行业价值链分析，帮助做出是否成立哈密子公司的投资决策（见表2）。

表 2　哈密设子公司 SWOT 分析表

外部分析评价	环境机会	1. 国家支持风电等可再生能源的发展
		2. 西北区域风电市场容量巨大
		3. 减少竞争对手在西北部市场份额，拓展风电其他业务领域
	威胁	1. 西北市场竞争激烈
		2. 客户对公司提出投资换订单
		3. 客户提出产品降价
内部分析评价	公司优势	1. 哈密政府配套优惠招商政策
		2. 公司具备对异地子公司技术、管理的集团化管控能力
		3. 优化外部价值链
	公司劣势	1. 异地管理存在不确定因素
		2. 项目投资较大

2. 竞争对手价值链成本管理

公司选取同行业的 ABB 公司、湘潭电机等先进公司开展竞争对手价值链分析，编制与主要竞争对手的“价值链成本对比分析表”，找出与主要竞争对手的成本差距，选择适合本公司的竞争策略。

（七）开展价值链成本管理评价

公司建立了以 EVA 为核心的财务指标和非财务指标相结合的业绩评价体系，对内外部价值链成本管理进行量化评估，提升公司价值创造能力。

三、实施效果

公司价值链成本管理系统随着公司发展不断深入，成本控制效果初步显现，推动了公司战略不断落地。2015 年末较 2013 年末，公司销售收入增长 62%，归属母公司净利润增长 57%，成本费用占收入比降低 2.3 个百分点，流动资产周转率提高 0.18 次，两金规模降低 18%。

（一）经济效益

公司突破了传统成本管理狭隘视野局限，利用价值链成本管理系统信息和方法，梳理相关流程及整合管理职能。

（1）设计环节。公司设计主要解决功能剩余，材料设计规格超高和加工精度设计过高的问题，以 1.5 MW 级风力发电机定子全生命周期降本为例，通过运用价值分析法，设计环节降成本额较总下降额平均达到 50% 以上。

（2）采购环节。公司分析材料采购成本、相关物流成本以及持续成本的动因（见表3），整合分散在母子公司六个业务单元的采购、原材料仓储、成品仓储配送的职能，实行JIT采购、JIT原料配送和JIT成品分拨物流，实现集中和规模化采购，2014—2015年供应链增值额近9000万元。

表3　供应商成本动因及成本构成表

序号	供应商成本	成本动因	具体成本
1	采购成本	计划下达周期、交流次数等	订购成本
		检验单价、次数、样本数量等	检验成本
		采购量、次数、最低库存量等	价格成本
2	物流成本	距离、路况、货物量、车辆载货量等	运输成本
		搬运距离、人数、重量等	搬运成本
		库房空间、材料储存要求、库房设备等	库存成本
3	持续成本	场地选择、人员等	谈判费用
		合同数量、管理人员配置数量等	档案管理费
		评估周期、评估程序等	供应商评估费

（3）物流环节。优化流程，增加提效考核指标，实现内源融资的常态化管理。2014—2015年盘活低效无效存货近1000万元、一年以上积压应收账款5372万元、固定资产2508万元，有效降低经营风险。

（4）融资环节。加强与金融机构合作，深度拓宽融资渠道，实施进口押汇业务，与客户及大额供应商开展多形式的资金运筹，2015年财务费用占销售收入比较2014年下降0.26个百分点。

（二）综合效益

1.有助于战略定位

通过探索行业价值链成本管理等，进一步找出自身的短板，确定行业定位。例如，公司从事高压电机生产近10年，研制的产品涵盖范围广，建立了"广散网型"的销售网络。通过"价值链成本对比分析表"表明，客户定制化导致产品制造成本高，加之资源未能有效利用，高压电机在市场中无明显成本竞争优势，在公司战略指引下，公司调整了定位，将高效节能高压电机定为该板块未来发展方向，确定以技术优势赢取市场的竞争策略。

2. 销售模式调整升级

紧跟客户战略发展，与大客户进行重组、新设等战略联盟，从提供产品转变为提供“产品 + 服务”的全套解决方案，提升公司价值。

3. 支撑整合扩张等重大决策

公司运用价值链成本分析思维和工具，为海外拓展、产业布局等重大决策提供数据支撑。

4 支持新产品销售价格决策

成本数据集成反映，响应速度更快，项目价值链成本信息更充分支撑产品盈利决策。

5. 提升成本优势

利用上市公司财报、现场走访等途径对行业先进公司进行模拟测算、分析研究，查找差距，不断修正目标，挖掘潜力，调整控制计划。

6. 提升成本计划的准确性

公司的成本在时间和空间范围得到延伸，对隐形的结构性成本动因和执行性成本动因导致的成本进行反映，同时建立和更新了历史成本库、标准成本库，成本要素精细度和准确性得到了较大的提高，成本计划更加科学合理。

7. 培养人才

价值链成本管理是一种先进的管理思想，需要许多懂得现代管理方法的员工去推行、落地，公司在一年多的系统实施过程中，参与人员通过培训、实践，综合能力得到极大提高。

8. 提升信息技术水平

价值链成本管理运行于多门户，对信息的细分和集成要求高，公司信息技术人员、财务人员积极“走出去”，促进了公司信息建设的深入开发。

四、后期目标

公司的成长过程实质上是管理逐步实现精细化的过程。基于战略发展的价值链成本管理体系的建立与实施不可能一蹴而就、一步到位。公司遵循“总体部署、分步实施”的原则，目前完成了价值链成本管理基本架构的初步搭建，梳理了内外部价值链的成本动因，对部分产业、分支机构进行了价值链成本管理的实践。通过一段时间的试运行，价值链成本管理系统的成效得到了初步体现（见图 8）。

但总体来看，公司价值链成本管理系统还处于初级阶段，成本动因的选择还不精确，未完全涵盖全价值链，未有效地与行业标杆对标缩小差距，对产品设计以及非生产型作业的管控还有待加强。公司将在现有系统基础上，进一步

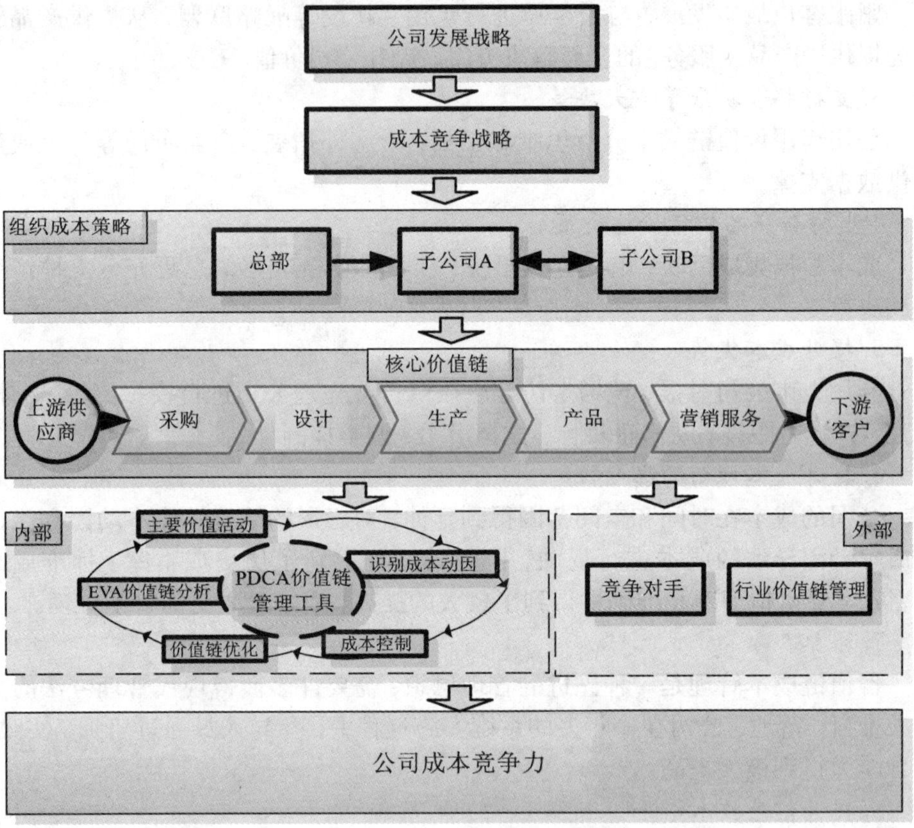

图8　公司价值链体系

以精益管理思维分析成本动因，加强外部价值链成本管理工作，努力构建以战略目标为引领，价值链成本与责任成本、成本管理与价值管理相结合的新型成本管理系统，实现全价值链成本管理目标，助力“十三五”战略的落地。

确立企业持续竞争优势的核心能力建设

中车株洲电机有限公司
2016 年 3 月

中车株洲电机有限公司（以下简称“公司”）坐落在南方工业重镇和交通枢纽——湖南省株洲市，是中国中车下属的专业生产、销售城轨车辆电机、变压器，风力发电机和工业特种电机的一级子公司，是中国铁路总公司和谐型大功率机车、高速动车组的核心部件供应商，是我国风力发电机最大规模生产企业之一。公司是国家技术创新示范企业、国家认定企业技术中心，拥有国家级电机、变压器检测试验站，电气绝缘电力设备国家重点实验室（株洲基地）、国家风电技术研究中心电机研究室。公司以市场需求为导向，依靠科技、质量、服务等方面综合强大优势，为用户提供质量可靠的产品和优质的服务，目前产品服务遍及轨道交通、风力发电、电力、冶金、电动汽车等多个领域。

公司定位为“专业化、集团化、国际化”的行业领跑者，坚持市场导向和技术创新的发展战略，不断淬炼核心能力，抢抓中车成立带来的新机遇，加快产业拓展和海外布局，积极创新成本精细化管理，搭建价值链成本管理体系，促进了公司业绩的稳步攀升。“十二五”末实现营业收入 65.41 亿元，归属母公司净利润 3.31 亿元，较“十一五”末分别增长 98%、100%；净资产增长 182%，固定资产周转次数上升 0.11 次，资产负债率下降 10%，人均劳产率增长 49%，经营业绩稳步攀升，2015 年被集团评为 A 级企业，并获得“突出贡献奖”“管理一等奖”。

一、核心能力建设项目的实施背景

（一）产业亟待转型升级

随着国内经济增速变缓，电机、变压器等传统制造产业大多面临着产能过剩、转型升级的难题。在产业转型方面，许多企业均瞄准七大战略性新兴产业，《中国制造 2025》十大领域，将其作为转型升级的重点方向。在技术升级方面，高效节能、绿色环保、智能集成成为产业技术升级的方向。在运营管理方面，由单一的资产经营，逐步向资本运营、产融结合方向发展。株洲电机作为中国中车旗下一家年轻的子公司(2010 年升格)，焕发着活力，但同时也面临部分新产业发展亟待突破，前瞻性技术储备不足，既有市场外部竞争激烈等多重转型压力。探索并开展核心能力建设，是持续提升公司竞争水平，构建新的蓝海市场领地，促进公司加快转型升级，实现持续稳定发展的必经之路。

(二)业务结构亟待优化

从国际先进企业的发展经验可以获得一些启示，拥有若干个具备竞争优势的核心业务，同时保持新兴业务协同发展，是抵御市场风险的重要手段。ABB、西门子、三菱等企业依靠合理的产业结构，注重既有核心业务、新兴业务、战略业务的平衡发展，成功抵御了多次全球经济危机，实现持续稳定发展。

“十二五”期间，公司立足于电机、变压器专业技术优势，逐步形成了轨道交通、风力发电、高效节能工业电机及特种变压器四大细分市场业务。产业结构得到了显著改善，但各业务比重仍然不均衡，抵御市场风险能力尚待加强。同时，因受到资源、能力、机制等多重要素的制约，公司战略新兴业务孵化进展较慢。

(三)支撑发展战略实施

根据中国中车及公司的发展战略，在新形势下，公司坚定了“三创三化”的发展愿景，以“打造中车通用机电装备(电机、变压器)专业领域的旗舰企业，做高端动力装备先锋”为发展定位，将大力发展新产业及开拓国际市场作为公司“十三五”的主要战略任务。为了构建与战略目标相匹配的能力系统，加快转型升级步伐，需进一步致力培育公司核心竞争力。

二、内涵

株洲电机公司以创建“百亿企业、精益企业、学习型企业”，实现“专业化、集团化、国际化”的“三创三化”为目标，按照“开拓战略市场、固化能力结构、坚持性价制胜、持续变革创新、优化组织文化、创立一流企业”的原则，开展了“企业文化、战略管控、市场创新、技术创新、人力资源、项目管控、组织效能”七大能力要素的核心能力建设，打破发展瓶颈、实现产业突围、开辟跨越式发展路径的方法，以及围绕七大能力要素助推企业全面升级的实践举措。

三、主要做法

公司作为轨道交通牵引装备配件企业，在新常态经济背景下受传统产业增速放缓的制约。在当前经营条件和市场环境下，为了找出产业发展瓶颈及关键成功要素，项目组成员对相关单位及部门负责人进行了访谈，对产业相关的细分市场进行了调研分析，并组织召开了产业专题研讨会和能力建设工作会，进一步明确了产业发展思路，梳理了关键瓶颈问题。

基于能力支撑的战略金字塔模型如图1所示。

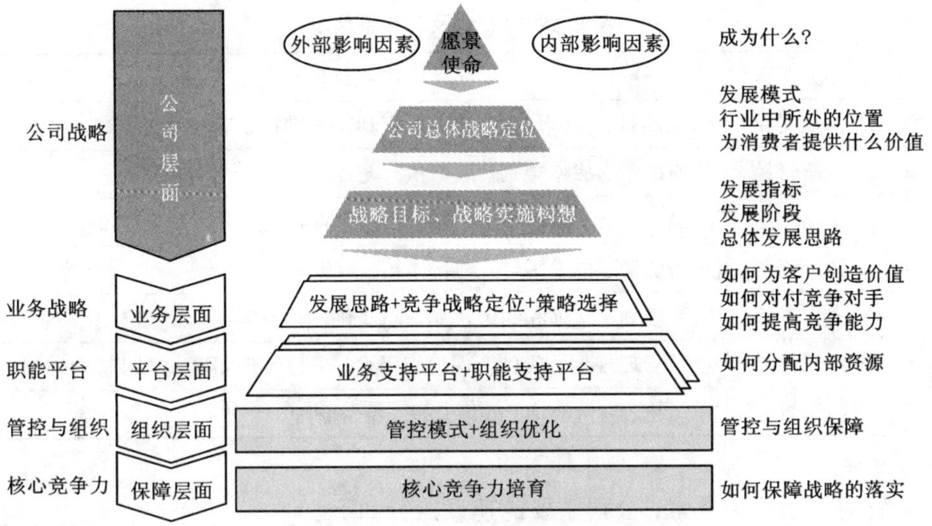

图1　基于能力支撑的战略金字塔模型

公司确立将企业文化、战略管控、市场创新、技术创新、人力资源、项目管控、组织效能七大要素作为现阶段的公司能力建设的重点(见图2)。

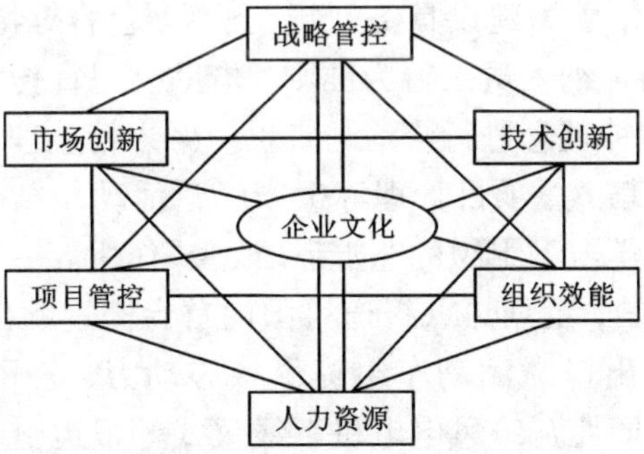

图2　能力要素构成“钻石”模型

组织编制了《确立竞争优势的企业能力指引》，在能力要素下建立了契合公司战略的二级维度，对各二级维度中进行了现状描述（见表1）、提出了建设目标及路径举措。并编制了《确立竞争优势的企业能力指引行动纲要》，明确重点工作项目及里程碑计划、责任领导和责任单位。

表1　能力要素及二级维度表

序号	能力要素	二级维度
1	企业文化	组织愿景、价值认同、绅士风度和工匠精神、学习型组织
2	战略管控	战略决策、战略规划、战略执行与评估
3	市场创新	产品及服务，品牌推广，客户关系，商业模式
4	技术创新	技术资源、技术平台，创新体系，两化融合
5	人力资源	资源规划、激励和约束机制、职业化、团队学习
6	项目管控	项目管理规划、项目管理组织平台、项目管理团队、项目管理知识
7	组织效能	公司化、高效机构、效绩管理、精益管理

针对以上能力要素，公司主要的建设路径如下。

（一）构建企业文化及价值体系

通过公司内部宣传平台（橱窗、电子屏、微平台、网站、论坛、展板等），在全体员工中传播组织愿景。通过搭建愿景树，构建组织愿景与个人愿景互动沟通平台。将“明德成器　利物益世”的核心价值理念融入各项经营活动中，在利益相关方广泛传播公司核心价值理念。做好以客户价值导向和以EVA为核心的价值体系顶层设计，着力建设具备创新、开放、包容等特征的企业价值体系。将绅士风度和工匠精神纳入员工行为准则，借助公司宣传媒体，在全员范围内对绅士风度和工匠精神理念进行澄清与宣贯。融入精益理念，将学习型组织建设与精益管理、人才培养、项目管理等生产经营活动相结合，创新学习型组织实践模式，充分发挥学习型组织的“创新＋改善”作用。

（1）坚持新闻营销，策划热点报道。国内首台高速永磁变频电机系统在公司下线、为中国首次出口欧洲动车组提供核心动力、公司产品进驻人民大会堂、国内首台出口欧盟兆瓦级风电电机下线仪式等报道引起了巨大反响，新华社、人民网、中国科技报、中国电力报、科技日报及湖南卫视等多家国家级、省级重要媒体宣传报道。

（2）加大广告投放和高端产品亮相专业展会，挖掘潜在客户与商机。在京珠高速、长株高速上制作大型户外广告，在中车成立后第一时间亮牌宣传公司核心价值理念；在《电力机车与城轨车辆》《通用机械》等杂志策划和发布广告20余期；参加土耳其轨道交通展、印度铁路展、中部制造博览会、上海国际电机展、上海制冷展、北京国际工程机械展、北京国际风能大会、深圳高交会等10余项海内外展会，推介公司产品展示公司技术与实力，挖掘了十余家潜在客户。

(3)对内通过OA新闻栏和内刊等宣传阵地，紧扣生产经营动态，对安全、质量、廉政等方面的工作进行了高频次的宣传和报道。策划了“三严三实”“走进研发”“走进营销售后”等专题报道，宣扬“工匠精神”。

(4)对内加强企业人文关怀，策划公司女工活动、五四青年节活动、六一儿童节活动、亲子活动、诗歌朗诵会等活动，开辟公司公众微信号(粉丝3500多人)，通过新媒体与员工互动，及时传递公司新闻信息及正能量，营造公司良好的文化氛围。

(二)强化战略管控及引领能力

建立双向介入、层次合理、高效运转的战略决策体系。在业务管控、发展路径、组织架构等方面全面对标国际先进企业，提升组织变革能力。设立年度重大战略问题研究机制(新能源汽车产业规划、融资渠道研究等)，强化本部对子公司的指导和监督作用。强化各业务平台、职能部门战略支撑能力，优化业务及组织结构，逐步培养子公司、各业务单元和职能部门对分管领域及业务的战略思维和国际化思维。建立集团化管控模式下的产业管理平台、研发创新平台、职能支持和监控平台和资本运作平台。构建战略规划管理体系。以战略管理、人力资源管理、财务管理、信息管理为主要支撑，辅以战略审计，全面推进战略落地。实现战略绩效对薪酬和职业生涯发展的导向性。

(1)重组成都电机，推动轨道牵引电机产业横向一体化。

2014年，公司抢抓集团业务整合契机，通过横向一体化整合成都公司电机业务板块，公司已构建覆盖内燃机车、电力机车、动车、城轨地铁等全体系的轨道牵引电机产业平台。

(2)探索混合经营，发展变压器延伸产业。

2014年10月，公司投资1.05亿元控股广州骏发电气有限公司60%股权，成立广州南车骏发电气有限公司，通过与优势企业强强联合，公司承接了广州骏发在中国变压器行业长期积累的品牌和核心竞争力，通过获取环氧树脂浇注干式特种变压器成熟的技术、市场和制造平台，完善了公司的变压器产业体系。同时，绕过铁路、地铁等轨道交通变压器较高的行业壁垒，使我公司变压器产业至少提前5年实现轨道交通特种变压器市场大面积覆盖，为公司成为国内高端轨道交通系列变压器(类)产品的一流企业打下了坚实的基础。

(3)风电产业链下延，实现风电产业纵向一体化。

2015年，公司在江苏、内蒙古两大风电布局的基础上，通过轻资产的模式在新疆哈密设立了风电生产基地，哈密基地全年生产风电整机200余台，实现营业收入近3亿元。同时，得益于良好的政企关系，公司成功获取哈密“十三间房”5万千瓦风电场项目指标，公司由单一的风电装备制造向风电场建设、运营维护等方向发展。

(4)创新理财模式，开启金融投资。

2015年，公司携手发起成立私募基金，投资的金力永磁公司股票于11月正式挂牌新三板，标志着公司首个财务类股权投资项目成功落地，正式迈出了产融结合资本运作模式的步伐。

(三)提升以市场为导向的服务能力

通过差异化、个性化产品和服务提高客户满意度，更好地获得和引领客户，从而确立竞争优势，以实现产业技术升级，确保产品质量、性能大幅领先竞争对手。以客户为中心，做好产品和客户服务工作，寻找并开展符合公司战略发展的服务型业务，将服务业务发展成为公司新的利润增长点。打造定位清晰、个性化的企业品牌，形成与公司战略相契合的品牌管理体系。树立全员品牌意识，形成由内而外的品牌推广力量。通过完善公司营销体系和建立客户关系管理体系，做好市场营销中、销售过程中和客户服务过程中的客户关系管理。不仅要稳固既有的主要客户，同时高度重视挖掘具备极大潜在价值的新客户，形成市场竞争优势。

公司坚持“资源延伸、高端定位、有限多元”原则，以轨道交通、风电产业为原点，瞄准“智能、环保、绿色”产业，大力开拓高速流体机械、高端工程机械、新能源汽车等战略性新兴产业市场。

(1)深入布局海外市场。公司在配套出口印尼、土耳其、印度、埃塞俄比亚、澳大利亚、南非等国家之外，2015年，独立出口实现零的突破，顺利交付阿海珐5兆瓦风电电机，并针对印度、俄罗斯、南美洲、欧洲等重点区域进行深入开发，储备了诸多市场项目。

(2)集中力量主攻新产业市场。公司依托公司轨道交通专有技术，大力开拓高效、节能电机，公司电动轮、石油钻井、制冰制冷、流体机械等电机市场，公司产品广泛应用于化工、煤矿、电力、水利等领域，并已出口印度、印尼等市场。

(3)坚持客户导向的营销与服务，增强客户依赖，创造品牌优势。在服务方面，从单纯注重产品制造，向高附加值的研发和销售服务环节延伸，创新商业模式，以客户为中心，做好产品和客户服务工作，寻找并开展符合公司战略发展的服务型业务，将服务业发展成为公司新的利润增长点。

（四）建立领先的技术开发平台

加快科技人才队伍规划和建设，着力打造一支数量充足、结构优良、技术水平一流，具有“工匠精神”、创新能力和国际化视野的职业化科技人才队伍。建立数字化协同设计平台，建立国际一流的“2 + N”试验验证体系，为产品研发提供支撑保障。树立行业技术领军人才，提高公司技术权威及话语权。建立统一的技术管理保障平台，通过平台化建设实现缩短研发周期，降低研发成本和提高产品可靠性，形成面向市场、快速响应市场的技术能力。在既有业务及新兴业务领域，打造更加具有市场竞争力的产品技术平台。建成以六大平台为核心，N 个产品开发平台、技术研究平台、试验平台为支撑的技术创新体系。完善创新机制，充分利用外部科技资源，构建和完善公司开放式的技术创新体系。以工业化、信息化、自动化的深度融合为支撑，建立先进的信息化平台。结合公司产业特点，以数字化、智能化为重点，建设数字化工厂，提升制造技术。

（1）构建研发技术能力评价体系。全面梳理研发技术能力维度，建立科学合理的评价体系，量化研发技术能力水平，为公司的研发技术能力提升提供科学合理的参考依据。

（2）优化研发通道技术层级评定方案，提升研发人员层级竞聘评价体系标准，从知识、经验、业绩、能力、素质等多维度对竞聘人员进行综合考评，在技术中心内形成了公平、公开、公正的良好竞聘氛围。

（3）通过体系运用，共开展部门级培训 43 次、中心级培训 21 次、专家讲坛 8 次，组织赴华为、中兴标杆企业学习 1 次，累计参训达 740 余人次。

（4）进一步完善了科研项目管理机制，精益研发的实施得以逐步落地，配置管理工作得到提升，搭建了知识产权管理信息化平台。

（五）构筑具备竞争优势的人才高地

通过招募、胜任力管理、领导力发展、继任计划、职业规划等内容，吸引和保留公司关键人才。实现人才能力素质与岗位匹配，形成人才规划、人才识别、人才培养、人才开发的完整人才管理供应链。灵活运用各种激励方式，紧紧围绕着公司战略发展要求，建立起全面、有效和多样化的薪酬激励与约束机制，充分开发员工潜能，调动员工工作积极性、主动性和创造性，提升公司内部凝聚力和驱动力，增强员工对公司的敬业度和认同感，吸引、保留和激励员工，有效支撑企业战略目标的实现，促进企业健康快速发展。搭建职业化团队，加强五支核心人才队伍梯队建设。开展职业化团队人才培育工作，提升全员职业化素养和行为。同时，通过建设内部知识共享平台，将个人知识技能扩散到组织层面，将复合型人才培育作为人才培养中的重要课题，提升组织效率。

(1)建立“高中层学习日”活动常态机制，规范干部选拔任用管理，加强领导干部队伍建设。

(2)搭建“三横五纵”职业化团队模式，加强培育职业经理人、国际化人才、核心管理人才、核心技术人才、核心技能人才等五支人才队伍，优化人才队伍建设。

(3)探索试行绩效承包工资制，持续优化薪酬体系；强化子公司薪酬管控，健全子公司薪酬管控模式。

(4)建立国家级博士后科研工作站，与浙江大学建立战略合作关系，搭建高层次人才培养新平台，拓宽人才引进渠道，实现重点人才引进的新突破。

(5)严格控制用工总量，持续推动子公司、检修基地、售后服务人员属地化，合理调控人工成本。

(六)打造广义的项目管控平台

构建以价值为导向的全寿命周期的项目管理体系。打造以市场为导向的新产业项目孵化的运作方式。建立项目管控中心，打造以产品研制为中心的项目执行平台、以产业发展为导向的项目运作平台、以广义项目为对象的项目运营平台。通过三个平台的搭建完善项目管控职能，实现性价制胜为纲、打造品牌优势。开拓战略市场、孵化新兴产业。持续变革创新、延伸项目管理的目标。打造专业化、结构合理、层次分明的项目管理团队。形成职责分明、分工明确、责任清晰的项目管理团队。建设与时俱进、持续发展的项目管理团队。

(1)逐步退出低效的产业结构，减少对机加工工序的投入，重点培育与扶持专业外部资源，做好配套产业链，让更具专业化的社会资源为公司配套生产。基于产品设计重要性原则、工艺重要性原则、经济性原则，启动牵引电机冲片制作，联线制作，框架、机座喷丸，部分铸件加工工序的转移调整。

(2)推进产品全寿命周期降成本，强化项目成本管控，全面推行成本包模式，强化项目成本包的有效管控，推动项目目标成本评审和尝试设计成本预估与概算。

(3)全面对标市场标杆企业的项目成本管控体系和关键部件的成本价格，积极推进项目成本信息化建设。

(七)强化战略型集团化管控水平

创新经营理念，通过内生外延式发展，从制造本体逐步向经营本体转变。构建风险管控流程和职责清晰、风险应对策略得当并持续优化的全面风险管理体系。完善集团化管控，以“总部－业务单元”为主线，建立战略型管控组织架构。以组织目标为指引，建立可以满足公司化要求，直线职能制与项目制相结合的矩阵式、扁平化高效机构。强化指导，激发子公司活力，提高集团化协同能力；搭建完全项目制组织机构，由“弱矩阵”向“强矩阵”组织机构转变。

（1）推行资产经营责任制。公司与各单位及子公司负责人订立年度经营目标责任状，定期对考核指标进行监测，建立月度经营情况分析机制，加大各单位月度目标和季度目标的滚动管理，确保年度目标有效落实。

（2）制定纲领性文件《子公司管理办法》《子公司资产经营责任制考核办法》，完善支撑文件《外派人员管理办法》《子公司薪酬及工资总额预算管理暂行办法》和《子公司高层管理人员薪酬管理暂行办法》。

（3）制定各子公司业务权限清单。

规范子公司法人治理结构及体系，坚持“有利于子公司发展和不损害小股东利益的原则”，完善各业务层面和职能层面与子公司对接的管理制度、流程。根据《公司法》《子公司管理办法》及各子公司公司章程，编制各子公司对应的权限清单，规范各项事务授权管理流程，突出全资、控股以及混合所有制经营的差异化管控特色。

（4）建立适应集团化管控的信息平台。

出台《公司信息工作管理办法（试行）》，进一步加强和规范公司信息管理工作，提高信息工作的及时性、全面性和规范性，有效发挥信息工作支持决策、沟通信息、通报情况的作用。

建立子公司市场信息反馈机制，编制信息统计报表，定期对各子公司经营性数据进行分析，系统调研子公司生产、经营性关键指标。

（八）形成动态评估及长效工作机制

一是建立并完善工作流程，形成长效的工作机制。制定专项管理办法，将行动纲要落实到各部门的年度及月度重点工作中。二是加强宣传引导，不断创新激励机制。加大宣传力度，形成统一的思想认识。通过定期发布工作简报、组织经验交流会、成果发布会等方式，加强各部门之间的沟通交流，促进工作有效开展。对促进战略目标达成，成果显著的实施单位及个人进行专项奖励。三是定期回顾总结，持续改进方法。与战略滚动管理工作相结合，开展年度能力建设及竞争优势动态评估工作，逐步建立公司可持续发展的综合评价指标体系。

四、实施效果

(一)建立企业能力建设系统

通过能力建设项目的开展，公司对产业环境、竞争格局，自身能力有了更加充分的认识，明确了各相关部门未来3~5年的重要工作举措，制定了契合战略发展需要的行动纲要，形成了与战略目标配套的能力系统，并持续开展动态评估。

(二)全面提升企业能力短板

在企业文化方面，通过完善核心价值、企业识别、企业精神等体系，加强学习型组织建设，实现组织愿景与员工个人愿景相融合、相一致。

在战略执行与评估方面，在“外部环境”“竞争形态”的基础上，导入“动态能力”分析要素，并设立年度重大战略问题研究机制。

在技术创新方面，通过中国标准动车组牵引电机及变压器、阿海珐5 MW海上半直驱永磁风力发电机、国内首条中低速磁浮车配套直线电机及电磁铁、马其顿动车组等系列重大项目的成功开发，在电机、变压器等专业领域，进一步确立了技术领跑地位。

在市场创新方面，制定服务流程标准，制定公司品牌战略，导入客户关系管理体系，建立内部创业机制等方式。由提供产品为主，逐步向提供解决方案与服务转变，以“产业经营+资本运营”双轮驱动公司产业规模发展壮大，推行“制造+服务+资本”的商业模式。

在人力资源方面，通过科学地制定人才发展规划，大力引进高端战略人才。持续推进人才标准建设，搭建“三横五纵”职业化队伍。探索新产业拓展激励约束机制，构建公司人才保障竞争优势。

在组织效能方面，通过创新经营理念，完善组织流程及绩效管理体系，信息化管理能力提升。形成“总部—业务”单元的集团化管控模式，建立扁平化的高效机构。

(三)实现综合效益最大化

1. 经营模式转型升级

株洲电机通过集团化发展道路的实践，逐渐探索出一条具有自身特色的集团管控模式，在经营模式上实现了重大突破，并努力实现企业由资产经营型向资本经营型转变。

2. 产业结构调整升级

目前，株洲电机轨道交通产业、风电产业、高效电机产业、民用变压器产业并存，各产业内部产品结构也日益完善，轨道交通产业延伸至内燃机车、线路变压器；风电产业延伸至风电发电机整机制造、售后维保乃至风场运营。高效电机延伸至系统集成，已掌握高速永磁技术，进军流体机械领域，产业和产品结构的调整，为后续发展奠定了良好的基础，提高抵御市场风险的能力。

3. 质量效益全面升级

2015 年，株洲电机共实现销售收入 65.41 亿元，较上年度增长近 12 亿元。其中专有技术延伸产业集团化带来的增长贡献超过 40%，企业规模已经进入一个新阶段，离百亿目标更进一步。公司在中车 2015 年绩效评价考核中，被评为 A 级企业，并获得突出贡献奖和管理一等奖。

构建基于价值链分析的战略成本管理体系

中车株洲电机有限公司
2016 年 6 月

中车株洲电机有限公司(以下简称“公司”)是中国电力机车、高速动车组、地铁车辆等轨道交通设备牵引电机、变压器的骨干研制基地，同时也是国内最大的风力发电机组发电机供应商之一。公司以市场需求为导向，依靠科技、质量、服务等方面综合强大优势，为用户提供质量可靠的产品和优质的服务，目前产品服务遍及轨道交通、风力发电、电力、冶金、电动汽车等多个领域。

“十二五”期间，公司面对严峻复杂的经营形势，以成为“集团化、国际化、专业化”的行业领跑者为发展愿景，坚持市场导向和技术创新的发展战略，不断淬炼核心能力，抢抓中车成立带来的新机遇，加快产业拓展和海外布局，“十二五”末实现营业收入 65.41 亿元，归属母公司净利润 3.26 亿元，较“十一五”末分别增长 98%、100%；销售净利率增长 1.6%，净资产增长 182%，固定资产周转次数上升 0.11 次，资产负债率下降 10%，人均劳产率增长 49%，经营业绩稳步攀升，2015 年被集团评为 A 级企业，并获得“突出贡献奖”和“管理一等奖”。

一、构建基于价值链分析的战略成本管理体系的实施背景

(一)宏观背景

在经济全球化浪潮冲击下，企业在面临更为广阔的发展空间和盈利机会的同时，也置身于更加激烈的竞争环境之中。伴随着信息通信和制造技术的迅猛发展，商业模式和管理方式正在发生深刻变革。

进入“十三五”以来，受世界经济形势下行影响，国内经济增速放缓，赖以支撑中国经济增长的投资动力和人工红利等利好因素相继枯竭，由此产生的负面问题则是产能大幅过剩、产业过度低端等，中国经济进入新阶段，呈现经济增长速度放缓、经济结构调整、创新驱动等特征，在此日益变革的商业环境对

企业的成本管理提出了更高的要求。企业成本管理需要超越传统成本核算和产品成本管理的范畴，以顾客为导向，从战略的角度谋求企业的竞争优势。

（二）微观背景

在近期中国经济的新常态下，对公司经营来说，既蕴藏着机遇，也面临着挑战，就机遇而言，主要包括三个方面：一是我国大力推进“走出去”“高铁外交”和“一带一路”倡议，中国先后发起设立上合组织开发银行、金砖国家开发银行、亚投行和丝路基金等金融平台，为中国企业“走出去”提供了良好的机遇。二是轨道交通方面，国家编制的“十三五”规划已基本确定国家“十三五”期间铁路通车总里程将达到14.5万公里以上，动车、城轨处于快速增长期。三是新能源方面，为调整国家能源结构，到2030年非化石能源占能源消费比重将提高到20%，“十三五”期间，风电有望逐步改变当前被视作“替代能源”的地位，上升为未来扛鼎国家能源结构调整主体的地位。

同时，企业也面临以下几个方面的挑战：一是国家能源局相继出台政策，弃风限电形势严峻。铁路货运下降造成铁总对机车需求的下降。二是客户对产品技术、质量、服务等环节锱铢必较，主机企业提出采购量和价格“双降”要求，合同签订严重滞后，成本要素刚性增长。三是公司创新投入、社会履约成本等刚性支出累积增长，公司盈利空间不断被挤压。公司遵从建设企业战略，积极变革，力图走出一条获取新的竞争优势的成本管理创新之路。

1. 传统成本管理模式局限凸显

传统的成本管理主要是在降低原材料采购价、减少显性支出等方面下功夫，从而实现节流降成本的目标，也许企业能在短期获得经济效益，但却无法使其确立和保持竞争优势，所以，此种管理方式在价值链的竞争环境中将难以生存。传统成本管理模式的主要缺陷体现在以下三个方面。

（1）侧重于短期目标，忽略长期战略目标。

传统成本管理理念的主题是控制，单纯地为降低成本而降低成本，未能根据企业的外部环境和内部条件的变化以及所采取的竞争战略来及时设计成本管理模式，是一种静态管理模式，旨在保证企业短期经济效益目标的实现；企业战略管理要求企业全方位地分析企业所处的环境，从实现战略目标的角度来看，不同的战略对成本有不同的要求，如果企业以差异化战略为目标的，那么成本降低就不一定是重点，在有些情况下反而要提高成本。

（2）成本管理的内容对象片面。

传统成本管理的对象主要是企业内部的生产过程成本，只注重企业内部生产阶段的成本管理，没有对企业自身整个价值链、竞争对手价值链和所在行业价值链等进行分析，这就无法获取自身所处行业和相关行业的信息以及竞争对手的成本信息，无法根据企业外部环境的变化来调整自身的管理模式。传统成本管理没有把企业与供应商、与顾客的联结关系纳入管理范围，忽视了对产品开发和设计、采购与销售等环节的成本控制。企业通常只看到了企业中发生的各类“显性成本”，如人工成本、材料成本等，却对企业中各类“隐性成本”，如组织成本、协调成本等视而不见。传统成本管理局部、片面的成本信息将影响企业正确决策和战略的制定及实施。

(3)成本动因因素单一，成本信息不全面。

传统成本管理的观念认为一是材料、人工和制造费用等才是构成成本的主要因素，因而往往将生产数量作为唯一的成本动因。实际上，成本动因是多样的、多层次的，如企业的规模、整合程度、生产流程安排、生产组织方式等因素。产品成本的主要动因并不是那些有形的成本因素，反而是那些传统成本管理不予以考虑的无形因素会对成本产生重大的影响。因为这些无形因素需要较长时间才能形成，而且一旦形成就很难改变，或者改变需要花费很大的代价，因此企业需要从战略上加以规划。二是企业如今所面临的是新的制造环境，人工成本不断下降，制造费用不断上升，如果仍然用直接人工等以数量为基础的成本动因来分配制造费用必然会造成产品成本的严重扭曲。

2. 竞争形势愈加激励

公司作为轨道交通关键配件的制造企业，国内外竞争企业众多，竞争主要体现在以下几个方面。

(1)客户议价能力强。在公司的支柱产业中，轨道交通客户以统收统购方式进行招议标采购，公司定价话语权弱；风电板块采取紧跟客户战略，客户以长期战略合作协议形式锁定和压缩公司产品盈利空间。

(2)现有企业竞争激烈。在公司的城市交通、高效电机、风电等板块，在国家的大力扶持下，产业增长迅速，竞争者越来越多。

(3)替代品威胁严重。产品技术创新速度快，动车、高铁已逐步取代机车的市场地位，公司传统板块规模下降，客户对价格、质量、服务提出更为严苛的要求。

基于上述严峻的竞争形势，企业应着眼于战略调整，重新审视成本管理现状，因时求变，从价值链的角度构建基于战略的成本管理体系。

3. 公司“十三五”战略发展推动

恰逢“十三五”开局之年，国家经济形势政策发生巨大变化，面对新常态，公司确定2020年发展目标为销售规模100亿元，新产业收入占总收入的50%，实现全价值链增值。随着销售规模不断扩大，原有收入结构和产品结构由路内产品主导转向市场产品主导，市场的竞争态势由产品竞争逐渐转化为价格、质量和服务竞争，以及整个公司软实力和价值链的竞争。为落实战略，公司需要整合作业流程和公司价值链，以提升公司的核心竞争力。

二、构建基于价值链分析的战略成本管理体系的内涵

（一）战略成本管理的概念

战略成本管理，是指基于战略视角，通过生成、应用具有战略相关性的成本管理信息，以服务于企业竞争优势建立的一系列成本控制方法、体系。战略成本管理主要有价值链分析、目标管理、作业成本法与作业基础管理、目标成本法等一系列方法体系构成，而且各方法体系之间存在高度融合性、互补性。

（二）价值链的相关理论

1. 价值活动与价值链

从竞争角度而言，价值是顾客愿意为企业提供给他们的产品所支付的价格，成本是资源的消耗或利益的放弃。企业生产经营活动也就是企业通过消耗成本创造价值的过程。按照经济技术的相对独立性，这一过程可以分为若干个相互联系的价值活动，即企业为创造价值而进行的各种活动，如企业的产品开发设计、物资采购、产品生产、市场营销、人力资源管理等。

价值链理论认为将企业作为一个整体来看无法认识竞争优势，企业的竞争优势来源于企业在设计、生产、营销、交货等过程及辅助过程中所进行的相互分离的价值活动。在价值链中，企业的价值活动可以分为基本活动和辅助活动两大类（如图1所示）。

（1）基本活动。基本活动是涉及产品的物质创造及其销售、转移给买方和售后服务的各种活动，包括内部后勤、生产经营、外部后勤、市场营销和售后服务。

（2）辅助活动。辅助活动是辅助基本活动并通过提供外购投入、技术、人力资源管理以及各种企业范围的职能以相互支持的各种活动，包括采购、技术开发、人力资源管理、企业基础设施。

2. 价值链联系

价值链是在企业中从基本原材料到交给最终客户的产品的整个经营过程中各种价值创造活动的联结结合。这些价值活动是彼此间有联系的，价值链的联系包括内部联系和外部联系。

（1）价值链的内部联系。价值活动是由价值链的内部联系联结起来的，这些联系是某一价值活动进行的方式与成本或与另一活动之间的联系，联系常反映出实现企业总体目标的活动之间的权衡取舍，例如，成本更高昂的产品设计、更严格的材料规格或更严密的工艺检查也许会减少服务成本。联系可以通

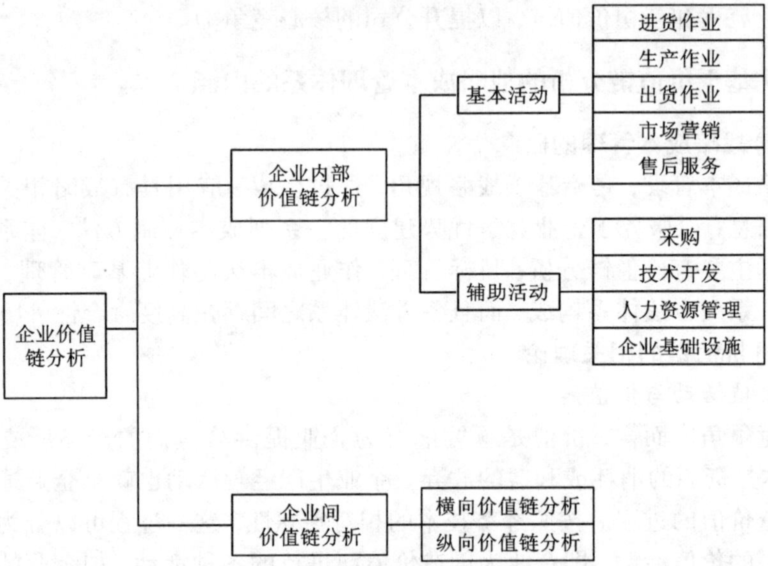

图1　企业价值活动及价值链

过最优化和协调一致这两种方式带来竞争优势。

(2)价值链的外部联系。外部联系存在于企业价值链与供应商和顾客渠道的价值链之间，任何企业要么处在产业链中的一个环节，要么处在产业链中的多个环节，都不可能超越其所在的产业价值链而单独存在，因此企业要把自身置于整个产业价值链中来考虑价值的创造与获取，通过分析其与上下游之间的关系，协调和优化与供应商的关系、进行顾客渠道的推荐或促销获得收益。

3. 价值链管理

价值链管理是在认清企业各项活动关系的基础上，运用现代企业管理思想、方法和技术进行价值链分析、价值链优化和价值链评价，以最大限度地实现企业和价值链上其他利益相关者的价值增值，为企业获取可持续竞争优势的管理模式。

“价值链分析、价值链优化和价值链评价”是企业价值链管理三个基本程序，三个基本程序紧密联系，形成管理闭环(见图2)。

4. 价值链分析

价值链分析是将企业活动进行分解，通过考虑这些单个的活动本身及其相互之间的关系来识别竞争优势，并寻求确定企业竞争优势的工具。价值链分析的重点是价值链活动分析，分为外部价值链分析和内部价值链分析两种类型，

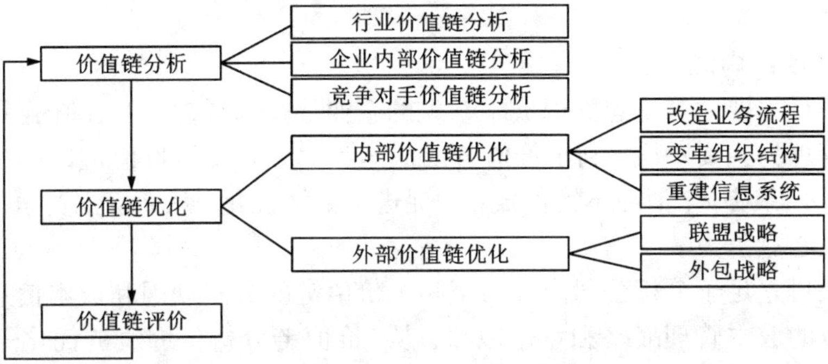

图 2　公司价值链成本管理结构图

不同的产业具有不同的价值链，是竞争优势的一种潜在来源。价值链分析目标主要体现为以下四方面。

(1)是否可以在降低成本的同时维持价值(收入)不变；

(2)是否可以在提高价值的同时保持成本不变；

(3)是否可以降低工序投入的同时保持成本收入不变；

(4)更为重要的是，企业能否可以同时实现(1)(2)(3)。

5. 作业成本法相关理论

(1)作业成本法。通过对成本对象所涉及的所有作业活动进行动态追踪和反映，以计量作业和成本对象的成本，评价作业业绩和资源利用效率的成本计算和管理方法。其逻辑依据是作业耗用资源，资源消耗产生成本。

(2)作业。在作业成本法下，作业特指具有一定目的、以人为主体消耗了一定资源的特定范围内的工作，是企业为提供产品或劳务所进行的各种工序和工作环节的总称。

(3)成本动因。指决定成本发生的那些重要活动或事项，它可以是一个事项、一项活动或作业。一般而言，成本动因支配着成本行动，决定着成本的产生，并可作为分配成本的标准。在作业成本法下，成本动因分析就是探求资源耗用与作业、作业耗用与产品之间的内在逻辑关系，并以此作为成本分配的依据。按照成本归属，成本动因分为结构性成本因和执行性成本动因两种。

(5)作业动因分析。重点在于确定作业对产出的贡献、确认作业的增值性，即揭示哪些作业是必需的，哪些作业是多余的，最终确定如何减少产品消耗作业的数量，从整体上降低作业成本和产品成本。一般来说，增值作业必须同时满足以下条件：①该作业的功能是明确的；②该作业能为最终产品或劳务提供价值；③该作业在企业的整个作业链中是必需的，不能随意去掉、合并或被取代。

（三）项目内涵

本项目主要内容是建立以成本领先的企业战略为导向，以价值链分析和作业成本管理为主要手段，利用价值链的成本信息，以支撑价值链的构建、分析和评价，不断减少、消除不增值成本，促进价值链优化，从而确立竞争优势，增强企业核心竞争力。

本项目立足于分析公司内部乃至整个价值链的成本动因和成本信息，从而制定相应的成本管理战略和竞争战略，从“价值链分析—价值链优化—价值链评价”三阶段构建内外部价值链成本管理系统（见图3），实现公司总成本最优。

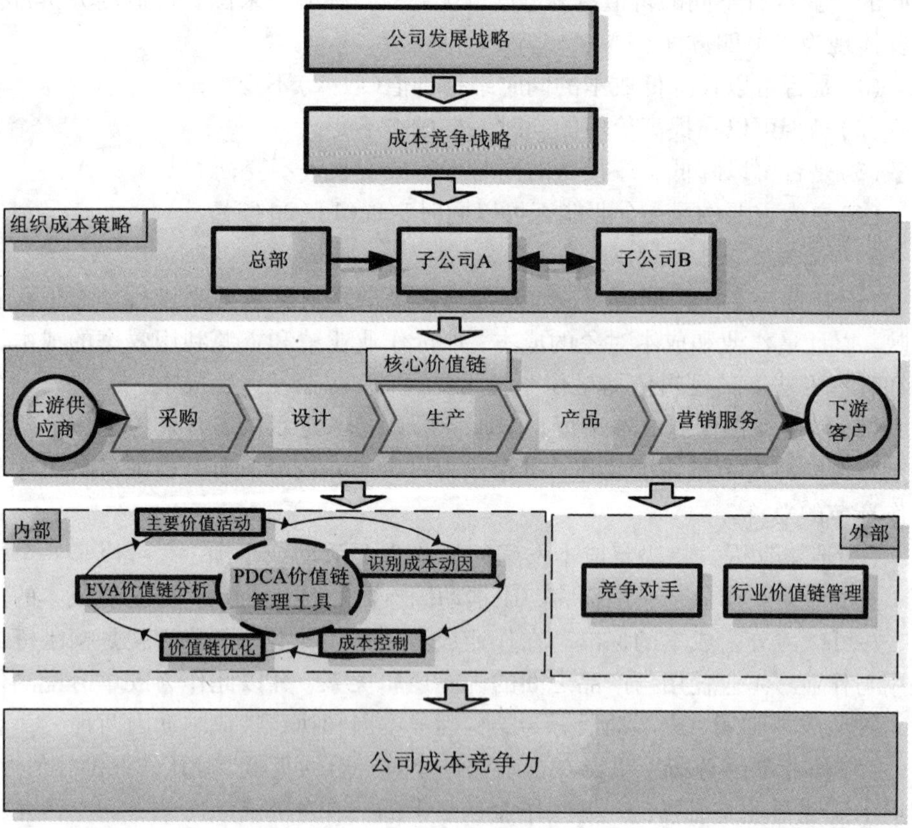

图3　公司价值链成本管理系统

三、构建基于价值链分析的战略成本管理体系的主要做法

（一）顶层设计，确定价值链成本管理体系架构和理念

1. 转变员工成本管理观念

价值链成本管理作为现代成本管理模式，与传统成本管理模式有着本质区别，且实施涉及面广，参与人员多，推广难度大。公司利用例会、宣传报道等形式转变员工成本管理观念，并通过全面预算、KPI 指标评估等手段予以强化和保障，实现四个方面的转变。

（1）从注重成本核算向成本控制的转变。将传统意义的成本管理主要关注成本核算，引导至控制企业资源消耗和提高利用效果方面。

（2）从成本的经营性控制向成本的规划性控制转变。事实表明，经营性成本控制只能减少部分的非固化成本，成本降低幅度、余地不大，必须对成本实施规划性控制，亟待树立成本“优生”观念，才能真正从源头控制产品成本。

（3）从生产制造成本管理向产品总成本管理转变。传统成本管理对象只针对“产品制造成本”，是典型且短视的产品决策观，在全球经济一体化环境下，企业管理者更应关注设计、设备升级、生产准备等价值链活动相关的一系列作业环节所发生的资源消耗，在总体上维持和提高产品的营利性、价值创造性。

（4）从静态成本管理向动态成本管理转变。人们在讨论产品成本管理时更多地关注于产品价值链各环节中各个“独立发生”的“静态”成本项目，以期求得独立发生的各成本之和最低。实践表明，产品成本在不同作业环节所消耗的资源存在此消彼长的“内部联动关系”，因而企业需要从成本结构的动态关系上，系统分析、控制产品成本，向动态成本管理转变。

2. 成立专项工作组，合理配置人力资源

为保证系统实施的成功，公司设立了自上而下、职责清晰的管理机构。

（1）项目领导组。负责制定集团成本竞争战略、公司中长期成本目标，并监督和管理集团成本体系。总经理领导，财务总监负责，财务部门是常设工作机构。

（2）本部项目工作组。负责对公司本部价值链成本进行控制，包括运用全生命周期成本思维进行内部价值链、行业价值链和竞争对手价值链的分析和优化工作。由本部采购部、储运部、事业部等成本管理业务部门领导和核心骨干组成。

（3）子公司项目工作组。在项目领导组确定的目标下，公司现有的四家子公司协助本部项目工作组及负责本单元成本管理体系的建设、实施、优化。

3. 形成管理标准，提供制度保障

根据项目推进程度，为激活各级价值链环节成本管理积极性，公司相继出台并运行一系列相关管理制度，为公司价值链成本管理顺利进行提供制度保障。

(1)标准化管理程序。选定公司进货、生产、销售售后、采购等重要价值活动，以“价值链分析—价值链优化—价值链评价”为主线，设计并运行价值核算和优化的管理程序，每月出具价值管理类报告。

(2)披露价值链环节主体经营成果。根据价值链主体的联系，核定内部结算价格，确定结算关系，及时量化反映内部价值链环节间的投入产出成果。

(3)激励评价规定。基于打造公司成本竞争力目的，设定先进标杆，运用平衡记分卡综合效绩工具，设计相关考评指标、目标和标准等，打破制约价值链成本管理的行政单元划分局限，促进价值链环节横向可比，落实价值链优化成果。

(二)识别和分析成本动因

1. 识别成本动因

公司内部价值链分析的方法主要是作业动因分析，识别执行性成本动因有助于发现降低成本的方式。

成本动因是公司价值链上影响各项价值活动成本大小的因素。分为两个层次：第一是经营性成本动因，为微观层次的与公司的具体生产作业相关的成本动因，即如生产准备次数、生产数量等。第二是战略层次的成本动因，如规模、技术多样性、质量管理等。研究表明战略成本动因对产品成本的影响约占85%，但战略成本动因往往被忽视。

公司在体系建设初期，梳理了公司内部价值链的成本动因，在价值链成本管理过程中各运用部门针对性地分析成本动因，建立了成本动因构成分析表(见表1)，以深入寻求最优成本的途径。

表1　电机公司成本动因构成分析表

序号	动因分类	成本动因	具体成本	运用部门
1	采购成本	计划下达周期、交流次数等	订购成本	采购部
		检验单价、次数、样本数量等	检验成本	
		采购量、次数、最低库存量等	价格成本	

续表1

序号	动因分类	成本动因	具体成本	运用部门
2	物流成本	距离、路况、货物量、车辆载货量等	运输成本	储运部
		搬运距离、人数、重量等	搬运成本	
		库房空间、材料储存要求、库房设备等	库存成本	
3	持续成本	场地选择、人员等	谈判费用	供应商管理部
		合同数量、管理人员配置数量等	档案管理费	
		评估周期、评估程序等	供应商评估费	
4	生产成本	产量、工时宽裕度、固定资产利用率等	制造成本	事业部
		产量、生产周期、交货保证率、计划完成率等		
		成本费用占收入比、人均产量、劳产率等		
		总制造成本、直接人工成本等		
		人均工时费率、人均产值等		
		动能费、单位产品能耗率等		
5	人力成本	员工参与程度、组织管理	组织成本	人力资源部
6	质量成本	质量管理办法	质量成本	质量保证部
7	建设成本	工厂布局效率	建设成本	装备工程部
8	设计成本	产品结构、复杂性	直接材料成本	技术中心
	设计材料成本	材料规格、型号、数量等		
		材料通用性	新产品开发成本	
	设计开发成本	技术谈判次数、技术协议签订等	会务、差旅成本	
		设计筛选、设计周期、委外设计等	培训、研发成本	

2. 分析与控制作业动因

分析与控制作业动因主要由四个步骤组成，现结合公司电机事业部机加工工艺布局优化来做如下阐述。

(1)区分增值作业和非增值作业。参照增值作业分析，量化作业的投入产出及动因要素，识别非增值作业。例如，在机加工工序中，有库存浪费、搬运、等待、多余动作、返修等非增值性作业。

(2)分析确认重要性作业。根据重要性和成本效益原则，选择那些对价值创造来说比较重要的作业并对其分析。例如，转子加工、轴加工是机加工工序中重要性作业。

(3)对标及有效性分析。通过与同业最佳实践相比较，确定重要作业价值的差距。例如，转子加工、轴加工作业资源耗费多出同业10%，该作业的人数、实践、效率亦未达到最佳效果，人力配置过多，相同时间产品产量较低。

(4)关联性分析。主要参照“分线布置、分段实施、节拍控制”的原则，进行初步的价值流分析，并提出改善作业联系和提升价值的方案。例如，为减少避免生产断点，设计可以换型的生产线，尽量两个节点之间的生产线按照“U”“L”或者“一”字形进行布局，减少搬运，提升实物和信息传递速度。此外，手工作业按照节拍划分原则进行工位设计，对于加工时间较长的工序按照加工时间除以节拍进行相应的资源配备以提高生产线的平衡率，优化后的瓶颈工序识别之后需要不断地进行升级改造，提升作业效率。最后，在设备位置调整时综合考虑设备搬迁的难易程度、费用以及搬迁对设备精度的影响等多方方面因素以确保获得最经济的布局方式。

(三)内部价值链成本管理

运用产品的生命周期分析方法将产品开发设计、采购、生产、营销、母子公司和子公司间等价值活动联系起来，做好计划、协调、监督和控制等工作，形成有机的整体，有效地实施成本控制，公司内部价值链详见图4。

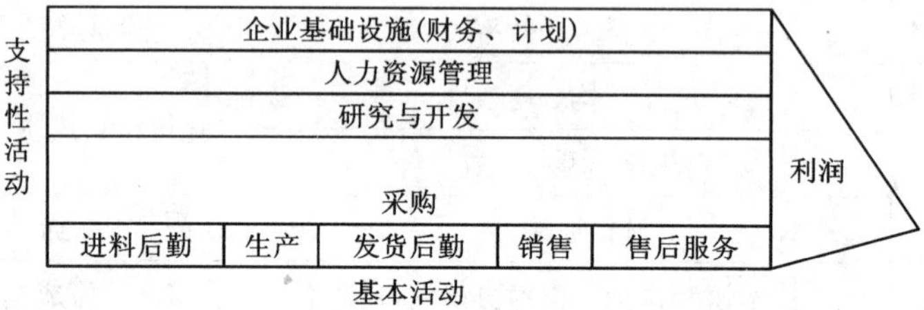

图4　电机公司价值链活动图

1.优化研发设计成本

设计人员在图纸上“制造”产品的同时，也一并“装配”了产品成本，把“产品优生”理念运用到成本预防控制有着非常重要的现实意义。

(1)价值链活动。体现在产品设计开发、产品设计制造、产品设计实验、产品设计维护活动中。

(2)成本控制方法。主要有：①价值工程分析法。价值工程分析是利用产品成本结构与产品功能结构的比值关系来寻找降低成本、提高成本效能比率的途径，从而改进产品或工艺设计的有效方法，核心是功能分析；②“三化”指标准化、系列化、通用化。采取上述方法对产品全生命周期内贯穿的技术环节进行成本控制。公司研发设计环节价值链活动及价值链优化情况如表2所示。

表2　公司研发设计环节价值链活动及价值链优化表

序号	价值链活动	成本动因	具体成本	价值链成本方法
1	设计材料	材料规格、型号、数量等	直接材料成本	配件国产化、“三化”设计、价值工程分析测算冗余
		材料通用性	新产品开发成本	通用化设计
2	设计开发	技术谈判次数、技术协议签订等	会务、差旅成本	优选成熟技术
		设计筛选、设计周期、委外设计等	培训、研发成本	价值工程分析、配套设计、研发培训、功能匹配成本
3	设计制造	工艺验证、设计验证等	验证成本	借用供应商资源
		产品制造、产品数量等	设备成本	提升工装利用率
4	设计试验	产品可靠性试验等	样件成本	设备适用性
		产品环境适应性试验等	委外试验成本	积累实验数据
		发电机型式试验	工装成本	批量产品轻量化
5	设计维护	发电机可维护性设计等	维护成本	模块化、可替代性设计、故障统计

（3）成本控制效果。

通过对上述方法的应用，重点在于设计开发成本控制及设计维护成本控制。2014—2016年间设计开发环节累计降低成本638.36万元，优化设计维护环节累计降低成本360万元。

2.优化采购成本

（1）价值活动。物资采购、运输、储存是采购的主要价值活动。

（2）成本控制重点。选择合格的供应商、控制物资采购价格以及物资储存成本是采购环节成本控制的重点。

（3）成本控制方法

第一，建立供应商档案和准入制度。公司建立了合格供应商档案，将供应商划分为 A/B/C 分类管理，确保产品质量和采购物资价格的相对稳定。

第二，建立物资价格库和价格评价体系。公司建立了采购物资历史价格库，对计价的构成和原则进行登记，严控进货成本。

第三，与供应商建立战略联盟。与供应商建立战略联盟是指公司与供应商就供应物资在设计、质量控制和成本控制等方面密切合作，谋求共同发展的战略合作伙伴关系。供应商参与设计活动、派驻监造是公司主要采取的方法，在优化产品设计、缩短交付周期、提高质量等方面发挥积极作用，降低了供需成本。

3. 优化生产成本

(1)主要价值活动。生产价值链由加工制造、搬运、检验和储存四个价值活动构成。

(2)成本控制重点。生产环节是工业公司价值链中最基本的价值活动，提高生产效率，降低质量成本，减少不增值的活动，是生产环节成本控制的重点。

(3)成本控制方法。

第一，准时制生产方式。

准时制生产方式是需求拉动式的生产系统，追求生产过程合理性、高效性和灵活性，要求必要的时刻生产必要数量的必要产品或零部件。从经济性和适应性两个方面来保证整体利润。

“多品种、少批量”是公司目前生产的常态，公司以精益思维为指导，以设备的合理布局和生产流程为抓手，不断降低生产过剩、无价值重复动作、机器设备等待、不良品返工等浪费。公司以“激活公司内部物流，缩短生产实物流时间”为理念布局设备，在流程式生产线上“U 形”布局设备(见图 5、图 6)，加快物流速度，减少工序间存货量。

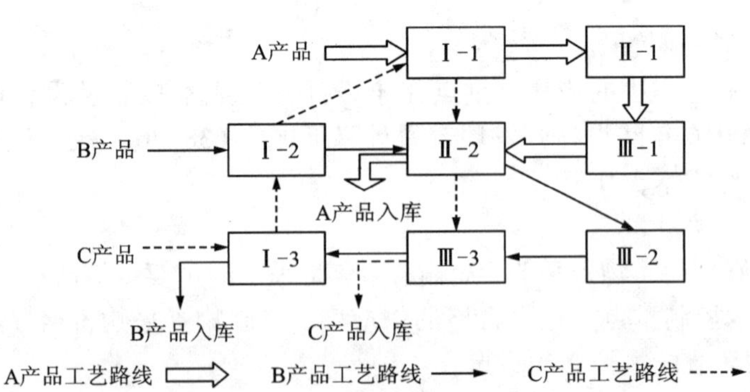

图 5 流程式生产线

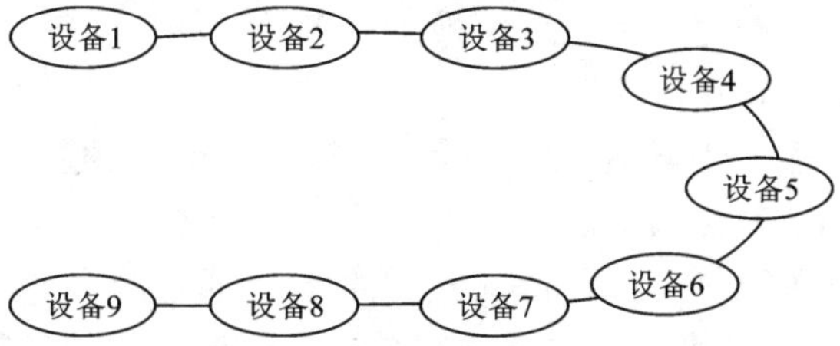

图6 "U形"设备布局

第二，培养多技能作业人员。

多技能作业人员是与"U形"设备布局方式紧密联系的。在"U形"生产单位内，多种设备紧凑布局，生产人员熟练操作多种设备，完成多道工序的作业，工效大幅提高。

第三，全面质量管理。

公司将质量上升到公司文化中，并体现于员工行为中。加大检验试验台、产品普查等预防成本投入，减少内部缺陷作业导致的缺陷成本，主要做了以下工作：一是加强生产要素的控制。实施工艺标准化、设备操作手册、工量模具定期校检、生产作业环境的控制等。二是采用首检、自检、互检、巡检和全检等方式对产品的质量特性进行监视和测量。三是开展QC小组活动，调动全体员工参与质量管理的积极性和创造性，预防质量问题和改进质量。

(4)实例——利用AGV进行价值链成本管理

①问题和目标。通过分析发现，正常工作时间内工序间待料、人员等待、半成品转运等待天车时间约占20分钟左右，且难以及时掌握半成品制造进度和流转动态，导致无法做到人员精确调度和派活，在产量提升20%以上和不增加人员前提下，需要提升劳动效率10%以上，公司电机事业部根据存在问题和目标，采取如下方法和步骤优化价值链。

②实施方法和步骤：

第一，从顾客的角度区分增值作业和非增值作业，辨识出生产流程中非增值作业，逐步加以消除。生产流程中七类不能创造价值的浪费主要包括：生产过剩、在现场等候的时间、不必要的运输、过度处理和不正确处理、存货过剩、不必要的移动搬运、瑕疵。

第二，为减少无效作业和不增值作业、优化业务流程，电机事业部以节拍工位制为核心，运用成熟的工业技术，优化工艺布局，构建以AGV为核心的机车地铁定子装配流水线建设。

通俗地讲，AGV(automated guided vehicle)自动引导运输车，首先将每道工序进行标准化计时，即完成一道工序最少需多长时间，以25 min为单位划分工位，即AGV每隔25 min自动搬运上道工序的成品到下个工序，形成自动传输的大型流水线，不需人为调运，减少等待、转运等非增值性作业时间，实现人员作业效率的提升，避免人员游离于生产线外的现象发生。

同时，为降低AGV运行所带来的等待时间，通过两个方面入手：减少运输次数，调整AGV运行速度。减少运输次数通过改变工位的串并行关系实现：通过试运行发现，有些工位可以并行运行2个节拍的时间，从而达到减少AGV运行次数的目的。改进前后的流水线见图7、图8(即将8和9改为并行，12和13改为并行，14和15改为并行)。

图7　初步运行时的路线规划

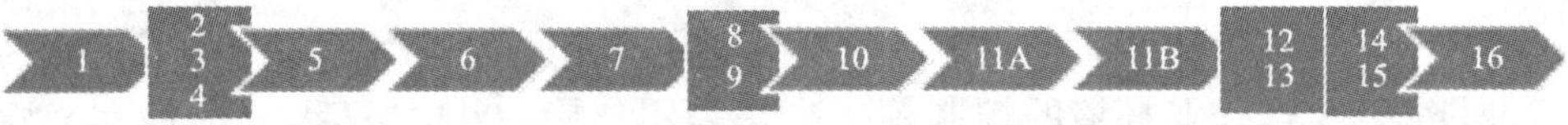

图8　调整后的路线规划

③效果。

人员减少：对比理论人员和当前的实际作业人数可见，在满足增产的基础上，较原有人员配置减少了12名生产人员当年为公司节约成本近200万元。

表3　人数调整表　　单位：人

班组	机车类产品	地铁类产品	调整后人数	调整前人数	缩减	缩减率/%
嵌线班	14	10	24	27	3	11.1
并一班	8	6	14	17	3	17.6
并二班	14	12	26	31	5	16.1
检测班	3	3	6	7	1	14.2
共计	39	31	70	82	12	14

库降低：按照现在的生产模式，在月产量450台，平均日产能为17.3台的

情况下，现场在产品为：机车系列35.6台，地铁电机35.6台，而实行工位节拍化生产后，考虑到天气潮湿的备品(6台机车系列，6台地铁电机烘潮)，以及生产异常(两个耐压区是发现异常的集中点，每个系列每个耐压区各备一台备品)，在产品数量为机车电机最大24台，在产品下降了31.4%。地铁电机最大数量21台，下降了40%。

4. 优化销售售后成本

(1)主要价值活动。营销价值链由广告宣传、建立销售渠道、订单处理、运输和客户关系管理五个价值活动构成。

(2)成本控制重点。营销渠道和客户关系管理成本控制是营销环节成本控制的重点。

(3)成本控制方法。公司采用大客户管理以及与经销商战略联盟的方法控制营销环节的成本。通过建立联盟，由简单的契约关系转变为战略合作伙伴关系，公司在产品、技术、融资等方面给予大客户和经销商支持，同时大客户和经销商为公司提供产品的供应情况、价格行情和竞争情况等信息，双方分享规模分销的经济性，实现营销价值链的增值。

5. 优化本部与子公司及子公司间成本

(1)总部与子公司间价值链成本管理。

随着公司业务的拓展，子公司在全国多地“开花结果”，公司总部与子公司间不断创新模式，综合实际要素，不断探索和实施全价值链增值方案。如1.5 MW永磁风力发电机项目是外包给江苏子公司还是利用总部资源制造。首先公司分析总部和江苏子公司的主要价值活动和结构性成本动因，接下来对比财税政策、资金链建设、供应链等因素，最终做出总部配套生产1.5 MW永磁风力发电机定子的决策，达到合理节税、减少期间费用效果，实现了公司总体利益最大化。

(2)子公司间价值链成本管理。

子公司间强化内部联系，通过最优化和协调一致带来竞争优势。如内蒙古子公司加强产品的质量控制，减少下游江苏子公司的服务支出；江苏子公司接收面额大商业票据，子公司间运用拆分票据、供应链融资等方式弥补资金缺口，缓解支付压力的同时拓宽融资渠道。

(四)外部价值链成本管理

1. 行业价值链成本管理

(1)行业价值链的构成。行业价值链是将公司作为一个整体考虑，它是指从最初的原材料投入到最终消费者之间的所有价值形成和转移环节所构成的价值活动(见图9)。

图 9　行业价值链

(2)分析行业价值链主要目的为确定产业定位。

首先，进入前的决策。行业价值链分析帮助公司了解价值链上的利润获取和分配情况，行业中的上、下游公司以及竞争对手的相对地位，从而做出决策。

其次，进入后的成本优势打造。行业价值链分析确定在行业价值链中哪一部分的耗费较大，了解在行业中所处的位置，关注公司与供应商和客户的垂直联系，考虑是否可以利用上、下游价值链进一步降低成本或调整公司在行业价值链中的位置及范围，以取得成本优势。

2. 竞争对手价值链成本管理

公司选取同行业的 ABB 公司、湘潭电机等先进公司开展竞争对手价值链分析，编制与主要竞争对手的“价值链成本对比分析表”，找出与主要竞争对手的成本差距，选择适合本公司的竞争策略。

(五)业绩评价体系

1. 制定与责任中心相适应的业绩评价标准

将责任中心划分为成本(费用)中心、收入中心和利润中心，在其责任和潜力可控范围内运行以 EVA 为核心的综合评价指标体系。

2. 定期提供责任中心的业绩报告

每月由财务部门和责任中心根据核算计算，利用管理报表和业绩报告公开经营成果，主要回答“完成了多少”“应该完成多少”“完成得好不好，是什么问题”。

3. 问题改善

每月责任中心参与成本分析，完成对问题的深入分析，提出改善工作计划，并组织落实。

4. 评价结果运用

财务部、运营部和人资部每季度对输出业绩结果进行及时考核，同时不断改进业绩评价方法。

四、构建基于价值链分析的战略成本管理体系的实施效果

(一)增强成本竞争力

利用上市公司财报、现场走访等途径对行业先进公司进行模拟测算、分析

研究，查找差距，不断修正目标，挖掘潜力，调整控制计划。

（二）提升管理精细化水平

支持新产品销售价格决策。成本数据集成反映，响应速度更快，项目价值链成本信息更充分支撑产品盈利决策。公司的成本在时间和空间范围得到延伸，对隐形的结构性成本动因和执行性成本动因导致的成本进行反映，同时建立和更新了历史成本库、标准成本库，成本要素精细度和准确性得到了较大的提高，成本计划更加科学合理。

（三）取得经济效益

公司价值链成本管理系统随着公司发展不断深入，成本控制效果初步显现，推动了公司战略不断落地。2015 年末较 2013 年末，公司销售收入增长 62%，归属母公司净利润增长 57%，成本费用占收入比降低 2.3 个百分点，流动资产周转率提高 0.18 次，两金占收入规模下降了 8%。

（四）经营模式转变

1. 有助于战略定位

通过探索行业价值链成本管理等，进一步找出自身的短板，确定行业定位。例如，公司从事高压电机生产近 10 年，研制的产品涵盖范围广，建立了“广散网型”的销售网络。通过“价值链成本对比分析表”表明，客户定制化导致产品制造成本高，加之资源未能有效利用，高压电机在市场中无明显成本竞争优势，在公司战略指引下，公司调整了定位，将高效节能高压电机定为该板块未来发展方向，确定以技术优势赢取市场的竞争策略。

2. 销售模式调整升级

紧跟客户战略发展，与大客户进行重组、新设等战略联盟，从提供产品转变为提供“产品 + 服务”的全套解决方案，提升公司价值。

3. 支撑整合扩张等重大决策

公司运用价值链成本分析思维和工具，为海外拓展、产业布局等重大决策提供数据支撑。

（五）培养人才

价值链成本管理是一种先进的管理思想，需要许多懂得现代管理方法的员工去推行、落地，公司在一年多的系统实施过程中，参与人员通过培训、实践，综合能力得到极大提高。

“双融合”管理会计提质增效能力建设

中车株洲电机有限公司
2017 年 3 月

中车株洲电机有限公司成立于 2004 年，2010 年升格为原中国南车一级子公司。公司注册资本 10.43 亿元，净资产 19.3 亿元，现有从业人员 5070 人(含劳务员工 1126 人)。

株洲电机公司主营轨道交通牵引电机和牵引变压器、风力发电机、高效电机、特种变压器，是我国铁路干线电力机车、高速动车组和城轨车辆用牵引电机、变压器制造的骨干企业，也是风力发电机组发电机、工业特种电机、工业特种变压器的主要研制基地。

经过十余年的发展，株洲电机公司建立了国家认定企业技术中心，拥有国家级电机、变压器检测试验站，电气绝缘电力设备国家重点实验室，国家风电技术研究中心电机研究室，成立了博士后工作站及院士工作站，正在建设国际标准的电机工程研究中心。公司销售规模从 2004 年不足 4 亿元增长至 2016 年的 70.28 亿元，净利润从 2004 年 0.11 亿元增长至 2016 年的 4.53 亿元，年复合增长率分别达到 25.03%、33.11%，公司经营品质不断提升，各项经济指标均处于行业前列。

一、“双融合”管理会计提质增效能力建设的实施背景

(一)宏观背景

放眼于国际视野，企业在面临更为广阔的发展空间和盈利机会的同时，也置身于日趋激烈的竞争环境。伴随着信息通信和制造技术的迅猛发展，商业模式和管理方式正在发生深刻变革。进入“十三五”以来，受世界经济形势下行影响，国内经济增速放缓，赖以支撑中国经济增长的投资动力和人工红利等利好因素相继枯竭。房地产业挤占实体经济发展资源；产能过剩和需求结构升级矛盾突出，结构性矛盾制约国民经济运行发展。由此产生的负面问题则是产能大

幅过剩、产业过度低端等，中国经济进入新阶段，呈现经济增长速度放缓、经济结构调整、创新驱动等特征，日益变革的商业环境对企业管理提出了更高的要求，发挥管理会计在提质增效能力建设的重要作用不容忽视。

（二）微观背景

株洲电机公司在快速发展过程中，所面对的内外部管理环境不断变化，一方面是规模的扩大，呈现出品种多样化、经营多元化、流程柔性化、管理复杂化等特点；另一方面受央企改革，提质增效任务驱动，经营能力面临挑战。财务工作面对这种格局，需要在战略目标指引下，谋求转型创新，以攻克功力下降，力不从心的问题。株洲电机公司为实现建设精益企业战略构想，经过多年的实践，财务管理逐渐向经营领域渗透，对经营活动的预测、决策、控制以及责任考核等方面的支撑作用日益增强。为此，株洲电机公司开展了基于"业务与财务融合""产业和金融结合"（下称"双融合"）两条路径实践管理会计为企业经营提质增效的能力建设。

二、"双融合"管理会计提质增效能力建设的内涵

公司围绕规划会计和责任会计这两大基本管理功能布局管理会计实践，历经启蒙认知局部开发——理念导入系统整体规划—向业务前端全面推进的三个阶段。遵从公司战略，根据管理环境，适应管理需求，逐步加载管理模块，丰富管理工具应用。

（一）管理会计实践的布局历程

1. 启蒙尝试(2006—2008 年)

全面实现由分厂型核算向独立经营法人财务管理的转变。2007 年 10 月启动作业成本管理系统建设。

2. 平台建设(2009—2011 年)

以作业成本管理为基础构建财务精细化管理体系，开辟全面预算、作业成本管理等六大管理模块，培育管理会计滋生发展的土壤，形成业财融合财务主体多元化工作格局。

3. 全面推进(2012 年 2 月)

举办"公司新发展模式与管理会计实践"为主题的财务管理论坛。株洲电机公司中高层领导及全体财务人员参加会议，聚焦管理会计实践，围绕公司管理会计实践载体与路径、公司战略与全面预算管理、经营投资与现金流管理、战略成本与作业成本管理、ERP 虚拟管理会计系统建设五大课题，凝聚财务与业务协同管理资源，推动管理会计实践活动全面铺开。

公司"双融合"理财体系建设历程如图 1 所示。

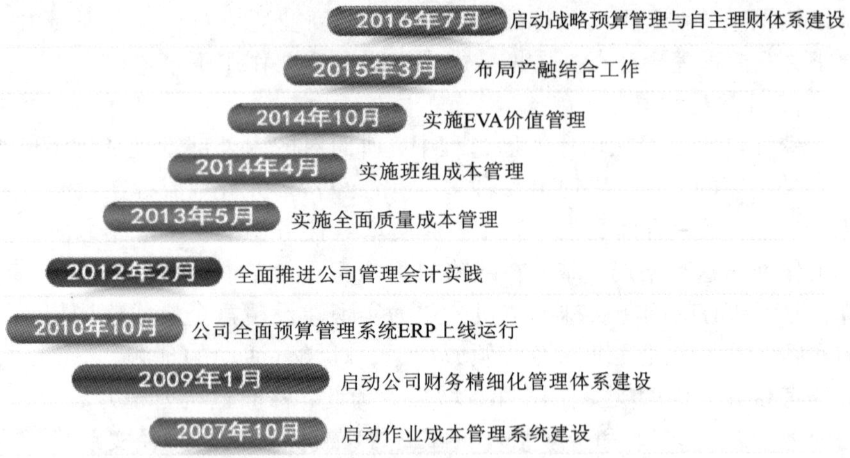

图1　公司“双融合”理财体系建设历程

(二)搭建财务精细化管理体系的实践平台

株洲电机公司围绕规划与责任会计两大功能模块，聚焦业财融合、产融结合两条路径，完善财务基本职能，建立财务精细化系统流程和方法架构；将财务管理功能分解纳入业务部门管理职责，扩大财务管理领域；通过信息化工具整合财务信息资源，智能化解决业务管理信息的集成应用，优化财务管理机制，提高财务管理效能，促进业务活动价值创造。

(三)管理会计的工具与方法

管理会计的工具与方法包括：战略预算—全面预算、作业成本管理(班组成本管理、质量成本管理等)、EVA 价值管理、本量利分析、内部财务报告。

实践路径是业财融合与产融结合双轮驱动。

三、“双融合”管理会计提质增效能力建设的主要做法

株洲电机公司管理会计实践的方向和空间是如何支撑企业解决企业发展的结构和效率与效益问题。经过多年的探索，公司走出了“双融合”实践途径。业财融合依托财务精细化管理平台(见图2)，从业务前端挖掘财务价值创造机会寻找发力点，助力公司优化产业结构、产能结构、成本结构、业务组织等结构，解决结构和效率矛盾，提质增效；产融结合，以融助产，多元化资产配置，增加资产弹性，全面提升公司资产盈利能力。

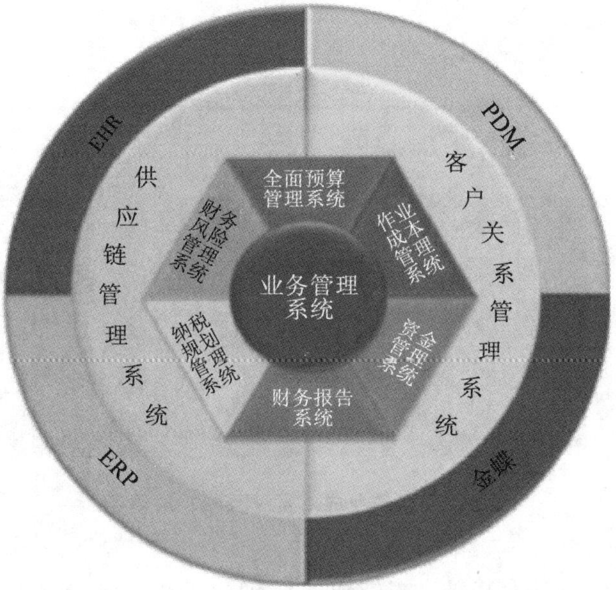

图2　公司智能型财务精细化管理体系结构

(一)植根于财务精细化管理平台，业财融合助力公司快速发展

1. 实施作业成本管理，释放全员全过程成本管理效能

株洲电机公司原有的成本管理相对粗放、缺乏过程控制、基础薄弱、产品计划性不强、成本信息不能满足决策需求，没有形成有效的目标成本指标体系和职责体系，成本管理的压力无法传递至基层班组，制造过程成本管控难以有效进行，给公司生产、经营、财务管理带来很大制约，公司需要更新管理理念，探索先进的管理模式。

为了提升成本管理的主动性与全面性，公司着力开发、应用作业成本管理系统。

一是整合管理组织，细分功能单元。重新设置公司成本管理的组织层级分布，扩展作业管理流程，构建边界清晰，面向班组的车间成本责任指标体系，并对接于信息系统。

二是实施成本全过程闭环管理。针对公司成本管理闭环控制不到位问题，健全成本管理功能。对成本的计划、核算、控制、分析与考核、决策等模块，按照精益管理需求和作业成本管理原理重新定义分配管理要素，公司作业成本管理系统功能框架见图3。

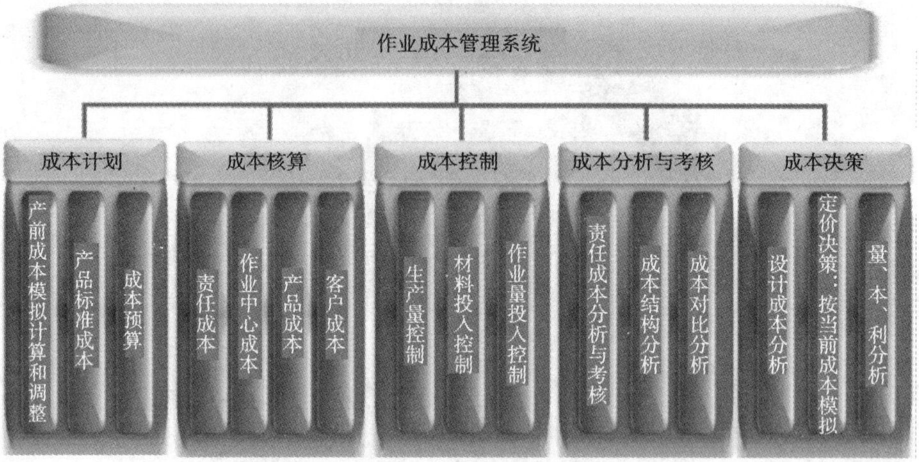

图3　公司作业成本管理系统功能框架

三是以作业中心为基础，实施成本精细化管理。整合产品订单、资源消耗、人工成本等基础数据，设立成本中心、作业中心和成本库等数据单元，改造成本归集与分配方式，形成各种作业成本核算报表；调整作业基础数据产生方式，数据经过新的路径录入与输出，形成标准成本和成本计划等基础资料，以作业管理形成的成本对标信息，支撑成本分析决策，公司作业成本核算与作业数据应用框架见图4。

四是将作业成本管理融入信息化平台。将作业成本管理系统集成于由ERP、PDM、EAS、EHR及会计核算等计算机软件所构建的信息化管理平台，拼接能发挥相应功能的管理模块，疏通业务流程，组合成新的管理网络数据流，公司数字化管理平台功能框架见图5。

五是整体规划，分步实施。根据成本管理改进设计总体方案，围绕环境营造、系统建设、机制建设三个主要路径，整体规划分步组织实施公司成本管理改进方案。

2. 本量利工具量化改善空间，发现价值洼地

经历了2012年主要市场急剧萎缩、销售收入大幅下滑后，株洲电机公司开始更为关注成本费用性态、销量与利润之间的关系。为了优化成本结构及产业、产能布局结构，应对投资并购等活动带来的盈亏平衡点快速提升，消化降价等因素造成的利润大幅下滑，公司至2013年开始利用本量利分析工具推行固定成本预算与主材价格利润线管理模式。

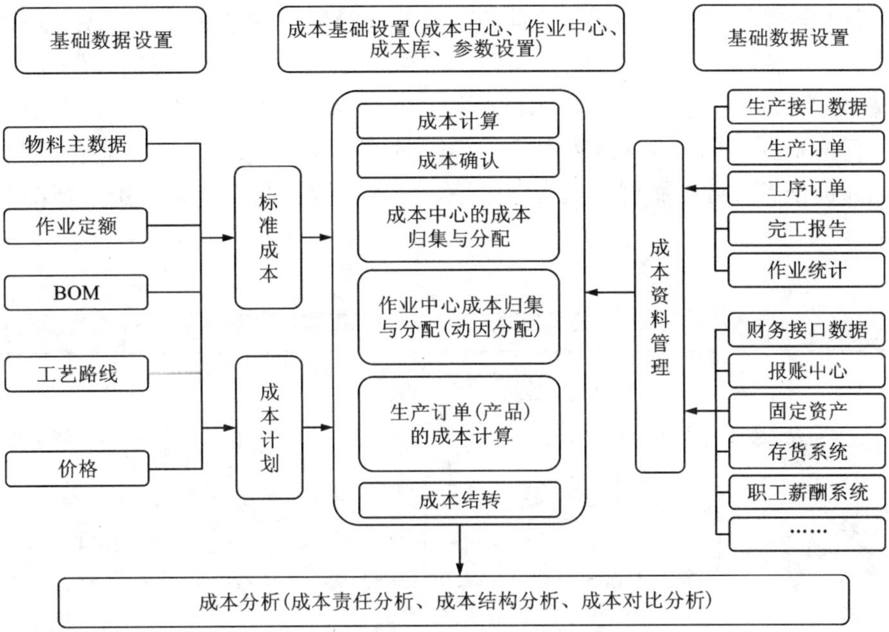

图 4　公司作业成本核算与作业数据应用框架

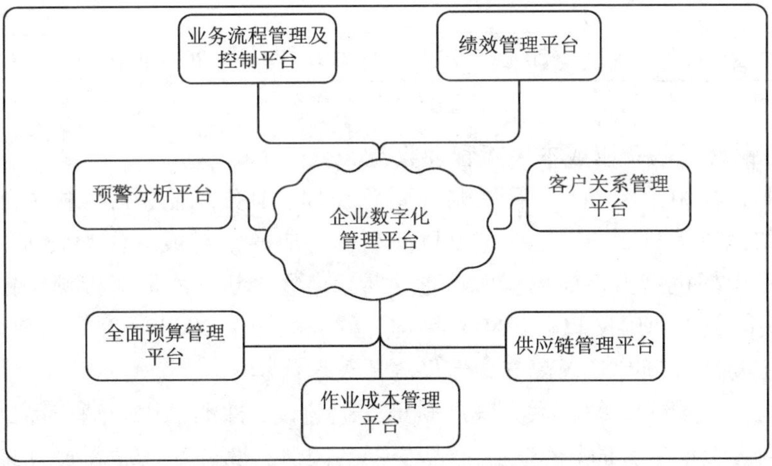

图 5　公司数字化管理平台功能框架

(1)践行轻资产经营，挖掘资源潜力，内源生财。

优化经营资产结构布局，选择路径及商业模式，将战略执行当成一项长期投资，系统解决资源组合、配置问题。实施产能投入、产出管理，解决产能结构精准配置问题。以有效的资源组合构建竞争力，在技术、资金、人力资源等方向促成资源供应的系统解决方案。深入分析资源需求，支持产能合理配置，压缩超前配置，将产能控制在合理水平。公司主要产品产能资源配置情况表见表1。

表1　公司主要产品产能资源配置情况表

序号	业务板块	单位	正常生产能力	2014年		2015年		2016年		备注
				实际产量	产能利用率/%	实际产量	产能利用率/%	实际产量	产能利用率/%	
1	轨道交通牵引电机(新造)	台	146000	15761	107.95	13982	95.77	9728	66.63	2014年下半年整合成都公司电机业务
2	轨道交通牵引变压器(新造)	台	1350	1689	125.11	1261	93.41	607	44.96	
3	工业变压器	kVA	250万	50万	20.00	200万	80.00	260万	104.00	2014年下半年新并入业务
4	风力发电机	台	2680	1145	42.72	2101	78.40	2694	100.52	

(2)铜材采购获取成本风险管理收益。

一是建立由总经理、分管采购的副总经理、财务总监领导，相关部门后台支撑的快速决策机制；二是将完成目标利润对应的铜材成本作为管理中轴，在行情波动中择机借力供应商资源，通过期货市场择机、适量间接锁定铜材采购价格，关闭成本风险敞口。近年来年均节约采购成本2000余万元。

3. 主动增加预防资源配置，优化质量成本结构

“十二五”期间，国家大力发展轨道交通建设，株洲电机公司产品结构开始向多品种、大批量方向转变。因产品交期的限制，部分新产品在设计环节未经过充足的试验验证，制造周期也受到极大挤压，产品集中交付一段周期后，开始出现批量质量事故，对公司的市场形象产生了不良影响。

为了加强质量管理，提高市场竞争力，株洲电机公司遵循预防投入增加促

使外部质量损失减少的质量成本管理规律，主动投入管理资源，从优化成本结构入手降低总质量成本。

一是分析公司质量成本管理作业数据，找出质量预防投入不足成本结构失衡问题。

二是建立质量成本管理模型。通过对与质量成本相关的设计、供应商管理、制造等环节制度、流程运行情况的测试，发现8个方面的内控缺陷与风险，建立质量损失分析模型，提出公司质量管理专项整改工作计划。公司质量成本管理模型见图6。

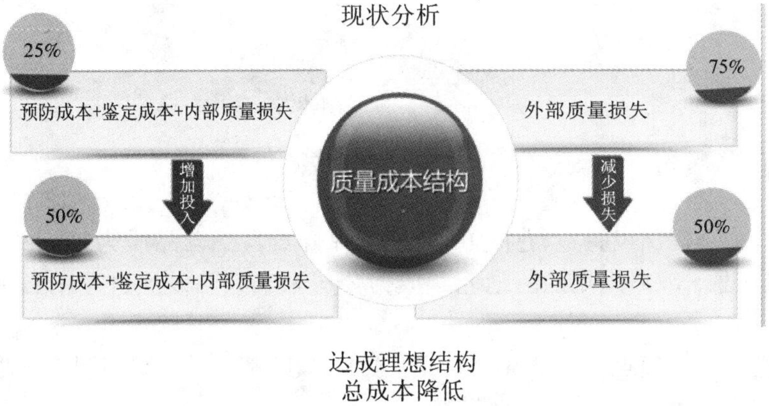

图6　公司质量成本管理模型

三是根据产品全寿命周期管理，投入预防资源。以预算管理为切入点，基于RAMS和产品全寿命周期成本预测，按照主动预防、顶层设计、分阶段投入的原则，在标准化设计、试制试验研究、供应商质量管理能力培育等八大模块做预防投入，确定预防资源配置项目，在经营层面达成共识，形成总额为3000万元的公司质量损失预防投入三年规划方案。公司质量预防投入体系如图7所示。

株洲电机公司全面质量成本系统投入运行以来，投入产出效果显现，外部质量损失占比逐年下降，质量总成本得以有效控制，质量损失占收入比较历史高点下降2.84个百分点。

4. 开创公司战略预算管理体系，建立战略目标达成的资源纽带

回顾“十二五”，展望“十三五”，株洲电机公司主业轨道交通与风电产业得到快速发展，但新产业的规模、效益与预期仍存在较大差距。究其原因是缺乏基于战略目标的路径推演、资源配置方案，成为战略目标落地的软肋。当前，

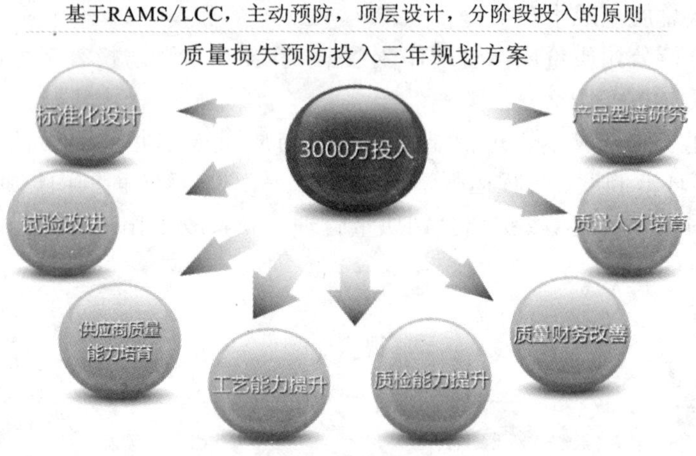

图7　公司质量预防投入体系

株洲电机公司提出以打造行业顶尖品牌、提升自身经营品质为目标的“三创三化”发展愿景，战略规划的落地问题成为公司未来经营发展过程中必须要突破的障碍。

为克服这一痛点，2016 年公司聚焦“十三五”战略，组织编制公司战略预算（2017—2019 年）并经过董事会批准。

（1）进行现状及需求调研，召开三年滚动发展规划及战略预算项目启动会，对参与单位进行动员。

（2）反向预算与配置资源。各单位基于业务规划正向目标、反向预算，对标行业先进及自身发展需求，根据资源、能力匹配目标。

（3）厘清商业路径。借助平衡记分卡分别按时间轴制定商业计划和资源需求计划，战略预算委员会召开专门会议，讨论各单元编制的战略目标，整体权衡，批复立项，形成公司战略目标执行的系统化解决方案。

（4）制订资源配置方案。召开滚动划业务目标沟通会，由归口部门初步综合评审、进行资源配置，汇总编制综合战略预算。战略资源配置坚持如下原则：

①能力匹配原则；

②基于战略目标实施资产配置；

③能力提升及成本效益原则；

④向发展前景好的优势产业倾斜；

⑤有利于整体财务结构优化。

(5)构建战略管理的闭环系统。通过构建"战略规划—战略预算—年度预算—绩效评价"闭环战略管理流程，将战略规划分解成战略预算下达至责任单元，以战略预算驱动年度预算编制年度经营目标，以滚动预算盘活和驱动战略执行，各阶段目标充分衔接、动态平衡。最终，通过公司绩效评价体系，科学评价战略预算实施效果，引导公司不断优化战略预算执行效果。公司战略预算体系如图 8 所示。

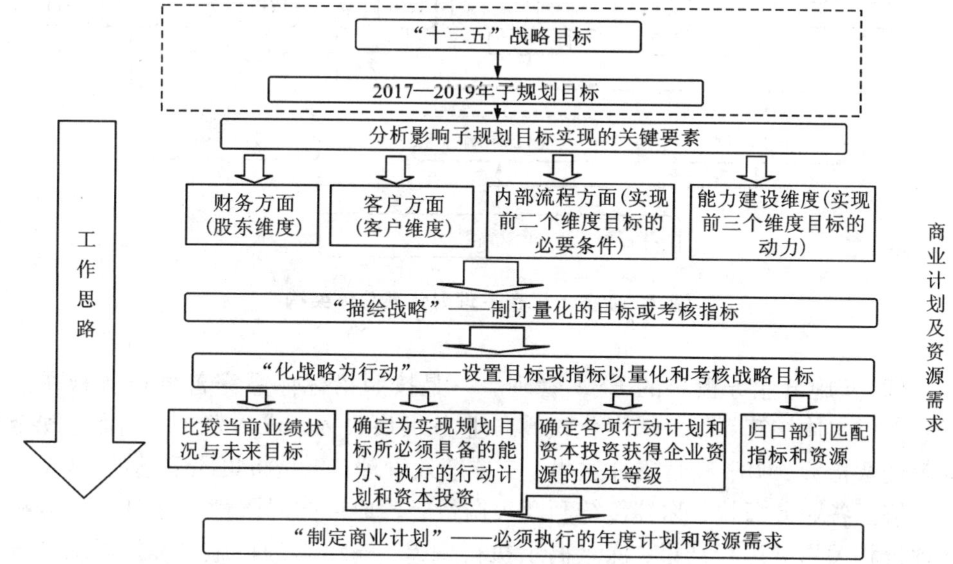

图 8　公司战略预算体系

5. 完善责任会计，实施业务单元自主理财能力建设

经营品质的提升离不开全员对 EVA 价值管理的认同，EVA 管理文化不能仅仅是顶层设计，要将整体目标落到实处，最关键还是要将 EVA 指标层层分解，让各部门理解自身业务与公司 EVA 的关联性。株洲电机公司在构建了全员、全过程成本管理系统后，开始着手实施业务单元自主理财能力建设，引导全员关注资源占用问题，根植"少投入、办好事"的经营理念，切实把控效益和效率，实现提质增效。

(1)搭建业务单元理财平台，以理财管理报告为载体开展管理自评、自助，建立理财成果与员工分享的机制，加强预算管理纵向与横向协同。总体设计分步实施。业务单元自主理财体系总体架构如图 9 所示。

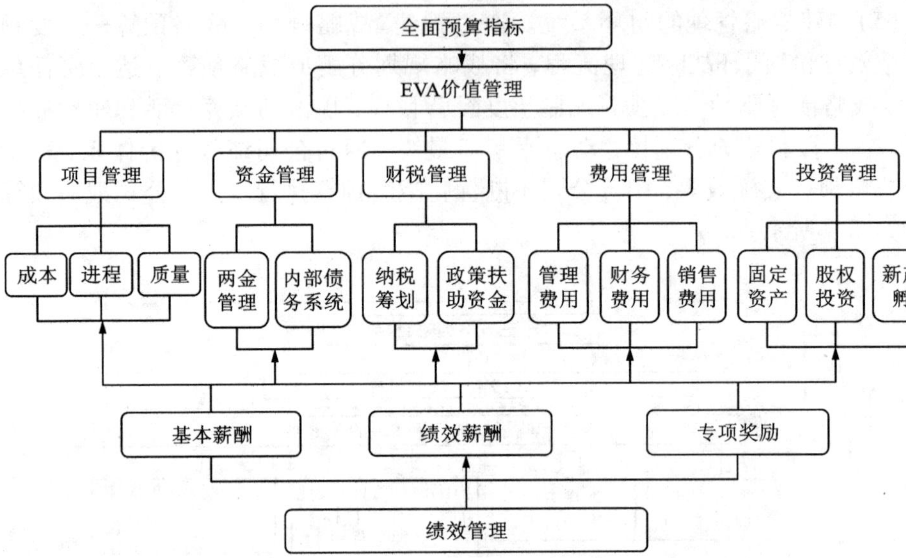

图9　业务单元自主理财体系总体架构

(2)实施分业务板块的EVA管理。一是按照指标体系完善分业务板块的经营责任主体核算系统，精细化核算各业务板块收入、成本费用、利润、现金流等经营指标，明晰经营责任边界，支撑绩效管理；二是将集团下达的EVA指标分解至各业务板块，弥补传统利润表衡量经营成果的局限性。逐月滚动分析和评价相关指标运行结果，深入揭示执行偏差，输出管理措施，为公司调整营销资源策略、资源配置提供了坚实的数据基础。

通过表2、表3分析，揭示了产业资源耗费真实水平与价值贡献率真实格局。以机车业务与风电业务为例，在传统利润表评价体系下，机车业务利润率较风电较高，然而加入EVA计量因素后，由于机车业务对管理资源与实物资源的占用相对较大，考虑资源占用成本后，风电业务的EVA贡献率反高于机车业务。

表2　公司分业务板块EVA分析表　　单位：万元

指标名称	机车业务	动车业务	城轨业务	风电业务	高效业务	民变业务	合计
一、税后营业利润（未扣财务费用）	××××	××××	-××××	×××××	-××××	×××	48341
二、平均占用资本	28740	26119	2077	81509	18788	8578	165811
（一）固定资产	19813	24218	6036	22772	9599	2829	85267
（二）存货	36161	12300	7139	90975	5623	2984	155182
其中：原材料	6411	1875	1088	5114	857	853	16198
在产品	2516	1218	1243	15084	670	244	20975
产成品	27234	9207	4808	70777	4096	1887	118009
（三）应收账款	41011	45390	5474	41378	8122	8338	149713
（四）应会账款	68245	55789	16572	73616	4556	5576	224351
三、资本成本率	5.50%	5.50%	5.50%	5.50%	5.50%	5.50%	5.50%
四、资本成本	1581	1437	114	4483	1033	472	9120
五、经济贡献（EVA）	××××	××××	-××××	×××××	-××××	××	39222

表3　公司EVA要素结构分析表

指标名称	机车业务	动车业务	城轨业务	风电业务	高效业务	民变业务	合计
一、平均占用资本收入比/%	26.68	21.30	6.96	22.15	258.33	42.22	23.59
（一）固定资产收入占比/%	18.40	19.75	20.23	6.19	131.99	13.92	12.13
（二）存货收入占比/%	33.57	10.03	23.93	24.72	77.31	14.69	22.08
（三）应收账款收入占比/%	38.08	37.01	18.35	11.24	111.67	41.04	21.30
（四）应付账款收入占比/%	63.36	45.49	55.54	20.01	62.64	27.43	31.92

续表 3

指标名称	机车业务	动车业务	城轨业务	风电业务	高效业务	民变业务	合计
二、资本成本占比/%	1.47	1.17	0.38	1.22	14.21	2.32	1.30
三、EVA 贡献率/%	2.70	11.07	—	7.83	—	0.44	5.58

(3)财务决算收盘控盘方案倒逼经营目标达成，锦上添花。每年三季度末，公司依据调整预算，模拟测算达成最优指标表现的收盘控盘方案，动态调度，绩效激励，促使上下一心为经营目标奋斗。

临近年终组织各子公司与业务部门召开财务决算会，明确业务处理方式和原则，遇重大未决事项以专题会的形式盯动态、抓落实，并提前与主审事务所沟通，争取获得其认可和支持，避免出现重大调整事项，确保年度经营目标顺利达成。

(二)产融结合助推公司转型升级

株洲电机公司为实现从制造型工厂向经营型企业转变，解决资产弹性不足、产业发展易受宏观政策影响、利润来源渠道单一等经营核心问题，将产融结合工作当作重要战略任务，总体谋划提出公司产融结合工作方案，在项目决策和推进上敢于大胆尝试，控制风险，取得了阶段性成果。

1. 配置金融资产，增加资产弹性，拓宽盈利渠道

(1)携手建银国际组建投资基金。顺应中国资本市场私募基金发展趋势，株洲电机公司于 2015 年 10 月斥资 1500 万元与建银国际组建金禾永磁基金，参股投资供应商金力永磁公司，挖掘供应链上游投资价值。

作为公司在财务投资领域首次探索尝试，公司将“防控项目风险，争取多赢”定位为首要目的开展相关工作。一是谋划项目股权交易对价，全面把控风险；二是利用私募基金间接持股形式规避国有股划转的政策设计交易模式，确保收益不外流；三是合理选择对赌条款，获取标的公司监事席位；四是压降合伙基金管理费用，确保项目综合收益最大化；五是协同基金管理方择机选择退出时点，控风险，保收益。

(2)专业化运作，孵化公司财务投资业务。株洲电机公司协同时代高新投发起设立时代基金项目。一方面通过深入比较研究基金组织形式、运作方式、设立方案等关键条款，从乐观、中性、悲观三个层面对投资收益进行情景分析，审慎识别项目风险，全方位提供决策依据，确定最优方案。另一方面多次就合伙协议与基金管理方进行谈判，降低项目执行风险，争取更大项目收益。

2. 多管齐下，优化产业投资并购运作模式

株洲电机公司通过不断优化尽职调查、项目估值、交易架构设计、协同性模拟研究、并购协议修订及谈判等关键工作节点锁定风险，降低交易对价，为投资决策提供有效依据。前后顺利实施了风电整机业务收购项目、民用变压器业务收购项目、成都公司电机业务重组项目，目前正在运作的海外投资本地化项目与并购项目中产融结合的工作理念与管理会计工具方法均发挥了重要作用。

3. 惜本如金，设计轻净资产财务结构

株洲电机公司通过测算不同资本属性资金成本和净资产收益率，充分利用财务杠杆，设计最佳资本结构，并产生良好的税盾效应，近年来净资产收益率等相关指标稳居集团前列。

4. 搭建进出口业务理财金融系统，推进金融关系能力建设

株洲电机公司在银企合作、业财融合、方法实践等三个层面建立功能与机制，实施进出口业务专业化理财。年均节约进口采购资金成本 2 个百分点。

四、“双融合”管理会计提质增效能力建设的实施效果

株洲电机公司聚焦公司战略，按照业财融合和产融结合两条路径逐步加载管理工具、模块，布局管理会计实践，着力解决公司经营发展中结构和效率问题。经过多年的实践，促进了公司经营模式的转变，奠定了公司产业转型升级的基础，提升了公司的经营品质，促进了公司财务管理精细化，为人才的积淀提供了良好的平台和基础，同时产生了可观的经济效益。

1. 促进公司经营模式转变

(1)有助于产业战略定位。通过业务经验与财务管理相结合，进一步找出自身的短板，确定行业定位。例如，株洲电机公司从事高压电机生产近 10 年，研制的产品涵盖范围广，建立了“广散网型”的销售网络。通过业务前端信息反馈分析表明，客户定制化导致产品制造成本高，加之资源未能有效利用，高压电机在市场中无明显成本竞争优势，在战略指引下，株洲电机公司调整了定位，将高端高效节能高压电机定为该板块未来发展方向，确定以技术优势赢取市场的竞争策略。

(2)管理决策支持能力获得提升。一是工序作业分析促成产品基础加工外包决策。将 80% 的定转子冲片外包加工，比自制节约成本 5.6%。腾出的资源充实核心工序产能，支撑轻资产经营的精益管理目标。二是产品价格管理决策依据更加充分可靠。如：公司应用作业成本法的作业动因分析 FJ2 产品成本，发现因少摊财务费用，单台成本少记 1% 的成本信息扭曲问题，为公司与客户

后续合同价格及货款结算谈判找到博弈砝码。三是资源节约意识深入人心。作为公司人员基数最大、资产占用最多的制造部门在制订规划与经营目标过程中自我加压，在生产任务增长的情况下主动放弃新增人员及资产配置，积极思考提高劳产率、自动化水平等方式解决发展困境。

(3)带动公司管理全面信息化。信息化管理资源整合覆盖所有管理领域，方法的革新大大提升管理效率和管理水平。

2. 奠定公司产业转型升级基础

(1)株洲电机公司首个财务类投资项目金力永磁成功登陆新三板，为公司带来稳定收益。该公司成功登陆新三板，截至2017年2月末，公司协同基金管理方择机退出部分股权及分红，已经收回本金。剩余股权约200万股市值或浮盈3100万元。未来公司将继续推进财务类投资工作，争取每年促成一个项目的同时孵化1~2个项目，以确保利润来源多元化形成长效机制。

(2)以创业投资平台孵化财务投资业务。时代创投基金项目是公司首次参与设立创业投资企业，也是公司首个资本运作平台，旨在产融互促发展中发挥积极作用。参股基金运作分享金融业的高收益，有效提升资产盈利能力，以金融反哺实体产业，促进主业健康发展，实现“产业+资本”双轮驱动。同时，资本运作平台的建立将有效化解株洲电机公司的新产业发展困境，弥补现在体制机制在成本竞争、产业配套等方面的不足，形成产业培育新模式。

(3)形成“轻资产、低风险”的新产业培育思路。新产业培育初期，呈现高投入、低回报的特点，在新产业投资项目推进过程中，联合集团及社会产业基金投资，有效掌控产业培育风险，发挥资本放大效应。

(4)对接资本市场深化股权多元化改革。立足做强做精变压器产业的业务战略，拟广州公司为试点，通过挂牌新三板，增强股权流动性，促进变压器产业快速发展。

(5)资本运作模式的多元化有效支撑公司产业投资活动。改变原有单一的产业投资模式，从投资主体、投资路径等方面入手，推进产业投资工作。

3. 促进公司经营品质提升

(1)释放全员成本管理效能。成本管理落地于班组，客观公平的成本管理绩效激励机制激活员工管理积极性，形成各级员工自发管理成本的工作格局。

(2)全过程成本管理，延长企业价值链条。成本管理活动前移至销售订单管理和产品设计，延伸到维保服务。其中，产品设计阶段的成本模拟比对，不增值作业避免等作业管理，产出可观经济效益。如：YT电机经过作业管理，改进工艺、优选材料规格目标价控制，销售毛利率比原定价预期提升了5.6%。

(3)各项规划目标与经营目标的达成情况均得到优化。株洲电机公司2016

年实现销售收入 70.28 亿元，净利润 4.53 亿元，分别较“十二五”初增长 78.51%和 179.63%，各项经营指标均创历史高位，主要财务指标与非财务指标基本完成“十二五”规划，“十二五”中后期在收入规模快速增长的情况下，两金规模稳中有降，固定资产周转效率逐步提升，资源占用情况得以有效控制，经营品质不断提升。

4. 提升财务管理精细化水平

(1)财务管理重心转变。株洲电机公司从精细化入手，由“核算型”向“管理型”和“智能型”转变，通过建立基于战略和业务事件驱动的财务与业务一体化职能职责网络和信息处理流程，强化了资源整合及管理协同能力，提升了财务价值创造能力，提高了风险防范能力，为公司经营决策提供强力支撑。

(2)业务与财务联系更为紧密。通过构建财务管理主体多元化的工作格局，全方位分解财务精细化管理职责和功能，建立财务与业务沟通更加紧密的协作机制，搭建工作平台，引导业务部门参与及分担财务管理工作项目，实现了全员、全过程财务管理，建立起目标细分、任务具体、流程明晰、方法科学，与绩效管理紧密结合的财务精细化管理模式。

5. 实现人力资源优化提升

(1)学习型团队建设成效显著。业财融合是一种先进的管理思想，需要精通现代管理方法的管理人员去推行、落地，株洲电机公司在系统实施过程中，参与人员选取实务中的难点与重点，利用财会学会平台积极展开课题研究，其间形成了丰硕的成果，员工提升了自身的眼界及理论水平，综合能力得到极大提高。

(2)关键员工业务能力整体提高。通过参与项目运作实践与外派学习，鼓励团队成员在各自专业领域深耕，培育了一支熟悉财务管理模型建设、成本管控、基金运作、新三板挂牌政策、并购重组税务、企业运营分析等业务的资本运作团队，整体业务能力显著提升。

轨道交通部件制造企业数字化工厂建设管理

中车株洲电机有限公司
2017 年 6 月

中车株洲电机有限公司（以下简称“株洲电机”）位于湖南株洲，是中国中车旗下一级子公司，是专业从事电机、变压器研制的高新技术企业。公司主要从事轨道交通牵引电机与牵引变压器、风力发电机和高效节能电机的开发、制造、销售和服务，是中国高速动车组（包括复兴号、和谐号等）、大功率机车、城轨车辆用、磁悬浮牵引电机和牵引变压器的专业化科研与制造基地，处于轨道交通动力系统领域龙头地位；是我国风力发电机最大规模的研制企业之一；是电力、冶金、石油、电动汽车等高效节能电机产品的专业化研制基地。株洲电机产品覆盖全国 31 个省、市、自治区，并延伸到欧洲、北美等 20 多个国家和地区。

株洲电机定位为“专业化、集约化、国际化”的行业领跑者，坚持市场导向和技术创新的发展战略。累计获得国家专利授权近 500 多件；获得国家科技进步奖、中国铁道学会等科技进步奖 36 项；参与国际标准修订 1 项、国家标准 18 项、行业标准 27 项。2016 年，公司营业收入突破 70 亿元，综合绩效考核在中国中车 50 多家一级公司中排名前三，各项业绩指标均创新高。近年来，株洲电机在智能制造转型升级方面取得了一系列成绩，继 2016 年株洲电机获得湖南省智能制造示范企业后，2017 年数字化工厂建设项目成功入选工信部、财政部智能制造综合标准化与新模式应用项目。

一、轨道交通部件制造企业数字化工厂建设管理的背景

（一）适应国内外轨道交通客户多样化需求

随着经济全球化的迅猛发展，人员、物资交流要求具有更高的速度，世界各国都将发展安全、高效、绿色、智能的新型轨道交通作为未来公共交通发展的主导方向。高铁、地铁、机车等轨道交通将扮演越来越重要的角色，轨道交

通将成为中国乃至全球最大的投资领域之一。经过10年快速发展，我国轨道交通装备市场已跃居世界第一，成为中国高端装备制造领域自主创新程度最高、国际创新竞争力最强、产业带动效应最明显的行业之一。

中国轨道交通装备作为中国制造“走出去”的金色名片，产品已辐射中南亚、南亚、中亚和西亚等地区，并延伸至东欧、北非、美洲。随着“一带一路”的推进，沿线国家对基础设施建设需求更加迫切，海外轨道交通市场需求十分巨大。为满足不同区域、不同制式(机车/动车/城轨)、不同标准的需求，牵引电机产品逐步呈现了多品种、小批量、个性化定制等方面新的趋势。特别是在海外市场，这一点体现得尤为明显，这也对传统电机制造企业在研发设计与制造方面提出了更高的要求。

(二)提升中国牵引电机制造水平的需要

通过技术的引进、消化吸收、再创新，国内牵引电机企业在设计及制造领域已经积累了较丰富的经验，部分技术已处于世界领先水平。但与西门子、ABB、三菱等行业内先进企业相比较，仍面临着数字化设计能力不足、生产制造自动化水平落后、生产效率偏低和材料利用率偏低等问题。

具体表现在：一是数字化设计能力不足，产品设计时标准化、模块化、谱系化的程度不高，产业链上、下游，企业内设计、工艺及制造各主体之间数据链不通畅，协同化设计能力偏弱。二是制造工艺水平偏低，多数工序仍采用较为传统的制造工艺，手工操作工序占比大，先进制造工艺及自动化装备应用不足，人工操作已对生产效率及产品一致性产生较大影响。三是柔性制造能力不足、产品交付周期长，以株洲电机为例，每月有10余种新产品开发，每天有10种以上不同型号电机同时生产，制造设备的快速换型、弹性化制造资源配置、项目管理等能力难以满足实际需求，导致产品产能不足、交付周期长。四是制造成本控制和产品品质提升压力增大，受铜材、硅钢及磁性材料等主要原材料价格持续上涨，企业成本控制压力增大，而客户希望使用的产品全生命周期维护成本更低，产品具备更好的性价比，行业竞争导致产品价格持续下降，从而对盈利空间形成双重挤压，需要企业不断提升制造水平。

(三)传统电机制造企业在新形势下提升核心竞争力的需要

当前，3D打印、人工智能、云计算、大数据、新能源、新材料等新兴技术层出不穷，正引发一场意义深远的产业变革。国内外制造企业纷纷进行智能化转型升级，抢占技术发展创新的新机遇。德国提出工业4.0，美国提出工业互联网，我国从战略层面制定了“中国制造2025”发展规划。数字化建设乃至智能制造已成为传统企业提质增效的核心抓手。加强两化融合，推进数字化设计，引入更为先进的行业专用机器人，系统推进数字化工厂建设，是公司抢占技术及市场制高点，提升核心竞争能力，助推中国轨道交通装备“走出去”的迫切需要。

二、轨道交通部件制造企业数字化工厂建设管理的内涵和主要做法

株洲电机以发展战略为导向，以信息技术、自动化技术、物联网技术为支撑，以智能制造技术为理论基础，适应轨道交通行业（动车、地铁、机车）多品种、小批量、快交付的市场需求，通过明确数字化工厂建设目标和总体框架，依托国际领先的研发体系，推动数字化设计，建立基于自动化装备和智能管控的数字化车间、和基于物联网技术的智能物流与仓储系统。并搭建数据驱动的生产决策平台，构建数字化工厂建设保障机制，建成了具有设备自动化、生产透明化、业务（数据、流程、制度、功能）标准化、决策数据化和系统平台化“五化”特征的数字化标杆工厂，转变了株洲电机生产方式、提高了生产效率、并降低了生产成本、优化了产品质量、促进公司制造转型升级，达成株洲电机可持续发展的目标。主要做法如下。

（一）明确数字化工厂建设目标与总体框架

公司确立了“打造轨道交通领域具有示范性作用的数字化工厂，成为高端动力装备先锋企业”的总体建设目标。为突破株洲电机在研发制造过程中存在的数字化程度低、研发周期长、柔性化生产能力不足、生产效率难以提高等难题，自主研制并引入先进的智能制造核心装备进行自动化生产线建设，大力推动管理信息化建设与牵引电机定子、转子、装配车间/产线的智能化建设，整合工厂 ERP、MES、WMS、PLM、SCM 等信息系统，建立数据驱动的生产制造执行系统及管理支持平台。项目的总体框架见图 1。

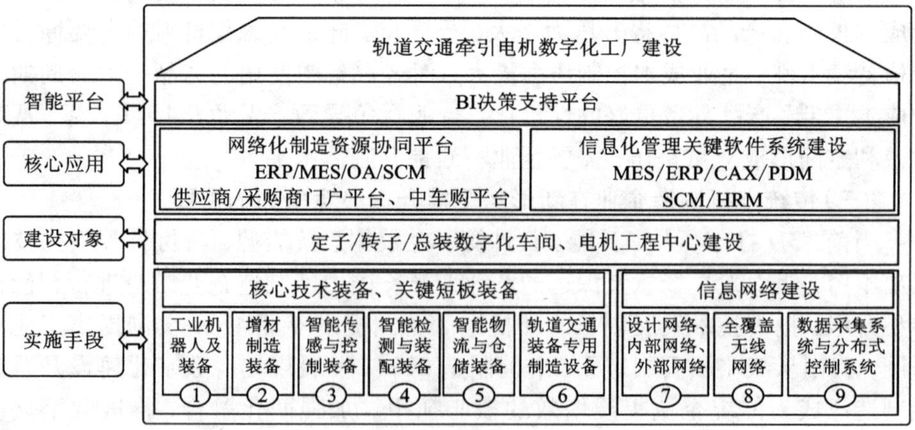

图 1　株洲电机数字化工厂建设总体框架

数字化工厂建设总体框架主要分为四个层次：

一是实施手段：通过构建先进的数字化研发体系，并引入大量智能制造核心装备，包括立式加工中心、工业机器人、3D 打印机、无损检测装备、智能物流与立体仓储系统等，突破牵引电机在当前设计制造中普遍存在的数字化、模块化设计水平低、柔性化精细化生产方式缺失、降本增效难以维系等难题，实现牵引电机的自动化、柔性化、数字化和智能化生产。同时，株洲电机加强信息网络建设，提高与外围系统整合及协同能力，满足数字化工厂信息网络需求。

二是建设对象：数字化工厂建设对象包括通用零部件生产车间、定子生产车间、转子生产车间、总装车间以及研发试验平台。按照现代化管理、信息化支撑、智能制造三步走开展，最终形成完善的数字化工厂体系。

三是核心应用：在围绕几个数字化车间建设基础上，通过网络化制造资源协同平台、信息化管理关键软件系统将智能制造核心装备有机串联起来，实现装备间互联互通、可视化、协同化管理。在基于生产过程数据实时采集的基础上，整合工厂 ERP、MES、PLM、PDM、SCM 等系统，完善信息系统的综合集成。

四是智能平台：在核心智能装备、核心信息应用平台的基础上，进行数据采集设备与管理决策平台的连接，采用大数据和云计算分析做出最优的生产决策，工厂管理人员可以通过 PC、手机 App、中控室、实时看板等方式及时了解生产状态并做出决策，建立基于生产过程数据采集及数据驱动的智能化 BI 决策平台。

（二）依托国际领先研发体系，推动数字化设计

株洲电机构建了以规划及前瞻性技术研究、产品开发、基础共性技术研究、试验验证、技术支持和技术管理六大平台为主体支撑的创新体系。公司近几年持续加强了创新资源投入，已具备国家级电机、变压器试验站，先后建立了绝缘国家重点实验室、轴承实验室、国际一流的电机工程研究中心。同时，充分利用高校、研究所、企业科技资源，努力构建和完善株洲电机开放式的技术创新体系。先后与清华大学、上海交通大学、中国计量科学研究院、西安航天动力研究院等科研院所进行了广泛的项目合作，积极推动产、学、研、用协同创新。

在数字化设计能力提升方面，一是实现 PLM 系统管理下的产品全三维设计，完善基于全三维设计的技术规范。建立协同仿真平台和试验验证体系，实现产品设计、仿真和试验验证的协同管理。构建国际一流的牵引电机产品技术标准体系。二是建立设计、工艺协同工作平台，通过 TCM、MES 等信息化系统，逐步打通了设计、工艺、制造数据链。制定基于全三维技术的工艺设计及管理规范，全面推广工艺仿真和三维工程化应用。建立了 CAD、CAE、CAM 等数字化设计与仿真软件的统一数据接口，实现软件各应用无缝集成，信息自由流通。建成产品数据管理系统，逐步形成了基于大量数据的产品云平台。三是大力推行模块化、谱系化、平台化设计能力建设，在机车方面，逐步形成了轴功率 775 kW、1200 kW、1600 kW 三大产品平台。在动车方面，形成了 120 ~ 200 km/h 速度等级的城际动车组、200 ~ 500 km/h 速度等级的高速动车组产品平台。在城市轨道交通方面，构建了 100 kW、190 kW、230 kW 三个成熟的城轨牵引电机平台，覆盖了目前国内外所有主流城轨牵引电机类型。

（三）建立基于自动化装备和智能管控的数字化车间

1. 有序推进自动化产线升级

自动化制造装备是数字化工厂建设的基础，是实现生产自动化、网络化的硬件平台。株洲电机数字化工厂建设中引入了 300 余台套 14 种以上安全可控核心制造装备，包括轨道交通行业专用机器人、智能传感与控制装备、在线智能检测与装配装备、智能物流与仓储装备等，用于通用零部件车间、定子车间、转子车间、装配车间及智能物流仓储系统建设。数字化工厂涵盖定子、转子及装配车间等，其建设主要围绕车间的自动化装备改造、自动产线搭建以及信息系统互联集成进行。定子车间主要包含定子嵌线、耐压检测、定子并头、相间耐压、焊中性环、绝缘绑扎、测试等工序；转子车间主要包含叠压、嵌导条、自动冲紧、车削（去毛刺）、高频感应焊接、自动冲洗、车削（端环、套环）、喷涂等工序；定转子装配车间主要由智能化立体仓库系统、线体输送系统、自动装配机器人、自动化装机系统、自动清洗系统、自动抛丸去底漆系统等构成。

针对牵引电机产品型号多而复杂（大类按动车、地铁与机车分，每个大类又可按功率、实际应用场合等细分成小类），结合产品生产工艺过程的特点，研制了行业专用机器人与其他智能制造核心装备与技术，如双臂六关节焊接机器人、机器人转子导条表面精整工作站、定转子合装机器人、转子搬运/前端盖合装、螺丝锁紧机器人等。大量引入 3D 扫描系统、RFID 电子标签、分布式控制系统、AGV 智能小车输送线、立体化智能仓库系统、轴承应用技术试验台、自动锁端盖螺栓机等设备。通过自主研发和外部引进自动化装备，替代劳动强度大、效率低的人工作业，提升了车间整体数字化水平。部分引入的智能装备还具备自动数据采集、自动参数修正、异常停机防呆功能，且与整体实现互联互动，自动识别换型，产品一致性进一步增强。

2. 持续推进工位制节拍化生产

株洲电机积极构建符合公司实际的精益生产体系，通过标准化作业、JIT

物料准时化配送、实现并巩固工位制节拍化生产。在自动化设备的投入的基础上，导入“连续流”与“单元生产”的概念，由“一人一机”“一人多机”到“自动化生产”的生产方式转变，提升了工序生产能力。并逐步完善生产线的标准化管理，优化生产、效率、质量、设备、成本、人员等数据管理采集方式，通过管理流程、分析管理、改善管理实现生产节拍的持续优化。同时，建立了基础数据管理及专项改善管理机制，用价值的眼光查找浪费，运用“瓶颈改善”、“产线平衡”、“标准化”工具，结合流程分析技术，提升自动化设备与人工辅助生产模式下的精益生产节拍兑现率。2011—2016 年间，株洲电机先后有 13 条精益生产线获中国中车星级示范线。

3. 实行生产过程信息数字化

公司利用先进的信息技术，实现条码的生成与打印，将条码与 MES 系统紧密集成，生成自制零件条码、零件每道加工工序的条码。将自制件物料标签条码化，通过条码标签进行标识和跟踪、转序交接，将《过程控制卡》电子化，实现对产品整个生产过程信息进行记录和跟踪的无纸化。使用工位部署的工控机、手持终端和条码枪，通过 MES 客户端，操作工人通过扫描工序流转卡的工序条码完成工序完工的报工。实现关重件单件/批次追溯管理，提供物料、工位、工艺防错防呆支持，进一步避免质量问题的产生。

4. 形成生产实时监控可视化

结合公司产品离散型制造特点，生产管理系统将根据电机装配生产流水线和生产流程定制，将零散工序和单机检测仪器进行信息集成，完成生产信息采集、录入、跟踪、分析，并在终端进行数据统计分析，提高对生产过程的实时监控，建成先进生产控制中心。

先进生产控制中心汇集来自车间各生产线、仓储区以及各业务部门的生产信息，以图形化的车间模型为载体，以多维统计图表为展现形式，动态可视化展示与车间生产过程相关的设备运行状况、生产计划与执行进度、生产物料信息、异常信息、质量状况、物流状态等实况信息和绩效信息。对于各人工工位，每个岗位安排显示屏，系统通过软件将每个岗位所需的工艺文件与标准操作视频发各岗位电脑显示屏上，循环播放。在生产线前端安装双面显示 LED 电子看板，显示产品型号、订单数量、当天排产数量、实际生产数量、生产注意事项等信息。生产管控中心及现场看板系统将及时传递生产制造信息，拉通生产各工序、各强相关部门，为管理人员从多视角了解生产过程全貌、发现生产异常并快速进行处理提供支撑，提升管理效率效能。

(四)建立基于物联网技术的智能物流与仓储系统

高效有序的物流与仓储管理系统是数字化工厂构建的关键因素之一，本项目通过 AGV 小车、悬挂链输送线、高参数立体仓库等手段搭建基于物联网技术的智能物流与仓储系统，实现零部件、成品、半成品库存状况的实时监管，减少零部件、成品、半成品带来的成本积压，同时加强零部件的最佳配送和库存管理，降低因配送不及时导致的生产时间损耗。

智能物流与仓储系统包括 AGV、自动堆垛机、智能立体仓库等。原材料或产品的入库、分拣、出库、配送等关键信息经信息采集设备收录至智能物流系统。结合牵引电机制造过程，应用 AGV 小车、悬挂链输送线、立体化智能仓库等智能物流设备，实现定子产线、转子产线、定转子装配线的物料智能配送及产线工序串接。

1. 搭建智能物流系统

以定子生产线为例，项目采用全 AGV 智能配送方案，串联嵌线、耐压检测、并头、相间耐压、焊中性环、绝缘绑扎等工序，实现生产过程的自动化串接。操作人员可通过按钮操作呼叫 AGV；与 ERP、MES 系统无缝衔接，以平面图形的方式显示系统范围内每辆 AGV 的位置和状态，实时反馈各工位物料及生产状态；记录各工序呼叫 AGV 小车的时间、AGV 小车实际到达时间，AGV 小车运行时间、AGV 小车等待时间等数据自动搜集，形成后台数据库，为物流及生产过程提供可追溯 AGV 系统运行的历史记录。

以生产线计划为备料基准，以实际生产消耗进度进行补料及配送指示，以 AGV 等自动物流设备进行实际补料，以前后端数据为基础进行预警及修正，实现物流配送的智能化。运用智能调度算法，计算 AGV 小车最优路线，实现高效物料配送；建立智能立体仓库，仓库系统与 ERP 系统互联，实现计划、执行、物流和仓储间协调管控。实现物流配送防呆 100%，提高了物流智能化水平和质量管控水平。

2. 建设自动化立体仓库

牵引电机品种多、批量小，电机制造需要管理大量不同规格的部件、生产工装等。为加强物料管理，配合智能物流线，株洲电机开展具有高度自动化管理能力的立体仓库的建设。自动化立体仓库方案采用一套集成化计算机管理和监控系统。该系统通过管理调度所有物流设备，使物流自动化系统满足企业业务需要。该系统支持与企业 ERP 系统信息集成，利于管理与决策。

自动化立体仓库区采用 3 排 -27 列 -4 层结构布局，共 324 个货位，采用 1 台巷道堆垛机及 1 套巷道设备共同构成立体仓库。压装完成后的成品由托盘输送线自动输送到入库口处，条码读取装置自动读取物料条码获取物料信息，通过查询 ERP 系统，自动判断物料信息准确与否，自动安排产品入库或退料 - 重新入库处理。仓储物流系统（WMS）接收分解系统的出库任务，出库操作员根据调度中心指令在系统中录入出库单，经审核后申请货物货箱出库，WMS根据先入先出、半托盘优先原则分配出库货位。确认后，监控系统向设备下达出库指令，并通知相应RF接到指令后堆垛机调集货物托盘出库。

（五）建立数据驱动的生产决策平台

株洲电机以精益管理、工位制为基础，通过优化生产相关的业务流程及工艺布局，导入实施MES（生产执行系统），集成各核心信息系统和数字化装备，实现了数字化生产运营管控、数字化生产制造和数字化生产控制的多层级、一体化集成的生产制造协同平台，新的智能化生产决策平台具备以下功能优势。

计划调度精细化。MES系统对以产品为核心的生产订单进行分类分层管理，将订单集群以订单层次的拉动关系为数据基础，产品交付日期作为基准和工艺路线工序时间作为节拍进行倒排，同时MES系统可支持任务计划的联动调整，达到最贴近交付的排程结果。排程后自动将作业任务派工到工位及人员。实现工厂工序级作业计划的编制、排程优化、辅助调度，及时响应产品交付需求的变化。

生产执行透明化。生产过程中按MES系统预置流程进行操作，通过条码扫描的过程来记录每道工序作业的时间、人员、物料、设备、工装工具、检验等信息，通过设备采集获得设备状态和加工参数，MES系统将所有信息与设定数据进行校核，对差异数据进行自动发起异常处理流程。将整个过程实现数字化，形成生产过程的还原达到透明化，通过看板大屏实现全方位的监控体系。

物料配送精准化。MES系统中对序列件、批次件的物料进行条码管理，覆盖整个生产过程，由计划排程产生的单件流工序作业任务驱动具体物料配送的需求，包括时间和地点，通过生产任务执行拉动后续任务的配送，实现精益化和工位制节拍化的“套餐式”配送。

质量控制信息化。生产过程中，对系统检验过程进行记录，实现《过程控制卡》的电子化，MES系统后台形成的结构化质量数据，根据设置的检验标准自动判定检验结果，并将检验数据与产品、工序进行关联，实现产品级和工序级的产品质量控制、追溯以及各种维度的分析和统计。

辅助决策实时化。根据工段、事业部以及公司三级的生产管理人员对生产管理的需求，整合系统采集的各类数据，跨系统整合，垂直打通企业决策层、管理层和执行层，使高层通过MES系统能直达生产一线，实现三级颗粒度的监控报表/看板输出，让三级的生产管理人员实时的掌握生产状况，辅助决策。

针对生产过程数据庞大、采集点繁多，对网络通信、数据存储要求高的特点，数字化工厂建设以工位、生产线、车间的智能化改造为基础，以工厂信息化为主要抓手，层层推进。生产过程实时数据采集贯穿工位、生产线、车间的智能化改造和信息化建设，合理规划各车间的数据采集系统，建立高效快速的通信网络，建立基于大数据分析的智能管控系统。株洲电机重点加强各核心应用系统的整合，建立基于生产过程数据采集以及数据驱动的生产决策平台，通过综合管理能力的提高实现工厂整体效率提升25%以上。

（六）数字化工厂建设保障机制

1. 数字化工厂人才队伍建设

从企业角度来说，株洲电机结合自身生产需求，为企业员工提供专业课程培训和供应商扩展培训，建立一个企业内部人才个性化培育机制，以业绩为导向，提高员工操作技能水平，为智能制造培养大批骨干工程师。在企业信息化方面，以点带面，从车间信息化系统到企业资源管理系统建设，培养了一批优秀的企业软件工程师。在项目的实施过程中，华中科技大学等学校培养的学生经过企业项目进行实践锻炼，可获得丰富的工程实践经验，并利用学校的资源为企业解决工程实践中的难题，将理论科学知识转化为实际科技成果，提高学生专业素质与技能水平。通过项目实施，牵头企业、供应商以及高校培养出一批善于解决实际问题，具备较强研发能力，符合先进制造业智能转型发展所需要高素质人才。

项目实施为企业和高校培养一批创新性的人才队伍，具体包括为华中科技大学培养约20名智能制造研究方向的硕士或博士研究生；为企业培养相关技术骨干50人以上，为联合体培养实施工程师100人以上，为应用企业培养应用工程师10人以上。

2. 搭建数字化工厂建设运行机制

数字化工厂建设通过合作开发、协同推进的方式开展，项目参与单位涵盖高校、研究院、智能制造核心设备商、智能系统集成商等相关单位，各个单位分工明确，实现“产学研用”相结合，组成具有竞争力的研制联合体。株洲电机是项目牵头单位，也是项目应用单位，项目整合了国内一批从事智能制造的优势单位，包括核心装备研发制造商、软件开发商以及高校和企业科研机构等，形成了“产学研用”结合的电机行业的专业智能制造联合体。成员包括：华中科技大学、艾普工华科技（武汉）有限公司、无锡中车时代智能装备有限公司、中车株洲天桥起重机股份有限公司。基于本项目各单位形成了一个联合的整体，相互协作完成轨道交通牵引电机数字化工厂建设。项目开展的组织架构如图2所示。

项目联合体内部通过充分的沟通与协作，建立长效运行机制，严格按照项目制进行运作。建立了以微信、电话、会议或电子邮件形式、专题会议等形式

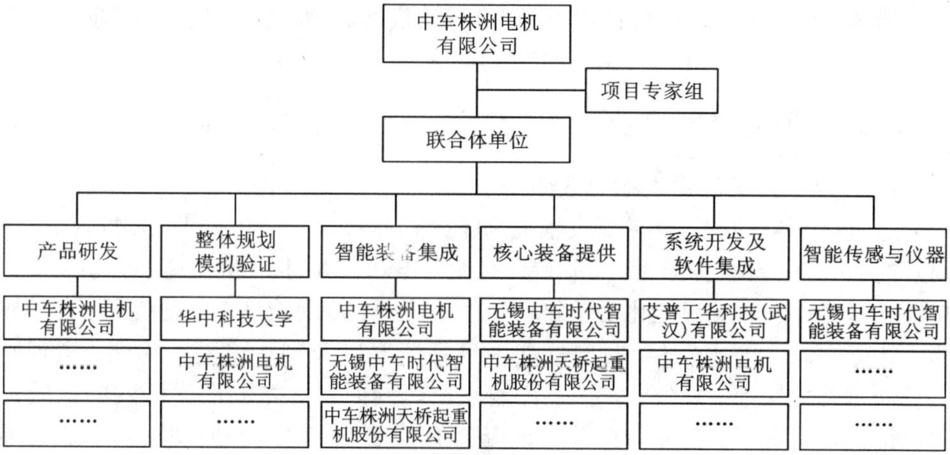

图2　项目开展的组织架构

多样的沟通交流的机制。项目涉及的子项目众多，每个子项目均设立了专项工作组，按照全项目管理进行任务分解，明确项目经理，授予项目经理充分的资源调配、人事调动、奖惩考核等权利，按照项目管理办法进行各子项目的落地实施。同时，加强项目责任制考核，根据数字化工厂建设任务分工，将建设计划层层分解到部门，明确具体负责人，并签订项目年度责任状。按月度监控、季度汇报、年度考核的模式，对数字化工厂建设各责任体、责任人进行严格考核，并纳入部门、个人业绩考核，确保数字化工厂建设按计划节点、要求完成。

另外，为规范数字化工厂建设工作，株洲电机先后颁布了专项的《数字化工厂建设奖励方案》《公司对外合作管理办法》《“两化融合”推进实施管理办法》《智能制造人才选用管理办法》等一系列配套制度，确保数字化工厂建设有章可循、有法可依。

3. 严格执行投资项目管控流程及评审机制

数字化工厂建设作为一项系统工程，具有投资项目多、协调难度大、投资金额大、监管难度大等特点，投资项目多而杂，蕴含着很多潜在的投资风险。项目建设将一定程度上增加企业固定资产，增加企业经营固定成本，给企业带来较大的经营风险。因此，数字化工厂建设投资立项时要以“降本增效，投入产出比”为终极要求。经过严格的可研论证，确保投资的经济性，紧绷降本增效这个弦，不符合经济性原则的项目坚决不上。

为了控制项目投资风险，提高项目投资效益，投资活动规范、有序，数字化工厂建设严格按照投资管理制度流程进行立项申请、可研论证、组织相关单位评审、编制实施计划、实施监控、竣工验收、后评估等。整体以“资金牵引、降本增效、科学论证、项目管控”原则进行建设实施，数字化工厂各子项目以项目制运作，确保项目计划严格按时间节点落地。

三、轨道交通部件制造企业数字化工厂建设管理的实施效果

（一）数字化工厂建设初见成效

通过该项目的推进实施，大幅提高了公司生产效率，生产节拍由传统生产模式的 25 min/台减少至 15 min/台，实现了电机装配生产从机座、转子、整机自动入库出库，形成智能化下单排产、自动输送、自动清洗、自动装配、自动检测、自动预警、自动统计实时产量和不良品情况以及制程追溯等功能，实现电机自动化装配快速、高效、安全、智能生产。同时，支撑数字化研发的试验能力也得到显著提升，在原有试验验证资源的基础上，建设了振动噪声专业实验室、流体冷却实验室、振动冲击实验室、雷电冲击实验室、永磁电机试验站、NVH 试验平台、虚拟制造平台、机械实验室等基础试验平台，试验验证达到国际领先水平。

（二）项目经济效益显著

数字化工厂项目建设总生产效率提升约 20% 以上，人均生产效率提高 26% 以上。通过建立严格质量监控检测以及追溯体系，使产品良品率提高到 99% 以上。通过生产效率的大幅改善、坚持市场拉动式生产策略以及降低生产、库存等成本等方式，预期综合运营成本将降低 20% 以上，能源利用率提高 10% 以上，带动企业长远利润增长和增快市场响应速度。2016 年株洲电机主营业务收入 70 亿元(其中轨道交通营业收入 24 亿元)，税收 4.5 亿元，利润 4.5 亿元。根据测算，数字化工厂项目具有良好的直接经济效益，实施后株洲电机预计每年降低运营成本 1 亿 ~1.5 亿元，同时由于产品质量和附加值提高，带来的潜在收益每年 2 亿 ~3 亿元；同时由于产品质量和附加值提高，带来的潜在收益每年可达 1 亿 ~2 亿元。

（三）促进企业转型升级

本项目在生产线和物流环节广泛采用智能机器人和 AGV 小车，利用协同制造运营管理系统对过程进行精细化管理，生产技术水平显著提高，通过数字化工厂项目的推进，进一步夯实株洲电机精益管理水平，提升信息化决策能力，锻造了一批智能制造专业技术人员和管理人员，极大地促进了株洲电机在工业 4.0 浪潮下的转型升级。

同时，在项目建设过程中，研发了一批先进轨道交通高端产品技术，通过新材料、新工艺、新方法、新装备的研究和推广，具有自主知识产权的产品技

术研发将逐步打开国外技术垄断格局，对我国轨道交通部件制造行业的转型升级具有积极作用。另外，株洲电机致力于牵引电机技术的推广应用，并将牵引电机核心技术成功延伸至风力发电、新能源汽车、船舶海工、工程机械、流体机械等领域，带动株洲电机相关新产业的整体制造水平的提升。

轨道交通部件企业培育发展战略新兴产业的探索与实践

中车株洲电机有限公司
2017 年 6 月

中车株洲电机有限公司（以下简称“株洲电机”或“公司”）坐落在南方工业重镇和交通枢纽——湖南省株洲市，是中国中车旗下一级子公司。公司主要从事轨道交通牵引电机及变压器、风力发电机、高效节能工业电机及特种变压器的开发、制造、销售和服务。具备年产 1000 台大功率交流传动机车、300 台内燃机车、200 列高速动车组和 300 列城轨地铁配套牵引电机和变压器研制能力。同时，可以实现年产 3600 台兆瓦级风力发电机，是我国最大规模的风力发电机生产基地之一。

目前，公司拥有员工 4700 余名，其中本科以上学历人数占比约 30%。公司定位为“专业化、集约化、国际化”的行业领跑者，坚持市场导向和技术创新的发展战略，以“高端定位、资源延伸、同心多元”的发展思路，不断培育拓展新产业，促进了公司业绩的稳步攀升。2016 年实现营业收入 70.28 亿元，归属母公司净利润 4.53 亿元，较上一年度分别增长 7%、34.9%，经营业绩稳步攀升，获评中车 A 级企业，并获得中车“突出贡献奖”。

一、轨道交通部件企业培育发展战略新兴产业的探索与实践的背景

（一）贯彻国家和中车战略、实现产业结构转型升级的需要

培育和发展战略新兴产业是贯彻落实国家战略规划，实现产业结构转型升级的迫切需要。发展战略新兴产业已成为世界主要国家及企业抢占新一轮经济和科技发展制高点的重大战略。根据中国中车“十三五”规划，按照“相关多元、高端定位、资源匹配、行业领先”的原则，以风电装备、新能源汽车、环保装备等战略新兴产业为重点，打造一批核心能力突出、行业地位领先的业务群是产业转型的关键任务。对于株洲电机而言，传统轨道交通优势产业已经逐渐步入深度调整期，而战略新兴产业为公司发展带来机遇。作为中车内部专业化

的电机、变压器研制企业，需以此为契机，大力发展国家重点支持的战略新兴产业，实现产业转型升级。

（二）转换发展动能、构建国际竞争新优势的需要

目前，我国经济面临着速度换挡、结构调整、动力转换等系列新特征，主要矛盾表现在供给侧，如一些行业严重产能过剩、高端产品供给能力不足等问题。加快培育和发展战略新兴产业，是化解过剩产能、构建竞争新优势、掌握发展主动权的有效途径。株洲电机也面临着轨道牵引产品产能过剩和国际化市场布局不足等问题。在消化过剩产能方面，公司需要尽快形成新的产业增长点。因此，必须加快培育和发展战略新兴产业，掌握新的关键核心技术及相关知识产权，提升国际化经营能力，构筑企业的国际竞争新优势。

（三）突破发展瓶颈、实现公司“百亿”战略目标的需要

株洲电机清晰地认识到，轨道交通产品市场以内部配套为主，长期在行业壁垒下的发展导致公司面对市场化的竞争能力不足。要想在战略新兴市场中有所作为，迫切需要进行一系列管理变革及技术创新。株洲电机力图以管理创新为手段，解决过去发展战略性新兴产业的过程中所遇到的短板：一是适应小批量、个性化需求的供应链、产业链水平偏低，不能适应市场化发展需求；二是新领域的市场业绩与资质不完善；三是完全市场化的产业管控模式、激励机制、评价体系等不健全。在坚持发展自身专有核心技术的前提下，通过这一系列产业瓶颈的突破，有效提升自身竞争能力，并迅速做大新产业。通过持续变革创新，优化产业平台与政策机制，最终达成“百亿”目标，实现“再造一个新电机”。

二、轨道交通部件企业培育发展战略新兴产业的探索与实践的内涵及主要做法

战略新兴产业是以重大技术突破和重大发展需求为基础，对经济社会全局和长远发展具有重大引领带动作用，知识技术密集、物质资源消耗少、成长潜力大、综合效益好的产业。加快培育和发展战略性新兴产业对推进现代化建设而言具有重要战略意义。

株洲电机在“三创三化”（创百亿企业、精益企业、学习型企业，实现专业化、集约化、国际化）发展愿景的指引下，结合中国中车转型升级、跨国经营，致力于为全球用户在交通、能源、工业、环保等领域提供高端装备系统解决方案的发展纲领，以高端装备制造、新能源、节能环保、新能源汽车等国家战略性新兴产业为目标市场。在巩固轨道交通、风力发电业务的同时，积极培育三个具备技术优势与产业前景的战略性新兴业务（新能源汽车驱动电机、高效节能工业电机、特种变压器）。通过开展基于企业资源能力与风险管理的产业方

向选择，搭建全要素、全过程的新产业发展平台，构建与产业竞争要素相适应的商业模式，聚焦优势资源与变革发展模式等一系列管理创新活动，促进公司新产业健康稳步发展，产业核心竞争力不断提升。具体做法如下。

（一）基于资源能力与风险管控的产业方向选择

1. 确定合理的产业选择原则

在公司现有产业基础和资源能力的前提下，选择具有发展前景、契合公司战略方向、符合公司资源能力的新兴产业。需满足以下四个原则：战略方向原则，新产业、新业务的探索应服从于公司未来的整体发展战略；可持续性原则，新产业、新业务的尝试应符合国家发展规划和产业布局方向，拥有国家政策的大力支持，同时应具有较强的成长性与发展前景；相关性原则，原则上新产业、新业务应与公司现有业务具有一定程度的相关性；安全性原则，新产业、新业务的开拓应以充分评估、科学决策为前提，投资规模与公司内部资源能力相匹配。

基于图1的产业竞争力分析，公司选择将风场运维、海上风电、新能源汽车电机、工业特种变压器等作为新兴业务进行重点培育发展。

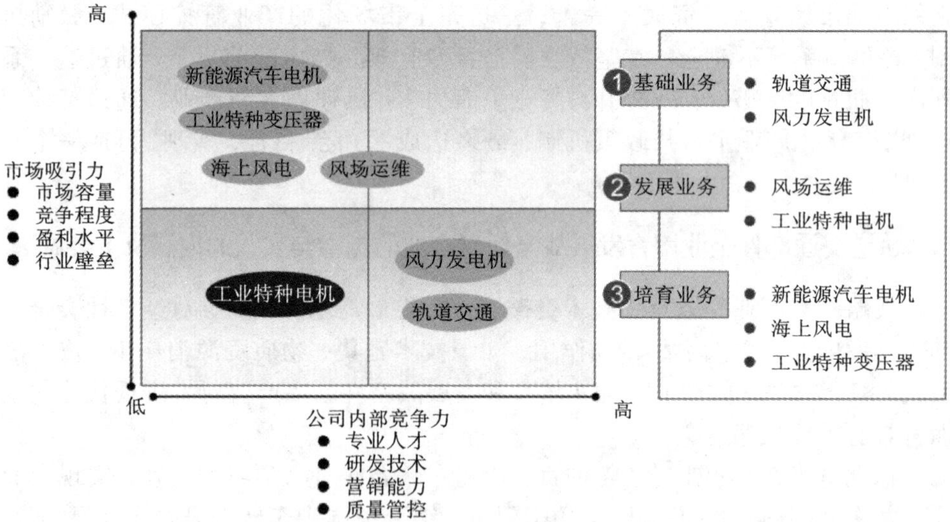

图1　市场吸引力—公司内部竞争力矩阵

2. 制定系统的风险评估方案

按照风险管理“辨识—评估—应对—监控”的工作流程，针对公司选择新兴产业，组织开展科学、有效的产业风险评估工作方案。组织战略与市场部、技术研究院、海外营销部、资本与财务部、人力资源部、运营管理部、企业文化部等专业部门，结合项目实际情况，辨识和梳理可能发生的风险事件，主要包括战略风险、技术风险、社会与政治环境风险、市场风险、法律风险、财务风险、税务风险、竞价风险、整合风险等九项。对风险发生的可能性进行合理估计、对风险发生对项目成功率的影响程度进行评价，根据评估结果对风险进行重大性排序，逐一制定风险偏好和风险承受度，选择风险控制、风险承担、风险规避和风险转移等风险管理工具，并在此基础上制定具体的风险应对措施。

3. 多途径优化和完善产业规划

在新产业培育发展过程中，高度重视战略规划对新产业开拓的引领作用。从战略的设计、产业发展模式、内部评价体系、竞争能力提升等方面制定了科学、系统、可实施性强的方案，为新领域产业的突破提供方向和动力，并始终坚持同心多元发展的路线不动摇。从实际做法上看，一是通过加强对发展环境及行业市场的研究，通过瞄准《中国制造2025》中十大重点领域及国家七大战略性新兴产业，参加产业论坛、相关展会，掌握市场发展动态，并对市场的规模性、成长性、竞争性、营利性进行了综合分析；二是集思广益，多次组织产业研讨会，并制定风力发电、新能源汽车等战略性新兴业务发展专项规划；三是积极引进“外智”，与埃森哲、和君咨询、华中科技大学等知名单位合作，共同组建专业的项目团队，利用其前沿的知识理论和丰富的案例经验，推进产业规划的实施落地。

（二）基于新产业特性的产业发展平台搭建

1. 符合新产业发展特性的产业项目平台

新产业孵化阶段往往呈现出“平台不完善、资本投入大、资源不集聚”等特点。过去以产品为导向的项目管控，强调“时间、质量、成本”三大核心要素，现在以产业为导向的项目管控，更加注重“市场、技术、资源”等要素。株洲电机通过搭建全要素的新产业项目管理平台，先后构建了风力发电、新能源汽车电机、变压器产业平台及高速永磁电机等项目组，有效实现资源的“核聚合”效应，促进了新产业快速发展。

在新产业发展初期，公司产业项目平台主要职责有四个：一是密切跟进市场动态、技术发展情况，确立技术研究方向，跟进产品研发。二是积极寻求产业合作对象，并广泛建立客户群体。三是提出产业布局构想，制定商业计划书及竞争策略。四是推进产业并购、股权投资等相关工作。后期，公司将根据业务成熟度、产业规模竞争力，将产业项目平台逐步发展独立核算的事业部或子公司。

2. 快速切入新产业市场的资本运作平台

随着基础设施及信息技术的快速发展，生产要素的流动加快，外向开放型发展模式更加有助于企业在新业务领域中迅速成长。通过系列资本运作、战略联盟及技术合作等有效资源整合手段，快速突破市场及技术门槛，是实现低成本快速扩张的重要途径之一。

外向、内向型发展方式对比如图 2 所示。

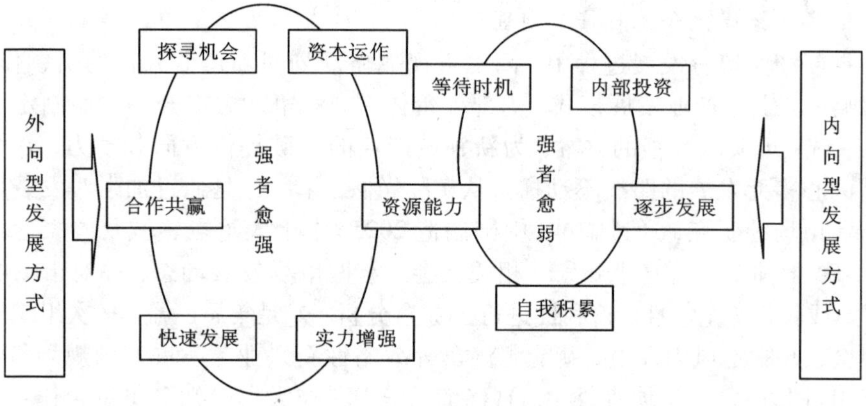

图 2　外向、内向型发展方式对比

株洲电机搭建了一个产业投资为主体，产融结合的资本运作平台，在产业投资领域，公司以横向一体化为主、纵向一体化为辅，先后实施了多次产业并购，实现从永磁直驱风电定子厂商到风力发电机整机的转变。并且通过合资合作的模式，进一步完善了公司变压器产业谱系，成为同时拥有油浸式变压器、环氧浇注干式变压器两种技术路线的企业。在产融结合方面，通过积极参与时代基金、金力永磁等产业基金项目，适当向新产业的上下游进行延伸并获得了良好的投资效果。

（三）基于新兴产业竞争要素的商业模式构建

1. 实施大客户战略绑定，逆行业周期并购策略

在风力发电领域，公司与业内龙头金风科技采取战略绑定、互利共赢的合作方式，针对风电行业交货周期慢、资金占用高的特点，积极配合主机企业开拓市场，分担压力，共同成长。2012 年，风电行业由于“弃风限电”愈演愈烈，政府扶持力度下降，整体产业规模遭遇“断崖式”滑坡，经营压力陡增。公司通过全面分析，认为这种形势是短期的，长远看风电市场依旧乐观，并做出了“危机收购”的决策，收购了金风科技在江苏大丰和内蒙古包头的总装基地，以极

低的价格一举完成了“内陆＋海上”的风电整机产业布局。不仅协助金风科技顺利渡过了行业低谷期，更是为日后株洲电机成为国内一流的风力发电机综合解决方案供应商打下了坚实的基础。

2. 充分借助外力，探索混合所有制经营

株洲电机在实现多元化经营的目标上做出了很多努力。随着电机业务的快速发展，“电机＋变压器”产业规模逐渐不平衡，变压器产业延伸动力若显不足。由于变压器行业是充分竞争的红海市场，想要在这一块领域撕开一个入口的难度可想而知。因此，公司在经过充分调研基础之上，选择进入具备一定技术壁垒的特种变压器市场。2014 年，控股收购了广州骏发变压器公司，既能充分发挥出民营企业经营方式灵活、生产效率高的特点，又能够结合我司资金实力强、研发技术精的优势。通过两年多的整合运营，协同效应逐步显现，以环氧浇筑干式变压器为发力点，一举打入了新能源、轨道交通站用及智能微网等领域变压器市场，营业收入增加了近 40%。

3. 坚持技术引领，以技术带动市场

公司凭借在永磁电机领域深耕多年的产业技术优势，以技术引领培育发展高速永磁电机产业。高速永磁电机具备功率密度高、传动效率高及动态响应快等特点，可大规模运用于环保、化工、造纸、空调等领域。然而，大部分客户仍然惯性使用传统异步三相电机，尚未意识到新技术、新产品在节能环保方面的综合优势，替代的动力不足。对此，公司通过与下游厂商共同开发下一代产品，为客户量体裁衣，消除了客户在新技术方面的顾虑，以点带面，逐步扩大新技术的适用范围和应用规模。目前，公司已与国内 10 余家客户达成产业合作并签订了市场订单。

（四）聚焦优势资源，促进新产业快速发展

人才、技术、生产制造等关键资源或能力的有效组合使企业保持长期稳定的竞争优势即构成了企业的核心竞争力。公司组织开展了核心能力建设工作，特别是在新产业领域，通过提升战略导向下的资源整合力，引进成熟人才、构筑人才优势高地，强化自主创新、抢占技术制高点，以市场为导向，提升生产制造及供应链水平，打破发展瓶颈、实现新产业突围。

1. 引进成熟人才，构筑人才优势高地

一是多渠道引进新兴产业高端人才。为培育发展战略新兴产业，公司不断拓展人才引进渠道，仅 2016 年就成功引进新兴产业高端人才 11 人，包括公司急缺的对应专业的博士 8 人，重点突破轴承应用与研究、振动噪声等基础研究以及电力电子变压器、高速永磁、流体机械等多个领域人才困境。近年公司不断完善相关配套制度，制定了《特殊人才工资管理指导意见》及《特殊人才考核管理制度》，持续优化高端人才的激励引导机制。

二是建立倾向新兴产业的人才配置机制。根据公司成立的新能源汽车电机、特种变压器、高速永磁等项目工作开展情况，大力推进风力发电机、新能源汽车电机、特种变压器、高速永磁电机等业务人员配置工作，支撑新兴产业稳定发展。为适应新兴产业发展形势，调整优化员工职业生涯发展通道比例、绩效评价、外派人员职业通道、子公司职业通道等内容，促使员工向新兴产业流动。

三是集中优质培训资源助力新兴产业发展。为弥补对新兴产业前沿知识的缺乏，提升员工拓展新兴产业素养，公司大力借助外脑，将优质培训资源重点向新兴产业倾斜。开展了一系列有关新兴产业的技术、营销、管理等培训，如高速永磁电机、新能源汽车电机、特种变压器等系列技术培训等；将优秀员工选送国内外知名机构培训，提升员工发展新兴产业的知识储备。

2. 强化自主创新、抢占技术制高点

一是整合技术资源，推动产、学、研、用协同创新。为抢占新兴产业技术制高点，尤其是在前瞻性、基础性及共性技术研究、新产品技术开发等领域，积极开展与清华大学、浙江大学、中国计量科学研究院等一大批科研院所的产学研用技术合作，包括与清华大学等院校在电力电子变压器技术方面开展合作、同 SKF 等国际知名轴承厂家合作对电机轴承应用进行研究等，取得了一系列成绩。2016 年公司成功申报了“湖南省院士专家工作站”，形成了以刘友梅院士为代表的创新领军人才队伍。

二是关注基础研究，加大新产业研发资源投入。公司搭建了包括技术规划及前瞻性技术研究、产品开发、基础性共性技术研究、试验验证、技术支持和技术管理 6 大平台在内的研究院。通过“综合实验室项目”“电机工程研究中心建设项目”等重点项目和科研设备的投入，构建了以电机、变压器型式试验室为主体，绝缘结构、计量检测、轴承系统和基础研究实验室等多个专业领域实验室为支撑的多层次、系统化的试验验证体系，持续开展电机、变压器关键试验技术的研究，有效增强公司在新市场、新业务领域的技术延伸及创新能力。

3. 以市场为导向，提升生产制造及供应链水平

一是通过整体工艺布局调整规划新产业发展空间。由于企业规模快速发展和产业园区发展超出规划预期等原因，生产场地资源成为株洲电机公司的稀缺资源，甚至在一定程度上制约了新产业的发展。为实现新兴产业整体制造能力的快速形成和提升，公司以产业布局为前提策划并组织了整体工艺布局调整优化，通过工艺路线优化、精益线规划、仓储和发运优化等多途径释放生产空间，提高生产场地综合利用率，并为新产业规划充足的发展场地，实现公司的可持

续发展。

二是建立柔性生产线满足新产业发展的特性需求。新产业市场瞬息万变，产品呈现典型的多品种、小批量特点，公司打造了满足新产业的柔性生产线，在提升产品生产效率和质量实现柔性生产、降低交付周期和生产成本等方面成效明显。

在新能源汽车电机和永磁电机柔性生产线建设上，通过平移轨道交通牵引电机工位制节拍化生产经验，建立了具备精益化、自动化特征的定子线、转子线和组装线。永磁电机产能将由以前的 5 台/日提升至 30 台/日，效率提升 6 倍以上，同时节省了产品转运时间及成本，场地利用率提升 41.7%。

三是构建了具有市场化竞争力的供应链。为在白热化市场竞争中胜出，公司新兴产业要突破价格的枷锁，成本控制一直是公司新兴产业发展的重中之重。参照客户可接受的最高售价进行成本控制，公司采用目标成本法进行层层成本控制，严控设计成本、采购成本和制造成本。在采购成本方面，全面梳理产品各类材料成本，通过招标、竞价、议价等方式对材料进行重新定价，降低物料采购成本，并针对关键配件进行价格、技术、选材等方面进行供应商优化工作。公司在新能源汽车电机产业中，通过目标成本法的严格实施，直接材料成本降低了 50% 以上。

（五）变革发展模式，激发新产业活力

1. 深化组织变革，激发组织活力

为适应新产业发展形势的变化，公司加快组织机构的变革调整。一是制定满足新市场和竞争形势的营销机构调整方案，整合营销职能与资源，构建高效运转的营销体系。二是探索建立技术研发内部合同化管理机制，充分调动技术创新的积极性和持续性。三是明确供应商管理责任主体单位，加快精益供应链建设，提升供应链竞争力。四是分业务类、市场产业类、制造类三类项目探索建立相应的项目运营模式和政策机制，明确项目管控责任单位和日常管理机制。

2. 坚持自主投资与资本运作"双轮"驱动产业发展

2010 年，自主投资海上及出口风力发电基地；2011 年，收购金风科技包头、大丰总装厂实现"零部件"向"整机"的延伸；2014 年，集团内部电机业务重组完善了内燃机车产业链条，探索混合所有制拓展了特种变压器产业；2015 年，布局哈密风电基地完善了风电产业布局形成了轨道交通、风力发电、高效电机、特种变压器四大产业板块；构建了 1 个中心（株洲本部）、5 个子公司（江苏、内蒙古、成都、广州、哈密）的集约化雏形；2016 年，通过推进"VEM 海外并购项目"，积累了海外资本运作经验。

3. 完善集约型管控机制，以协同和融合推进产业布局调整

一是完善战略管控模式，明确各业务主体的发展定位，研究制订子公司、事业部业务发展规划路线图。二是以“依法合规、合理授权、适度管控”为原则，优化子公司法人治理结构。三是实施分类考核，根据子公司发展状况和业务延伸，在指标权重或考核打分中适当体现培育性产业与成熟产业、经营规模大与小、对公司总体贡献度高与低的差异。四是突出集团利益最大化，建立子公司协同机制、业务合作市场化、技术平移市场补偿机制，从机构设置、制度体系、激励机制建立等方面规范、促进总部与子公司、子公司与子公司之间的主动、互动协同发展。五是优化部分新产业业务部门职能，以经营实体的方式实现独立核算，并授予其适当的合同签署权限，合同定价权，供应商推荐参与权。

公司现在具有五家全资及控股子公司，为激励各产业主体之间资源共享、优势互补，打破全公司范围内人、财、物、信息、流程等各种壁垒和边界，促进公司内部合理有序竞争，实现各产业主体合作共赢、协同发展。一方面，推进子公司业务发展的协同和融合。重新审视中车格局下变压器产业，探索建立业务单元模式，合理布局公司本部与广州公司变压器产业，整合技术、市场、人才等资源，做大做强变压器产业。另一方面，推进各产业板块之间的协同和融合。切实研究风电产业发展经验，探索新产业发展模式并加以推广。同时，也推动了与政府、金融机构的合作，带动了兄弟单位的产业发展。

4. 创新战略新兴产业发展的激励约束机制

探索绩效合约年薪制，调动员工积极性。为推动新产业的快速发展，研究管理团队《绩效合约年薪制》。通过事先约定年度绩效合约和年薪战略目标值，充分发挥薪酬的激励与引导作用、激发管理团队的创业激情。探索新产业激励约束机制。为突破产业发展瓶颈，公司有效运用各种激励与约束方式，促进新产业的发展。一是构建新产业拓展激励机制。鼓励相关单位积极开发新产品、拓展新市场和提升项目管控能力，加快新技术的产业转化，集中资源快速提升新市场新产业拓展，建立新技术新市场突破项目奖励机制。二是完善新产业投资激励机制。为适应新产业发展的需求，创新资本运作模式，丰富和完善产业投资激励机制，资源适度向战略核心领域倾斜，引导员工积极参与新产业项目的发展，确保投资收益。三是探索子公司新产业和海外业务发展激励机制。在子公司实施资产经营责任考核的同时，补充实施子公司新产业和海外业务发展激励，促进子公司加快新产业和海外业务的发展与突破。

三、轨道交通部件企业培育发展战略新兴产业的探索与实践的效果

（一）经济效益显著

株洲电机通过培育和发展战略新兴产业，实现了公司整体产业规模的稳步增长。公司由“十二五”初的 33 亿元增长到 2016 年的 70 亿元，利润指标逐年提升。各新产业项目成效显著，经济效益明显，新产业规模占比由 40.1% 增长到 56.4%。其中，风电增长最为迅速，在十年间由 0.42 亿元快速增长到 2016 年的 36 亿元，成为行业最大的风力发电机厂家之一，市场地位、技术实力、产业布局、新业务孵化等均走在行业前面；新能源汽车电机市场开拓迅速，先后与多家汽车主机厂家签订批量订单，预计 2017 年形成 1 亿元销售收入；工业特种变压器通过收购广州骏发实现规模化发展，2016 年突破 2 亿元，近年步入快速增长期。在智能微网、铁路功率融通、能量回馈等特种变压器领域取得系列突破。

公司风电产业 2006—2016 年销售收入情况如图 3 所示。

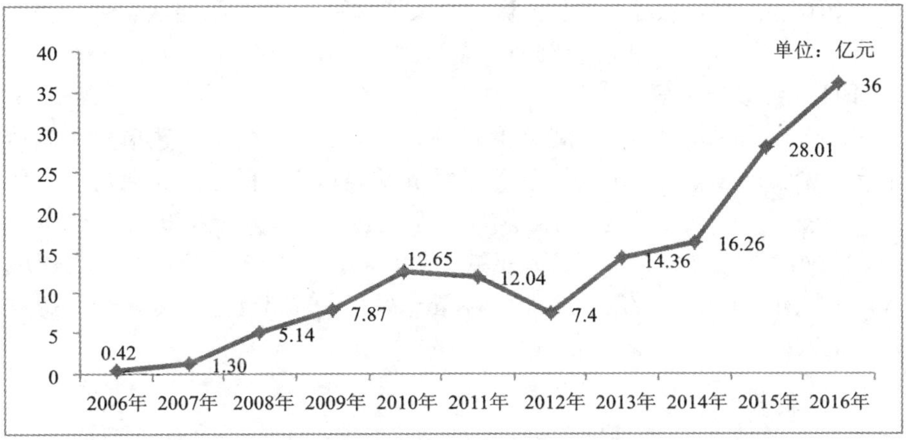

图 3　公司风电产业 2006—2016 年销售收入情况

（二）产业结构得到持续优化和完善

株洲电机公司立足电机、变压器专业化技术优势，通过横向一体化为主、纵向一体化为辅、有限多元的发展型总体战略引领以及梯队式的新产业布局，分阶段有序稳步推进新产业的发展。经过十年的培育，形成了以风力发电机产业为引领，新能源汽车电机和工业特种变压器产业为跟随，高速永磁电机和船

舶电机等为储备的战略新兴产业梯队。由轨道交通单腿支撑平稳过渡到轨道交通和风力发电双腿支撑，并逐步实现了新能源汽车电机和工业特种变压器产业的多点发力。从公司的整体销售收入情况可以看出，公司目前的新产业规模已超过传统的轨道交通产业，收入占比达55%。通过发展新产业，公司的产业结构得到持续优化和完善，抗风险能力稳步提升。

(三)企业竞争力显著提升

通过培育发展战略新兴产业管理创新，株洲电机形成了优势明显的产业竞争能力。产业政策及激励机制不断完善得到优化，公司各项资源不断向新兴产业倾斜。通过持续的技术创新、改善新业务的产业链及供应链，新兴产业的产品品质、成本、效率、柔性化等方面有了明显进步。人才储备方面，仅2016年引进了10余名成熟的产业高端人才，包括8名博士，形成了人才竞争优势；在制造能力方面，建立了新能源汽车电机自动化生产线等，2016年公司获得了湖南省智能制造示范企业称号，新兴产业制造水平、产品品质稳步提升；在管理创新方面，通过新兴产业市场化竞争，公司整体市场化经营管理水平有了飞跃；在技术研发方面，积极与国内外知名院所合作开展新兴产业相关前沿技术研发，2016年成功申报了“湖南省院士专家工作站”，建立了层次合理的技术研发队伍。2016年株洲电机综合绩效排名位列中车第三名，创造历史最好成绩。

(四)社会效益良好

株洲电机通过培育发展战略新兴产业，推动公司由传统的轨道交通制造向技术密集型新产业转型，推动绿色环保经济发展，具有良好的社会效益。作为绿色产业的代表，风力发电机、新能源汽车电机、高速永磁电机等产业可降能节耗，减少污染物排放，为国家节能减排做出贡献。同时，公司培育发展战略新兴产业，可带动上下游配套企业的转型升级，并为同行企业转型升级树立了良好示范效应。

浅谈企业人力资源的风险管理

沈德成　傅　玺

企业人力资源的日常管理就是对人力资源进行有效开发、合理配置、充分利用和科学管理的制度、程序和方法的总和。它贯穿于企业人力资源的整个管理过程，包括人力资源的规划，人力资源的维护与成本核算，人员的甄选录用、合理配置和使用，还包括调动人的工作积极性、提高人的职业技能、人员的教育培训、文化素质和思想道德等。企业人力资源部门通常是运用现代化的科学方法，对与一定物力相结合的人力进行合理的组织和调配，使人力、物力保持最佳比例，同时对人的思想、心理和行为进行恰当的诱导、控制和协调，充分发挥人的主观能动性，使人尽其才、事得其人、人事相宜，以实现组织目标。而本文将引入风险管理理念，浅谈人力资源的风险管理。

一、人力资源风险管理的意义

人力资源的风险管理，是基于风险管理内部控制体系的全面展开，将风险管理的理论、方法融入企业内部控制框架，与现有的人力资源管理制度和管理流程实现有机的衔接，建立企业人力资源管理部门、人力资源各环节实现多维度的风险立体交叉防范体系；人力资源风险管理体系对现有的组织职能、制度程序和信息系统进行梳理，加入风险管理要素，使风险管理落实到日常管理工作中去；人力资源风险管理是企业自上而下的流程管理，通过文化渗透的方式，使每一个员工都能充分认识到自身的风险管理责任，履行风险管理工作职责，自觉防范和控制风险；根据企业人力资源的整体规划，在重点采取规避、转移、控制、接受等手段管理风险的同时，根据企业的风险管理承受度，积极探索有效管理风险的方法。

企业应当重视人力资源风险管理，根据发展战略，结合人力资源风险管理现状，在制定人力资源总体规划，优化人力资源整体布局，明确人力资源的开发、使用、激励、培养、考核、退出等管理要求的同时，建立人力资源风险管理目标。

二、人力资源风险管理的实施

人力资源管理部门根据企业风险管理委员会审定的年度风险管理工作计划，开展人力资源的风险辨识和评估，有效地辨识当前企业人力资源存在的风险，制定风险管理措施，及时更新风险的状态。

(1)人力资源风险事件辨识。

人力资源管理部门根据风险管理部门下达的启动风险辨识工作安排，组织对人力资源风险的辨识，对企业的人力资源规划、组织职能、制度流程等相关的内外部文件资料进行分析，提炼相关风险信息，通过此项工作，了解企业整体的人力资源风险环境，发掘企业存在的内、外部人力资源风险，设计风险辨识问卷，在决策层和部门内部，进行电子问卷辨识、现场访谈，确认风险事件，最终形成人力资源风险事件列表(见表1)。

例如，通过访谈及调查问卷，针对企业人才资源不足，发展通道不畅，缺乏高素质的技术、管理人才和高技能的技术工人；员工的思想观念、素质结构与企业发展目标要求有较大差距；公司人才存在一定程度的断层，且人员知识结构偏低；企业用人机制、分配机制还待尽一步完善等的风险的辨识，经过梳理、整理形成企业人力资源风险事件列表。

表1 人力资源风险事件列表

一级风险	二级风险	风险事件详细描述	风险类型
战略类	人才保障风险	传统国有企业的人才队伍结构难以满足公司当前和未来的发展战略要求，影响了公司战略目标的实现	威胁
战略类	人才保障风险	复合型人才保障与公司快速发展不能匹配，可能导致公司在发展过程中受到一定的影响	威胁
		公司人才资源因为管理模式的制约，存在人才浪费现象，相同岗位或相同技术领域，由于内部资源没有实现共享，造成许多人才经常做别人已经做过的事情，而且还不一定能够做好	威胁
		公司现有人力资源激励制度还有待进一步完善，对高端国际化经营人才吸引力度不够，对既有核心人才的保留还不够	威胁

续表 1

一级风险	二级风险	风险事件详细描述	风险类型
战略类	人才保障风险	公司员工队伍存在结构性矛盾，国际化经营、技术领军、高级管理和各类复合型人才缺乏，可能影响到公司各项战略目标的实现	威胁
		公司在国际化发展道路中由于高素质人才无法保障，可能导致国际项目的失利或失败	威胁
		公司战略管理、项目管理、商务人才缺乏，不能适应迅速增长的业务需求，可能影响公司长远发展	威胁
		质量检验人员的能力不能足够完成正确检验工作，可能导致一些不合格品入库	威胁
		《劳动合同法》实施后，委托劳务代理公司管理部分员工，可能会带来公司与代理公司的劳务纠纷风险。	威胁
		现有质量检验队伍人数难以满足公司当前和未来的发展战略要求，影响了公司战略目标的实现	威胁
		具有丰富经验的设计师不足，人才相对紧张，可能存在产品设计质量和设计进度延误的风险	威胁

(2)人力资源风险事件评估。

人力资源管理部门整理和筛选风险事件后，明确风险评估时间要求、参与评估人员要求，以及评估标准的要求，由公司决策层、人力资源风险管理部门组织参与风险事件评估，按照风险评估标准的要求，汇总所有数据，形成风险评估列表，提交审计风险部。审计风险部门汇总和整理全部风险评估列表，剔除无效数据和重复数据，并根据风险评估标准，汇总计算各重大风险分类的评估值。根据重大风险的评估值以及重大风险判断标准，经公司决策层批准，形成包括人力资源风险在内的公司风险图谱(见图 1)。

(3)人力资源风险应对措施。

通过对企业人力资源风险事件进行分析，从完善企业人力资源管理信息系统、加强制度管理、加强激励等出发，在风险评估的基础上，针对重大风险，审计风险部门下达《风险事件应对措施制定工作安排》，人力资源风险管理部门深入分析内外部人力资源环境，围绕企业人力资源管理战略目标，根据不同的风险类型对目标可能产生的影响，制定风险应对措施，形成风险应对措施计划列表，纳入企业年度重点工作管理。风险管理应对措施列表如表 2 所示。

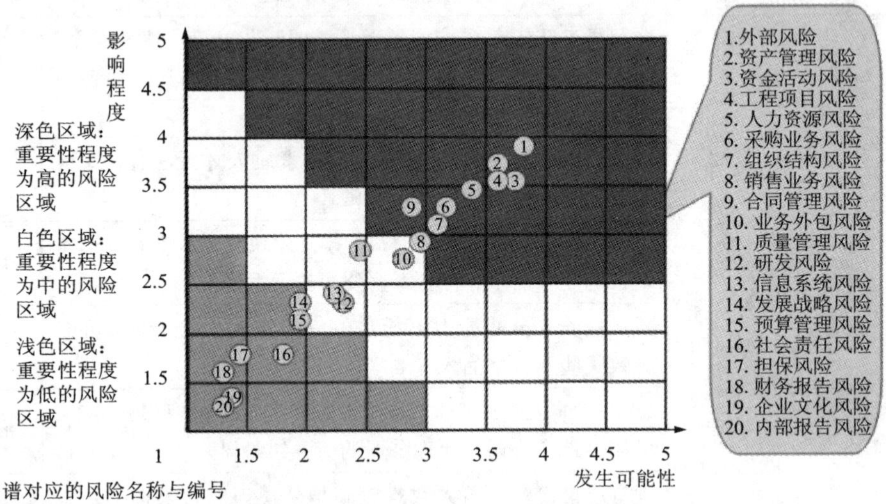

图谱对应的风险名称与编号

1	外部风险	7	组织结构风险	13	信息系统风险	19	企业文化风险		
2	资产管理风险	8	销售业务风险	14	发展战略风险	20	内部报告风险		
3	资金活动风险	9	佩带管理风险	15	预算管理风险				
4	工程项目风险	10	业务外包风险	16	社会责任风险				
5	人力资源风险	11	质量管理风险	17	担保风险				
6	采购业务风险	12	研发风险	18	财务报告风险				

图 1　公司 20 种风险重要性等级图谱

表 2　风险管理应对措施列表

一级风险	二级风险	风险事件详细描述	风险应对措施
战略类	人才保障风险	传统国有企业的人才队伍结构难以满足公司当前和未来的发展战略要求，影响了公司战略目标的实现	公司按新的管控模式，强化人力资源战略规划管理，正在构建关键岗位人才管理制度，完善人才通道建设，确保公司人才的需求
		复合型人才保障与公司快速发展不能匹配，可能导致公司在发展过程中受到一定的影响	完善公司关键岗位人才建设后，加大人才培训与开发力度，以适应公司人才需求

续表 2

一级风险	二级风险	风险事件详细描述	风险应对措施
战略类	人才保障风险	公司人才资源因为管理模式的制约，存在人才浪费现象，相同岗位或相同技术领域，由于内部资源没有实现共享，造成许多人才经常做别人已经做过的事情，而且还不一定能够做好	公司新的管控模式和组织机构的运行，将规划流程，提高效率，减少人才的浪费
		公司现有人力资源激励制度还有待进一步完善，对高端国际化经营人才吸引力度不够，对既有核心人才的保留还不够	建设实施公司关键岗位人才，建立“三高”激励机制，促进核心人才的稳定
		公司员工队伍存在结构性矛盾，国际化经营、技术领军、高级管理和各类复合型人才缺乏，可能影响到公司各项战略目标的实现	实施公司人力资源战略规划和计划，实现人才培训、开发、配置和职业生涯等控制
		公司在国际化发展道路中由于高素质人才无法保障，可能导致国际项目的失利或失败	公司一方面加大人才开发、培养；另一方面加大招聘引进，解决国际人才缺乏的问题
		公司战略管理、项目管理、商务人才缺乏，不能适应迅速增长的业务需求，可能影响公司长远发展	实施人力资源战略规划，注重各类人才结构规划和培养，适应公司发展需要
		质量检验人员的能力不能足够完成正确检验工作，可能导致一些不合格品入库	加强质检人员培训和绩效考核，提高落责考核与评估
		《劳动合同法》实施后，委托劳务代理公司管理部分员工，可能会带来公司与代理公司的劳务纠纷风险。	1. 签订较完善的委托劳务代理协议；2. 加强现场管理和监控
		现有质量检验队伍人数难以满足公司当前和未来的发展战略要求，影响了公司战略目标的实现	调整内部人员结构，加快新进人员招聘和培训工作，同时做好新老员工的接替过度工作
		具有丰富经验的设计师不足，人才相对紧张，可能存在产品设计质量和设计进度延误的风险	实施公司人力资源战略规划和计划，完善设计人才培训、开发、配置等控制方案

(4)人力资源风险监督与改进。

利用企业内部控制风险管理模板，梳理企业人力资源各业务循环和业务层面的关键环节和关键控制点，结合风险自我评估活动，采用访谈、穿行测试、控制测试等方式，评价企业人力资源管理风险，查找人力资源管理缺陷。审计风险部门定期组织对重大风险相关流程的关键控制点开展专项审计，检查人力资源管理内控制度执行情况、风险应对措施落实情况，促进人力资源部门不断完善制度，修正管理方法和措施，使人力资源风险管理有效，持续优化流程。

例如企业依据内部控制风险管理模板，查找人力资源管理的信息平台建设风险控制缺陷，组建了 E – HR 项目实施领导小组，负责项目各阶段工作方案审核，项目在实施过程中重大事项的决策。促进运用 E – HR 系统完成组织岗位、人员配置、人力规划、薪资管理、绩效管理、培训管理、在线测评、满意度测评等人力资源业务，实现信息化管理。

(5)人力资源的风险应急机制管理。

企业制定《公司突发事件应急预案》，包括了在企业管辖区域范围内突然发生，造成或可能造成重大人员伤亡、财产损失社会影响的重特大事件的应急预案。企业针对由于内外部环境人员剧烈变化导致需要采取紧急应对的风险事件，制定和适时启动人力资源的风险应急预案，企业应急指挥中心遇紧急突发的人力资源风险事件时启动应急预案。

(6)人力资源风险管理信息的沟通与披露。

企业人力资源风险管理信息的沟通主要是通过开展风险事件辨识、评估、风险措施的制定，下达文件、制定制度。在企业开展人力资源风险管理文化的宣贯，通过内部报刊、行政例会、管理简报等形式，编写《人力资源的管理提升方案》《“十二五”人力资源规划目标》通报企业人力资源风险管理开展情况。

四、人力资源风险管理的思考

经过近四年风险管理工作的开展，初步在企业形成了风险管理文化，在此基础上定期对人力风险的风险进行更新，对风险事件进行辨析、评估，制定风险应对措施，借此可以明确当年人力资源风险管理的策略和重心，使风险预控的针对性和有效性逐渐增强。但由于企业引入风险管理仅四年时间，尚缺乏对人力资源风险的预警，以及建立人力资源的风险事件库，有待进一步加以改进，不断完善，以推动企业的人力资源风险管理工作向纵深发展。

本文选自：《南车人才》2013 年 2 月刊

经济新常态下国有企业市场营销中的问题及策略初探

李阳飞

摘　要：随着我国社会经济的飞速发展，在经济新常态下，国有企业的转型和发展得到了越来越多人的关注。随着各种企业的不断增加，在市场中的竞争也变得愈发激烈。国有企业如何在市场竞争中得到稳步发展，成为每个国有企业当前重要的议程。而市场营销是促使企业生存和发展的重要手段，也是当前企业发展中存在问题较多的一个环节。因此，本文就针对经济新常态下国有企业市场营销中的问题做一些分析，并提供相应建议以供参考，希望能为经济新常态下国有企业市场营销提供有效参考价值。

关键词：经济新常态；国有企业；市场营销；问题；解决策略

引言：市场营销是一种常用的开发市场的有效策略，对提升企业的知名度和树立自身的形象有着良好的作用。在西方一些发达国家早已进行了关于市场营销的研究，并已经很好地运用到了市场中。在我国，由于缺乏相关专业的营销人才和企业方面对营销的认知不足等因素，当前市场营销并未取得良好的效果，未给企业带来经济效益和良好形象。对此，在经济新常态下，建立合理、科学的市场营销策略是现今我国国有企业面临的十分紧迫的情势。

一、经济新常态下我国国有企业市场营销中存在的问题

1. 缺乏创新的市场营销理念

在当前社会经济飞速发展的时代，许多国有企业并没有及时地更新观念，市场营销并未跟上时代发展的步伐，导致观念落后、守旧，仍采用传统的营销策略，缺乏有效的创新，因而在国有企业改革的浪潮下，这些企业缺乏同类竞争力，没有在经济全面改革的大形势下全面而细致地探究国有企业目前面临的困境和考虑国有企业实际的情况，从而也没有正确认识到所犯的错误，只是生

搬硬套别的企业的成功营销模式，这种不切合企业实际的做法没法为国有企业的发展提出任何建设性的建议，也就不会为企业的全新发展注入新的活力。

2. 市场营销策略有待改进

当前部分国有企业只是盲目地跟风，只会模仿别人的市场营销策略，而未结合本企业自身的实际情况，从而别人成功的案例到自己身上就没有作用，这就是缺乏创新核心竞争力的表现，最终导致企业濒临被社会淘汰的命运。这只是一方面的原因，还有更重要的一点就是同质性太强。和缺乏创新相似，现今的国有企业的竞争特色不够鲜明，没有个性化的核心技术和力量，因而在市场份额的争抢上处于劣势地位。

3. 缺乏通畅的营销渠道

国有企业的市场经济的营销模式还没有完全建立起来，从而忽视了国有企业项目的建立，盲目夸大生产，但是忽略了市场在现今的市场经济中的主导作用，从而也导致了一些国有企业的销售工作节奏太慢，没有有效的营销组织形式来指导营销工作。

4. 营销人才缺乏，素质不高

我国的市场营销是在近几年才得以全力发展，从事市场营销的工作人员普遍素质较低，没有进行相应的系统化培训，也未能及时形成良好的营销理念。在我国国有企业之中，生产性的国有企业销售人员更是缺乏经济理念和相关知识，这些销售人员大多数学历较低、经济理念较为淡薄，在实际工作中只能依靠过往的工作经验。

二、经济新常态下国有企业市场营销中的问题策略

1. 树立正确的市场营销理念

为了促进国有企业的持续性发展，相关企业的领导层应紧密结合新时代的市场信息做出全面分析，并结合企业文化形成正确的市场营销理念，使市场营销理念能够与时俱进。在形成新的市场营销理念过程，应针对营销理念和营销模式进一步创新，最大程度地发挥国有企业的技术优势、人员优势以及资金优势，通过技术服务输出、产业战略合作、设备租赁以及生产承包方式提高我国国有企业的营销效益。同时，国有企业也要时刻关注市场变动，以便能够及时做出改变，突破传统的市场营销理念局限，使市场营销活动能够结合消费者的各种需求进行创新，从而使国有企业的市场营销达到预定目标。

2. 以技术创新为信心，开展营销创新工程

想要成为国有企业中的营销高手，占据大量的市场份额，赢得消费者的信赖，需要国有企业不断创新企业营销管理模式和制度，把一味地模仿改成自主

地创新，树立自己的品牌形象，让广大的市场和消费者认可国有企业的品牌地位，只有这样才能真正使企业立于不败之地。在当前经济新常态下，企业应该主动迎击市场的激烈竞争，赢得市场的主动权，树立大胆创新的意识，建立合理科学的市场营销理念和培养有效的营销思路，敢于竞争并且可以在竞争中占据优势地位。当然，树立科学合理的国有企业营销管理模式的方法之一是培养一批具有创新精神和先进理念的营销人员，组成国有企业中具有核心竞争力的营销团队，通过不断学习和摸索国有企业在新的经济常态下的特点和规律，合理运用国有企业市场营销的理论，不断探索出新的、有效的营销方法和制度。

3. 打造高素质的营销团队

具有一支高素质的营销团队是企业做好营销工作的基础所在。首先，企业要制订学习培训机制，并不断健全和完善，遵循提高效率、增加信任、补充缺位的原则，不断开展各式各样的营销人员培训方式，在营销研讨班及培训班的开展过程中，不断宣传市场营销成果以及现代市场营销知识，促使营销人员的整体素质得到有效提升，培养出适应转型时期市场发展的营销队伍。其次，要建立有效的绩效考评机制，强化绩效管理体系建设力度，逐层分解企业的整体战略目标，尽可能保证每一个岗位、每一个部门都能有规范的岗位要求可遵循，把每一个营销人员的工作目标明确细化，使个人的业绩能够和企业整体的业绩有机结合，提升整个营销团队的凝聚力，最终保证企业业绩的有效提升。

结语：我国的市场经济体制改革已经迈入深水区，国有企业应在这一关键性时间节点上，重视把握时代精神，强化营销网络建设，强化营销思路构建，强化营销人才培养，只有这样才能积极消除因历史发展等原因所产生的市场营销问题，帮助国有企业获得更大的市场竞争份额。

本文选自：《经济管理》2018 年第 3 期

落实工会组织建设能力，有效提升员工竞争能力

熊　敏

摘　要：工会是维护劳动者合法权益的群众组织，中国工会章程赋予工会四个基本职能：参与、维护、建设、教育。本文就工会组织在企业生产中如何调动广大员工的生产积极性，如何提升他们的工作能力，更好地为企业发展做出自己的贡献，谈谈经验和体会。

关键词：工会；组织工作；建设能力；员工；竞争能力

工会组织是党的群团组织中的一个重要组成部分，中车株洲电机公司作为一个制造型企业，工会是服务生产员工的一个重要组织，也是办实事、强基础、增活力、促创新的所在，而这一切的组织行为，其根本目标应该是保障企业及员工的持续市场竞争力，而这最终保障的也是我们员工持续长久的福泽。

2017 年，牵引电机事业部的工会工作，也是秉持这一理念，并以此服从和服务于事业部的生产经营和管理优化。在这一年的工会工作过程中，我也有幸以这一条主线来看待、思考、实践工会组织工作，并形成了一点经验感悟。

一、从我们的工会层面，如何做好工会活动的组织工作？

人的行为来源于意识，而一个好的活动是工会组织传达正能量理念的重要载体，也是促进企业生产的积极因素。在做好一个活动的组织工作中，除了需要领导的高度重视，也需要工会组织制定翔实的方案，及时成立工作小组，并及时进行动员部署。

1. 活动领导组织的重要性

在一个好的活动制定后，活动的实践过程中，我们发现要切实加强对活动的组织领导，确保活动扎实推进、富有成效，在重要活动中，事业部可以成立以总经理为组长，党总支书记及副总经理为副组长，工会组织作为具体联络、

协调机构，事业部各部室、工段主任为成员的活动领导小组，并明确领导小组办公室负责日常工作，确保活动有人管、有人抓、出成效。

2. 活动工作职责明确的必要性

为使得活动有效深入，可以指定小组成员负责活动日常工作，负责完成活动阶段性工作计划、工作总结及有关情况的汇整、分享、宣传等工作。

3. 活动动员部署的及时性

在工会层面而言，作为组织活动的联络和协调机构，要牵头及时进行动员和部署工作，一是要组织成员认真学习，认真组织好晨会、三课一会、专题学习，下发班组学习资料等，保证事业部全员参与到活动中来。二是要根据活动设定活动学习记录本，及时下发给班组长以上人员，要求其认真学习填写学习记录、心得体会。三是要结合本职工作认真开展活动的实施。四是要扎实做好督导工作，把活动做实、做细，做出实效。

二、基于电机事业部生产实际，如何扎实地推动组织工作达成目标和取得实效？

任何活动都是一个思想意识的载体，活动能否取得实效，关键要看这个思想意识有没有真正在活动人群中扎下根，有没有带来行为的改变，并取得行为改变后的实效。

1. 要以机制创新为目标，强化员工意识，推动全面参与

事业部工会在组织开展较大的活动中，要配合事业部党总支及各党支部、党小组组织，进行中心组学习、党群例会交流等，通过集中式、分散式等多种形式的专题学习，比如，要加强对市场经济竞争力能力的认识，并让全体员工全力以赴参与活动，凝聚广泛的员工共识，打造让客户最满意的产品。

2. 要以组织活动为契机，不忘生产型企业本质，持续完善精益管理工作

在一些活动的组织中，尤其是在以提升市场认知、做实产品品质的活动中，要宣传以 EVA 价值为导向，在面向管理、工序、设备、工艺等方面，积极促进各生产现场的效率、效益、品质、安全等工作，为公司 EVA 价值提升做出贡献。同时，要以“确保生产安全、全面提升产品质量、努力降低制造成本、持续提升生产效率，保障客户需求”为主要工作目标，深入推进事业部精益管理，使精益生产工作取得良好成效。

三、借助工会组织平台，如何发挥效能开展特色活动，提升组织的创造力和员工的竞争力？

1. 在能力培养工作中，工会要积极牵头组织，创新培训机制，建立多层次学习平台

在紧紧围绕公司的战略发展目标，以事业部的经营目标为核心，以“价值创造”为导向的过程中，要积极创新员工培育机制，提高员工“在工作中学习、在学习中工作”的思想意识，营造良好的学习氛围，培养一支市场意识和责任心强、业务水平过硬、团队协作良好的员工队伍，努力实现事业部“造一流产品、育一流人才”的责任与使命。

（1）学习型实验室：搭建员工工作交流的新平台。

事业部要通过建立实验室，转变职工学习培训方式，不断改善心智模式，推动团队学习，快速提升岗位技能，提高系统思考能力和创新能力，解决生产中的实际问题，保障生产顺利进行。

（2）“名师带徒”：营造技管人员成长的新环境。

事业部要充分利用事业部已成立的“文照辉工作室”“马建成工作室”等平台，为技管人员提供有师可拜、有艺可学的职业环境，以点带面开展学习和攻关活动。

（3）员工休息室：打造班组员工学习的新园地。

工会要牵头对班组员工休息室进行改善，建立班组学习园地，为一线生产员工提供学习平台，激发班组人员的学习积极性，提高职工的学习能力，进而快速提高岗位技能。

2. 在年度工作中，适度安排主题式有奖征文活动，加强员工对自我岗位与产品能力的认识

在各类活动过程中，要有意识地提升事业部全体员工的市场及品质意识，组织开展各岗位与市场关系的梳理工作，让全体员工进一步深刻理解自己岗位与市场的关系，从市场需求的角度看待自己的工作，切实提高工作质量和产品质量。事业部工会可组织开展相关征文活动，重点围绕“产品质量提升、精益管理思考、工艺技术改进、设备维护与安全管理、生产成本控制、生产效率提升、管理流程快捷、工作沟通高效”等方面，引导员工展开思考。

3. 在组织工作中，一定要定期组织好全员读书活动，提高员工产品服务意识

革新行为，首先要革新心智。工会在组织工作中，要优先组织读书活动，调动大家全员参与共同进步的积极性，着力提升事业部全体员工的产品意识。

购买书籍，建立事业部图书馆等，通过读书活动，让员工树立起“价值”的意识，从客户的立场看待生产者的价值，从客户角度开展精益改善。同时，要让事业部的青年人活跃起来，培养读书学习的习惯，拓展思路，改善管理思想，提高技术改善提案质量，解决管理、设备、工艺及质量等方面的实际困难，进一步开展以相互学习、分享知识、相互改进为目的的分享会，分享心得、指出不足。这既是每个员工认知成长的路径，也是整个工会组织进步的路径。

本文选自：《现代国企研究》2018 年第 134 期

海上风电供应链定价策略浅析

蔡新秋

摘　要：由于海上风机具有更大的单机容量、更高的利用小时数，海上风电场又紧邻负荷中心，无弃光限电的顾虑，因此，海上将成为未来风电进一步发展的必然方向，我国海上风电有望在“十三五”期间迎来爆发。作为海上风电发电机的提供商，构建协同发展的风电供应链是提升海上风电核心竞争力的重要组成部分。

关键词：海上风电供应链；运维成本；技术创新；精益供应链管理

当前，公司具有陆上风电较为成熟的供应商平台和供应链管理体系，在质量、成本和交期等方面完全能够满足陆上风电供应链的需求。但考虑到海上风电供应链的特征，我们现有的风电供应链仍存在不足和风险。因此，在构建协同发展的海上风电供应链时，我们可以重点从以下几个方面开展工作。

一、坚持拒绝低价原则，准确把握海上风电价格定位

1. 海上风电高质量和高可靠性要求决定了海上风电的内在技术定价

根据目前风电的运维体系，风电的维护分为预防性维护和纠错性维护。预防性维护包括基于日历的维护和基于状态的维护。纠错性维护包括计划内的维护和非计划内的维护。具体用图 1 可表示。

根据欧洲统计，海上风电场的运维支出要比陆上大很多，大约为 2 倍，占度电成本的比例达 25% 左右，见图 2。

一方面，由于海上风电运营环境的恶劣，高盐雾、大湿度、潮汐、台风等，不利于机械设备和电气设备长期稳定运行，使得发电机组出现故障的概率增加；另一方面，气候条件（风、浪、水流）对海上风电场的通达性带来限制，使得单次故障发生时的维修变得非常困难和昂贵。此外，机组停机的时候很可能

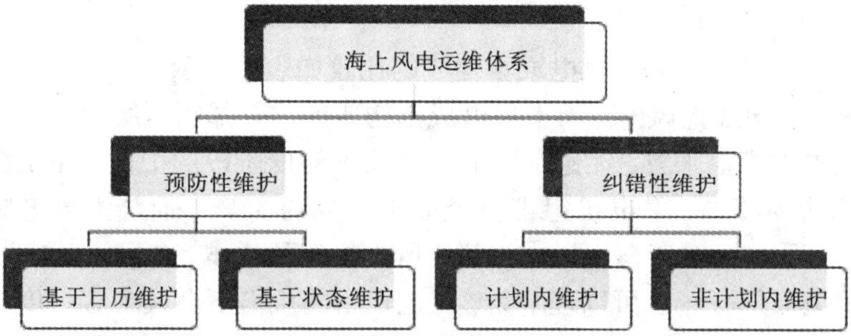

图1　海上风电运维体系

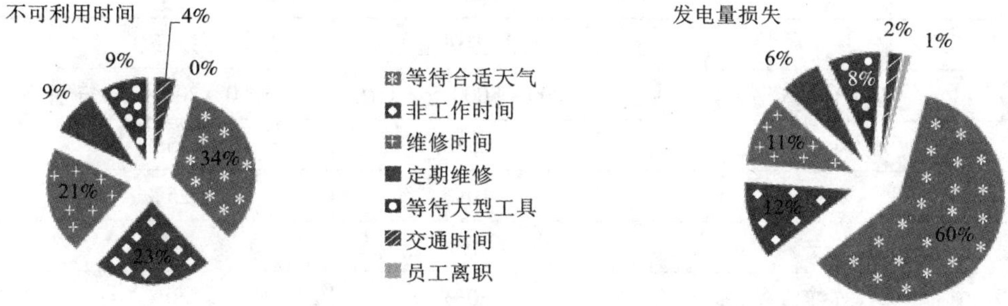

图2　海上风电运维成本构成图

和强风期重合，又造成重大发电量损失的间接损失。

根据欧洲的运行经验，海上风电机组中齿轮箱和发电机故障率较高。高额的维护代价要求发电机及其各部件必须具备高质量和高可靠性。通常情况下，高质量、高可靠性的产品和低价是不相容的。

前些年，陆上风电对设备初次采购成本过分看重，整机商为此展开价格战，从表面上看，风电采购成本是降低了，但却埋下了质量隐患，无形中大幅提升了后期的运维成本。而对海上风电而言，对运维成本更加敏感。前期不恰当省下来的钱，可能会导致后期运维成本不可估量地增加。对风电来说，设备初次采购成本和运维成本之间具有杠杆效应。对海上风电来说，这个杠杆系数更高。我们不能为了短期利益，牺牲产品质量而降低成本。

2. 发电机组成本占总包投资成本比重较低缓解了发电机组价格方面的竞争压力

我国陆上风电与海上风电成本构成的比较如表 1 所示。

我国、英国陆上风电与海上风电成本构成的比较如图 3 所示。

从成本构成上来看，无论是海上风电处于初期阶段的中国，还是海上风电已经很成熟的英国，发电机组占整个成本构成约 35%，而陆上风电则占到了 60% 左右。因此，对于海上风电来说，风电机组的成本是重要组成部分，但不是最大的组成部分。也可以理解为，风电机组的价格不会成为客户度电成本降低的火力最集中点。因此，海上风电机组的销售价格没必要像陆上风电一样拖入低价竞争的泥潭。

表 1　我国陆上风电与海上风电成本构成的比较

	陆上风电	海上风电
总承包投资成本	7000 ~ 8000 元/千瓦	13000 ~ 20000 元/千瓦
风电机组	65%	35%
基础	10%	25%
安装	5%	10%
其他（电气连接设备、运维等）	20%	30%

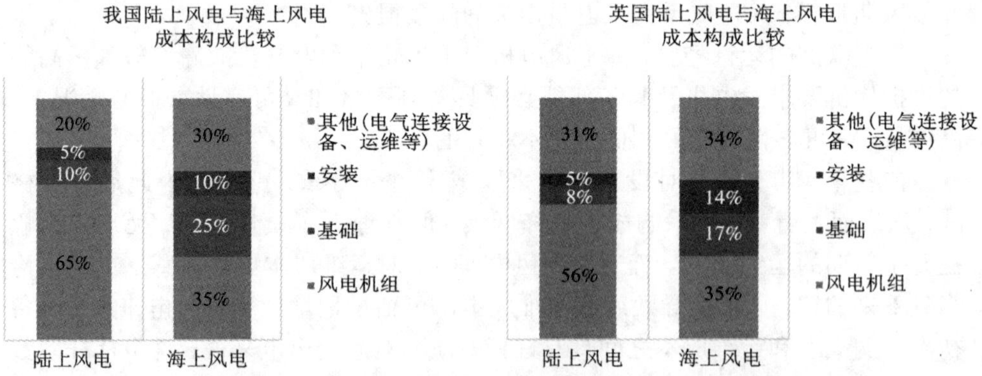

图 3　我国、英国陆上风电与海上风电成本构成的比较

3. 差异化竞争战略更有助于战略目标的实现

美国哈佛商学院著名的战略管理学家迈克尔·波特在其1980年出版的《竞争战略》一书中提出三种基本竞争战略，即成本领先战略、差别化战略和重点集中战略。

通过对风电产业结构的分析和公司内在能力的分析，认为在海上风电上，选择差异化的竞争战略更有助于实现公司的战略目标，成为海上风电高端设备的提供者。差异化成功的关键在于用竞争对手无法模仿或抗衡的方式为客户提供价值。价值链上的许多活动都可以为差异化做贡献，针对海上风电产业高可靠性的特点，结合公司过去诸多产品在质量和技术上的领先优势，技术差异化是公司海上风电最重要的增值活动。技术上的差异化可以带来客户对品牌的忠诚度，降低客户对价格的敏感度，有效抵御潜在竞争者和替代品的威胁，为企业防御竞争对手的挑战开辟时间和空间上的缓冲区。

当然，我们执行差异化战略时，不能一味追求差异化而忽略成本问题，否则差异化获得的高利润就会被成本劣势所抵消。

4. 我国海上风电电价确定的实践过程证明价格过低有害海上风电的发展

我国早期的海上风电示范项目上网电价采用单独审批核定的方式，例如在2010年建成的上海东海大桥示范项目执行的是0.978元/千瓦时的上网电价，2011—2012年间建成的江苏如东潮间带示范项目执行的是0.778元/千瓦时的上网电价，总体上网价格较高。

此后，我国采用特许权招标的方式对首批海上风电项目进行招标。但首批4个项目的投标价普遍低于0.75元/千瓦时，分别为0.737元/千瓦时、0.7047元/千瓦时、0.6235元/千瓦时和0.6396元/千瓦时，均远低于上海东海大桥海上风电项目最终确定的上网电价0.978元/千瓦时。实际上，这些价格只比陆上风电价格高出约20%，但是海上风电的投资成本却是陆上风电成本的2倍左右，因此项目的营利性成了开发商的重大疑虑。自获批两年后，首批的4个项目均未完工，开发商的投资积极性大为缩减。

对于国家通过招标的方式来确定海上风电价格的做法，其原意是希望通过竞争把补贴降下来，从而实现行业的技术进步与优胜劣汰，使市场健康发展。只是中标电价过低，阻碍了海上风电行业的发展，开发商更需要的是稳定的电价预期。因此，为促进我国海上风电的进一步发展，我国在2014年6月出台了统一的海上风电标杆电价。2017年以前，潮间带风电项目执行0.75元/千瓦时、近海风电项目执行0.85元/千瓦时的上网电价标准。对于此标杆电价，虽然总体仍偏低（低于欧洲国家的补贴标准），但至少扭转了国内投资海上风电项目投资收益水平模糊的状况。剩下的，依靠企业自身控制风险及技术进步是有可能解决的。

所以，对海上风电来说，拒绝牺牲质量和利润的低价是可行的、必要的。只有这样，才能为海上风电的发展供应链营造出一个良好生态环境。当然，面对海内外复杂的市场环境，要做到这点，需要我们有充分的自信和足够的定力。我们是“有条件要上，没有条件，创造条件也要上”。只有这样，才能在海上风电发展的浪潮中经得起考验。

二、坚持成本持续降低，打造竞争力提升路径

根据图4，到2030年近海风电平均上网电价将从目前的0.75元/千瓦时降低至0.6元/千瓦时。标杆电价引导着成本下行，我们预计近海风电的度电成本也将从目前的0.70～0.85元/千瓦时降低至2020年的0.68元以及2030年的0.5元左右，逐步逼近陆上风电的成本。因此，经济性仍然是高悬于海上风电之上的达摩克利斯之剑。我们可以通过以下几个主要方面降低成本。

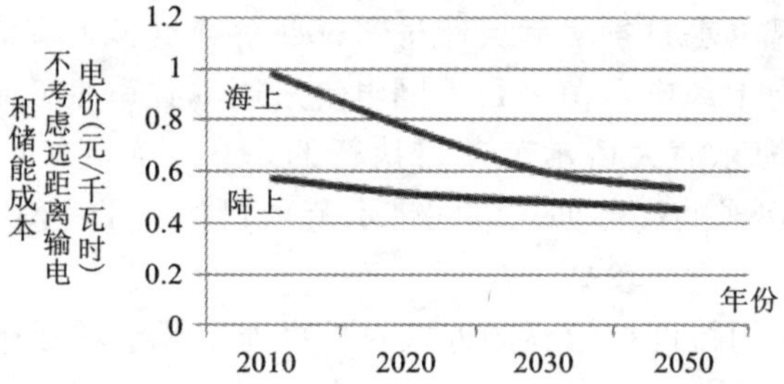

图4　中国风电预期上网电价

1.技术进步是推动产业链成本下行的利器

海上风电起步时间较短，无论是整机提供者，还是部件提供者，绝大多数仍然来自陆上风电的参与者，所应用的部件或装备大多由其他行业改装而来。因此，海上风电的产业链并不成熟，行业技术方面也有极大的进步空间，这将推动成本下行。根据The Crown Estate的预测，英国海上风电行业通过各项途径，2020年度的电成本较之2011年，将有39%的下降空间，即从140英镑/MWh降至85.4英镑/MWh。其中，机组大功率化，叶片设计改进，传动结构优化，以及全功率变频器使用，永磁技术的引入和直流输出系统的采用这几项主要的技术上的创新预计可以降低LCOE成本17%。

技术部门对未来海上风力发电机技术趋势——大功率、大叶片、永磁化、分瓣式、智能化等的把握也是一个应对产业链成本下行趋势的积极响应。其

中，机组的大功率化对成本的影响非常显著。从4 MW到6 MW再到8 MW的功率提升，虽然会增加单机的成本，但会显著降低基础、安装费用以及运维费用。例如，一台8 MW的风机与2台4 MW的风机相比，将会降低4%~5%的总装机支出、10%~15%的运维支出，并提升5%的电力输出，由此将会带来近9%的LCOE降幅。

2. 通过精益供应链管理降低运营成本

通过与金风多年的合作，我们完全可以感受到金风的供应链管理水平是成熟、有效的，而且金风一直在创新中提高。金风公司能够成为全球最大的风电供应商，与金风科技同业主、供应商、银行一起构建的产业生态链密不可分，产业链的协同效应一方面可以最大限度地保证产品质量，另一方面可以推动制造成本、融资成本乃至整个行业度电成本的降低。因此，在海上风电项目上，我们可好好借鉴金风这个活榜样的经验，提高供应链管理水平。

(1)在全供应链，形成“质量是第一责任”“质量是终身责任”的质量文化。

风电是一个长跑项目，对海上风电来说，在长达20~25年的风电投资回报期内，风机设备的维护费用平均占到了整个风电项目投资的30%以上。可以毫不夸张地说，产品质量的好坏不仅影响到我们的现在，更是决定了我们的未来。因此，“质量是第一责任”“质量是终身责任”。当然，这种文化不是一段口号、一个活动、一次培训或一次检查就能够形成的。设计上，它是自上而下的，但实践中，却又是自下而上的。它需要各部门各岗位的员工结合自己岗位，践行质量文化的具体行动。

金风的关键零部件的质量管理、质量技术交流与帮扶、质量精益项目管理、供应商质量信用评级，以及树立标杆，力争创优都是值得我们学习的、贯彻“质量是第一责任”“质量是终身责任”的质量文化的经典实践。还有西门子-歌美飒天津制造基地的三级质量和生产安全责任制也是很有成效的实践。

(2)搭建专业型供应链平台。

基于海上风电高可靠性、高质量的要求，必须尊重“术业有专攻”的思想。目前，在欧洲，海上风电的发展已经很成熟，从开发、运营到维护的整个产业链都已经比较完善，从原材料、零部件，到整机的供应商都已经相对稳定、固定。结合公司在轨道交通领域引进、吸收、消化、再创新的成功经验，我们在海上风电的初期阶段，仍然可以直接选用国内外处于行业领先地位的供应商，然后，再逐步国产化、本地化。同时，对公司现有供应商，从整体实力、质量业绩、研发储备等维度进行摸排，遴选质量可靠、有发展潜力的供应商进行重点培育和培养，搭建一个专业型的海上风电供应链平台。以源头质量管控、风险防控为核心，与核心物料的供应商形成资源共享、风险共担的可持续发展的合作伙伴关系。

(3)妥善处理与供应商的竞合关系。

一个发电机涉及百千个零部件供应商，风机在风场还要运行20～25年，这是一个非常长的产品生命周期，链条上的每个企业健康存在都是决定公司自身和客户长期收益和经营风险的关键因素。这要求我们必须与供应商建立良好的合作关系。在这方面，金风有几个好的实践。①2015年，金风将“善待供应商”的理念，具体指标强化为3个100%，即：对供应商合同100%提货，向供应商100%付款，激励并督促供应商向二级供应商100%付款。②金风利用自身的合同信用支持，通过银行引入了供应链金融，使得供应商在银行做流动资金贷款相对容易。③通过对供应商质量文化的培训，研发技术的投入等培养供应商。

为了使供应商在合作中时刻感受到竞争的压力，金风上述“善待供应商”的三个100%指标、供应链金融和供应商的培养投入都是根据评估体系进行分级的。供应商为了获得更多的合作支持，被迫苦练内功，力争上游，在竞争中进步。否则，就面临被淘汰的命运。这又自然地形成了合作中的竞争关系。

在供应链管理中，应让合作、竞争、合作相互交织，互为利用，互相制约，互相促进。

三、加强风险管控，向供应商全面传递风险，与供应商合理分担风险

一般来说，海上风电项目面临的风险有以下几个。

1. 国家政策风险和政治风险

风能属于可再生洁净能源，在能源短缺和气候变化的双重压力下，国家对风电发展给予积极支持和很多优惠政策。同时，风电项目及产业对于国家宏观政策也有较强的依赖性，能否顺利发展在一定程度上取决于国家政策的支持力度。如果是海外风电项目，相关国际的政治稳定性也是一个重要的国家风险。

2. 法律风险

根据风电开发、建设、运营三阶段分为三种。一是在申请海上风电开发权的过程中，存在审批不能通过的法律风险。二是在海上风电场建设的过程中，存在不能及时开工和竣工的法律风险。三是海上风电场运行中，存在风电不稳定导致风电不能入网的法律风险。

3. 经济风险

企业的财务状况是关乎企业顺利运行和产业顺利发展的关键。上网电量、电价、投资预算管理、资金筹措、债务偿还、税收征免等都是海上风电可能存在的经济风险。

4. 自然风险

海上风电在建设期间容易受台风、江淮气旋大风、风暴潮、寒潮、团雾等自然灾害的影响；运行期间易受台风、雷电、盐雾等恶劣天气影响。这些都是海上风电面临的自然风险。

5. 技术风险

海上风电机组主设备、配套设备的设计、制造和安装缺陷，在海上风电项目的设计、建设和运营三个阶段均面临较大的技术风险。

6. 人力资源风险

海上风电涉及海洋工程、风电等多个学科，对参建人员的素质要求高，而海上风电开发过程的工作、生活条件艰苦，存在人才不稳定，培训投入较大的人力资源风险。

风险评估：识别出上述风险后，可采用专家经验打分法对上述风险进行量化评估。

考虑到海上风电投入大、周期长、不确定性高，除了通常用的从技术角度、质量管理方面采取防范措施外，在商业上，可以引入第三方银行或保险机构。

在风电开发利用较早且相对发达的欧美国家，风电保险经过近三十多年的发展已经趋于成熟。公开资料显示，早在20世纪80年代，最初应用于风电领域的保险产品仅有火险和风暴险。而经过一段时期的发展和完善后，目前欧洲风电保险已贯穿于风电行业的设备生产、运输、风场前期开发、土建、吊装等各个环节，甚至还出现了清洁发展机制项目相关的保险种类。

随着国内风电行业发展规模逐渐扩大，装机容量不断翻番，国内众多保险公司逐渐意识到该领域所具有的潜在增长点，纷纷推出各类风电保险业务和产品，公司应督促各个供应商根据自身的风险承受能力为相应的风险投保。

所有上述风险都应向供应商全面传递，要求供应商在技术、质量方面做好事先预防。更重要的是，在商务上做好操作，确保供应商具有出险赔付能力。

综上所述，在海上风电的供应链建设中，合理定价是健康供应链的物质基础；技术创新、精益供应链管理是强壮供应链的有力手段；充分识别风险、全面传递风险、合理分担风险是供应链长期协同发展的必要保障。

本文选自：《管理与实践》总第99期

采购成本控制策略研究

王雪芝

摘　要： 采购是企业经济活动的重要组成部分，也是企业有效降低经营成本的一个关键途径，公司要追求采购过程的经济效益最大化，就要不断降低采购成本，以最小的成本去获取最大的效益。本文分析了制造业采购成本的主要影响因素，并针对主要因素，从不同方面探讨了降成本的方法。

关键词： 采购成本；供应商；因素

一、影响采购成本的因素

影响采购成本的因素很多，概括起来可以归纳为企业内部因素、外部因素两个方面。

（一）内部因素

（1）跨部门协作和沟通。

采购业务涉及计划、设计、质保、工艺和销售等部门。由于需求预测不准，生产计划变化频繁，紧急采购多，采购成本高；由于设计部门未进行价值工程分析或推进标准化，过多考虑设计完美，导致物料差异大，形成不了批量采购，采购成本高；由于质量部门对质量标准过于苛刻，导致采购成本增加等。

（2）年需求量与年采购额。

年需求量与年采购额分别为多少，这关系到在与供应商议价时，是否能得到较好的议价优势。采购批量越大，获得的价格一般越优惠；采购需求越稳定，采购的价格就越容易降低。

（3）产品的生命周期

产品有导入期、成长期到稳定期，一般来说，导入期采购成本高，到稳定期采购成本达到最低。

(4)价格成本分析和谈判能力。

采购价格分析、供应商成本构成分析，是确定采购价格和取得同供应商谈判主动的基础。企业在实施采购谈判时，必须分析所处市场的现行态势，有针对性地选取有效的谈判议价手法，分别采取不同的议价方式，以达到降低采购价格的目的。

(二)外部因素

(1)市场供需关系。

影响采购成本最直接因素就是市场供需情况。市场可供资源越充裕、市场竞争越激烈，物资采购价格就会越透明、越接近供应商的制造成本。同一种物资的市场竞争程度随着时期的不同，市场竞争状况也可能会有很大的不同。即在资源紧缺，供不应求时，供应商就会涨价；反之，则降价。

(2)供货商生产技术、质量水平。

一般供应商的生产技术先进、产品品质优秀，产品销售价格就高。因此，采购人员应根据需求部门对质量、技术功能及交货期的要求，合理选择供应商，达到良好的性价比。

(3)采购企业与供货商的合作关系。

在全球经济一体化的大背景下，供求双方建立长期双赢的合作伙伴关系，通过双方共同努力，降低供应链成本，来实现降低采购成本的目的。如果与供应商的合作关系一般，则不容易从供应商处获得较详细的成本构成明细，只有与供应商保持较密切的关系，互惠互信，才可能做到。

(4)供货商的销售策略。

供应商报价与供应商的销售策略直接相关，如供应商为开拓市场获得订单，一般开始价格比较低，在占领市场后会提高价格。

(5)供应商成本。

一般在新产品开发和投入阶段，采购数量少，供应商成本高；进入成长期后，随着采购量增加，技术成熟，供应商成本降低，供应商价格就会降低。

二、降低采购成本的主要策略

(一)设计优化法降低采购成本

设计优化法是在产品开发设计阶段开始关注所需材料、配件的选用，以最优的而不是最好的材料用于新产品的试制中，使产品在满足市场要求的性能情况下达到最低的生产成本。通常同类零部件因其性能不同，价格差别也会比较大，有的时候甚至会有几倍的差距，如果设计工程师在选材时，忽视产品的定位，只追求高性能，选用最好的部件，虽然以后可以通过降价实现部分收益，但远没有在设计当初就选用适合产品定位的部件效果来得好。举例来说，变压器的绝缘件可选用T4纸板、G4纸板、EPGC玻璃布板、NOMEX994等材质，材料价格相差几十倍。

（二）降低采购材料价格

1. 集中采购

集中采购即集团企业通过设立共同的采购中心，进行集中采购和进货的集中管理，以获得规模优势最大化，提高采购质量降低采购成本。通过采购量的集中来提高议价能力，降低单位采购成本，这是一种基本的战略采购方式，它具有分散采购无法比拟的优势，可以最大限度地压低采购价格，降低采购成本。公司每年钢材采购量对于国内几大钢厂来说微不足道，所以在采购过程中，买方没有任何议价能力，完全由供应商控制，所以通过集团集中采购能够有效地控制采购成本。

2. 招标采购

招标采购是确保企业降低采购成本的最有效办法。由于实行公开、公平、公正、择优的采购原则，将质量、价格、服务和费用等置于采购行为的前面，使采购方有充足的时间对招标方选择。招标采购，不仅为企业采购到质量好的所需物资，还能通过供应商的相互比价，最终得到底线的价格，从而有效地降低采购成本。虽然招议标能够实现降低成本，但是招议标制度并不能完全避免供应商间的串哄抬价，特别是周边企业，也不能完全压缩供应商的非正常利润。所以在招标结束后，企业应该对选定供应商的物料成本的构成进行分析，寻找可能降低成本的方法，并且在不影响材料供应质量的情况下，尽量通过谈判降低价格。

3. 把握价格变动时机

充分进行采购市场的调查和信息收集。一个企业的采购管理要上一定的台阶，应充分考虑对外部市场的调查，并将相应的信息进行收集、整理，只有这样，才能充分了解市场的状况和原材料价格的趋势，在谈判时才能使自己掌握更多信息。如条件允许，可以安排专人负责这方面的工作，定期完成调研报告。例如：原材料价格会经常随着市场供求状况发生变化，因此，采购工作者应关注市场原材料价格波动的趋势，把握好采购时机。

4. 学习曲线的运用降低采购价格

按照经验曲线理论，一家企业如果生产某一种产品的数量越多，生产者就更能了解怎样生产这种产品，从制造过程中获得的越来越多的经验；在后续的生产制造中，工厂就可以有的放矢地减少该产品的生产成本；当工厂的累积产量增加一倍时，其生产成本就可以降低一定的比例。因此，企业可针对采购金额较大的零件，建立特定的零件经验函数，以此推导未来一段时间该零部件的降价幅度，或当企业在某种零部件的采购额达到一定基数时，采用批量折扣方案对不同的年采购额确定不同的折扣率，年采购额越大，折扣率越大。一旦有了清楚的降价预期，企业不仅在谈判时将更加游刃有余，在选择配套企业时也有了更明确的标准。

5. 商务谈判降低采购价格

使用谈判的方式，通常所能期望达到价格降低的幅度约为3%～10%。首先，要制定谈判策略，在制定谈判的策略时，要对一些重要问题进行分析，制定出谈判具体细节，分析假设不能就各种问题达成协议会有什么不良后果，在谈判中处于什么样的地位，以及在哪些方面可以创造附加值。其次，制定谈判的步骤，列一份可能发生问题的清单，如自己的底线、价格、供货比例、付款条件等；判断自己在谈判中有多大余地，是否能够利用一些条件对对方进行约束；如果在当时报价中没有涵盖的条款，设想当时争取的条款会发生哪些后果；尽力了解供应商在不同问题上有多大谈判余地；了解条款变化对供应商产生什么影响。

6. 推动供应商持续改进

越是独家生产、供应的新产品、专用品，价格谈判的难度就越大，通用产品价格比较易于降低。企业要想降低价格就需建立多线配套机制，扩大比质比价范围，培育和保护竞争氛围，通过保持供应商之间的竞争来降低采购价格。加强对供应市场的动态跟踪与分析研究，不断发现新的优质供应商，把更优秀、产品成本更低的供应商纳入采购比价范围，始终保持供应商之间的适度竞争氛围，达到降低采购价格的目的。即由两家或多家供应商同时供应一个型号的产品，这样引入竞争机制。推动供应商持续改进，采购价格会明显下降，同时还弥补了单一供应商的能力缺陷，零部件质量会稳步上升。

本文选自：《智富时代》2018年第2期

试谈精益班组建设

欧阳敏

当前，在和谐主张、实践科学发展精神的引领下，在国资委的号召下，在专家学者、优秀企业的创新示范与启发下，班组建设已成为现代企业建设与管理发展的重要组成部分。2009 年 3 月，国资委下发《关于加强中央企业班组建设的指导意见》，2010 年 10 月，中国南车下发《中国南车班组建设管理暂行办法》，对新时期企业班组建设提出了新目标、新要求和新内容。加快和推进班组建设与管理创新已势在必行。

一、精益班组建设的意义

在经济全球化和市场国际化的形势下，企业的生存和发展面临严峻的挑战，推进精细化管理既是全面提升企业经营管理水平和综合竞争能力的客观需要，也是企业实现长远发展战略目标的必经之路，更是谋求企业基业长青和决定成功的重要根基。按照中国南车“战略纲要”的要求，积极宣贯精益生产思想，实践精益生产理念，把实施精益生产、塑造精益文化作为企业强化管理、提升品质、提高效益的重要措施，是实现中国南车“打造行业一流世界知名，具有国际竞争力的轨道交通装备企业”的战略举措。而班组是企业的“细胞”，是企业一切工作的落脚点。只有每一个班组都充满生机和活力，企业才会有较好的经济效益，才会有旺盛的生命力和竞争力，快速发展。特别是在当前进一步深化改革，全力提升企业经营能力和市场掌控能力的形势下，探讨如何加快企业精益班组建设的创新与实践就显得十分必要。

二、精益班组建设的内涵与目标

精益班组建设的内涵是：在班组里充分使用精益生产的管理工具，把班组打造成规范化的精益生产能够在现场实施落地的最小组织单位。通过精益的管理工具，使班组的产量、质量、成本、交货期、安全、士气、劳动情绪全面提升。

精益班组的目标是：生产高效化、员工多能化、团队和谐化、作业标准化、改善持续化和安全可控化。

在集团公司出台的《班组建设管理细则》中，班组日常管理重要工作是按照精益生产的要求，抓好班组基础管理、安全工作、生产管理、质量管理、现场管理、设备保全、班组核算等七大基本任务，引导班组创新管理手段，努力实现目视化管理，积极开展改善活动，不断提高班组建设管理水平。

在精益生产中班组管理的基本内容为：制度、人、机、料、法、环、信息和改善。精益标准化班组管理以表单管理为载体，通过管理表单将班组运行标准落实到日常工作中，每一项管理表单代表一项管理内容（不一定是表格，也可能是标准、流程等），各种管理表单，从安全、质量、生产、成本、人事、环境、保全等七个方面对班组的日常工作进行规范。

二者落脚点是一致的，标准是统一的，所以在推行班组建设时，就应该与精益生产有效结合起来，精益理念的主体是人，精益改善体现在现场现物，精益管理的载体则是班组建设，精益管理和班组建设二者的有效结合是必然的趋势。

以班组为单位开展精益化管理有着重要意义，促进基层一线树立精益的思想，将单纯的过程管理变成过程与结果并重的双向管理，从以往的按经验办事演变到按制度流程办事，从注重个人能力的改善演变到注重团队能力的提升。使每一个成员都能按照既定目标，将每一次工作都做到位，将每一个服务步骤都精心实施，将每一个管理环节都精细化，从而以最经济的管理方式获取最大的效益，达到科学发展的目的。

三、推进精益班组建设

1. 抓认识，定机构

首先必须从思想上认识精益班组建设的重要意义，要在公司上下组织宣贯，统一思想，达成共识，培育精益班组建设的共同理念。领导重视是推进精益班组建设的关键，建立公司统一领导，各单位党政主要负责人亲自抓，一级抓一级，层层抓落实，形成自上而下的基层班组建设领导体系。明确各归口部门和车间的职能职责，做到上下一致、齐抓共管，确保精益班组建设各项工作目标落实到位。

2. 抓制度，定规则

要建立健全班组长岗位责任制和班组各项管理制度，如：质量管理、目标管理、例会制度、培训制度、绩效管理、考勤制度等，完善以班组长为核心的班组管理体系。

3. 抓培训，明做法

精益班组建设有许多工作标准和工作要求，不懂根本无从抓起，因此必须抓培训、明做法，意思是通过培训让大家知道怎样去做，以及相关评价考核标准。

要从三个层面开展培训：第一层面是班组管理干事，包括人力资源部的专职管理员和车间的兼职班组建设管理员；第二层面是各相关职能部门、车间综合管理室主任；第三层面是班组长，这是我们培训的重点。培训的办法可以外请老师、选送参观学习、书本上学等多种形式相结合。

4. 抓指导，把方向

兼职管理人员要深入基层，具体指导精益班组建设，人力资源部作为班组的牵头部门，既要经常指导，又要注意避免指导变成代替，要把握好方向，具体操作让基层去实施，要让基层班组长认同自己是班组管理的"主角"地位。

各基层班组长是推动精益班组建设的核心，班组长素质的高低直接影响班组建设的成败，要切实做好班组长的选拔和培养工作。

5. 抓台账，促落实

班组建设各项工作的开展依赖于各项看板和台账的建设，看板是目视化管理的重要内容，是班组信息的载体，看板中管理表单的设置应经过各级管理部门的评审，要综合考虑专业管理部门和班组的意见，将班组需展现给公司的内容和公司各职能单位需班组反映的内容二者有效结合起来。将班组七大任务运行标准落实到日常工作中。

工作是否落实，就要看台账，通过台账管理可以做好各项指标的分析和改进工作，提高工作效率和管理水平。

6. 抓精益，有特色

应用精益理念和精益工具是加强班组建设，打造精益班组的有效途径和手段。要积极开展精益管理的学习和实践，将精益的思想和理念在公司形成了一种氛围和文化。

每一个班组都不一样，做班组建设工作要因地制宜。发挥优势，扭转劣势，不要一成不变，墨守成规。可以选择不同的管理模式：比如一长数员制的管理模式，既减轻了班长的工作量，也提高了员工参与班组管理的积极性；还可以选择合适的载体，班前会就是非常好的载体之一，开好班前会有利于提高班组士气，总结经验、增进交流以及共同进步的氛围，有利于和谐班组的构建。

7. 抓检查，纠偏差

检查是做好班组建设的重要的一环，不可缺少。没有检查，就不能发现问题、纠正整改，没有检查，班组建设工作就会停滞。

克服松懈情绪，坚持起好步不放松，还要善始善终坚持下去，只有这样才能切实抓出成效，才能发生质的变化。

精益班组建设是一项战略性、基础性的工作，事关公司长远发展，以上是个人的一点心得，旨在抛砖引玉，希望引发众多有见地、有新意的班组建设管理思路与管理方法，共同促进公司班组建设的步伐。

本文选自：《改革与管理》2012 年第 2 期

基于 ITIL 的 ISO20000 标准在企业中实践的探讨

汪宣晟　汤亚宇

摘　要：ITIL 是 IT 服务管理的最佳实践，ISO20000 是 IT 服务管理领域的国际通用标准，二者相辅相成，为企业 IT 服务管理提供理论基础及实践指导，使企业的 IT 服务管理更加趋于规范、科学，以提升企业的 IT 服务管理水平。本文结合公司自身的 ISO20000 标准建设实际，对企业如何更好地落地 ISO20000 标准进行了探讨。

关键词：ITIL；ISO20000；IT 服务管理

一、引言

ITIL（即 information technology infrastructure library，信息技术基础设施库）由英国商务部负责管理，主要适用于 IT 服务管理，为企业的 IT 服务管理实践提供了一个客观、严谨、可量化的标准和规范。而 ISO20000 是在前者的基础上发展而成的国际标准，为 IT 服务管理提供了一套可以持续优化 IT 服务的流程化管理体系。二者相辅相成，被广泛应用于各行各业中，指导企业构建规范的、合理的 IT 服务管理体系，以指导企业的 IT 服务管理，从而提升企业的 IT 服务管理水平，为企业 ISO20000 标准的落地提供了理论基础及实践指导。

二、当前我国企业 IT 服务管理过程中存在的主要问题

随着对 ITIL 理念及 ISO20000 标准认识的深入，虽然国内很多企业已经引入 ITIL 理念及 ISO20000 标准，在企业范围内建立 IT 服务管理体系，用来指导企业自身的 IT 服务管理，提升企业自身的 IT 服务管理水平，并通过 ISO20000 认证，以实现 ISO20000 的落地。但是，当前国内很多企业在 IT 服务管理过程中仍然存在不少问题。

1. IT 服务处于“被动式”运维模式

IT 成熟度模型将成熟度水平划分为具有管理意识、被动运维管理、主动运维管理、运维服务化和业务伙伴五个等级，IT 服务处于被动运维管理，这是当前很多企业普遍面临的问题。

2. 缺乏 IT 服务管理体系

当前很多企业在信息化建设过程中，存在着“重建设，轻运维”的现象，虽有相关信息化流程制度，但尚未建成 IT 服务管理体系，可以用来指导企业的 IT 服务管理实践。

3. 缺乏完整的 IT 服务管理治理组织结构

IT 服务运维是 IT 部门日常工作的一部分，一般而言，IT 部门设有专职运维人员，但由于没有对标 ISO20000 标准，IT 服务运维组织结构不完整，不成体系。

4. IT 部门运维人员绩效考核无法量化

因 IT 服务管理尚未体系化、流程化、工具化，无法准确衡量运维人员的工作量，导致运维人员的绩效考核缺乏量化的依据。

5. IT 运维人员服务意识薄弱

在传统的 IT 运维管理模式中，未将 IT 部门所提供的技术支持抽象成为具体的 IT 服务，导致运维人员没有形成强烈的服务意识。

三、企业中 ISO20000 标准落地的重要措施

为实现 ISO20000 标准的顺利落地，企业在建设 ISO20000 标准时，应遵循“服务管理体系化、服务管理流程化、服务管理工具化”的原则。服务管理体系化是指企业应建立符合 ISO20000 标准要求的管理体系，服务管理流程化是指企业应结合自身实际建设所需的 IT 服务管理流程，服务管理工具化是指通过工具固化服务管理流程实现流程的落地。

企业在建设 ISO20000 的过程中，为实现 ISO20000 标准的实质性落地，企业应做好以下几个方面的工作。

1. 领导高度重视

标准的建设离不开管理体系的支撑，管理体系的执行是实现标准落地的关键，因此需要领导予以高度重视，才能提高标准对应管理体系的执行力度，最终实现本质贯标。

2. IT 运维人员具有强的服务意识

IT 运维人员在从事运维支持工作时，应将其作为 IT 部门所提供给企业员工的一项项 IT 服务，并从服务的视角去提供技术支持，提升自己的服务意识，

以提高用户满意度为目标。

3. 对标 ISO20000 建立 IT 服务管理体系

企业应结合自身实际，对标 ISO20000 标准，在企业范围内建立一整套行之有效的管理体系，用来指导企业的 IT 服务管理实践。

4. 建立健全的组织保障

IT 服务管理体系涉及 13 个流程，每个流程的正常执行与运转，都需要设定相应的角色去支撑，因此需要建立健全的体系组织架构，为体系的运转提供强有力的组织保障。

5. 具有 PDCA 意识

IT 服务管理体系建成后，不是静态的，而是一个持续优化的动态过程，需要从计划、执行、检查、改进四个方面对整个管理体系持续优化，因此整体上要具有 PDCA 循环意识并应用 PDCA 方法论。

四、企业实践 ISO20000 标准的意义

企业引入 ITIL 理念及 ISO20000 标准，通过对企业的 IT 服务管理现状进行调研分析，梳理企业核心 IT 服务管理流程，从而在企业内构建 IT 服务管理体系，指导企业的 IT 服务管理实践，实现 ISO20000 标准的落地，这对企业来说有一定的重要意义。

1. 建立一整套行之有效的持续改善机制

引入并对标 ISO20000 标准，可以帮助企业建立一套科学、有效的管理体系，用以指导企业的 IT 服务管理实践，规范企业的 IT 服务管理，不断提升企业的 IT 服务管理水平。

2. 通过 ISO20000 认证

当 ISO20000 标准在企业中很好地落地，可以申请第三方认证审核后，企业能够顺理成章地通过 ISO20000 认证，并获得有效证书，从而提升企业的对外 IT 形象。

3. 持续优化服务

在企业的 IT 服务管理领域，应用 PDCA 方法论，对 IT 服务进行持续优化改进，从而逐步完善整个管理体系。

此外，通过对构建的 IT 服务管理体系进行内部审核和管理审核，发现其中存在的问题，制定相应的改进措施，从而保障整个管理体系的规范性及合理性。

五、结语

企业在实践 ISO20000 标准的过程中，需结合 ITIL 最佳实践、ISO20000 标

准，充分认识企业自身的IT服务管理现状，发现其中存在的问题，梳理企业内部流程，构建符合企业实际的IT服务管理体系，指导企业IT服务管理实践，从而实现ISO20000标准的落地，逐步提升企业的IT服务管理水平。

本文选自：《信息系统工程》2017年第3期

巧用 CIS，推进企业品牌建设

庄天羽

摘　要： 企业市场竞争的基础是形象的竞争。推行企业形象战略，已成为现代企业的重要战略实施载体。企业识别系统对于企业而言，不仅仅是识别企业的有效途径，更是提升企业形象、增强企业形象影响力、改善企业管理的有效工具，在某种程度上还代表着企业的核心竞争力。CIS 是打造良好品牌形象的有效策略，帮助企业正确导入 CIS，以崭新的形象给企业注入活力，可使企业产生理想的经营效果。

一、CIS 的概念与品牌建设

CIS 是 corporate identity system（企业识别系统）的简称，它是将企业经营观念与精神文化，运用整体传达系统，传达给企业周围的公众或者团体，反映企业的自我认识和公众对企业的外部认识，以获得一致的认同感和价值感。CIS 是对企业形象的自觉设计、强化特征的规范体系，需要精心提炼、系统设计和长期执行。

二、CIS 对企业的重要意义和作用

1. 企业导入 CIS 战略是时代发展的必然趋势

这是一个以市场为导向、以客户为中心，信息高速传播，市场高度开放，竞争高度激烈的时代。推进 CIS 建设可以将文本格式的企业理念最准确有效地转化成易于被人们识别、记忆并接受的一种视觉上的符号系统。对于一个追求基业长青、永续发展的企业来讲，企业品牌建设工作无疑是该企业的无形资产一个重要的组成部分。

2. CIS 提升品质，品质塑造品牌

品质是企业赖以生存和发展的基石，CIS 能由内而外，环环相扣，指引、规范着企业经营管理的方方面面，有效地提升着企业品质，打造独特的企业品牌属性，最大限度地适应迅速扩大的品牌购买的比例，成为企业市场竞争的利器。中车株洲电机有限公司（以下简称“株洲电机”）将品质的责任落实到每一个员工的行动上，进而树立品牌观念，打造品质能力。电机公司全体员工秉承企业“明德成器　利物益世”的企业核心理念，坚守“三创三化”的企业战略愿景，严格按照公司《CIS 手册》要求提升职业化素养，进而全方位提升公司品牌形象和公司品质。

3. CIS 塑造有利于形成企业工作氛围，吸引人才

通过 CIS 打造良好的企业形象，可以使员工产生“中国中车是自己成长发展的好地方”的感觉，进而使他们产生一种作为株洲电机员工的优越感和自豪感，激发员工生产的积极性和创造性，始终保持高昂士气和旺盛斗志。借助“中车”这个“金字招牌”，有利于株洲电机招聘更多、更优秀的人才进入企业。同时，有利于使企业员工心情舒畅地工作、提高员工的凝聚力。

4. 企业形象创造消费信心，助力企业释放“品牌红利”

CIS 可以推进企业品牌建设，可以使市场客户对企业产品和服务产生信赖。电机公司将品牌视为企业巨大的无形资产和最重要的资源。株洲电机结合公司《CIS 手册》，有效推广和规范 VI、BI，提升员工职业素养，彰显企业高端形象。同时，株洲电机借助中车“大品牌体系”，加强自身品牌表现力和活跃度，构建“品牌营销”，为公司突破发展助力。

三、巧用 CIS，顺利推进企业的品牌建设实施

1. 公司从上而下高度重视 BI 建设工作

公司行为识别系统从公司层面开展顶层设计，通过更加系统深入的研究对 BI 建设工作做出了中长期发展规划，深入推进公司企业文化建设，提升企业品牌软实力。

在电机公司，公司从上到下，高度重视员工行为规范建设，将 BI 建设摆在公司管理突出位置来抓。通过明确深化 BI 建设的重要意义，要求公司全员真正做到把行为规范融入日常行为和职业行为中，推动企业创新、升级和发展，把公司打造成享誉全球的高端动力装备企业。

2. 以《CIS 手册》为纲，上下齐心全员推进

企业文化部通过编制和下发《CIS 手册》对员工行为进行引导和约束，以实现员工行为的制度化和规范化。在株洲电机公司，经过连续的 CIS 工作推进，公司《CIS 手册》已成为公司理念识别、行为识别、视觉识别及产品识别的基本准则和行为指引，是全员共同遵循的纲领性文件。将企业理念、企业战略、企业信条、企业格言作为指导员工做好本职工作的指导性文件。

3. 推行 CIS，提升员工素质

株洲电机公司将具有认真负责品质、“绅士风度”及“工匠精神”的员工视为公司最大的财富。将企业员工行为视作企业文化“外化于行”的具体体现，塑造企业品牌的行动基础，企业国际化的重要保障。株洲电机公司专项开展了《中国中车员工日常行为规范》及《公司员工行为规范》对标活动。在宣贯《中国中车员工日常行为规范》及《公司员工行为规范》的基础上，对公司员工日常行为规范进行专项检查，并找出差距，明确改进项点。

4. 监督与引导并重

多部门组成的联合检查组对各部门、车间、现场不定期进行 BI、VI 抽查并拍照记录，评价打分，将检查出的问题和员工不规范行为，通过 OA、公司员工食堂大屏显公布反馈，将检查结果作为企业“四好领导班子”的重要考评依据，并将检查结果与各部门月度绩效相挂钩。同时，公司企业文化部根据检查结果，跟踪监督不符合规范的部门限期进行整改整顿，对整改未达标者进行绩效考核。

5. 调研诊断、对标融合，多维度全面实施推进工作

公司各部门、各车间在公司文化部统一指导下，通过全员参与、循序渐进、学习深化、宣传跟进等多维度组合拳的方式进行推进和开展。不断探索和总结实践，将 BI 建设推进工作科学化、标准化、规范化，使 BI 建设融入部门的各项管理之中。从多维度全面实施推进工作。按公司要求开展集中学习宣贯，在部门范围内进行自我检查监督等几大模块，每个模块既功能鲜明、主题突出，又与其他模块紧密联系、环环相扣、相互促进。

6. CIS 建设与员工职业化建设相结合

企业员工通过微信平台对 BI 建设内容进行自主学习。在各部门 BI 建设专干的安排下，员工将理论结合实际，不断提升自我素养。各部门根据公司统一部署，结合部门实际情况，按计划积极持续深化部门 BI 建设，提升自我职业素养。

株洲电机通过 CIS 打造中国高端动力装备品牌，紧密围绕“明德成器　利物益世”核心理念及“三创三化”战略目标，通过公司理念、行为、视觉及产品识别有机统一，确保公司独特的企业形象和地位，达到内聚人心、外拓市场的目标。

本文选自：《中外企业家》2019 年 2 月上旬刊

企业国际化战略选择思考

彭　泽

“十二五”期间中国南车确立了2015年1500亿元、跻身世界500强的宏伟目标，国际化也成为中国南车实现战略目标的重要方法之一。南车株洲电机有限公司作为集团内发展迅速的创新型企业，有必要根据中国南车战略方向与南车电机长期发展的要求，分析自身优势，寻找有效途径，采取合适的战略，开展国际化经营。

一、开展国际化战略的必要性

1. 有助于进入战略意义的市场

由于国际化市场的广泛性与多样性，选择规模、潜力、技术等方面具有特点的细分市场，将对电机公司发展具有重要的战略意义。例如“金砖国家”等发展中国家以及美国等市场极为巨大，对于装备制造企业，在这些市场的通过规模经营取得效益是国际化战略的重要举措。此外，处于一个行业趋势和发展中心地位的国家和地区，也具有重要的战略意义。例如在风力发电领域，欧洲各国不论是在产品应用还是大功率、海上等新产品研发上都具有领先优势，不在欧洲进行研发将很难跟上风力发电产业技术发展的步伐。

2. 有助于优化成本产出效益

国际化战略能通过全球价值链的建立、获得多个国家的资源来降低成本。在不同的国家中，研发、劳动力等方面具有很大的成本区别，过去中国作为全球制造工厂，劳动力成本与资源价格相对低廉，因此国际化企业纷纷在中国购买零部件或直接在中国完成总装等工序，而随着中国技术水平的提升，中国的制造企业纷纷将产业链延伸至其他劳动力成本更低的国家；由于欧洲等地区的装备制造领域研发基础较高，投入同样的研发成本通常可获得较高的技术成果，单位研发投资回报较高。因此通过国际化战略形成研发、劳动的分工，能够为装备制造企业创造一种可持续竞争优势。

3. 有助于形成国际化的品牌

与国际化相联系的品牌名称是一种十分有价值的资源。对于顾客和竞争对手来说，国际化的品牌自动地体现了市场地位强大和能够生产具有竞争力产品的能力。这种形象对于销售昂贵的装备产品来说特别重要，因为它能减轻客户对于产品不可靠或产品因为技术的发展而变得陈旧的担心。西门子、GE 等装备制造企业，不仅通过国际化经营在原有电机、变压器等大型机械产品领域获得良好声誉，同时发挥其国际化品牌价值进入高端消费电器、医疗设备等行业，取得了良好的收益。

二、开展国际化战略的优势

1. 电机公司具有技术创新的基因

国际市场竞争要求企业具有产业优势，电机公司自主创新能力的提升确保了优势取得。“十一五”期间，公司在大功率交流传动电力机车、高速动车组、城轨地铁牵引电机、牵引变压器领域不断开展创新，在三个月内即完成了 HXD1C 牵引电机、变压器的自主研发，完成 300 km/h、350 km/h、380 km/h 动车组牵引电机、变压器以及上海、北京、沈阳、南京地铁等城轨电机的研制。在风力发电领域完成了 1.2MW、1.5MW、2.5MW 系列直驱永磁、3.2MW 半直驱永磁以及 1.5MW、1.65MW 双馈等系列风力发电机。在工业特种电机领域，完成高压工频异步电动机 Y(R)、YJK 系列化、型谱化的设计，启动符合美国节能电机标准的 NEMA 电机项目，并成功实施 12000 米石油钻井机械标志性工程，取得技术方面重大突破。这都充分表明电机公司以其成熟的电机、牵引变压器研发技术，在技术创新方面的实力已进入世界领先行列，具有与国际化大企业同台竞争的核心竞争力。

2. 电机公司坚持提供高质量产品

电机公司在轨道牵引、风力发电、工业特种领域提供高品质的产品以及高质量的服务，为开展国际化经营取得丰富经验与良好声望，将成为打造国际化品牌的基础。公司生产的 HXD1、HXD1B 以及 HXD1C 大功率电力机车牵引电机、变压器配属湖东、株洲等机务段；200 km/h、200 km/h 长大编组、300 km/h 及以上动车组牵引电机、变压器已配属北京、上海等动车所，装有电机公司生产牵引电机、变压器的 380 km/h 动车组线路已经开通运行。在风力发电领域，公司生产三相异步风力发电机平均利用率长期维持在 99% 以上；生产的 1.5 MW 直驱永磁风力发电机在北京官厅水库、内蒙古巴音等 12 个省市的 38 个风场运行状况良好。同时，电机公司积极开拓了工业特种电机市场，进入了电力、石油化工等高端市场，树立了南车的品牌和形象。

3. 电机公司拥有服务多种客户的经验

电机公司秉承创造客户价值的理念，有针对性地形成了轨道交通、风力发电、工业特种三大业务板块销售与服务模式，应对不同领域、规模客户对产品及服务的要求。在轨道交通方面，电机公司努力适应主机企业的要求，着力解决好产品运用中的各种情况，从质量、交货期、服务中不断取得客户的信赖，在新产品的开发活动中，从研发到试制都更加精细地落实目标；在风力发电领域，一方面公司大力推行精益生产，控制成本提升效益，不断提高产品的制造水平，另一方面公司充分分析市场政策与行业波动，协同规避市场风险；在工业特种领域，公司成立北京销售公司贴近客户，敏锐感知客户需求，千方百计扩大产品种类和客户，创造业绩形成产品系列化，扩展销售队伍，扩大销售规模。基于服务于多种客户需求的能力与优势，电机公司将把创造客户价值的理念推广、应用于国际化产业发展中。

三、选择国际化战略的关键点

1. 国际化战略的进入与市场定位

由于电机公司所处轨道交通、风力发电以及工业特种产业在技术、市场以及客户服务方式的区别，进入国际市场应采取不同的市场定位，选择不同的进入方式。

首先，在轨道交通领域，中国南车已经拥有了国际领先的研发能力与生产技术，国际化目标将以市场需求为导向。跟随集团国际化步伐，电机公司可采用独资方式进入“金砖国家”等具有市场潜力的国家，避免外人染指其技术与经营秘密，保证国外公司统一的经营战略行动，从而有利于取得最大利润。

其次，在风力发电领域，公司技术较为成熟，开展国际化战略将以主机生产客户的需求为导向。采用股权合资的经营方式进入目标国家，既可以减少我方资金投入，使企业能以有限的自有资金扩大对外投资的规模，又有利于弥补公司跨国经验不足，并有利于吸取和利用合伙方的市场和经营资源，减少进入障碍和风险。

再次，在工业特种领域，公司国际化战略的目标是以技术需求为导向，开展技术合作或是技术引进，因此将通过战略联盟的方式，在欧洲等装备技术核心地区引进学习技术。

2. 国际化战略的人力资源措施

建设一支符合电机公司国际化发展战略的人才队伍。由于公司国际化战略重点要发挥在技术创新、产品质量、客户服务方面的优势，根据产业特点选择不同的产业合作与技术合作方式，需要大量技术管理、质量服务管理以及跨国经营管理方面的国际化人才。一方面公司可从内部选拔具有管理经验或国际商务能力方面的人才，针对国际化管理的能力与要求对其进行专门的培训与提升；另一方面公司可从外部引进相关领域的国际专家全程参与到国际化战略的前期工作之中，为公司战略实施奠定基础。

3. 国际化战略的风险管理

由于国际环境及市场的多变性，以及跨国经营的决策难度与行为风险，风险管理是实施国际化战略的关键点。电机公司国际化战略需严格围绕在轨道交通、风力发电、工业特种领域的核心竞争力，充分发挥技术、质量、服务方面的优势，严格筛选具有战略意义的市场。公司需冷静谨慎充分地开展国际化战略各阶段的工作，从而化解的国际化战略中遇到问题，有效控制风险。

本文选自：《改革与管理》2011 年第 4 期

轨道交通装备企业新产业组织运行模式的探索与实践

何俊涌

摘　要：轨道交通装备企业在国内的发展长期以来带有较强的计划性，这是由国内客户单一性决定的。进入21世纪后，在“走出两条铁轨”的口号下，随着技术进步和交通运输方式的多样化需求，众多轨道交通装备企业在城市公共交通、清洁能源等行业中发力，并取得不错的成绩。同时，这些企业也深刻地认识到从传统铁路市场进入更加开放的新产业、新市场中，面临着人才、技术、投资、管理等多方面的挑战。中车株洲电机有限公司(下称“株洲电机”)作为中国中车旗下专业的电机和变压器提供商，从铁路车辆牵引电机和变压器提供者，逐步进入风力发电装备、工业特种电机、特种变压器等领域，在新产业的开拓上走在了轨道交通装备企业的前列，其非轨道交通产业销售规模占了总体的一半以上。当前，株洲电机鉴于轨道交通、风力发电等既有产业即将遇到市场需求“天花板”效应，全面布局支撑其战略发展的新产业。在支撑新产业发展的众多因素中，笔者认为组织保障是“骨骼”，围绕组织匹配机制和资源是推动新产业发展的基本思路。株洲电机从新产业组织设置、运营考核和授权管理三个方面，提炼和总结了搭建新产业组织运行模式的基本思路和主要做法，并不断丰富和完善，形成自身经验，切实推动新产业的发展。

关键词：新产业；组织机构；运营考核；授权管理

一、引言

经过近几年的探索尝试，株洲电机孵化并明确了新能源汽车电机、高速永磁电机和特种变压器等符合公司战略方向的新产业，但在产业化的实践过程中，深刻认识到新产业发展面向的是充分竞争的市场，固有的管理理念、传统的经营模式、现有的资源和能力与完全开放、充分竞争的新产业发展环境存在严重的不匹配。组织运行和管理模式显得尤为重要，原有直线职能制集权管理模式、保守的激励机制不适用于完全市场化的新产业发展要求，同时对内部资源的调配形成制约，需要对新产业的组织结构、授权体系、激励机制进行深刻的变革。

二、主要做法

就企业自身产业布局和发展来说，新产业是指能够为实现发展战略提供一定经营规模、利润和竞争能力支持的产业和相应产品，是企业持续快速发展的新支柱、新增长点。对株洲电机而言，是指符合公司战略要求及经营需要，以专有技术为基础，通过内生增长、资本运作等多种方式向轨道交通和风力发电以外延伸的产业，以及利用新兴技术、新的模式拓展的产业。株洲电机战略上已经明确了新产业发展方向，紧随的是组织搭建，资源、机制的配置与建立。

（一）基于产业发展预期，定制新产业发展的组织结构

在公司治理结构下采取两级新产业管理架构，第一级为公司层面，第二级为执行层面。

1. 设立公司顶层的新产业管理机构

由于管理惯性，公司的管理资源和精力偏重在轨道交通产业上，造成对新产业的发展指导和支持不够。对此，有必要在公司层面成立一个专门的新产业管理机构，其组成成员应包括公司相关领导、相关部门负责人、内部专家和外部专家。该机构的主要任务是建立新产业发展规划决策与评估体系；搭建新产业项目团队；对新产业发展过程遇到的问题难点进行咨询评估；统筹谋划公司产业布局方案，实现产业资源与能力配置、效益与效率的平衡。

2. 依据不同产业的行业特点和发展阶段量身制定不同的组织结构

1966 年，哈佛大学教授雷蒙德 · 弗农提出了产品生命周期理论，弗农认为，产品生命是指市场上的营销生命，产品和人的生命一样，要经历形成、成长、成熟、衰退这样的周期。就产品而言，也就是要经历一个引入、成长、成熟、衰退的阶段。本文所述的新产业也就是新产品，同样遵循弗农的理论。株洲电机公司依据此理论，结合自身新产业面临的行业特点和发展基础，以预期收入、客户数量、毛利率、订单等定量指标作为具体的划分依据，对新产业进行了分类，主要分为四类，分别是孵化期新产业、导入期新产业、成长期新产业和成熟期新产业。

对处于不同发展阶段的新产业，采取不同的组织模式。由于企业人财物等资源的限制，为有效利用既有资源，孵化期的新产业组织在组织序列上以虚拟机构或二级机构为佳；导入期新产业组织可以由既有产业部门进行托管，或由

既有产业部门负责人兼任新产业组织的负责人。不同发展阶段新产业的组织模式如表1所示。

表1　不同发展阶段新产业的组织模式

所处阶段	组织模式	备注
孵化期新产业	项目组（工作组）	费用中心
导入期新产业	项目部	成本或利润中心
成长期新产业	事业部	利润中心
成熟期新产业	事业部或子公司	利润中心

新产业的组织模式随着发展阶段的变化而变化，当新产业发展到下一阶段的指标条件时，公司对其组织模式进行相应调整。

（二）坚持长期业绩导向，推进新产业组织差异化考核

新产业面临的是完全市场化的竞争环境，需要配套建立相应的激励约束机制，最大限度地激发创业者的创业激情。

1. 实行差异化的考核方式

新产业组织的考核根据新产业组织的形式和主要任务进行指标和考核方式设计。

新产业孵化阶段实行项目目标制考核，即在项目组设立时，制定项目任务书，明确项目任务、周期及成本费用等主要指标，项目组生命终结时进行总体评价。当项目存在跨年度运作时，还应进行年度评价。

新产业导入阶段实行项目目标与年度目标相结合的考核方式，即制定项目总目标任务书和项目年度目标任务书，分别在项目生命终结时与经营年度完结时考评兑现。

新产业成长和成熟阶段实行任期经营责任和年度经营责任相结合的考核方式。制定年度经营责任书和任期经营责任书，分别在经营年度和任期结束时考评兑现。

2. 建立考核指标库

目标任务书或经营责任书制订部门根据新产业发展要求，从指标库中选择合适指标作为新产业组织考核周期内的评价依据（见表2）。

表 2　新产业组织运营考核指标库(部分)

所处阶段	主要考核指标	辅助考核指标	考核周期
孵化阶段	任务目标 项目周期 成本费用	新客户合作意向 专题研究报告	项目组自然寿命 与经营年度
导入阶段	新签合同 新客户开发数 并购项目储备 产品交付期 产品质量 营业收入 毛利率	新产品领域 客户满意度 政府补助支持	项目组自然寿命 与经营年度
成长阶段	营业收入增长率 净利润 资本回报率 两金占收入比 现金流	新签合同 并购项目储备 科研计划完成率 国际市场收入 人事费用率 成本费用占收入比 政府补助支持 客户满意度	经营年度与 三年任期
成熟阶段	按照公司相关制度执行		

当新产业进入退出程序，或经营成果出现较大偏差，或发生其他重大变化时，考评结果还应组织专门评审。

(三)贯彻授权经营理念，激发新产业组织活力

授权是组织运作的关键，在拟定的产业目标下，根据目标的指导要求，赋予新产业组织相对应的业务权限详见表3。株洲电机按照授权理念的四大原则，即相近原则、授要原则、明责授权和动态原则，对不同阶段的新产业组织进行单独授权。权限的设置需要与公司领导层、职能部门、新产业组织沟通确认，兼顾新产业发展和公司监管的要求。新产业所处阶段越成熟，授权程度越高。

表3　不同阶段新产业的主要权限

所处阶段	主要权限
孵化期新产业	成员建议权、预算费用使用权、奖金分配权、科研项目立项建议权、目标市场与客户选择权、咨询合同签署权、相关资源调动使用权、绩效考核权
导入期新产业	新产业孵化阶段所有权限、战略规划制订权、供应商推荐权、物资采购权（授权范围内的物资定价和供应商份额、非授权范围内的物资采购计划制定权等）、产品定价权、产品销售等合同签署权（分金额大小）等
成长期新产业	新产业导入阶段所有权限、内部机构设置权、人员招聘权、中层管理者任免建议权、人员调动权、生产资源（厂房、设备）租赁权、生产资源（厂房、设备）购置建议权等
成熟期新产业	比照子公司权限设置

三、实施效果

株洲电机在2017年新设立了六个新产业组织机构，其中四个为一级实体机构，根据需要配置了相应的管理、技术、营销和生产方面的员工，以及办公、厂房、设备等资源，初步形成产业发展能力。新产业组织机构的搭建是落实新产业发展战略的第一步，在组织搭建完成后，株洲电机还配套建立了十多项管理制度，涉及投资、预算、专项发展基金、技术创新、人力资源、绩效、薪酬、供应链、风险管理等方面，形成了促进新产业发展的管理体系。株洲电机还将结合内部市场化推进情况，进一步完善独立核算机制，不断提升新产业组织效能。

本文选自：《市场周刊》2018年4月第3期

企业“微大学”移动学习平台的开发与应用

邹芸鹂

摘　要： 基于当前“互联网+”的时代背景，株洲电机公司以知识整合、管理为理念核心，对标集团 E-learning 平台的有益成果，搭建企业“微大学”移动学习平台，打造公司内部学习生态圈。本文阐述了公司企业“微大学”平台搭建的开发与应用，并对今后企业“微大学”的进一步建设及深入推广展开了系统构思。

关键词： 知识管理；企业微大学；自主学习平台

随着“互联网+”时代的正式到来，以教育为中心、耗费资源、需要人员集中和脱产、内容更新缓慢的传统学习方式，已无法顺应知识获取向“碎片化”“移动化”发展的时代趋势，难以满足各个层次员工的个性化学习诉求。同时，伴随企业持续发展，知识更新周期的不断提速，以爆炸式增长的企业知识难以有效地进行储备与传播。因此，如何驾驭新的学习技术，快速获取、固化、传递和应用新的知识，为员工提供灵活、轻便的学习服务，是企业学习变革创新、获得竞争优势的关键。

基于当前时代背景，株洲电机公司以“打造公司内部学习生态圈”为目标，对标集团 E-Learning 网络学习平台建设有益成果，以知识整合、管理为理念核心，倾力打造企业“微大学”移动学习平台。

一、企业“微大学”，小身量大作用

企业“微大学”，是一种运用电子信息技术特别是网络技术进行学习的网络平台。它可以提供海量学习资源，将知识的拥有者和汲取者之间的距离缩到最小，打破时间、空间的局限让企业员工充分享受自主学习，是企业培训开创的新型开放式学习模式。企业微大学具有以下优势与作用：

1. 丰富应用创新机制，促进自主显效学习

以开放式虚拟课堂为应用方式，建立区别于传统的被动式课堂的学习机制，在理念和应用机制创新的同时，带动员工学习方式及内容上的创新。将学习的使用权交予员工，更能深入贴合员工的学习愿景，掌握员工的使用需求，实现碎片化、移动化、快速化的显效学习，有效节约员工获取知识的时间成本。同时辅以奖励机制引导和激励员工在学习上的主动性、积极性和深入化，培育员工参与知识获取、提升专业技能和素质的自我超越意识。

2. 畅通知识传递共享，营造团队学习氛围

企业“微大学”为公司专家、技术骨干、内训师等提供知识传递、经验分享、成果展示的平台。通过应用网络平台实现在线信息交互，畅享学习成果。通过搭建知识管理平台，分享、积累、运用和再创造知识，促进团队和组织的知识共享、应用和创新。同时，通过内部的分享加强内训师与员工团队学习氛围，不断提升公司整体的学习力。知识信息共享模型如图 1 所示。

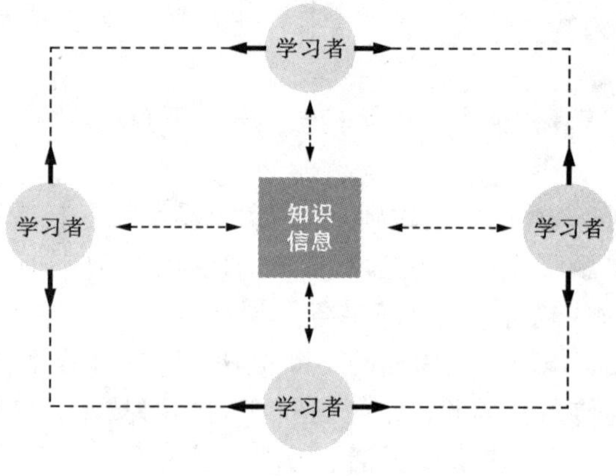

图 1　知识信息共享模型

3. 整合培训管理工作，显效提升工作效率

将以往流程复杂、内容分散的培训管理工作归整至系统，拥有培训需求调查、培训考试任务下达等功能，显著提升培训管理工作效率。同时，将公司各单位知识领域课程、课件资料进行梳理与整合，完善公司课程体系，实现战略地图、人才地图、学习地图的有效衔接。

二、把握建设关键，有效推广运营

企业“微大学”作为株洲电机公司知识管理的重点项目，由人力资源系统联

合信息技术部与第三方软件公司共同开发，并于2016年12月正式上线运行。

1. 完成数据收集，导入组织架构

企业“微大学”与株洲电机公司实际架构的紧密结合，需要大量充足、准确的数据支持。人力资源系统于2016年9月开始公司信息采集工作，通过对照公司组织架构手册、核对及更新员工信息等多种方式，在确保数据有效性与及时性的同时，完成了数据上传与系统组织架构搭建工作，为“微大学”的正常运行打下了坚实基础。

2. 课程梳理分类，搭建课程体系

以公司组织发展和人才队伍建设为导向，以员工职业生涯发展为路径，以职位分类体系为框架，建立了包括7个一级类别、29个二级类别和9个三级类别的课程体系，确保了课程内容的动态性、系统性和递进性。通过内部开发和外部采购等形式，甄选优质课程，建立了全面、实用且充分满足员工学习需求的课程资源库。

“微大学”课程体系架构图如图2所示。

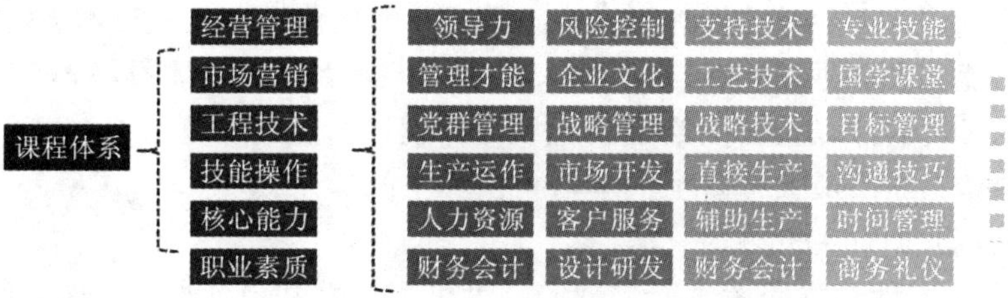

图2 “微大学”课程体系架构图

3. 完善页面布局，优化功能模块

株洲电机公司以“易操作性、趣味性、可扩充性”为原则对企业“微大学”界面显示与功能布局进行了个性化设计及界面优化，将企业核心理念、公司轨道交通及风电产业产品等企业文化元素与“微大学”有机结合，在增强员工学习归属感的同时，便于员工快捷、简明的获取学习信息。

4. 启动内部运营，策划上线推广

为确保企业“微大学”网络端和移动端正常运行，公司在上线前2周进入试运行阶段，对用户网页与手机登录、课程学习与课件播放、调查问卷发布与填写等多个关键功能环节进行了测试和完善。此外，在试运行阶段还策划了“年度培训需求有奖调查”等多个推广活动，吸引了大量员工积极参与，使员工能初步接触并参与使用企业“微大学”。

三、创新模块设计，轻松玩转学习

企业“微大学”设有网页端与移动端两种学习渠道，涵盖微新闻、微课堂、微调查、微考试、微咨询多个模块，满足培训管理、移动学习、在线考试、问卷调查、经验交流等学习需求，实现从知识的学习、传递共享、固化及创新等全生命周期管理，建立株洲电机公司内部学习生态结构与学习圈。

1. 一览无余的信息橱窗

首页开设“微新闻”，拥有公司培训新闻、培训活动、通知公告等信息发布功能，以图片和新闻相结合的方式显示员工每日一学、考试任务、培训学习、完成学分等基础信息，以图表方式显示员工所获积分，提醒和督促员工进行自主学习。“团队学习排行榜”依据公司各单位团队所获总学分进行排名，以团队学分展示的方式促使各学习单位形成内部竞争意识，激励其加大学习力度，提升团队综合学习力。

2. 引人入胜的课程形式

“微课堂”建立了区别于传统被动式课堂学习的开放式虚拟课堂课程，紧密结合公司知识体系结构，设有涵盖专业管理、市场营销、工程技术、技能操作、通用核心能力和职业素养等类别的 130 余门课程。“微课堂”课程能针对最新上传、最多人学习以及分配给个人的学习课程进行实时推送，充分节约员工学习时间成本，提供最大程度上的学习自由和空间。

3. 破旧立新的知识测评

“微考试”具有卷面考试所欠缺的高度可配置性和灵活性，管理者通过上传试题创建试题库，自定义生成试卷，在公司范围内向指定的单位、员工组织和发布在线考试，经由系统后台自动批改试卷并输出成绩分析数据。员工也可通过自测习题库对自身学习情况进行反复检测。在公司内提倡并推广在线考试，节省人工成本，减少纰漏，更加直观快速反应学习情况。

4. 触手可及的问卷调查

“微调查”实现问卷调查的在线化与智能化，员工通过“动动手指”完成在线填写与提交，系统后台自动完成数据统计和分析，并结果以图表形式直观呈现。目前，已通过“微调查”功能在公司范围内完成“2017 年公司培训需求”及“公司 2017 年国际化人才培训”等调查活动，通过大数据分析为人才开发活动提供了有利的数据支持。

5. 无孔不入的知识积淀

设置“微咨询”“微问答”功能板块，整合公司技术、管理和技能等领域专家，员工可根据问题类型向不同领域的“爱问专家”进行针对性提问，问题通过后台可直接推送给相关专家进行解答。“微问答”集合网络百科，论坛社区等服务优势，以专业、垂直的问答方式，实现“无意识”的知识生产，让知识积淀融入到所有问答行为中，在公司内部建立起自由、活力的知识共享学习圈（见图3）。

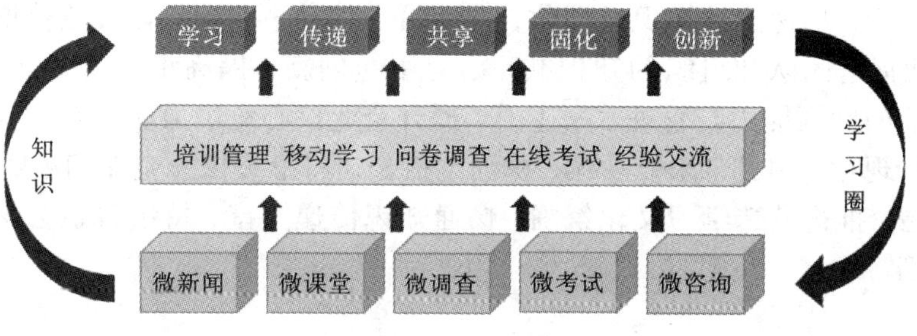

图3 “微大学”知识共享学习圈

四、总结与展望

针对企业“微大学”课程体系需持续完善、员工关注度有待提升、知识检索稍有欠缺等现状，企业“微大学”的功能完善及运营对策应着重考虑以下几点。

1. 加强特色课件开发，持续完善课程体系

课程体系作为企业“微大学”自主学习平台的最基本、最核心的构成要素，应紧扣企业发展战略，持续构建系统化、标准化、个性化的课程体系。充分利用公司技术专家及内训师等知识团队对业务知识的进一步梳理、总结和归纳，充分发掘各业务最新热点及前沿学习资源，开发储备具有行业特色、符合企业战略需求的课程课件。逐步完善符合行业特色的课程库，不断优化课程体系，进而激发员工学习热情，带动公司学习氛围。

2. 建立健全激励机制，强化推广运营力度

制定切实可行的激励机制，保证激励效果的高效和持久，引导和培养学习团队及员工个人自主学习、实现自我超越的主动性、积极性、坚持性。例如，针对个人及学习单位等可设“学习之星”“最佳学习团队”等荣誉奖项，对获评单位及个人进行专项表彰，颁发荣誉证书并给予一定物质奖励。在公司内不定期地开展“微课大赛”“在线趣味知识竞赛”等具有创新性、学习意义的线上活动，充分发挥“微大学”的平台优势，可增添团队学习趣味性，强效激发运营活力。

3. 深耕知识检索平台，夯实公司知识系统管理

针对公司目前知识检索渠道较少，信息提取难度较大、效率较低，缺乏知

识分类标准规则与健全的知识管理体系等问题，可借助企业“微大学”的二次开发，以“加强知识管理，畅通知识传递，充分挖掘员工隐性知识”为核心理念，建立知识分类标准规则及知识管理体系，搭建公司内部集成化、可视化的一站式知识共享检索平台。进一步发掘、提炼与固化深植于员工头脑和心智模式内的隐性知识，加速隐性知识显性化，帮助员工快速、准确、有效地获取工作知识，从而促进团队和组织的知识共享、应用与创新，提高组织工作运行效率，推动企业的创新能力与管理水平上升，提升企业核心竞争力。

笃行现在，预见未来。后续，株洲电机公司将继续依托企业“微大学”自主学习平台，推进营造学习文化氛围，畅通知识传递共享，持续打造公司内部学习生态圈。

本文选自：《中车人才》2018 年总第 45 期

基于 ERP 和 MES 系统的精细化生产物料领用研究

刘娜娜　何柏莹　蒋超发

摘　要： 为了解决传统的 ERP 系统下工艺路线不能很好地支持生产排程，从而导致依据 BOM 生成的领料计划不能精细化物料领用的现象，提出了将 MES 系统和 ERP 系统结合的思路。对 EPR 现有的 BOM 结构进行扁平化设计，通过 ERP 下达生产计划指令，MES 计划调度模块接收生产计划，编制详细的作业计划给生产车间执行生产，编制精准的物料配送需求给仓库执行配送，并反馈执行完成情况给 ERP。借助 MES 系统实时采集和整合生产各方面的数据，及时反馈数据，最终实现物料的精细化领用。

关键词： ERP 系统；MES 系统；物料领用；精细化

0　引言

虽然目前企业使用的 ERP 系统已包括工程数据管理、生产管理、仓储物料配送等模块，可以支持物料配送领用、确认等功能，但是受 BOM 树结构的影响制做出的工艺路线与物料分配与实际生产实际不符不能很好地指导生产的开展，而且 ERP 系统不能支持生产排程。现有的生产、仓储配模块仅可以做到班组物料领用、生产计划下达、班组报工等功能，不能及时反馈生产的开展情况及物料的实际领用、库存情况，导致物料无法精细化配送。针对以上问题，通过优化 ERP 数据结构，并在 MES 系统中完善、细化生产控制、物料领用模块，实现 ERP 系统和 MES 系统的联动进而解决以上问题，满足制造车间生产管理需求，提高生产管理信息化，进而实现物料精细化管理。

1 ERP 系统、MES 系统、BOM 的相关理论

1.1 ERP 的相关概念及理论

ERP 即企业资源计划，由美国 Garter Group 公司于 1990 年提出。企业资源计划是 MRPⅡ(企业制造资源计划)下一代的制造业务系统和资源计划软件。除了 MRPⅡ已经有的生产资源计划、制造、财务、销售、采购等功能外还有质量管理，实验室管理，业务流程管理，产品数据管理，库存、分销与运输管理，人力资源管理和定期报告系统。目前，在我国 ERP 所代表的含义已经被扩大，用于企业的各类软件已经统统被纳入 ERP 的范畴。它跳出了传统企业边界，从供应链范围去优化企业的资源，是基于网络经济时代的第一代信息系统。它主要用于改善企业业务流程以提高企业核心竞争力。

1.2 MES 的相关概念及理论

MES 系统是一套面向制造企业车间执行层的生产信息化管理系统。MES 可以为企业提供制造数据管理、计划排程管理、生产调度管理、库存管理、质量管理、人力资源管理、工作中心/设管理备、工具工装管理、采购管理、成本管理、项目看板管理、生产过程控制、底层数据集成分析、上层数据集成分解等管理模块，为企业打造一个结实、可靠、全面、可行的制造协同管理平台。

1.3 BOM 的相关概念及理论

BOM(bill of material)即物料清单，是计算机可以识别的产品结构数据文件，也是 ERP 的主导文件。BOM 使系统识别产品结构，也是联系与企业沟通各业务的纽带。ERP 系统中的 BOM 的种类主要包括：缩排式 BOM、汇总的 BOM、反查用的 BOM、成本 BOM 和计划 BOM。

2 基于 ERP 系统的 BOM 结构调整

目前 ERP 内现有的 BOM 多数为设计 BOM，存在结构层多，部分结构、物料设计与生产不符的现象。结构层多大大增加了生产排程的难度，设计 BOM 并不能很好地指导生产的开展，针对该现象必须对 BOM 结构进行扁平化处理，对部分结构进行调整，对部分物料进行重新分配。

在进行扁平化处理时，考虑到 BOM 结构的完整性，根据生产车间、工位的划分情况，及跨车间必须产出半成品的情况，尽量保留原 BOM 结构对部分自制件进行虚拟处理，保留必须产出半成品的自制件，将需调整物料挂在一个特殊处理的虚拟件下面整体移动。下面以一个心式变压器为例，调整前后生产管理模块看到的 BOM 结构对比见图 1。

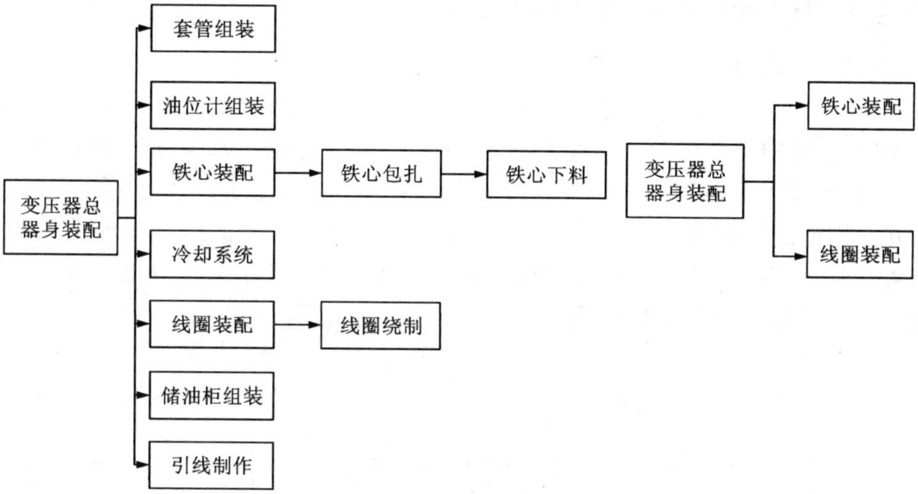

图 1　BOM 结构调整前后对比

BOM 结构调整后根据作业顺序、作业时间，以细分后的工位为最小作业单元，定义工艺路线，进行物料分配。

BOM 调整后的工序、工位对应关系，以心式变压器为例，如图 2 所示。线圈装配、铁心装配、变压器总器身装配代表三个工序，图中的 1、2、3、4 数字代表工序下的各个工位的作业内容。

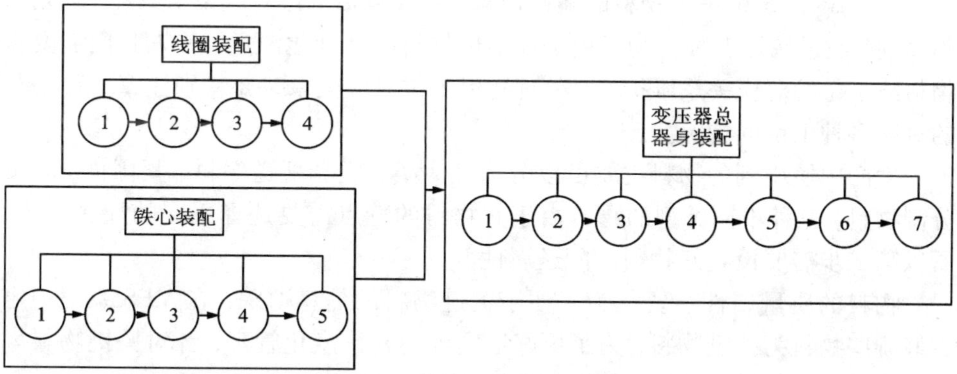

图 2　工序工位对应关系

3 基于 MES 系统的基础数据处理

3.1 工位并行工位处理

生产排程是实现物料精细化领用的基础，BOM 扁平化处理以后，每个产品在 MES 系统中会生成若干个生产订单(原则上越少越好，越少越便于生产的排程)，在实际生产过程中一个生产订单内往往会出现多个工位并行生产的情况，且并行生产的情况在一个工序下多次出现，为了生产更好的排程保证系统数据与生产实际相符工位并行作业的设置至关重要。在此我们采用分组并行的方法来处理，下面以一个简单流程图(见图 3)来进行说明。

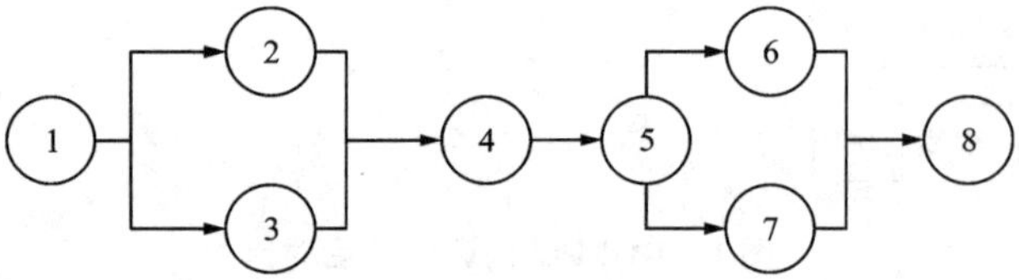

图 3 并行生产示意图

如图 3 所示我们可以将工位 2、工位 3 定义为并行组 1，工位 6、工位 7 定义为并行组 2。当然，实际的生产过程可能远比该种情况要复杂很多，在设置生产并行关系的时候综合考虑作业顺序、作业时间参照该方法处理。

3.2 物料属性定义与完善

在 MES 系统中一个物料的属性设置，主要包括工位对应关系属性、计划领用属性、质量属性三种。为了更好地实现物料的精细化配送，首先我们需要将物料与工位的对应关系维护好，处理物料工位对应关系时要特别注意一种物料的对应多种工位的情况。

生产中使用到的物料主要可以分为三大类：成套配送物料、紧固件、不可分割物料，三种不同类型的物料由于其物料的特点需要选择不同的配送方式。所以第二步需要设置好物料的配送属性。

物料的质量属性主要是为了便于关键物料的信息追踪，在 MES 系统中定义好哪些物料为关键物料，为了更好地实现物料信息化管理，针对关键物料增打二维码，生产过程中通过扫描二维码及时记录关键物料的相关信息。

3.3 线边库信息的完善

物料的领用过程中，实时、精准的物料库存信息很重要。传统的 ERP 数据库仅可以查询出存储在库房内物料的库存信息，通过在 MES 系统中完善工位线边库信息，通过报表及时反馈工位的物料库存信息，更好地指导班组物料的领用。该信息对不可分割物料以及紧固件的管理非常重要。

4　系统的实现

基础数据完善以后，整个生产过程中物料领用的系统业务流程如图4所示。

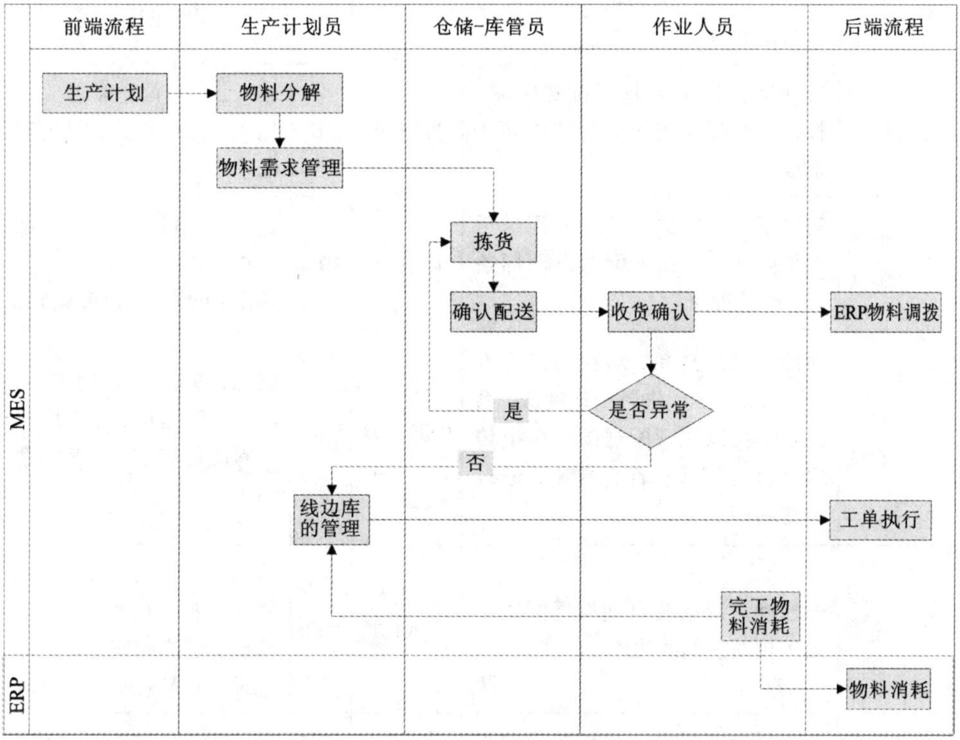

图4　精细化生产物料领用业务流程

从流程图上，我们可以很清楚地看到整个生产过程中物料的领用情况，具体的流程介绍见表1。

表1　业务流程介绍

序号	步骤	流程要点说明	岗位	系统	输入/输出
1	物料分解	计划锁定后，系统自动结合工序物料分配和任务排程时间，形成对应派工单的物料配送需求	计划员	MES	输入：派工单、物料分配 输出：物料配送需求
2	物料需求管理	来源于正常计划排程后的物料分解，对物料需求的清单、状态进行管理和查询	计划员	MES	输入：物料配送需求 输出：物料配送需求
3	拣货	选择即将拣货的物料配送需求，根据物料配送需求进行拣货确认形成配送单	库管员	MES	输入：物料配送需求 输出：配送单、物料配送需求
4	配送确认	对已形成的配送单打印并配送至工位配送点，扫描配送点地标条码，确认配送	库管员	MES	输入：物料配送需求、配送单 输出：配送单(已配送)
5	收货确认	对照物料配送单，对物料进行点货，若无异常，进行配送确认，系统自动将以实现配送的清单上传ERP进行调拨；若有异常，进行配送退回	作业人员	MES	输入：配送单(已配送) 输出：配送单(已收货)、物料配送需求、ERP调拨清单
6	线边库管理	配送确认后系统自动根据配送单入工位对应的线边库	计划员	MES	输入：物料配送单(已收货)/物料消耗清单 输出：线边库库存、入库记录、出库记录
7	完工物料消耗	完工后系统根据工单执行后的工序物料消耗信息进行消耗，线边库库存出库，同时将物料消耗信息上传ERP	作业人员	MES	输入：物料消耗信息 输出：线边库库存出库

5　结论

本文通过对生产制造过程中物料领用的分析，找出基于ERP系统物料领用过程中基础数据方面存在的一些缺点，通过对基础数据梳理完善，结合引进的 MES 系统加强对生产过程物料领用的控制，以实现准时化物料配送。通过增加二维码实时对物料的信息进行追踪，同时通过线边库的管理每日点、每周盘，实时反馈出整个生产过程中物料的真实库存情况，进一步实现物料的精细化领用。

本文选自：《中国铁路装备》2018 年第 6 期

A 公司项目采购管理存在的问题与对策

肖美长

摘　要：随着企业的经济发展和企业规模的扩大，尤其是企业科学化、系统化、精细化管理的落实和信息技术的广泛应用，采购管理的作用越来越重要，已不仅仅是企业或部门的一种独立的功能和一般性的工作，而是一种与企业战略决策紧密相关的综合性管理活动，它对项目的目标成败有着直接的影响。本文分析了 A 公司目前项目采购管理存在的问题，并提出了相应的对策。

关键词：A 公司；项目采购管理；采购管理模式

随着我国经济体制改革的不断深入和我国经济的快速发展，企业管理的科学化、系统化和精细化的程度越来越高。对于企业管理者而言，如何在扩大生产规模和生产效能的同时，不断降低企业生产经营成本、提高经济效益，是一个亟待解决的现实问题。俗语说："兵马未动，粮草先行。"项目采购管理作为企业管理的基础和先行兵，在企业管理中的重要地位日益凸显，并被广泛重视。

一、A 公司概况

（一）A 公司简介

A 公司是中国中车集团旗下的一级子公司，公司以"三创三化"为主体战略，持续巩固和发展轨道交通和风力发电产业领域的竞争优势，并快速拓展新兴市场领域，不断优化业务结构，形成"1 +1 +3 + X"［轨道交通 + 风力发电 +（新能源汽车电机、高效电机、特种变压器）+（船舶海工、工程机械、港口机械、竣工）］的产业格局。力争 2020 年营业收入突破 120 亿元。A 公司自 2004 年成立以来，取得了良好的经营业绩，2016 年销售收入过 70 亿元，已经成为国内领先、世界一流的轨道交通装备和风力发电研制装备企业。公司在江苏大丰、内蒙古包头、四川成都、广东番禺设立四家全资及控股子公司，组建了湖南省轨道牵引电机工程技术研究中心、国家风电技术研究中心电机研究室、国家级检测试验站、电气绝缘电力设备国家重点实验室、博士后工作站，成功跻身于“国家技术创新示范企业”序列，获得国家认定企业技术中心称号。

（二）A公司项目采购管理

所谓项目采购管理，主要是指在市场经济的条件下，通过市场采购获得项目管理、经营所需的产品、物质、技术和服务等其他相应的资源的管理过程。在A公司的生产和项目管理中，项目采购是供应链中非常重要的环节，项目采购管理是A公司生产经营成本控制的重要基础，同时也是A公司生产经营和项目管理中必需的原材料、配件、信息、技术和售后等要素的重要源头。目前，A公司的项目采购管理不是单独存在的一个管理程序，它的管理行为和过程与A公司的各体系管理和项目管理有直接关联。在A公司的发展过程中，其内部已经形成了一整套的项目管理和项目采购管理模式，经过实践的检验，还是卓有成效和科学的，但随着A企业近年来快速的发展壮大和市场环境的变化，这套管理模式逐渐与A公司的内部经营环境和外部的市场环境有些脱节，急需改进和完善。

二、A公司项目采购管理存在的问题

（一）重进度，轻成本

项目管理的三大目标是进度、质量、成本，它们之间既对立又统一，进行目标控制时应作为一个整体来进行有效的控制。进行项目管理时，不能单纯强调某一个目标，而忽略了其他目标，如不充分考虑项目管理三大目标之间的对立统一关系、不统筹兼顾，则会出现由于重视的程度出现偏差，造成顾此失彼的现象出现，从而影响整个项目的顺利实施。而项目管理采购成本作为项目成本的重要组成部分，如果不充分考虑压缩进度的必要性，缩短项目物料采购进度，则会导致采购成本的增加。A公司在项目管理过程中，经常为了缩短期，而且缺少对缩短进度必要性的平衡和评审，导致不必要的采购成本的增加。同时受传统管理观念的束缚，A公司项目经理对进度的管理力度重，项目目标主要在进度方面，而对项目成本管理的意识不强，重视不够，往往口头讲得多，实际落实少，缺少相应明确的成本目标，重进度、轻成本，重事后、轻事前。

（二）项目信息不准确

项目信息的准确度体现的是项目管理的能力高低。如果项目信息出现不准确现象，那就说明项目管理的信息采集和管理环节出现了采集不到位和管理漏洞，这些管理漏洞的出现对于企业项目管理而言是致命的，不但使项目的整体管理出现混乱，而且会因此影响项目的进度，并使项目周期延长。相对项目采购而言，项目信息是项目采购的重要依据，如数量不准确、信息不准确和不严谨，不但人为地增加项目采购管理成本，而且影响项目采购进度。A 公司项目采购管理过程中就曾因为信息不准确而导致非常严重的后果。仅以 2016 年为例，因有关部门提供的需求信息大于实际需求，致使 A 公司库存积压 280 万元；因有关部门提供的需求信息小于实际需求，导致 A 公司 18 个项目紧急补料；因有关部门对客户的需求的进度信息掌握不够准确，导致 A 公司产成品、半成品和原材料库存积压 420 万元。

（三）制度落实不彻底，流程不畅通

项目管理的流程和制度在项目管理中，其重要性是不言而喻的，制度和流程直接关系着在实现项目管理目标时的行为和实施过程，项目管理制度是项目管理的行为准则，而管理流程是管理的行为规范。相对于项目采购管理来说，无论是项目管理流程，还是项目管理制度，在项目采购的启动和进行过程中，都对项目的及时性、准确性和计划性有着深远的影响。如果出现项目管理流程不畅通、制度落实不彻底的现象，就会导致项目采购工作无法正常启动和执行。例如，A 公司的客户资产质检制度，明确规定：客户提供的产品（需与 A 公司产品进行配装）要求进行全要素质检。但在实际执行中，有关部门缺少对客户产品的质量状态的检验，结果导致客户产品出现缺陷后，责任主体不明。又如，在“物电包”流程中，“物电包”下的一部分物料由 A 公司负责采购，又有一部分物料是向客户直接领用，由于物料清单不清楚，领用流程不畅通，责任主体不明确，结果导致项目物料采购工作无法启动，影响了项目进度。在“点装”流程中，客户或 A 公司研发部门指定的物料供应商，并不是 A 公司注册供应商，但 A 公司并未明确物料供应商推荐的责任主体和推荐的进度要求，结果也导致了项目物料采购工作无法启动，影响了项目进度。

（四）供应链和供应商平台未能跟上项目产业发展的步伐

随着 A 公司产业的快速发展，其不断推出新产品、新技术，但 A 公司的供应链建设滞后或者落后于产业发展的步伐，由此，对 A 公司的项目的整体运营在进度、利润、生命周期等方面产生了影响。例如，A 公司作为未来重要发展方向之一的高速永磁电机业务板块，其高精尖配件加工的供应商平台滞后项目的发展要求，影响项目目标的实现。又如，A 公司新产业板块的电动汽车电机，供应链精益成本的建设制约着电动汽车电机的发展。由此可见，A 公司供应链和供应商平台和项目产业发展的脱节，导致供应链和供应商平台制约了项目的顺利进行，由此也拖延了 A 公司的项目周期。

（五）缺少专业的项目管理和项目采购人员

优秀合格的项目管理和项目采购人员是项目战略发展目标实现的基础，是项目管理目标和采购目标实现的根本。随着A公司项目管理理念、产品技术创新、采购模式、采购范畴和领域的延伸，对项目管理和项目采购人员的职业素质和专业技能的要求越来越高，而A公司现有部分项目管理和项目采购人员的管理理念更新较慢，缺少技术背景和对信息技术应用、新的管理方法与工具的培训，项目管理和项目采购人员的专业素质、专业技能仍停滞不前，不能适应和满足企业战略目标和项目采购管理目标的实现，影响了项目的进展。

三、完善A公司项目采购管理的对策

（一）建立项目管理三大目标的综合评价机制

在项目启动时就必须将成本目标和质量目标、进度目标全部明确，如质量目标、进度目标一样需要将成本目标进行量化和分解，并将目标细化落实的责任人，由各个层面的责任针对子目标进行项目成本策划和项目成本控制。在实施过程中需要加强过程控制，比对项目各阶段、各环节的目标值和实际值，并采取纠偏措施。如因其他目标或因素调整或变化，导致项目成本的增加，此时需要进行综合评审确定是否同意成本目标调整。项目结尾阶段需要对项目成本目标的实际执行情况进行评价。将项目的成本目标与项目质量目标和项目进度目标一起纳入项目目标的综合评价，项目三大目标缺一不可，做到目标最优。

（二）建立高效、快速、通畅的项目管理信息平台

建立高效、快速、通畅的项目管理信息平台，并且将该项目管理信息平台接口与A公司已经成熟运行的ERP系统进行有效结合。通过项目管理信息平台帮助解决A公司的项目管理信息的准确性、及时性等问题，满足各级和各部门管理的要求，实现项目协同管理、信息共享，做到合理利用资源，增强企业应变能力，使A公司项目管理更为科学。

（三）完善和优化项目管理流程平台和项目管理制度平台

项目管理流程和管理制度，是项目顺利实施和项目目标达成的重要保障。A公司项目管理流程和项目管理制度已经实施多年，但是随着A公司的发展壮大和市场环境的变化，部分流程和制度急需改进和完善。A公司须科学地并切合本企业项目实际需要，通过系统梳理管理制度和管理流程，对制度落实不彻底的问题进行整改和评价，对流程不畅通的问题进行完善和优化，确保项目目标的实现。

（四）根据企业的战略发展，提前布局供应链和供应商平台的建设

项目管理是一个整体，在整个项目的实施和进行中，供应链和供应商平台

作为项目管理的关键环节，不但决定着项目进程的速度，而且还影响着整个项目的项目成本和项目质量。因此，A 公司应根据企业的战略发展，提前布局供应链和供应商平台的建设，只有“提前”布局好供应链和供应商平台，才不会出现真正需要的时候才发现供应链和供应商平台滞后。

（五）培育项目管理所需的人才队伍

为了使项目采购管理工作和项目采购工作满足和适应当前各种项目产品技术创新、采购模式、采购范畴和领域延伸的需求，A 公司应加强对现有项目管理人员和项目采购管理人员的专业业务素质和专业技能培训，建立一批懂技术、懂管理的项目管理人才队伍，以及通过岗位的调整或者新设一些适应项目管理的专业岗位，如采购工程师、项目工程师等。

本文选自：《智富时代》2017 年第 10 期

树立和宣传劳动工匠典型的经验及思考

唐　妞

如今，中车株洲电机公司盛金龙、黄光宇、曹建国等几位技能大师是响当当的“技能达人”“高铁网红”，是新时代大国工匠的典型代表。然而，如何让普通劳动者脱颖而出，崭露头角，数次在央视的舞台展示新时代高铁工人的风采，这和中车株洲电机公司对技能人才的重视及培养有着直接关系，更与劳动典型人物的选树、精准宣传、全力推广密不可分。

一、典型人物宣传的背景和原因

一是紧扣时代脉搏、响应党的十九大报告精神的具体实践。习近平总书记在党的十九大报告中指出“建设知识型、技能型、创新型劳动者大军，弘扬劳模精神和工匠精神，营造劳动光荣的社会风尚和精益求精的敬业风气”。每个时代都有反映时代特征的典型代表，公司通过典型人物宣传，展示企业转型升级改革实践中技能员工发挥的作用，挖掘劳模工匠典型人物身上反映出的知识型、技能型和创新型劳动者的时代特质，从而影响和带动更多的人投身实业，创新创造。

二是树立中国中车“高铁工人精神”新典范的需要。2016 年，中国中车在国资委新闻中心主办的国企精神研讨会上正式发布“产业报国、勇于创新、为中国梦提速”的中国高铁工人精神，并陆续推出了首席专家丁叁叁、工程院院士丁荣军、焊接大师李万君等一批代表“高铁工人精神”的典型。其中反映“勇于创新”这一内涵的技能员工很少，然而作为以高铁研发制造为主业而被公众熟知的中国中车，还有不少从事非高铁主业的员工，盛金龙等人都是从事基层的一名维修工人，对他们的宣传可以使“高铁工人精神”指代的人群延伸范围更广，也可以更好地激励那些非传统意义的“高铁工人”，让“高铁工人精神”拥有更广泛的意义。

三是提升中车株洲电机对外知名度和对内凝聚力的需要。对典型人物特别是代表社会主旋律的典型宣传，具有强烈的广告效应，能极大地提高企业的知名度和美誉度，强化社会各界和业内人士对企业综合实力的认同，从而提高企业的市场竞争力。对企业内部而言，树立和宣传典型具有最佳的示范作用。典型引路，能让员工对照身边人、身边事，学有榜样，赶有目标，起到“点燃一盏灯，照亮一大片”的效果。

二、典型人物宣传的经验与做法

盛金龙是中车株洲电机公司一名普通的维修钳工，在 2011 年公司第一次“员工技能大赛”上，他连复赛没有能够进，这对他的打击非常大。于是，盛金龙就暗自发誓，一定要勤学苦练，争取下次的成功。正凭借这一股子不服输的精神，盛金龙主动向技术技能专家求教，慢慢领悟技巧，然后私底下苦练，终于掌握了一手分毫见功夫的钳工绝活。在没有参加央视“挑战不可能”节目之前，他的“盲配钥匙”绝技绝活曾被湖南卫视、湖南经视多次报道。也正是如此，央视节目组在网上找到了他的绝技视频，主动和我们取得联系，希望公司推出工匠典型来接受更大的挑战。

1. 提前策划，联合央视，抢占宣传先机

中央电视台是最权威、最有分量的国家媒体，我们深刻把握与央视一套的合作机会，提前在公司内外网报道了盛金龙参加“挑战不可能”的消息，并将节目的背景、形式以及节目嘉宾阵容进行大力宣传。消息一经发布，湖南省、株洲市各路媒体纷纷与我们联系，跟踪报道采编盛金龙的人物故事，绝技绝活亮点、难点等情况。这也正好契合了时下工匠精神宣传的主流，所以社会媒体对盛金龙“参战”一事引发高度关注。对后续持续关注盛金龙、关注中车株洲电机做了充足的铺垫和准备。

2. 聚合资源，多平台广覆盖，形成全方位宣传态势

与央视栏目组确定好节目播出时间后，我们迅速在官方微信、内外网发布消息。同时，中车集团总部也通过官方微信动员 19 万中车员工集中收看电视。就在节目播出当晚，第一个出场的便是盛金龙挑战“蒙眼配钥匙”，看到盛金龙挑战成功后，所有人欢欣鼓舞、佩服不已，微信朋友圈“爆炸式”转载中国高铁工匠盛金龙。我们早就料想到，盛金龙挑战成功的节目一旦播出会吸引众多人的关注，立刻召集社会媒体来公司召开一场别开生面、规模宏大的“盛金龙挑战不可能背后的故事暨媒体见面会”。公司几百名干部职工参加，聆听盛金龙成长、成功的故事。见面会上，重温了央视现场挑战的视频，通过人物访谈、视频采访等方式深入了解盛金龙的工作和生活，向社会媒体及公司全体员工全

方位宣传工匠典型人物的精湛技艺与精神品质。

3. 深挖典型，形成合力，助推宣传取得成效

盛金龙的“一战成名”成为中车人的自豪，更是中车株洲电机公司的骄傲。一年多以来，陆续受邀参加了四川卫视《技能状元》、天津卫视《跨时代战书》、辽宁卫视《有请主角儿》、湖南卫视《快乐大本营》等栏目的展演，高铁工匠的名气在全国范围内越来越大。盛金龙通过自己的实力与能力，先后获得了“上海基尼斯挑战纪录”“湖南省五一劳动奖章”“中车高铁工匠”“株洲市2016年度十大人物”“株洲市劳动模范”“公司劳动模范”等殊荣。我们也深刻意识到，树立和宣传典型人物对中车品牌影响力及对内凝聚力的重要作用。由此，我们转变思路，通过员工技能运动会、创建“劳模创新工作室”等途径，在公司内挖掘更多像盛金龙这样默默奉献、扎根基层、身怀绝技的技能大师。如“白炽灯上錾钢丝”的黄光宇、“电钻钻薄纸”的曹建国、“电钻钻鸡蛋”的谢伟等几位技能员工。充分挖掘他们工作的难点亮点，通过地方媒体让他们多次“曝光”，形成了一定的影响力之后，再加强与央视各套栏目的沟通。终于在今年五一前夕，将黄光宇、曹建国、谢伟送上央视7套《为你点赞》的舞台。节目一经播出，再次引起社会媒体广泛关注。紧接着，新华社以《中国高铁工匠的“独门绝技”》刊发五一特别报道，湖南新闻网、中新网、湖南工人网、今日头条、株洲新闻网、株洲日报等60余家媒体及网络平台进行转载，将高铁工匠典型人物宣传推向又一个高潮。高铁工匠典型人物的选树与宣传对公司内其他员工无一不是一种激励与鞭策，今年国庆期间，公司旗下江苏电机公司叉车司机朱海慧、曾超两位员工也受邀参加央视3套《艺览天下》录制，节目将在2019年元旦正式播出。目前，公司已形成了“工匠集聚，群星璀璨”的良好态势。

三、典型人物宣传的后续思考

通过一系列宣传，成功让盛金龙、曹建国、黄光宇等人从一名普通的劳动者成为大国工匠的典范，取得了超出预期的传播效果。总结经验，还有很多有待思考之处。

1. 善于借势，精准定位，让“非典型”变为“典型”

要大力借助“五一”国家传播主流价值的契机和响应习近平总书记“建设知识型、技能型、创新型劳动者大军，弘扬劳模精神和工匠精神”的指示，抓住社会关注热点等，突出挖掘普通高铁工人的先进事迹和感人故事，联合社会媒体高频发声。

2. 典型人物宣传的可持续性

目前来看，五一国际劳动节是宣传劳动先进典型的“高温”期，五一过后，

报道也随之出现"降温"。一方面这是宣传的必然规律，但如何使典型人物宣传避免昙花一现，后续可以持续发酵推出新的亮点，这一方面是做好典型人物宣传的一个突破口。

3.典型人物宣传在"墙内开花墙外香"的同时，怎样带动"墙内"更多花绽放

盛金龙的宣传在社会媒体出现轰动效应的同时，公司内部也通过内网、报纸和微信公众号进行了宣传，并召开盛金龙专题道德讲堂分享会，但是对内宣传与对外宣传还是有很大区别的，一方面要让公司内员工感受到劳动光荣、当工匠自豪的氛围，另一方面也要将聚光灯分一部分给典型人物的团队，还有公司内部有威望和影响力的工匠和劳模，让更多的劳动典型人物在公司内遍地开花。

本文选自：《铁路工运》2019年第4期

针对乘客非理性行为的城轨车辆工业设计对策

朱剑飞

摘　要：本文借鉴了设计心理学关于“非理性用户模型”的理论成果，对城轨车辆乘客常见的非理性行为进行了分析和归类，提出了在城轨车辆的工业设计中如何最大限度地防止乘客的非理性行为并消除其不良后果，从而提高旅行的安全性和舒适性，降低运营的成本。

关键词：城轨车辆；非理性行为；工业设计

0　引言

城市轨道车辆作为人员密集、运量巨大、换乘频繁的公共交通工具，由于编组长，车内不设乘务人员，管理不易。同时设备昂贵，系统复杂，又主要运行于城市地下或高架桥上，逃生困难，在运行中一旦出现异常情况，往往后果严重。因此需要对城轨车辆自身的行车安全和乘客的人身安全进行最周密的考虑，以防止任何可能出现的意外。

本文主要从乘客在旅行过程中的非理性行为这一角度出发，对乘客常见的非理性行为根据其不同的性质进行了分类，分析其产生的原因及可能造成的后果，从而有针对性地提出相应的工业设计对策，以确保城轨车辆的行车安全、车辆设施的财产安全以及乘客的人身安全，提高乘客旅行的安全性和舒适性，降低地铁公司的运营成本。

1　非理性用户模型理论

李乐山先生在《工业设计的思想基础》一书中建立了“非理性用户模型”。他指出，迄今为止，人机界面的设计都是以理性人用户为基础，这种用户（操作员）行为符合理论行为过程（先建立动机和目的，然后建立行动计划，合乎逻辑的感知和思维，符合目的的行为，合乎逻辑的评价行动结果，情绪对行动没有负面作用等）。

“非理性用户模型”认为人的理性有一定的限度，知觉能力有限，认知能力有限，人的行为受到情绪的影响。一旦超过这个限度，就表现出非理性行为。所谓“非理性行为”是指人的行为不再严格地受行为目的、动机和行为规则的控制，这种非理性表现在知觉、思维、情绪、意志和动作等各个方面。

“非理性用户模型”的主要设计思想是使机器适应人的行为、知觉、认知与动作特性，以减少人的脑力负担，通过设计给人提供自然思维和行为条件，并弥补人的缺陷。

2 城轨车辆乘客非理性行为的分类

在旅行过程中，乘客主要有以下非理性行为。

（1）出错。

乘客在疲劳、紧张、注意力下降时，如果乘车环境中的旅行信息供给不足，非常容易发生乘用线路或行车方向的认知错误而导致搭错车。

（2）遗忘。

乘客在旅行疲劳、注意力下降甚至打瞌睡时，非常容易导致错过下车的目的地；或者因为车厢人多拥挤，急于下车，慌乱之中，往往将放在座椅底下等位置的随身物品遗忘在车上。

（3）误操作。

因为乘客的好奇或惊慌，在没有发生重大紧急事件的情况下，对只有在紧急状态下才可使用的车内设施（以下简称紧急状态设施）进行误操作，结果造成车辆设施损坏，并危及行车安全和乘客的人身安全；或者因为乘客的懈怠、叛逆等违反正常规则的行为，引起车辆监控设备错误的报警，从而导致正常的旅行秩序发生混乱。

（4）意外伤害。

在车门即将关闭、列车即将启动之际乘客强行上车或下车，造成乘客人身伤亡；在旅行中因为人多拥挤或无意中倚靠车门等行为可能造成的意外伤害；因为儿童或成年人缺少自我保护意识，在旅行时发生诸如无意中将手掌伸进花瓣型扶手杆的空隙内，在列车紧急刹车时导致手腕意外受伤等非正常使用操作行为造成的意外伤害等。

（5）破坏与偷窃。

因为负面的自我表现意识，或出于经济目的，从而对车内设施进行破坏和偷窃。主要包括在可接触到的车厢内表面乱涂乱画、损坏室内乘用设施甚至偷走乘用设施(如逃生锤)等行为。

此外还有一种蓄意针对城轨车辆制造恐怖事件的爆炸、纵火等犯罪行为，或者在城轨车辆车厢内发生“非典”等烈性传染病的传染行为等，虽然危害巨大，也不是正常的乘客行为，但都不在本文所探讨的非理性行为范围之内，因此本文不做分析。

3 针对乘客非理性行为的城轨车辆工业设计对策

根据乘客非理性行为的不同性质，可以通过采取相应的工业设计对策，改变乘客的认知和行为，达到尽可能消除乘客非理性行为的目的；或者在无法彻底消除乘客非理性行为的情况下，通过合理的工业设计，将乘客非理性行为所导致的后果降低至可以控制和接受的范围之内，从而避免更严重的损失。

3.1 防止乘客的出错与遗忘

3.1.1 防止乘客乘车出错

除了在地铁车站的站台、屏蔽门上通过设置内容准确完善、形式清晰易辨的指示信息来引导乘客正确乘车外，还可以通过不同线路的城轨车辆设置不同的标志色、在车厢外部显示行车的信息来强化对乘客的提示，以防止乘客上车出错。进一步通过车内行车信息显示以及列车启动前车内广播重复提醒等视听结合的形式来提高乘客的注意力，在最后一个环节纠正乘客可能发生的乘车出错。

3.1.2 防止乘客旅行遗忘

为了提高乘客在列车到站时的注意力，减少下车时的慌乱，可以在列车到站之前通过车内广播提前报站和多次友情提醒来提高乘客的注意力。进一步通过 LED 电子显示屏等多种视听形式相结合的方式来强化提醒的效果，最大限度地防止乘客发生旅行下车时的遗忘。

3.2 防止旅客违章的误操作

3.2.1 防止乘客对紧急状态设施的误操作

为了最大限度地防止乘客的误操作，可以采用以下三种设计对策。

(1)提高乘客对于紧急状态设备的警觉水平。

将紧急状态设施设计成非常醒目的红色，可以从视觉上有效提高乘客对于此类设施的警觉水平，以防止因为精神疲惫、注意力懈怠而发生无意中的误操作。

(2)大幅度提高乘客误操作的个人成本。

通过在紧急情况按钮、紧急对讲装置、车门紧急解锁装置、非常开门手柄等紧急状态设施的旁边张贴醒目、严厉的警示标识，明确指出在非紧急情况下操作此类设施将被处以高额罚款以至承担法律责任，基本上可以防止因为乘客好奇或无意中实施的误操作。

(3)增加误操作的难度。

加大紧急状态设施的操作难度，使误操作不容易完成，从而大大降低因为误操作而导致严重后果的概率。同时，因为操作难度的增大，就会延长其操作的时间，这样就增加了误操作在产生严重后果之前被其他乘客发现、纠正的机会。

设于城轨车厢内部的紧急状态设施，其本意是让乘客在紧急状态下以最快的速度获得报警、逃生的机会，其理想的设计方案应该是操作过程越简单越好。但是基于前面所论述的原因，可以有意识地适当加大其操作的复杂性，从而加大乘客误操作的难度。例如给紧急解锁装置设计一个透明的有机玻璃面罩，必须打破这个面罩才能操作紧急解锁装置，这样就增加了误操作的难度和被其他乘客制止的概率，从而降低误操作发生的概率。

3.2.2 防止乘客错误行为引起监控设备的误报警

因为乘客注意力懈怠无意中发生或因叛逆心理有意为之导致的监控设备的误报警，可以通过从源头上规范乘客的行为来予以防范。在装有烟感报警器的地铁车厢，可以在车厢内张贴醒目的禁止吸烟的警示标识，并告知对车厢内的吸烟行为将处以高额罚款，让乘客意识到吸烟的严重后果，提高其对于吸烟行为的警觉水平，从而避免因为吸烟可能触发的误报警。

3.3 防止乘客的意外伤害

乘客发生意外伤害的情况主要有：①因为注意力分散，没有意识到自身行为的后果而导致的意外伤害；②因为好奇而改变了车辆设施与自己正常的人机关系而导致的意外伤害；③因为注意力高度集中于自己的行动目标，完全没有意识到环境中潜在的危险因素而导致意外伤害。

3.3.1 通过提高注意力来防止意外伤害

因为乘客的注意力分散而导致的意外伤害，可以通过提高注意力和警觉水平来防止。比如为了避免无意中倚靠车门等非理性行为所造成的意外伤害，可以在车门上张贴醒目的标语和标识来提醒乘客予以避免。

3.3.2 设计合理的人机界面以防止意外伤害

因为乘客改变了车辆设施与自己正常的人机关系而导致的意外伤害，应该通过设计合理的人机界面，对人机关系进行合理的限制，使乘客与车辆设施难以形成具有潜在危险的人机关系以避免意外的伤害。

例如花瓣型扶手杆，不管是儿童和成年人，都有可能在无意之中或者因为好奇心的驱使，而将自己的手掌伸进花形杆的间隙中去。一旦出现紧急刹车，就极有可能在身体因为惯性向前俯冲的时候导致手腕受伤。因此这种人机界面具有潜在危险的不确定性的花瓣杆应该尽量少用或不用。如果一定要使用，就需要对其人机界面进行限定，以消除其具有潜在危险的不确定性。可以将扶手杆上花瓣型造型的下沿设计为儿童上臂普遍难以触及的高度，以防止儿童将手掌伸进花瓣杆的间隙中去。同时保证花瓣型扶杆两根扶手之间的间隙小于成人手腕的普遍厚度，这样就避免了成人将手腕伸进扶手间隙中去的可能，从根本上防止这类行为可能导致的意外伤害。

3.3.3 将意外伤害降低到可以控制和接受的程度

在地铁站台上设置自动屏蔽门，已经对乘客在客室侧门即将关闭、列车即将启动之际强行上下车可能造成的意外伤害进行了第一道防范。但不是所有的站台都有自动屏蔽门。乘客为了赶时间，仍然可能在这种危险的情况下强行上车，这样就非常容易发生乘客被车门夹住而造成意外伤亡的情况。

从事实后果来说，这种情况类似于3.2.2节所论述的乘客因为注意力懈怠而无意识发生的行为，但从发生原因来看，两者还是有很大的区别。这种情况主要是因为乘客所有的注意力都集中到了“赶车”这个单一的目标上而忽视了周边环境中潜在的危险而造成的。如果要引起乘客对于环境中潜在危险的注意，就必须有足以改变这种注意力只集中于单一目标的非常强烈的外部刺激才能行。比如乘客被站台上的服务人员喊住或拉住。但这样的方式很难保证没有遗漏者，并且成本高昂，而且服务人员也难免有分散注意力的时候。

既然无法从根本上消除乘客这种非常危险的非理性行为，就只能通过合理的工业设计将其后果降至可以控制和接受的程度。因此，在城轨车辆设计时要求客室侧门在关闭之际必须具有缓冲动作，并具备保护措施(如护指胶条)以及单门再开闭装置以防止夹伤乘客。从目前的发展趋势来看，采用电动方式替代气动方式开启关闭车门，在车门上设置感应条，以确保车门夹有东西时无法关闭，同时车辆也不能启动，这样就有效地保证了万一有乘客在强行上车时被车门夹住时的人身安全。

3.4 防止乘客对车内设施的破坏与偷窃

针对乘客对车内设施的破坏与偷窃，可以采取三方面的措施：①通过善意的提醒或警告改变乘客的意识，以防止这类行为的发生；②通过工业设计消除这类行为得以完成所必需的时间、空间以及物质条件；③在无法杜绝这一类行为时通过工业设计将其后果降低至最低程度。

3.4.1 通过提醒和警告来防止乘客的破坏

在客室内部张贴“请勿悬吊”“请勿攀爬”等文明行为标识，对可能损坏车内设施的行为进行明确的提示和禁止，可以在很大程度上降低乘客对车内设施的破坏。

3.4.2 通过工业设计来消除乘客破坏与偷窃的条件

LED 电子地图是必须保证乘客能够看到但又不能被乘客破坏的乘客信息显示系统(PIDS)的重要设备之一。可以将 LED 电子地图安装在车门区域的拐角顶板上或安装在客室两端的端墙上等乘客可以看见但又不能轻易接触到的位置以防止破坏。

针对逃生锤等供乘客紧急使用但又不能被乘客带走的车辆设施，加装容易打开或打碎的保护罩，并不影响紧急情况下的使用。如果有人盗取，因为打开或打碎保护罩需要一定的时间，同时又会发出一定的声响，这样就容易引起公众的注意，从而避免或制止偷窃行为的发生。

3.4.3 通过工业设计将破坏与偷窃的后果降至最低限度

针对必须和乘客发生身体接触的乘用设施，比如座椅、地板布、扶手杆、立柱、行李架和吊环等，应该尽量选用不容易污损的材料以及不容易破坏的结构。座椅通常选用不锈钢材料，扶手杆、立柱和吊环选用复合不锈钢材料或硬质塑料，地板布选用不容易造成顽固污渍的 PVC 材料等。

针对安装位置较低可能被乘客破坏的设施，如 LCD 媒体播放系统，其显示屏的设计必须考虑抗冲击性，要求提供防止乘客拆解的保护。通常安装相当强度的钢化玻璃防护板，以防止人为损坏以及硬物划痕和手印对它的影响。

在客室内安装的视频监控系统设备，如摄像头等部件要求带摄像机及镜头的完全一体化防护罩。防护罩要求采用高强度、防冲击、防穿透及防撬型硬件，以防止旅客的恶意破坏。

4 结束语

在城轨车辆的工业设计中引入“非理性用户”模型，进一步分析、归纳乘客在旅行中非理性行为的种类及其后果，可以更加全面、准确地把握乘客的心理及行为特征。通过有针对性地提出相应的工业设计对策，尽可能地防止乘客的非理性行为并消除其不良后果，可以显著提高乘客旅行的安全性与舒适性，大幅度降低地铁公司的运营、维护成本。

本文选自：《电力机车与城轨车辆》2011 年第 2 期

企业网络安全架构技术研究

杨　炼

摘要：随着信息技术的快速发展，企业越来越依赖网络进行内部管理和外部交流。企业对计算机网络的依赖性逐渐增大，但是暴露出来的网络安全问题也困扰着众多企业。企业在搭建信息网络时，更重视企业的数据安全、网络系统运行的稳定性和防止非法入侵等方面。因此，一个好的网络安全架构能够在很大程度上减少这些方面的威胁。

关键字：企业；网络架构；安全

Research on the architecture of enterprise network security

Yang Lian

ABSTRACT: With the rapid development of information technology, enterprises increasingly rely on internal management and external communication network. The dependence of enterprises on the computer network is gradually increasing, but the security problem of network exposed also plagued by numerous enterprises. Enterprises in the construction of information networks, more attention to stability of data security, network system of enterprise operation and prevent illegal intrusion. Therefore, a good network security architecture can reduce the threat to a great extent.

Key Words: enterprise, network architecture, security

0　引言

随着全球信息化步伐的不断深入，许多企业纷纷加入信息化大潮中，并组建了自己的信息网络，电子商务、电子信息和企业网站等多种形式的网络技术得到了广泛的应用。

但是企业在最初的网络架构设计中对网络类型和网络服务选择的不同，导致网络形式多样化。这些多样化也为网络的维护带来不便，更使网络的安全性受到一定程度的威胁，如黑客入侵、恶意插件和病毒等。

1　当前企业网络安全问题

企业信息网络的规模伴随着企业规模的增大而不断增大，这直接导致企业网络系统的复杂化，如平台的多样化、数据保存的多样化和网络形式的多样化等，这些都会使网络的不安全因素增多。总体而言，企业网络安全问题主要来源于两个方面：企业内部网络安全和企业外部网络安全问题。

1.1　企业内部网络安全问题

企业内部网络系统中的硬件故障、操作系统漏洞、操作人员管理失误、黑客入侵、数据保存不当和技术漏洞等都可以引发网络安全问题。网络系统中的网络设备发生故障都可能造成企业数据的丢失，甚至造成整个企业网络系统的瘫痪。另外，除了硬件故障威胁，企业购买或定制的操作系统、网络协议和各种管理和操作软件都会存在安全隐患。

1.2　企业外部网络安全问题

企业外部网络问题主要来自黑客入侵和病毒肆虐。黑客们往往利用网络协议漏洞和企业中使用的管理软件漏洞等对企业网络进行入侵和破坏，窃取企业信息或破坏企业的业务流，甚至给企业网络中植入病毒。计算机病毒会通过网络信息浏览、文件下载、电子邮件等途径进行自身的繁衍和传播并实时地对计算机网络系统中的数据进行篡改和泄漏。

2　企业信息网络架构设计

2.1　信息安全目标

信息安全涉及信息的保密性（confidentiality）、完整性（integrity）、可用性（availability），即保护网络系统的可用性，保护网络系统服务的连续性，防范网络资源的非法访问及非授权访问，防范入侵者的恶意攻击与破坏，保护信息通过网上传输过程中的机密性、完整性，防范病毒的侵害，实现网络的安全管理。

2.2 信息安全保障体系基本框架

通过人、管理和技术手段三大要素，构成动态的信息与网络安全保障体系框架 WPDRR 模型，实现系统的安全保障。WPDRR 是指：预警（warning）、保护（protection）、检测（detection）、反应（reaction）、恢复（recovery），五个环节具有时间关系和动态闭环反馈关系。

安全保障是综合的、相互关联的，不仅是技术问题，而且是人、管理和技术三大要素的结合。

2.3 安全体系结构技术模型

对安全的需求是任何单一安全技术都无法解决的，应当选择适合的安全体系结构模型（见图 1），信息和网络安全保障体系由安全服务、协议层次和系统单元三个层面组成，而且每个层面都包含安全管理的内容。

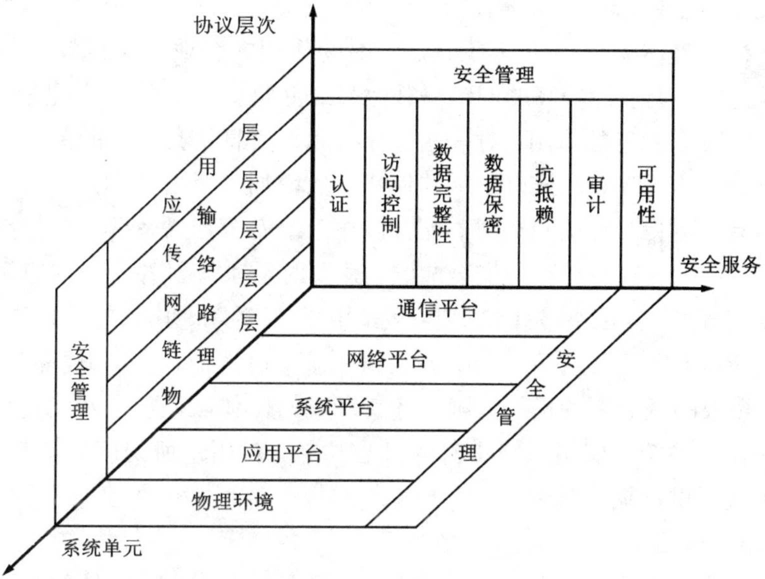

图 1 安全体系结构技术模型示意图

2.4 信息安全体系架构

通过对网络应用的全面了解，按照安全风险、需求分析结果、安全策略以及网络的安全目标。具体的安全控制系统可以从以下几个方面分述：物理安全、系统安全、网络安全、应用安全、管理安全。

2.4.1 物理安全

保证计算机信息系统各种设备的物理安全是保障整个网络系统安全的前提。物理安全是保护计算机网络设备、设施以及其他媒体免遭地震、水灾、火灾等环境事故以及人为操作失误或错误及各种计算机犯罪行为导致的破坏过程。它主要包括三个方面：环境安全，对系统所在环境的安全保护，如区域保护和灾难保护；设备安全，设备安全主要包括设备的防盗、防毁、防电磁信息辐射泄漏、防止线路截获、抗电磁干扰及电源保护等；设备冗余备份；媒体安全，包括媒体数据的安全及媒体本身的安全，为了防止系统中的信息在空间上的扩散，通常是在物理上采取一定的防护措施，来减少或干扰扩散出去的空间信号。

2.4.2 系统安全

系统安全主要指操心系统安全和应用系统安全。操作系统的安全性在计算机信息系统的整体安全性中具有十分重要的作用。企业在架设安全信息系统时，要尽量采用安全性较高的网络操作系统，并进行必要的安全配置，关闭不常用却存在安全隐患的应用、对一些保存有用户信息及其口令的关键文件的使用权限进行严格限制，加强口令字的使用，如增加口令复杂程度、不要使用与用户身份有关的信息作为口令等，配备操作系统安全扫描系统对操作系统进行安全性扫描，发现其中存在的安全漏洞，并及时给系统打补丁。在应用系统安全上，应用服务器也要关闭一些不常用的服务和协议，如 HTTP、FTP、TELNET、RLOGIN 等服务。另外，要加强登录身份认证，确保用户使用的合法性，并严格限制登录者的操作权限，将其完成的操作限制在最小的范围内，并充分利用操作系统和应用系统本身的日志功能，对用户所访问的信息做记录，为事后审查提供依据。

2.4.3 网络安全

网络安全是整个安全解决方案的关键，包括访问控制、入侵检测和病毒防护等。访问控制不但要从技术上进行控制，还要从管理上加强控制。企业首先要建立严格的管理制度，如《用户授权实施细则》《口令字及账户管理规范》《权限管理制度》《安全责任制度》等。选择合适的网络防火墙，通过防火墙制定严格的安全策略实现内外网络或内部网络不同信任域之间的隔离与访问控制。利用防火墙并经过严格配置，可以阻止各种不安全访问通过防火墙，从而降低安全风险。入侵检测，入侵检测系统是根据已有的、最新的攻击手段的信息代码对进出网段的所有操作行为进行实时监控、记录，并按制定的策略实行响应。它一般包括控制台和探测器(网络引擎),控制台用作制定及管理所有探测器。探测器用作监听进出网络的访问行为,根据控制台的指令执行相应行为。由于探测器采取的是监听不是过滤数据包,因此,入侵检测系统的应用不会对网络系统性能造成多大影响。病毒防护,由于在网络环境下,计算机病毒具有不可估量的威胁性和破坏力。因此,计算机病毒的防范也是网络安全建设中应该考虑的重要环节之一,常见的反病毒技术有预防病毒、检测病毒和杀毒三种技术。

2.4.4 应用安全

资源共享,严格控制内部员工对网络共享资源的使用。在内部子网中一般不要轻易开放共享目录,否则较容易因为疏忽而在与员工间交换信息时泄漏重要信息。对有经常交换信息需求的用户,在共享时也必须加上必要的口令认证机制,即只有通过口令的认证才允许访问数据。虽然说用户名加口令的机制不是很安全,但对一般用户而言,还是起到一定的安全防护,即使有刻意破解者,只要口令设得复杂些,也得花费相当长的时间。信息存储,对有涉及秘密信息的用户主机,使用者在应用过程中应该做到尽量少开放一些不常用的网络服务。对数据服务器中的数据库必须做安全备份。通过网络备份系统,可以对数据库进行远程备份存储。

2.4.5 安全管理

制定健全的安全管理体制,制定健全的安全管理体制是网络安全得以实现的重要保证。可以根据自身的实际情况,制定如安全操作流程、安全事故的惩罚制度以及对任命安全管理人员的考查等。构建安全管理平台,构建安全管理平台将会降低很多因为无意的人为因素而造成的风险。构建安全管理平台从技术上讲包括:组成安全管理子网、安装集中统一的安全管理软件,如病毒软件管理系统、网络设备管理系统以及网络安全设备统管理软件。通过安全管理平台实现全网的安全管理。增强人员的安全防范意识,应该经常对单位员工进行网络安全防范意识的培训,全面提高员工的整体网络安全防范意识。

3 结束语

企业网络系统的安全防护是一项长期以来极具挑战性的课题。它的发展往往伴随着网络技术的发展,其自身也在不断地更新和调整。信息安全是一个企业赖以生存的基础保障,只有信息安全得到保障,企业的网络系统才有其存在的价值。网络安全是一项系统的工程，需要我们综合考虑很多实际的需求问题，灵活运用各种网络安全技术才能组建一个高效、稳定、安全的企业网络系统。

本文选自：《网络安全技术与应用》2017年第7期

企业劳务派遣用工管理机制探索与实践

——基于南车株洲电机有限公司劳务派遣用工管理实践的分析

谢　欣

摘　要：劳务派遣是我国目前发展最快的一种人才中介服务业务，虽然《劳动合同法》及《劳动合同法实施条例》的部分章节专门针对劳务派遣制定了相关规定，但企业在实际使用劳务派遣用工时，仍需要结合地域和单位实际探索实践。在劳务派遣涉及的大中专院校、劳务派遣公司、企业(用工单位)、劳务工(劳动者)三方当事人中，企业如何扮演好用工者的角色将起着极其关键的作用。本文以南车株洲电机有限公司(以下简称“南车电机”)为案例，从企业探索劳务派遣用工管理的角度展开分析论述，提出了一些建设性意见，以期实现大中专院校、劳务派遣公司、企业和劳动者多方共赢。

关键词：企业；劳务派遣；探索；对策

1　引言

随着市场经济的快速发展和企业改革的不断深化，现代企业的用工形式和用工需求发生着深刻的变化，由原来单一的用工形式转变成多种用工模式。劳动关系的多元化，给企业用工与管理带来了新的课题。

从2002年国家加大职业教育发展力度以来，仅在“十一五”期间就为社会输送2500多万名中等职业学校毕业生、1100多万名高等职业院校毕业生。职业教育为企业提供了一大批技能操作型员工，但是不断增长的大中专毕业生队伍使得职业教育的就业形势变得相对严峻，很多毕业生通过劳务派遣来积累工作经验，为将来职业发展打好基础。而企业也正探索把骨干员工从烦琐的劳动人事管理中解脱出来，将其精力集中投入到市场开发、产品更新等工作上去，在不断提升企业人力资本价值的同时，降低人力资源管理成本和风险。劳务派遣作为市场经济条件下企业和劳动者自发选择的结果，作为一种人力资源外包新的用工形式在我国发展十分迅速。

《劳动合同法》颁布以来，劳务派遣公司和企业就劳务派遣这种新型用工方式进行了有益尝试，如何管理劳务派遣用工和有效调动劳务派遣人员工作积极性，提升对企业的归属感与凝聚力，为企业发展提供优质人力资源战略储备是一个不断探索实践的过程。南车株洲电机有限公司自 2007 年以来，随着产能不断提升对操作型员工的需求增加，而现有劳动力市场缺乏熟练技能型员工，从产业发展战略角度进行劳动力资源储备探索实践劳务派遣用工管理机制。

2 案例简介

南车株洲电机有限公司隶属于中国南车股份有限公司，坐落在南方工业重镇和交通枢纽的湖南省株洲市，主要从事牵引电机、牵引变压器、风力发电电机和工业特种电机的制造，是我国电力机车、高速动车组、城轨车辆电机和变压器专业化科研、生产基地，是风力发电机最大规模生产企业之一，是电力、冶金、石油、电动汽车等工业特种电机产品专业化研制基地。

2007 年伊始，南车电机公司产能迅速提升，对人力资源尤其是生产操作人员的需求日益突出。为实现公司人力资源的优化配置，提高管理效率，降低生产经营成本，提升市场竞争力，南车电机开始尝试引入劳务派遣用工机制，大批临时性、辅助性或替代性较强的新增操作类岗位接受劳务派遣人员从事生产操作。目前，已累计招用 2000 余名劳务派遣人员，在确保生产有序进行的同时，最大幅度控制生产经营的人力资源成本，提升人力资本价值。劳务派遣用工机制的引入，为生产保质保量顺利推行提供了灵活可靠的保障。

3 劳务派遣的定义与特征

劳务派遣是指劳务派遣单位和劳动者订立劳动合同后，依据与用工单位订立的劳务派遣协议，将劳动者派遣到用工单位工作的一种特殊用工方式。与传统劳动用工方式两个主体一个劳动合同关系相比较，劳务派遣用工方式中存在着劳动者、派遣单位与用工单位三方主体，劳动者与派遣单位之间的劳动合同以及派遣单位与用工单位之间的派遣合同两个合同关系。

传统劳动用工方式中劳动力雇佣和使用都是用人单位，而劳务派遣用工方式下劳动者由派遣单位雇佣但却由用工单位使用，实质是劳动力的雇佣和使用相分离。其主要特点是三方主体之间的权利和义务主要依据合同确立，派遣单位与劳动者订立劳动合同并不实际使用劳动力但却要承担劳动法上用人单位的义务，用工单位作为劳动力的实际使用者无须承担劳动法所规定的用人单位的全部义务。

4 劳务派遣用工的背景

4.1 适应国有企业改革的新形势，探索建立灵活用人机制

国有企业在历经了减员增效、下岗分流等一连串宏观政策性调整后人员结构得到了优化改善，但国有企业人力资源结构存在的弊端依然突出：员工年龄结构趋于老化，知识体系不能及时更新；职业发展通道遭遇瓶颈：想淘汰的人出不去、想引进的人进不来。企业要建立起“能者上、平者下、庸者让”的人力资源良性体系，不仅要有正向的激励机制，还必须有反向的竞争淘汰机制，将不适合组织成长和发展需要的员工释放于组织之外，同时通过劳务派遣用工的竞争将外部市场的压力传递到组织之中，从而激活企业人力资源，规避人力资本的沉淀或缩水现象的发生。

4.2 劳动密集型企业需要引入劳务派遣用工管理机制

南车电机公司主要从事牵引电机、牵引变压器、风力发电机和工业特种电机的制造，产品制造复杂精细的工艺经过工序优化调整布局后，大部分工序被分解成若干手工操作，手工操作对于劳动力的需求较大。鉴于这些岗位是相对简单的手工操作，对于员工的工艺技术素质没有特殊要求，而这些工序的劳动量又较大，采用劳务派遣用工机制成为需求。

4.3 劳务派遣用工为企业发展提供劳动力资源储备

在产能大幅提升、从业人员操作技能不够熟练、工艺要求越来越高的情况下，劳务派遣员工攻坚克难，奋战生产一线，其间涌现了一大批思想觉悟高、文化素质好、技能水平突出的劳务派遣人员。南车电机公司积极发掘综合素质优秀的劳务派遣员工，培养认同公司发展战略、适应公司发展的人才，通过生产实践锻炼并选录优秀分子成为公司正式员工，增强其对企业的认同感和归属感，先后从劳务派遣人员中择优选拔了五百余名优秀人员录用为企业正式员工，为企业的发展提供了优质人力资源储备，同时也进一步激励劳务派遣员工工作的积极性。

4.4 校企双赢的战略合作

职业教育发展壮大为院校带来机遇同时，院校毕业生也面临竞争激烈的毕业实习和就业问题。职业院校输送技能人才需要与相关企业结成战略联盟，企

业提供实习和就业岗位极大帮助院校解决毕业生实习和就业问题，从而有效促进院校招生与就业良性发展。而企业不仅能够选择优秀毕业生补充一线生产操作岗位，增强用工灵活性，减少用工风险，同时通过生产实践择优录用为公司正式员工，构筑劳动力蓄水池，为公司储备充足的高质劳动力资源。

5 劳务派遣用工管理机制

5.1 严把资格审查，掌控劳务派遣用工质量

5.1.1 选择资质、声誉良好的劳务派遣合作公司

在选择劳务派遣合作机构时，南车电机公司由人力资源部组织相关部门对劳务派遣公司的资质进行评审，评审通过后，作为预合作的劳务派遣公司备案。在公司生产经营有劳务派遣用工需求时，即通过备案的劳务公司选拔人员进入企业工作。对于合格的劳务派遣公司还在每年进行一次复评。复评不合格的给予一年时间的整改期，在整改期内不再接受由其提供的新派遣员工。

南车电机与劳务派遣公司签订劳务派遣协议，就派遣岗位、人员数量、派遣期限、劳动报酬和社会保险费的支付方式、劳务派遣服务费的支付方式及违反协议的责任等权责进行明确，以规范劳务用工管理，促进劳务派遣用工机制良性发展。

5.1.2 规范劳务派遣人员准入制度，确保整体素质

建立严格的劳务派遣人员准入制度，明确规定派遣至南车电机公司工作的劳务派遣人员均应拥有中技及以上学历（不含高中），并已取得相关技能等级证，或接受过大专及以上学历教育，从事过与岗位相关的专业学习或实际工作。应聘的劳务派遣人员，经综合素质和面试初评合格后，还应参加岗前培训和上岗实习，考察合格后方能录用，确保劳务派遣人员队伍整体素质。

5.2 健全劳务派遣人员动态管理

5.2.1 劳务派遣用工梯度有序增长

合理控制劳务派遣用工总量与增幅，保持人员结构稳定，确保员工收入水平稳步提高。南车电机公司人力资源部每年根据年度预算和经营计划的要求组织各部门制订年度劳务派遣用工人员需求计划，由人力资源部组织评审后，提交总经理办公会审议。劳务派遣用工年度计划经总经理办公会审议通过后，人力资源部依据公司劳务派遣用工情况，确定公司的劳务派遣用工裁减或补充计划。各部门在年度计划外需临时补充劳务派遣人员的，需经人力资源部审核报总经理办公会讨论确定。

5.2.2 完善劳务派遣用工管理体系

南车电机公司出台了《公司劳务派遣用工管理办法》，下发《劳务派遣人员转正实施方案》等系列文件，促进劳务派遣用工队伍稳定，保护劳务派遣人员的合法权益，规定劳务派遣人员和企业正式员工享有同工同酬的权利、享有同等的工作岗位培训机会、享受同等的劳动条件和劳动保护。通过开展技能比赛、车间联谊、年度表彰、转正激励等活动健全完善劳务派遣用工，为劳务员工打造技能提升途径，设计价值荣誉，提供良好的职业发展通道，并在公司上下营造劳务派遣员工与正式员工和谐共创的良好氛围，促进公司生产经营健康快速发展。

5.3 加强和完善绩效管理，促进劳务派遣人员工作效率

对劳务派遣人员实行与正式员工相同的绩效考评机制，各用工单位综合劳务派遣人员的工作业绩、劳动表现及行为规范等各项指标每月定期对劳务派遣人员进行考评，并依据绩效考评结果实施奖惩、晋升、晋级和期满后续聘或转为正式员工。在南车电机公司，绩效考评优秀的劳务派遣员工享有与正式员工相同的外出旅游、晋升等奖励；对于考评成绩较低者，执行和正式员工相同的考核制度。通过绩效表现设计不同层级的奖励荣誉与考核惩处，激发劳务派遣员工的工作积极性，持续提升工作业绩，进一步增强南车电机的市场竞争力。

5.4 加强劳务派遣人员的培训管理，提升综合素质

提升劳务派遣员工的综合素质，促使其能力满足生产要求，促进生产经营健康发展，南车电机公司对劳务派遣员工组织了系列军事化训练、理论学习、工艺知识培训及现场操作实训和素质提升等系列培训。每年根据公司经营情况、员工培训需求等制定年度培训计划，其中涉及技能提升、素质拓展、管理能力等方面的培训内容，凡符合培训条件要求的劳务派遣人员均能够参加培训，以提升自身素质，并通过组织开展技能比武大赛、技能运动会等活动，提升劳务派遣人员的技能，展现劳务派遣员工的生产操作功底，提升荣誉感与自豪感，增强劳务派遣员工对公司的归属感，从而从整体上提升南车电机的员工面貌。

5.5 设计多维度荣誉体系，提升工作价值

为肯定劳务派遣人员为企业发展所做出的贡献，激励劳务派遣人员再接再厉、勇创佳绩，南车电机公司设计了公司和车间两级奖励维度，在各项活动中都把劳务派遣人员作为其中一支重要队伍进行考量，设置相应的比例层级，激发劳务派遣人员的工作积极性。一批劳务派遣员工还在公司年度绩效优秀员

工、先进个人、劳动模范等荣誉评比中获得表彰奖励。

在生产实践基础上，通过对劳务员工在工作岗位的综合表现进行评比排名，择优选拔劳务派遣员工转为正式员工，体现了其在岗位上创造的价值，提升了劳务派遣员工个人的荣誉感与价值感，增强了其对公司的向心力与归属感。同时，通过劳务转正为其他劳务派遣人员树立了激励的目标和方向，充分调动了工作积极性与主动性。

5.6 构建劳务员工职业发展成长通道

南车电机公司发展同时带动了劳务派遣人员职业生涯的成长发展，其中不乏优秀的管理、技术人才。劳务派遣人员经过一段时期的生产实践磨合，对公司产业结构、生产运营均有一定程度熟知与掌握，同时对公司的文化理念也有了较好的认知，对于这部分经过生产实践锻炼的优秀劳务派遣人群，南车电机公司为他们提供参加公司部分管理岗位竞聘的机会。

5.7 开展丰富多彩的文娱活动，增强企业凝聚力

用情感留人，用文化留人，是促使企业人员稳定的重要手段。南车电机积极开展篮球、唱歌、演讲等各种多样的文体活动，缓解工作压力，丰富劳务派遣员工业余生活；同时公司及车间还经常组织技能比赛，为劳务派遣人员展现自己才能提供舞台。

在为劳务派遣人员打通职业发展道路的同时，注重对劳务派遣人员生活的关注，公司相关部门领导下车间、到宿舍实地与劳务员工进行心与心的沟通交流；组织心理辅导课程、青年员工恳谈会等多形式活动关注员工思想动态；公司工会、团委等部门组织青春联谊、户外集体活动、送常用药品到车间等活动，使劳务派遣员工充分感受到企业大家庭的温暖，增强其归属感和认同感，提升公司凝聚力。

5.8 深入开展劳务派遣党团建设工作，引领劳务派遣员工队伍健康发展

为充分发挥共产党员、共青团员在劳务派遣人员中的先锋模范作用，南车电机公司党委指导劳务派遣单位成立了专门的党支部，在劳务派遣单位委托的情况下，公司党委指导各基层组织开展党团组织活动，安排已成长为党员的劳务派遣人员参加党组织生活和学习，及时聆听党的教诲，保持党员的先进性。

公司党团组织积极关心党团员的业余生活，每月不定期地对劳务派遣人员的宿舍进行卫生抽查和评比，表彰奖励优秀寝室；组织车间之间或与外单位开展青春联谊活动，为单身劳务员工情感生活牵桥搭线……提升劳务员工对党团组织的归属感与凝聚力，壮大了公司党团队伍，增强了公司党团组织战斗堡垒

作用，为创造和谐共进的企业环境打下良好基础。

6 劳务派遣用工管理的实施效果

劳务派遣用工管理机制的大胆尝试，打破了国有企业用工“只进不出”的传统观念，为提升企业竞争实力、建立新型用工机制做出了探索实践，营造出良好的效果。

劳务派遣用工实现职业院校、劳务派遣机构、企业和员工四位共同体，形成了战略促进发展模式。劳务派遣用工解决了职业院校毕业生实习和就业问题，促进院校生源的良性循环。通过从事劳务派遣员工管理，在承担劳务用工法律关系的管理和工资薪酬管理部分风险的同时，为劳务派遣机构创造了业务机遇，能够获得业务拓展和经济效益。对于处于实习期的大中专学生而言，通过劳务派遣工作将课本理论知识与生产制造实际相结合，不断积累知识和技能，获得个人成长发展，同时还能够获得实习工资，生活有稳定经济来源，能够提升工作价值和生活幸福感，通过劳务派遣转正成公司正式员工，促进劳务员工职业规划发展。

对于企业而言，采用劳务派遣用工管理形式带来的效果则更显著。经过数年的探索实践，南车电机公司劳务派遣用工管理积累了经验，灵活高效推进公司发展。

6.1 劳务派遣用工人事管理高效

南车电机公司和劳务派遣合作公司之间对劳务派遣用工管理进行了明确的权责分工，将劳动关系及社保事宜管理放在劳务派遣公司，劳务派遣人员的招聘、档案的建立及管理、工资奖金的发放统计、各类社会保险的建立和缴纳等诸多人力资源管理事务性工作均由劳务派遣公司负责完成，南车电机作为用人单位不需设立专门的机构对劳务派遣人员进行具体的人力资源管理，不仅可以使南车电机公司在招聘员工、交纳社会保险和工伤事故、劳动争议处理等方面摆脱繁杂的劳动保障事务负担，同时可规避用人单位在劳动保障管理以及劳动争议等方面的风险和责任，真正实现用人不管人、增效不增支的人力资源管理效益。

6.2 用工机制灵活，提高人员管理效能

引入劳务派遣用工管理机制，可根据生产经营需要，随时要求派遣机构增减派员，有利于用人单位用人的灵活性：在公司生产任务大幅提升时增加人员，满足产能提升需求；当业务减少需要减缩生产员工队伍时可以适当减员。

劳务派遣人员的进出相对比较灵活，不受编制体系的限制，在一定程度上有效缓解了过去“招工易、辞退难”的局面，减轻了企业在生产经营出现紧缩时的人力资源成本负荷。

6.3 降低管理成本，提高经济效益

实行劳务派遣用工管理机制节省了企业劳动力使用和管理成本，为企业大幅降低了劳务招聘宣传等常规性人力资源管理费用支出，能够从繁杂的劳动保障事务中解脱出来，有利于集中精力抓好生产经营。同时，南车电机公司可根据生产经营状况、岗位效益、市场工资价格等因素的变动灵活地调整工资标准，综合核算单位支出成本比在编员工的支出大大降低。

6.4 规避劳动纠纷，减轻用工风险，维护企业信誉

企业在国家相关法律、法规有关政策指导下施行劳务用工管理模式，劳务派遣人员的劳动关系属于劳务派遣公司，与劳务派遣员工只是一种有偿使用关系，企业与劳务派遣员工不发生劳动关系，避免了与劳务派遣员工因劳动关系而发生劳动纠纷的情形。劳务合同期满，劳务派遣协议也就终止，企业不必承担安置劳务工的就业和支付经济补偿金的责任，从而大大减少了用工风险，同时也有助于提升企业形象与信誉。

6.5 有利于探索建立人才引进新模式

选拔劳务派遣人员中优秀分子转为南车电机公司正式员工，不仅是对劳务派遣员工的一种激励机制，同时也是南车电机公司在今后的人力资源招聘工作中探索建立的人才引进模式。通过派遣服务期间在南车电机公司接受系列培训，以及生产经营实践中的耳濡目染，对公司的经营理念、企业文化、管理制度等方面都能有初步认知，能够较快地熟悉公司生产经营的方针政策，综合素质得到很大程度的锻炼提升，具有了一定的执行力。同时经过一段时期的交流沟通，劳务派遣员工与正式员工之间形成了较为融洽的感情氛围，拥有了一定的归属感。

7 结语

在我国，劳务派遣业还处于一个起步和发展阶段，劳务派遣是一种人力资源的市场配置方式，是人事代理业务的拓展和延伸。人力资源管理师塑造用工单位核心竞争力的源泉，将自主用工改进为劳务派遣，有其长足的进步和相当的优越性，同时劳务派遣用工模式也存在一定风险。企业应对使用劳务派遣用工所获得的综合效益和直接用工的综合效益进行全面、科学的分析、对比，以

此决定是否采用劳务派遣这种用工形式。企业规范劳务派遣用工，是增强社会责任感的表现，也是构建和谐社会的迫切需要，有利于树立良好的社会形象，获得长远的发展。

本文选自：《中国本土人力资源管理理论与实践》

中国制造 2025 下的技能人才培养思考

朱 杰

摘 要：随着科技的发展和社会需求的不断提高，现代制造业的产品日趋精密、复杂，尤其是以计算机为代表的高技术进入生产后，数控机床、加工中心、柔性加工系统、各种机器人、新型加工装备等新技术、新装备不断涌现，不断锤炼着技能人才的能力水平。中国制造 2025 的提出，对企业技能人才培养提出了更新的要求。企业要分清形势、转变认识、快速反应，在制造业整体转型升级开始前做好人才准备，备战中国制造 2025 带来的机遇与挑战。

关键词：中国制造 2025；技能人才培养

目前，我国高技能人才队伍存在结构不合理、技能结构单一等问题。《中国制造 2025》的提出，对技能人才培养提出了新需求。

一、新背景下的技能人才新需求

从产业变化看，中国制造 2025 时代，把创新能力、质量效益、两化融合、绿色发展作为主攻方向，将带来产业的全面升级，对技能人才提出更加明确的要求：制造环节将注重用精细化生产和流程优化提升加工制造的品质，这个过程需要大量的现场工程师和技能人才做支撑。

从生产变化看，中国制造 2025 时代，将重新定义技术、生产与人的关系，制造流程不再是一家企业的单个行为，而将现实纵向集成，生产的上中下游之间的界限将更加模糊，生产过程将充分利用端到端的工程数字化集成，生产者将不仅是技术与产品之间的中介，而更多的成为价值网络的节点，将重新成为生产过程的中心。新的业态将模糊设计者与制造者之间的界限。跨学科能力成为新的人才特征，每个生产者都将成为产业形态的设计者、创造者。所以一线的生产者也需要掌握丰富的产品知识。

《中国制造 2025》明确提出十大重点领域，每个领域都需要大量的高端技能型人才，与传统的高技能人才不同的是，他们不仅要有精湛的操作技能，更应具备对智能网络高度的理解与运用能力。

二、当前企业技能人才队伍的现状与挑战

（一）当前技能人才培养存在的问题

当下我国制造业正推进产业结构升级调整的决策，由中国制造向中国“智”造的转变，但当前人才的培养存在以下问题：

1. 尊重技能人才的良好氛围没有真正形成

受“重学历，轻技能”片面人才观的影响，社会上许多人认为技术工人只是体力劳动者，对职业技校、职业技工存在歧视，严重挫伤了人们学习技能的积极性。钻研技能、精益求精的工匠精神更是缺失。

2. 技能人才培养周期长，激励不足

技能操作人员从入职到能够独立工艺设计、解决生产问题的时间往往需要五年以上，而因培养体系不健全与激励因素不足，大部分技能操作人员入职后沉浸于熟练生产的要求中，缺乏自我学习与提升的动力。

3. 重使用、轻培养

企业往往注重生产，强调技能员工的生产熟练度而忽视了技能的培养。在出现生产问题时，往往总是那几个人来解决问题，而不能形成有效覆盖的人才队伍，不仅不能有效锻炼和造就技能人才，反而在技能人才梯队培养上造成断层与脱节。而培训大部分经费用于企业管理人员的培训上，真正用于技术工人培训上的不多。

（二）对企业技能人才培养提出新的挑战

首先是随着制造业快速升级，低端岗位单一的操作型技术工作将会减少，而高端岗位的复合型的技能人才将有更大需求。我们当前的人员结构比例当中，低端岗位工人比例仍然偏高。

其次是当前我们技能人才培养体系是基于传统工业生产的专业分工与岗位分工模式建立起来的，在专业设置上，专业狭窄且界限分明，不利于培养复合型人才。在能力培养上，重视和量化的操作技能，而轻视问题解决能力、自主学习能力等隐性技能，受教育者的能力结构单一、发展后劲不足。加快构建适应需求、融通开放的现代技能人才培养体系是一样紧迫任务。

三、企业技能人才培养现状的解决思路

（一）做好技能人才培养基础建设，解决当前面临问题

1. 努力营造学习技能、尊重创造的浓厚氛围

一是营造企业内部尊重技能人才的良好氛围，利用内部宣传进行大力宣传，让更多的镜头对准有突出贡献的、创新创造的技能人才，让“崇尚一技之长、不唯学历凭能力”的社会风尚植入人心；二是消除一系列歧视职业教育、歧视技能人才的管理制度和评价体系，提倡解放思想、更新观念，为高技能人才的培养提供良好的制度环境；三是为高技能人才营造良好的成长环境，要把培养和使用好高技能人才作为一项重要任务列入各部门的目标管理中，通过建立职工高技能人才库等方式，把高技能人才的培养、使用纳入人才队伍建设的整体规划之中。

2. 健全高技能人才的激励保障机制

一是加快建立并完善以职业能力为导向、以工作业绩为重点，注重职业道德和职业知识水平的技能人才发展通道体系，并与管理技术人员发展通道相匹配，同等层级，同等待遇与尊重。二是建立高技能人才岗位使用和表彰激励机制，激发高技能人才的创新创造活力，对做出突出贡献的技能人才予以奖励。三是健全完善收入分配激励机制，充分考虑技能劳动者的业绩贡献，在制定薪酬时向高技能人才倾斜。进一步提升高技能人才的经济待遇和社会地位，增强企业技术工种的吸引力、向心力，为技术工人成长拓展空间。四是完善高技能人才合理流动和社会保障机制，提高高技能人才配置和保障水平。采取专项引进方式，引进高技能产业领军人才，激发技能人才推动技术创新、实现科技成果转化、提高生产效率的积极性和创造活力。

（二）认清形势，深化技能人才培养改革

1. 进一步优化技能人才培养的结构

技能培养中心要向高端技能人才转移。《中国制造 2025》提出注重发展高端制造业和先进制造业，同事注重提升和改善劳动密集型产业的效率和质量，高端发展和质量优先的战略对从业人员的素质提出了更高的要求，反映到技能人才队伍的结构上，总的趋势是，对简单的操作型技术工人的需求减少，而对高端岗位的复合型技能人才有更大的需求。目前，企业生产节奏紧张，内容重复度高，使得技能人员培养重心落在了熟练工的培养上，显然满足不了将来技能人才要求，所以要加快调整培养重心，提高培养质量，适应大规模培养高端的技能人才的需求。

2. 培养专业要向重点领域拓展

《中国制造2025》提出实施高端装备制造创新工程，提出绿色制造工程，要求加大先进节能环保技术、工艺和装备的研发和推广，加快制造业绿色改造升级，构建高效、清洁、低碳、循环的绿色制造体系；提出实施制造业服务化推进行动计划，加快制造与服务的深度融合，推动产业模式创新和企业形态创新，促进生产制造型企业向服务型制造转变等，这些领域和发展方向都是技能人才培养需要高度高柱的聚焦点。我们需要紧紧抓住机遇，在这些领域和方向快速拓展专业触角，壮大培养规模，提升培养质量。

3. 进一步提高技能人才培养水平

《中国制造2025》提出，把增强制造业创新能力作为核心人物，加快完善以企业为主体、市场为导向、产学研用相结合的制造业创新体系。技能人才培养体系要跟进这种变化，深化校企合作、工学结合的人才培养模式；全面改善公司培训条件，对岗位转移的员工开展新知识、新技能培训，促进新的业态创新；建立更加灵活的培训制度，为企业员工的多次学习、终生学习和多样化学习提供条件；加快"双师型"培训师队伍建设，将人才培养列入职工发展要求当中，鼓励专业技术职务人才向企业培训师队伍输送，建成一批适应企业需求的内部培训师队伍，形成具有行业影响力的人才培养高地。

四、继续深化技能人才培养的重点项目设计

围绕《中国制造2025》战略部署，着眼于加快技能人才培养，规划和设计若干重点项目，以此推动制造业技能人才培养工作重点领域的突破，从而带动整体发展。

（一）现代学徒制推广

在广泛开展试点、积累经验、凝聚共识的基础上，在职业员工制造类专业当中普遍应用校企联合招生、联合培养、一体化育人的现代学徒制模式。通过拓展方式、制定标准、健全机制，将职业院校建成企业技能人才输送堡垒，提高技能人员准入契合度，带动企业技能人才队伍培养。

（二）绿色技能开发

对接《中国制造2025》提出实施绿色制造工程和实施制造业服务化推进行动计划，开展企业内部技能队伍的转型培养计划。一是把新型绿色技能纳入技能人才引入当中，为企业产业拓展、产业升级更新做好人员准备；二是围绕高耗能型产业当中技能人员，通过定点培养、转型进入绿色产业技能人员当中，合理调配公司内部技能人力资源。

(三)技能人才教育信息化提升工程

全面提升技能人才培养的信息化水平。一是加强培训平台的信息化建设，加快微平台、碎片化学习资源建设，使数字化资源覆盖企业所有专业领域；二是用信息技术改造专业课程，使每一个员工都具有与职业要求相适应的信息技术素养；三是在专业课程中引入仿真教学、数字化实训、远程实时教育等技术，强化培训效果。

本文选自：《中车人才》2016年第4期

关于国有企业劳务派遣用工风险分析

罗　湘

摘　要： 为规范劳务用工管理，维护劳务派遣员工的合法权益，构建和谐稳定的劳动关系。2014 年 3 月 1 日，人社部颁布了《劳务派遣暂行规定》(以下简称《规定》)，对劳务派遣员工用工总量、工作岗位、同工同酬、派遣公司资质进行了严格规定。本文将探讨企业劳务派遣存在的用工风险及应对措施，以期为中车子公司劳务派遣用工提供借鉴和参考。

关键词： 劳务派遣；用工风险

一、引言

劳务派遣作为一种新型的用工模式，打破了国有企业只进不出的传统观念，为企业建立了灵活的用人机制，节约了用工成本，提高了人力资源管理效能，减少了劳资纠纷。近几年，随着劳务派遣队伍的壮大，出现了较多不具备资质的劳务派遣公司，因操作不规范，致使劳务纠纷增多。为进一步规范劳务派遣用工制度，更好地维护劳务派遣员工的合法权益。2014 年 3 月 1 日出台的《劳务派遣暂行规定》在用工总量、工作岗位、同工同酬等都做出了严格要求，加大了违法处罚力度。对于企业而言，将面临一定程度的法律风险。为帮助企业规避用工风险，本文根据《规定》中的相关法规条款，探讨企业的劳务派遣用工风险，并就如何规避风险提出针对性的建议。

二、劳务派遣用工现状风险分析

(一)劳务派遣适用岗位风险

《规定》中严格限制了劳务派遣的适用范围。强制规定了对“三性”岗位的要求，即用工单位只能在“临时性、辅助性、可替代性”的工作岗位上雇佣劳务派遣工。目前，关于临时性和可替代性岗位的界定较为明确，而辅助性岗位的定义依然较为笼统。据了解，目前部分企业劳务派遣人员主要分布在主营业务岗位，而且随着企业规模的不断扩大，大部分人员已成长为生产骨干。如完全按照《规定》执行，会对目前的劳务派遣用工形式造成较大冲击，影响企业生产组织的有序开展。《规定》还明确了辅助性岗位的确定必须经职工代表大会或者全体职工讨论，提出方案和意见，与工会或者职工代表平等协商方可确定。目前，仍有企业是按照原职位体系分类的规定来确定辅助性岗位，并未经过民主程序进行讨论公示，如出现劳务纠纷，将缺少政策支撑。

（二）劳务派遣用工数量风险

《规定》中要求用工单位应当严格控制劳务派遣用工数量，使用的被派遣劳动者数量不得超过其用工总量的10%。据调查，目前企业用工的数量仍高于现有规定。企业短期内降低劳务派遣用工比例主要采用“业务外包”的形式。一些企业在将某项业务外包时，承包方仍然是原来的劳务派遣公司，员工工作场所仍然在原单位，并接受原单位管理，实质上采用就是“假外包、真派遣”，长期来看存在的法律风险较大。对于劳务派遣员工来说，转入外包后，待遇明显降低，无法适应外包公司的企业文化，心理落差较大，在生产过程中会产生消极心理，难以确保生产安全及产品质量。

（三）劳务派遣员工薪酬风险

《规定》中提出被派遣劳动者享有与用工单位劳动者同工同酬的权利。目前大多数企业在薪酬福利、社会保险等方面仍然实行差别待遇。虽然薪资核算方式一致，但在确定技能工资、岗位工资以及一次性奖励时仍有区别，导致劳务员工与正式员工收入水平存在一定差距。劳务派遣员工的社会保险是按当地省在岗职工平均工资60%作为缴费基数扣缴，未按本人实际工资申报缴费基数，对劳务派遣员工利益造成一定影响。对损害劳务派遣员工行为利益的，劳务派遣公司将承担相应的法律责任，但被派遣企业也将承担连带责任。

（四）劳务派遣单位资质风险

《规定》中对劳务派遣公司资质提出了明确要求，注册资本由原来的50万元增加至200万元，并要取得行政许可证。对派遣公司场地和工作人员也做出明确规定。如劳务派遣公司没有合法资质，将导致派遣员工与劳务派遣公司之间的劳动关系因主体不适而无效，而派遣员工与企业已经形成事实劳动关系，将由企业自行承担劳动合同上的义务。特别是一些民办营利性的劳务派遣单位应对风险的能力十分有限，一旦面对劳动争议或劳动风险，无法对事件进行适当处理，导致企业成本增加。

三、规避劳务用工风险的应对举措

对照风险分析，企业须在劳务用工管理方面探索新思路，既要保障劳务派遣人员的合法权益，又要确保生产平稳有序地进行，同时有效地规避劳务用工风险。

（一）建立多元化用工机制，有序实施劳务外包

劳务外包与劳务派遣在适用的法律、管理权限、合同标的等方面不同，对于企业来说是一种比较理想的用工转型方法。将生产线外包可以减少企业在财力、人力上的投入，减少劳动争议。企业可将非核心的、辅助性的、季节性强的生产线外包。考虑到企业产品质量风险，实施劳务外包之前必须经工艺、质量等相关部门评审核定外包工序。并在签订外包协议中注意明确标的物、费用结算以及管理责任主体等事项。根据《劳动合同法》第九十四条的规定，个人承包经营违反法律规定招用劳动者，给劳动者造成损害的，发包的组织与个人承包经营者承担连带赔偿责任。因此，劳务外包最好是找法人实体作为承包单位，以减少风险。

（二）适时调整劳务员工岗位，规避用工风险

企业应当先明确内部的主营业务岗位与辅助性岗位的区别，并制订有关辅助性岗位的文件，经过民主程序讨论确定。根据岗位职责要求，结合工种本身的技术含量及培养周期，适时将生产性岗位上劳务员工调整到辅助性岗位中，将部分辅助性岗位的正式员工调整到生产性岗位上，即在不增加用工成本的同时，有效控制用工总量，减少用工风险。

（三）根据优胜劣汰原则，建立动态的用人机制

在岗位标准清晰的基础上，根据目标完成等考核情况，按照《劳动法》《劳动合同法》相关条款，建立动态的用人机制。在工资预算承受范围内，择优录用部分优秀劳务派遣员工转为公司正式员工。打破“铁饭碗”的传统观念，对业绩欠佳的正式员工同样采用末位淘汰。这样能帮助企业吸纳优秀员工，增加员工归属感及认同感。

（四）优化薪酬制度，建立科学完整的薪酬工资体系

在薪酬管理上，积极制订符合贴近自身实际、激励有效的制度办法。根据不同的岗位性质，建立多系列的薪酬框架结构，使不同性质的岗位有不同的薪酬系列，体现效率原则，而相同性质的岗位按同一薪酬系列取酬，体现公平原则。建立起现代薪酬体系，为同工同酬的实现提供制度保证。

（五）严审劳务派遣资质，选择合适的劳务派遣公司

企业在与劳务派遣公司签订劳务派遣合作协议之前，必须对派遣公司的整体能力进行评估，认真审查其营业执照等资质证书，选择有实力、操作规范的派遣机构进行合作。

四、结束语

随着两年过渡期的临近，企业应加快调整用工的步伐，提前评估企业在劳务用工方面存在隐性风险。同时，建立良好的劳务派遣管理和用工机制，帮助企业最大效能地发挥人力资源最优配置，满足经营生产需要，推动企业的全面发展。

本文选自：《中车人才》2015 年第 2 期

管理部门定岗定编方法的探究

康晓晨

摘　要：定岗定编是企业在应对内部人工成本压力增大和外部竞争加剧时通常采取的“内涵式”发展措施。为有效控制用工成本，并向快速发展的新产业单元提供充足人才保障，株洲电机公司深挖组织内部潜能，以部分职能部门为试点单位启动定岗定编工作，探究管理部门定岗定编的方法论。

关键词：定岗定编；管理部门；方法论

定岗定编是存在于各类企事业单位中的一个共性问题，定岗的主要任务是设计组织中承担具体工作的岗位，定编则是确定某岗位的具体员工数量。因企业管理部门工作内容多样化、绩效难以量化等原因，如何科学地进行管理部门岗位设计、编制预测一直困扰着人力资源管理从业者。

一、开展定岗定编的必要性

1. 外部竞争环境日益加剧

当前经济由高速增长向高质量发展转型，国家对轨道交通行业投资日趋紧缩，外资准入限制取消，民营企业大力进军，致使国内轨道交通行业发展环境、发展模式及市场格局发生巨大变化。近年来，轨道交通和风电作为公司规模占比超过90%的核心业务，正经历由增量时代到微利时代的洗礼，阶段性天花板已现，致使公司销售收入未实现持续突破，迫切需要寻求新的发展增量。

2. 合理控制人工成本

为满足市场需求，多品种、小批量生产模式成为公司常态，在人工成本持续攀升、人员效能下滑的情况下，还出现了各单位要申请加人，增人不增效益的局面，跳入了“增人才能增产，增产就要增人”的思维怪圈。

3. 为新产业提供充足人才保障

对标“十三五”新产业发展规划，当前公司新产业人才总量上存在较大缺口，而且核心技术人员配置不足。亟须通过定岗定编盘清各板块人员富余情况，鼓励传统产业优秀人才投身新产业，助推新产业快速健康发展。

4. 紧跟公司组织变革步伐

为加快市场响应速度，促进组织效能提升，公司已启动组织变革项目。为保证新组织架构出台后，各单位人员的及时有效配置及工作的有序开展，须提前着手选择试点单位，对现有定岗定编方法论进行进一步修订和完善，为新组织架构下人员配置工作做好充足准备。最终，为应对外界竞争、合理控制用工成本、鼓励传统产业优秀人才投身新产业，2018 年 5 月，公司选定部门职能部门为试点单位在管理部门启动定岗定编工作。

二、定岗定编的过程

1. 定岗定编分析流程

定岗分析的流程基于定岗分析模型的流程（如图 1 所示），应根据公司实际来调整流程的环节或确定重点分析环节。岗位设置的分析流程，简单地说，是从定性判定：部门职能分解—岗位设置依据与目的—岗位与部门职能的匹配；到定量判定：岗位结构、工作量、工作强度等合理性分析；岗位设置的原则性要求以及风险控制、人员激励等特殊性要求；考虑岗位与流程的匹配、与人员的匹配问题。

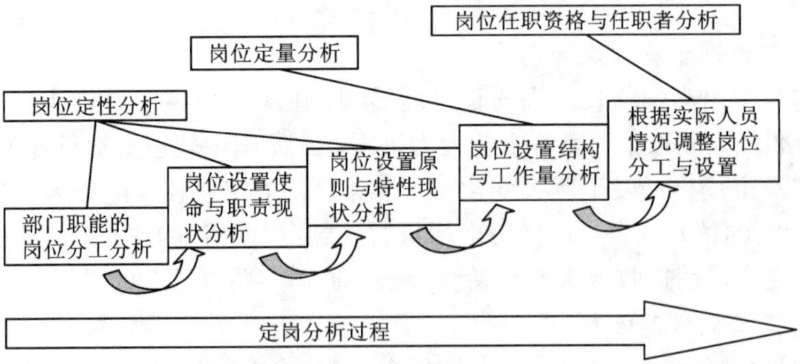

图 1　定岗分析流程图

岗位定编分为微观定编和宏观定编两类。微观定编指确定各部门、各岗位具体的人员数量，主要应用于各部门确定具体岗位的人员数量。宏观定编指确定公司几大类队伍的人员数量和比例关系，如专业管理、市场营销、工程技术、技能操作等，主要应用于企业人力资源规划、人工成本分析等宏观层面。

基于定编分析流程(见图2)，逐步展开岗位编制设置的分析。在定编分析流程中，首先是微观定编分析，即对部门的编制设置分析，在编制分析流程的前两个环节，对影响部门岗位编制设置的因素进行分析；在分析流程第三环节中，基于定编影响因素分析，考虑定编思路并选择与设计合适的定编方法。从微观分析到宏观分析的过程中，通过各部门影响因素的分析，提炼总结公司整体主要定编影响因素；通过确定影响部门定编的关键动因，分析公司人员编制与人工成本，确定公司整体定编原则；并结合实际人员情况，进行公司定编目的与效果的分析，以及通过长期动态定编管理，以确定分阶段达成的定编目标。

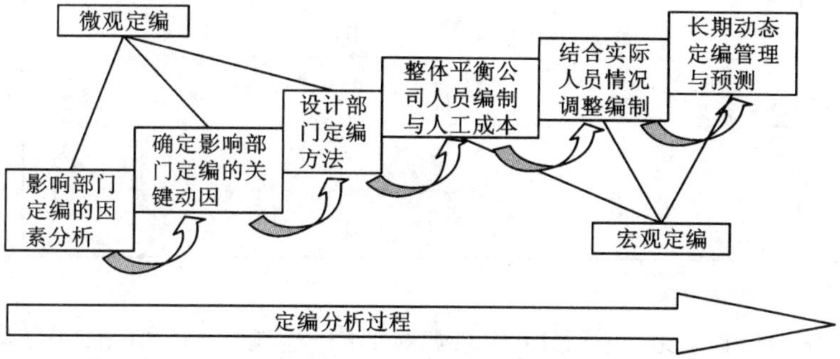

图2　定编分析流程图

2. *定岗定编方法*

株洲电机公司此次定岗定编工作，在对试点单位岗位进行系统分析基础上，决定采用组织职能分解的定岗方法和分层分类的定编方法。

(1)定岗方法(见图3)。

图3　定岗方法示意图

①MECE 原则分解：运用 MECE“相互独立，完全穷尽，不重叠，不遗漏”原则，对部门职责进行分解。

②职能岗位矩阵：通过绘制部门职责分工与岗位矩阵（如表 1），可快速诊断出部门岗位设置的合理性。如：一对多，即一项部门职能由多个岗位承担，可能存在职责重叠或不清晰，应细化部门职能描述；多对一，即多项部门职责由一个岗位承担，表示岗位职责过多，应增设岗位或者部门职能太细，应进一步归纳提炼；一对空，即表示该项部门职能没有岗位承担，应调整岗位职责，或增设岗位。

表 1　××部门职能分工矩阵

序号	部门职责	岗位 1	岗位 2	岗位 3	岗位 4
1					
2					
3					
…					

③优化岗位设置：根据 MECE 原则对部门职能的分解和职能分工与岗位矩阵的诊断，对部门岗位进行优化设计，使部门工作效率进一步提升。

（2）定编方法。

运用“日周月季年”工作盘点表，以时间和频次为要素，测算出该岗位的工作饱和度，并结合相关因素确定人员编制。

工作饱和度标准：①日净工作时间与公司规定上班时间比值小于 0.8，认为工作饱和度不足，考虑减编；②在 0.8 与 1 之间，认为工作比较饱和度，编制合理；③大于 1，认为工作负荷较大，考虑增编。

根据上述定岗定编思路，按照“因事设岗、职责明确、工作饱和、量化核定、精干高效”的原则，通过工作写实、人员访谈、数据分析等方式，在试点单位积极配合下，经反复修改及数据验证，制定试点单位定岗定编方案，为新产业盘点出管理人员 18 名，节约人工成本约 200 万元。

三、定岗定编相关思考

定岗定编是一个上至企业战略、下至每个员工每天具体工作的庞大的系统工程。岗位与编制设置不合理，不仅影响企业管理的人工效能，也影响员工的工作业绩与激情。所以，在进行定岗定编管理工作时，需同时关注多种影响因素。

1. 关注企业核心岗位的识别与发展规划

企业的岗位体系有不同层级和不同类别。在进行岗位体系设计和管理时，需结合管理的“28”原则，对企业战略发展需求的核心岗位进行识别与规划，并基于核心岗位，建立相应的核心人才培养、储备与职业发展体系。

2. 关注当前与未来、内部与外部，实现编制动态管理

定编是从静态到动态的过程。定岗定编需要随着企业业务的发展变化和员工能力素质的提升、岗位工作内容的变化而动态调整，使编制的变化能支撑公司业务的变化。一方面，要基于公司战略发展变化要求，考虑人才储备，尤其是公司新产业发展所需的关键稀缺人才及内部培养周期较长的关键岗位。另一方面，也要关注外部标杆企业人员编制与人工效益发展，通过对标分析，找出差距，确定编制发展的合理目标。

3. 关注企业人工效能的诊断与提升

科学定岗定编，需要定期进行企业人工效能的诊断，以实现公司总体人力资源数量结构合理、人工成本最低、人均效率与人均效益最大。

人工效能诊断措施：①企业总体人工成本与人工效益分析：诊断分析企业总体编制结构、总体人工成本、整体人工效率与效益；控制企业的人力资源成本，提升人均销售额与人均创利额，提升企业劳动效率与经济效益。②部门总体人工成本与人工效益分析：影响部门岗位与编制设置的关键因素分析；部门人工效率与人工产出分析；岗位工作结构与工作饱和度分析；人岗匹配度分析。③员工满意度/敬业度调查：员工满意度与敬业度调查；员工激励因素分析。④标杆企业人工效能对标分析：对外标杆企业人工效能调查；标杆企业对标分析。⑤人力资源战略规划分析/人力资本价值评估：诊断分析企业存量的人力资源数量、素质与人才结构；评估企业人力资本价值，分析不同管理层级不同职能序列的人才价值相撞；对照外部市场与行业标杆发展信息及趋势，突出应对外部竞争的人力资源发展战略建议。

根据上述措施对人工效能进行诊断，最终根据诊断结果，找出企业以及各部门人工效能提升、改进的关键点，并实施改善。

定岗定编是公司管理工作的基础，为应对外界激烈的竞争环境，建立高效岗位体系、科学合理人员定编，需定期开展定岗定编管理工作，不断推动人员效能持续提升，驱动公司永续发展。

本文选自：《管理与实践》2018 年第 7 期

条码及网络技术在异地制造管理中的应用

雷　金

摘　要：本文从分散性制造现场的制造管理需求出发，通过对条码技术、无线网络技术、移动办公技术、互联互通技术的综合分析，提出了以条码为基础的信息化子系统建设方案。本系统为多现场制造的信息化管理提供了总体解决方案，并为自动化制造发展奠定基础。

关键词：条码技术、信息化、制造

自动化、信息化是当前制造业发展的重要课题。通过计算机来监视、管理制造流程中的每一个环节的观念在20世纪计算机技术发展时期就诞生了，随着电子信息、移动网络技术的发展，现在的条件实现制造全过程计算机监控有多种解决方案。产品制造流程，是基于产品特性、技术基础等条件确定的，在一段时期内具有固定性，是在多件产品上的重复。管理制度及流程也具有一段时期的稳定性。而凡是有规则的、重复的工作，都可以通过计算机实现。从MRP升级成MRPⅡ再演变成ERP，从DRP到SCM最后整合到MES。对于分散性制造现场的信息化建设，则还需要加入网络技术的应用。

在公司现有的ERP系统基础上，从技术、质量、进程、成本、资源等管理领域提出系统升级的总体方案。

一、系统架构模型

本系统采用交互式界面，分为分析决策层、执行管理层、智能过程层三个层面（如图1所示），将当前ERP的计划系统与生产过程密切配合，使企业和车间管理人员时刻掌握生产现场信息，准确地判断与响应。智能过程层主要为现场信息收集与传递，面向一线操作者、生产装备、产品及物料、技术方案、产品信息等，最大限度地利用自动化、智能化工具，实现班组工作任务自动发布、作业人员资质自动识别、产品数据自动报表、技术方案自动选择、进程状态自动更新等。执行管理层主要面向部门管理层，将作业流程软件化、技术方案处方化、产品物料信息化实现作业过程自动运转，各种信息自动发送至移动终端，各部门管理者可以通过移动终端实现信息判断与决策，快速提升工作效率。分析决策层主要进行各种信息的分析，展现各种问题，发现规律，为领导层决策提供服务。

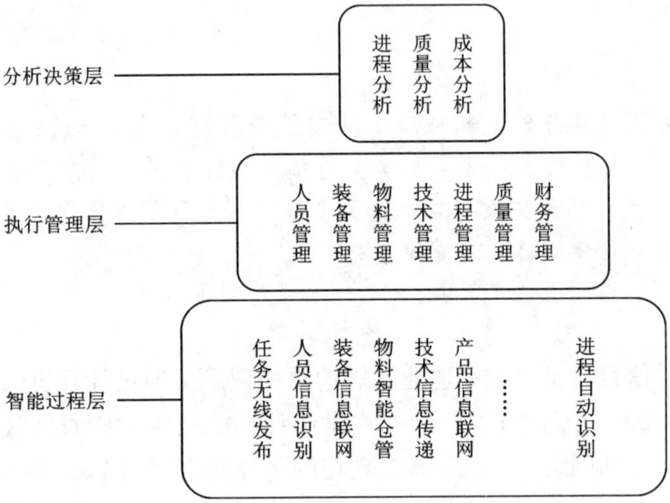

图1　系统架构模型

二、系统网络架构

利用现有网络资源和公司现有数据库服务器，在本部现场、异地现场均以客户端的方式通过系统软件连接至本部的服务器上完成数据处理以及信息发布。本部与异地生产现场通过 Intnet 网络连接。执行管理部门均在本部即可实现流程监视、数据维护、信息处理、过程管控。系统网络图如图 2 所示。

三、系统功能体系

1. 人员管理

所有人员建立编号、条码，系统通过编号或条码识别权限，传达当前工作

图 2　系统网络图

任务。系统内设置人员的权限库。系统根据工作量、任务完成情况自动进行完成工时、绩效评估，自动核算薪酬。

2. 装备管理

系统建立装备库，设立装备维护保养系统，自动向对应职责权限人员提醒装备维保工作任务。建立装备故障码库，对各故障码自动显示处理方案。对于未录入故障码库的故障，作为特殊情况处理，处理后立即建立故障码及解决方案。对于消耗类装备，建立安全储备数量，在低于安全储备数量时，提醒新购配置。装备实现使用者实名制管理，对于未达到使用时限而发生丢失、损坏等，提出原因分析和责任追究。

3. 物料管理

所有物料的领用、配属均实现条码管理。每一件物料配件均有全寿命信息。在物料各个转交环节均通过条码识别工作确认状态。

4. 技术管理

按产品特性对标准工艺建立数据库，通过产品特性编码和工序编码对工艺数据建立识别码。对于故障处理工艺，按产品型号建立故障码，通过故障码提取对应的工艺数据。每项操作开始时，人员权限、产品编码识别后，自动给出工艺清单、物料清单、装备清单、进程要求。

5. 进程管理

根据产品交付需求自动制定工序总体计划，并根据前工序开工完工情况自动编排后工序作业计划，以实现自动发送至相关作业人员。

6. 质量管理

现场质检作为质量管理、进程追踪的关键环节。实物质检完成后，通过带条码信息的工序合格证的打印输出触动系统自动化管理，产品数据报表自动建立，自动报工、下工序自动派活通知。对于质量异常的，通过带故障信息码的工序不合格品证的打印输出触动系统自动化管理，产品数据报表自动建立，根据故障码自动出技术方案、自动安排返工/报废/评审等通知，自动完成不合格信息登录。对于常规故障，可自动提出物料需求、自动传递故障处理信息。

7. 财务管理

财务管理模块配置各种自动化程序实现财务报账、统计等工作。如自动化差旅费系统可以实现考勤与报差的统一管理，自动化费用管理可以实现各单元费用使用状态报表，根据设定的指标自动提醒、自动核查等操作。

四、过程实现方案

管理层处理的作用是数据、信息处理和执行命令的发布，而数据、信息的来源均在一线过程层。对于一线过程层的信息发布和获取方式如下：

1. 利用条码技术结合数据库实现人员、装备、产品、物料、配件、技术、质量、进程等信息管理

对人员、装备、产品、物料、配件等实体，均建立条码，并在数据库中建立对应的数字信息。软件系统负责对信息进行自动化处理，处理结果存放在数据库中。条码的编制、打印、输出等作为程序自动化处理工作的触发器。对于技术、质量、进程等数据也建立特性条码作为索引及操作键，通过现场有关条码的事件，触发系统对数据库的读取、处理、命令输出等操作，自动制定下一步的作业指令。

2. 利用无线实现信息的闭环传递

生产现场各个工位配置无线终端，实现条码输出、打印、读取操作以及系统信息的发布。生产现场配置大显示屏，显示当前系统发布的进程状态、物料状态、装备状态和考勤信息等。

五、结束语

随着条码技术、网络技术、移动办公技术的发展，制造企业信息化建设具

备了良好的机遇。本文提出了三层结构的多现场制造信息化建设方案。利用本系统可以实时掌握生产现场每一工件、每一工位的状态，并实现所有产品数据的信息化管理。

本文选自：《中国科技博览》2015 年 4 月刊

基于企业文化的国企政工工作创新问题研究

曹书为　文轶洲

摘　要：随着我国经济由高速增长向高质量发展的转型，以及国有企业改革工作的逐步深入，国有企业在市场中的发展遭遇了诸多的压力和挑战。同时，员工在个人思想和行为方面的微妙变化使得企业对员工工作态度和行为的了解度越来越低。在这样的情况下，一些企业开始注重以企业文化为基础的企业软实力建设，即通过党建、政工等工作内容来掌握和引导员工的思想状况，通过强化员工对企业文化的理解和认同来增强企业整体的发展凝聚力，助推企业市场化发展的持续、高效进行。然而，对于国有企业来说，基于企业文化基础上的政工工作开展并非一件易事，需要在原有工作经验的基础上，充分考虑员工自身的实际情况，通过内容和方法的创新来适应、引导员工思想与行为方式的转变，从而实现增强员工对企业文化和企业发展的认同与支持的目的。因此，国有企业发展的当务之急在于在企业文化指导下进行积极的政工工作创新，用创新来助力企业发展。

关键词：企业文化；国有企业；政工；创新

1　国有企业政工工作现状分析

在市场经济冲击下，企业不断追求利益最大化，思想政治工作的地位逐步被削弱，特别是在企业机构改革中，政工人员通常称为精简的对方，认为政工属于形式型工作。目前政工工作开展没有达到预期标准，出现的问题主要集中以下几个方面：

1.1　政工工作的专业性不强

企业政工师队伍应该主要由企业党务、宣教、工会等其他承担企业思想政治工作的人员组成，而目前出现的情况是，企业不会特设政工部门，都是由各部门员工兼职参与，专业性不强成为企业政工工作存在的问题。很多政工人员在工作中经常出现工作找不到头绪、工作文件无法及时得到落实等，这种现象长期存在，导致政工工作的关键内容被长期停留在纸面上，工作只停留在形式上，没有把员工的创造力激发出来，未能最大限度地把员工的愿望和企业目标统一，同时也不能增加员工的岗位责任感和自身价值的实现，进而对企业发展形成推动作用。

1.2 政工工作方式陈旧

通过对当前政工工作进行调查后发现，部分国企的政工工作方式落后，长期以一对一说教、召开集体动员大会等方式开展。从效果来看，这种工作方式具有可取性，但是从长远角度来看，这种方法会让员工对政工工作缺乏兴趣。滥竽充数的现象普遍存在，在政工工作中表现得不专心、不积极，例如，很多员工在政工工作中的态度消极，在政工工作中存在玩弄手机、不认真记录会议内容的现象，面对政工人员提出的先进思想内涵无反映，导致整个政工活动结束后，员工毫无收获，致使政工工作成了一种“浪费时间”的教育活动，影响了政工工作质量。

2 国企政工工作路径优化

2.1 认清价值，转变理念

2.1.1 正确认识政工工作的价值

优化政工工作路径，首要任务就是正确认识政工工作的价值，使政工工作队伍能够得到国企内外部人员的尊重与信任，所以国企高层管理者，尤其是政工领导人要认识到培训的重要性，不断加强对政工工作队伍综合素质与业务能力的培养，以此来提高团队对政工工作的政治认识和理论修养。除对政工队伍的培养外，还要在国企层面对企业内部所有员工进行思想政治教育，做好全方位的思想宣传，营造良好的政工工作环境氛围，确保政工工作人员能够充分发挥积极性，并能在开展工作的同时得到政治思想的熏陶。总之，只有用正确的思想观念引导政工工作队伍开展工作，才能健全政工工作机制，并对国企的长期稳定发展起到正面作用。

2.1.2 更新政工工作理念

改变行为要从转变思想开始，创新工作理念，开拓新的思维视觉，并在此基础上来对国企政工工作环境进行优化。首先，要满足人的需求，众所周知，人的需求具有多样性，但大体可以分为精神需求和物质需求两个方面。所以，在国企在开展思想政治教育工作时，要将“提高员工综合能力，促进员工全面发展”为目标，要强化宣传引导，通过各种公益活动来提高员工的社会价值，并将政工工作渗透到员工的日常生活当中，在满足其精神需求的同时，化被动为主动，实现工作的常态化管理。其次，我国是社会主义国家，因此在思想政治教育工作中要崇尚民主法治，积极维护员工的合法权益，如参与权、知情权、监督权等，并积极开通渠道来维护员行驶权利的意愿，充分调动员工的主人翁意识，鼓励员工为企业的经营与发展提出意见和建议，这不仅能够为职工发展提供更广阔的空间，同时也有助于集思广益，促进企业的改革与发展。

2.2　注重企业本身的政工管理

作为我国的国有企业，若要在未来与其他企业进行有效的竞争，更好地提升融进市场，需要企业的管理者，将自身的管理理念进行调整，真正地认识到政工管理给企业以后提升所具有的深远影响。而且要把政工管理和平常的工作进行有机的结合，确定企业以后的提升方向，提高企业管理者的政工管理意识，这样才能够由基础层面开展政工工作，使得政工工作能够更有效地发挥作用。第一步，作为国有企业的相关管理者一定要有效地认识到思想政治工作所具有的深远影响，通过多种手段来给政工工作者进行相应的培养。第二步，作为国有企业一定要按照本身的情况打造相应的管理体系，而且持续的找寻出所就的不足，开展完善。第三步，间隔一段时间就对国有企业本身的所有工作者开展思想政治教育，这样能够打造良好的企业环境，基本上所有人都知道思想政治工作所具有的深远影响，作为国有企业同样需要引导工作者进行更好的交流与沟通，来让政工工作的效果增强。

2.3　坚持以人为本，达成国企政工工作的内容改革

在新时代，进行国企政工工作一定要顺应时代的潮流，达成在内容上的完美改变：首先要坚持可持续发展的科学发展理念，坚信马克思列宁主义、毛泽东思想、邓小平理论、中国特色社会主义理论体系，着重展开党的理论教育和爱国主义教育。其次要坚信科学技术是第一生产力，增加员工的能力水准，使员工的文化知识储备充足。再次要进行时势教育，让企业员工了解中国和外国当前的时势，让员工对时势拥有一个正确的认识，帮助员工制定发展前景规划。最后也要普及法制教育。

2.4　重新塑造价值，达成国企政工工作的规章改革

健全适应当代发展的制度是开展政工工作的首要条件，政工工作要做到可持续发展，一定要做到不断改革。在实际开展当中要大力地深入研究制度改革，除去传统的、老旧的规章改革，用以领先并且顺应时代发展的管理机制来代替。制度创新一定要以科学合理为基础，以系统全面为中心，以方便易实施为起点和目的，同时加大保障完善的实施制度的力度，使新制度能够有效地落地。在开始制度改革时，将中外领先的管理机制引入是非常重要的，比如说企业员工自己的评价和其他员工的评价相结合的评价教育形式，让企业员工能够实现自己梦想。

2.5 培养专业的工作者

若要令政工工作能够有效地进行，就一定需要相关的工作者当作基础，通过有效的培训体系来提高政工工作者的整体能力，把政工管理工作放到平常的工作过程中。作为政工工作者，一定要有着十分专业的能力，能够有效地进行企业管理，并且开展思想政治工作在平常的工作过程中，需要间隔一段时间就和别的工作者进行交流与沟通，通过这样的方式能够明白其究竟需要什么、究竟想什么，通过恰当的方式开展引导。同样需要注重党员团队的打造，党员属于企业提升的核心力量，有着优秀的党员能够加快企业的更好更快的发展。

3 结语

在国有企业的发展中，企业文化与政工工作之间存在着密切的关系，而正是这种相辅相成、相互补充的关联性为企业从文化视角出发开展政工工作创新创造了良好的条件。对于企业来说，从企业文化方面入手寻求国企政工工作的创新不仅符合企业文化建设的实际情况，同时也能够丰富政工工作开展的内容和路径，强化政工工作的实际效果。为了更好地推动政工工作创新活动的开展，企业要从工作理念更新、工作制度建设和企业文化环境营造等方面入手加以探索，以促进政工工作的良好创新。

本文选自：《管理学家》总第217期

图书在版编目（CIP）数据

十年行之精益之门：中车株洲电机有限公司管理与技术成果集／周军军，宁文泽主编；中车株洲电机企业文化部编．—长沙：中南大学出版社，2020.1

ISBN 978-7-5487-3919-7

Ⅰ.①十… Ⅱ.①周… ②宁… ③中… Ⅲ.①电机工业—工业企业管理—株洲—文集 Ⅳ.①F426.61-53

中国版本图书馆 CIP 数据核字(2019)第 292192 号

十年行之精益之门

——中车株洲电机有限公司管理与技术成果集

SHINIANXING ZHI JINGYI ZHIMEN

——ZHONGCHE ZHUZHOU DIANJI YOUXIAN GONGSI GUANLI YU JISHU CHENGGUO JI

周军军　宁文泽　主编

中车株洲电机企业文化部　编

□责任编辑　伍华进　杨　贝

□责任印制　易红卫

□出版发行　中南大学出版社

社址：长沙市麓山南路　　邮编：410083

发行科电话：0731-88876770　　传真：0731-88710482

□印　　装　长沙雅鑫印务有限公司

□开　　本　710 mm×1000 mm　1/16　□印张 46.5　□字数 885 千字　□插页 4

□版　　次　2020 年 1 月第 1 版　□2020 年 1 月第 1 次印刷

□书　　号　ISBN 978-7-5487-3919-7

□定　　价　188.00 元(共二册)

十年行之精益之门

——中车株洲电机有限公司管理与技术成果集

（下）

中车株洲电机企业文化部 ◎ 编

周军军　宁文泽 ◎ 主编

中南大學出版社
www.csupress.com.cn
·长 沙·

《十年行之精益之门——中车株洲电机有限公司管理与技术成果集》编委会

荣誉主编　胡　洋　李　瑾　肖安华

主　　编　周军军　宁文泽

编　　委　（以姓氏笔画为序）

王小方　卢雄文　刘建勋　江有名

李敏良　余　乐　胡雄辉　聂自强

晋　军　谢　欣

执行主编　聂自强

执行副主编　袁明亮　姜尚昆

执行编辑　郭章浩　孙　佳

总序：与君俱少年

在汉语中，“十”是寓意丰富的数字：十全十美，十室容贤，十围之木始生如蘖，十步之内必有芳草。在人生体验中，“十年”又是那样令人感慨万千：十年磨一剑，霜刃未曾试；细数十年事，十处过中秋；十载长安得一第，何须空腹用高心。十年，在宇宙只是一瞬，于个人或是漫途，但对一家企业、一个组织而言，又意味着什么呢？自然，在适者生存的市场竞争中，不少企业没能活过十年，而对于基业长青的百年老店而言，最初十年，又仅仅是它的生命初始，宛如翩翩少年。

2010年1月，原南车株洲电力机车有限公司控股的株洲南车电机股份有限公司升格为中国南车一级子公司，公司更名为“南车株洲电机有限公司”。2015年，随南车、北车合并，“南车株洲电机有限公司”更名为“中车株洲电机有限公司”。

回顾初分立后升格之缘由，推百因而究其一，当时南车总部决策者的首要意图，即所属企业必须以市场化为立身成长之本，在业务分离重组之后，让集团业务新单元成为名副其实的市场主体。而所谓市场化，当为企业利用自身资源能力，直面并争取客户，置利他于利己之先，主动为客户创造价值，实现社会互利而与社会分享竞争成果。因此，株洲电机此次“升格”的本质意义，是在市场环境中的“升格”，从而在市场定位、市场反应和市场能力等方面实现角色的转换：从轨道交通牵引动力配套商，变为覆盖轨道交通、清洁动能、高效工业驱动和运载驱动乃至通用驱动装备领域的系统解决方案提供者。株洲电机由此从相对被动完成生产任务和经营指标，转向自主制定发展战略，主动研究、应对并创造市场，以高性价比的技术、产品和服务为客户提供价值，并由此实现制造型本体向经营型本体的嬗变，构成专业－客户－EVA为核心的价值系统，成为全要素市场主体。

——**升格十年，事业全面进步**。这首先得益于2004—2009年，李志轩、刘万平、顾家骏、徐宗祥、周清和、肖安华、李瑾等领导人和经营者，克服改制初期的诸多困难，整合优良资产，成立现代股份制企业，建设新基地，推进“两车”项目，布局风力发电产业，推进新基地扩能，初创发展格局：销售收入从3.85亿元迅速增长到18.39亿元，净利润从1203万元增长到1.52亿元。而升格以后，公司持续巩固和扩大轨道交通和风电产业的优势地位，加快新产业发展，产业规模不断攀升，销售收入从18.39亿元增长至2019年的80亿元，2020年即将突破百亿元，年均复合增长率达15.8%。公司资产总额由15.44亿元增长至82.8亿元，增长约4.4倍，净资产由4.4亿元增长至30多亿元，增长超6倍。其间，公司持续加大技术创新力度，荣获中国专利金奖、银奖及中国工业大奖，在轨道交通牵引、大型风力发电、永磁和高速电机等领域，持续保持创新优势，并致力于内优外美的品质追求，经营品质和收益不断提升，净利润由1.52亿元增长至2019年的4.5亿元，十年累计实现净利润31.89亿元，年平均净资产收益20.43%，综合业绩评价始终位居集团前列，连续六年获评A级企业和突出贡献奖。公司传承并践行“企业的生存与发展是为了员工的福祉”的宗旨，员工年平均收入增长1.9倍。

——**升格十年，能力显著提升**。十年市场化历程，让人深切感悟，无论是何种类型的企业，无论是成本领先还是差异化，无论是规模业务还是定制业务，获得客户认可的唯一途径，必是企业独有的能力优势。从很大程度上而言，公司事业进步的历程，正是公司综合能力和专业能力不断提升的历程，所以公司《确立竞争优势的企业能力行动纲要》得以有效执行。

公司资源逐步完善和丰富，产业区位布局从湖南株洲扩展至江苏盐城、内蒙古包头、四川成都、广东广州、新疆哈密、福建福清、广东阳江，并迈向欧盟、大洋洲、南非。公司专注于电机和变压器核心技术，系统构建了前瞻性技术研究、产品开发、基础性共性技术研究、试验验证、技术支持和技术管理六大平台，建设了国际一流的电机工程研究中心，构成全球领先的“2＋N”试验验证体系。公司将客户满意作为品质管理的唯一标准，始终直面终端业主和直接客户痛感而改善品质；持续提高工艺保障水平，着手轨道交通智能制造工厂建设。公司持续创新运控模式，经多次组织变革，打造了“平台化＋专业化”的组织架构，构建基于价值创造的经营型组织运作模式，全面导入和优化以持续改善和正向激励为核心的绩效管理，有效提升了组织效能和运营效率。公司全面推行精益生产，打造5S管理、标准工位、工位制节拍化生产线，精益车间建设全面梯次推进，同步配套建设“6621”运营管理平台，确保管理要素全面落实于现场工位，并积极延伸推动精益供应链与精益研发建设，从精益生产企业迈向精益管理企业。公司注重学习力培养，由理念而知识，由知识而实务，认知先导，知行合一，稳步推进学习型组织建设，并将学习力转化为创造力，推进学习工作化、工作学习化。学习型组织建设有效作用于团队建设，公司十年间七获集团四好领导班子，公司专业化，团队职业化，相得益彰。

——**升格十年，战略日臻明晰**。以“创建世界一流通用机电集团”为目标定位，公司明确了以“三创三化”为表述的战略愿景，即创百亿企业、精益企业、学习型企业，构筑专业化、集团化、国际化的百年基业。“百亿”言其规模，“精益”言其品质，“学习型”言其核心能力；而“三创”目标的实现，必须依赖专业化的竞争能力、集团化的产业和组织结构、国际化的业务和客户集群。

自升格之始，历任领导者均保持了良好的战略定力，历次组织变革均强化了整体战略管控，尤其是在学习型组织培建过程中，通过多层次、多途径、多领域的战略宣贯，将战略愿景与个人愿景紧密结合，将战略内化为员工内心意愿，外化为经营管理的实际行动，升华为推动公司进步的直接动能。公司轨道交通和风电两大产业持续占据国内领先地位，并逐步在新产业板块彰显优势，梯次产业格局日趋成熟。新能源汽车驱动随着技术经济问题的解决快速规模化，高速永磁电机因其技术优势已获得客户高度认可，特种变压器在新能源、轨道交通和工程总包领域已达成破窗，特殊装备、运动控制等正在加速孕育。当前，各新产业的方向已经明确，路径已经清晰，战略性客户正在加速聚集，技术优势持续积累，规模化市场正在形成。

——**升格十年，价值观已然固化**。升格之初，首任经营者倡导客户价值，在全员价值认知层面注入市场基因。由此，公司又提出“EVA不仅是公司价值的核心，而且是公司文化的核心”，结合公司差异化战略抉择，构成了专业－客户－EVA这一核心价值的稳定模型，并以此为依据，将公司核心价值观即企业精神表述为“明德成器　利物益世”。

十年价值认知的成果在于，通过专业能力取悦并获得客户认同，通过客户认同获得企业的经济增加值或曰超值收益。即专业－客户－EVA公司价值模型的成立，必须以“明德成器　利物益世”作为证明，必须以先贤亚当·斯密的“财富论”和“道德论”作为基础性理论和认知工具，践行利他先于利己，由利他实现利己。明德，成器，利物，益世，其要义即感恩，成长，创值，利人。“感恩”“利人”是万德之本。企业与个体的一切成就均源于社会的进步、上下游产业的繁荣、业务平台的优势、客户与股东的认可、合作伙伴甚至竞争对手的支持以及员工团队的共同努力。因而，必须崇尚于“利他”中获取正当收益，在为客户创造价值的过程中获取自我价值，重视并善待包括供应商在内的各领域合作伙伴和利益相关方，与其结为长期战略同盟，同改善，同进步，同分享，共创进步与繁荣。“成长”“创值”是益世之途。成长、价值有赖于竞争能力的保有和优化，能力提升又有赖于“比竞争对手学得更快的能力”。持续学习和自觉改善方可保证企业及其员工价值的有效提升，由此促成组织及其成员获得充分而持续的“成长”，从而让企业焕发出更大的生机，让员工活出生命的意义，获得生命的价值。

为回顾展示十年业绩、经验与认知，我们特编纂“中车株洲电机十年行”丛书，包括《十年行(2010—2019)》《驱动你的心》《成器之道》《精益之门》《兼程集》《精英录》《动心集》等7种。《十年行(2010—2019)》是规范性史志；《驱动你的心》是公司经营思想小结；《成器之道》是决策性文献结集；《精益之门》是专业能力成果展示；《兼程集》是新闻事件结集；《精英录》是对优秀员工的颂歌；《动心集》可视为员工心灵记录。

转瞬公司升格十年，事业适逢历史性节点。过往不可复得，未来只待求索。改变与创造，坚持与进步，在市场丛林中永葆生机活力，是公司及同仁的永恒使命。十年青春路，与君俱少年；青春须早为，岂能长少年。谨赋此志庆并以为序。

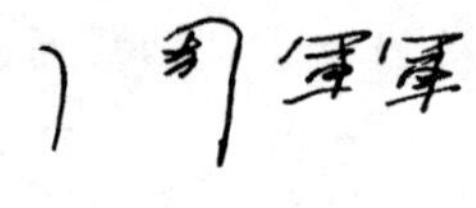

序

Preface

十年风雨坎坷，十年传承跨越，十年的并肩携手成就了公司从2010年经营收入17.3亿元到2019年经营收入突破80亿元的今天。值此公司十周年华诞之际，汇聚十年间公司专家们智慧结晶，以备后鉴，更希望通过论文集向外界打开一扇沟通之门，以期得到广大同行、专家学者的指正与引导。

本书分为上、下两册，收录了公司员工十年间在国家、省、市级获奖的科研论文和曾在国家、省、市级以及核心刊物上发表的论文。书中将论文的参考文献均进行了删减，保留了论文主体内容。

习近平总书记强调，“科技是国之利器，国家赖以之强，企业赖以之赢，人民生活赖以之好”。中车株洲电机有限公司作为高端装备制造企业，始终将科技创新作为公司发展的重中之重，并在创新能力提升方面逐步实现突破。“路漫漫其修远兮，吾将上下而求索”，公司全体员工将继续发扬科技创新精神，克难奋进、开拓创新，力争在绿色动力装备领域开展更深层次的研究和实践，进一步提升自主创新能力，共同努力创建世界一流通用机电集团。

胡雄辉　余　乐

目录 Contents

设计篇

工艺篇

设备工装篇

设计篇

基于频率响应分析法的牵引变压器绕组变形检测横向比较应用

马东明

摘　要：对于在牵引变压器制造过程中线圈整形工序和器身压紧工序造成线圈局部坍塌变形，而例行试验无法检测的情况，提出了基于频率响应分析法的变压器绕组变形检测横向比较方法。

关键词：牵引变压器；绕组变形；频率响应分析法；横向比较

Traction transformer winding deformation parallel comparison detection application based on frequency response analysis

Ma Dongming

Abstract: During the traction transformer manufacturing, for coil pressing process and body pressing process may caused the coil partial collapse, but routine tests can't detect this situation, proposed a transformer winding deformation detection parallel comparing method based on frequency response analysis.

Key words: traction transformer; winding deformation; frequency response analysis; parallel comparison

1 概述

HXD1 系列大功率交流传动电力机车牵引变压器在制造过程中，线圈整形工序和器身压紧工序均需使用液压机采用恒压整形工艺对线圈进行轴向压紧。

在前期变压器生产过程中，在线圈整形工序和器身压紧工序均曾出现过高压线圈、辅助线圈被液压机压紧至线圈内部局部坍塌的情况。由于牵引变压器线圈外部包裹着绝缘筒，且高压线圈、辅助线圈又采用漆包线和 NOMEX 纸包绝缘，线圈局部坍塌后，不仅无法目测检查，连传统的低电压中间试验也无法检测出缺陷，直至例行试验工序才会检测出异常。此时，变压器已装配完成即将出厂，返工不仅造成了较大的质量损失，也严重影响了生产进度。

2 检测可行性

公司生产的 HXD1 系列大功率交流传动电力机车牵引变压器均为单相心式变压器，其线圈为一体化多绕组结构，线圈分上下两段或上中下三段，高压线圈和低压线圈轴向分裂。四个(或六个)牵引绕组之间互不相连，相互退耦，四个(或六个)独立的高压线圈分别与各自的牵引线圈、辅助线圈耦合。线圈轴向、轴向尺寸均有严格要求。线圈设计、工艺的高度一致性，为采用频率响应分析法的绕组变形检测横向比较提供了可能。

3 频率响应分析法检测原理

变压器绕组在较高频率的电压作用下，每个绕组均可视为一个由线性电阻、电感(互感)、电容等分布参数构成的无源线性双口网络，其内部特性可通过传递函数 $H(j\omega)$ 进行描述，如图 1 所示。如果绕组发生变形，绕组内部的分布电感、电容等参数必然改变，导致其等效网络的传递函数 $H(j\omega)$ 的零点和极点发生变化，从而使网络的频率响应特性发生变化。

用频率响应分析法检测变压器绕组变形，是通过检测变压器各个绕组的幅频响应特性，并对检测结果进行纵向或横向比较，根据幅频响应特性的变化程度，判断变压器可能发生的绕组变形。

变压器绕组的幅频响应特性采用扫频检测方式获得，如图 1 所示。连续改变外施正弦波激励源 V_s 的频率 f(角频率 $\omega = 2\pi f$)，测量在不同频率下的响应端电压 V_2 和激励端电压 V_1 的信号幅值之比，获得指定激励端和响应端情况下的绕组幅频响应特性。图中：L、K 及 C 分别代表绕组单位长度的分布电感、分布电容及对地分布电容，V_1、V_2 分别为等效网络的激励端电压和响应端电压，V_s 为正弦波激励信号源电压，R_s 为信号源输出阻抗，R 为匹配电阻。

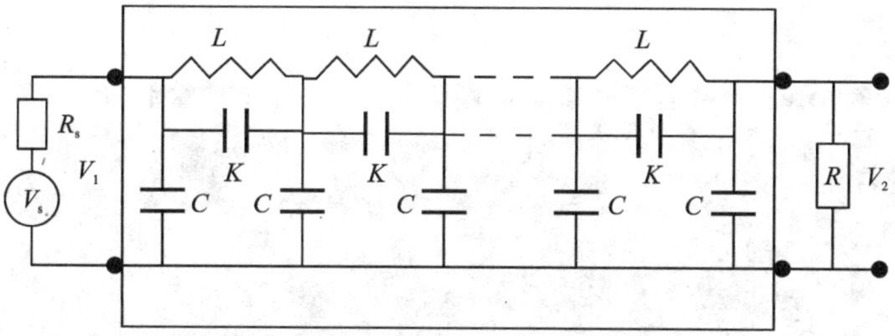

图1　频率响应分析法的基本检测回路

测得的幅频响应特性曲线常用对数形式表示，即对电压幅值之比进行如下处理：

$$H(f)=20\lg[V_2(f)/V_1(f)]$$

式中：$H(f)$为频率f时传递函数的模$|H(j\omega)|$；$V_2(f)$和$V_1(f)$为频率f时响应端和激励端电压的峰值或有效值$|V_2(j\omega)|$和$|V_1(j\omega)|$。

4　绕组变形检测横向比较的应用

4.1　线圈整形工序后单个线圈横向比较

在牵引变压器制造过程中，最容易造成线圈局部坍塌的工序是线圈整形工序。单个线圈整形后，固定在整形架上处于立起状态，此时可以进行绕组变形检测。一般以绕组尾端作为扫频信号输入端，绕组首端作为输出端。连接好电脑和测试仪主机后，打开软件启动测量。连续对一批产品进行测量后，选择进行横向比较的两个绕组记录，系统将两组数据加载至幅度频谱显示窗，自动计算出相关系数，然后通过相关系数自动得出分析结论。图2为两个辅助绕组间的横向比较结果，从图上可以看出，变压器绕组的幅频响应特性曲线中包含多个明显的波峰和波谷，经验及理论分析表明，这些波峰和波谷的分布位置及分布数量的变化，可作为分析变压器绕组变形的重要依据。

图3为另两个辅助绕组间的横向比较结果，从图上可以看出，幅频响应特性曲线低频段(1 kHz ~ 100 kHz)的波峰或波谷位置发生了明显变化，这通常预示着绕组的电感改变，可能存在匝间或饼间短路的情况。频率较低时，绕组的对地电容及饼间电容所形成的容抗较大，而感抗较小，如果绕组的电感发生变化，会导致其频响特性曲线低频部分的波峰或波谷位置发生明显移动。此时软件计算出来的低频段相关系数仅为0.2，系统得出“绕组可能存在严重变形现象”的分析结论。经多个绕组横向比较后，找出可能存在严重变形的线圈。对

线圈解体检查，发现辅助线圈已经局部坍塌。

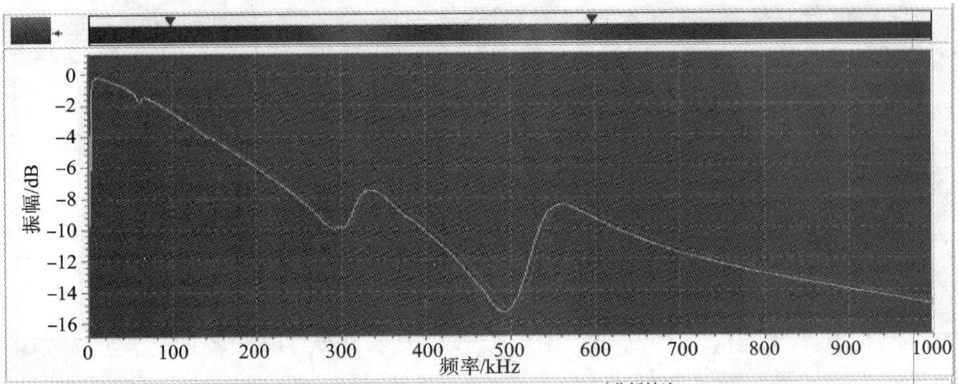

相关系数列表

相关频段	相关系数$R12$	相关系数$R13$	相关系数$R23$
低频LF	3.36		
中频MF	2.03		
高频HF	4.51		
全频AF	2.53		

分析结论

低压绕组正常无明显变形现象

图 2　合格辅助绕组间横向比较

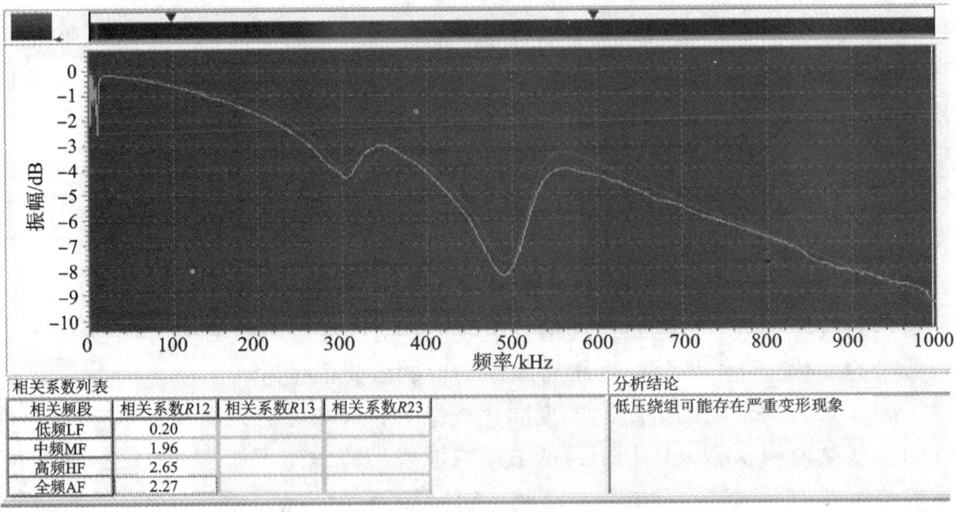

相关系数列表

相关频段	相关系数$R12$	相关系数$R13$	相关系数$R23$
低频LF	0.20		
中频MF	1.96		
高频HF	2.65		
全频AF	2.27		

分析结论

低压绕组可能存在严重变形现象

图 3　局部坍塌辅助绕组和合格辅助绕组间横向比较

对于绝大多数同型号牵引变压器，其低频段的响应特性曲线应非常相似，如果存在差异，则应查明原因，不应轻易放过。

4.2 器身压紧工序后器身之间横向比较

在牵引变压器制造过程中，另一个容易造成线圈局部坍塌的工序是器身压紧工序。器身压紧后，先将器身由立起状态翻身为卧倒状态，此时可以进行绕组变形检测。由于器身已经完成引线制作，故不能继续将上、下两段（或上、中、下三段）同段绕组各自横向比较。对于高压绕组，由于四段（或六段）线圈已经焊接并联在一起，此时只能和另一台同型号变压器器身高压绕组进行比较。对于辅助绕组，柱 1 线圈和柱 2 线圈上、下两段（或上、中、下三段）已经串联在一起，此时只能将柱 1 辅助绕组和柱 2 辅助绕组进行比较，或和另一台同型号变压器器身辅助绕组进行比较。具体测试方法和判断方法和线圈整形后测试时基本一致。图 4 为两台同型号变压器器身之间高压绕组的横向比较，分析结论为“绕组正常无明显变形现象”；图 5 为另两台同型号变压器器身之间高压绕组的横向比较，分析结论为“绕组可能存在严重变形现象”，经多个绕组横向比较后，确定出可能存在严重变形的线圈。对线圈解体检查，发现高压线圈已经局部坍塌。

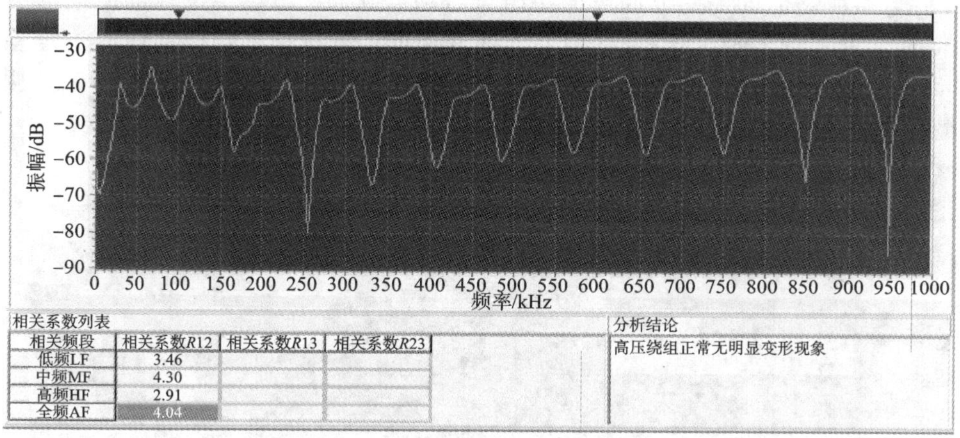

图 4　合格高压绕组间横向比较

4.3 检测注意事项

4.3.1 比较对象的选择

对于牵引变压器而言，柱 1、柱 2 线圈上、中、下三段的结构各自基本对称。验证表明，对于同一型号同一序列号的变压器同段绕组（柱 1 上段——柱 2 上段、柱 1 中段——柱 2 中段、柱 1 下段——柱 2 下段）之间的横向比较结果比较准确。同样地，同一型号不同序列号的变压器之间同段绕组的横向比较结果

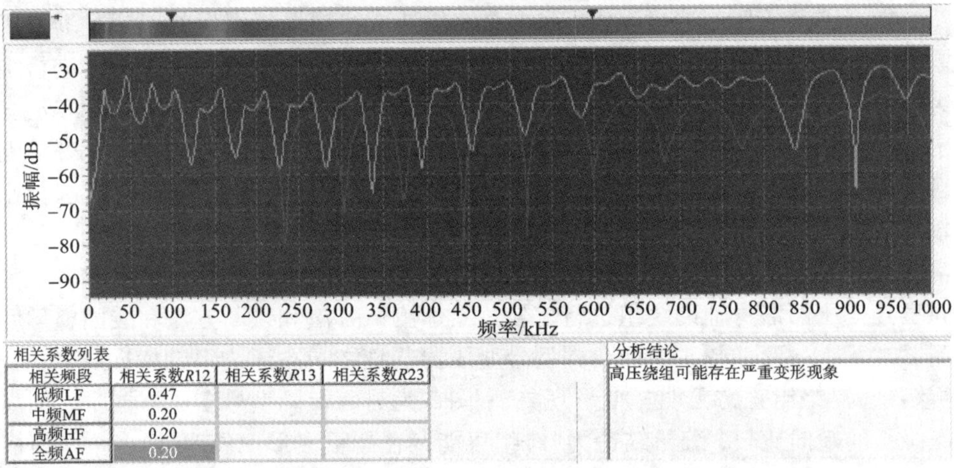

图 5　局部坍塌高压绕组和合格高压绕组间横向比较

也比较准确。但如果用非同段的绕组进行横向比较，虽然每一段的绕组参数(匝数、尺寸)都一致，但因结构上的些许不同，造成频率响应曲线有一定差异，系统就会得出“绕组可能存在轻度变形现象”的分析结论，如图 6 所示。故最好不将非同段的绕组用于横向比较。

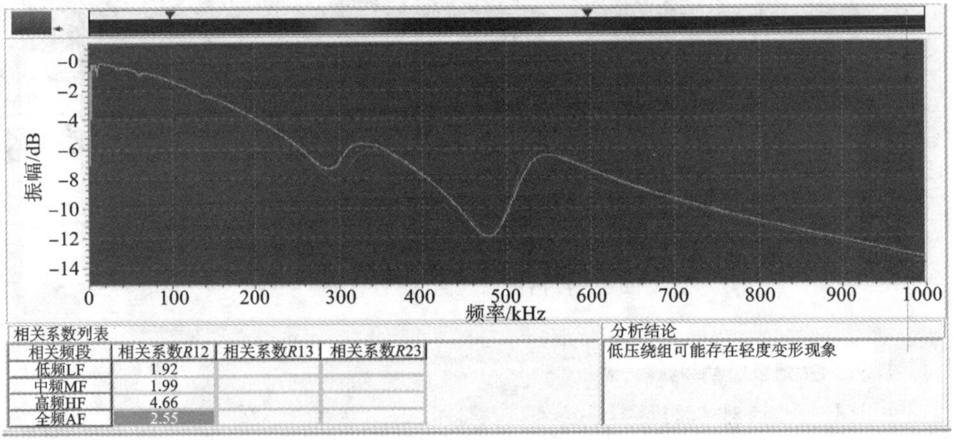

图 6　非同段间辅助绕组横向比较

4.3.2　绕组状态的影响

验证表明，用于横向比较的两个绕组，其状态应基本一致，即同为卧倒或同为立起的状态，绕组存放工装也应相似。如果一个绕组处于立起状态，而另一个绕组处于卧倒状态，两者用于横向比较，结果见图 7，系统会得出“绕组可能存在明显变形现象”的分析结论。这是因为，频率较高时，绕组的感抗较大，容抗较小，由于绕组的饼间电容远大于对地电容，波峰和波谷分布位置主要以对地电容的影响为主。

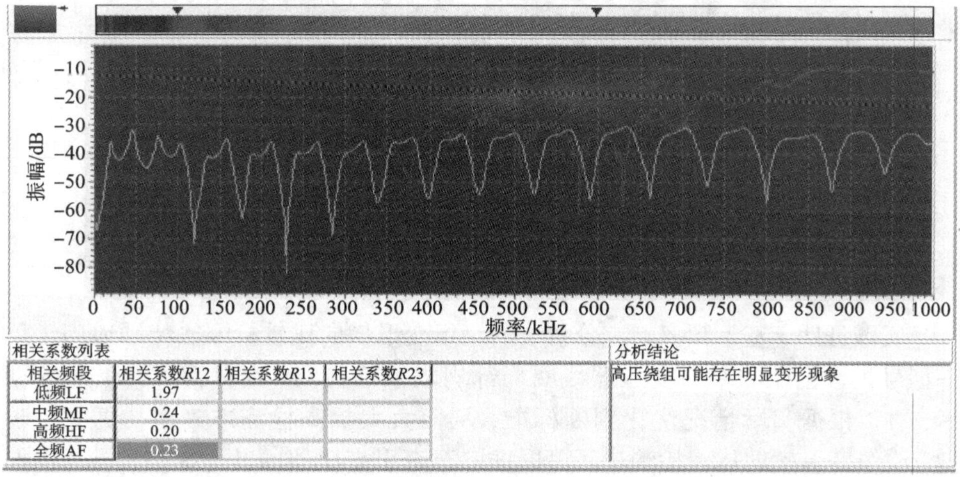

图 7　立起状态和卧倒状态高压绕组横向比较

4.3.3　接地的要求

测量过程中接地非常重要，它除了保护仪器设备外，主要是使高频电流的流向必须正确，否则测量结果将无法一致。

线圈整形工序后测试时，线圈整形架和测试仪外壳必须可靠接地；器身压紧工序后测试时，变压器铁芯、夹件和测试仪外壳必须可靠接地。如果接触不良，频率响应曲线有可能出现毛刺等异常现象。

4.4　判断标准优化

仪器软件中的分析结论是根据 DL/T 911—2004《电力变压器绕组变形的频率响应分析法》中的附录 A“用相关系数 *R* 辅助判断变压器绕组变形”所提供的参考判断标准进行判断的。因牵引变压器和电力变压器有较大的差异，在实践中经常发现横向比较结果中出现“绕组可能出现轻度变形现象”的结论，而实际上线圈并无缺陷。此时，就需通过经验综合判断做出结论。经过大量的数据分析后，可通过软件分析菜单中的“修改判据标准”项(如图8所示)优化设置判据标准，从而得到更加符合公司牵引变压器产品的判断标准。

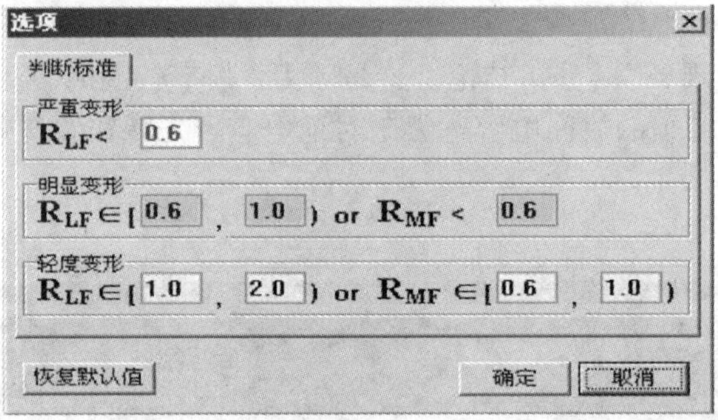

图8　修改判断标准界面

5　结束语

实践证明，基于频率响应分析法的绕组变形横向比较检测法特别适用于单一型号批量生产的牵引变压器线圈局部坍塌缺陷检测，在获得了大量的数据后，可以根据实际情况优化判断标准，从而大大提高检测准确率。更进一步地，绕组变形横向比较检测法还可以推广至牵引变压器的其他缺陷检测，例如变压器线圈绕制过程产生的多匝少匝质量缺陷，将绕组变形检测结果和传统的等匝测试结果综合分析，能够更加准确地进行判断。

——来源：《科协论坛》2011 年 12 月下半月刊

HXD1B 电力机车用 300 kVA 辅助变压器研制

廖保华　黄细友

摘　要：本文介绍了 HXD1B 机车用 300 kVA 辅助变压器的主要技术参数、特殊结构特点及相应的关键技术。

关键词：辅助变压器；高阻抗电压；高空载电流；防水；局部放电

Research and production of 300 kVA auxiliary transformer for HXD1B electric locomotive

Liao Baohua　Huang Xiyou

Abstract: This paper presents the main technology parameters, structure features and key technology of 300 kVA auxiliary transformer for HXD1B electric locomotive.

Key words: auxiliary transformer; high - impudence voltage; high no - load current; water - proof; partial discharge

1　引言

在 HXD1B 电力机车上，辅助设备运行电源系统有恒频、恒压三相电源系统(440 V, 60 Hz)和变频、变压三相电源系统(电压 80 V ~ 440 V, 频率 10 Hz

~60 Hz)。机车辅助设备电源通过辅助逆变器由牵引变流器中间直流电路提供。

机车牵引变流器内部设置有2个完全独立的辅助逆变器(PWMI)模块1和模块2，2个完全独立的辅助逆变器(PWMI)模块1和模块2将直流电压分别转换为变频、变压和恒频、恒压的三相交流电压，为机车辅助设备提供电源。辅助变压器在HXD1B电力机车辅助供电系统中的连接示意图如图1所示。

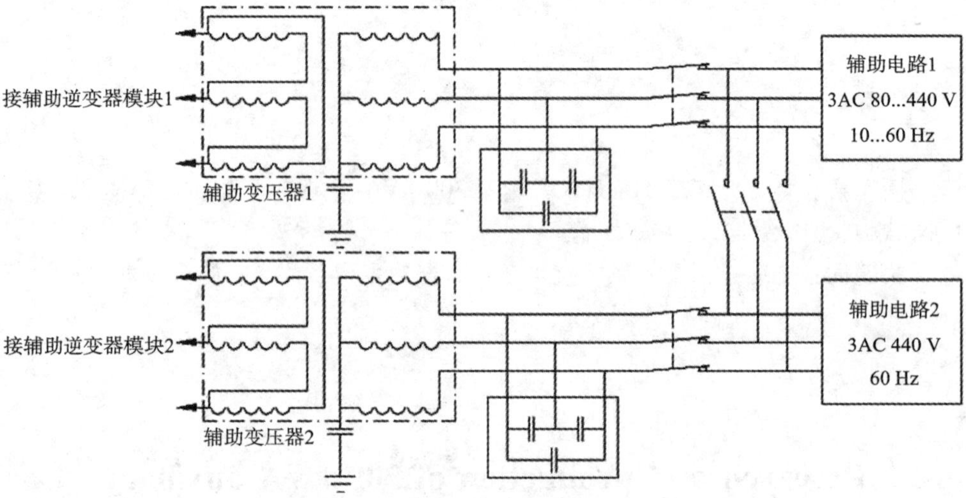

图1　HXD1B电力机车辅助供电系统框图

南车株洲电机有限公司自主研发的HXD1B机车用ZPSG-300/1.672型辅助变压器(以下简称辅助变压器)连接在辅助逆变器与机车辅助设备电源系统之间，与后面电容器串联构成一个正弦波滤波器，起滤波和变压作用，保护辅助设备不受牵引系统中高压的干扰。

本文重点介绍辅助变压器的主要技术参数、特殊结构特点及相应的关键技术。

2　辅助变压器原理图及技术参数

辅助变压器接线原理图如图2所示，联结组别为Dyn5。

主要技术参数如表1。

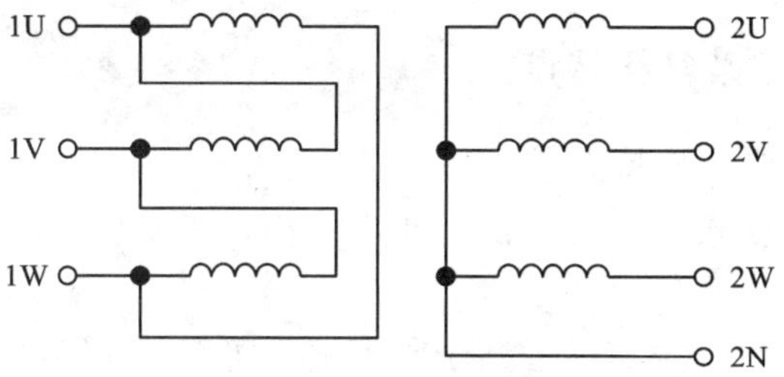

图 2　接线原理图

表 1　HXD1B 电力机车辅助变压器主要技术参数

额定容量/ kVA	300
相数	三相
频率/Hz	60
一次额定电压/V	1672
二次额定电压/V	440
变比	3.8% ±0.5%
联结组	Dyn5
冷却方式	强迫风冷 AF
阻抗电压	(40.5 ±10)%
漏电感/mH	28(折算到一次侧)
空载电流/%	8 ~ 13
负载损耗/W	12310
空载损耗/W	1020

辅助变压器二次侧输出电压/频率特性曲线见图 3。

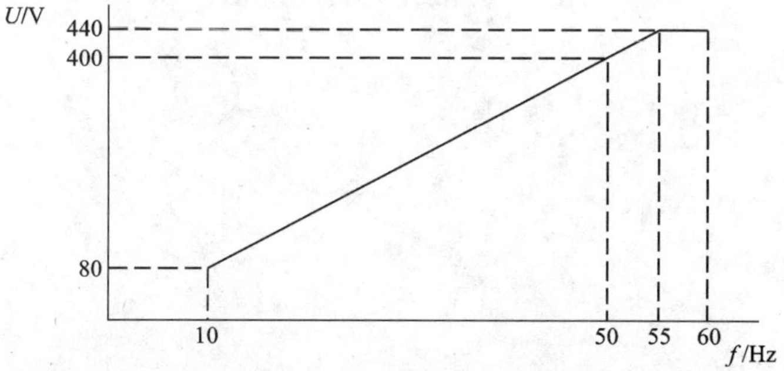

图 3　辅助变压器二次侧输出电压/频率特性曲线

3　辅助变压器技术及结构特点

辅助变压器主要技术特点是：

1) H 级绝缘浸渍式干式变压器，卧式结构，在 HXD1B 电力机车的辅助变压器柜内卧式安装。

2) 阻抗电压为 40.5%，远远高于同等电压等级、同等容量干式电力变压器 4% 的阻抗电压值。

3) 空载电流为 8% ~13%，远远高于一般变压器的空载电流百分值 1% ~2%。

4) 辅助变压器防护等级高，产品泡在水中 12 h 测量高、低绕组对地绝缘电阻应大于 1 MΩ。

5) 局部放电量小，原边侧对地 5040 V 时，局部放电量小于 50 pC。

6) 耐冲击电压高，原边侧额定冲击电压为 30 kV。

在结构上，辅助变压器采用矩形铁芯、矩形绕组。铁芯分为主铁芯和副铁芯，变压器一次绕组绕在主、副铁芯上，二次绕组仅绕在主铁芯上。绕组及铁芯结构示意图见图 4。辅助变压器结构示意图见图 5。

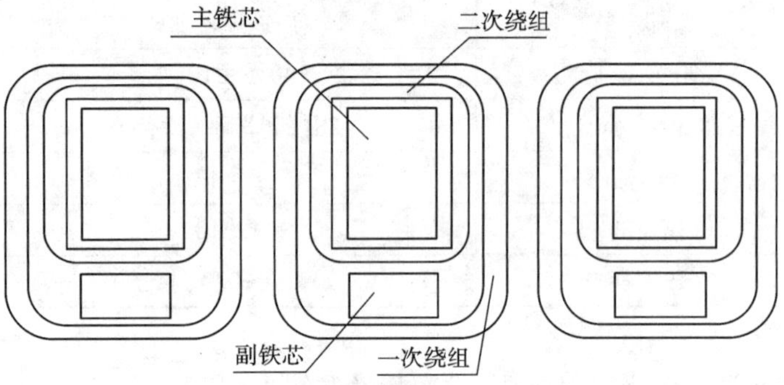

图 4　绕组及铁芯结构示意图

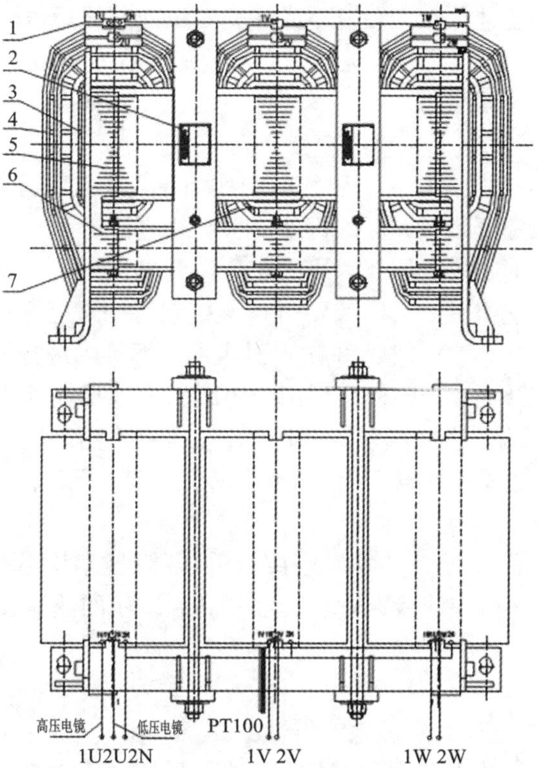

图5　辅助变压器结构示意图

1—引线；2—铭牌；3—二次绕组；4——次绕组；5—主铁芯；6—副铁芯；7—PT100

3.1　铁芯

铁芯分为主铁芯和副铁芯，铁芯硅钢片采用矩形截面。主铁芯铁轭与铁芯柱之间采用 Nomex 纸做成的气隙。副铁芯采用典型的电抗器铁芯结构，用多个铁芯饼组合成铁芯柱，中间采用 Nomex 纸做成的气隙。可以通过改变铁芯的材料和截面尺寸来调整磁通，通过调整铁芯气隙来精确调整漏感。

为加强产品的机械强度，上、下铁轭各做成一个整体，把主铁芯、副铁芯连成一个整体，辅助变压器通过多次真空压力浸漆固化后成为一个整体“刚体”结构，大大提高了辅助变压器的机械性能。

3.2　绕组

辅助变压器的一次绕组和二次绕组都采用矩形结构，采用具有防水性能的特殊导线。内部二次绕组和外部一次绕组均为多层层式绕组。在绕制绕组之前，先对导线做防水试验，在确保导线满足防水要求的情况下，再采用特殊的不敲不打绕组绕制工艺处理，在组装成辅助变压器整体后再经过多次真空浸漆处理，绕组和辅助变压器都具有防水性能，能满足在水里浸泡 12 h 后的绝缘电阻达到 1 MΩ 以上的标准。

3.3 引线

辅助变压器连接组是 Dyn5，引线的制作顺序为先制作好内部导线连接，待变压器整体真空浸漆干燥后，再进行外部引出线连接。

内部导线连接时，按照外部引线的布置位置弯制好一次绕组、二次绕组导线出头位置，一次绕组首、末端都要引入连接铜管中进行压接，二次绕组的 N 线先用铜棒焊接连接，然后把 N 线铜棒引入连接铜管中进行压接。

外部引出线连接时，先把外部引出线电缆引入连接铜管中进行压接。然后进行包扎。为有效地防止电晕现象的产生，引出电缆采用瑞士进口的 RADOX 9 GKW - AX 牵引电缆，该电缆具有电子束交联结构双阶绝缘层，耐电晕能力强。

绕组内部引线焊接处、引线与连接铜管压接处整体包扎锡箔纸，然后用 Nomex 纸皱纹纸，最后在连接铜管外套序耐高温高压的热缩套管。

4 关键技术

4.1 高阻抗电压、大空载电流特性

辅助变压器为一次侧带电抗器的变压器，阻抗电压为 40.5%，空载电流为 8% ~13%，远远高于同容量等级、同电压等级的干式电力变压器的阻抗电压(4%左右)、空载电流(2%以下)要求。因此辅助变压器的结构具有特殊性，绕组及铁芯结构三维示意图见图 6。

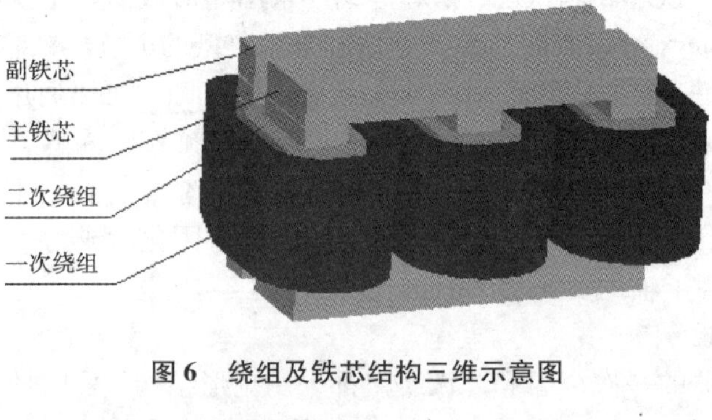

图 6 绕组及铁芯结构三维示意图

主铁芯和副铁芯被组合使用，辅助变压器一次绕组绕在主铁芯、副铁芯上，二次绕组仅绕在主铁芯上，使变压器的漏感集中在一次侧，通过计算主铁芯和副铁芯中的心柱的大小及气隙厚度可精确确定并控制阻抗、空载电流的大小。

4.2 防水特性

辅助变压器在使用过程中，如遇下雨天气，会有雨水通过侧墙过滤器进入变压器器身，如何保证在雨水淋落到变压器绕组时变压器能正常工作而不发生接地故障是一个关键的技术难点，没有成熟经验借鉴。对敞开式干式变压器的设计和制造工艺都是非常严峻的挑战，需要设计和工艺进行多次的试验，从中找出事物的客观规律。

鉴于该辅助变压器使用环境恶劣，使用期间常常会遭受雨水、风沙的侵蚀，因此对产品的防水性能提出了更高的要求。要求辅助变压器整体(含引线)浸入水中 12 h 后绕组绝缘电阻必须大于 1 MΩ。

敞开式(非包封)干式变压器满足浸水试验要求，国内外无成熟经验可借鉴。为了满足产品的防水要求，我们主要从以下几个方面进行处理。

设计上采用具有防水性能的导线，依靠导线本体外包密封绝缘层来提高变压器的防雨性能。并且在绕线之前，对导线做严格的浸水验证试验，导线合格后才进行绕组的绕制工作。铜导体绝缘结构见图 7。

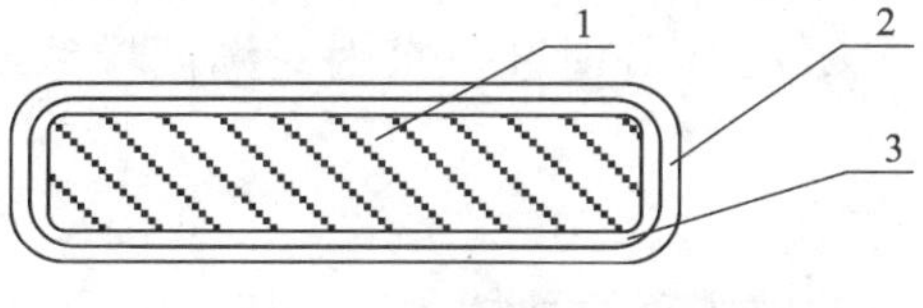

图 7 铜导体绝缘结构

1—铜导体；2—外层保护绝缘层；3—防水密封绝缘层

从铜导体绝缘结构来看，如何保证导体的防水密封绝缘层在整个制造过程中不损伤或尽可能少损伤，是制造工艺要解决的核心问题。

制造工艺上采取如下措施：

1)改进绕组绕制工艺，减小绕组绕制拉紧力，改进绕组出头弯折部位绝缘包扎工艺，采用特殊的不敲不打绕组绕制工艺，确保导线在绕制过程中的质量。

2)采用特殊的组装工艺，改进器身装配绕组撑紧工艺，确保绕组在装配过程中不会出现绝缘的破损。

3)选用具有防水性能的绝缘包扎材料，改进变压器引线制作及包扎工艺，确保引线材料和包扎工艺满足变压器浸水要求。

4)采用高性能等级的浸渍漆，并经过多次真空干燥与真空浸漆、常压浸漆的工艺验证比较后完善了浸漆工艺。同时采用旋转烘焙工艺，尽量减少变压器在固化过程中漆的流失量及保证漆的均匀性，进而保证绝缘浸渍漆的整体性能，提高产品的防潮及整体机械强度。

试验方法：将变压器浸入水槽中，水面要淹没引线电缆的连接包扎处，浸水时间12 h。浸水12 h后一次绕组、二次绕组的绝缘电阻大于1 MΩ为合格。浸水试验的测量数据如表2所示。实验结果表明，该产品的浸水试验数据完全符合产品性能要求。

表2　浸水试验测量数据

序号	变压器编号	器身浸底漆后2 h浸水试验结果		成品12 h浸水试验结果		备注
		高压/MΩ	低压/MΩ	高压/MΩ	低压/MΩ	
1	1#	1000	1000	3.7	1000	合格
2	2#	1000	1000	1000	16	合格

通过以上设计和工艺处理，出厂的辅助变压器全部通过了浸水试验。现在已经在线路上运行2年，没有出现过一次因受潮而导致绝缘电阻降低引起的故障。

4.3　局部放电

局部放电对于绝缘的破坏有两种情况，一是放电质点对绝缘的直接轰击，造成局部绝缘破坏，逐步扩大使绝缘击穿；二是放电产生的热及臭氧等活性气体的化学作用，使局部绝缘受到腐蚀，电导增加，最后导致热击穿。通常，电气绝缘的破坏或局部老化，是从局部放电开始的，局部放电量的大小直接影响变压器的使用寿命。局部放电量越低，变压器的运行寿命就越长。

影响局部放电的主要因素：一是绝缘材料的材质；二是产品设计的绝缘结构；三是生产加工制造工艺。变压器中的局部放电源有两大类：一类是制造和工艺处理后固体绝缘介质中残留的气泡或气隙；另一类是金属尖端、绝缘内部残留的金属异物。针对辅助变压器的特殊结构，采用以下几个方面来降低局部放电量。

(1)提高厂房清洁度，在各工序中采用特殊制造工艺方法，确保产品各部件在制造过程中的清洁度，确保各配件无灰尘、无各种尖角毛刺、金属粉尘等。

（2）铁芯：夹件的制造不要有锋边，注意倒圆角，焊缝均匀，焊后去焊渣、尖角、毛刺；硅钢片剪切时要控制毛刺的产生；铁芯装配前硅钢片及各部件清洁、无金属粉末、无脏物等；铁芯装配时要控制螺栓、螺母等紧固件在装配过程中无金属异物的产生，确保铁芯所有金属部件做到一点可靠接地。

（3）绕组：首先检查导线、绝缘件等无尖角、毛刺、毛边；绕制时要绕制紧实，层间绝缘在安装时必须平整无皱折，防止绕组内部形成气隙；换位及出头制作要用专用工装，防止出现硬弯或直角弯而出现毛刺、尖角；绕组暂停绕制或绕制完成后注意防尘保存。

（4）总装：要保持清洁，不要让金属颗粒、灰尘混入变压器绕组中；绕组装配要按图居中装配，使绕组到上、下铁轭的距离相等，装配用的撑条要圆角，不允许挤破绕组的绝缘，撑条的位置按要求，两端都不要碰铁轭，绕组的层绝缘两端也不要碰到铁轭，暂停装配或装配完成后注意防尘保存，装配完成时用吸尘器清洁灰尘、异物等。

（5）引线：引线装配最重要的是控制引线接头和屏蔽质量。引线外表光滑，引线接头处连接可靠，避免引线的尖角毛刺引起的电场集中现象。引线的压接处要将所有的细铜绞线全部塞入过渡铜管，铜管内部的间隙要用不同规格的扁铜线或圆铜线填充；引线的焊接处要除去已烧焦、碳化的绝缘残留物，同时焊缝要均匀，焊后先用锉刀挫去尖角、毛刺，然后用砂纸磨出亮光，最后在引线的压接处和焊接处的外周均匀包锡箔纸，再按要求包好绝缘纸，锡箔纸和绝缘纸包扎紧实，防止出现折叠，避免电极上出现尖角。

（6）浸漆：加强真空浸漆处理工艺，掌握好浸漆处理工艺的各项细节。漆的清洁度、漆的黏度、浸漆时间、真空度、滴漆时间、干燥时的升温时间、固化时间等要严格控制好。尽量使漆膜均匀、光滑，一定不能在漆膜内形成气泡。

试验方法是使用直接加压法确定局部放电的起始电压和终止电压。局部放电的测量数据如表3所示。实验结果表明，该产品的局部放电试验数据完全符合产品性能要求。

表3　局部放电测量数据

序号	试验加压及局放测量端子	频率/Hz	局部放电量/pC	放电终止电压实测/V	放电终止电压标准/V	备注
1	一次绕组1U、1V、1W端子	50	≤50	7000	≥5040	二次绕组2U、2V、2W端子短接并接地
2	二次绕组2U、2V、2W端子	50	≤50	2400	≥1000	一次绕组1U、1V、1W端子短接并接地

5 总结

该辅助变压器通过采用将变压器和电抗器集成在一起组成磁集成变压器的磁集成技术来实现高阻抗电压；通过调整铁芯气隙的大小来实现大空载电流；通过特殊的结构和工艺设计，具有结构紧凑、重量轻、体积小、防水性能好、局放低等特点；还具有很好的突发抗短路能力、降低噪声等优点。

该辅助变压器解决了 HXD1 机车 ZPSG－130/0.76 型辅助变压器在设计及工艺上的一些不足，现已在线路上运行两年多，质量稳定，说明此辅助变压器国产化设计和制造是很成功的，这对我们今后同类产品设计及制造具有重大参考价值。

——来源：《机车电传动》2011 年 7 月

电机转轴修复试验设计

王兴强　曹　蒙　肖连新　李儒彬　刘　玮

摘　要：本文以电机转轴技术条件为依据，结合转轴服役状态、修复过程，分析了转轴修复应该考虑的因素，设计了电机转轴修复试验应该包含的内容。本文设计的关于电机转轴修复试验的内容可以作为转轴修复验证的参考。

关键词：转轴；修复；试验设计

Test design of repaired motor shaft

Wang Xingqiang　Cao Meng　Xiao Lianxin　Li Rubin　Liu Wei

Abstract: Based on the technical conditions of the motor shaft, combined with the service state of the motor shaft and the repair process, the factors that should be considered in the repaired motor shaft are analyzed. The test contents of the repaired motor shaft are designed. The design of test contents about repaired motor shaft can be used as a reference for the shaft repair verification.

Key words: motor shaft; repairing; test design

1　引言

电机转轴失效按照功能丧失程度分为不可修复和可修复的两种，如转轴断裂、严重变形等属于不可修复的，如转轴轻微擦伤、划痕等情况属于可修复。电机转轴轴承位置在电机检修时拆装轴承可能出现拉伤，另外长期服役的转轴可能出现尺寸偏差问题，如因上述问题或类似的可修复情况报废转轴将造成较大的经济损失。如通过修复，则必须使修复后的转轴性能能够达到相应的技术要求。本文将以电机转轴技术条件为依据，综合考虑转轴服役状态和修复过程造成的性能影响，分析转轴修复应考虑的因素，并设计了修复验证试验。

2 转轴修复考虑因素

电机转轴修复试验设计需要考虑转轴技术条件、转轴实际服役状态和修复过程三个方面因素。转轴的技术条件一般包括屈服强度、抗拉强度、延伸率、冲击韧性、收缩率、硬度等，其中强度是转轴结构设计的依据，而延伸率、冲击韧性、收缩率、硬度等因素随转轴选材而确定，转轴修复时主要考虑修复过程可能造成影响的技术条件。转轴服役时受到弯矩和扭矩，扭矩是转子传动造成的，是转轴设计考虑因素，而弯矩和高速旋转使转轴服役状态变成旋转弯曲疲劳。修复过程造成的影响主要考虑因素是修复层性能以及修复层与转轴母材结合性能。

综合以上分析，电机转轴修复试验应包括修复层结合强度试验、热影响分析、旋转弯曲疲劳试验、实物试验。另外耐磨性试验、拉伸试验、冲击韧性试验等也可以考虑进行验证。

3 试验内容

3.1 修复层结合强度试验

原始转轴为均匀材料，材质结合强度为母材的屈服强度，修复转轴包含两种材质，因此需要验证修复层与母材之间结合强度。采用热喷涂修复时，涂层结合力测试试样制备按照《GB 8641—88 热喷涂层抗拉强度的测定》准备圆棒状试样，然后按照修复工艺修复；如采用其他修复工艺如激光熔覆，无相关标准，可按照热喷涂层结合力测试制作试件。修复完成后，按照《GB 8641—88 热喷涂层抗拉强度的测定》进行拉伸试验，获得修复层结合强度。

3.2 热影响分析

修复过程对转轴性能造成影响，其中热影响产生的后果较严重。影响包含两方面，一是如热影响大，转轴尺寸变化较大；二是热影响大时转轴组织产生变化，可能发生相变，产生脆性组织。

修复方法应选择热影响区域面积小、峰值温度低的。但是不同修复工艺有各自的特点，修复层结合强度大、热影响面积小、峰值温度低一般难以同时满足。例如采用堆焊、激光熔覆能够使修复层与母材之间形成冶金结合，但是峰值温度较高；而采用热喷涂层修复，试件峰值温度较低，但是涂层与母材之间结合强度不高。

修复层热影响分析方法包括金相试验、硬度试验、温度曲线测定等。金相试验是通过分析修复层、过渡区、母材的组织，分析修复热影响范围以及组织变化，如组织变化，需要分析组织变化可能产生的影响；硬度试验是通过测定修复层、过渡区、母材硬度分析修复热影响范围，一般可以在金相试样上做硬度试验，然后结合硬度和组织综合分析热影响。温度曲线测定可以采用点温枪或者温度传感器，测定离修复位置不同距离的温度曲线，从而评价修复对转轴热影响。

3.3 旋转弯曲疲劳试验

旋转弯曲疲劳试验是对比修复后试件与未处理试件旋转弯曲疲劳极限，评价修复方法对旋转弯曲疲劳寿命的影响。旋转弯曲疲劳试验试样制备参考《GBT 4337—2008 金属旋转弯曲疲劳试验方法》，修复试件的形状推荐采用圆柱形试样两点加力形式或圆柱形试样四点加力形式，如图 1 所示，采用这种形式时试件中间部分等应力区用于修复验证，避免修复位置产生应力集中。

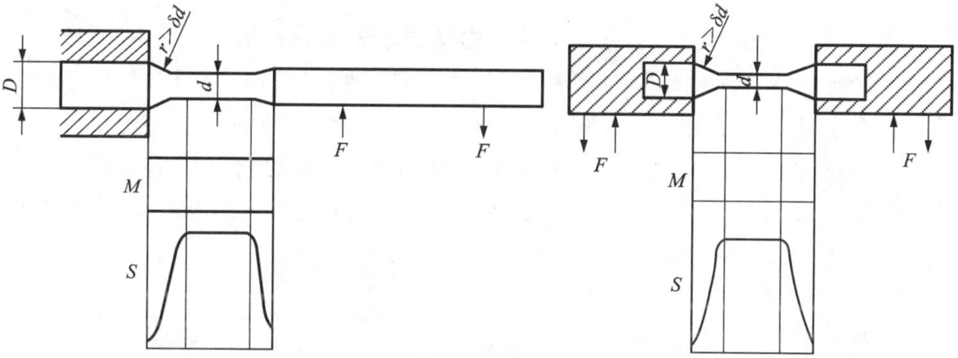

图 1　旋转弯曲疲劳试样

D—试样直径；*d*—修复位置直径；*r*—圆弧过渡位置半径；*F*—施加的力；*M*—力矩曲线；*S*—应力曲线

按照《GBT 4337—2008 金属旋转弯曲疲劳试验方法》测定疲劳极限有效试样数量一般在 13 根以上。旋转弯曲疲劳试样制备时，先制备转轴母材的试样 26 件，取其中 13 件模拟修复过程。修复试验时需去除一定的厚度表面层，用于模拟去除转轴受损表面层，修复位置应距离图 1 中圆弧过度一定的距离，防止修复时造成应力集中（例如采用焊接修复边缘可能出现咬边）；另外去除表层时应注意倒角过渡，如图 2 所示。修复完成后需将试样精加工至与母材试样尺寸一致，然后用升降法测定两种试件疲劳极限。

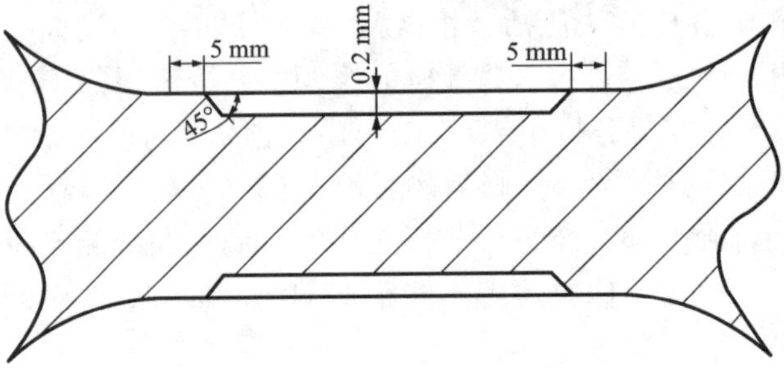

图 2　表面层去除方法示意图

值得注意的是，实际转轴的直径几十厘米，服役寿命长达几年甚至数十年。旋转弯曲疲劳试件如果做得很大，疲劳寿命将很长，一般旋转弯曲疲劳试样直径几厘米，而修复层厚度一般几百微米，因此修复对疲劳试件寿命的影响程度远大于实际转轴。

3.4　实物试验

因旋转弯曲疲劳测试、修复层结合力测试、热影响分析均是采用试件进行试验，只能定性地评价修复对转轴的影响，但转轴太大，不能用作上述三种试验。结合试件的试验和实物试验，能够较好地评价修复转轴性能。转轴实物验证可以测试项目包括轴跳试验、装配试验等。轴跳测试结合热影响分析能够评价选用修复方法对转轴尺寸的影响；装配试验结合涂层结合力测试、旋转弯曲疲劳测试能够较好评价修复层性能。

3.5　综合分析

值得注意的是，修复转轴是否符合要求并没有相关标准，需要根据具体修复产品的技术要求确定。修复转轴的性能即使部分指标超过了未处理转轴，也不可能达到未处理转轴性能，例如超音速喷涂修复转轴时对转轴热影响较小，但是涂层与母材结合强度远低于母材屈服强度。另外，修复过程造成的变化对转轴实际运行产生多大的影响，通过一般的试件试验只能定性地评价，因此在判定修复转轴是否合格时需要综合考虑。

3.6　应用实例

中车株洲电机有限公司某风电发电机，采用激光熔覆修复进行试验，相关验证试验符合相关技术要求，经修复的风电发电机已经稳定运行 7 年。

4 总结

转轴修复时应该考虑的因素包括转轴技术要求、转轴服役状态和修复过程造成的性能影响。

转轴修复包含的试验内容有修复层结合强度测试、热影响分析、旋转弯曲疲劳测试、实物测试。

修复转轴性能评价要综合考虑试验结果，并结合具体产品。

——来源：《工业 C》2018 年 9 月

三相凸极永磁同步发电机突发两相短路转矩解析研究

周　石　于　冰　曹　晴

摘　要：透平系统中，为了保护拖动热机，必须了解发电机在突发两相短路时轴上的转矩的突变情况。本文给出了永磁同步发电机的基本方程，结合突发两相短路的故障条件以及初始条件，推导出了空载时永磁同步发电机突发两相短路的状态方程，同时推导了状态方程的解析解，计算了故障过程中永磁同步发电机的电磁转矩，最后结合 Simulink 仿真验证了解析公式的正确性。

关键词：永磁同步发电机；两相短路特性；解析研究

Analytical analysis on the torque of three-phase salient permanent magnetic synchronous generator at two-phases short circuit

Zhou Shi　Yu Bing　Cao Qing

Abstract: To protect turbine system, characters of permanent magnetic synchronous generator (PMSG) two – phases short circuit must be learned. In this paper, basic formulas of PMSG is presented. Conditions of two – phases short circuit are given and state equation is derived. Analytical solution is presented and the torque is calculated. The analytical method is validated by Simulink in the end.

Key words: permanent magnetic synchronous generator; two – phases short circuit; analytical method

1 引言

近年来，随着永磁同步电机研究的不断深入，设计不断发展，一体化透平(Turbine)系统越来越受人关注，热机通过减速箱或者直接连接永磁同步发电机，使得整个系统能够做得很小巧，适合用在多种空间相对较小的场合，特别是在余热发电领域。为了确保系统的安全，必须对永磁电机突发故障做出有效的防范。对发电机突发短路的研究，一般研究空载时突发短路。因为空载时，定子绕组中几乎没有电流，当突发短路现象，电流会急剧增大，这种情况对发电机自身的冲击最大。在一般的热机带动发电机发电的系统中，突发短路导致的电流的巨大变化，会引起发电机轴上转矩的剧烈变化，进而对前端拖动设备造成冲击。

2 永磁同步发电机的基本方程

按照一般发电机惯例，定子电流以输出电流作为电流的正方向，定子各相绕组通过正向电流时，产生负值磁链。

在上述正方向的规定下，三相永磁发电机中磁链方程如下：

$$\begin{pmatrix}\psi_A\\ \psi_B\\ \psi_C\end{pmatrix}=\begin{pmatrix}\psi_{fA}\\ \psi_{fB}\\ \psi_{fC}\end{pmatrix}+\begin{pmatrix}L_{AA} & M_{AB} & M_{AC}\\ M_{BA} & L_{BB} & M_{BC}\\ M_{CA} & M_{CB} & L_{CC}\end{pmatrix}\begin{pmatrix}-i_A\\ -i_B\\ -i_C\end{pmatrix} \tag{1}$$

其中，ψ_A、ψ_B、ψ_C 分别是三相绕组的磁链，ψ_{fA}、ψ_{fB}、ψ_{fC}是永磁磁极在各绕组中产生的磁链，L_{AA}、L_{BB}、L_{CC}是三相的自感，M_{AB}、M_{AC}、M_{BC}、M_{BA}、M_{CA}、M_{CB}是三相绕组两两之间的互感，i_A、i_B、i_C 分别是三相绕组中的电流。

电压方程如下：

$$\begin{pmatrix}u_A\\ u_B\\ u_C\end{pmatrix}=-\begin{pmatrix}\mathrm{p}\psi_A\\ \mathrm{p}\psi_B\\ \mathrm{p}\psi_C\end{pmatrix}+\begin{pmatrix}R_a & 0 & 0\\ 0 & R_a & 0\\ 0 & 0 & R_a\end{pmatrix}\begin{pmatrix}i_A\\ i_B\\ i_C\end{pmatrix} \tag{2}$$

其中 u_A、u_B、u_C 分别是三相绕组端部电压，p 是时间的微分算子，$\mathrm{p}=\frac{d}{\mathrm{d}t}$，$R_a$ 是各相内阻。

电磁转矩 T_e 如下：

$$T_e=-\frac{\partial W'_m}{\partial\theta_m}=-p\frac{\partial W'_m}{\partial\theta} \tag{3}$$

其中 W'_m为整个电机的磁共能，$W'_m=\frac{1}{2}\boldsymbol{i}^{\mathrm{T}}\boldsymbol{L}\boldsymbol{i}$，$p$ 为极对数，θ_m、θ 分别是机械角度

和电角度。

3 突发两相短路的状态方程

发电机空载时突发两相短路的情况如图 1 所示。

A 相开路，B、C 两相之间发生短路，故障条件以及初始如下：

$$\begin{cases} u_B = u_C \\ i_B = -i_C \\ i_A = 0 \end{cases} \tag{4}$$

$$\begin{cases} \theta(0) = \theta_0 \\ i_A(0) = 0 \\ i_B(0) = 0 \\ i_C(0) = 0 \end{cases} \tag{5}$$

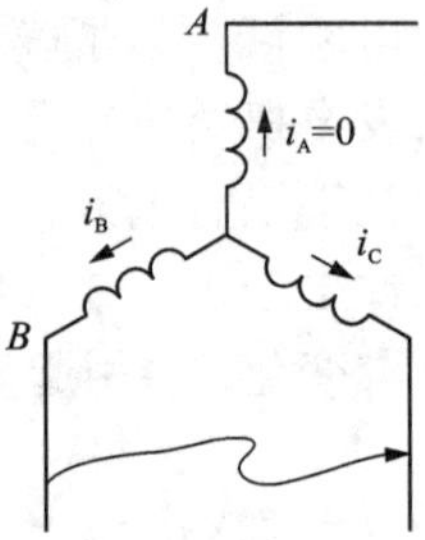

图 1 突发两相短路定子绕组示意图

首先考虑永磁发电机的电感参数矩阵 $\boldsymbol{L}_{ABC}$，由于在一般凸极永磁同步电机中，其直轴同步电感 L_d、交轴同步电感 L_q 是常数，因此将电感参数矩阵用 L_d、L_q 以及零序电感 L_0 表示。

$$\boldsymbol{L}_{ABC} = \frac{L_d - L_q}{3}\begin{bmatrix} \cos 2\theta & \cos\left(2\theta - \frac{2}{3}\pi\right) & \cos\left(2\theta + \frac{2}{3}\pi\right) \\ \cos\left(2\theta - \frac{2}{3}\pi\right) & \cos\left(2\theta + \frac{2}{3}\pi\right) & \cos 2\theta \\ \cos\left(2\theta + \frac{2}{3}\pi\right) & \cos 2\theta & \cos\left(2\theta - \frac{2}{3}\pi\right) \end{bmatrix}$$
$$+\begin{bmatrix} \frac{L_d + L_q}{3} + \frac{L_0}{3} & -\frac{L_d + L_q}{6} + \frac{L_0}{3} & -\frac{L_d + L_q}{6} + \frac{L_0}{3} \\ -\frac{L_d + L_q}{6} + \frac{L_0}{3} & \frac{L_d + L_q}{3} + \frac{L_0}{3} & -\frac{L_d + L_q}{6} + \frac{L_0}{3} \\ -\frac{L_d + L_q}{6} + \frac{L_0}{3} & -\frac{L_d + L_q}{6} + \frac{L_0}{3} & \frac{L_d + L_q}{3} + \frac{L_0}{3} \end{bmatrix} = L(\theta) + L_c \tag{6}$$

考虑到故障条件，令 $i_B = i$，$i_C = -i$，代入电压方程(2)可推导出突发两相短路的状态方程：

$$\frac{di}{dt} = -F(t)i + \frac{\sqrt{3}E_{0m}\cos\theta}{L_d + L_q - (L_d - L_q)\cos 2\theta} \tag{7}$$

其中 $F(t) = \frac{2[R_a + \omega(L_d - L_q)\sin 2\theta]}{L_d + L_q - (L_d - L_q)\cos 2\theta}$，$E_{0m}$是空载感应电动势幅值，$\omega$ 是

电角速度。

4 状态方程的解析求解

状态方程中，电流 i 有通解：

$$i = C\mathrm{e}^{-\int F(t)\mathrm{d}t} + \mathrm{e}^{-\int F(t)\mathrm{d}t}\int \frac{\sqrt{3}E_{0\mathrm{m}}\cos\theta}{L_{\mathrm{d}} + L_{\mathrm{q}} - (L_{\mathrm{d}} - L_{\mathrm{q}})\cos 2\theta}\mathrm{e}^{\int F(t)\mathrm{d}t}\mathrm{d}t \tag{8}$$

其中 C 为常数。

考虑 $\int F(t)\mathrm{d}t$，对 $F(t)$ 先进行傅立叶级数展开再积分，得到

$$G(t) = \int F(t)\mathrm{d}t = \frac{R_{\mathrm{a}}}{\sqrt{L_{\mathrm{d}}L_{\mathrm{q}}}}t + \frac{R_{\mathrm{a}}}{\omega\sqrt{L_{\mathrm{d}}L_{\mathrm{q}}}}\sum_{n=1}^{\infty}\frac{(-b)^n}{n}\sin 2n\theta - 2\sum_{n=1}^{\infty}\frac{(-b)^n}{n}\cos 2n\theta \tag{9}$$

其中 $b = \frac{\sqrt{L_{\mathrm{q}}} - \sqrt{L_{\mathrm{d}}}}{\sqrt{L_{\mathrm{q}}} + \sqrt{L_{\mathrm{d}}}}$。

考虑 $H(t) = \int \frac{\cos\theta}{L_{\mathrm{d}} + L_{\mathrm{q}} - (L_{\mathrm{d}} - L_{\mathrm{q}})\cos 2\theta}\mathrm{e}^{G(t)}\mathrm{d}t$，同样先进行傅立叶级数展开再积分，约掉其中影响很小的部分，得到

$$H(t) = -\frac{2}{\left(\sqrt{L_{\mathrm{d}}} + \sqrt{L_{\mathrm{q}}}\right)^2}\cdot\frac{\omega\sin\theta - \frac{R_{\mathrm{a}}}{\sqrt{L_{\mathrm{d}}L_{\mathrm{q}}}}\cos\theta}{\omega^2 + \frac{R_{\mathrm{a}}^2}{L_{\mathrm{d}}L_{\mathrm{q}}}}\cdot\mathrm{e}^{\frac{R_{\mathrm{a}}}{\sqrt{L_{\mathrm{d}}L_{\mathrm{q}}}}t} \tag{10}$$

代入初值 $i=0$，得到

$$i = C\mathrm{e}^{-G(t)} + \sqrt{3}E_{0\mathrm{m}}\mathrm{e}^{-G(t)}H(t) \tag{11}$$

其中 $C = \frac{2\sqrt{3}E_{0\mathrm{m}}}{\left(\sqrt{L_{\mathrm{d}}} + \sqrt{L_{\mathrm{q}}}\right)^2}\cdot\frac{\omega\sin\theta_0 - \frac{R_{\mathrm{a}}}{\sqrt{L_{\mathrm{d}}L_{\mathrm{q}}}}\cos\theta_0}{\omega^2 + \frac{R_{\mathrm{a}}^2}{L_{\mathrm{d}}L_{\mathrm{q}}}}$。

5 两相短路时转矩的计算与仿真验证

考虑电磁转矩，利用公式(3)可得

$$T_{\mathrm{e}} = -\frac{p}{\omega}[L_{\mathrm{d}} + L_{\mathrm{q}} - (L_{\mathrm{d}} - L_{\mathrm{q}})\cos 2\theta]\cdot i\frac{\mathrm{d}i}{\mathrm{d}t} - p(L_{\mathrm{d}} - L_{\mathrm{q}})\sin 2\theta\cdot i^2 \tag{12}$$

将(11)式所得结果代入即可算出电磁转矩 T_{e}。

为了验证上述结论，在 Matlab 中编写了程序代码，并在 Simulink 中建立对

应的模型，各参数如表 1 所示，图 2 为建立的 Simulink 模型。

表 1　仿真验证设定参数

相电阻/Ω	0.02	线电压峰值/V	540
直轴同步电感/mH	0.4	极对数	2
交轴同步电感/mH	0.9	转速/(r·min^{-1})	6000

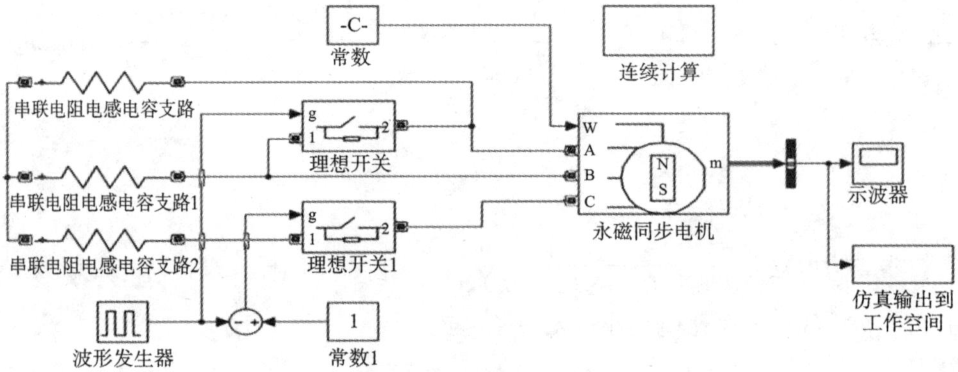

图 2　Simulink 模型

图 3 是解析计算的结果与 Simulink 仿真结果的对比图，从图中可以看出，两者的结果非常接近，仅有微小的差异。然而解析计算过程往往能够在 10 s 以内给出结果，而 Simulink 仿真需要数分钟才能给出结果，解析计算能够节约大量时间，提高电机设计效率。

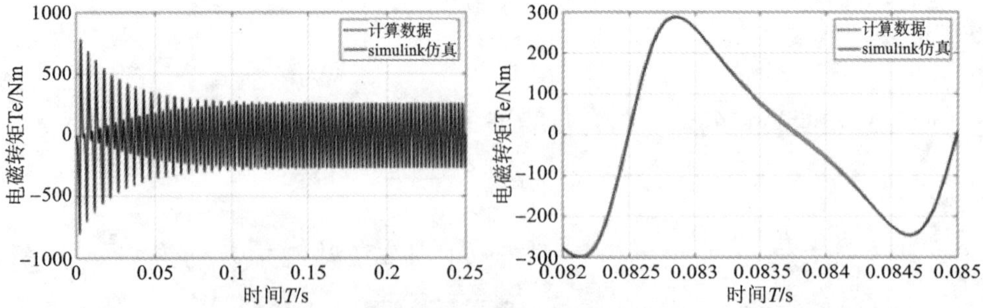

图 3　解析计算与仿真结果对比

6 结论

本文从永磁同步发电机的基本方程出发，结合突发两相短路的故障条件以及初始条件，推导了空载时永磁同步发电机突发两相短路的状态方程，并推导了状态方程的解析解，计算了故障过程中永磁同步发电机的电磁转矩，最后结合 Simulink 仿真验证了解析公式的正确性。

——来源：《防爆电机》2011 年 7 月

两种交流牵引电机焊接机座冲片叠压静强度有限元分析

肖连新　肖孝轩　吕　政　高云霞

摘　要: 为了优化交流牵引电机焊接机座的结构设计，解决国产 A 型电机焊接机座端板处第一片冲片凸出的情况，本文利用 ANSYS 软件分析了两种交流牵引电机的三种工况条件下的焊接机座冲片叠片的静强度。着重研究了定载荷模压力下，机座结构的整体受力情况和端板处第一片冲片的位移云图。结果表明，进口 B 型电机整体受力状况良好，最大应力值小，端板处第一片冲片的位移值小于 A 型电机一个数量级，稳定性优异，且实际生产过程中 B 型电机从未发生端板处冲片凸出的情况。因此，建议设计电机时采用类 B 型电机的设计结构，可以保证焊接后定子叠片的质量良好。

Static strength finite element ANSYS of two kinds of AC traction motor welding frame's lamination pressure

Xiao Lianxin　Xiao Xiaoxuan　Lv Zheng　Gao Yunxia

Abstract: In order to optimize the welding frame structure design of AC traction motor and solve the bulging problem of the first piece laminate. This paper use ANSYS to analysis two type AC traction motors of the three structure working conditions under the welding frame rushed lamination of static strength. Under the load of molding pressure, the overall frame structure stress and end plate first punch displacement image were be studied. The result shows that B type AC traction motor has the better design structure with lower maximum stress value and displacement value of the first sheet than A type's. The actual production also indicate that B type AC traction motor had never occurred in the case of the first piece laminate bulging problem. Therefore, it is suggested that the design structure of the B type motor should be used in the design of the motor, which can ensure the welding quality of the stator lamination.

1 引言

全叠片电机具有体积小、重量轻、结构简单和维护方便等特点。采用无机壳全焊接复合结构，不仅减轻了整个电机的重量，而且很好地改善了定子的散热条件和磁路的均匀性，增强电机使用的可靠性，避免电机磁路的局部饱和。电机定子是构成电机的重要构件之一，在电机工作时，铁芯要受到机械震动、温度、电场和磁通的综合作用，因此，铁芯的叠压质量直接关系到电机运行的可靠性，合理的压装工艺和焊接工艺是保证定子制造质量的前提。

2 A 型牵引电机定子制造中存在的问题

本文所述定子铁芯由国内某电机生产商制造生产，所采用的材料和设备见表1。

表1 定子生产所用材料和设备名称

材料名称/设备名称	型号	尺寸/mm
定子冲片/定子槽口冲片	50W470	0.5
定子端板	冷轧钢板 ST12	3
四柱液压机	THP31 - 300	—
CO_2 气体保护焊机	—	—

定子铁芯主要生产工艺流程如图1，压装工艺流程见图2。叠片方式以冲片内圆为基准，采用内圆定位筒加六根槽样棒定位的方式进行冲片叠压，叠压系数为0.97，叠装压力为850 ±50 kN。

按图1 工艺流程，在进行两道焊接后拆除紧固螺栓，检查时无一例外的是：定子铁芯两端第一片槽口冲片出现了不同程度的凸片问题，见图3 所示。

电机运行时，由于槽口部分所受电场最强，一旦出现凸片现象，定子线圈

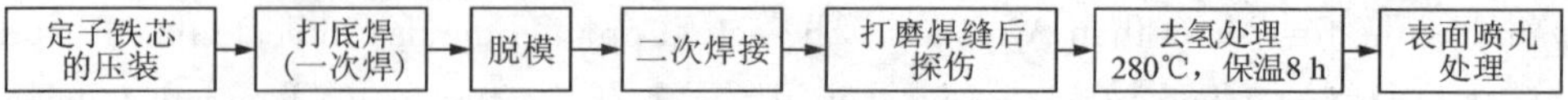

图 1　定子铁芯生产工工艺流程图

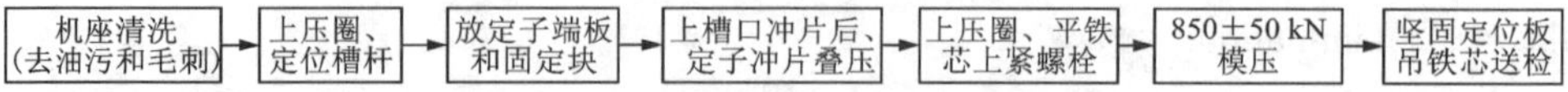

图 2　定子铁芯压装工艺流程图

图 3　定子叠片第一片凸出的示意图

的绝缘层将会有破损的风险，从而导致电机失效。本文对表 2 所述的三种模型进行了 ANSYS 分析，着重分析了端板处和第一片冲片的应力应变情况，为后续的工艺优化提供了理论基础。

表 2　ANSYS 分析模型编号

电机型号	端板厚度/mm
A	3
A	6
B	6

3 ANSYS 模拟分析

3.1 有限元模型的建立

定子端板所用的材料为冷轧钢板 ST12，密度为 7800 kg/m^3，弹性模量为 210 GPa，泊松比 0.3；冲片采用硅钢片，密度为 7650 kg/m^3，弹性模量为 200 GPa，泊松比为0.27。为了优化分析步骤，在不影响分析结果的情况下，对上述压装模型做了相应的简化：(1)机座删除了所有螺栓孔特征，但保留了冲片通风孔；(2)删去四片筋板和个别重量所占比重小且为非对称的小部件；(3)不关心部分倒角、槽削等特征；(4)为了节约计算时间，冲片只保留了前后两段各 3 片(共计 6 片)，只创建四分之一模型，并删去了部分与本文无关的非对称结构。其简化后的模型如图 4。

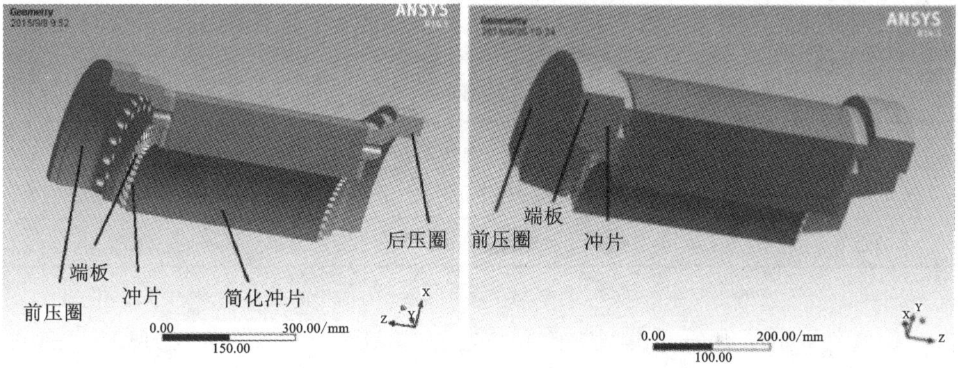

(a) A型电机　　(b) B型电机

图 4　电机简化后定子组装几何模型

从图 4(a)和(b)两定子结构示意图可以清楚地看出，定子机座压圈的结构存在很大的差异。(a)图中，压圈呈“L”形，而(b)图中呈平行四边形。两种结构的差异引起模压装配过程中整体结构的受力分布情况差别明显。为了进一步分析研究两种电机结构在定子叠压过程中的受力，本文对 A 型、B 型两种结构的三种结构设计的电机进行 ANSYS 分析。

3.2 网络模型和边界约束条件的建立

A 型电机定子有限元模型中单元总数：41638，节点总数：346271，机座的全局网格尺寸为 30 mm，局部网格尺寸为 20 mm。整体网格采用六面体的方式划分，整体网格划分效果如图 5 所示。

由图 5 可以看出，质量较差的网格主要分布在端板处，占总体网格的

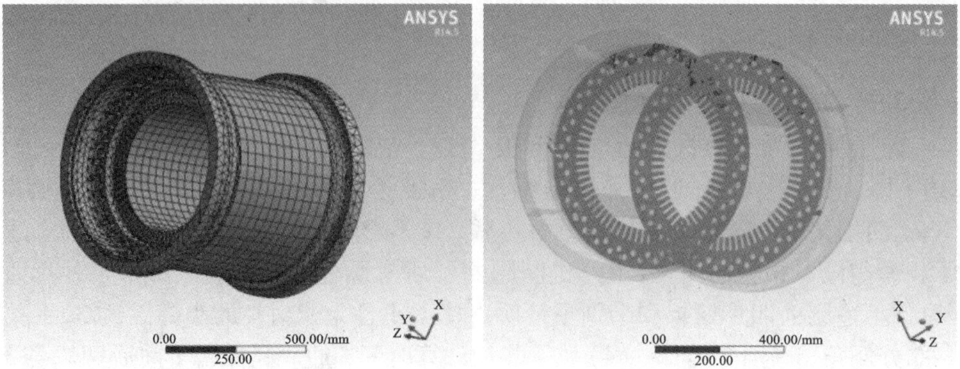

图 5　A 型定子网格划分(左)和扭曲网格分布(右)

2.4%，如表 3 所示。

表 3　网格单元数

单元总数	41638	百分比
扭曲单元数(>40)	1015	2.4%
较好质量网格(<40)	40623	>90%

B 型电机定子有限元模型中单元总数：13021，节点总数：105130，机座的全局网格尺寸为 30 mm，局部网格尺寸为 20 mm。整体网格采用六面体的方式划分，整体网格划分效果如图 6 所示

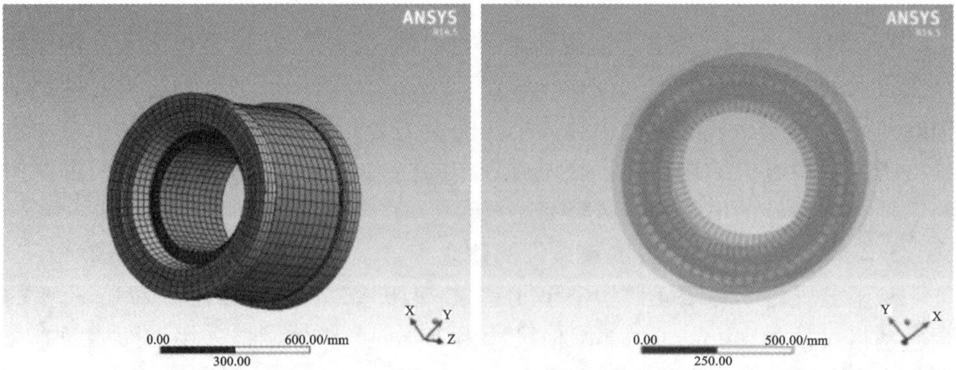

图 6　B 型定子网格划分(左)和扭曲网格分布(右)

由图 6 可以看出，质量较差的网格也主要分布在端板处，占总体网格的 3.8%。见表 4 所示。

表 4　网格单元数

单元总数	13021	百分比
扭曲单元数(>40)	498	3.8%
较好质量网格(<40)	12526	>90%

3.3　边界条件

根据冲片叠压的工装结构特点，选取后压圈的支座底部为全约束，使其定子组装固定，定子前压圈承受 137.5 kN 冲压力的作用。接触算法采用罚函数法，计算公式如(1)：

$$FN = KNX \tag{1}$$

式中：KN——法向接触刚度；

X——穿透深度

额外接触力 λ 采用扩展拉格朗日法计算，公式如(2)：

$$FN = KNX + \lambda \tag{2}$$

相关数据见表 5，整体加载效果如图 7 所示。

表 5　机座加载、受力边界条件

A	压圈与端板	摩擦接触(μ = 0.1)
B	端板与冲片	摩擦接触(μ = 0.1)
C	冲片与简化冲片	摩擦接触(μ = 0.1)
D	前压圈	137.5 kN
E	后压圈	全约束

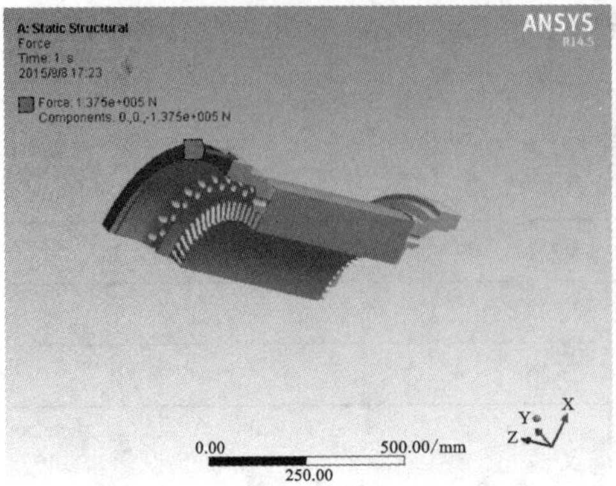

(a) 前压图加载效果

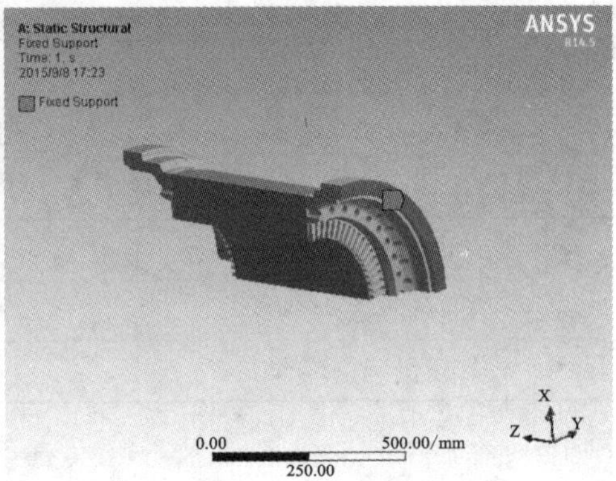

(b) 后压图加载效果

图 7　定子边界条件

4　有限元计算结果

应用 ANSYS 软件分析了 A 型两种（端板厚度 3 mm 和 6 mm）和 B 型电机整个压装工艺受力情况，如图 8 所示。

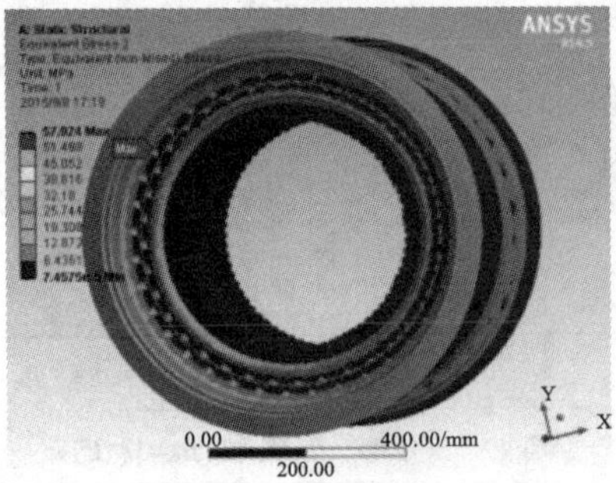

(a) A型（3 mm厚端板）

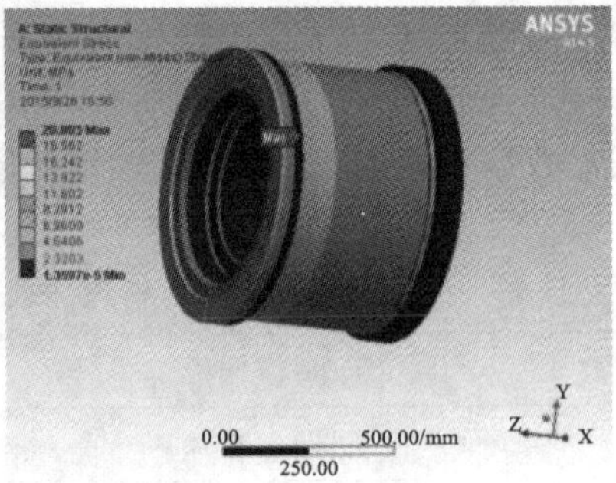

(b) A型（6 mm厚端板）

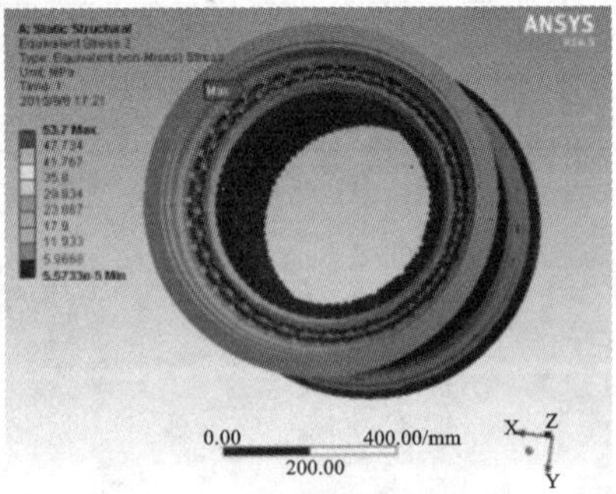

(c) B型

图 8　电机整体应力云图

结果可以看出，A 型电机最大应力如图 8 中(a)和(b)所示，应力最大值位于前压圈通风孔处，最大应力为 57.9 MPa，满足强度要求。B 型电机整体应力云图如图 8 中(c)所示，应力最大值位于压圈与端板交接处，最大应力为 20 MPa。三种工况整体模型最大应力对比分析如表 6 所述。对比三种设计结构的两种型号电机 ANSYS 应力分析，可知 B 型电机最大应力是 A 型电机值的一半，设计结构最优。对于 A 型电机，6 mm 端板结构最大应力值略小于 3 mm 端板结构，端板厚度增加，刚度增加，减小了通风口的应力集中。

表 6　三种工况整体模型最大应力对比分析

	A 电机 3 mm 端板	A 电机 6 mm 端板	B 电机 6 mm 端板
最大应力	57.9 MPa	53.7 MPa	20 MPa
对比分析	变化不大		最优

为了进一步研究端板设计对于整个焊接机座冲片的定子叠压情况，取临端板的第一片冲片进行了 ANSYS 位移云图分析，如图 9 所示。

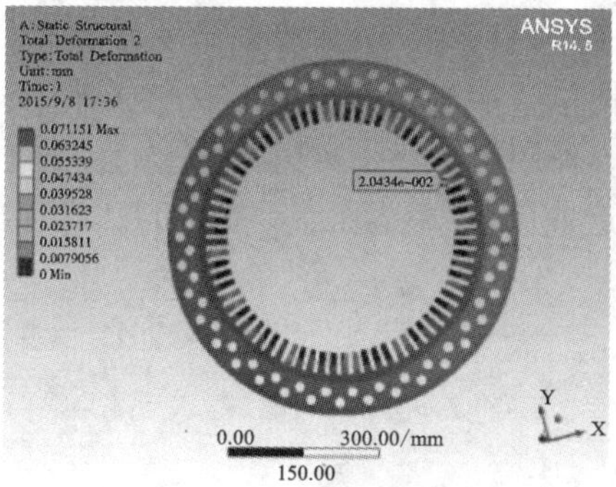

(a) A型(3 mm厚端板)

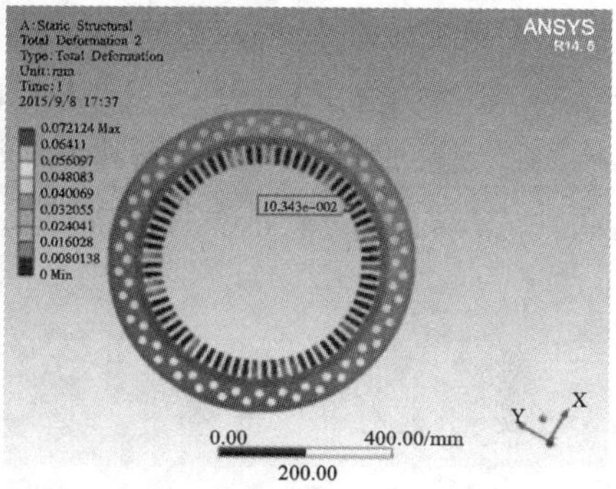

(b) A型(6 mm厚端板)

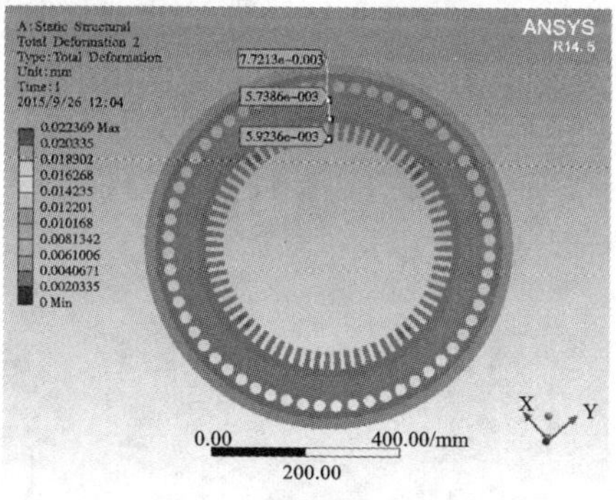

(c) B型

图 9　电机端板前第一片冲片位移云图

三种工况第一片冲片变形分析值如表7所述：由图9(a)和(b)两图可以看出A型电机两种工况齿槽处位移云图发生明显变化，采用6 mm厚端板的第一片冲片位移变化量是3 mm端板的一半。而B型电机，冲片第一片位移比A型的两种结构小一个数量级，几乎处于稳定状态。

表7　三种工况第一片冲片变形对比分析

	A型电机(3 mm端板)	A型电机(6 mm端板)	B型电机
齿槽位移	2×10^{-2} mm	1×10^{-2} mm	5×10^{-3} mm
位移范围	半齿槽	全齿槽	齿槽至通风孔
对比分析	较差	较好	最优

5　结束语

通过ANSYS静强度有限元分析，可以认为B型结构电机的设计优于A型电机。B型电机的定子叠压过程中，整体受力均匀，最大应力值明显小于A型两种结构。B型电机端板处第一片冲片的位移量小于A型电机一个数量级，整体结构的稳定性最优。建议设计电机时，采用类似于B型电机的设计结构，可以有效避免在后续叠片焊接后应力释放造成的临端板第一片冲片的凸出现象。

——来源：《金属加工》2015年第22期

风力发电机转子模态仿真与试验分析

赵 震 谭 亮 邹强龙 黄 奕

摘 要：双馈风力发电机是风力发电机主要的机型之一，其中转子是发电机的一个重要部件，如果装机后转轴振动大，就可能出现电机扫膛、主轴弯曲及断裂等问题，直接影响到风力发电机安全运行。本文利用有限元分析法和试验检测的方式对某型号发电机转子固有模态进行对比分析，为进一步研究该类型风力发电机转子刚度提供依据。

关键词：风力发电

Rotor mode simulation and test analysis of wind turbine generator

Zhao Zhen Tian Liang Zou Qianglong Huang Yi

Abstract: Doubly – fed wind turbines are one of the main generators of wind turbines. Among them, the rotor is an important part of the generator. If the vibration of the shaft after installation is large, the motor can be driven and the spindle is bent and broken. To wind turbine safe operation. In this paper, the finite element analysis method and the test method are used to analyze the inherent mode of rotor of a certain type of generator. The comparative analysis provides the basis for further studying the rotor stiffness of this type of wind turbine.

Keywords: wind turbine rotor; inherent frequncy; finite element; modal simulation analysis; test detection

1 引言

风电作为一种清洁能源，随着风电市场这几年的蓬勃发展，已经占据了一定的发电市场，但是随着发电机市场的发展，也出现了很多意想不到的问题。其中风力发电机作为发电机机组的主要旋转部件，其运行的稳定性直接影响着整个机组的性能，发电机运行振动大是一种常见的故障，已经成为影响风力发电机机组整体性能的重要因素。

双馈风力发电机作为一种应用广泛的旋转发电机，主要用于风力发电领域，在设计初期对发电机每个部件及整体结构进行模态仿真分析，避免发电机运行时出现振动方面的问题尤为重要，已经是发电机设计的一个重要环节。

发电机振动评价不仅在电机行业，在风力发电行业也是作为评价一个电机能不能可靠运行的重要指标。本文以某款双馈风力发电机转子为原型，对其进行了模态仿真分析与试验检测分析，为进一步研究该类型风力发电机转子，避免产生振动提供依据。

2 建立发电机转子有限元仿真模型

用三维软件建立实体三维模型、在有限元仿真分析软件中对三维模型进行网格划分和材料属性添加。转子三维模型如图 1 所示。

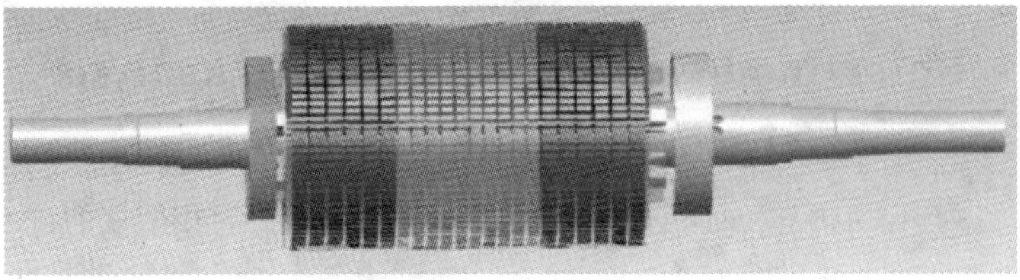

图 1 某双馈转子三维模型

双馈风力发电机转子部分主要材料属性如表 1 所示。

表 1 分析采用的材料力学参数

零件	材料牌号	弹性模量/GPa	密度/(g/cm^3)
转子主轴	35CrMo	213	7.85
转子主轴立筋	Q345D	181	7.85
转子铁芯两端钢圈	Q235A	210	7.85
硅钢片	50WW470	210	7.85

3 模态仿真分析

转子的分析模型采用与实物一致的模型，包括转子轴、立筋、硅钢片及通风槽片，线圈质量以质量点的方式布置于硅钢片的线槽内，计算工况为转子自由状态下固有模态振型。

计算所得各主要振型对应频率如表 3 所示：

表 3 转子主要振型及频率值

序号	频率/Hz	振型
1	204.61	一阶弯曲振动
2	285.82	二阶弯曲振动
3	613.77	三阶弯曲振动
4	773.64	四阶弯曲振动

振型如下列各图所示：

图 2 一阶弯曲振型

图 3 二阶弯曲振型

图4　三阶弯曲振型

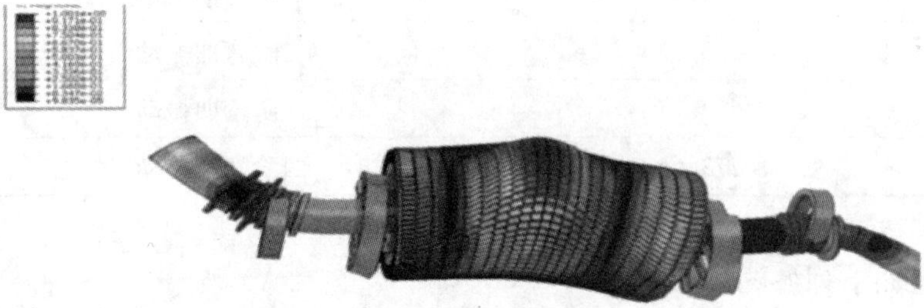

图5　四阶弯曲振型

4　测试原理及试验结果

将采集得到的各通道的时域信号滤波后进行 FFT（Fast Fourier Transformation）即快速傅氏变换，可得到频域信号。如果把系统的激振力 $f(t)$ 看作输入，振动的位移响应 $x(t)$ 看作输出，则系统的传递函数为：

$$H(\omega)=\frac{F[x(t)]}{F[f(t)]}=\frac{X(\omega)}{F(\omega)}$$

对多自由度系统，其在任意激振力下的运动方程为：

$$[\boldsymbol{m}]\{\ddot{\boldsymbol{x}}\}+[\boldsymbol{c}]\{\dot{\boldsymbol{x}}\}+[\boldsymbol{k}]\{\boldsymbol{x}\}=f(t)$$

对方程做拉普拉斯变换，并设所有坐标的初值位移和初始速度均为零，则有：

$$(s^2[\boldsymbol{m}]+s[\boldsymbol{c}]+[\boldsymbol{k}])X(s)=F(s)$$

其中：ω 为频率，t 为时间，s 为与系统频率相关的复变量，$\ddot{\boldsymbol{x}}$、$\dot{\boldsymbol{x}}$、$\boldsymbol{x}$ 分别为结构的加速度、速度和位移，$[\boldsymbol{m}]$为质量矩阵，$[\boldsymbol{k}]$、$[\boldsymbol{c}]$为系数矩阵，$X(s)$和 $F(s)$ 分别为 $x(t)$ 和 $f(t)$ 的拉普拉斯变换。通过变换可以得到各自由度下的频响函

数。图 6 是一典型的频响函数幅值、相位及相干曲线图。

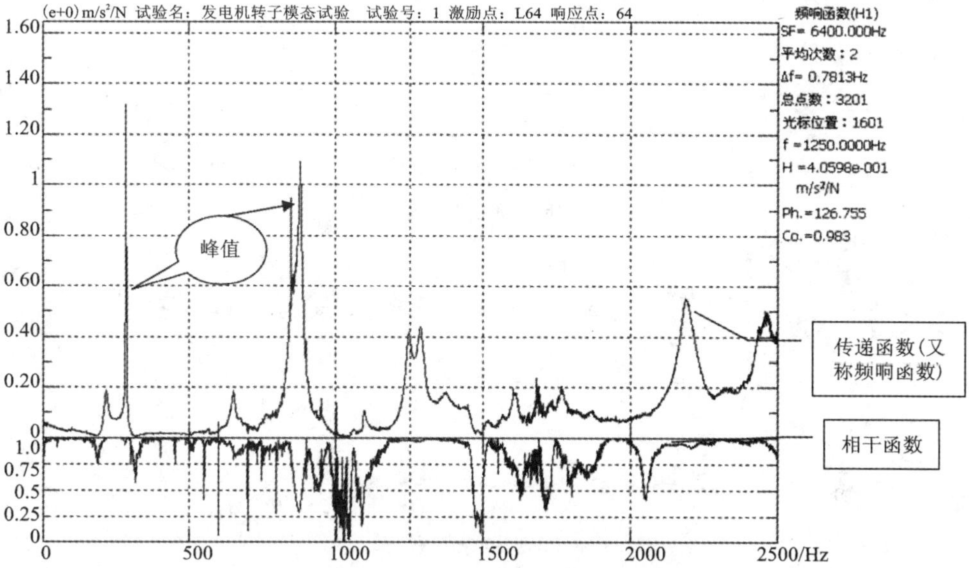

图 6　信号数据的传递函数和相干函数曲线图

在频响函数的基础上，通过最小二乘法可以得出模态的参数。对该发电机转子进行模态试验，得到该型转子的固有频率和振型。转子自由状态下的模态测试，是将转子用吊车将两端吊起，由于绳索是细长弹性体，此种状态下的转子类似于弯曲自由状态。由于本试验传感器数量限制，一般只能体现弯曲振型，无法体现扭转振型。试验结果见表 4 及图 7。

表 4　转子自由状态下主要振型及频率值

序号	振型	试验频率/Hz	仿真频率/Hz	误差/%
1	一阶弯曲	210.993	204.61	-3.03
2	二阶弯曲	281.397	285.82	1.57
3	三阶弯曲	668.611	613.77	-8.20
4	四阶弯曲	850.617	773.64	-9.05

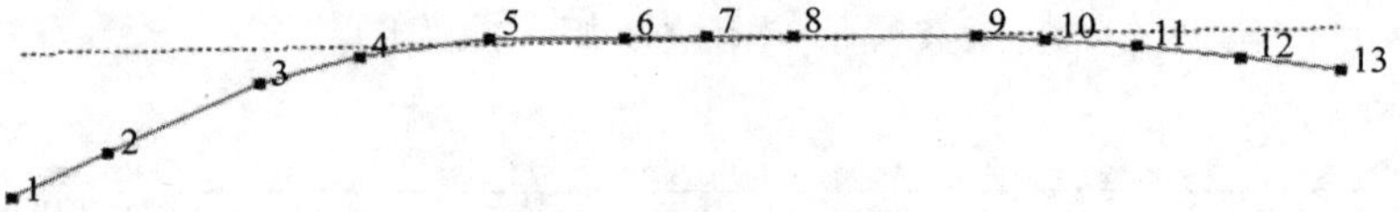

(a)一阶弯曲模态

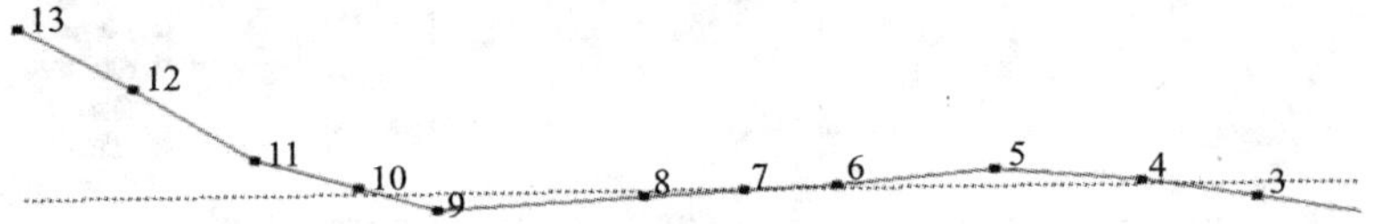

(b)二阶弯曲模态

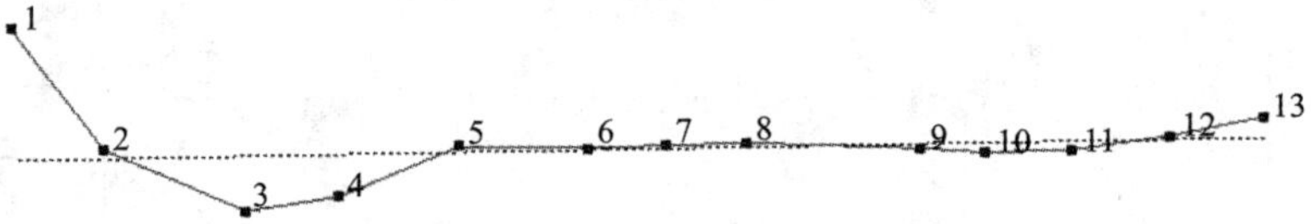

(c)三阶弯曲模态

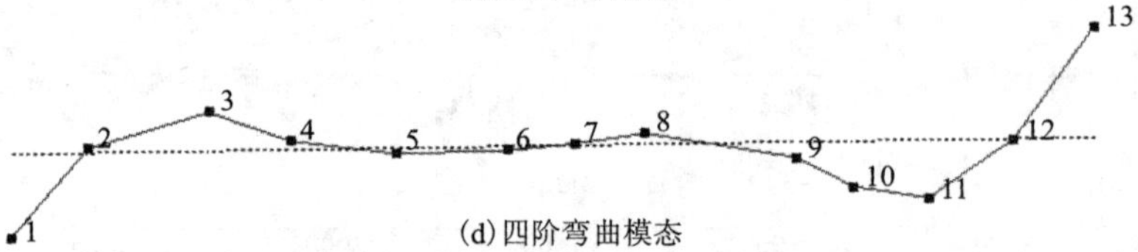

(d)四阶弯曲模态

图7　前四阶弯曲模态振型图

5　结果讨论与分析

本试验先后进行了多次，试验结果比较一致，从仿真结果和试验结果也可以看出试验结果与计算的数值比较接近，模态振型也比较相似。不同之处主要是模型在简化的过程中对硅钢片的处理以及拉紧螺杆预紧力的影响。从目前的结果可以看出，对硅钢片的简化模型和拉紧螺杆预紧力的简化模型都比较贴近实际情况，以后在仿真计算中可以采用一致的简化方式来进行有限元仿真。

6　结论

(1)从试验可以得到发电机转子前四阶的弯曲频率是 210.993 Hz、281.397 Hz、668.611 Hz、850.617 Hz。

(2)本试验为有限元仿真分析过程中模型的简化提供了理论依据。

(3)从试验结果看，有限元仿真分析和试验还有一定的偏差，需要对仿真模型的简化方式进行更深入的研究。

——来源：《机械制造》2017 年 12 月

高速永磁同步风力发电机过载能力的研究

李　华　龚天明

摘　要：本文对高速永磁同步风力发电机过载能力进行了研究，并设计一台2MW高速永磁同步风力发电机，对不同凸极率的发电机过载能力进行比较，所得结论对高速永磁同步风力发电机设计具有一定的参考价值。

关键词：高速永磁同步风力发电机；过载能力；凸极率

The analysis on the overload capacity of high-speed permanent magnet synchronous wind-power generator

Li Hua　Gong Tianming

Abstract: The overload capacity of the high-speed permanent magnet synchronous wind-power generator is analyzed in this paper, and a 2MW high-speed permanent magnet synchronous wind-power generator is designed, then the overload capacity of generators with different salient rate are compared. The final conclusions provide some references for the design of high-speed permanent magnet synchronous wind-power generator.

Key words: high-speed permanent magnet synchronous wind-power generator; overload capacity; salient rate

1 引言

高速永磁同步风力发电机体积小、重量轻，特别是磁钢用量少，在稀土价格居高不下的今天，其高性价比的优势更加突出，具有很好的市场前景。同时，高速永磁同步风力发电机具有效率高、结构紧凑、成本低、可靠性高、维护量小等诸多优点，采用全功率变流控制，使机组具有良好的低电压穿越性能。

随着风电行业竞争的愈演愈烈，用户对风力发电机的要求也越来越高，其中一个重要参数是发电机的过载能力，一般要求永磁同步风力发电机额定转速下最大功率为额定功率的 2 倍。

本文通过对高速永磁同步风力发电机转子极靴尺寸调整分析研究不同凸极率对发电机过载能力的影响，并设计一台 2MW 高速永磁同步风力发电机，满足过载倍数大于 2.3 倍。

2 发电机过载能力

传统意义上讲，同步发电机的过载能力是指一台发电机与电网直接并联，并且在额定工作点运行，当外界(一般来自电网侧或原动机侧)发生过载扰动，在扰动消失后，发电机能否回复到原先的额定状态下稳定运行，此问题一般也成为同步发电机的静态稳定问题。

永磁同步风力发电机不同于一般并网的同步发电机，由于风速不稳定，发电机频率不能始终保持与电网频率一致，一般发电机通过变频器与电网并联，换言之，发电机与电网保持隔离状态，所以电网侧的扰动不会影响到发电机的运行特性，风力发电机的扰动来源于驱动端，即风力机。

永磁同步风力发电机相量图(以感性负载为例)如图 1 所示，其中 E_0 为发电机空载电压，I 为发电机额定电流，U 为发电机额定电压，X_1 为定子漏抗，X_{ad} 为直轴电枢反应电抗，X_{aq} 为交轴电枢反应电抗，R 为定子电阻，θ 为功角，φ 为内功率因数角，ψ 为功率因数角，从相量图可以得到如下关系：

$$U\sin\theta = I_q(X_{aq} + X_1) + I_d R$$

$$U\cos\theta = E_0 - I_d(X_{ad} + X_1) + I_q R$$

$$\varphi = \psi - \theta$$

根据上式可以得到

$$I_d = \frac{RU\sin\theta + (X_{aq} + X_1)(E_0 - U\cos\theta)}{R^2 + (X_{aq} + X_1)(X_{ad} + X_1)}$$

$$I_q = \frac{(X_{ad} + X_1)U\sin\theta + R(E_0 - U\cos\theta)}{R^2 + (X_{aq} + X_1)(X_{ad} + X_1)}$$

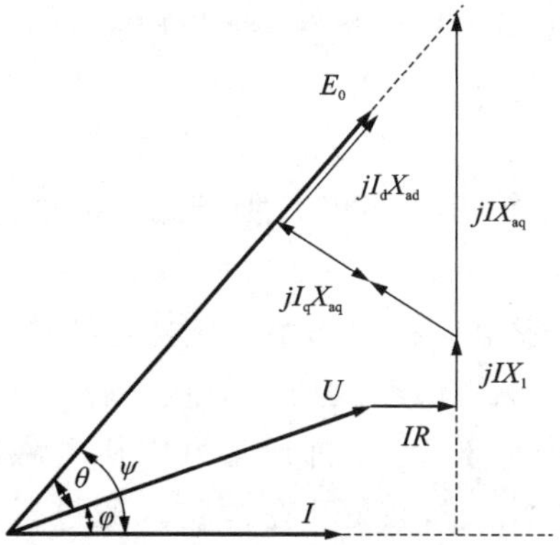

图 1　永磁同步风力发电机相量图

从而得到发电机电磁功率为

$$P=mUI\cos\varphi=mUI\cos(\psi-\theta)=mU(I_{\mathrm{d}}\sin\theta+I_{\mathrm{q}}\cos\theta)$$
$$=\frac{mU\{E_0[(X_{\mathrm{aq}}+X_1)\sin\theta-R\cos\theta]+RU\}}{R^2+(X_{\mathrm{ad}}+X_1)(X_{\mathrm{aq}}+X_1)}+\frac{mU[0.5U(X_{\mathrm{ad}}-X_{\mathrm{aq}})\sin2\theta]}{R^2+(X_{\mathrm{ad}}+X_1)(X_{\mathrm{aq}}+X_1)}$$

若发电机为容性负载，即电流 I 超前 U，发电机电磁功率为

$$P=mUI\cos\varphi=mUI\cos(\psi-\theta)=mU(I_{\mathrm{d}}\sin\theta+I_{\mathrm{q}}\cos\theta)$$
$$=\frac{mU\{E_0[(X_{\mathrm{aq}}+X_1)\sin\theta+R\cos\theta]-RU\}}{R^2+(X_{\mathrm{ad}}+X_1)(X_{\mathrm{aq}}+X_1)}+\frac{mU[0.5U(X_{\mathrm{ad}}-X_{\mathrm{aq}})\sin2\theta]}{R^2+(X_{\mathrm{ad}}+X_1)(X_{\mathrm{aq}}+X_1)}$$

由此可以得到永磁同步发电机电磁转矩－功角特性曲线如图 2 所示。

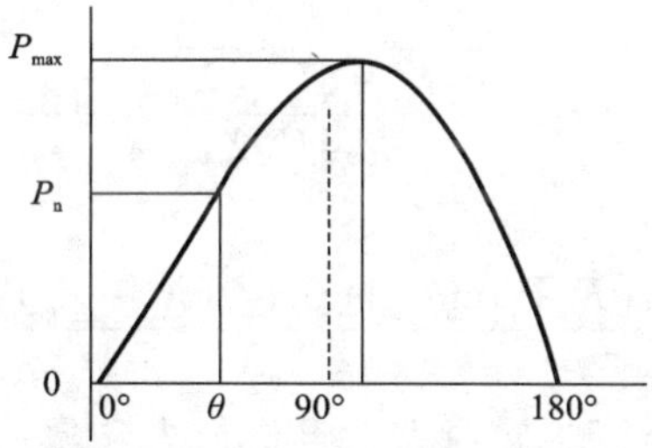

图 2　永磁同步发电机电磁转矩－功角特性曲线

假设在变频器的控制策略下，风力发电机运行在相对稳定的额定状态，功率为 P_n。一旦风力机侧风速加大，瞬间风力机转速来不及变化保持在额定转速，而变频器侧控制桨矩角属于机械运动，时间较长，风力机瞬时吸收的风能

增大，发电机功角也随着增大。若功率大于 P_{max}，发电机电磁制动转矩将小于风力机输入的转矩，根据发电机能量转换，发电机输出功率

$$P_2 = P_e - P_{cu}$$

式中：P_e为发电机电磁功率，P_{cu}为发电机定子铜耗。

永磁同步风力发电机输出功率将有所降低，即便是通过永磁体增磁控制，发电机电磁转矩也无法与输入转矩平衡(因为该转速下永磁同步风力发电机过载能力已经恒定)，导致发电机在恒功率区域功率波动，电能质量较差，若风力较大，将导致永磁风力发电机恒功区功率下跌。若 P_{max} 较大，当有较大阵风扰动，风力机输入功率式中小于 P_{max}，即风力发电机电磁转矩随着输入功率的增大而升高，功率平稳，电能质量较好，在恒功区通过弱磁控制可以将发电机输出功率维持在额定功率。

由此可见，尽可能提高永磁风力发电机的最大电磁功率 P_{max} 可以提高发电机的过载能力，从永磁发电机电磁转矩－功角特性曲线可知，功角从 0°增加到 180°间仅存在一个极值，将发电机功率 P 对功角 θ 进行偏微分，得到

$$\frac{\mathrm{d}P}{\mathrm{d}\theta} = \frac{mU[E_0(X_{aq} + X_1)\cos\theta + U(X_{ad} - X_{aq})\cos 2\theta]}{R^2 + (X_{ad} + X_1)(X_{aq} + X_1)}$$

即$\frac{\mathrm{d}P}{\mathrm{d}\theta} = 0$ 时发电机电磁功率达到最大值，同时有 $X_d = X_{ad} + X_1$，$X_q = X_{aq} + X_1$，且一般电阻 R 较小，认为 $R \approx 0$，可以得到

$$E_0 X_q \cos\theta + U(X_d - X_q)\cos 2\theta = 0$$

$$P = \frac{mU[E_0 X_q \sin\theta + 0.5U(X_d - X_q)\sin 2\theta]}{X_d X_q}$$

当功角

$$\theta_{max} = \arccos\left[\frac{\sqrt{E_0^2 X_q^2 + 8U^2(X_d - X_q)^2} - E_0 X_q}{4U(X_d - X_q)}\right]$$

时永磁风力发电机达到最大功率

$$P_{max} = \frac{mU[E_0 X_q \sin\theta_{max} + 0.5U(X_d - X_q)\sin 2\theta_{max}]}{X_d X_q}$$

端电压为一定值，所以永磁风力发电机最大功率可以表示成空载电压、直轴电抗、交轴电抗的函数，即 $P_{max} = f(E_0, X_d, X_q)$。

3 高速永磁同步风力发电机磁路计算

高速永磁同步风力发电机转速一般大于 1000 r/min，转子结构通常为磁钢内置式结构，本方案拟采用凸极式转子，一般高速永磁发电机结构如图 3 所示。

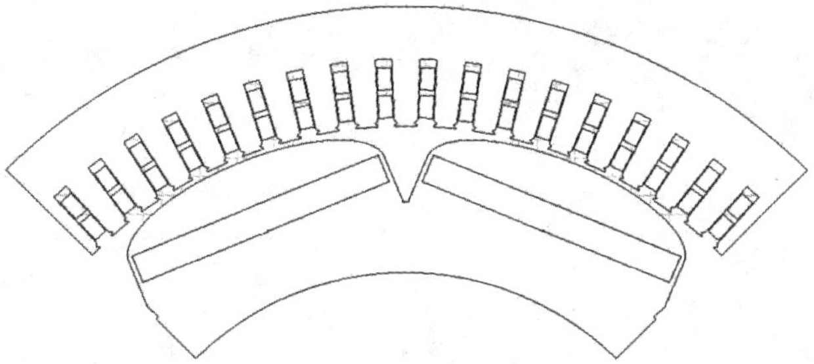

图 3　发电机结构示意图

发电机气隙不均匀，最大气隙与最小气隙比值 $\delta_{max}/\delta_{min}\neq 1$，极弧为一偏心圆，发电机直轴磁路如图 4 所示，

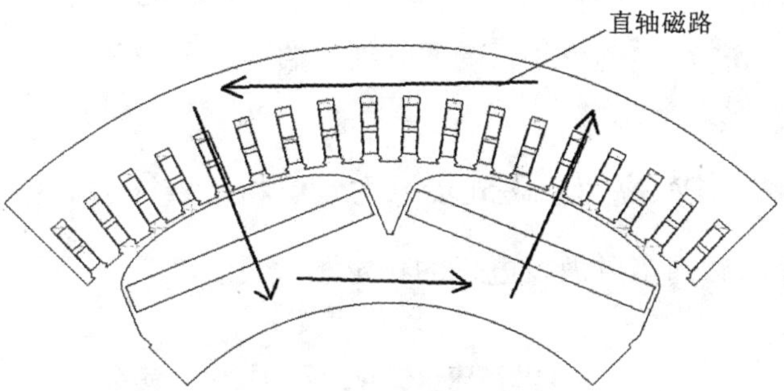

图 4　发电机直轴磁路

对于直轴磁路，将定子侧三相电流合成磁势方向与直轴重合，在定子线圈中加载直轴电流，直轴电枢反应电抗计算公式如下：

$$X_{ad}=\frac{4.44fK_{dp}N|\Phi_0-\Phi_{\delta N}|}{I_d}$$

式中：I_d 直轴电流；f 为电机频率；K_{dp} 为绕组系数；N 为每相串联匝数；Φ_0 为空载磁通；$\Phi_{\delta N}$ 负载直轴磁通。

发电机交轴磁路如图 5 所示。对于交轴磁路，将定子侧三相电流合成磁势方向与交轴重合，并在定子线圈中加载交轴电流，交轴电枢反应电抗计算公式如下：

$$X_{aq}=\frac{4.44fK_{dp}N\Phi_{aq}}{I_q}$$

式中：I_q 为交轴电流；Φ_{aq} 为负载交轴磁通。

凸极率一般被认为是交轴电抗与直轴电抗的比值 X_q/X_d，不同的凸极率会使永磁同步风力发电机过载能力不同。通过改变极弧偏心圆圆心位置及圆弧半径来改变最大最小气隙比，进而影响高速永磁同步风力发电机交直轴电抗比。

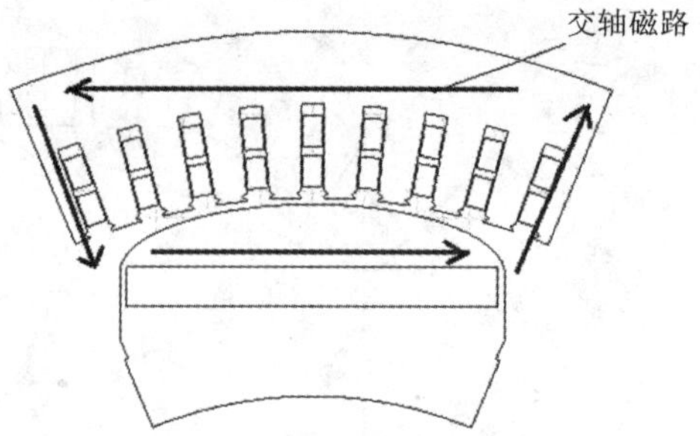

图 5　发电机交轴磁路

根据发电机交轴、直轴磁路可以判断，对于直轴而言，增大 $\delta_{max}/\delta_{min}$，等效气隙增大，直轴磁路磁导减小，直轴电抗减小；对于交轴而言，增大气隙比，等效气隙增大，交轴磁路磁导减小，同时转子极靴高度减小，交轴磁路更加饱和，所以交轴电抗下降程度要高于直轴电抗下降程度。

同时，随着 $\delta_{max}/\delta_{min}$ 的减小，转子极靴两端距定子铁芯距离更近，极间漏磁通更小，空载电压更高。

4　不同凸极率 2MW 高速永磁同步风力发电机过载能力计算

2MW 高速永磁同步风力发电机的额定参数见表 1。

表 1　2MW 高速永磁同步风力发电机参数

额定功率/kW	2000
额定电压/V	700
额定电流/A	1736
额定功率因数	0.95
极数	8
额定转速/(r/min)	1300
接线方式	Δ
过载倍数	≥2.3
电压调整率 ΔU/%	≤3
电压畸变率 THD/%	≤2.5

为对比分析，计算不同凸极率下 2MW 高速永磁同步风力发电机过载能力。

分别对 $\delta_{max}/\delta_{min}$ 为 1、1.5、2、2.5、3 情况下 2MW 高速永磁同步风力发电机过载能力进行计算。计算结果如表 2 所示。

表 2　不同凸极率下 2MW 高速永磁同步风力发电机过载能力对比

$\delta_{max}/\delta_{min}$	1	1.5	2	2.5	3
E_0/V	698	686	674	663	654
X_d/Ω	0.35	0.34	0.33	0.32	0.31
X_q/Ω	0.78	0.63	0.56	0.44	0.39
X_q/X_d	2.23	1.85	1.7	1.38	1.26
P_{max}/kW	4800	4640	4600	4400	4200
过载倍数	2.4	2.32	2.3	2.2	2.1
ΔU/%	0.3	2	3.7	5.3	6.6
THD/%	6.81	2	2.8	3.2	4.7

由表可见，永磁发电机过载倍数随着凸极率的增加而增加，但考虑到发电机波形质量，虽然 2MW 高速永磁同步风力发电机气隙比 $\delta_{max}/\delta_{min}=1$ 时过载能力最大，但其电压畸变率较高，即气隙谐波较大；而 $\delta_{max}/\delta_{min}=1.5$ 时，发电机既满足过载能力大于 2.3 倍，而且发电机电压畸变率、电压调整率较低，综合性能较高。

5　结语

本文介绍了永磁同步风力发电机过载能力的计算方法，并针对不同凸极率的发电机过载能力进行对比，设计了一台过载能力较高且电压畸变率及电压调整率低的 2MW 高速永磁同步风力发电机，且理论分析可以对以后更高功率高速永磁同步风力发电机设计提供一定的参考价值。

——来源：《电机与控制应用》2013 第 9 期

双馈风力发电机减振系统匹配性研究

张冬妮　李　峰　龙英睿　仇超武

摘　要： 发电机是风力发电机组中的一个重要部件。为了避免振动引起的部件损伤，在发电机底部安装减振器。减振器的刚度选择必须和发电机具有良好的匹配性，以免产生共振。本文以某1.65MW双馈风力发电机为例，通过理论和有限元分析计算出减振器刚度不同时，减振系统的固有频率，并分析出该发电机选择多大刚度的减振器最为合适，为发电机选配合适的减振器提供参考。

关键词： 双馈风力发电机；发电机减振器；共振；匹配性；减振器刚度

Research on matching ability of vibration isolation system for doubly-fed wind generator

Zhang Dongni　Li Feng　Long Yingrui　Qiu Chaowu

Abstract: Generator is one of the most important devices in Windmill. To prevent damage caused by vibration, the absorber was installed at the bottom generator. In order to avoid resonance, the stiffness of absorber must have good matching with generator. Taking a 1.65MW Double-Fed induction Generator as an example, through theoretical and finite element analysis to calculate the natural frequency of vibration damping system which in different damper stiffness, this article also analyzing how the generator to select the most appropriate damper stiffness, providing a reference for generating matching the appropriate damper.

Key words: doubly-fed wind generator; generator mount; resonance; matching ability; damper stiffness

1 引言

风能是一种清洁的可再生能源，与传统能源相比，风力发电不依赖外部能源，没有燃料价格风险，发电成本稳定，也没有碳排放等环境成本。正是因为有这些独特的优势，风力发电机逐渐成为许多国家可持续发展战略的重要组成部分。

风能开发能减轻空气污染和水污染，但如果处理不当，则会增加噪声污染。近几年来，随着风力发电产业的快速发展，风力发电场附近居民对风力发电机组产生大噪声烦扰的投诉也越来越多，甚至威胁到风力发电行业的正常发展。因此风力发电机的减振降噪控制是非常重要的。

2 风力发电机的振动问题

发电机能将机械能转化为电能，是风力发电机组中的一个关键部件，由于其设计和结构方面的原因，转子具有一个质量偏心引起的转动不平衡量，使发电机在运行时产生振动。发电机的振动类型分为机械振动和电磁振动。机械振动主要是由转子质量偏心的不平衡离心力产生的低频振动；电磁振动主要是由气隙不均匀产生的单边磁拉力引起的高频振动。发电机正常工作时，会将激振力和激振频率传输给机架，影响机架的疲劳强度及寿命。为了减弱从发电机传递到机架的振动激烈程度，最常用的方法就是安装发电机减振器。

本文主要针对某1.65MW双馈风力发电机，分别通过理论计算和有限元分析得出减振器的刚度不同时减振系统的固有频率，经过分析得出减振器的刚度选择多大与该发电机的匹配性更好，减振效果更优。

3 减振系统固有频率计算

3.1 理论计算

发电机的振动与自身参数和工作转速有关，因此减振系统的理论计算与发电机的技术参数有关，这些参数有：

1）发电机的重量 m：5900 kg。

2）发电机的转动惯量 I_x：100 kg · m^2。

3）发电机中心高度 h：450 mm。

4)减振器在水平方向上据中心的距离 b_i：375 mm。

5)发电机的工作转速区间：1000~2000 r/min。

根据发电机的载荷特点与激励方式，其振动方向主要是垂直方向的振动和绕轴向的绕角振动，其他方向的激励较小，也可以不予考虑。假设 Z 为垂向、X 为轴向、Y 为水平方向。沿垂向的直线振动与绕轴向的绕角振动固有频率计算方式如下所示：

(1)沿垂向的直线振动

$$\omega^2 = k_z/m$$

式中：k_z 为垂向上弹性支持的刚度；m 为电机的质量。

(2)绕轴向的绕角振动

$$\omega^2 = 0.5\left[(\omega_y^2 + \omega_{\varphi x}^2) + \sqrt{(\omega_y^2 + \omega_{\varphi x}^2)^2 + \frac{4\omega_y^4 h^2 m}{I_x}}\right]$$

式中：I_x 为电机绕轴向的转动惯量。

$$\omega_y^2 = k_y/m$$

$$\omega_{\varphi x}^2 = [k_z \sum_{i}^{2} + k_y h^2]/I_x$$

式中：k_y 为水平方向上弹性支撑的刚度；k_z 为垂向上弹性支持的刚度；h 为电机中心高；b_i 为单个减振器在水平方向上据中心的距离。

根据计算模型，计算减振器的刚度分别在 6 kN/mm、8 kN/mm、10 kN/mm 和 12 kN/mm 时减振系统的固有频率，见表 1

表 1　不同刚度下固有频率的理论计算值

刚度/(kN/mm)	沿垂直方向/Hz	绕轴向/Hz
6	10.16	20.98
8	11.72	23.51
10	13.11	26.28
12	14.36	28.79

3.2　有限元分析

用三维软件建立 1.65MW 水冷双馈风力发电机的模型并导入 ANSYS 仿真分析软件内，如图 1 所示，为了简化结构，减少网格数量以提高计算速度，将结果复杂的线圈、滑环等简化为质量的加载的质心位置，减振器用三个方向的弹簧表示，如图 2 所示。

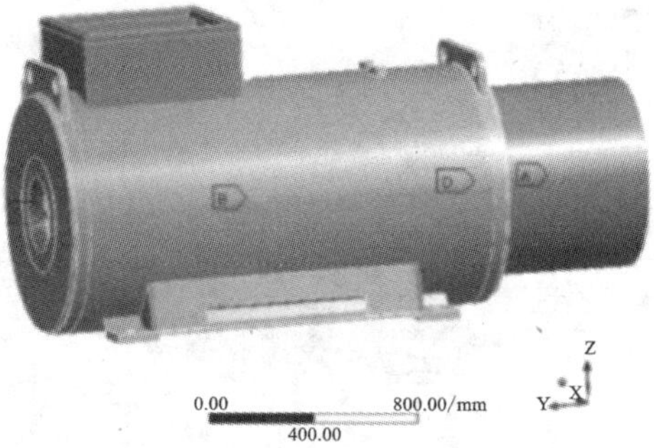

图 1　1.65MW 发电机三维模型

图 2　添加弹性支撑

设置不同的减振器刚度，进行有限元计算，从分析结果可以看出：减振器的刚度只对每阶模态的频率有影响，对每阶振型无影响，该电机的前六阶模态的振型云图如下图 3 ~ 图 8 所示。从以上振型可以看出，电机在三阶模态附近沿垂向直线振动，在六阶模态附近是绕轴向的绕角振动。

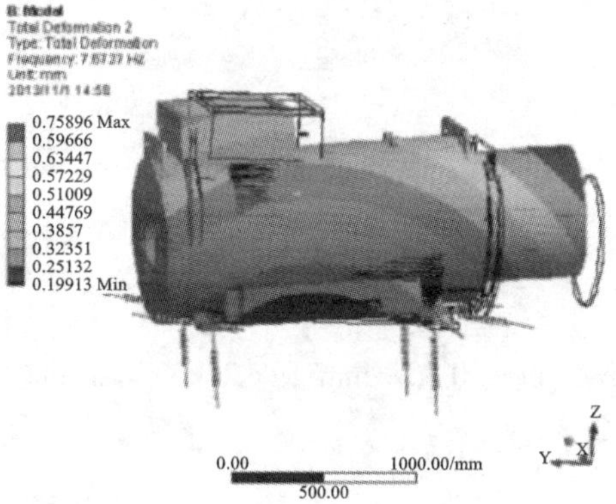

图 3　一阶模态

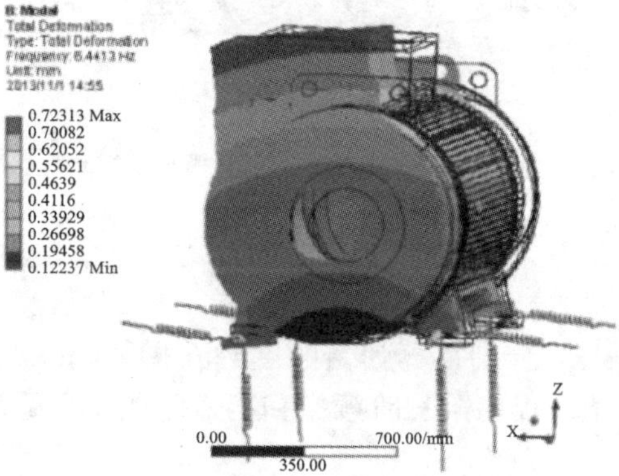

图 4　二阶模态

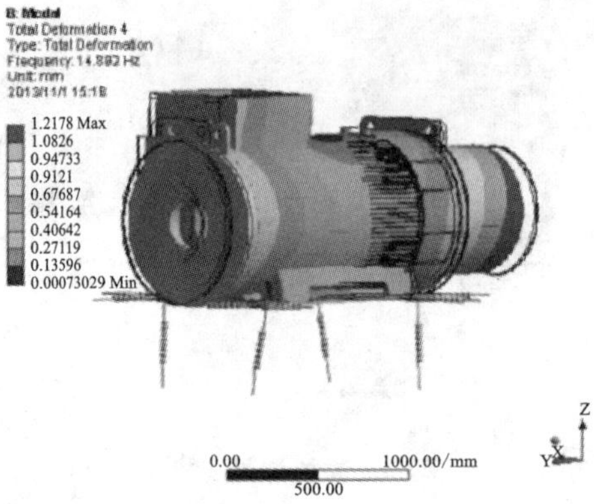

图 5　三阶模态

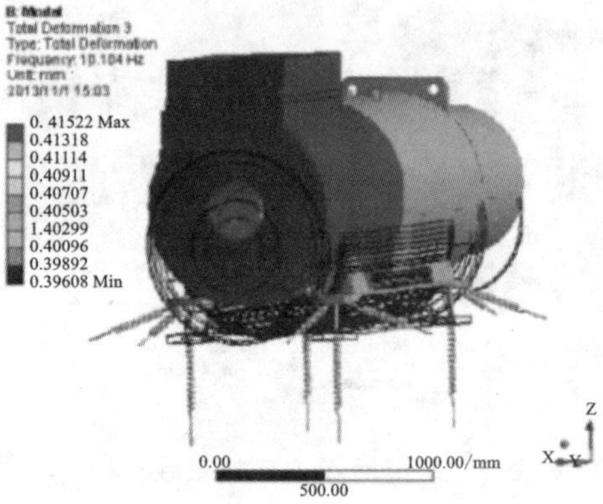

图 6　四阶模态

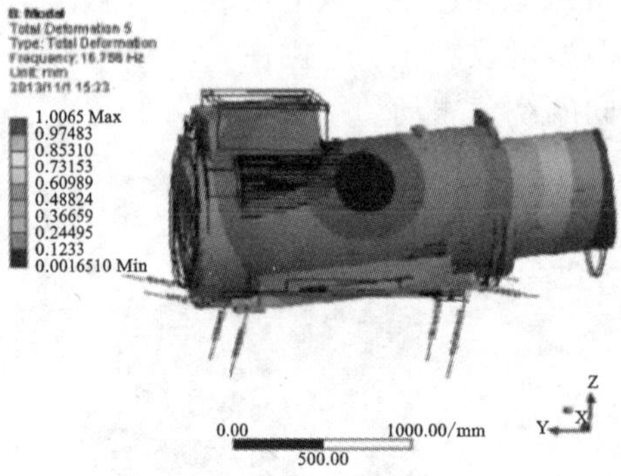

图 7　五阶模态

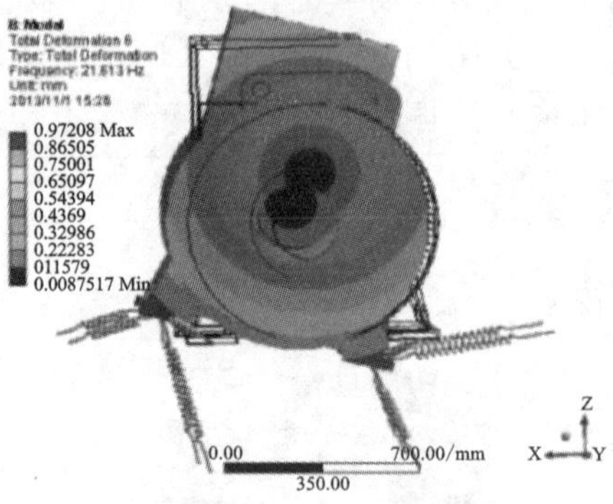

图 8　六阶模态

分别计算弹簧刚度为 6 kN/mm、8 kN/mm、10 kN/mm 和 12 kN/mm 的模态，提取第三阶频率和第六阶频率，见表 2。

表 2　不同刚度下模态有限元计算值

刚度/(kN/mm)	沿垂直方向/Hz	绕轴向/Hz
6	10.104	21.613
8	11.633	24.774
10	12.968	27.555
12	14.164	30.161

4 减振系统匹配性分析

发电机和减振器要具有良好的匹配性。如果匹配性不好，减振系统在发电机工作转速区间与激振频率产生共振，造成发电机振动超标，导致运行过程中发生报警停机。减振器的刚度对发电机减振系统的匹配性起着至关重要的作用。良好的匹配性就是要选择刚度恰当的减振器，使减振系统的固有频率避开激振频率，从而避免产生共振。

查阅相关资料得出，系统是否共振可以通过频率比 z 来判断：$z=\frac{f_m}{f_n}$，其中 f_m 为激振频率，f_n 为固有频率。

当 $z=0.8\sim1.2$ 时，系统处于主共振区；

当 $z=1.2\sim\sqrt{2}$时，系统处于过渡区；

当 $z>\sqrt{2}$时，系统处于隔离区。

由减振效率公式：$E=1-\frac{1}{z^2}$可以得出：当发电机减振器的刚度减少时，系统的固有频率减低，因此对应共振区的转速越低，额定转速时的减振效率越高。

不同刚度下理论计算和有限元分析的频率比如表 3 所示。

表 3　不同刚度下的频率比

刚度/(kN/mm)	理论计算频率比		有限元分析频率比	
	沿垂直方向	绕轴向	沿垂直方向	绕轴向
6	1.64	0.79	1.64	0.77
8	1.42	0.71	1.43	0.67
10	1.27	0.63	1.28	0.60
12	1.16	0.58	1.17	0.55

注：激振频率按最低工作转速 1000 r/min

5 结论

通过计算可以得出，减振器刚度为 10 kN/mm 时，沿垂直方向的频率比 $1.2<z<\sqrt{2}$，系统处于过渡区，可能引起共振；减振器刚度为 12 kN/mm 时，沿垂直方向的频率比 $0.8<z<1.2$，系统处于共振区；减振器刚度为 8 kN/mm 时，沿垂直方向和绕轴向的频率比均不处于共振区和过渡区，系统不会出现共振，

有较良好的减振效果；减振器刚度为6 kN/mm时，系统也不会出现共振，但由于刚度较小，发电机工作时振幅偏大，可能造成影响其他部件工作。因此，与该发电机最匹配的减振器刚度为8 kN/mm。

——来源：《技术与市场》2014年第4期

大型发电机定子绕组端部固定结构的研究

付小敏　杨　川　邵平安

摘　要： 本文介绍了一种定子绕组端部固定方法，采用端部绑扎式与灌封式固定结构相结合，在发电机绕组端部正常运行或发生短路事故时，以保证固定绕组端部斜边间隙不变、不发生轴向位移。

关键词： 定子绕组；固定结构；绑扎式；灌封式

1　前言

在大型发电机领域，定子绕组作为发电机核心部件，被称为电机的心脏。其端部振动是设计、制造和运行中不可忽略的问题，振动过大会引起发电机故障。随着发电机单机容量的增大，定子电流也增加，而定子线圈在铁芯槽内所受到的电磁力与该线棒的电流的平方成正比，从而使得槽内电磁力急剧增加。因此，线圈在槽内和端部的固定显得尤为重要。

目前，发电机定子绕组端部固定方法很多，根据不同容量机组有相应的固定方法，常见的固定方法有绕组绑扎式固定结构、压板式固定结构、灌注式固定结构等。其中，绑扎式固定结构的斜边间隙采用涤玻套管将线圈斜边绑扎成一个整体；压板式固定结构是在绑扎式绕组端部固定结构的基础上，增加了端部压板，从而加强了绕组端部承受径向力作用的强度；灌注式绕组端部固定结构是在绕组端部注入灌封胶，灌封胶固化后成为一个整体，与压板式固定结构相比，它能够承受极其强大的电磁力作用。

绑扎式固定结构在定子绕组端部固定中应用非常多，但该固定方式存在一定的弊端。这种结构在强大电磁力及突变应力的作用下，特别是当负荷突变或短路时，作用在定子绕组上的电磁力远远超过额定状态下的电磁力，涤玻套管加速老化，当运行一定时间后，极易造成定子绕组端部涤玻套管磨损，达到一定程度甚至断裂，最终导致槽内定子绕组主绝缘磨损，加速了定子绕组绝缘的老化，严重时将会影响发电机的使用寿命。因此，必须采取有效的绕组固定方法，才能确保发电机长期运行的可靠性。

本文采用绑扎式固定结构与灌注式绕组端部固定结构相结合的方法，不但保证了定子绕组不发生轴向位移，同时绕组能够承受极其强大的电磁力作用，大大提高了定子绕组的稳定性。

2 结构介绍

1）绑扎式绕组端部固定结构

在定子绕组嵌线过程中，首先进行绕组端部绑扎。在绕组引线端、非引线端分别采用两根涤玻套管进行端部绑扎，待嵌线完毕，完成定子绕组端部绑扎，见图1。

2）灌封式绕组端部固定结构

在定子绕组端部绑扎固定结构完成后，定子绕组所有出槽口线圈之间靠铁芯空端挡板处涂封双组分有机硅灌封胶，进行灌注绕组端部固定。首先用胶带将复合箔围绕定子绕组固定一圈，然后将配制完成的双组分灌封胶沿定子齿压板倒入，控制一圈灌封厚度为20～25 mm（以遮盖槽绝缘为准），并在自然室温硫化、干燥。待灌封胶基本固化，撕掉胶带及复合箔，将流到定子铁芯表面的多余灌封胶用刀片轻轻刮掉。灌封式绕组端部固定结构如图2所示。

图1 绑扎式绕组端部固定结构

图2 灌封式绕组端部固定结构

3 意义

绑扎式与灌注式绕组端部固定结构相结合，对定子绕组具有双重的固定作用。首先，绑扎式结构先将定子绕组固定，然后，通过灌注式结构在绕组端部注胶，灌封胶固化使定子绕组端部成为一个整体，能够使发电机的定子绕组承受极其强大的电磁力作用。对于开启式电机，该结构同时具有良好的密封作用，避免雨水等沿线圈直线边从端部进入槽内，对定子绕组的绝缘结构起到了一定的保护作用。

——来源：《电力技术》2014 年 11 月

电机的热分析方法与应用

郑国丽　丰　帆　周黎民　黄鹏程

摘　要：随着高效电机的推广，电机冷却系统的优化成为推动电机发展的关键技术之一。电机的热分析方法是电机风路结构优化的基础，因此本文着重介绍了三种电机热分析方法，包括类比法、等效热路法与数值解法。结合实例计算与试验数据，详细描述了每种计算方法的基本原理、计算过程、应用范围以及优缺点，本文提及的计算方法和内容对电机热设计具有重要的参考作用。

关键词：电机温升；类比法；等效热路法；计算机数值解法

Thermal analysis method and application of motor

Zheng Guoli　Feng Fan　Zhou Limin　Huang Pengcheng

Abstract: With the promotion of high - efficient motors, optimization of the cooling system of the motor has become one of the key technologies to promote the development of motor. The thermal analysis methods of the motor are the basis of the optimization of the structure of the motor. So this paper mainly introduces three kinds of thermal analysis methods, including the analogy method, the equivalent thermal circuit method and the numerical method. The basic principle, calculation procedure, the application range of each calculation method as well as advantages and disadvantages are described in detail with the example calculation and test data. The calculation methods and contents mentioned in this paper have important reference value for the thermal design of electrical machines.

Key words: motor temperature rise; analogy method; equivalent thermal circuit method; computer numerical solution

1 引言

以往电机热分析计算相对于电磁计算而言受到的关注很少，多采用类比法进行估算，随着国家对高效节能电机的推广，电机单机容量增加，电机结构紧凑发热量大，为使电机获得良好的性能，增强电机的散热能力和降低电机的温度是电机设计主要攻克的难题之一，因此电机冷却技术对电机的发展起到至关重要的作用。电机热分析方法主要有等效热路法和数值解法两种。热路法计算快，节省时间，难点在于需要根据热交换路径建立热路模型，以及采用经验公式计算热阻，热路的建立和热阻的计算是热路法计算温升的决定因素。数值计算方法以计算传热学为基础。数值解法的优点是可以预测电机内部复杂的流域，比如端部绕组附近、风扇附近等旺盛湍流区域，并且可以进行二维和三维的流场、温度场求解，但是前处理时间消耗大，建模和网格划分占据了大部分计算时间。所有的电机热分析方法均有利弊，方法的选择依赖于设计者，设计者应权衡计算时间、计算方法准确性、可利用的资源等因素选择分析方法。准确地预测电机的热性能不是一个简单的工作，即使电机结构和使用材料物性都已知，电机内部复杂的热现象也不能单纯地通过数学方法求解，每种计算方法的采用都需要通过试验验证，校准计算方法的准确程度，达到逐步改进并完善算法的目的。

2 类比法

电机温升计算方法中最简单的方法即为类比法，类比法是根据电机的热负荷估算温升的一种简便方法。

绕组有效部分的铜耗：

$$P_{\mathrm{Cu}} = 2mNR_{\mathrm{cef}}I^2 = 2mN\rho\frac{l}{A_0}I^2 = 2mNIl\rho J$$

式中：m——相数；N——每相线圈匝数；R_{cef}——每根导体有效部分的电阻；I——相电流；ρ——导体材料的电阻率；l——导体有效部分的长度；A_0——导体截面积；J——导体电流密度。

电枢单位表面的铜耗为：

$$q_{\mathrm{a}} = \frac{P_{\mathrm{Cu}}}{\pi Dl} = \frac{2mNIl\rho J}{\pi Dl} = \rho AJ$$

式中：D—定子内圆直径；A—线负荷；式中表明当绕组选用的材料一定，即电阻率 ρ 一定时，q_a 与 AJ 成正比。由于 q_a 直接影响电机的发热与温升，因此，电机的温升与 AJ 的大小密切相关，当通风方式、散热条件不变时，对温升裕度比较大的电机，可以直接采用类比的方法，即$\frac{A'J'}{AJ}=K\frac{\Delta\theta'}{\Delta\theta}$，$AJ$ 为已知电机温升的热负荷，$\Delta\theta$ 为已知电机温升，$A'J'$为待求电机温升的热负荷，$\Delta\theta'$为待求电机温升，K 为系数。

以结构相同，冷却条件相同，功率不同的电动轮异步牵引变频电机为例，采用类比法，根据热负荷估算电机绕组温升，并与试验数据对比，结果如表 1 所示。根据 72 kW 电机绕组温升估算 90 kW 绕组温升为 48 K，与试验值相差 3 K；根据 75 kW 电机绕组温升估算 110 kW 绕组温升为 93 K，与试验值相差 5 K，从试验结果来看，对于结构不变，功率改变的电机可采用类比法估算电机温升。

表 1　类比法计算电机温升对比

功率/kW		72	90	75	110
AJ/(A/cm × A/mm^2)		1892	2443	1341	2158
定子绕组温升/K	试验值	37	45	58	88
	估算值	—	48	—	93

3　等效热路法

在工程实践中，由于电机传热问题的复杂性，一般都习惯于把温度场简化为带有集中参数的热路进行计算，温差相当于电路中的电压降，热流相当于电路中的电流，热阻相当于电路中的电阻，这种方法一般称为等效热路法。用等效热路法可以计算定子铁芯和绕组的平均温升。

等效热路法的基本原理：(1)导热的基本定律傅立叶定律 $\Phi=-\lambda A\frac{\partial t}{\partial x}$，式中 Φ 为传导的热量，A 为面积，λ 为导热系数，$\frac{\partial t}{\partial x}$是物体温度沿 x 方向的变化率；(2)对流换热的基本计算式牛顿冷却公式 $\Phi=Ah\Delta t$，式中 Φ 为传导的热量，A 为面积，h 为表面传热系数，Δt 为壁面温度和流体温度差；(3)能量守恒定律。

热平衡方程的建立：以机壳水冷的封闭式感应电机为例建立三热源热路，

图 1 为电机结构示意图。

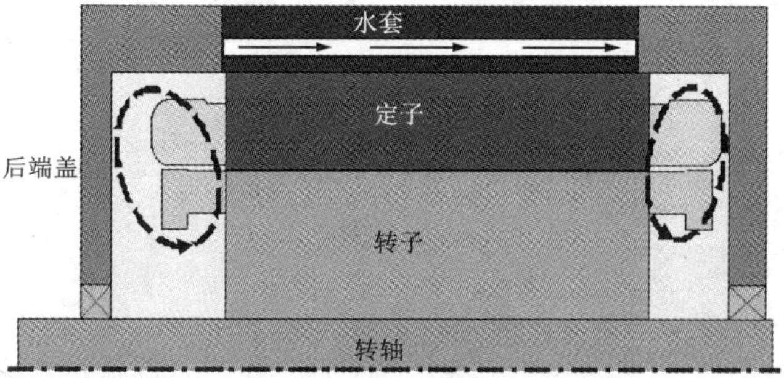

图 1　结构示意图

定子铁芯、定子绕组、转子导条构成了热路的三个热源。电机运行时，转子所产生的热量，其中一部分从转子两端由机内循环空气直接带至机座，另一部分通过气隙传到定子铁芯再传给机座。定子铜耗和铁耗，小部分通过循环空气传给机座，大部分通过铁芯传给机座。同时铁芯和绕组之间通过绝缘传递热量。最后传到机座的热量绝大部分由冷却水带走，少量通过端盖表面散出。根据以上分析，假设定子绕组、铁芯、转子导条都是等温体并且假设电机内部冷却空气的温度均匀并且等于机座温度，建立等效热路如图 2 所示。

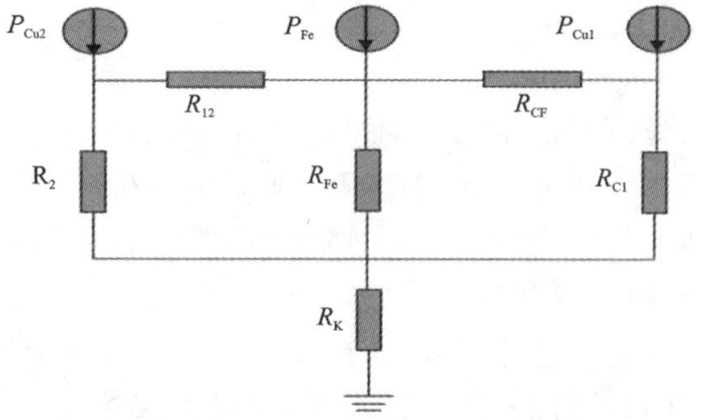

图 2　三热源热路图

图中 R_2——转子端部的表面散热热阻；R_{12}——定转子间通过空气隙的热阻；R_{Fe}——定子铁芯散热热阻；R_K——机座的表面散热热阻；R_{CF}——定子绕组、铁芯之间绝缘的传导热阻；R_{C1}——定子端部绕组的表面散热热阻。P_{Cu1}——定子铜耗；P_{Cu2}——转子铜耗；P_{Fe}——定子铁耗。

根据热路图列热平衡方程式如下：

$$\frac{\Delta\tau_{Cu1}-\Delta\tau_{Fe}}{R_{CF}}+\frac{\Delta\tau_{Cu1}-\Delta\tau_{K}}{R_{C1}}=P_{Cu1} \tag{1}$$

$$\frac{\Delta\tau_{Cu2}-\Delta\tau_{Fe}}{R_{12}}+\frac{\Delta\tau_{Cu2}-\Delta\tau_{K}}{R_{2}}=P_{Cu2} \tag{2}$$

$$\frac{\Delta\tau_{Fe}-\Delta\tau_{K}}{R_{Fe}}=P_{Fe}+\frac{\Delta\tau_{Cu1}-\Delta\tau_{Fe}}{R_{CF}}+\frac{\Delta\tau_{Cu2}-\Delta\tau_{Fe}}{R_{12}} \tag{3}$$

$$\frac{\Delta\tau_{K}}{R_{K}}=P_{Cu1}+P_{Cu2}+P_{Fe} \tag{4}$$

方程中 $\Delta\tau_{Cu1}$、$\Delta\tau_{Cu2}$、$\Delta\tau_{Fe}$、$\Delta\tau_{K}$ 分别代表定子绕组温升、转子导条温升、定子铁芯温升和机座温升。已知损耗分布，根据经验公式计算热阻后，解热平衡方程，得到 $\Delta\tau_{Cu1}=37.2$ K、$\Delta\tau_{Cu2}=98$ K、$\Delta\tau_{Fe}=29.4$ K、$\Delta\tau_{K}=4.8$ K，试验测量定子绕组平均温升 37.1 K，计算值与试验值吻合，说明机壳水冷的封闭式感应电机采用三热源等效热路法计算电机温升可行。

电机温升计算方法中还有一类是以等效热路法为基础的热网络法，这类方法主要应用于中小型电机，等效热网络法是把研究对象细分成单元节点，节点之间有热量传递，无论是导热或是对流换热，节点之间都用热阻代替，各个节点均看成是具有集总参数的单元，对每个单元建立热平衡方程并求解，由于节点较多，因此计算相对烦琐，计算得到的电机温升分布相比三热源热路法更为精确详细。

4 CFD 数值解法

计算流体动力学(简称 CFD)是通过计算机数值计算和图像显示，对包含有流体流动和热传导等相关物理现象的系统所做的分析。CFD 的基本思想可以归结为：把原来在时间域及空间域上连续的物理量的场，如速度场和压力场，用一系列有限个离散点上的变量值的集合来代替，通过一定的原则和方式建立起关于这些离散点上场变量之间关系的代数方程组，然后求解代数方程组获得场变量的近似值。CFD 可以看作是在流体基本方程质量守恒方程、动量守恒方程、能量守恒方程控制下对流动的数值模拟。通过这种数值模拟，我们可以得到极其复杂问题的流场内各个位置的基本物理量如速度、压力、温度等。以及这些物理量随时间的变化情况。

以某异步风力发电机为例，介绍 CFD 的分析过程。电机冷却方式为 IC611，冷却装置为空气冷却器，内外风路各形成自循环风路，内风路为双侧对称径向通风系统时，在转子作用下将空气由两侧流入，各自形成独立风路，每一风路分为两支路，一支风路经绕组端部，另一支风路在转子通风槽片的作用下进入转子轴向风道后流经转子和定子径向通风道，两路气流在定子铁芯外圆的机座腔内汇合后经带有冷却器管的冷却腔，将热量传递给外风路散发后继续循环，通风系统如图3所示。由于通风系统复杂，如果采用等效热网络法求解，需要依次计算风阻、风量、风速，然后根据经验公式计算换热系数从而计算热阻。由于内部流域复杂，热路搭建困难，换热系数计算准确性差，因此对于这种复杂结构的电机采用CFD方法计算温升更加准确合理。

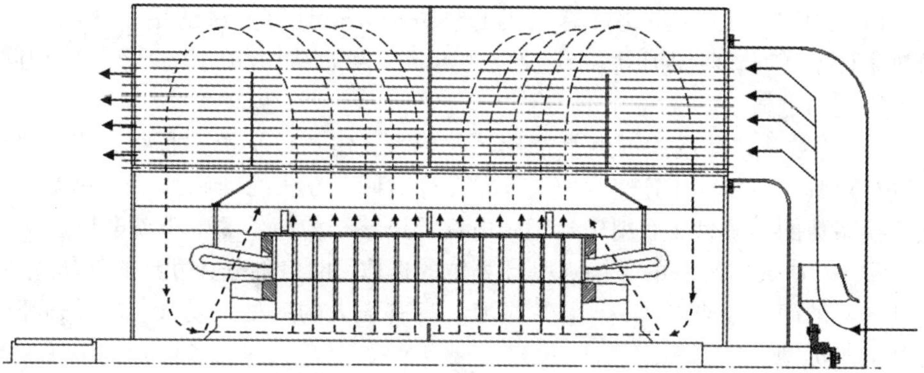

图3　径向通风系统示意图

CFD计算过程：(1)确定要模拟的域，创建实体模型表示计算域，由于电机结构无周期性也无对称性，因此建立电机的全模型作为计算域。(2)设计和创建网格，由于结构复杂，网格划分时应保证网格质量，控制网格数量。(3)根据实际情况设置材料属性、区域属性、边界条件等。(4)定义求解器设置进行计算求解。(5)后处理。

采用CFD数值解法计算该电机可以获得的分析数据包括：(1)内外风路的冷却介质流量，分析风量是否满足冷却要求。(2)计算机械损耗，从而优化结构，降低损耗提高效率。(3)冷却器管内外风速，对流换热温差，风阻，判断冷却效果。(4)各径向风道流量分布，可通过调整结构调整风量分布。(5)绕组轴向温度分布以及热点温度。可获得计算域内任意截面温度分布。(6)流体域内的压力分布，正压区域和负压区域。(7)根据速度矢量图分析流体流向以及判断涡流区域。

将计算结果与实验值比对，定子铁芯表面和定子绕组共采集12处温度点，计算值与试验值的误差均小于10%，说明计算方法可行。

CFD方法的难点为电机结构形式多样化，零部件众多，几何处理、网格划分难度大，前处理耗时长。由于计算规模大，流场复杂，对求解器要求高，并且计算涉及多场耦合。随着仿真技术的不断发展，采用 CFD 计算电机内部流场和温度场的方法逐渐被越来越多的电机设计者采用和推广。

5 结论

本文主要介绍了三种电机热分析方法，根据电机类型选择合适的计算方法可节省设计时间，并且提高热设计的准确性，使设计方案先进合理，针对三种计算方法的难点和适用的电机类型总结如下：

(1)类比法的关键点是计算电机的热负荷 AJ，计算方法适用于通风方式、散热条件不变时，对温升裕度比较大的电机，例如结构相同，冷却条件相同，功率不同的电机。

(2)等效热路法的关键点是搭建热路模型，建立热平衡方程组，计算热阻并进行求解，此方法计算速度快，节省设计时间，方法的准确性依赖热参数和热交换系数的准确性，适用于封闭式电机等风路结构简单的中小型电机。

(3)CFD 数值解法的关键点是计算域的选取、网格剖分、边界条件建立等，对计算机的硬件要求较高，计算周期长，具有强大的后处理功能，广泛适用于各种电机类型。

——来源：《微特电机》第 45 卷第 10 期(2017)

滚动轴承工况参数的动力学特性分析

苗　瑞　乔长帅　张　刚

摘　要：滚动轴承在电机运行中发挥着重要的作用，影响着电机的振动、噪声及使用寿命。如何采用最优的工况参数，或者在某一特定工况参数下，如何选择最优型号的滚动轴承以获得最优的动力学特性，对保证电机运行的可靠性有着很重要的意义。本文基于ANSYS/LS－DYNA，以某一深沟球轴承为例，对其在不同径向载荷和转速的工况参数下的动力学特性进行了对比，得出了最优的工况参数。研究内容为电机轴承的选择与设计提供了理论依据。

关键词：滚动轴承；ANSYS/LS－DYNA；工况参数；动力学

The dynamics analysis of roll's working parameters

Miao Rui　Qiao Changshuai　Zhang Gang

Abstract: Rolling bearing play an important role in the motor running, it influence the vibration, noise and service life. How to use the optimal working parameters, or in a particular working parameter, how to choose the best model of the rolling bearing to achieve optimum dynamic characteristics in processing to ensure the motor accuracy and reliability has a very important significance. This paper based on ANSYS / LS－DYNA, with a deep groove ball bearing for example, compared it's dynamic characteristics in different working parameters: radial load and speed, we obtain the bearings' optimal working parameters. This paper's research provides a theoretical basis for the bearings´selection and design.

Key words: rolling bearing; ANSYS/LS-DYNA; working parameters; dynamic

1 引言

轴承是牵引电机非常重要的一部分，在工作当中需承受径向载荷，并高速转动。因此，为了保证牵引电机的高精度和高可靠性，并有效控制振动，轴承就需要有较高的回转精度，轴承在工作当中其自身的动力学特性直接影响到电机实际运行过程中的精度和可靠性。

本文对某一深沟球轴承进行研究，基于 ANSYS/LS－DYNA 建立轴承的有限元模型，综合考虑径向载荷和转速对轴承动力学特性的影响，得出了该轴承的最优工况参数。所研究的内容为进一步研究滚动轴承的动力学特性，提高牵引电机在运行过程中的可靠性提供了理论依据。

2 有限元模型的建立

以实际深沟球轴承的几何参数为例，考虑轴承保持架的作用，单元类型选择 SOLID164 实体单元，属性设置为全积分单元，网格细化，尽量采用六面体单元，使轴承的网格均匀细划，以控制在仿真过程中出现的沙漏现象。相关材料参数设置如表 1 所示，有限元模型如图 1 所示。

表 1　材料参数

	$\rho/(\mathrm{kg\cdot mm^{-3}})$	E/GPa	μ
滚动体	7.83×10^{-6}	206	0.3
内、外圈	7.83×10^{-6}	206	0.3
保持架	7.83×10^{-6}	196	0.24

在有限元模型中建立 3 种接触，分别选择滚动体与外圈滚道；滚动体与内圈滚道；滚动体与保持架。均选择各自表面的节点作为节点组元，如图 2 所示。

在接触中，分别设置动摩擦系数为 0.1，静摩擦系数为 0.05。三种接触对均选择面面自动接触类型，避免穿透。同时可以在结果文件中输出各自的动态接触力。

图 1　滚动轴承有限元模型

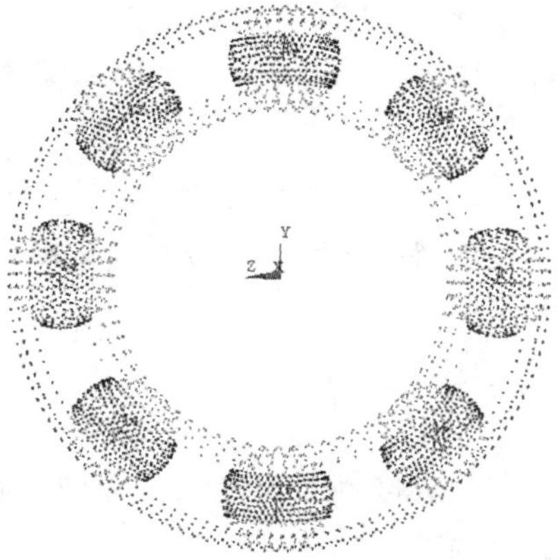

图 2　接触对

3　工况参数的加载

为了研究工况参数对轴承动力学特性的影响，主要针对径向载荷和转速进行分析。各自选择三组数据，控制其单一变量进行对比分析。工况参数的选择如表 2 所示：

表 2　工况参数

定量	变量		
2000/(r/min)	1000/N	2000/N	3000/N
1000/N	2000/(r/min)	4000/(r/min)	6000/(r/min)

3.1　径向载荷的加载

轴承在实际的工作中，其受到的径向载荷方向大多是某一个特定方向，在仿真的过程中，在轴承内圈增加一段刚性轴，在其中心线上施加某个固定方向的载荷能有效模拟这种工况条件，由于该刚性轴的作用是为了辅助加载，因此为了节约软件的计算时间，将其设置为刚体。

3.2　工作转速的加载

滚动轴承的工作转速对轴承的动力学特性影响很大。随着转速的提高，所产生的离心力也会加大，从而导致滚动体与轴承内外圈之间的接触力增加。同时随着转速的增加，使得滚动体的自转与公转速度加大，其内部应力循环的频率也随之增加。因此随着轴承工作转速的增加，其自身的动力学特性将发生剧烈的变化。其工作时的振动、噪声等是其动力学特性变化最直接的体现，这些都将直接影响到牵引电机实际运行时的情况和可靠性。

在保证径向载荷不变的情况下，分别选择 3 组转速进行对比分析。同理，径向载荷施加在刚性轴上，转速则施加在轴承的内圈上，为了让轴承的内圈与刚性轴保持同一转速，分别在内圈和刚性轴上施加同一转速，从而模拟轴承的实际工况。

4 求解设置

在完成接触对设置和工况加载后，根据深沟球轴承安装和工作条件，采用了如下约束：

(1)为了模拟轴承座的影响，约束轴承外圈外圆面上所有节点在 x、y、z 三个方向的平动自由度和转动自由度。

(2)为了模拟轴承的装配情况，分别约束轴承内圈和轴承外圈左右侧面所有节点的轴向自由度。

求解时间与时间数组 T 一致，定义为0.1 s，然后控制结果的输出参数，将结果输出类型选择为 LS－DYNA，生成 K 文件，通过修改 K 文件的关键字信息，使输出结果中包含接触力以及节点的变形、速度、加速度等结果信息即可。最后手动递交 K 文件，运用 LS－DYNA 求解器 LS－DYNA Solver 完成求解。

5 仿真结果的特性分析

运用 LS－PREPOST 软件分析仿真的结果数据，读取轴承在工作当中的相关动力学特性，滚动轴承在某一时刻的应力云图如图 3 所示。

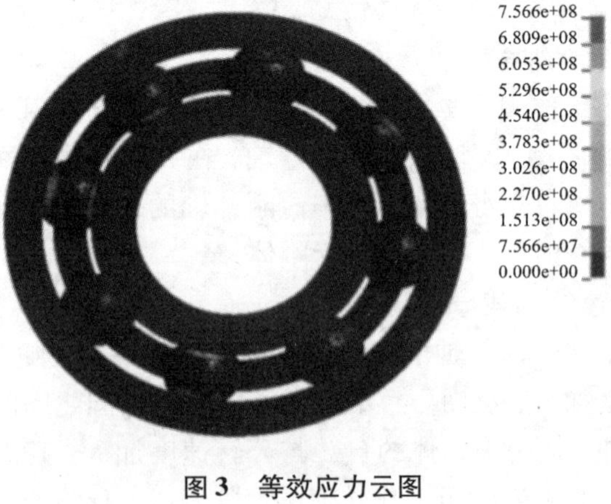

图 3 等效应力云图

5.1　径向载荷对动力学特性的影响

径向载荷将影响到轴承的振动特性以及轴承内部的载荷分布、接触应力等。在保证转速一定的情况下，研究轴承分别在 1000 N、2000 N、3000 N 的径向载荷下，滚动轴承的滚动体与外圈的接触力以及滚动体上某节点位移的对比分析，如图 4 和图 5 所示：

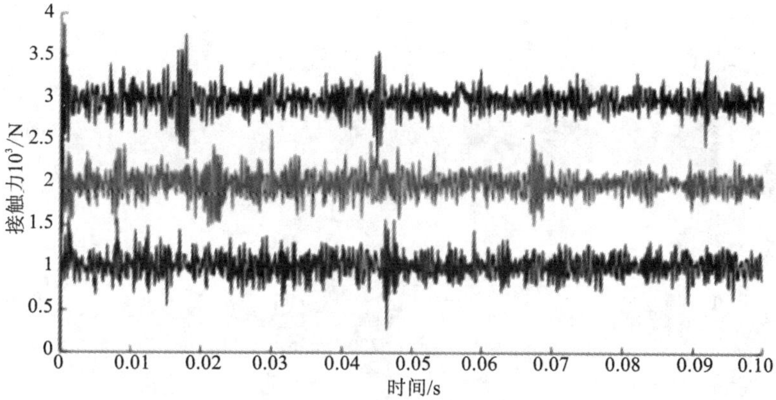

图 4　接触力对比

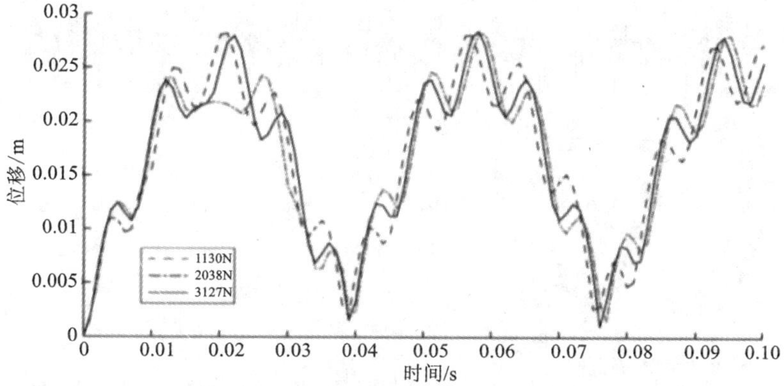

图 5　位移对比

从图 4 和图 5 可以发现，随着径向载荷力的增加，接触力和位移的动态变化并不大。在 1000 N 的时候，出现了一次较大的波动；2000 N 时出现了两次较大的波动；3000 N 时出现了三次较大的波动。但整体的动力学特性较为平稳，仿真结果表明：深沟球轴承能够承受较大的径向载荷。这也和深沟球轴承的设计目的相符合。但随着载荷的增加，从接触力的变化可以看出轴承内部的振动是逐步增加的，只是不很明显。但如果转速又同时增加，那其内部的动力学特性将发生很大的变化。

5.2　工作转速对动力学性的影响

分别取轴承工况时的工作转速为 2000 r/min、4000 r/min 和 6000 r/min，其他变量保持不变，控制单一变量，研究轴承在不同工作转速情况下的动力学振动特性，对比分析如图 6 和图 7 所示：

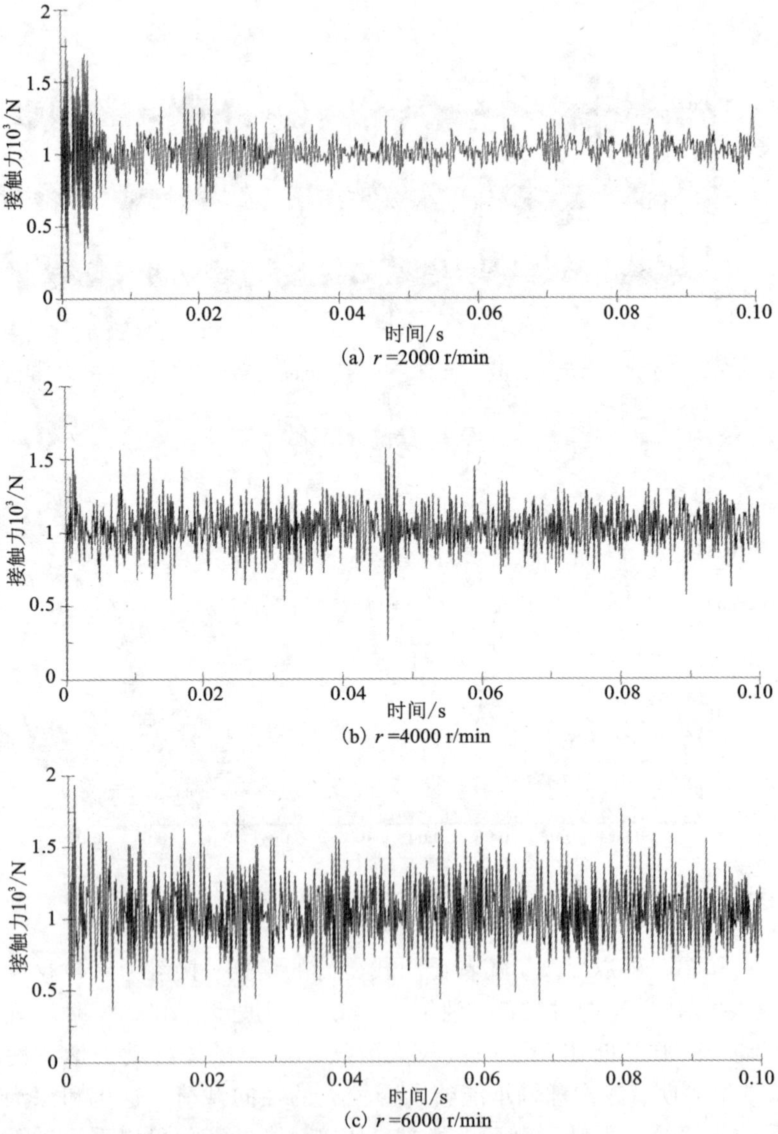

图 6　接触力对比

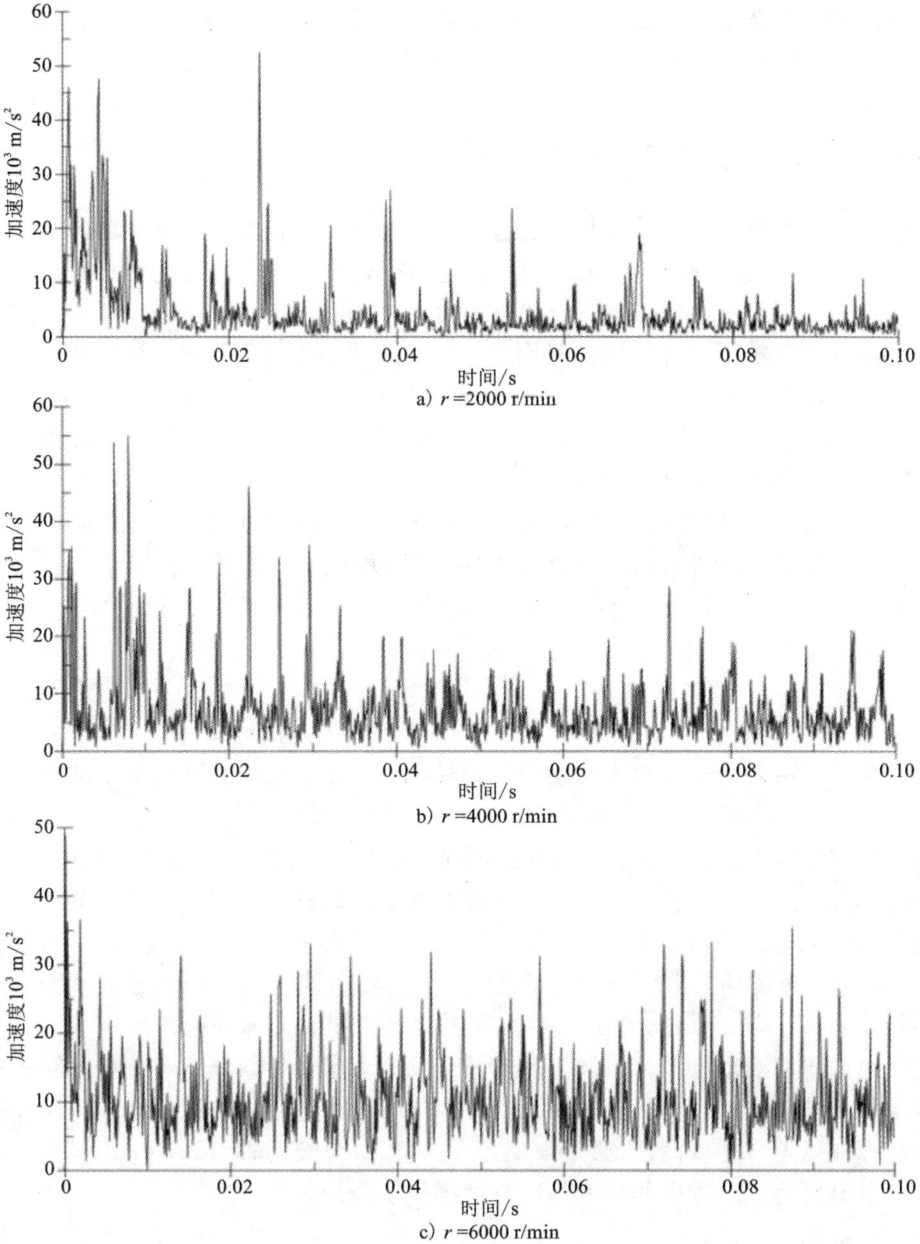

图 7　加速度对比

从图6接触力的动态对比变化可以很明显地看出，轴承内部的接触力随着转速的变化而发生剧烈的变化，转速越快，轴承内部的接触力变化越不稳定，即轴承内部的载荷分布也就越复杂，这将严重影响到轴承回转精度的保持性。转速越高，轴承内部的动力学变化就越复杂，因此要想保持高的回转精度以及可靠性指标，高速轴承对其自身制造精度要求就会很高。研究转速对轴承动力学特性的影响便非常重要。

从图7加速度的对比分析可以看出，由于转速的提高，使得滚动体在轴承内部自转和公转的速度都随着提高，转速的提高使得滚动体在运转过程中的加速度变化很不稳定，高转速与低转速相比，加速度没有减小到零的趋势，这就使得滚动体在轴承内部的运动时而加速，时而减速，很不稳定，从而与保持架之间的撞击也就随之加剧。所表现出来的是轴承在运转过程中的振动和噪声加大，同时滚动体与内外圈以及保持架之间的接触力变化加剧，严重影响滚动轴承在运转工作中的精度保持性。

从动力学特性数据的对比分析可以看出，径向载荷对滚动轴承的影响并不明显，该型号的滚动轴承最佳的工况参数主要取决于工作转速。从仿真结果的三组数据对比可以得出，该型号轴承的最佳工况参数为径向载荷1000 N，转速2000 r/min。

6 结论

从仿真结果所表现出来的动力学特性可以看出，工况参数对轴承的动力特性有着很大的影响，尤其是转速。对于某一特定的轴承而言，由于其自身的几何参数和结构参数已经固化，因此针对某一给定的轴承，通过动力学仿真，就可以综合考虑，得出某一最优的工况参数以保证该轴承的最佳动力学特性，从而保证牵引电机运行过程中的精度和可靠性。同理，针对某一特定的工况条件，也可以通过动力学仿真，研究出在这一工况条件下哪一种型号轴承的动力学特性最好，从而为轴承的选择和电机的设计提供有力的理论依据。

通过研究滚动轴承在不同工况参数下的动力学特性，分析了载荷和转速对滚动轴承动力学特性的影响规律，从而为在某一特定工况条件下轴承的设计以及选择提供了一种理论依据，同时也为进一步研究滚动轴承的动力学特性，提高牵引电机运行过程中的精度与可靠性提供了理论依据。

——来源：《机械管理开发》2017年第2期

定子线圈涨形应力优化技术探讨

杨振中　袁双玲　龙云峰

摘　要：本文对交流电机定子线圈涨形应力优化技术进行了探讨，通过仿真和试验数据分析不同涨形参数下线圈端部弧长的变化和受力情况，确定了基于端部弧长相等、成形应力一致的定子线圈涨形优化技术。

关键词：定子线圈；涨形；应力；弧长

Discussion on the stress forming optimization technology for the stator coil

Yang zhenzhong　Yuan shuangling　Long yunfeng　Su shiyu　Xu xin

Abstract: In this paper, the optimization technique of the stress forming for the stator coil in AC motor is explored. The simulation and experimental data are used to analyze the change of the arc length and the force of the coil end under different forming parameters. Then, It is determined that the stator coil forming optimization technique is based on the same end arc length and uniform forming stress.

Keywords: stator coil; forming; stress; arc length

1　前言

定子线圈是电机的关键核心部件，其制作质量直接影响电机的使用寿命。

交流牵引电动机普遍使用薄膜绕包电磁线，电磁线薄膜在定子线圈制作过程中容易因涨形应力过大或受力不均而出现破损，这种破损如果未能及时识别，将直接导致定子线圈匝间短路烧损，严重威胁交流电机的安全运行。因此，研究定子线圈涨形及其应力技术，对提高定子线圈匝间绝缘可靠性有着重要的意义。

2 定子线圈涨形技术

有别于以往直流电机采用敲打成型方式和半自动线圈涨形方式，现代电机定子线圈成型过程在全自动数控涨形机上完成。梭形线圈装入夹具后，夹具夹紧、拉开、鼻部抬起、顶弧、整形等过程一次性全自动完成，涨形参数通过设备程序设定，夹具夹持力可通过油缸压力调整。全自动数控涨形机生产的定子线圈形状一致性好，涨形过程及涨形后无需对线圈敲打、整形，涨形机程序设定界面直观，操作简易，能实现不同型号产品间的快速切换。

某典型交流异步电动机端部尺寸小，涨形动作顺序为拉伸、扭转，端部顶弧动作与线圈扭转动作同步，涨形时线圈直线边临近拐角处由四个夹具对其固定，鼻部以圆柱销定位。分析涨形及其工作原理，定子线圈涨形的本质是使线圈在力的作用下产生运动效应和变形效应。如果涨形参数设置不合理，线圈上、下层边的端部弧长分配不均，将直接导致四处夹持力不均。为确保线圈涨形应力最小化，从而实现匝间绝缘剩余强度最高化，必须通过调整线圈上、下层边端部弧长分配，使涨形过程四个直线边的夹持力基本相当。

3 线圈端部弧长探究

3.1 弧长计算

绘制定子线圈三维模型，量取线圈端部弧长。要精准量取上下层边的长度，必须找准线圈鼻部中心的分界线。操作流程：抽取线圈涨形时鼻部销钉的中心线→建立鼻部内圆参数曲线→建立中心线与分界线平面→拆分鼻部实体→鼻部中线即为拆分线，然后对上下层边中线长度进行测量，求取平均值，如图1、图2所示。

某典型产品定子线圈上层边端部弧长 $L_{up}=160.51$ mm，$L_{do}=160.44$ mm，在线圈三维模型上量取的上下层边弧长均值基本相等，而实际定子线圈涨形后尺寸与理论三维模型难以做到完全一致，而且通常线圈图纸中不标注线圈端部的弧长尺寸。

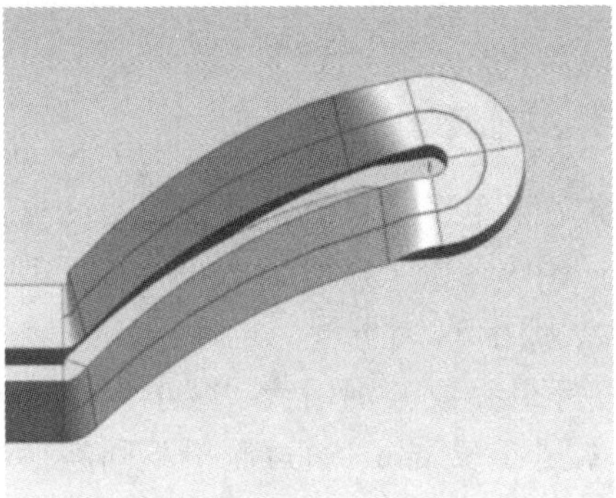

图 1　端部正面中线

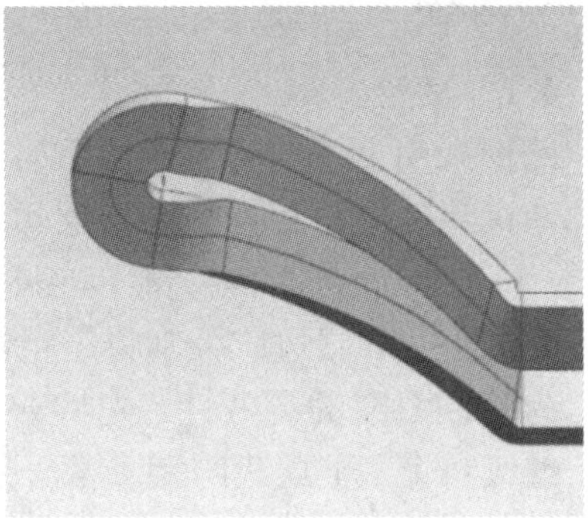

图 2　端部反面中线

3.2　实物测量

定子线圈为三维空间曲面结构，为准确测量定子线圈端部弧长，采用 3D 扫描技术对涨形后的定子线圈进行数据采集，生成定子线圈实物三维图。通过 geomagic studio 软件对扫描线圈的点云模型进行逆向设计，绘制网格后导入 UG 软件绘制中线，并测量端部中线的长度，如图 3 所示。根据从 3D 扫描图上测得的弧长数据，上、下层边端部弧长分别为 $L'_{up}=158.2$ mm、$L'_{do}=163.0$ mm，两边弧长相差 4.8 mm。

定子线圈涨形的本质是使线圈在力的作用下产生运动效应和变形效应。线圈涨形运动时受到四个直线边的夹持力，线圈拉伸和扭转时鼻部未完全限位，因此线圈端部弧长分配会向受力大的一侧偏移，对应侧的导线应力也越大。

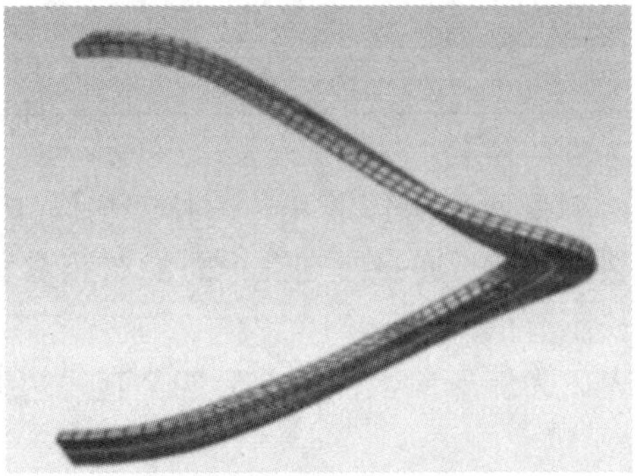

图 3　线圈 3D 扫描图

分析涨形机工作原理可知，线圈鼻部通过内孔圆柱销定位，线圈拉伸和扭转时鼻部未完全限位，因此可通过调整涨形时的跨距分配参数来解决上、下层边端部弧长不等的问题。

4 试验验证

4.1 试验方案

涨形采用上下对称跨距参数时，线圈下层边较上层边端部弧长大 4.8 mm，因此考虑将涨形跨距参数往上层边偏移。前文所述线圈斜边相对直线边的夹角为 35.36°，因此跨距偏移量 $x = 4.8 \times \cos 35.36°$ mm，计算得 $x = 3.9$ mm，理论上分配到上、下层边应分别将跨距参数增大、减小 1.95 mm。

为验证方案的有效性，先将上、下层边跨距参数分别增大、减小 1.6 mm，然后继续将上、下层边跨距参数分别增大、减小 0.2 mm，通过测量不同涨形参数下端部弧长的改变情况来验证调整结果。同时，为了更直观反映线圈直线边夹具的夹持力大小，在线圈直线边夹具上粘贴薄膜式压力传感器，用万用表测量涨形过程中线匝与夹具之间的压力传感器阻值，阻值越小，对应压力值越大。

4.2 试验结果及分析

表 1 为不同涨形跨距参数下线圈端部弧长测量结果。

表 1 涨形跨距参数调整 – 弧长对比

位置	线圈端部弧长		
	上下对称跨距	跨距偏移 1.6 mm	跨距偏移 1.8 mm
上层边	158.2 mm	160.3 mm	160.6 mm
下层边	163.0 mm	160.9 mm	160.6 mm

由测量数据可以看出，调整涨形跨距参数后，线圈上、下层边弧长相等。验证数据表明，通过改变涨形时的跨距参数分配，可以有效解决上、下层边端部弧长不等的问题。

表 2 为涨形参数优化前后四个直线边夹具与线圈之间的薄膜式压力传感器阻值。

根据薄膜式压力传感器原理，阻值越小，对应的压力越大。由表 2 压力传感器阻值数据可知，涨形参数优化前，由于线圈下层边端部弧长较上层边长 4.8 mm，下层边夹具的夹持力明显大于上层边。涨形参数优化后，线圈上、下层边端部弧长基本相等，涨形时直线边四处夹具的夹持力也基本相等，涨形过程中拍摄定子线圈直线拐角夹具对应的油压值动态变化情况，实际油压值保持稳定的 2 ±0.1 MPa，而当线圈上、下层边弧长偏差较大时，涨形时受力较大侧的直线边夹具油压值存在明显浮动，通常在2～3.5 MPa。可见通过调整定子线圈涨形时的跨距分配，能实现线圈端部弧长的均衡分配，从而大大改善线圈涨形受力情况。

表 2　涨形参数优化前后四个直线边夹具与线圈之间的薄膜式压力传感器阻值

检测位置	直线边夹具处压力传感器阻值/kΩ							
	涨形参数优化前				涨形参数优化后			
引线端上层边	54	47	51	均值：50.7	41	44	41	均值：42.0
引线端下层边	31	27	27	均值：28.3	42	41	45	均值：42.6
非引线端上层边	57	50	47	均值：51.3	42	41	44	均值：42.3
非引线端下层边	35	34	34	均值：34.3	43	46	41	均值：43.3

4.3　绝缘检测

涨形后检查线圈内部各线匝绝缘情况，如图 4 所示。涨形工艺优化前，由于线圈受力不均，一侧线圈直线边拐角处容易出现电磁线薄膜破损和翻起等异常情况；涨形工艺优化后，线圈直线拐角部位、线圈两端鼻部和端部均无明显压痕，电磁线薄膜无开胶、破损和翻起等异常情况。对成型后的定子线圈进行严格的浸水试验，试验合格率由 98% 提高至 99.6%。

(a)优化前

(b)优化后

图 4　线圈匝间绝缘质量情况

5 结语

通过对电机定子线圈涨形工艺的分析和优化，很好地解决了线圈涨形受力不均问题。基于端部弧长相等、成形应力一致的定子线圈涨形优化技术的应用，使交流电机匝间绝缘可靠性大幅度提高。

——来源：《微电子》52卷第2期(2019.02)

转子端环－导条钎焊接头应力改善

李　爽

摘　要：本文对电机转子端环－导条钎焊过程接头应力特征进行了分析，并利用有限元方法对接头在冷却过程中的应力分布情况进行了仿真，同时研究了端环结构形式对应力分布的影响。结果表明，在钎料与端环的连接界面处存在一定程度的应力集中，其中钎料与端环内侧凹槽的连接界面应力相对较大，通过优化端环结构可显著降低接头应力水平。

关键词：电机；端环；导条；钎焊；应力

1　前言

大功率异步电动机转子工作时，导条会受到电磁力、离心力、振动疲劳等影响，因此，要求它有高的导电性、高的强度和抗疲劳能力。Cu－Zn 系合金导条在成品状态下具有优良的性能，但是在转子制造过程中，需要使用中频整体感应钎焊的方法，一次加热完成电机转子一端端环与导条的全部焊接，焊接过程中端环在 3～5 min 内即可加热到 800℃以上，导条靠近焊接接头的区域受热影响将产生组织结构和性能变化。另一方面，感应钎焊为端环整体加热方式，端环加热整体膨胀，冷却时整体收缩，由于钎焊是把端环与全部导条连接起来，这种结合会使端环－钎料－导条形成约束状态，在形成约束的过程中，由于结构各部分变形不一而形成内应力，应力集中处甚至可能出现钎焊缝开裂。很显然，仅仅通过导条焊后机械强度来表征结构可靠性是不够的。有必要通过钎焊过程应力行为研究，了解焊接过程中结构内部薄弱点，有针对地进行大功率异步牵引电机的设计，保证其性能和安全。

2　接头应力特征

按应力产生的原因分类有热应力、相变应力、收缩应力(亦叫机械阻碍应力)。转子感应加热结束后，端环从钎焊温度下自由空冷，端环因受热产生的弹性变形开始恢复。当温度在钎料固相线以上时，钎料尚处于液相，端环不受约束自由收缩。当温度降至钎料固相线以下后，端环因受到固态钎料的阻碍作用而产生收缩应力。由于端环与导条采用环形凹槽连接结构，如图 1 所示，端环凹槽内、外坡口分别受到拉应力和压应力，凹槽底则受剪应力。可见，钎焊接头最薄弱点位于凹槽内坡口拉应力区。

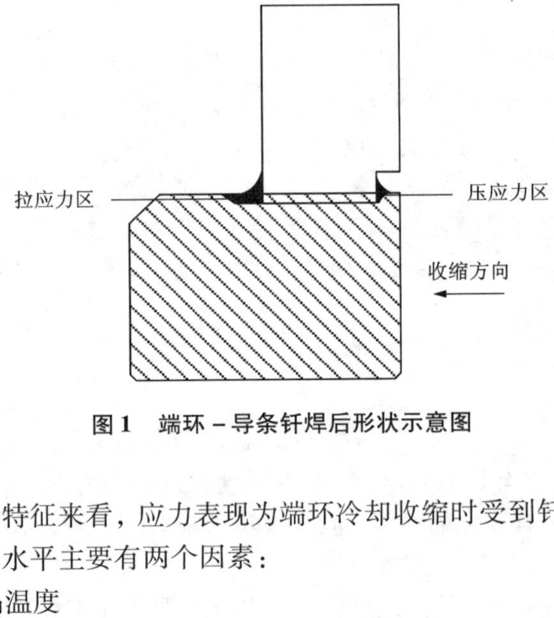

图 1　端环 – 导条钎焊后形状示意图

从接头应力特征来看，应力表现为端环冷却收缩时受到钎料的拘束力，那么影响接头应力水平主要有两个因素：

1)钎料结晶温度

端环收缩拘束力从钎料完全变成固相的一刻开始，不同结晶温度下端环弹性恢复程度有所差异，可以说钎料结晶温度越低，端环弹性恢复程度越大，接头应力(拘束力)越小，下文将从端环线膨胀量的角度定量分析不同温度下接头应力情况，这里暂不赘述。

2)端环钎焊凹槽结构

端环 – 导条钎焊结构中钎料与端环内槽连接界面形成受拉区域，拉力方向即是端环沿径向收缩方向(图 1 中所示为水平向左)，水平方向力的大小受钎料结晶温度的影响。在其他条件相同的情况下，连接界面的应力大小取决于端环凹槽坡面角度，增大斜角能够减缓坡面母材与钎焊缝结合处的应力水平，同时明显降低结合面垂直方向的拉伸应变量。

下面从应变量的角度定量分析钎料结晶温度 T 与端环凹槽斜角 θ 对接头应力的影响，图 2 为钎焊界面拉应力分解示意图。

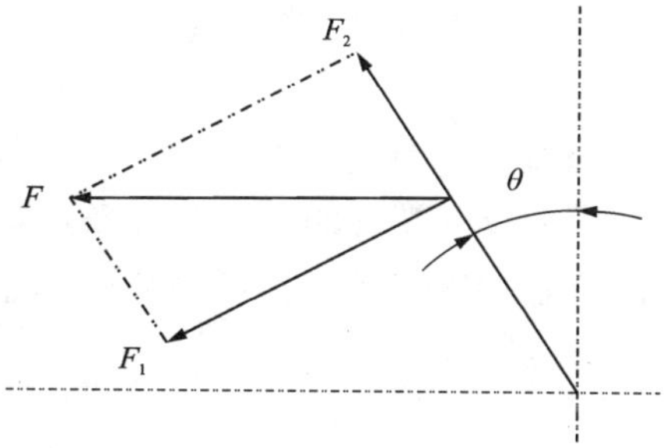

图 2　钎焊界面拉应力分解示意图

由于线膨胀系数随温度变化的规律类似于热容的变化，a 值在很低温度时很小，随温度升高而很快增加，在德拜特征温度以上时趋向于常数。从《机械设计手册》仅能查询 20 ~ 300℃ 范围纯铜的平均线膨胀系数为 17.6×10^{-6} m/℃，按此系数计算出的理论值可能与实际有所偏差，但不影响因素之间对应变的影响特征对比。

根据公式 $\Delta L = a\times\Delta t\times L_0$，其中 ΔL——线膨胀量，a——线膨胀系数，Δt——温度差，L_0——初始长度。

已知端环内侧凹槽初始半径为 125 mm，初始温度为 20℃，计算出不同钎料结晶温度与不同凹槽斜角下接头应变量数值，结果见表 1。

表 1　不同钎料结晶温度与不同凹槽斜角下接头应变量大小

钎料结晶温度/℃	端环内侧凹槽线膨胀量/mm	30°斜角 F_1 反方向应变量/mm	60°斜角 F_1 反方向应变量/mm
690	1.474	1.276	0.737
665	1.419	1.229	0.710
620	1.320	1.143	0.660

从表 1 数据分析，为降低接头应力集中水平，通过增加端环内侧凹槽斜角的方式远优于降低钎料结晶温度。

3 不同端环钎焊结构受力对比

在材料和钎焊工艺一定的条件下，钎焊结构的应力情况主要由接头形式决定。对于电机端环 - 导条整体钎焊结构，端环部位的结构形式将影响此处应力水平，现通过有限元仿真分析的手段对其结构进行优化。

3.1 有限元模型

由于电机转子结构具有高度对称性，本次计算仅为考察端环焊接局部结构变化对应力的影响，计算模型仅取端环的 1/46，导条从与铁芯接触处截断。另外，考虑接头应力集中部位是端环凹槽与钎焊缝界面产生的拉应力区，将钎焊缝与导条视为一体。

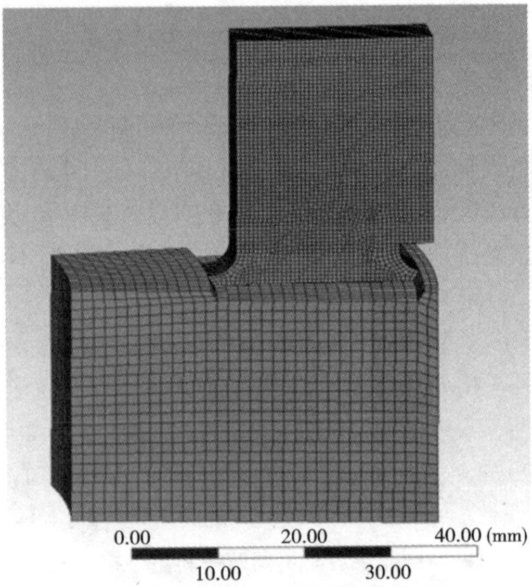

图 3 端环 - 导条钎焊接头有限元模型

3.2 约束及计算结果

模型主要考虑端环的收缩对钎焊缝的影响，由于实际收缩量不确定，计算时假设端环直径收缩 0.1 mm，然后对比不同结构模型在此变形条件下的应力水平，模型约束如下：1) 导条端面固定；2) 端环内表面施加法向位移载荷 0.05 mm，计算结果见图 4。

将计算结果汇总见表 2。

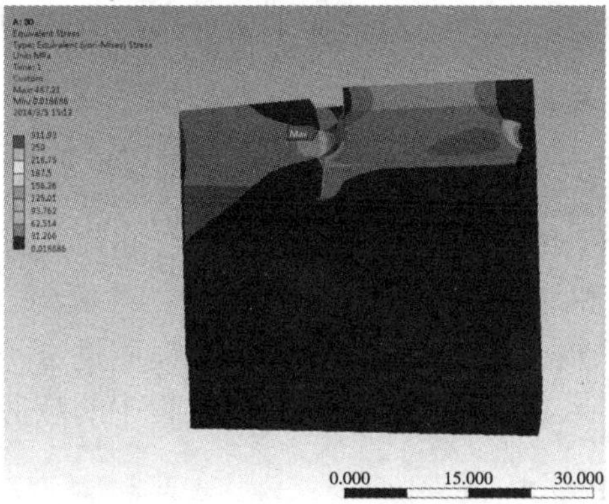

(a)斜角30°

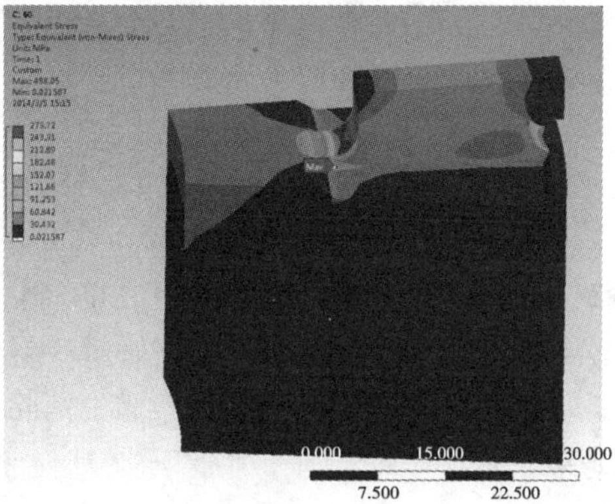

(b)斜角60°

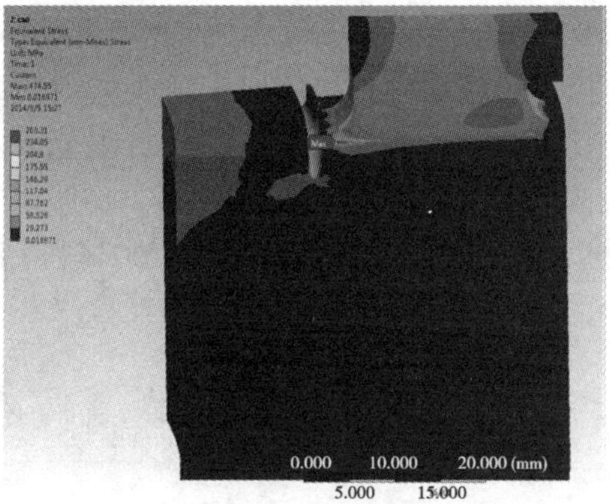

(c)斜角0°+应力槽

图4　不同端环结构模型接头应力水平

表2　不同端环结构模型接头应力值

优化方向	端环结构形式	局部最大应力/MPa	位置	较原结构变化率
增大斜角	斜角 30°(原结构)	311.93	斜面	/
	斜角改 45°	297.51	斜面	4.62%
	斜角改 60°	273.72	斜面底部	12.25%
	斜角改 80°	272.79	焊缝表面	12.54%
加工应力槽	斜角改 0° + 应力槽	263.31	焊缝底部	15.59%

由表 2 数据分析可知，在一定程度上，增大端环凹槽斜角能够降低接头应力水平，但角度增大到 60°以后效果不明显。另外，采用加工应力槽的方式也能够有效降低接头应力水平。

4 试验验证结果

通过前文对端环－导条感应钎焊过程中接头应力特征理论分析和仿真计算，确定采用端环内侧凹槽加工 60°斜角和加工应力槽两种方案进行实物验证。结果证明，两种方案都可以完好解决钎焊接头的应力集中问题，焊缝质量进一步提升。通过钎焊接头应力改善，消除了大功率异步电机在服役过程中的疲劳断裂隐患。

5 结论

（1）电机转子端环－导条整体感应钎焊结构接头薄弱点位于端环内侧凹槽与钎焊缝界面拉应力区，端环结构直接决定了接头应力集中水平。

（2）通过端环线膨胀量和不同端环结构形式有限元分析，表明了增大端环凹槽斜角和加工应力槽可有效降低接头应力水平。

（3）试验结果证明，采用端环内侧凹槽加工 60°斜角和加工应力槽两种优化方案效果显著。

——来源：《技术与市场》2015 年 11 期

某轻轨车牵引电机风扇基于 ANSYS 热机耦合的结构优化

庞　强　朱世友　杨登炜

摘　要： 本文针对菲律宾轻轨电机风扇铸铝与钢套间的过盈配合，综合考虑机械载荷及热载荷的影响，开展基于 ANSYS WORKBENCH 的热机耦合研究，给出了铸铝与钢套间过盈量的范围、识别接触松脱的方法，并提出了既有风扇的改造方案。

关键词： 轻轨电机风扇；过盈配合；热机耦合；ANSYS

菲律宾轻轨直流牵引电动机的风扇为内嵌钢套与铸铝叶轮过盈配合式结构。不考虑风扇钢套与转轴之间的配合，钢套(转轴)传递的功率 1.8 kW，额定转速 1945 r/min，风扇处的轴所受扭矩：$T = 9550 \times 1.8/1945 = 8.83$ N · m，取 10 N · m，传递扭矩的安全系数取 1.5，得到风扇铸铝与钢套之间的过盈量范围为 0.022 ~ 0.203 mm，结合面最小接触压力为 0.5 MPa，既有风扇实际过盈量为 0.045 ~ 0.094 mm。

为缩短电机轴向长度，现需将风扇部分位置更改为轴承室密封结构的一部分，风扇钢套与转轴之间的过渡配合调整为过盈配合，采用涨缩法安装风扇，将风扇加热到 120℃，在安装到电机轴上的过程中，既有风扇中有 15% 出现钢套与叶轮轻微分离的情况。对此，综合考虑过盈配合的预紧力、机械载荷以及热负荷对风扇钢套和铸铝的影响，利用 ANSYS WORKBENCH 进行热力学分析，然后将结果作为热应力分析的载荷，同时考虑转速等机械载荷的影响，实现热机耦合分析风扇安装过程中及工作时的接触状态，界定过盈量的合理范围。

1　有限元数值模拟

1.1　模型及网格划分

按照实际尺寸建立风扇铸铝叶轮与内嵌钢套的 1/5 模型(风扇圆周循环对

称)。接触单元是覆盖在接触面之上的一层单元，对于叶轮与钢套的过盈接触，钢套的接触表面被当作“目标面”，用 TARGET 170 来模拟，铸铝叶轮的接触表面被当作“接触面”，用 CONTACT 174 来模拟，钢套和铸铝叶轮分别采用带中间节点的 SOLID 186 和 SOLID 187 单元来模拟，如图 1 所示。风扇叶轮材料为 ZL101A－T6，其密度为 2680 kg/m^3，泊松比为 0.3，弹性模量为 70 GPa，线膨胀系数为 $23.6\times10^{-6}℃^{-1}$，屈服强度为 180 MPa，抗拉强度为 275 MPa。钢套材料为 45 钢，其密度为 7850 kg/m^3，泊松比为 0.269，弹性模量为 210 GPa，线膨胀系数为 $12\times10^{-6}℃^{-1}$，屈服强度为 355 MPa，抗拉强度为 600 MPa。

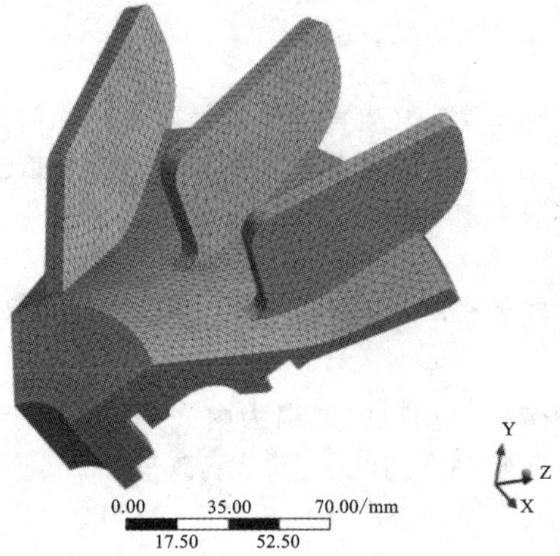

图 1　风扇模型及网格划分

1.2　边界条件

风扇承受机械载荷包括离心力、轴向力、气动力及自重等，且以离心力为主，风扇安装过程及工作时受到较为稳定的温度载荷，因此可简化为一般静力学分析。设置圆周循环对称，约束钢套内孔面的旋转和轴向位移，开放径向位移。WORKBENCH 中通过控制接触偏移量实现过盈连接中过盈量的定义，分析以下 4 类工况条件下，摩擦系数 0.12、过盈量 0.045 时离心力和温度对实际过盈的影响。

工况 1：静态过盈；工况 2：运行工况，80℃稳定温度域＋超速 5220 r/min，模拟实际最恶劣运行(试验)工况；工况 3：超速工况，超速 5220 r/min；工况 4：预烘工况，120℃稳定温度域，模拟风扇安装到轴上时的预先烘热。

1.3 结果分析

通过非线性接触分析，查看模型应力分布，检查最小过盈量 0.045 是否合适，并判断接触是否松脱。接触行为设置为非对称，因而配合面的接触压力仅在“接触面”显示。由于钢套材料性能优于铸铝，等效应力仅关注铸铝叶轮部分。

1.3.1 静态过盈

静态时，模型仅有过盈引起的应力。铸铝叶轮等效应力如图 2 所示，接触面压力分布如图 3 所示，最大接触压力 25.1 MPa，与理论计算值 22 MPa 相近，接触面的接触状态均为黏着。

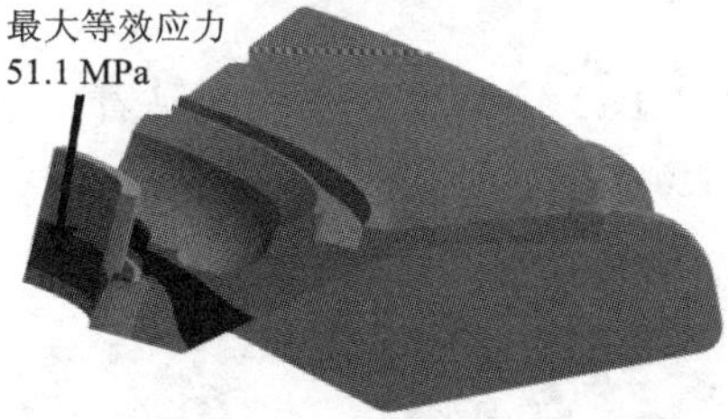

图 2 静态过盈时叶轮等效应力分布

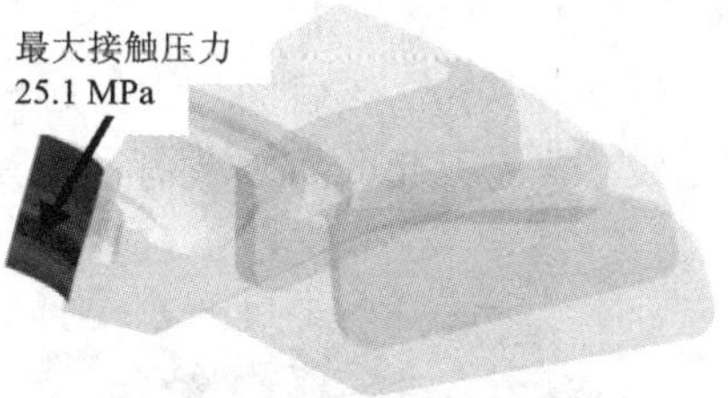

图 3 静态过盈时接触压力分布

1.3.2 运行工况

模拟轻轨电机实际恶劣工况，先加载温度进行热分析，将热分析结果传递给结构模型，然后加载转速。铸铝叶轮等效应力分布如图 4 所示，离心载荷最大等效应力出现在叶片根部。图 5 显示了接触面的接触状态，黏着区接触压力最大，叶轮与钢套紧紧连接在一起，无轴向滑动趋势，滑动区的接触压力小于黏着区，叶轮与钢套之间存在相互滑动的趋势，接近接触区接触压力最小，相互滑动的趋势最大。接触面间最大接触压力 10.2 MPa(见图 6)，风扇处的轴传递扭矩所需接触压力为 0.5 MPa，可见在温度和离心力影响下，实际过盈量减小，但仍能满足扭矩的传递。

图 4 运行工况时铸铝叶轮等效应力分布

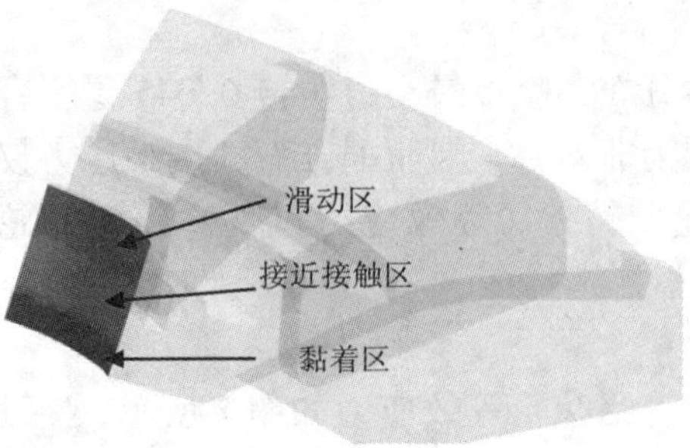

图 5　运行工况时接触面的接触状态

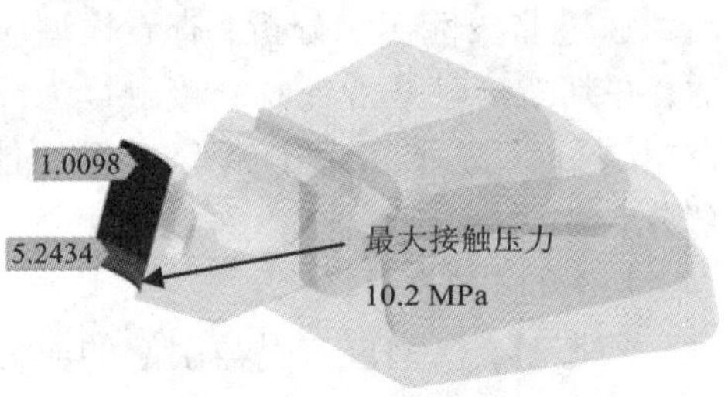

图 6　运行工况时接触压力分布

1.3.3　超速工况

仅加载转速，接触面最大接触压力 19.8 MPa，接触面状态均为黏着，与静态比较，转速引起的离心载荷对实际过盈的影响较小。

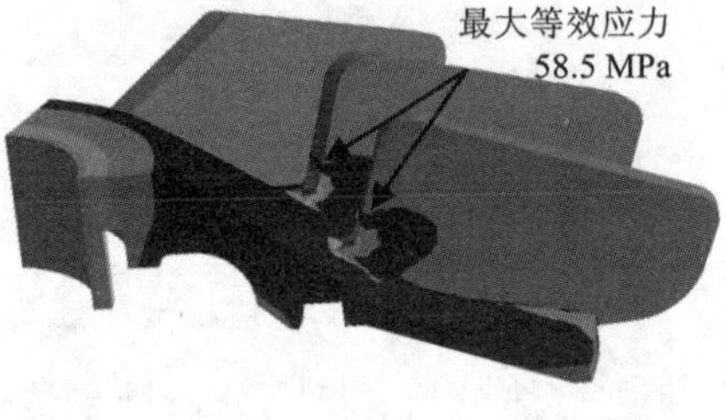

图 7　超速时铸铝叶轮等效应力分布

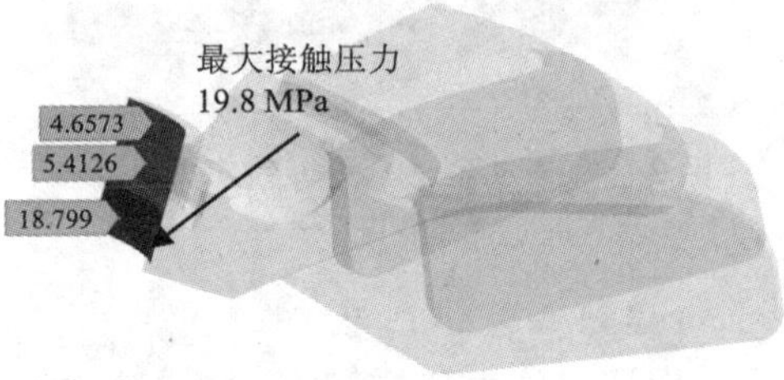

图 8　超速时接触压力分布

1.3.4　预烘工况

仅考虑温度域作用，风扇整体烘热到 120℃，铸铝叶轮的等效应力基本为零，仅在部分点处有很小的应力，如图 9 所示，这主要是系统自动加载弱弹簧所致。接触压力均为零，如图 10 所示，说明 120℃工况下，钢套与铸铝因线膨胀系数不同已经完全分离。

图 9　预烘 120℃时铸铝叶轮的等效应力分布

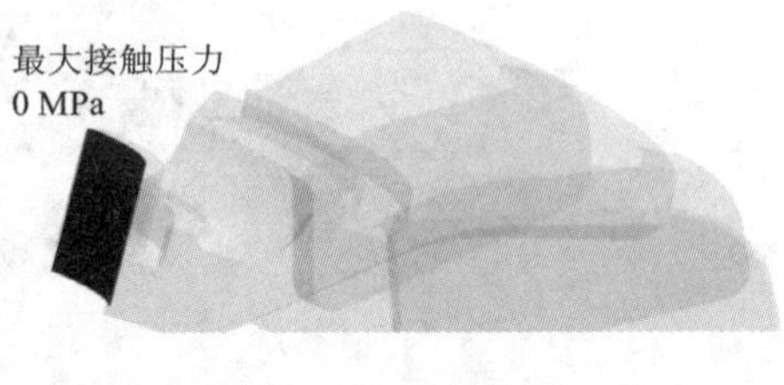

图 10　预烘 120℃时接触压力分布

1.4 小结

综合4种工况分析，铸铝叶轮与钢套之间的过盈配合，主要受温度的影响，离心力的作用较小，最小0.045的过盈量虽能满足电机的工作需求，但在风扇安装到轴上的过程中，预先烘热120℃会导致叶轮与钢套分离，符合既有风扇安装过程中有15%出现叶轮与钢套分离的实际情况，因此，叶轮与钢套间的过盈量需优化。

2 过盈量的确定

根据上述结果，分析不同过盈量情况下，风扇铸铝叶轮与钢套过盈配合在工况2和工况4条件下的不同表现，以扭矩传递和铸铝强度(考虑叶片根部的应力集中)为边界条件，安全系数均取1.5，参考图11中不同工况下叶轮等效应力、接触压力与过盈量的关系，结合实际经验，过盈量定为0.08~0.14较为合理。如图12给出了过盈量为0.08时两种工况下接触面的接触压力沿轴向的分布(接触面上远离平衡槽的一端为轴向0点)，可见，该过盈量情况下，接触面沿轴向的接触压力均大于0.5 MPa，满足扭矩的传递要求。过盈量0.14时叶轮的最大等效应力115 MPa，满足材料安全系数1.5的要求。

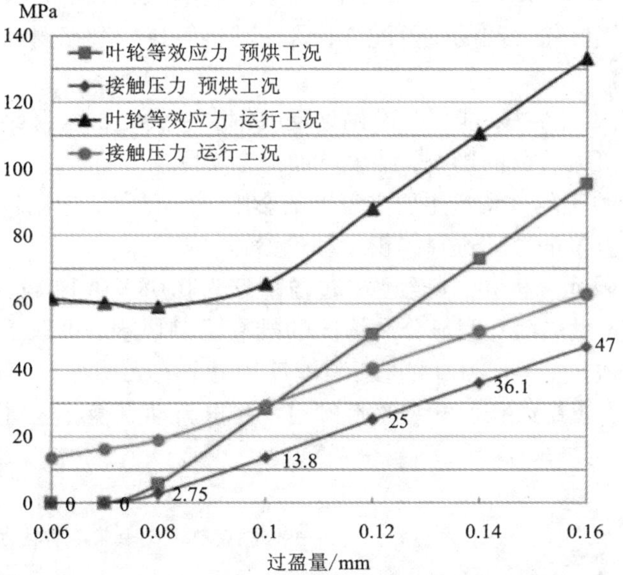

图11 不同工况下叶轮等效应力、接触压力与过盈量的关系

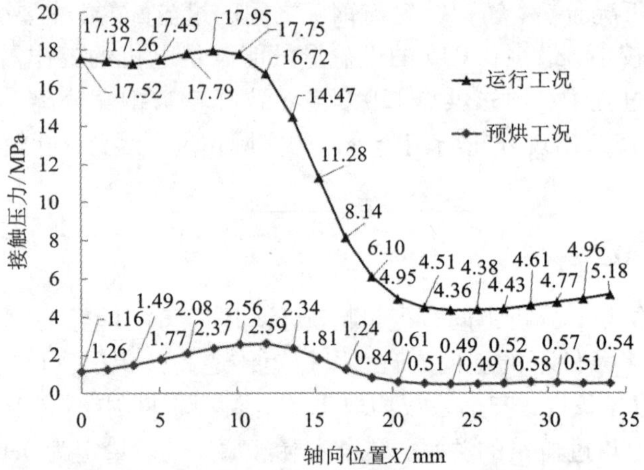

图 12　过盈量 0.08 时接触压力的轴向分布

3　结论

基于 ANSYS WORKBENCH 的有限元分析技术，采用热机耦合分析了风扇内嵌钢套与铸铝叶轮之间的过盈配合，研究其接触压力和接触状态，得出以下结论：

1）利用有限元方法，能较为准确地反映钢套－铸铝的实际结构，可以综合考虑热载荷及机械载荷的影响，结果更加符合实际。

2）该结构的实际过盈量主要受温度的影响，离心力的作用较小，为在多物理场影响下过盈量的合理选择提供了理论参考。

3）结合有限元分析和实际经验，过盈量定为 0.08～0.14 较为合理。

综上，预先烘热后有明显分离情况的既有已制风扇，可取下内嵌钢套，新制钢套并以过盈量 0.08～0.14 重新装配铸铝叶轮；无明显分离的可在钢套与铸铝接缝位置，攻螺纹孔后配装紧钉螺钉，并重新动平衡，达到可靠性设计的目的。

——来源：《轨道交通装备与技术》2017 年第 4 期

201 系列发电机无刷励磁机电枢引出线结构设计改进

陈凤英　郑才华　陈倜璀

摘　要：CDJF201 系列同步发电机是我公司高速发电机的主打产品，主要用于窄轨铁路的内燃机车。该系列发电机采用了先进的旋转电枢式无刷励磁机和旋转整流模块，广受国内外用户的好评和青睐。为进一步提高该系列电机的可靠性，现对其励磁机电枢三相引出线结构进行了优化设计，并采用 ANSYS WORKBENCH 15 对接线端子进行有限元分析计算。

关键词：无刷励磁机；电枢引出线；结构优化；有限元分析

Structure improvement of armature lead-out line of 201 series generator brushless exciter

Chen Fengying　Zheng Caihua　Chen Xiancui

Abstract: CDJF201 series synchronous generator is my company's main products of high-speed generators, mainly for narrow-track railway diesel locomotive. The series of generators using advanced rotary armature brushless exciter and rotary rectifier module, widely praised by users at home and abroad and favor. In order to further improve the reliability of the series of motors, the structure of the three-phase lead-out line of the armature of the exciter is optimized, and the finite element analysis and calculation of the terminal are carried out using ANSYS WORKBENCH 15.

Keywords: brushless exciter armature lead wire structural optimization finite element analysis.

CDJF201 系列同步发电机(共计 13 款)为卧式双(或单)轴伸双(或单)支承结构的三相无刷励磁凸极同步发电机，在柴油机端装有单列圆柱滚子轴承，用于输入柴油机功率；另一端装有带角环单列圆柱滚子轴承，用于辅助传动。电机为防护式轴向自通风，冷却风由前端盖的进风口进入，由机座尾部排风口排出。具有体积小、用途广、高转速、绝缘等级高、功率范围大、调压比宽等特点(图 1)。

图 1　CDJF201B 无刷励磁发电机

励磁机电枢绕组三相引出线的结构一般为：电枢绕组的三相引出线与接线端子连接，接线端子通过整流模块自带的螺栓与旋转整流模块连接。如此，励磁机电枢绕组感应出的电流经过三相引出线结构流入旋转整流模块，电流经旋转整流模块整流以后，接入主发电机转子，为主发电机提供励磁。

由于该系列无刷励磁发电机额定转速高达 1800 r/min，超速试验时高达 2160 r/min。接线端子与引出线所受应力水平较高。若机车在恶劣线路上运行，则机车本身的冲击与振动会进一步增加该处的应力水平。CDJF201 系列中某型电机曾经在运用中发生过励磁机电枢接线端子断裂、三相引出线甩脱的情况，致使主发电机励磁回路断路，无法建立励磁磁场，造成机车无法运行。因此，现对励磁机三相引出线结构进行了优化设计，以保证电机运行的可靠性和安全性。

1 原结构

改进前励磁机电枢和引出线结构如图 2 ~ 图 4 所示。

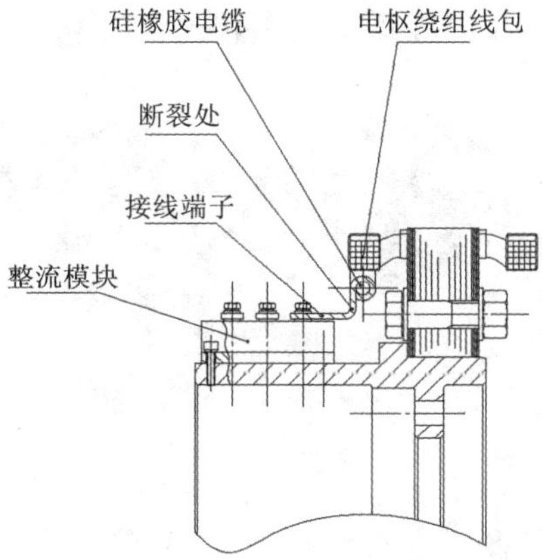

图 2　原励磁机电枢结构示意图

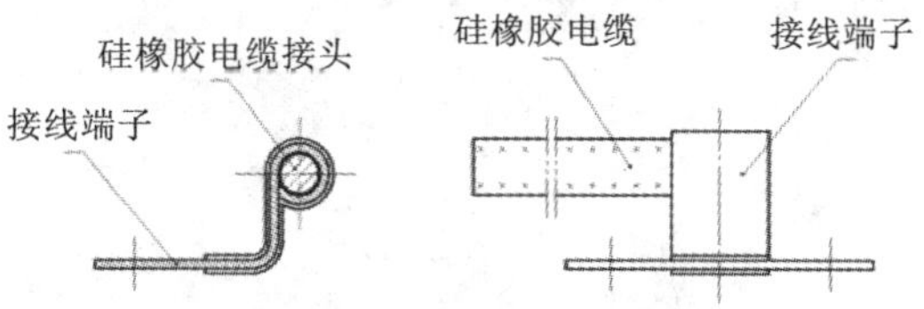

图 3　原引出线结构示意图

1.1　原结构主要特点

(1) 电枢线圈的三相引出线并头后与硅橡胶电缆焊接。

(2) 接线端子采用厚 2 mm 的紫铜板制作，切割后弯曲焊接。

(3) 硅橡胶电缆另一端剥去绝缘后插入接线端子中，用银铜焊料焊接并填充空隙。

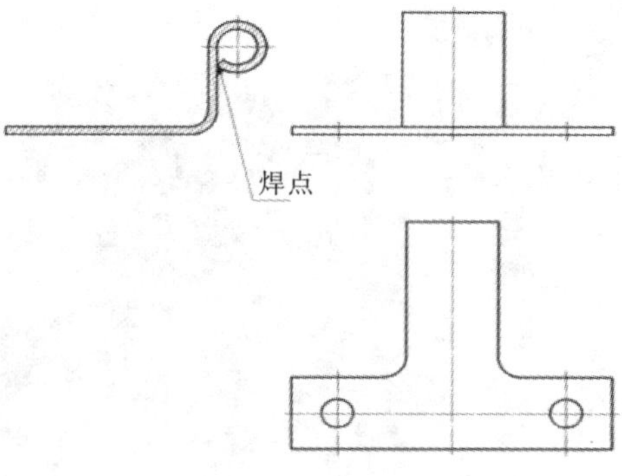

图 4　原接线端子结构示意图

1.2　原结构有限元分析计算

本次分析基于 ANSYS WORKBENCH 完成。接线端子所用材料性能见表 1。

表 1　接线端子所用材料及其性能

材料名称	密度	屈服强度	抗拉强度
铜板 T2 – M	8900 kg/m³	70 ~ 80 MPa	≥206 MPa

因为接线端子中会插入电缆，并用银铜焊料焊接并填充空隙，所以在接线端子内添加一质点，质点质量按实心铜柱计算。

1）三点约束边界条件设置及加载

对接线端子两个安装孔和接线端子电缆插入环内圆面采用固定约束（图5）。

对接线端子按电机超速试验时的转速 2160 r/min 添加一旋转速度（图6）。

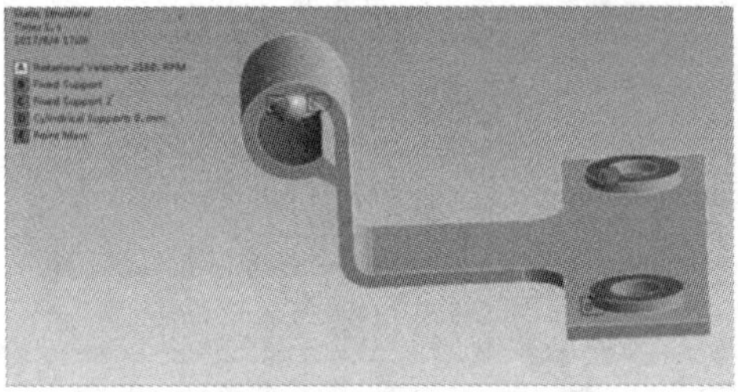

图5　加载与约束

图6　应力图

2）三点约束计算结果

接线端子最大应力为40.546 MPa，位置为接线端子右侧安装孔附近。

接线端子最大变形为0.023 mm，位置在接线端子安装孔之间的位置（图7）。

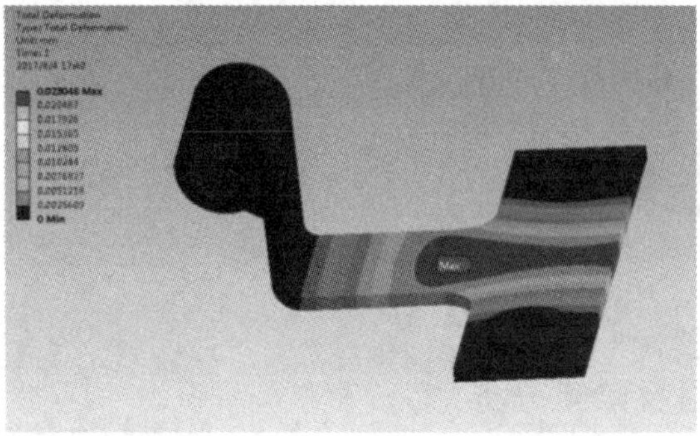

图7　变形图

3）两点约束边界条件设置及加载

当电缆绑扎不牢时，电机旋转时三相引出线结构所受应力将由接线端子承担。极端情况时，可将接线端子视为由接线端子安装孔两点约束。

对接线端子两个安装孔采用固定约束。

考虑到有可能发生较大变形，超过材料弹性形变范围，故此次计算时逐步增加转速。当转速为 1200 r/min 时，接线端子变形已显著超过弹性变形范围，故未对更高转速进行计算。实际计算转速点为 720 r/min、960 r/min 与 1200 r/min。

4）两点约束计算结果为：

720 r/min 时接线端子最大应力为 142.45 MPa（图 8）。

960 r/min 时接线端子最大应力为 157.88 MPa（图 9）。

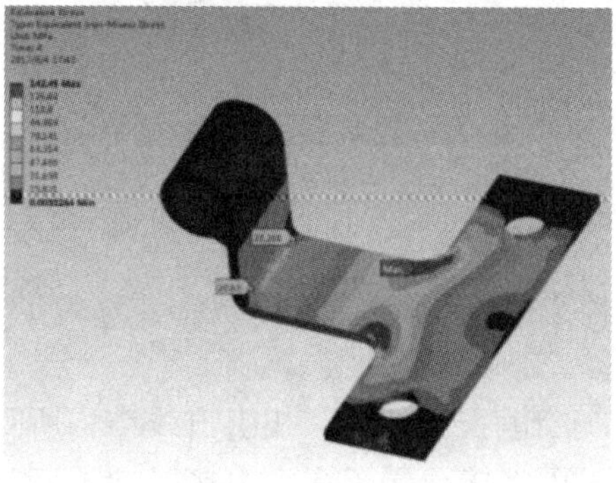

图 8　720 r/min 时应力图

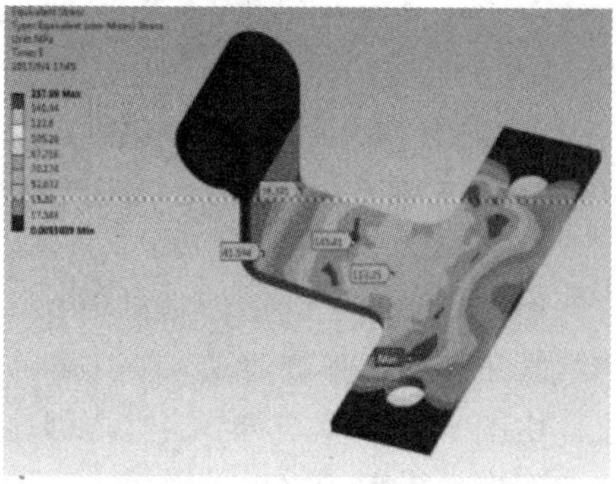

图 9　960 r/min 时应力图

1200 r/min 时接线端子最大应力为 275.99 MPa（图 10）。

720 r/min 时接线端子最大变形为 1.333 mm（图 11）。

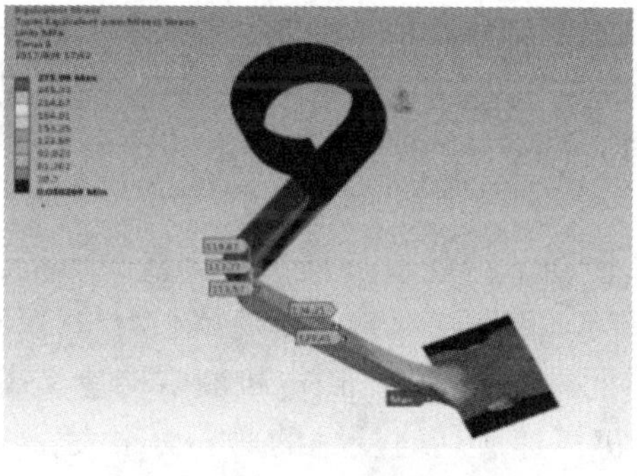

图 10　1200 r/min 时应力图

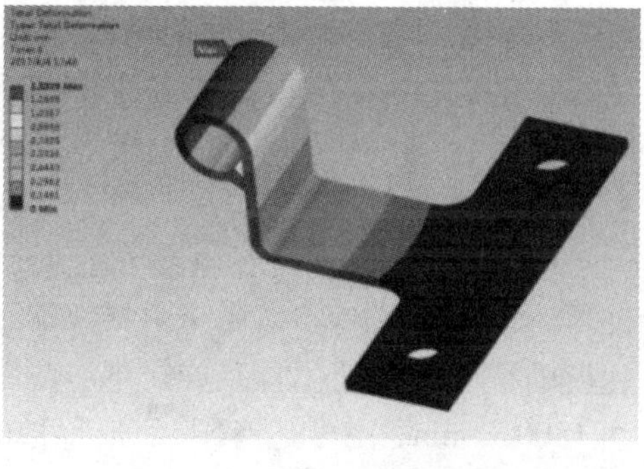

图 11　720 r/min 时变形图

960 r/min 时接线端子最大变形为 4.683 mm（图 12）。

1200 r/min 时接线端子最大变形为 76.433 mm（图 13）。

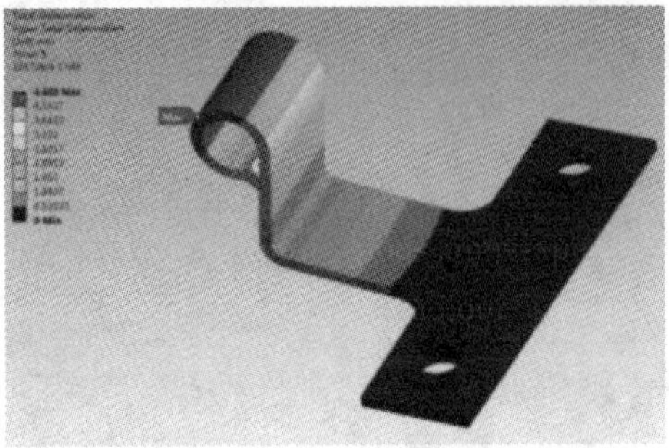

图 12　960 r/min 时变形图

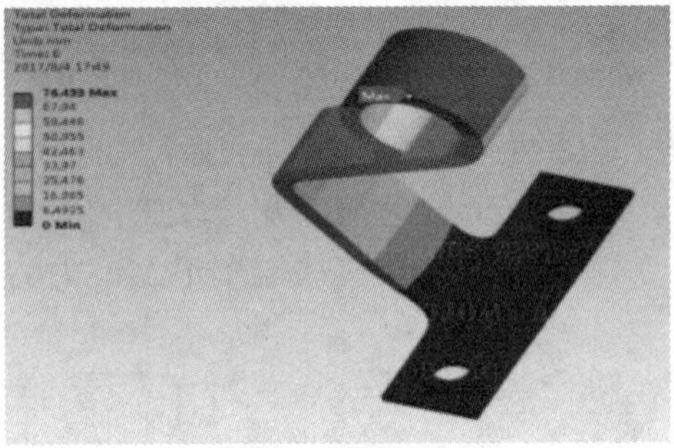

图 13　1200 r/min 时变形图

5）计算结论

由图 6 和图 7 可知，在超速时，三点约束接线端子强度安全系数为 5.08，接线端子能满足强度要求。

由图 8 ~ 图 13 可知，当电缆绑扎不牢时，电机旋转时三相引出线结构所受应力将由接线端子承担。极端情况时，此时可将接线端子视为由接线端子安装孔两点约束。此时，电机转速在 960 r/min 到 1200 r/min 之间，接线端子所受应力将大于其材料的抗拉强度，接线端子断裂。

1.3　原结构缺点

（1）接线端子电缆插入处弯型复杂，尺寸不好控制，同时紫铜板在扭转时容易产生裂纹或应力集中，导致接线端子存在断裂隐患。

（2）接线端子为 2 mm 紫铜板，材料较软，容易折弯。现场装配时，操作者的操作随意性大，为了装配方便将接线端子的垂直折弯处多次来回折弯的情况时有发生，使得接线端子垂直折弯处变形大、疲劳，形成裂纹，导致接线端子存在断裂隐患。

（3）励磁机电枢引线电缆在长期高速转动下可能会逐渐滑移到线包侧面，使得这段电缆的离心力完全由接线端子承受。由于接线端子所受离心力与旋转速度的平方和所处位置到旋转中心的距离的乘积成正比，而电机额定转速又高达 1800 r/min，由上述有限元分析可知电机高速旋转时受到的离心力很大，导致接线端子存在断裂隐患。

2　改进结构

针对上述情况，设计出一种新的接线端子结构，见图 14 ~ 图 16：

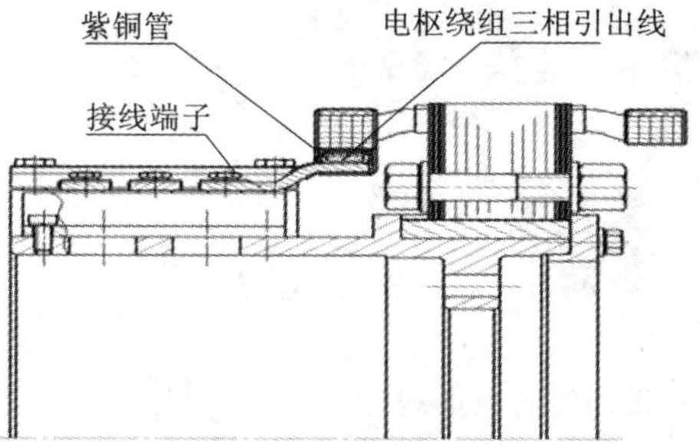

图 14　改进后励磁机电枢结构示意图

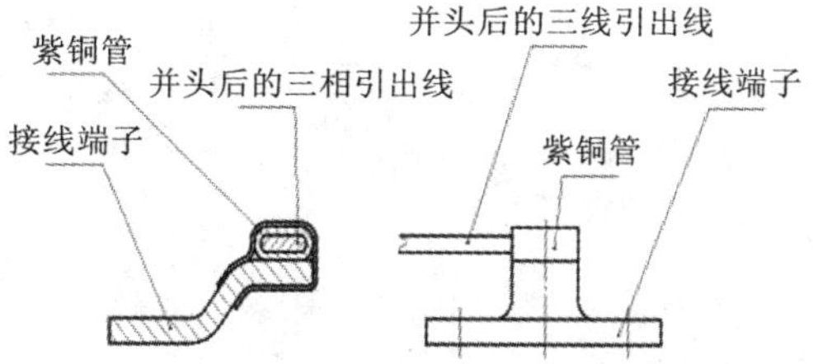

图 15　改进后引出线结构示意图

2.1　改进结构主要特点

(1)电枢线圈的三相引出线并头后插入预先埋放银铜焊片的 t1 厚的紫铜管中，强力压紧后，用银铜焊料电阻钎焊焊接并填充空隙。

(2)接线端子采用厚 6 mm 的紫铜板直接弯制而成。

(3)铜管与接线端子间预先放置银铜焊片，电阻钎焊焊接并用银铜焊料填充空隙(图 16)。

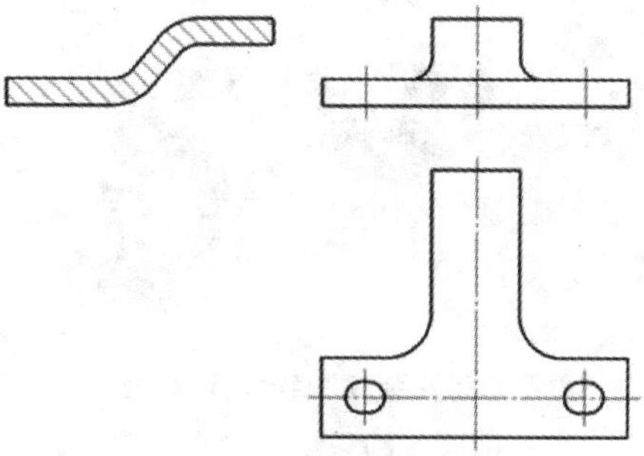

图 16　改进后接线端子结构示意图

2.2　改进结构有限元分析计算

此次计算基于 ANSYS WORKBENCH 完成。

接线端子的材料特性见表 1。

因为紫铜管中会插入三相引出线，并用银铜焊料焊接并填充空隙，所以在紫铜管内添加一质点，质点质量按实心铜柱计算。

1)三点约束边界条件设置及加载，如图 17 所示。

对接线端子两个安装孔和铜管上表面采用固定约束。

对接线端子(含铜管)按电机超速试验时的转速 2160 r/min 添加一旋转速度。

2)三点约束计算结果

接线端子最大应力为 38.222 MPa，如图 18 所示。

接线端子最大变形为 0.00665 mm，如图 19 所示。

图 17　安装孔和铜管上表面采用固定约束加载与约束

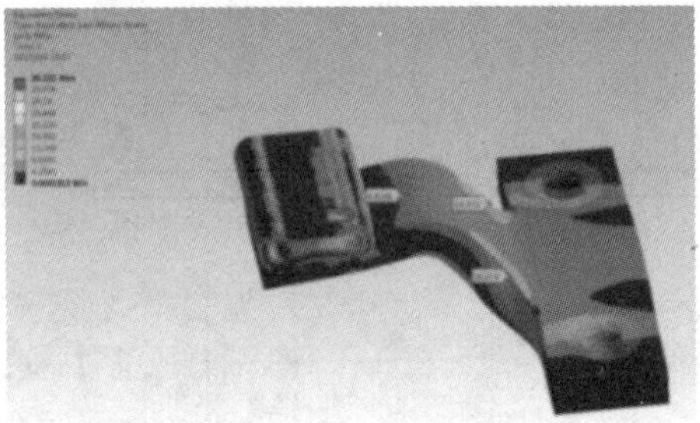

图 18　两个安装孔和铜管上表面采用固定约束应力图

图 19　两个安装孔和铜管上表面采用固定约束变形图

3）两点约束边界条件设置及加载

当三相引出线绑扎不牢时，电机旋转时三相引出线结构所受应力将由接线端子承担。极端情况时，可将接线端子视为由接线端子安装孔两点约束。

对接线端子两个安装孔采用固定约束。

对接线端子（含铜管）按电机超速试验时的转速 2160 r/min 添加一旋转速度（图 20）。

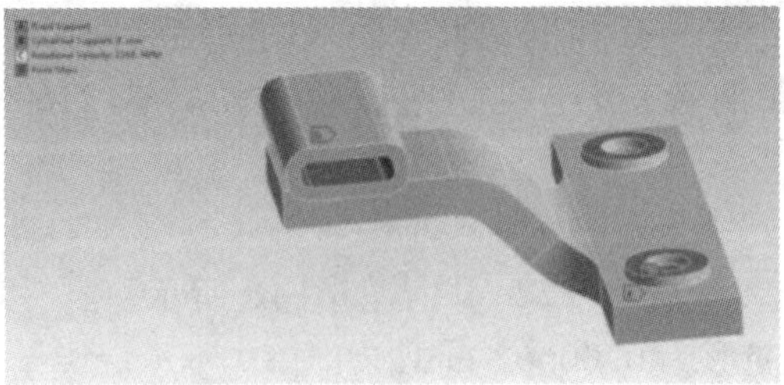

图 20　两个安装孔采用固定约束加载与约束

4)两点约束计算结果

接线端子最大应力为129.62 MPa(图21)。

接线端子最大变形为0.996 mm(图22)。

图21　两个安装孔采用固定约束应力图

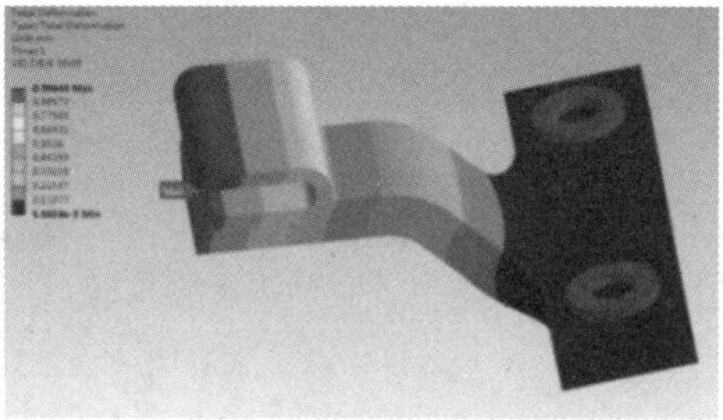

图22　两个安装孔采用固定约束变形图

5)计算结论

由图18和图19可知，在超速时，三点约束接线端子强度安全系数为5.39，接线端子能满足强度要求。

由图21和图22可知，当电缆绑扎不牢时，电机旋转时三相引出线结构所受应力将由接线端子承担。极端情况时，可将接线端子视为由接线端子安装孔两点约束。此时，仅就接线端子强度来说，其强度安全系数为1.59，接线端子仍能满足强度要求。

2.3　改进结构优点

(1)电枢线圈的三相引出线并头后与铜管采用预先埋放银铜焊片后强力压紧焊接的方式，然后再与接线端子用银铜焊料电阻钎焊焊接，焊接后牢固可靠。

(2)接线端子用6 mm厚的紫铜板直接弯制，结构简单，弯型操作方便。由上述有限元分析可知，此种处理方式同时极大地提高了接线端子截面强度，增大了接线端子的抗折弯能力。

(3)电枢线圈的三相引出线正确地固定在电枢线包的正下方，通过绑扎后，能够彻底改善电枢连线的受力情况，使得电缆的离心力不完全由接线端子承受。

3　结论

以不影响电机安全运行为前提，对电枢线圈的三相引出线与接线端子的连接方式进行了改进，增加了接线端子的抗折弯能力和稳定性，而且结构简单、工艺简单，连接牢固可靠，安全性高。该改进结构已用于多款出口机车配套的高速主发电机上，批产达近百台。运行三年多以来，未发生一例三相引出线甩脱现象，达到了改进目的，成功地解决了先前的断裂和甩脱重大隐患问题。

——来源：《电机技术》2018 年第 2 期

永磁同步电机稳态短路电流的形成及试验方法

况金园　殷　强

摘　要：本文对永磁同步电机稳态短路试验方法和稳态短路电流形成进行了分析，并通过试验验证，证明了永磁同步电机三相稳态短路电流幅值不受电机转速的影响。

关键词：永磁同步电机；三相稳态短路电流；三相稳态短路试验

Analysis on the formation and test method of steady state short circuit current of permanent magnet synchronous motor

Kuang jinyuan　Yin qiang

Abstract: This paper analyzes the formation of three-phase steady – state short-circuit current of permanent magnet synchronous motor(PMSM), then with a PMSM has carried on the three-phase steady-state short-circuit test, and the results show that three-phase steady-state short-circuit current amplitude of PMSM will not be influenced by motor speed.

Key words: permanent magnet synchronous motor (PMSM); three-phase steady-state short-circuit current; three-phase steady-state short-circuit test

1 引言

永磁同步电机具有结构简单、体积小、质量轻、损耗小、效率高、形状和尺寸灵活多样等一系列的特点，因而应用范围极为广泛，几乎遍及航空航天、国防、工农业生产和日常生活的各个领域。稳态短路试验作为永磁同步电机试验项目中一个重要的试验项目，主要考核永磁同步电机在承受稳态短路电流的失磁影响以及测量其稳态短路电流的大小。

现有的国际标准和国家标准中，永磁同步电机试验验证方法已经较为完善，针对各个试验项点都有较为详细的描述。但是，对于稳态短路试验，未能在现有的国际标准和国家标准中找到非常适合的方法，或者说相关标准中的试验方法在实际试验验证中不能很好地应用。本文从理论上分析了永磁电机三相稳态短路的短路电流来源及其影响因素，然后经过试验验证，证明了该结论的正确性。

2 永磁电机稳态短路试验方法分析

现行国家标准及国际标准中提及永磁电机稳态短路试验的只有 GB T25389.2—2010《风力发电机组低速永磁同步发电机第 2 部分：试验方法》，其他诸如 GB T22669—2008《三相永磁同步电动机试验方法》、IEC60349 - 4：2012，MOD《Electric tracion-Rotating electrical machines for rail and road vehicles-Part 4：Permanent magnet synchronous electrical machines connected to an electronic converter》中均未对稳态短路试验有所描述。而 GB T1029—2005《三相同步电机试验方法》中关于稳态短路试验部分的内容中说明要求对转子进行他励，这一点并不适用于永磁电机。

国标 GB T25389.2—2010《风力发电机组低速永磁同步发电机第 2 部分：试验方法》中对稳态短路试验方法描述如下：

将被试发电机定子绕组输入端接入电流传感器，通过开关将绕组短路，用分析过的拖动机拖动发电机短路运行，从零速开始调节拖动机的转速，使发电机的稳态短路电流增至 1.2 倍额定值，同时测量并记录短路线电流 *IK*。绘制发电机短路电流对应转速的特性曲线，线路如图 1 所示：

3 永磁电机稳态短路电流理论分析

从 GB T25389.2—2010 中关于稳态短路试验方法的内容可以看出，稳态短路电流应该是与电机拖动转速，也就是被试电机定子频率有关，随着频率的变化，稳态短路电流值应该是会跟随其变动的。为此，我们从理论上分析稳态短

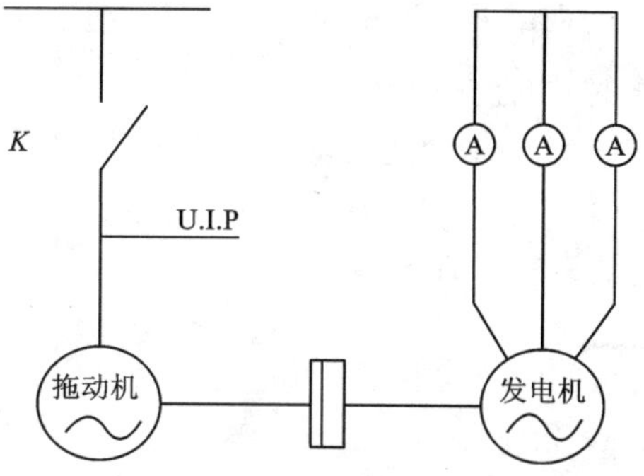

图 1　发电机稳态短路试验线路图

路电流的形成，以此来判断稳态短路电流值是否真的会随频率变动。

3.1　从稳态短路时的电机相量图推导分析

首先，我们从永磁同步发电机额定运行时的相量图入手。如图 2 所示，电机额定工况运行时有一个额定电压 U_N，电流 I_N，U_N 与 I_N 之间的夹角即为功率角 φ；永磁电机因为转子为永磁体，所以存在一个由永磁体决定的直轴内电动势 E_d，E_d 与电流 I_N 的夹角为内功率因数角 ψ_N，R_1 为绕组电阻值，X_1 为漏电抗，X_{aq}为交轴电枢反应电抗，E_{aq}为交轴电枢反应电动势。

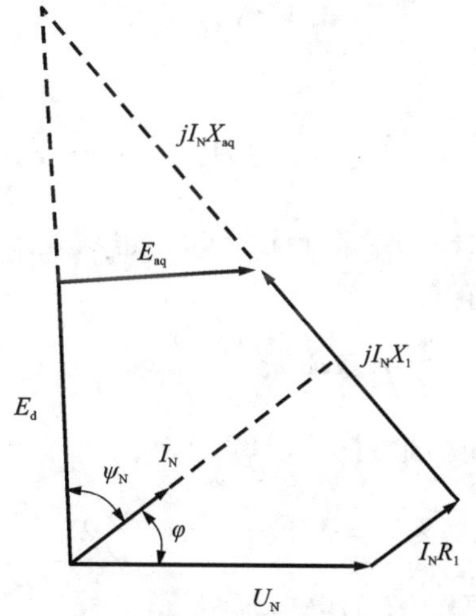

图 2　永磁同步电机额定运行时相量图

在永磁电机稳态短路时，$U=0$，如图3所示。I_k 为稳态短路电流，X_1 为漏电抗，ψ_k 为稳态短路时内功率因数角，E_d 为直轴内电动势，X_{aq} 为交轴电枢反应电抗，R_1 为绕组电阻值。X_{aq} 与 X_{ad} 分别为交直轴电枢反应电抗，二者在相量上为垂直关系。

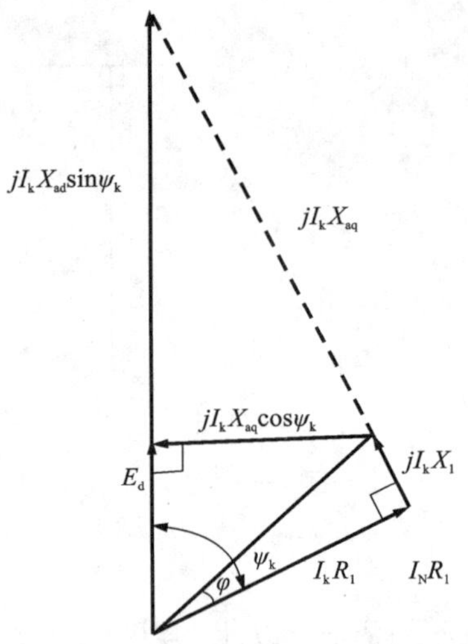

图3　永磁同步发电机稳态短路时的相量图

依据相量图可得：

$$E_0 = E_d + jI_kX_{ad}\sin\psi_k \tag{1}$$

其中，$jI_kX_{ad}\sin\psi_k$ 是直轴电枢反应电动势在 E_d 方向上的分量。

在量值上则有：

$$E_0 = E_d + I_kX_{ad}\sin\psi_k \tag{2}$$

又

$$E_0 = 4.44fNK_{dp}K_{\Phi}\Phi_{\delta 0} \tag{3}$$

$$E_d = \sqrt{(I_kR_1)^2 + (I_kX_1)^2 - (I_kX_{aq}\cos\psi_k)^2} = I_k\sqrt{R_1^2 + X_1^2 - X_{aq}^2\cos^2\psi_k} \tag{4}$$

$$\sin\psi_k = \arctan\frac{X_q}{R_1} \tag{5}$$

将式(3)、式(4)代入式(2)，可以得到：

$$I_k = \frac{4.44fNK_{dp}K_{\Phi}\Phi_{\delta 0}}{\sqrt{R_1^2 + X_1^2 - X_{aq}^2\cos^2\psi_k} + X_{ad}\sin\psi_k} \tag{6}$$

因为绕组电阻值 R_1 要远小于 X_q，所以 $\psi_k = \tan\frac{X_q}{R_1}$是趋近于90°的，也就是说 $\sin\psi_k$ 趋近于1，同理，$\cos\psi_k$ 将趋近于0。也就是有 $\sqrt{R_1^2 + X_1^2 - X_{aq}^2\cos^2\psi_k} + X_{ad}\sin\psi_k \approx X_1 + X_{ad}$。从而得到：

$$I_k \approx \frac{4.44fNK_{dp}K_{\Phi}\Phi_{\delta 0}}{X_1 + X_{ad}} \tag{7}$$

直轴电枢反应电抗可以通过公式(8)求取：

$$X_{ad} = 2\,mf\frac{w_1k_{w_1}}{p}k_d\sum\lambda_{ad} \tag{8}$$

式中：m 为相数，f 为频率，w_1 为电枢绕组每相串联匝数，k_{w_1} 为基波绕组系数，k_d 为直轴电枢磁动势的波形系数，k_q 为交轴电枢磁动势的波形系数，$\sum\lambda_{ad}$ 为直轴电枢反应的合群磁导，$\sum\lambda_{aq}$ 为交轴电枢反应合群磁导。

每相绕组漏电抗 X_1 可根据下式计算：

$$X_1 = 15.5\frac{f}{100}\left(\frac{N}{100}\right)^2\frac{L_1}{pq}\sum\lambda\times10^{-2} \qquad (9)$$

式中：f 为频率，N 为电枢绕组每相串联匝数，L_1 为定子铁芯长度，p 为极对数，q 为每极每相槽数，$\sum\lambda$ 为总磁导系数。

将式(8)、式(9) 代入式(7) 推导得到稳态短路电流计算公式：

$$\begin{aligned} I_k &\approx \frac{4.44fNK_{dp}K_{\Phi}\Phi_{\delta0}}{fm\left[0.155\left(\frac{N}{100}\right)^2\frac{L_1}{pq}\sum\lambda\times10^{-2}+2\frac{w_1k_{w_1}}{p}k_d\sum\lambda_{ad}\right]} \\ &= \frac{4.44NK_{dp}K_{\Phi}\Phi_{\delta0}}{m\left[0.155\left(\frac{N}{100}\right)^2\frac{L_1}{pq}\sum\lambda\times10^{-2}+2\frac{w_1k_{w_1}}{p}k_d\sum\lambda_{ad}\right]} \end{aligned} \qquad (10)$$

式中：N 为每相串联匝数；K_{dp}为绕组因数；$\Phi_{\delta0}$为每极气隙磁通；K_{Φ} 为气隙磁通的波形系数；m 为相数；L_1 为定子铁芯长度；p 为极对数；q 为每极每相槽数；$\sum\lambda$ 为总磁导系数；w_1 为电枢绕组每相串联匝数；k_{w_1} 为基波绕组系数；k_d 为直轴电枢磁动势的波形系数；$\sum\lambda_{ad}$ 为直轴电枢反应的合群磁导。

由三相稳态短路电流计算公式(10)可以看出，稳态短路电流值 I_k 与频率 f 无关，也就是说。在永磁电机进行稳态短路试验时，稳态短路电流值是不会随转速的变化而变化的。

3.2 从稳态短路时直轴电动势的角度分析

三相稳态短路时，折算到转子的直轴电枢磁动势(A)：

$$F_{adk} = \frac{\sqrt{2}mNK_{dp}}{\pi\ \ p}I_kK_{ad} = \frac{F_{mk}}{2K_{Fd}} \qquad (11)$$

式中：K_{ad}——将直轴电枢磁动势折算到转子磁动势的折算系数；

K_{Fd}——电机短路时每对极的永磁体磁动势，F_{mk}(A)为直轴电枢磁动势 $2F_{adk}$的倍数，$K_{Fd}=\frac{F_{mk}}{2F_{adk}}$。

故：

$$I_k = \frac{\pi}{2\sqrt{2}m}\frac{pF_{mk}}{NK_{dp}K_{ad}K_{Fd}} \qquad (12)$$

式中：m 为电机相数；p 为极对数；F_{mk}为电机短路时每对极的永磁体磁动势，$F_{mk}=h_{mk}H_ch_{Mp}\times10^{-2}$，$h_{mk}$是电机短路时永磁体工作点退磁磁场强度标么值，$H_c$ 是永磁体磁感应强度矫顽力，单位 A/m，h_{Mp} 每对极磁路中永磁体磁化方向长度，单位 cm；N 为每相串联匝数；K_{dp}为绕组因数。

依据公式(12)分析可知，电机三相稳态短路时，其稳态短路电流 I_k 与电机转速，也就是与频率 f 无关。

4 试验验证

我们用陪试电机拖动一台6极永磁同步电机。将此永磁同步电机定子三相短接，同时采用电流传感器接入短路绕组中，用录波仪进行稳态短路波形记录。

试验步骤如下：开启录波仪→启动拖动机→提升拖动转速→稳定运行5 s。

我们以多个转速点进行试验验证：

1)拖动永磁同步电机转速到150 r/min。

从图4中可以看出，从短路开始，到转速稳定在150 r/min，只有前期4.896 s的时间内，电流在波动，后续时间波形稳定。依据我们最开始的测量布置可以推导出稳态短路电流值为198 A。

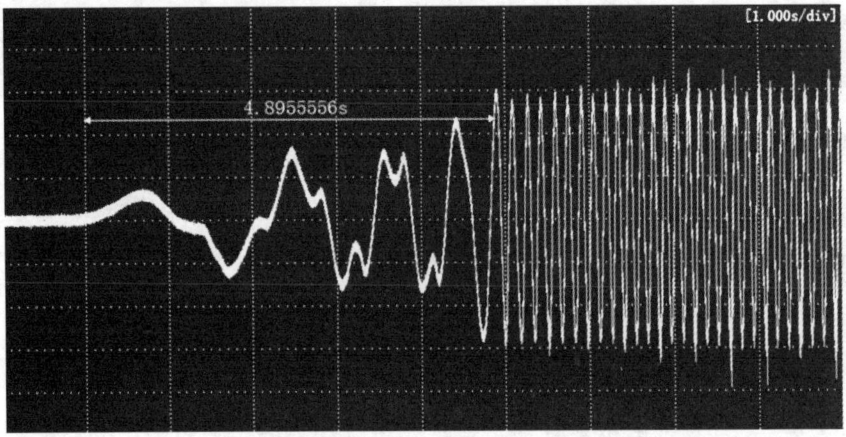

图4　从0到150 r/min过程中稳态短路电流初始波形

2)拖动永磁同步电机转速到210 r/min。

从短路开始，到转速稳定在210 r/min，只有前期4.876 s的时间内，电流在波动，后续时间波形稳定。依据我们最开始的测量布置可以推导出稳态短路电流值为199 A。

3)拖动永磁同步电机转速到300 r/min。

从短路开始，到转速稳定在300 r/min，同样只有前期4.876 s的时间内，电流在波动，后续时间波形稳定。依据我们最开始的测量布置可以推导出稳态

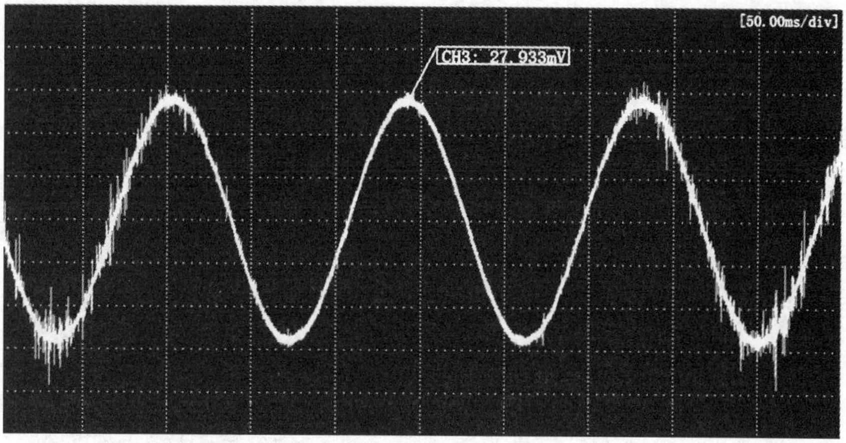

图 5　从 0 到 150 r/min 过程中稳态短路电流稳定后波形

短路电流值为 200 A。

4)拖动永磁同步电机转速到 900 r/min。

从短路开始，到转速稳定在 900 r/min，同样只有前期 4.832 s 的时间内，电流在波动，后续时间波形稳定。依据我们最开始的测量布置可以推导出稳态短路电流值为 200 A。

表 1　稳态短路试验数据统计表

电机拖动转速/($r \cdot min^{-1}$)	150	210	300	900
稳态短路电流值/A	198	199	200	200

5　结论

通过理论计算和表 1 的统计结果可以得出结论：永磁电机稳态短路试验时，稳态短路电流的数值基本不会随电机转速，也就是电机频率 f 变化而变化。也就是说，在进行永磁同步电机稳态短路试验时，永磁同步电机稳态短路电流值可在相当宽的转速范围内的任意一点获取，不需要绘制稳态短路电流对应转速的特性曲线。

——来源：《现代制造技术与装备》2016 第 2 期

基于 ANSYS/LS - DYNA 电机转子导条自动楔紧的动力学分析

曾定霞　张　震　张建安

摘　要: 基于有限元动力学原理，采用 ANSYS/LS - DYNA 对电机转子导条自动楔紧的过程进行模拟，主要分析冲头的强度要求，以及压槽的深度和导条的宽度变化情况，并将模拟结果与实际冲压楔紧验证结果进行对比分析，以验证此方法的可靠性。

关键词: 导条；冲头；自动楔紧；动力学分析

The dynamics analysis of motor rotor bar automatic wedge based on ANSYS/LS - DYNA

Zeng Dingxia　Zhang Zhen　Zhang Jianan

Abstract: Based on the finite element dynamics, the thesis adopts ANSYS/LS - DYNA to simulate motor rotor bar automatic wedge process. And it mainly analyzes the punch strength requirements, the depth of pressure tank, and the width changes of the bar in the course of the wedge. The results of simulation and the actual stamping wedge are comparatively analyzed to validate the reliability of this method.

Key words: copper conducting bar; punch; automatic wedge; dynamics analysis

1 概述

有限元法主要是将连续体离散化，分割成一定数量的有限大小单元体，对每个小单元体进行分片插值，建立起线性插值函数。每个小单元的场函数包含了有限个未知节点参数的场函数，而将离散后的所有单元场函数集合起来，就可以近似构成连续体的场函数。通过能量方程或加权残量方程可以求解出单元未知节点参数，由此累加得到连续体的参数解，即有限元方法的数值解。LS－DYNA 主要采用 Lagrange 算法，用于处理非线性结构显式分析。

电机在运行过程中转子高速运转，在转子制作时导条楔紧工艺尤为重要，直接影响后续车削工艺；导条与铁芯同轴度偏差应很小，保证车削时导条在同一个端面上，从而避免端环焊接时因导条端部不平整造成产品报废。本文通过采用有限元分析软件对导条楔紧的过程进行分析，研究冲头在冲压过程中强度以及导条压槽形成过程中的弹塑性变化情况，为相关技术人员在设计槽型配合以及新产品工艺方案时提供参考。

2 电机转子导条自动楔紧模拟

2.1 几何模型的创建

以动车电机转子导条的自动楔紧为例，导条及冲头为研究对象。导条在楔紧过程中主要受到垂直于转子铁芯切线方向的径向力，忽略其他方向的力。本文中冲头、导条均选用双线性随动强化模型，采用 solid164 三维实体单元建立导条及冲头的几何模型。

导条采用铜合金，冲头材料为合金钢，具体参数见表 1、表 2 所示。

表 1　导条材料参数

材料密度/($kg \cdot m^{-3}$)	弹性模量 E/GPa	泊松比 ν	屈服强度 σ/MPa	切线模量 G/MPa
8900	128	0.30	200	150

表 2　冲头材料参数

材料密度/($kg \cdot m^{-3}$)	弹性模量 E/GPa	泊松比 ν	屈服强度 σ/MPa	切线模量 G/MPa
7850	210	0.30	225	6000

2.2 有限元网格划分

在网格划分过程中要保证分析的精度，分别用自由网格与映射网格对冲头、导条进行网格处理，如图 1 所示。

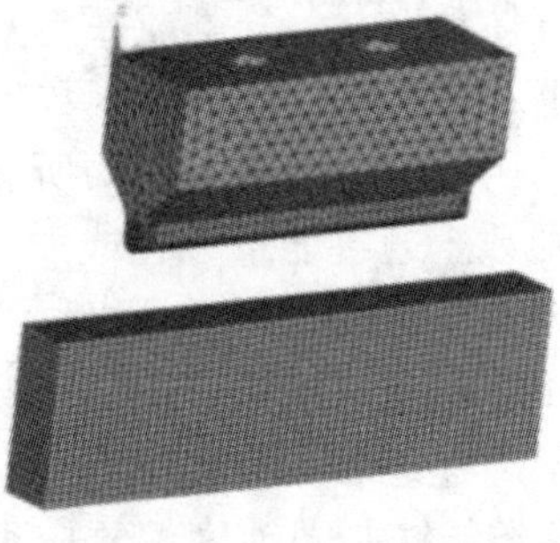

图 1　导条楔紧过程有限元模型

2.3　模型约束与载荷

按照实际情况对导条施加约束，导条下端面施加全约束，对两端施加 Z 向约束，对两侧面施加 X 向约束；对冲头施加除 Y 轴压下方向以外的约束；在开始压下至接触导条表面过程中对冲头施加速度 - 位移载荷，从接触开始至冲紧完成整个过程对冲头施加 Y 向载荷，均匀稳步增加，载荷大小峰值为 22 MPa。

3　模拟结果分析

随着加载时间的变化，导条楔紧部位材料的应力应变情况也会随之改变。初始接触阶段在冲压载荷作用下，导条发生弹性压缩变形，随着持续加载，材料达到屈服极限值并进入塑性变形过程，当载荷达到 22 MPa 后卸载，导条与冲头接触部位的材料会沿着载荷影响递减最大的区域流动，弹性挤压变形会进一步加剧，金属向两侧边流动加大，导条两侧端面应力值将增大，如图 2 所示。

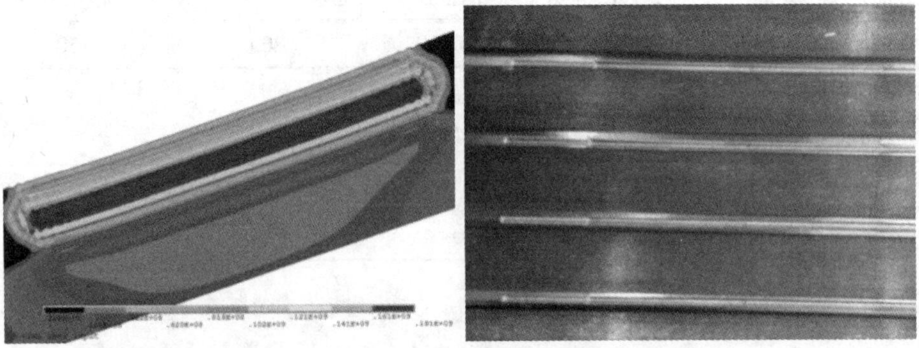

图 2　冲压过程中导条等效应力分布及实物对比

3.1 冲头强度分析

对于动车电机转子，正常情况下每台电机转子需要冲压276次。由于冲压频繁，为了保证冲压达到要求水平，因此对导条自动楔紧机冲头的材料提出了很高的要求，需要具有良好的强度、刚度及抗冲击性能。

在压下的过程中冲头与导条接触部位最大等效应力为131.8 MPa，即约为132 MPa，冲头两端应力值最大，并呈现逐渐向中间递减趋势；由于冲头材料的屈服强度为225 MPa，因此在冲压过程中冲头最大等效应力值低于材料的屈服极限应力值，在此过程中材料只经历微弹性变形过程，没有达到屈服极限进入塑性变形过程。故该冲头材料强度达到实际使用要求，在冲压过程中对冲头本身影响很小。

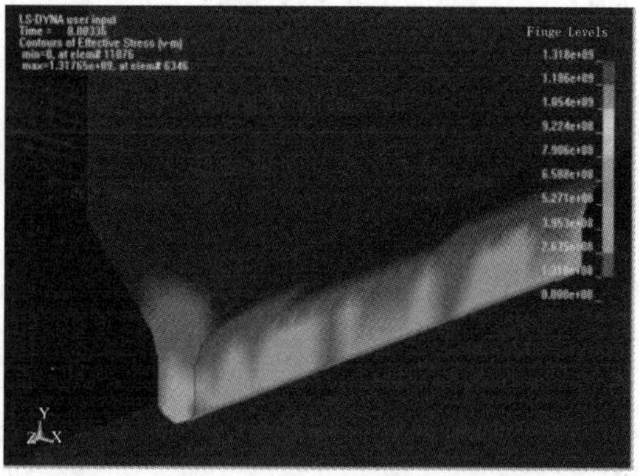

图3 冲头冲压过程中最大等效应力分布图

3.2 模拟结果分析

3.2.1 导条压槽深度的变化

导条与冲头接触部分冲压过程中经过弹塑性变形后形成压槽，其深度变化曲线如图4所示。由于采用均匀加载，压槽深度变化较为平缓；在冲头刚接触导条时，接触部位会先经历弹性变形过程，因此首先压槽深度变化缓慢；当材料应力达到屈服极限时进入塑性变形阶段，此时材料变形加剧，压槽深度相比之前变化趋势较为明显。

3.2.2 导条的宽度增量变化

在冲头下压过程中，首先由于导条接触部位及垂直区域变形量较大，边缘区域形变量很小，左右两边缘区域向中心会先产生较小缩进量，随着持续加载，弹塑性变形区域由中心位置向边缘区域扩散，使得边缘区域应力增大，向

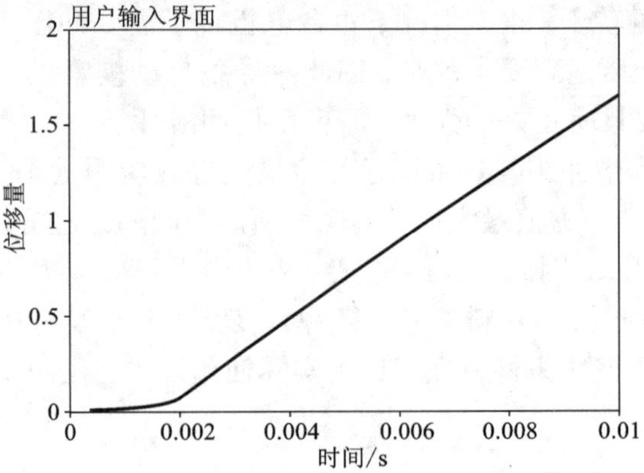

图 4　导条压槽深度变化图

两端铁芯槽膨胀挤压(导条在该方向上的增量见图 5)，以达到两者过盈配合工艺要求。注：过盈配合要求在 10 个丝以内。

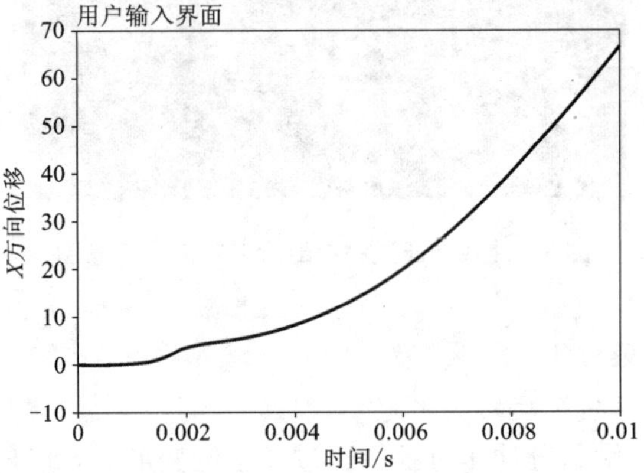

图 5　导条宽度增量变化图

3.2.3　模拟验证分析

在自动楔紧模拟分析的过程中，当载荷达到预设最大值时，对导条端面施加轴向推力载荷，以验证导条楔紧工艺是否达到要求。在对转子导条进行楔紧时，所施加的最大压力值为 22 MPa，根据动车电机转子导条楔紧工艺验证要求，其轴向推力载荷均采用 5 MPa，分析结果如图 6 所示：

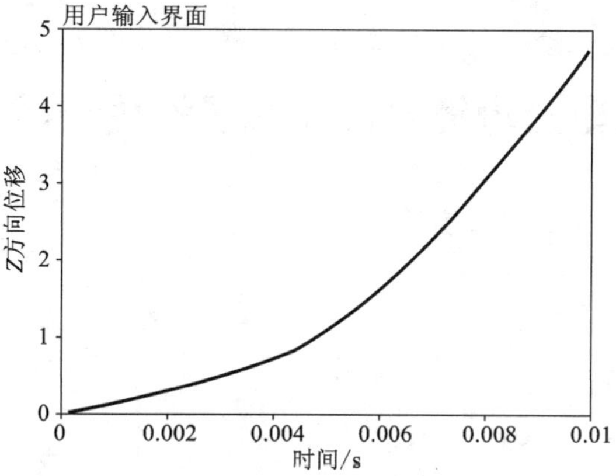

图 6　导条轴向位移图

根据转子试验导条设计要求，转子所有试验导条楔紧强度均在 1300 kg · N 以上，根据之前的验证要求，单根导条施加压强要求为 2.73 MPa。根据模拟结果分析，在 5 MPa 的推力载荷作用下，动车转子单根导条在轴向位移量在微米级别上，对结果影响可以忽略。

4　结论

经过模拟分析，在导条楔紧过程中材料应力变化极限低于材料本身屈服强度，冲头材料可以满足实际使用要求；导条在冲压载荷作用下宽度方向增量变化较为平缓，最大峰值为 0.066 mm，而导条与铁芯之间为过盈配合，因此可以达到工艺要求。通过对比分析表明，采用有限元动力学软件对导条楔紧过程进行模拟是可行的，可以为后续产品工艺方案提供参考依据。

——来源：《电机技术》2015 第 4 期

电机用铜芯电力电缆与接线端子连接技术研究

于 亮 龚天明 车三宏

摘 要：本文通过电缆与接线端子几种不同连接方式的工艺性、抗拉伸能力、直流电阻和极限温升等性能对比分析，选出质量合格、操作简单并性能最优的电缆与接线端子连接方式，可有效保证其连接的可靠性。

关键词：电机；电缆；接线端子；压接

Study on connection technology of copper core power cable and terminal for motor

Yu Liang Gong Tianming Che Sanhong

Abstract: In this article, throughthecomparative analysis of the manufacturability, tensile properties, the DC resistance and extreme temperature of the cable connected to the terminals in several different ways. Then to select qualified quality, simple operation and optimal performance of cable and terminal connections, which can effectively guarantee the reliability of the connection.

Key Words: motor, cable, terminal, crimping

1 引言

电缆是各种电机必不可少的组成部分，电缆质量的可靠性影响着电机的整体可靠性。电缆的接线是将压接了接线端子的电缆通过焊接或螺栓与电机绕组、电控柜连接起来，而电缆与接线端子的连接质量将会影响电缆的发热，严重时会导致电缆烧损，甚至会引起电机烧损击穿。过去曾多次发生因接头松动、发热、打火而造成电缆、电控柜烧损，导致电机无法正常运行。

2 研究内容和方案

为了保证电缆压接质量和提高可靠性，必须保证机械强度、压接后电阻和电缆温升达到标准要求，并有必要用实验来验证电缆压接后是否达到标准要求。本文中以某大功率电机的 240 mm^2 电缆为例，为了保证电缆与接线端子连接的可靠性，电机设计时设计了三种电缆与接线端子连接方案，并针对机械强度、直流电阻和温升进行相关试验检测，并合理分析，综合工艺操作性、机械强度、电气检测结果数据，选出最优压接方案，以指导其他相关产品的电缆压接工作，保证电机运行的可靠性。

通过对以往采用过的不同压接或连接方案分析，并针对此大功率电机的 240 mm^2 电缆，特制定如下三种方案：

方案一：采用六角型压模进行两次两段围压（即先使用 240 的压模间隔 5 mm 压接两次，再使用 185 压模在前面基础上压接两次），简称两次两段围压，如图 1 所示。

方案二：采用六角型压模进行两次一段围压，然后焊接（即先使用 240 的压模在接头中间位置压接一次，再使用 185 压模在前面基础上压接一次，最后在接头开口处进行银铜焊接），简称两次一段围压后焊接，如图 1 所示。

方案三：采用火焰银铜焊接，简称焊接，如图 1 所示。

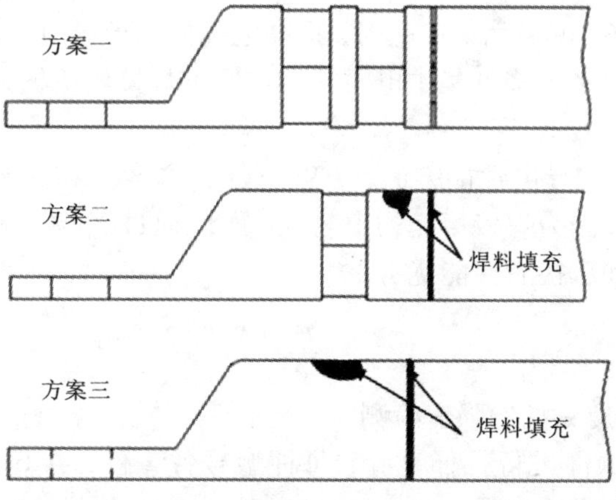

图 1 方案示意图

3 理论分析

1) 方案一采用六边形围压的方法，围压后直流电阻应按公式计算：

$$R = R_C + R_f + R_p \tag{1}$$

式中：R_C——集中电阻；R_f——膜层电阻；R_p——导体电阻。

a. 集中电阻 R_C 为电流通过实际接触面时由于电流线收缩（或称集中）显示出来的电阻。其可按公式(2)计算：

$$R_c = \frac{P_A + P_B}{4}\sqrt{\frac{\pi f}{nF}} \tag{2}$$

式中：F——接触压力(kg)；

P_A、P_B——两接触体的电阻率(Ω·cm)；

f——两导体的弹性极限(kg/cm^2)；

n——接触点个数。

从(2)式可知，要想得到最小的围压后直流电阻，就要使集中电阻降到最小，可通过选用电阻率小和弹性极限小的材料、增加接触点数，并施加较大的接触压力的方法来实现。

b. 膜层电阻 R_f 为由于大气中不存在真正洁净的金属表面，即使很洁净的金属表面，一旦暴露在大气中，便会很快生成几微米的氧化膜，再加上表面尘埃等形成的膜层而显示出来的电阻。因此，要求我们施工时，控制接触面氧化程度和减少表面尘埃。

c. 集中电阻加膜层电阻也叫接触电阻，接触电阻很大的话，有大电流通过高阻触点时，就可能产生过度的能量消耗，并使触点产生危险的过热现象。

2) 方案三主要是为了去除集中电阻的影响，采用导电率更好的银铜焊料填充，如果填充良好，可消除集中电阻，提高电缆接头处导电性能。

3) 方案二主要考虑降低集中电阻并增加银铜焊接后机械强度，增强其抗拉性能。

从理论分析，在导电性能方面，方案三优于方案二和方案一，机械性能有待试验检测。但又因为焊接填充的工艺性，所以通过试验检测，以确定三种方案是否符合要求和压接后性能优劣。

4 试验检测

4.1 机械强度 - 拉伸强度检测

将压接好的试件进行拉伸试验，每种型号各 2 件，共 6 件，方案一编号：A1 - 1、A1 - 2，方案二编号：A2 - 1、A2 - 2，方案三编号：A3 - 1、A3 - 2。

试验时，将试件垂直地夹在拉力机的上下夹具上，沿着导体的中心线施加负载，以 15 mm/min 的拉伸速度匀速加载，直到试样被拉坏，拉力试验机会自动停止。具体实测极限抗拉力及接头损坏位置见表 1、表 2：

表 1　极限抗拉力数据

拉伸试验	试样编号	极限抗拉力(单位 kN)
	A1－1	35.81
	A1－2	35.54
	A2－1	31.84
	A2－2	32.75
	A3－1	29.34
	A3－2	27.27

表 2　三种方案拉伸结果

拉伸后接头损坏位置		
方案一：两次两段围压	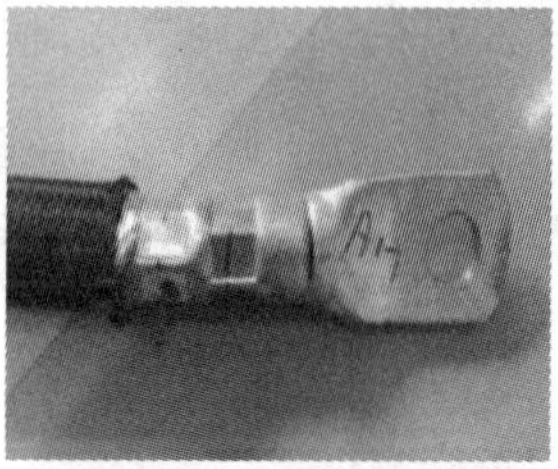	
损坏位置描述	电缆接头拐角处	电缆接头螺栓孔处
方案二：两次一段围压后焊接	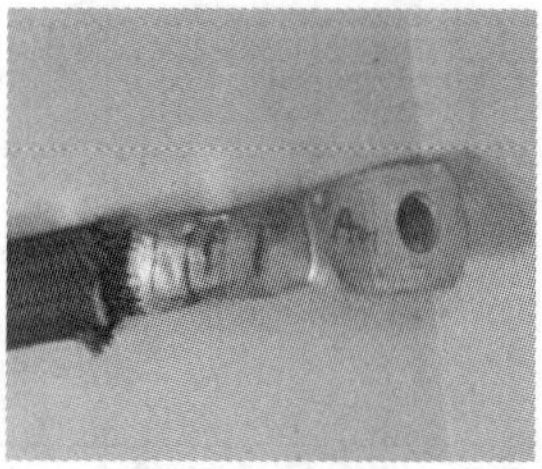	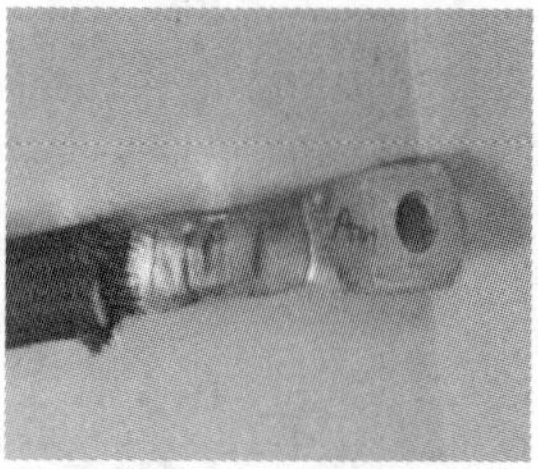
损坏位置	电缆接头拐角处	电缆接头拐角处

续表 2

拉伸后接头损坏位置		
方案三：焊接		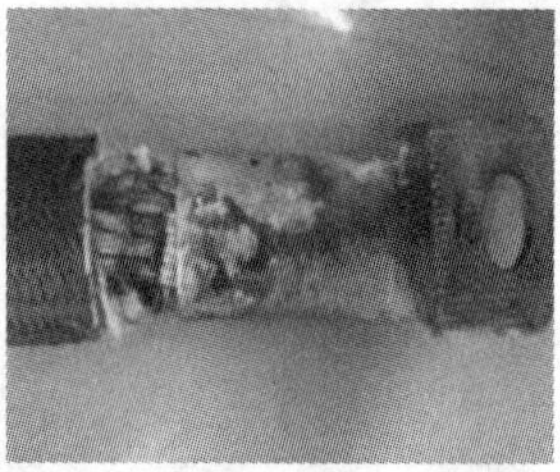
损坏位置	电缆铜导线断裂并有轻微滑丝	电缆接头拐角处

从表 1 可以看出方案一的极限抗拉力最大，从表 2 中可以看出方案一和方案二性能相当，而方案三丝断并轻微滑丝，性能最差。

综合表 1、表 2 可看出方案一优于方案二优于方案三。

4.2 直流电阻测试

将两头均压接了接头的样件进行直流电阻测量，每种方案各 2 件，共 6 件，方案一编号：B1 -1、B1 -2，方案二编号：B2 -1、B2 -2，方案三编号：B3 -1、B3 -2。测试仪器：直流电阻测试仪，型号：QJ84A。

测量时，将直流电阻测试仪的两个表笔分别夹在试件压接接头末端，待测量值保持不变后做好记录。每件试件测量三次求平均值，测量结果如表 3 所示。

表 3 实测直流电阻

导体截面	试样编号	直流电阻平均值/mΩ	试件长度/mm
240 mm²	B1 -1	0.170	2046
	B1 -2	0.169	2050
	B2 -1	0.180	2052
	B2 -2	0.174	2051
	B3 -1	0.177	2052
	B3 -2	0.179	2051

测量时环境温度 t 为：28℃，将测量值换算为 20℃ 下，换算公式为

$R20 = (234.5 + 20)Rt/(234.5 + t)$，$t$ 为测量时的环境温度，Rt 为环境温度下测量电阻值。试件长度 L 转化成标准直流电阻按公式 $R = \rho L/S$（20℃时，ρ = 0.01724，L 见表 3）计算，试件的电阻比率按公式度算 $e = R20/R$。各数据计算结果见表 4。

表 4　电阻比率

试验编号	$R20$ 电阻值/mΩ	试件长度 L 标准电阻值 R/mΩ	电阻比率 e
B1 - 1	0.164819	0.146971	1.121439
B1 - 2	0.1638495	0.1472583	1.112667
B2 - 1	0.1745143	0.147402	1.183934
B2 - 2	0.1686971	0.1473302	1.145028
B3 - 1	0.1716057	0.147402	1.164202
B3 - 2	0.1735448	0.1473302	1.177931

由表 4 可知，三组试件的电阻比率值均≤1.2，符合 GB/T 9327—2008《额定电压 35 kV（Um = 40.5 kV）及以下电力电缆导体用压接式和机械式连接金具试验方法和要求》中的要求。

通过直流电阻对比，可看出方案一优于方案二和方案三，方案二和方案三相当。

4.3　温升试验检测

温升试验和直流电阻检测采用同一组样件，每种方案各 2 件，共 6 件，方案一编号：B1 - 1、B1 - 2，方案二编号：B2 - 1、B2 - 2，方案三编号：B3 - 1、B3 - 2。试验时，在电缆样件加载 AC590A 试验电流。用热电偶温度计在线检测温度，检测点如图 2 所示，在温度上升到相隔一小时的三次或三次以上由测量点测得的温度之差不超过 1℃时，就认为发热稳定。三种方案的温升数据与变化曲线见图 3 ~ 图 5。

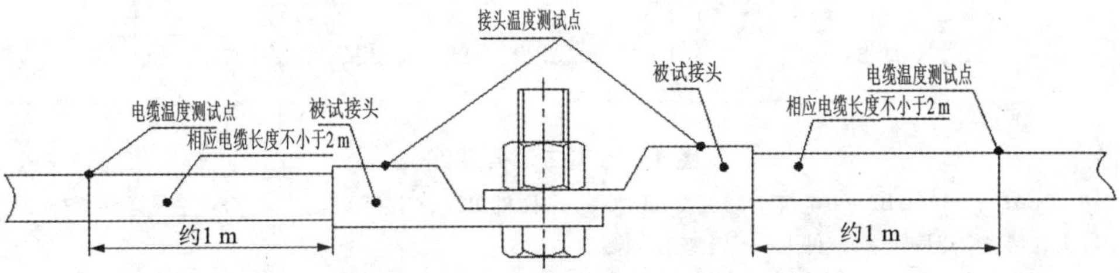

图 2　温升检测示意图

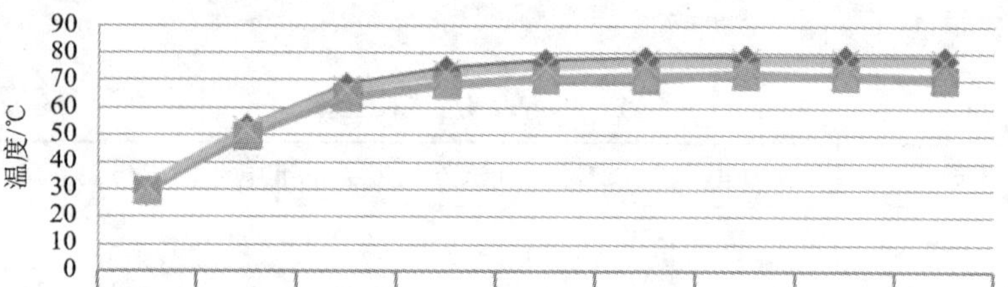

	09:48:07	10:08:15	10:28:52	10:48:59	11:48:36	11:28:13	11:48:45	12:08:46	13:11:02
CH01	28.6	52.1	67.2	73.5	76.3	77.1	77.7	77.7	77.2
CH02	29.2	49.6	63.5	68.3	70.2	70.4	72	71.1	70.4
CH03	29.4	50.4	63.4	68	70.5	71.2	71.8	71.6	70.6
CH04	31	51.9	66.5	72.4	75	76.4	76.8	76.8	76.7

图3　方案一温升曲线

注：CH01——样件 B1－1 电缆中间温度，CH02——样件 B1－1 接头处温度，CH03——样件 B1－2 接头处温度，CH04——样件 B1－2 电缆中间温度

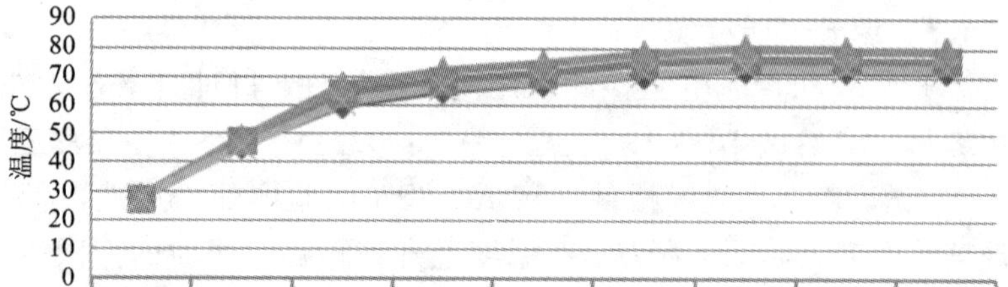

	13:22:34	13:42:34	14:02:34	14:22:53	14:42:24	15:02:49	15:22:57	15:42:46	16:01:23
CH01	27.29	45.6	59.9	65.1	67.7	70.5	72.6	72.5	72.3
CH02	27.3	47.6	63.9	68.5	70.9	74.6	76.1	75.7	76
CH03	27.51	48.1	66.5	74.8	74.4	77.8	79.7	79.2	79.2
CH04	27.48	45.1	60.8	66.1	68.1	70.9	73.1	72.7	72.7

图4　方案二温升曲线

注：CH01——样件 B2－1 电缆中间温度，CH02——样件 B2－1 接头处温度，CH03——样件 B2－2 接头处温度，CH04——样件 B2－2 电缆中间温度

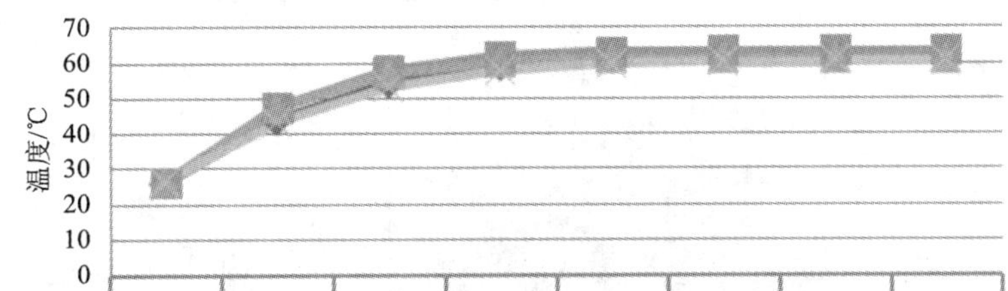

	15:25:17	15:45:42	16:05:25	16:25:51	16:45:52	17:05:17	17:25:24	17:29:54
CH01	25.7	43.7	54.1	58.9	60.9	61.4	61.9	61.7
CH02	26.1	47.3	57.7	61.7	62.9	63.1	63.2	63.1
CH03	26.2	47	56.7	59.9	61	60.9	60.8	60.7
CH04	26.1	43.1	52.9	57.5	59.4	60	60.5	60.5

图 5　方案三温升曲线

注：CH01——样件 B3－1 电缆中间温度，CH02——样件 B3－1 接头处温度，CH03——样件 B3－2 接头处温度，CH04——样件 B3－2 电缆中间温度

表 5　温升数据

编号	接头类型	电缆温升/℃	接头温升/℃	备注
B1－1	方案一两次两段围压	48.6	41.2	每种方案两根样件连接在一起同时试验
B1－2	方案一两次两段围压	45.7	41.2	
B2－1	方案二两次一段围压后焊接	45.21	48.7	
B2－2	方案二两次一段围压后焊接	51.79	45.62	
B3－1	方案三焊接	36	37	
B3－2	方案三焊接	34.5	34.4	

上述表 5 为各温测点稳定后最后一次测量的温升数据，通过表 5 并结合图 3～图 5 可看出，样件 B1－1、B1－2、B2－2 满足要求（接线端子压接或焊接处温升低于电缆温升为合格）。

通过温升数据对比，可看出方案一优于方案二优于方案三。

方案二和方案三温升不合格可能因为目前焊接工艺无法保证焊料将接头内空隙填充饱满，导致集中电阻偏大，从而连接处过热，严重将烧损电缆。

3.4 样件切面宏观金相对比分析

表 6 样件切面宏观金相对比

样件方案	切面图	图片描述
方案一		切面无明显孔洞
方案二		能明显看到焊料流入接头，但未完成填充间隙，有明显气孔存在
方案三	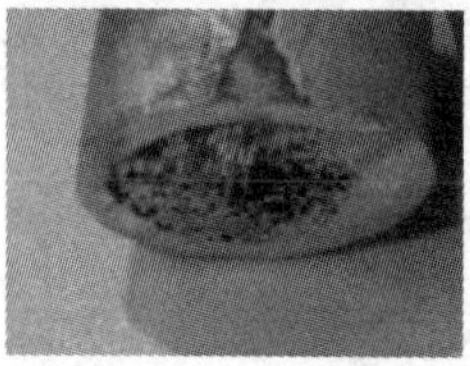	内部焊料填充不饱满

从表 6 样件切面宏观金相来看，方案一接线端子和铜心电缆压接后接触质密，方案二较差，方案三最差。

5 结论

根据以上检测试验，完成了 240 mm^2 电缆与电缆接头连接的三种结构方案的性能对比。基于试验数据和理论分析的对比可知，方案一两次两段压接试件的拉伸、直流电阻及极限温升试验结果均符合相关标准要求，并优于其他两个方案。因此，建议电机用电缆采用方案一两次两段围压进行电缆与接线端子的压接作业，以保证电机的运行可靠性。

另外，从本次试验整个制作过程、检测过程和检测结果，可从电缆检验、接线端子质量检验以及压接工艺操作规范等方面对压接工艺进行全过程质量管控，为压接工艺的质量检验提供检查项点和参考依据。

——来源：《电力设备》2018 年第 3 期

机车电机焊缝相控阵超声检测研究

陈大为　吴文强　张冬秀　方　芳

摘　要：针对重载机车电机定子机座焊缝结构比较特殊、射线检测存在一定困难及常规超声检测固有的局限性。通过对重载机车电机定子机座焊缝的结构做一定分析，并结合超声相控阵检测技术的优势，确认相控阵检测技术可用于该类型焊缝的检测。在此基础上，进一步制订了相控阵检测工艺，设计制作了模拟试件进行试验，并在实际探伤中对检测有效性和可靠性进行了验证。最终结果表明，采用相控阵超声检测技术可同时进行A型、C型、S型扫描显示，具备检测灵敏度高、检测结果直观、可追溯性强等特点，可有效实现重载机车电机定子机座焊缝缺陷的检测。

关键词：机车电机焊缝；常规检测技术；相控阵超声检测

Study on the detection of locomotive motor welding line phased-array ultrasonic

Chen Dawei　Wu Wengqiang　Zhang Dongxiu　Fang Fang

Abstract: In view of the special welding seam structure of the stator frame of the heavy-duty locomotive motor, the X – ray detection is difficult and the inherent limitations of conventional ultrasonic detection exist. In this paper, the structure of the welding seam of the stator frame of the heavy – duty locomotive motor is analyzed, and the advantages of the ultrasonic phased-array detection technology are combined to confirm that the phased-array detection technology can be used for the detection of this type of welding seam. On this basis, a phased array test process was further developed, a simulated specimen was designed and made for testing, and the validity and reliability of the test were verified in practical flaw detection. The final results show that the phased-array ultrasonic detection technology can be used for simultaneous a-type, c-type and s-type scanning, which is characterized by high detection sensitivity, intuitive detection results and strong traceability, and can effectively realize the detection of weld defects in the stator frame of the heavy-duty locomotive motor.

Key words: locomotive motor welding; conventional testing techniques; phase array ultrasonic testing

1 常规检测技术特征分析

重载机车电机定子机座悬挂处主焊缝为：筋板 1 铸件、筋板 2 铸件、筋板 3 铸件与 D、N 端压圈加工的对接环焊缝（图 1），该部位为电机运行过程中最主要受力部位，坡口结构如图 2 所示。

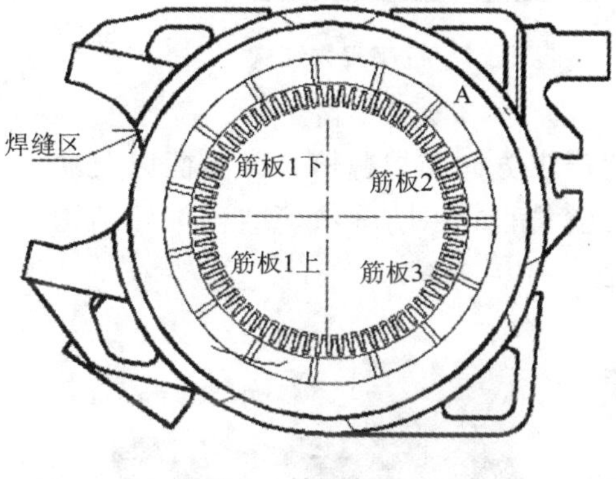

图 1　检测部位

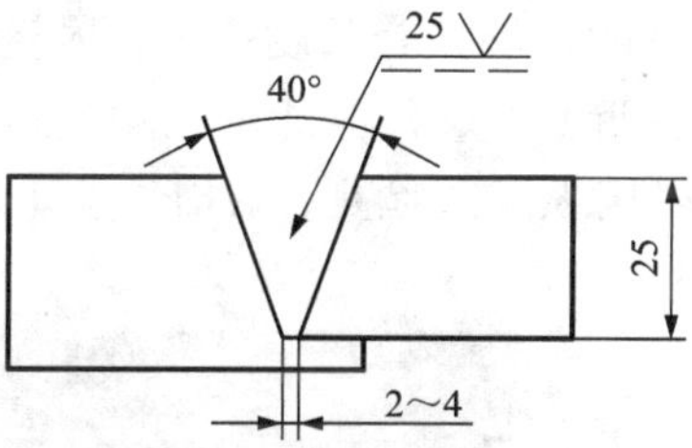

图 2　焊缝坡口（单位：mm）

1.1　X 射线检测技术分析

电机制作过程中定子机座悬挂处筋板与铁芯叠片焊接压装成一体化结构（图 3），常规的 X 射线检测像质计和胶片不能按工艺要求进行放置，且采用外透法和内透法底片质量都难以达到技术要求。

1.2　常规超声检测技术分析

由于焊缝两侧区域宽度限制致使检测空间不足（图 4），以及焊缝两侧为粗糙的铸件非机加工面，采用斜探头进行横波扫查不能满足标准要求，只能采用直探头从压圈端面进行纵波扫查，此时检测面和检测角度单一，因此难以检测出带有方向性的坡口未熔合和裂纹等危害性缺陷。

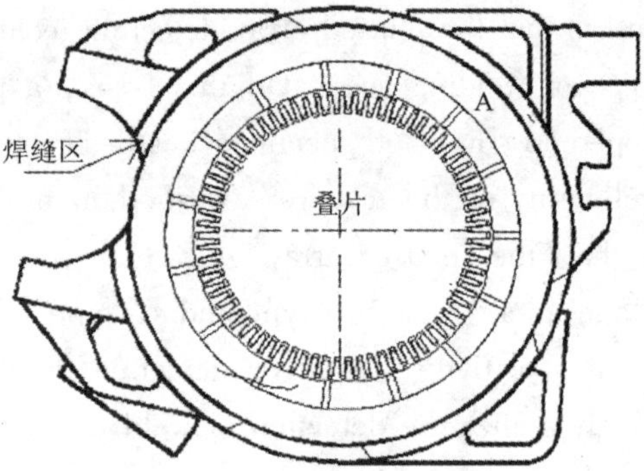

图3　定子机座叠压结构

2　相控阵超声检测技术分析

相控阵技术可以使用单个探头组合件中的多个晶片使声束进行偏转、聚焦和扫查，将相控阵探头放置于机座压圈端面(图5)进行扇形扫查可以有效检测出电机焊缝中的多向缺陷。此时检测区域为距检测面深度为60 mm至100 mm的焊缝及热影响区，探头移动区宽度如图6所示。由于缺陷检出率受缺陷取向的影响，所以需要设计合理的扇形扫查角度范围，尽量使入射声束方向与焊缝熔合区界面以及缺陷取向接近垂直，并保证声束能覆盖整个焊缝截面，以防漏检。结合工件结构特点，采用纵波法检测，扇扫角度范围设置为 -30°~30°。

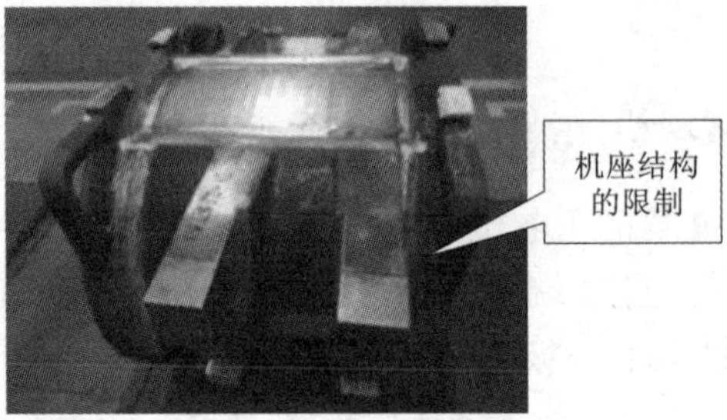

图4　机座实物结构

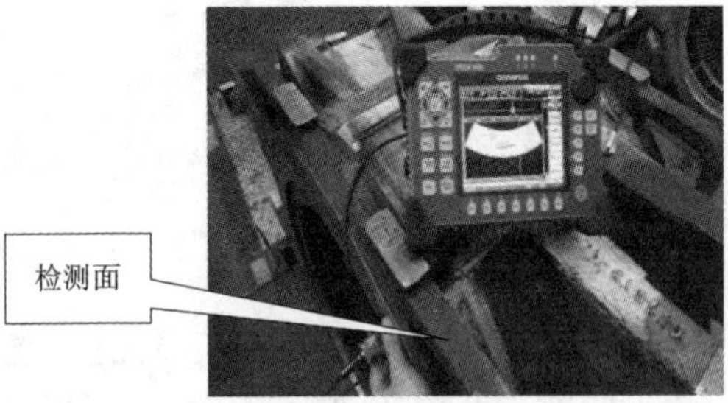

图5　压圈端面扫查

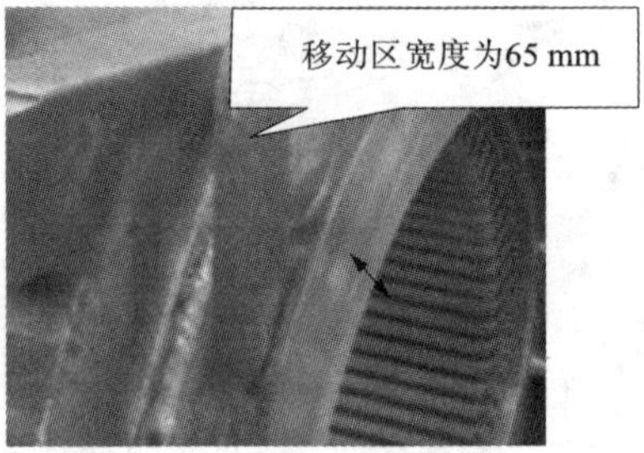

图6　探头移动区

3 相控阵超声检测工艺方法

3.1 检测设备和器材的选择

为保证焊缝的全面、可靠检测，检测采用 Olympus 相控阵检测系统，探头选用 5L32A11(5 MHz，32 晶片)，楔块选用直楔块 SA11 - 0L。此外，为避免材质衰减、表面声能损失的影响，采用实物对比试块进行仪器校准，检测面为垂直面选用黏度较大的专用耦合剂。

3.2 实物对比试块的制作

为了确定和校验检测灵敏度，根据定子机座的结构特点制作了实物对比试块，并根据实际焊接过程中容易出现的缺陷性质和质量验收要求，试块中的缺陷设计为 ϕ2 mm 长横孔缺陷。为确保焊缝不同深度位置的可靠检测，设计了 3 个 ϕ2 mm 长横孔试块，长横孔距检测面的距离分别为 70 mm、80 mm、90 mm，长横孔长度都为 40 mm、距焊缝表面深度都为 12.5 mm(即 1/2 板厚)。

3.3 检测参数的设置

角度步距设置：角度步距越小，检测精度和图像质量越好，但随着角度步距的减小，图像只会稍略显清晰，而以较大步距扫查得到的检测图像已经足够清晰，而且根据图像定量的结果也不会有明显变化，因此选择角度步距为 1°。

放大范围设置：该焊缝检测区为距检测面深度 60 mm 至 100 mm 的区域，因检测距离大使用仪器长屏范围而看不到图像的细节，Olympus 相控阵检测系列仪器可快速放大屏幕范围，在无需改变仪器原始校准的情况下为某个检测区域提供高清晰的分辨率。将 60 mm 至 100 mm 的 S 扫描区域设置为放大，图片更加清晰，从而对缺陷位置和形状做出更准确的判断。

3.4 仪器校准方法的确定

1)声速校准

选择实物压圈底面为校准反射面，选择声束角度调整光标并调整其位置使其显示出 0°，将探头置于电机机座检测面上并找到压圈底面最高回波，使得 A 扫显示 2 次回波并达到峰值基准波高，选定峰值位置进行校准。

2)楔块延迟校准

楔块延迟校准必须以校准中采用的所有角度被校准到真实深度，选择实物试块中距检测面深度为 90 mm 的 ϕ2 mm 长横孔为校准反射面，使得所有角度检测到这一底面的包络线达到同一选定范围内(图 7)。

3)灵敏度校准

相控阵超声检测灵敏度校准针对所有聚焦法则，为了对使用的每一个折射角和声程给出所需的增益调整，选择实物试块中距检测面深度为 90 mm 的

$\phi 2$ mm 长横孔为校准反射面，使得从校准反射面得到的信号达到峰值并调整为基准波高，以所有不同的角度或聚焦法则向后移动相控阵探头进行扫查，再以所有的折射角或者聚焦法则在校准反射面上向前扫查，相控阵系统将计算每个聚焦法则所需的增益并做调整（图 8），以此作为实际检测时的灵敏度。

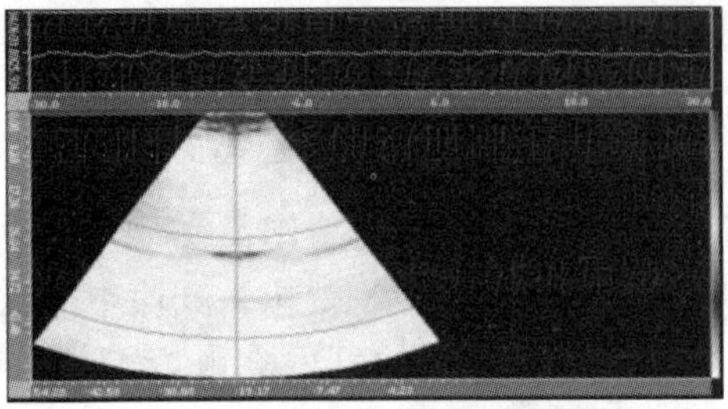

图 7　楔块延迟采集校准

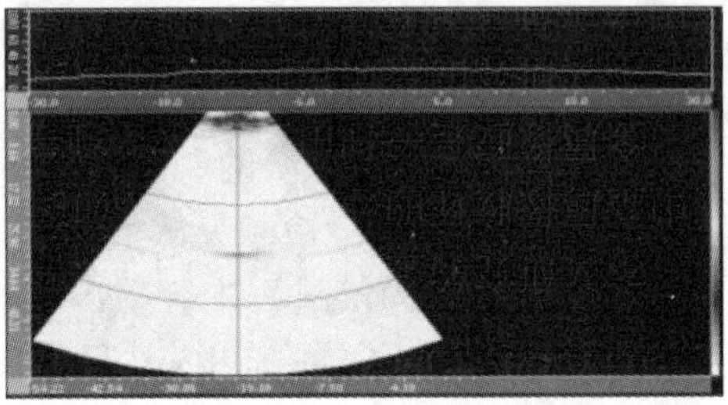

图 8　灵敏度采集校准

3.5　扫查方式

由于该探头晶片为线性阵列排列，为了保证有足够的覆盖，每个检测面需将探头转动扇形扫查重复检测 2 次，并采用 A 型显示、C 型显示、S 型显示和线性显示进行动态观察记录。

3.6　缺陷定量和定性

采用 A 型、C 型、S 型显示测定缺陷位置和长度，并结合声束传播特点通过压圈端面扫查的 C 扫描测定缺陷自身高度。通过对相控阵超声检测多维显示的缺陷图谱颜色、形貌、大小及缺陷位置、波形形态等特征进行分析，从多角度综合判断缺陷性质。

4　模拟工件试验验证

为了验证所制定的检测工艺能够满足检测要求及验证相控阵超声检测技术检测定子机座焊缝质量的可行性和可靠性，制作了与被检工件材质、表面状态、结构、焊接工艺等相同的的模拟试件 1#、试件 2#、试件 3#，模拟缺陷类型主要为根部未焊透、坡口未熔合（坡口两侧）等危害性缺陷。

对模拟试件采用 A 型、C 型、S 型多种扫描方式进行相控阵超声检测，将缺陷位置、长度、自身高度、最高波幅高度及缺陷类型判断等检测结果做详细记录，并通过线切割剖开断面进行磁粉检测验证检测效果，检测图谱和解剖图如图 9 ~ 图 11 所示。

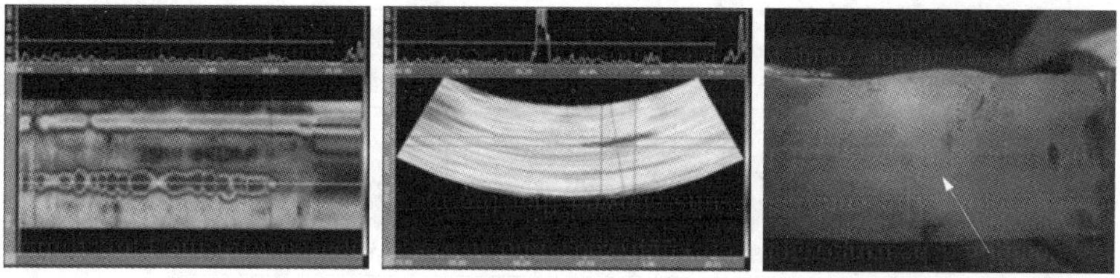

图 9　C 型显示（左）、S 型显示（中）、压圈侧未熔合解剖图（右）

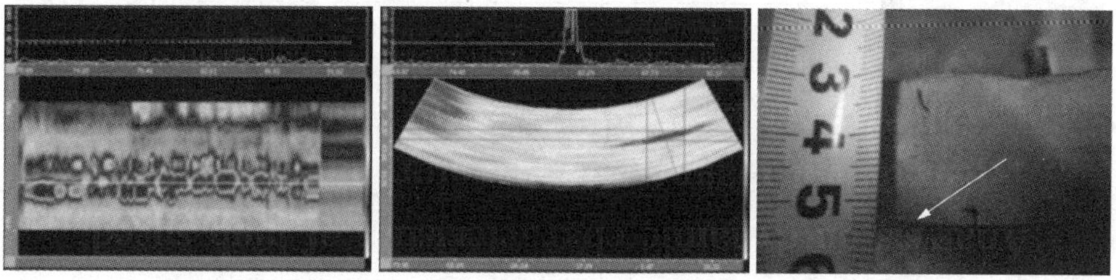

图 10　C 型显示（左）、S 型显示（中）、筋板侧未熔合解剖图（右）

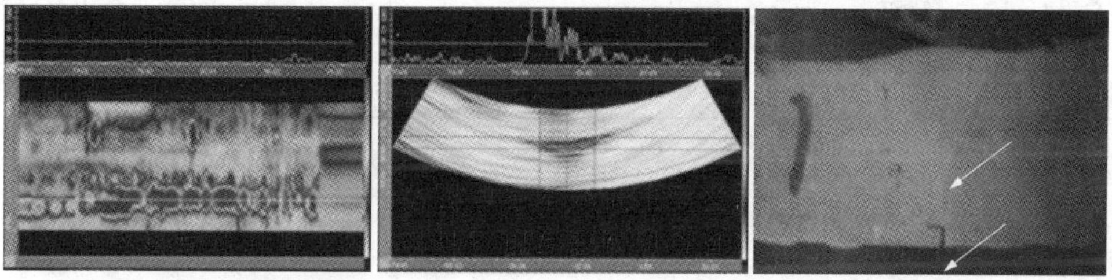

图 11　C 型显示（左）、S 型显示（中）、气孔和根部未焊透解剖图（右）

将相控阵超声检测结果与解剖结果进行对比分析（表 1），检测结果与解剖结果吻合。检测结果的准确性验证了制订的相控阵检测工艺能够保证对整个焊缝截面各种取向的缺陷有效检出，并且能通过压圈端面扫查的 C 扫描较为准确地测定缺陷自身高度和结合 A 型、C 型、S 型显示判定缺陷性质。

表 1　检测结果对比

<table>
<tr><th>试件编号</th><th>试件检测图和解剖图编号</th><th colspan="2">缺陷定量对比项目</th><th>相控阵超声检测/mm</th><th>解剖/mm</th><th>缺陷性质解剖验证结果</th></tr>
<tr><td rowspan="4">1#</td><td rowspan="4">图 9</td><td rowspan="2">位置</td><td>距焊缝中心距离</td><td>-7.5</td><td>-7.2</td><td rowspan="4">压圈侧未熔合</td></tr>
<tr><td>深度</td><td>8.5</td><td>8.1</td></tr>
<tr><td colspan="2">长度</td><td>23.2</td><td>-</td></tr>
<tr><td colspan="2">高度</td><td>5.3</td><td>4.4</td></tr>
<tr><td rowspan="4">2#</td><td rowspan="4">图 10</td><td rowspan="2">位置</td><td>距焊缝中心距离</td><td>9.1</td><td>8.7</td><td rowspan="4">筋板侧未熔合</td></tr>
<tr><td>深度</td><td>6.8</td><td>6.5</td></tr>
<tr><td colspan="2">长度</td><td>14.5</td><td>-</td></tr>
<tr><td colspan="2">高度</td><td>6.1</td><td>5.2</td></tr>
<tr><td rowspan="4">3#</td><td rowspan="4">图 11</td><td rowspan="2">位置</td><td>距焊缝中心距离</td><td>0.4</td><td>0.2</td><td rowspan="4">根部未焊透</td></tr>
<tr><td>深度</td><td>24.6</td><td>24.8</td></tr>
<tr><td colspan="2">长度</td><td>40.2</td><td>-</td></tr>
<tr><td colspan="2">高度</td><td>3.5</td><td>2.2</td></tr>
<tr><td rowspan="4">3#</td><td rowspan="4">图 11</td><td rowspan="2">位置</td><td>距焊缝中心距离</td><td>5.4</td><td>4.9</td><td rowspan="4">气孔</td></tr>
<tr><td>深度</td><td>13.4</td><td>13.1</td></tr>
<tr><td colspan="2">长度</td><td>3.4</td><td>-</td></tr>
<tr><td colspan="2">高度</td><td>3.6</td><td>2.4</td></tr>
</table>

5　实物检测结果对比分析

按照上述检测工艺，除进行模拟试验验证外，还共计检测了 1000 余台机车电机实物工件，发现了有超标缺陷的电机有 87 台。同时，对相控阵超声检测发现有问题的工件进行标识和定位，并对检测数据进行统计、对比和分析，以缺陷位置及图谱特征分析判定缺陷性质，然后分别进行磨削解剖和湿法磁粉检测验证，部分验证结果如图 12 所示，比对结果与实际情况吻合。

6　结论

为了获得合适的检测角度声束，常规超声检测面主要为焊缝两侧，仅将常规探头置于焊缝端面检测往往难以达到检测效果。相控阵超声检测具有声束角

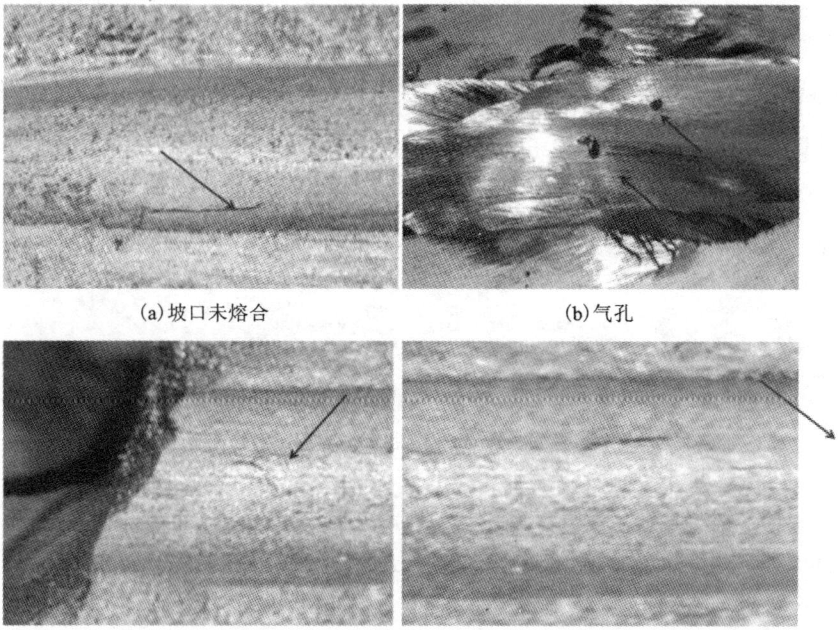

(a)坡口未熔合　(b)气孔

(c)收弧处裂纹　(d)根部未焊透

图 12　解剖验证部分结果

度可控和动态聚焦等优点，通过制作模拟试件进行试验，并对机车电机焊缝进行相控阵超声检测数据和图谱分析及解剖验证，结果表明将相控阵探头置于焊缝端面扫查能够完成对该类焊缝全体积的可靠检测，并且能提高检测定位、定量及定性的准确度，有效解决了该类焊缝超声检测空间小、超声波可达性差等问题，从而实现了对重载机车电机焊缝质量的有效控制。

——来源：《无损探伤》2019 年第 43 卷第 1 期

金属橡胶滚动轴承-高速永磁电机转子动力特性分析

刘龙辉　晏才松　曾　纯　周立安

摘　要：利用金属橡胶良好的刚度与阻尼特性，将金属橡胶与滚动轴承组合起来，应用于某小型高速永磁电机来支承电机转子，基于 DyRoBeS 对该转子的动力特性进行分析，并与纯滚动轴承-转子对比，结果表明：采用金属橡胶后，电机转子临界转速有效降低从而远离工作转速，并使转子稳态不平衡响应明显减小。同时分析了金属橡胶环孔隙度、厚度和宽度对电机转子临界转速的影响，为后续试验及工程应用研究提供参考。

关键词：金属橡胶；滚动轴承；高速永磁电机；转子动力特性

Analysis on dynamic characteristics of high speed permanent magnet motor rotor supported by rolling bearing combined with metal rubber

Liu Longhui　Yan Caisong　Zeng Chun　Zhou Li'an

For the metal rubber' good characteristics on stiffness and damping, put metal rubber combined with rolling bearing. It was applied to supporting a small high-speed permanent magnet motor rotor. Based on DyRoBeS, the dynamic characteristics of this combined bearing-rotor were analyzed, and it was compared with the pure rolling bearing-rotor. The analysis results showed that the metal rubber made the motol rotor critical speed reduced effectively and away from work speed. Also it made the rotor stable unbalance response significantly reduced. Then the influence curves of the critical speed of the rotor with the porosity, thickness and width of the metal rubber ring were analysized, it will provide reference for subsequent experimental study and engineering application research.

Keywords: metal-rubber; rolling bearing; high-speed permanent magnet motor; rotor dynamic characteristics

0 引言

高速永磁电机具有效率高、体积小、功率密度大、控制性能好等优点，正逐渐应用于制冷、食品制药、天然气输送、燃料电池、燃气发电等多领域，已成为国内外电工领域研究热点。转子－支承系统设计作为高速永磁电机设计的重要内容之一，需保证电机转子同时满足电磁、强度、转子动力特性要求，其中，转子动力特性分析已成为高速永磁电机转子设计的核心技术之一，转子动力特性指标直接决定电机是否能安全稳定运行。

现有高速永磁电机轴承主要有滚动轴承、滑动轴承、磁浮轴承、气浮轴承等多种型式，其中滚动轴承类高速永磁电机成本最低、结构最简单、使用维护最方便，在中小功率高速电机中有较广泛地应用，并特别适用于新能源汽车、航空航天等领域。由于滚动轴承自身阻尼很小，纯滚动轴承支承的转子很难越过临界转速区域，因而该类转子多为刚性转子，这就限制了滚动轴承类电机往更高转速方向发展。为了进一步提高滚动轴承电机转速并使其能顺利越过临界转速区域，需引入阻尼结构或元件，改善支承的阻尼特性，抑制电机振动。

国内外很多学者将弹性支承、挤压油膜阻尼器等与滚动轴承组合起来进行研究，取得了良好减振效果。本文将金属橡胶环与滚动轴承组合安装，构成一种弹性阻尼组合支承，针对该组合支承下的高速永磁电机转子动力特性进行分析。

1 组合支承－高速永磁电机转子模型

本文研究的金属橡胶滚动轴承－高速永磁电机转子系统结构如图 1 所示，其中金属橡胶环的外形结构尺寸如图 2 所示。

金属橡胶是一种由金属原丝缠绕成螺旋卷并压制而成的多孔弹性阻尼元件。本文研究的金属橡胶滚动轴承组合支承的结构方案为：先将金属橡胶环安装固定于轴承外环上，再套装在轴承座内，轴承外环两端为星形导向块结构，分别与定位环 A、定位环 B 端部的星形导向槽配合，使得轴承外环只能带动金属橡胶环做径向收缩运动和小幅度的周向旋转运动，并限制其他方向的自由运动。

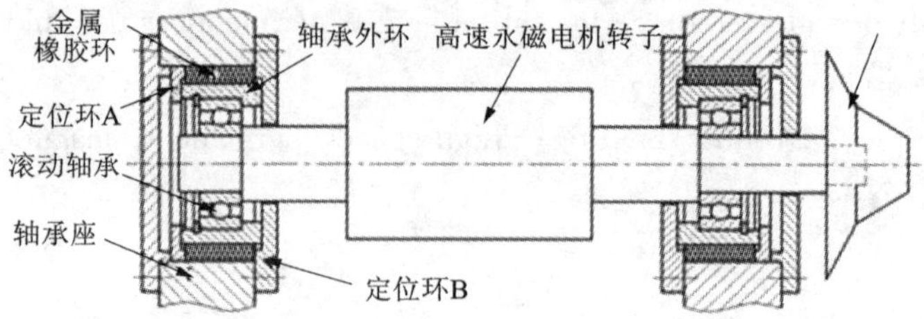

图1　组合支承-高速永磁电机转子系统结构示意图

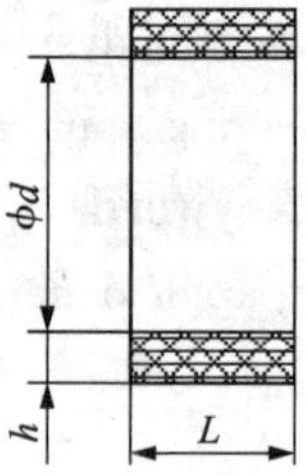

图2　金属橡胶环结构尺寸

2　组合支承的刚度与阻尼数学模型

工程应用中大都将滚动轴承简化成一个静刚度支承，其径向静刚度大多位于$1\times10^4\sim5\times10^5$ N/mm区间内。为了简化计算，可将组合支承视为滚动轴承与金属橡胶环串联，其刚度为两者的等效串联刚度，其阻尼则全部由金属橡胶环提供。

金属橡胶作为一种性能优良的弹性阻尼元件，在国外已实现工程化应用，而目前国内多用于样机及试验研究。文献对金属橡胶的刚度阻尼特性进行了理论分析研究，当金属橡胶环处于小变形范围时，金属橡胶的静刚度可近似表达为：

$$k_{\mathrm{j}}=\frac{B_{\mathrm{j}}E_0PLd_0^4(d+h)(1-\varphi)^2}{192hd_{\mathrm{s}}^5} \tag{1}$$

式中：E_0为金属丝弹性模量；P为螺旋卷螺距；d_0为金属丝直径；L为金属橡胶环宽度；d为金属橡胶环内径；φ为金属橡胶环孔隙度；h为金属橡胶环厚度；d_{s}为螺旋卷直径；B_{j}为实验拟合修正系数。

而组合支承的等效刚度为：

$$k=\frac{k_{\mathrm{j}}k_{\mathrm{g}}}{k_{\mathrm{j}}+k_{\mathrm{g}}} \tag{2}$$

式中：k_{j}——金属橡胶环的静刚度；k_{g}——滚动轴承的静刚度。

当金属橡胶环处于小变形状态时，其等效黏性阻尼近似表达为：

$$c_{\mathrm{j}}=\frac{B_{\mathrm{c}}E_0PLd_0^4(d+h)(1-\varphi)^2}{192\pi\omega hd_{\mathrm{s}}^5} \tag{3}$$

式中：B_{c}——实验拟合修正系数；ω——振动角频率。

3　组合支承-转子动力特性分析

3.1　转子-支承系统有限元模型建立

本文研究的高速永磁电机额定功率为15 kW，额定转速为26000 r/min，电机转子两端采用金属橡胶滚动轴承支承，转子由转轴、转子压圈、转子铁芯(内嵌永磁体)、叶轮等组成。基于 DyRoBeS 软件进行电机转子动力特性分析计算，转子－支承系统有限元模型如图 3 所示，各轴段通过节点连接，整个转子共由 26 个节点组成。

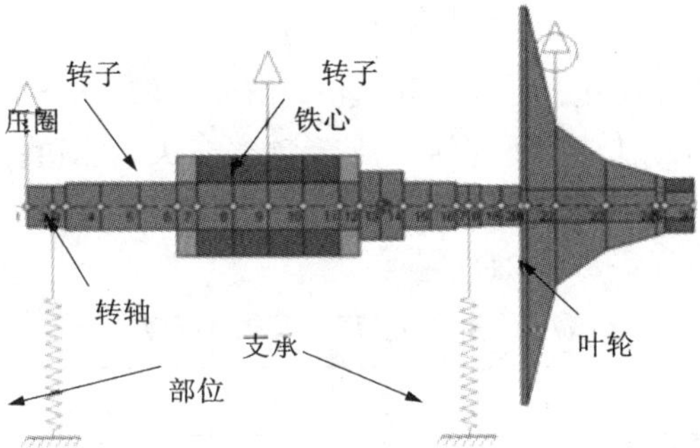

图 3　某型高速永磁电机转子－支承系统有限元模型

3.2　纯滚动轴承－转子临界转速分析

为了确定转子系统支承部位的优化方向，在不改变转子主体结构情况下，先分析转子临界转速随支承刚度的变化趋势，电机转子前 3 阶临界转速随支承刚度变化曲线如图 4 所示。

由图 4 可知，当支承刚度位于 $2\times10^4\sim3\times10^5$ N/mm 区间时，工作转速位于转子前 2 阶临界转速区域内，因此支承刚度应尽量避开该刚度区间。而本电机滚动轴承径向静刚度约为 1.2×10^5 N/mm，初步判断不能满足要求。

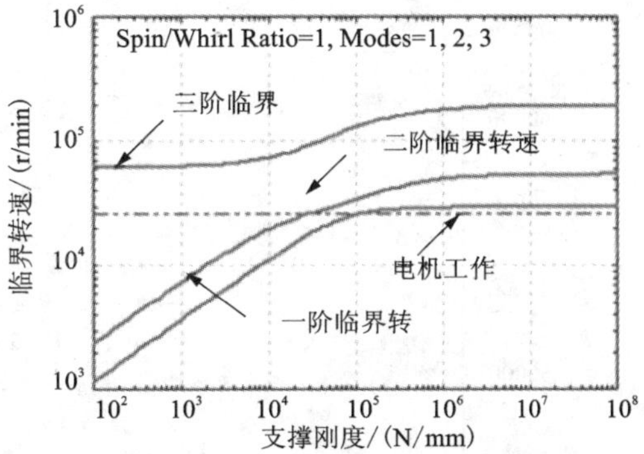

图 4　电机转子前 3 阶临界转速随支承刚度变化曲线

计算得到的纯滚动轴承－转子前 3 阶临界转速及振型为：一阶临界转速为 25917 r/min，其振型为锥摆；二阶临界转速为 33748 r/min，其振型为平摆；三阶临界转速为 131382 r/min，其振型为一弯。而本电机额定工作转速为 26000 r/min，与一阶临界转速很接近，因此，纯滚动轴承支承不能满足设计要求，需对支承部位进行优化，减小刚度、增大阻尼。

3.3 组合支承－转子临界转速分析

本文研究的组合支承中金属橡胶环的各项参数如表1所示，为了便于分析，假定在电机转子运转过程中金属橡胶环始终处于小变形状态。

根据公式(1)，求得金属橡胶环径向刚度约为5.5×10^3 N/mm，再根据公式(2)求得组合支承径向等效刚度约为5.26×10^3 N/mm。

组合支承的阻尼全部由金属橡胶环提供，由公式(3)可知，金属橡胶环阻尼除了与自身各项参数有关以外，还与转子旋转频率有关，且随着频率增加，阻尼将减小。

表1 金属橡胶环各项参数取值

金属橡胶环结构参数	d	h	L	φ
	70 mm	7 mm	30 mm	0.5
金属丝螺旋卷单元参数	E_0	P	d_0	d_s
	1.98×10^{11} Pa	1.2 mm	0.1 mm	1.2 mm

以表1数据为参考，保持金属橡胶环其他参数不变，定性分析金属橡胶环孔隙度φ、厚度h、宽度L对转子临界转速的影响，得出转子临界转速随金属橡胶环孔隙度φ、厚度h、宽度L变化曲线，分别如图5、图6、图7所示。

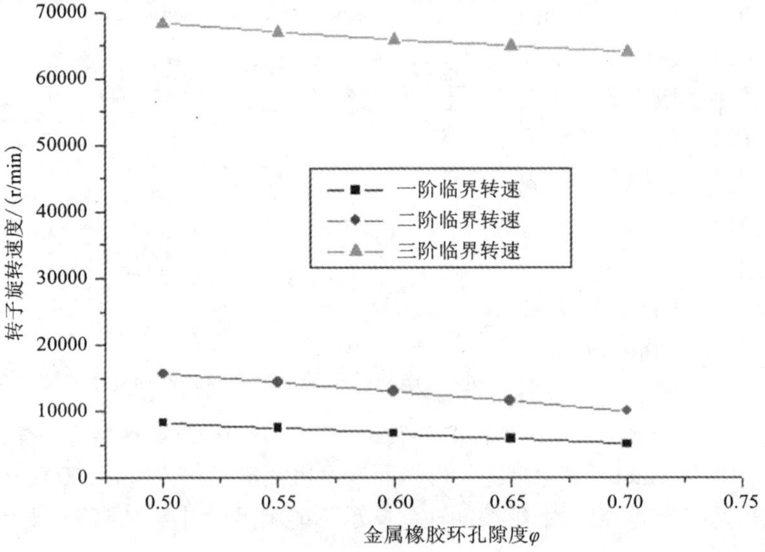

图5 转子临界转速随金属橡胶环孔隙度φ变化曲线

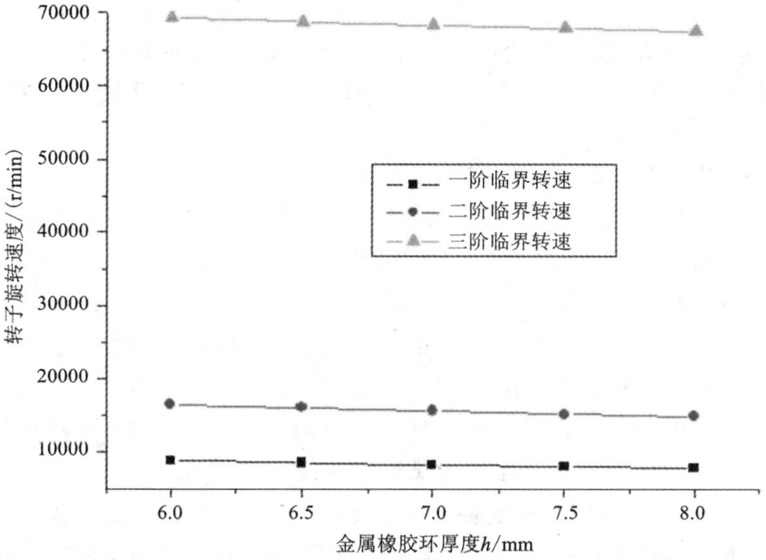

图 6　转子临界转速随金属橡胶环厚度 *h* 变化曲线

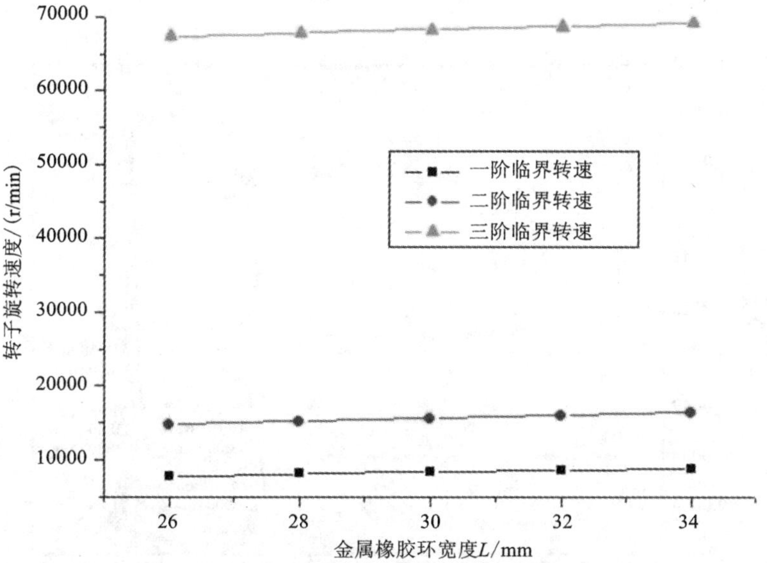

图 7　转子临界转速随金属橡胶环宽度 *L* 变化曲线

由图 5、图 6、图 7 可知：相比于纯滚动轴承－电机转子，采用金属橡胶后，组合支承－电机转子钱 3 阶临界转速明显降低，且转子前 2 阶临界转速均在电机额定转速 26000 r/min 以下，且能满足 20% 以上的隔离裕度要求；组合支承 – 高速永磁电机转子前 3 阶临界转速均随金属橡胶环宽度增加而增大，而随厚度和孔隙度增加而减小，其中，转子前 3 阶临界转速均随金属橡胶环孔隙度变化较快，而随金属橡胶环厚度和宽度变化较平缓。

3.4　组合支承 – 转子稳态不平衡响应分析

转子稳态不平衡响应是指由转子不平衡质量产生的离心力引起的转子 – 支承系统稳态动力响应。根据 API 617 标准，转子稳态不平衡响应主要考察隔离裕度 *SM* 值和放大因子 *AF* 值两个指标。

纯滚动轴承 – 转子和组合支承 – 转子稳态不平衡响应分别如图 8、图 9 所示，其中组合支承中金属橡胶环参数按表 1 选取。

由图 8、图 9 可知，纯滚动轴承 – 转子 *AF* 值最大为 70.14，且该转速点与电机额定工作转速 26000 r/min 很接近，不满足 API 617 要求。而组合支承 – 转子 *AF* 值（离工作转速最近点）小于 2.5，无隔离裕度要求，满足 API 617 要求，说明转子能快速越过前 2 阶刚体临界转速而不产生明显振动。因此，采用金属橡胶滚动轴承组合支承后，转子稳态不平衡响应明显改善，而且实际应用时，还可对金属橡胶环各项参数进行优化，以适应不同转速工况要求。

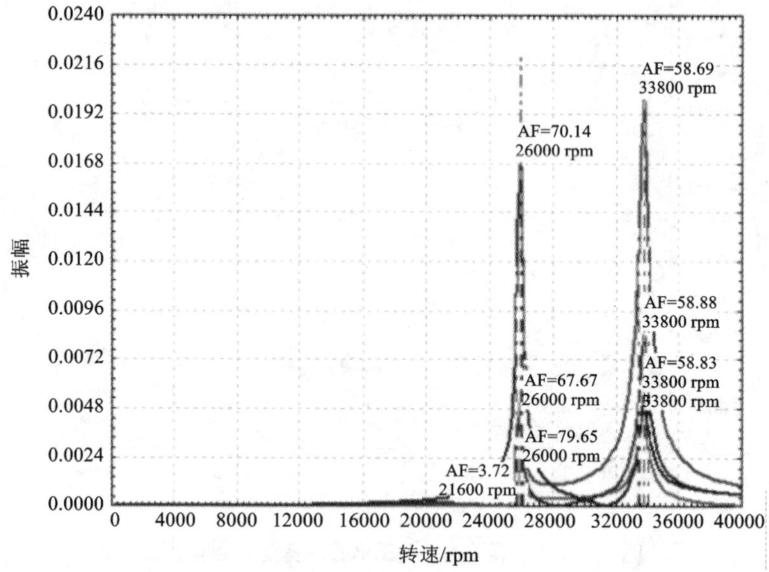

图 8　纯滚动轴承 – 转子各典型节点稳态不平衡响应

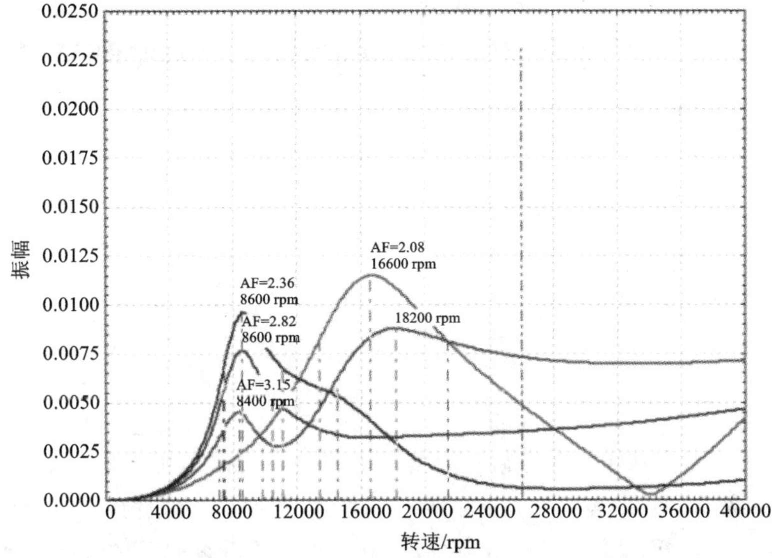

图9　组合支承－转子各典型节点稳态不平衡响应

4　结论

本文在某型高速永磁电机上采用金属橡胶滚动轴承组合支承，对该组合支承－转子动力特性进行了分析，并与纯滚动轴承－转子对比，分析结果表明：

（1）相比于纯滚动轴承支承，金属橡胶滚动轴承支承使转子临界转速有效降低，与电机额定转速有足够的隔离裕度，确保电机能够安全稳定运行。同时，组合支承－转子系统稳态不平衡响应更好，因而电机转子能快速越过临界转速而不产生明显振动。

（2）随着金属橡胶环厚度和孔隙度增加、宽度减小，金属橡胶滚动轴承－高速永磁电机转子临界转速逐渐减小；其中，孔隙度对电机转子临界转速的影响最为明显。

这将为中小型高速永磁电机（尤其是滚动轴承类高速永磁电机）应用新型弹性阻尼支承结构提供参考，目前该样机正在试制中，后续将开展试验与工程应用研究。

——来源：《微特电机》2019，47

基于 Maxwell 的永磁同步电动机最佳电流控制特性曲线绘制方法

孟曙光　黄鹏程　李威扬

摘　要： 基于 Ansys Maxwell 软件提出了定子电流的最佳控制特性曲线绘制方法。以某型永磁同步电动机为研究对象，采用 Ansys Maxwell 软件计算了满足最大转矩/电流及普通弱磁控制策略时所对应的电流矢量有效值、内功率因数角，进而绘制了电机的转矩、输出功率、d 轴电流、q 轴电流随转速的变化曲线。通过 Ansys Maxwell 仿真值与 Matlab 解析解的对比，结果表明文中提出的采用 Ansys Maxwell 软件仿真定子电流最佳控制特性曲线的方法是正确有效性的。

关键词： Ansys Maxwell；永磁同步电动机；最佳电流控制；最大转矩/电流控制；弱磁控制

Plotting method on best current control characteristic curves for permanent magnet synchronous motor by Ansys Maxwell software

Meng Shuguang　Huang Pengcheng　Li Weiyang

Abstract： A method on drawing the characteristic curves has been put forward based on the basic principle of stator current optimum control strategy. Taking a type of permanent magnet synchronous motor as the research object, the current effective value and inner power factor angle have been calculated under the maximum torque/current and flux weakening control strategy using Ansys Maxwell software. Then, the curves for the motor torque vs speed, output power vs speed, d axis current vs speed and q axis current vs speed are presented. The comparison between the Ansys Maxwell simulation value and Matlab analytical value demonstrates that the simulation method of the stator current optimal control characteristic curves based on Ansys Maxwell software is correct and effective.

Key words: Ansys Maxwell; permanent magnet synchronous motor; optimum current control; maximum torque / current control; flux weakening control

0 引言

永磁同步电机定子电流最佳控制是一种在不超出逆变器供电极限能力的情况下，通过控制电流矢量使电机在整个运行范围内输出最大电磁功率的控制策略。在该控制策略下得到的电磁转矩、输出功率、定子电流等参数随转速变化的特性曲线，成为衡量永磁同步电机最大出力能力和选择电机型号的重要依据。

ANSYS Maxwell 是一款用于电机电磁方案设计和性能仿真的重要工具，业已受到国内外学者的青睐。最初 ANSYS Maxwell 仅用于电机的本体设计及磁场性能的分析，例如崔薇佳等采用 ANSYS Maxwell 软件仿真了不同的电磁方案，实现了减小齿槽转矩的目的。魏曙光等基于 ANSYS Maxwell 软件设计了一种定子双绕组的复合发电系统。随着 ANSYS Maxwell 应用技术的不断发展，出现了在研制阶段就开始关注电机的外特性及控制策略的研究成果。Takashi ABE 等在 ANSYS Maxwell 的 Simploer 应用模块中搭建了 DSP(数字信号处理 Digital Signal Processing)控制模块 PWM(脉宽调制 Pulse Width Modulation)信号生成模块、PWM 逆变模块及高速电机模块，实现了场路双向耦合计算。Ling 等基于 ANSYS Maxwell 软件建立了开关磁阻电机的有限元模型，研究了不同控制策略时电机的动态特性，并借助与 Matlab 结果的对比，验证了其方法的正确性。但是，通过 ANSYS Maxwell 与 Simploer 联合仿真，需要耗费大量的计算时间。因为在 Simploer 控制电路的每一个时间步内，都要在 ANSYS Maxwell 2D 中进行一次电磁场计算。而且，要研究电机的最佳电流控制等控制特性，就要在 Simploer 中搭建复杂的控制电路，这给非电机控制专业的工程设计人员带来很大困扰。另外，ANSYS 公司也推出了可以单凭 ANSYS Maxwell 就能仿真转矩－转速特性曲线的工具包，但该工具包需要额外购买。因此，仍然需要深入研究基于 ANSYS Maxwell 软件绘制定子电流最佳控制特性曲线的方法。

为此，根据定子电流最佳控制策略的基本原理，提出基于 ANSYS Maxwell 软件的特性曲线绘制方法。以某型永磁同步电动机为研究对象，采用 ANSYS Maxwell 软件计算满足最大转矩/电流及普通弱磁控制策略时所对应的电流矢量有效值、内功率因数角，进而绘制电机的转矩、输出功率、d 轴电流、q 轴电流随转速的变化曲线。为验证文中方法的正确性，对比分析 ANSYS Maxwell 仿真值与 Matlab 解析解的结果。

1 正文

1.1 基于 Maxwell 查找定子电流的最佳控制工作点的方法

1)最大转矩/电流控制

以额定工作点的电压作为电压极限值，在保持额定工作点电流有效值和内功率因数角不变的条件下参数化扫略转速即可。

2)弱磁控制

在某一转速时参数化扫掠电流有效值和内功率因数角，再通过相电压－转速曲线插值查找满足最大电压极限条件的所有电流有效值和内功率因数角，进而找到电磁转矩最大值所对应的电流有效值和内功率因数角。当电流有效值等于额定电流的有效值时，表明电机运行于普通弱磁区；当电流有效值小于额定电流的有效值时，表明电机运行于最大输出功率弱磁区。

当仅存在普通弱磁控制时，在额定电流有效值条件下，参数化扫掠电机转速和内功率因数角即可找到满足电压极限条件的内功率因数角，进而求出相应的电磁转矩。但若存在最大功率弱磁控制，该方法将不能得出普通弱磁控制的极限转速。

1.2 基于 ANSYS Maxwell 的定子电流的最佳控制仿真算例

为验证上述方法的有效性，以某型号永磁同步电动机为研究对象具体展示文中方法在 ANSYS Maxwell 中的应用过程。其中，在进行仿真计算时，考虑到热负荷的限制，将电机额定电压作为极限电压，额定电流作为极限电流(表 1)。

表 1 某型号永磁同步电动机的电磁参数

参数项目	参数数值
额定功率 P_N/kW	35
额定电压 U_N/V	660
额定电流 I_N/A	32.58

续表 1

参数项目	参数数值
额定转矩 T_e/N · m	111.4
额定转速 n/(r · min^{-1})	3000
极数 2p	8
定子电阻 R_s/Ω	0.075
相端部漏感 L_e/ mH	0.1
d 轴电感 L_d/mH	2.6
q 轴电感 L_q/mH	2.61
永磁体磁链 ψ_f/Wb	0.4082
热负荷 A2/(A/cm × A/mm^2)	1500
绕组连接方式	星形连接

在 ANSYS Maxwell 中电机二维几何模型如图 1 所示。

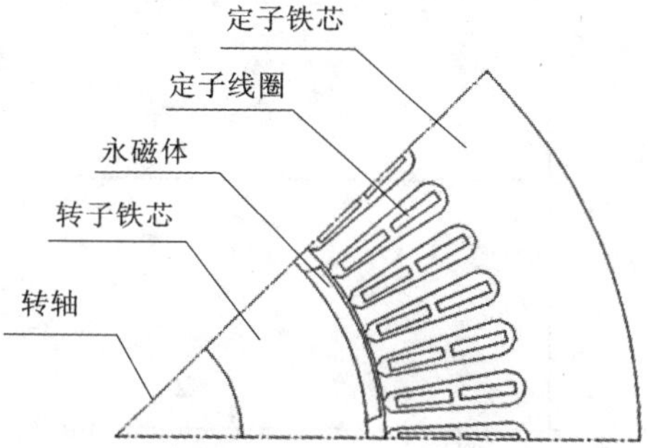

图 1　某型号永磁同步电动机模型

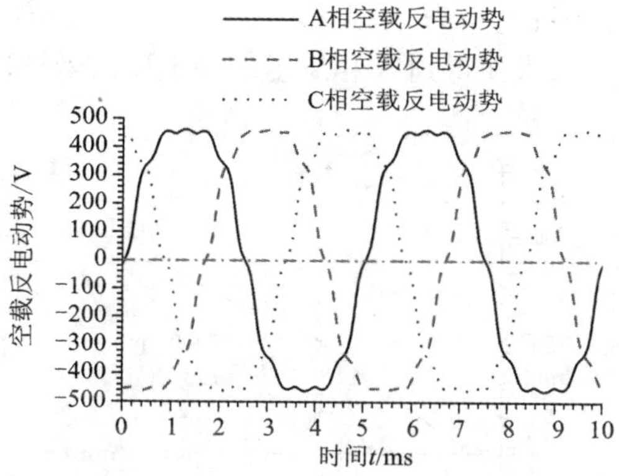

图 2　空载反电动势随时间变化曲线

1.2.1　求额定工况的运行点

1)对齐 A 相轴线和永磁体 N 极轴线

在电流源激励下求出空载反电动势随时间的变化曲线(如图 2 所示)。在t =0 时刻 A 相空载反电动势通过原点，表明 A 相轴线与永磁体 N 极已经对齐。

2)额定工作点

设置额定电流的有效值为32.58 A且额定转速为3000 r/min，在-90°~90°范围内参数化扫掠内功率因数角，仿真计算后输出电磁转矩平均值随内功率因数角变化曲线(见图3)。通过查找该曲线上的最大电磁转矩(111.8 N·m)，从而找到额定工作点所对应的内功率因数角(0°)。

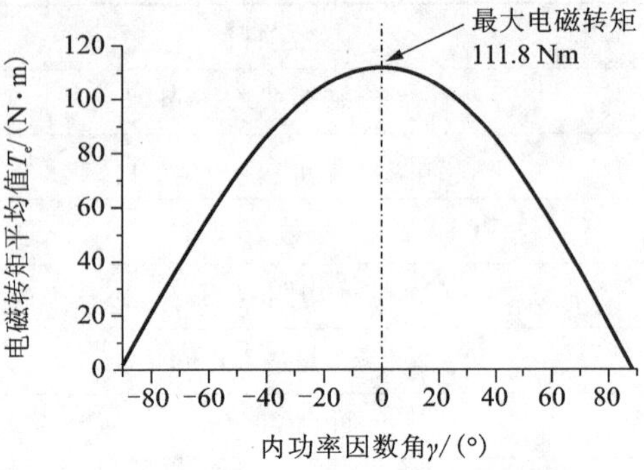

图3 求取额定工作点

1.2.2 满足最大转矩/电流控制的工作点

在额定电流有效值为32.58A及内功率因数角为0°条件下，在0~3000 r/min范围内参数化扫掠转速。仿真结束后按式(1)求出A相的相电压瞬态值$U(t)$。

$$U(t)=R_s i(t)+L_e\frac{\mathrm{d}i(t)}{\mathrm{d}t}+\frac{\mathrm{d}\psi(t)}{\mathrm{d}t} \tag{1}$$

式中：$i(t)$为A相的定子电流瞬态值；$\psi(t)$为A相的瞬态磁链。

进而得到A相绕组的相电压有效值随转速的计算结果如图4、图5所示。

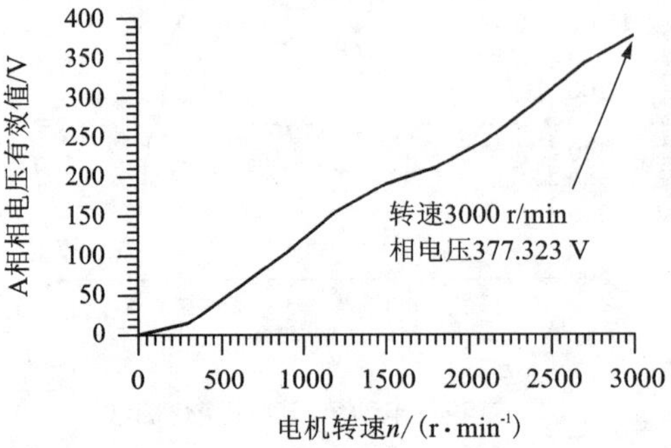

图4 最大转矩/电流区相电压随转速的计算结果

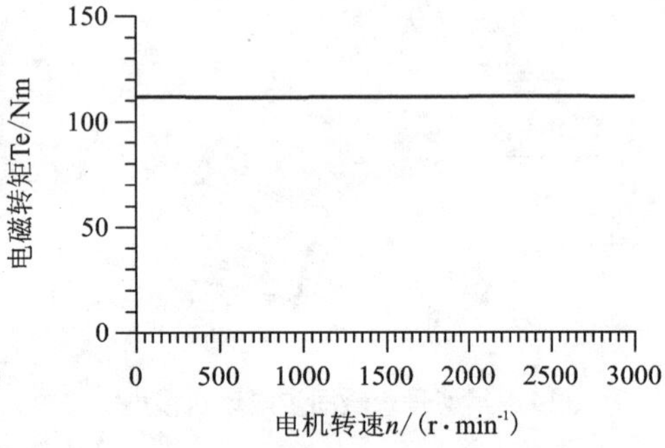

图5 最大转矩/电流区电磁转矩随转速的计算结果

从图4可知，转速从0 r/min增至3000 r/min，A相绕组的相电压从0 V增加至377.323 V。在额定转速3000 r/min时，比额定相电压381.05 V仅低约1%。

从图 5 可以看出，当转速从 0 r/min 增至 3000 r/min 时，电磁转矩几乎为定值，平均值约为 111.7 N·m，仅比额定转矩 111.4 N·m 大约 0.27%，与最大转矩/电流控制条件下电机输出恒定转矩的常识相符，表明采用文中方法可以正确计算出满足最大转矩/电流控制的工作点。

1.2.3　满足普通弱磁控制的工作点

(1)以转速为 3600 r/min 为例，按文中方法找到该转速下满足普通弱磁控制的工作点。

参数化扫掠定子电流有效值，部分计算结果如图 6、图 7 所示。在图 6 中，根据 A 相绕组相电压有效值 381.05 V，可查找不同电流有效值所对应的内功率因数角。例如，电流有效值为 32.58 A 时所对应的内功率因数角为 25.46°。进而在图 7 中，查出相应的电磁转矩为 100.82 N·m。

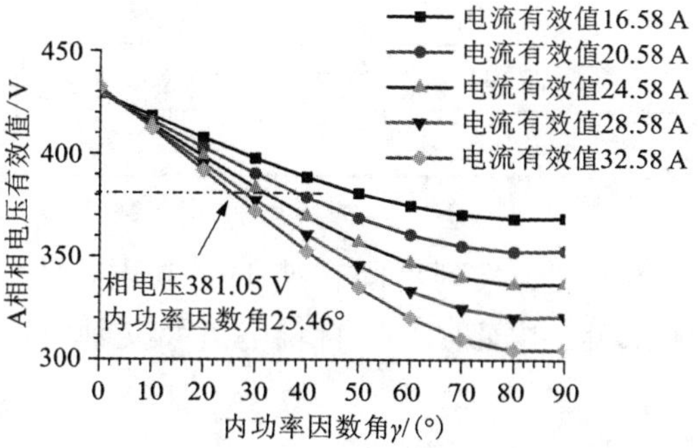

图 6　弱磁区的工作点

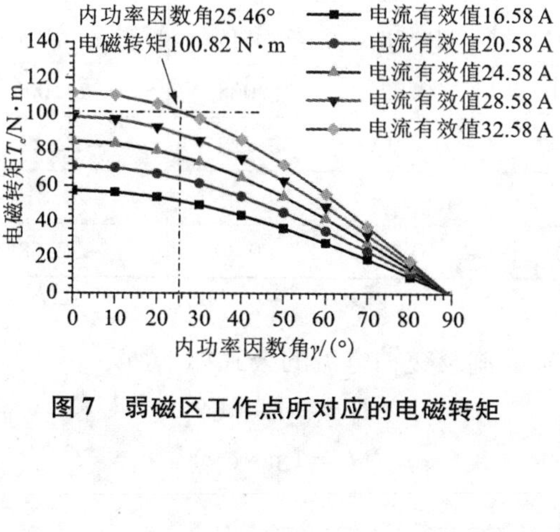

图 7　弱磁区工作点所对应的电磁转矩

(2)将 3600 r/min 转速下的计算结果汇总于表2。

从表2可知，随着电流有效值从16.58 A增至32.58 A，内功率因数角从49.72°减至25.46°，电磁转矩从36.64 N·m增至100.82 N·m，输出功率从13.813 kW增至38.008 kW。可见当电流矢量的有效值达到额定值32.58 A，内功率因数角为25.46°时，电磁转矩最大、相应的电磁功率也最大，电动机运行在普通弱磁区。

表2 普通弱磁区工作点的部分数据(3600 r/min)

定子电流有效值/A	内功率因数角/(°)	电磁转矩/N·m	电磁功率/kW
16.58	49.72	36.64	13.813
20.58	38.08	55.54	20.938
24.58	31.80	71.74	27.045
28.58	27.94	86.69	32.681
32.58	25.46	100.82	38.008

(3)重复应用上述方法，找到不同转速下的电流有效值和内功率因数角，并计算出相应的电磁转矩、电磁功率、直轴电流及交轴电流，再将所得结果列于表3。

表3 普通弱磁区电机性能随转速变化的部分数据

转速/($r\cdot min^{-1}$)	内功率因数角/(°)	电磁转矩/Nm	电磁功率/kW	d电流/A	q电流/A
3300	9.64	110.38	38.145	-5.456	32.12
3600	25.46	100.82	38.008	-14.006	29.416
3900	43.97	80.12	32.722	-22.62	23.448
4200	66.21	44.12	19.405	-29.812	13.142
4500	90	0	0	-32.58	0

其中，计算直轴电流及交轴电流的公式如下所示。

$$I_d = -I_s\sin(\gamma) \tag{2a}$$

$$I_q = I_s\cos(\gamma) \tag{2b}$$

在式(2)中，I_d 为 d 轴电流；I_q 为 q 轴电流；I_s 为定子电流有效值；γ 为内功率因数角。

2 特性曲线的对比分析

根据图 4 和表 3 中数据绘制了电磁转矩、电磁功率、d 轴电流及 q 轴电流随转速变化的特性曲线，见图 8、图 9。采用表 1 中给出的电磁参数，并根据相关理论计算出了相应的解析解。ANSYS Maxwell 仿真值与 Matlab 解析解的对比分析如下：

2.1 电磁转矩及电磁功率对比分析

从图 8 中可以看出，当转速从 0 r/min 增至 3000 r/min 时，采用 ANSYS Maxwell 计算出的电磁转矩几乎恒定不变，约为 111.7 Nm；电磁功率随转速线性增至 35.091 kW。当转速达到 4500 r/min 时，电磁转矩降至 0 Nm；电磁功率先增至 38.145 kW 再降至 0 kW。在整个速度范围内，ANSYS Maxwell 仿真值与 Matlab 解析解的电磁转矩和电磁功率基本吻合。

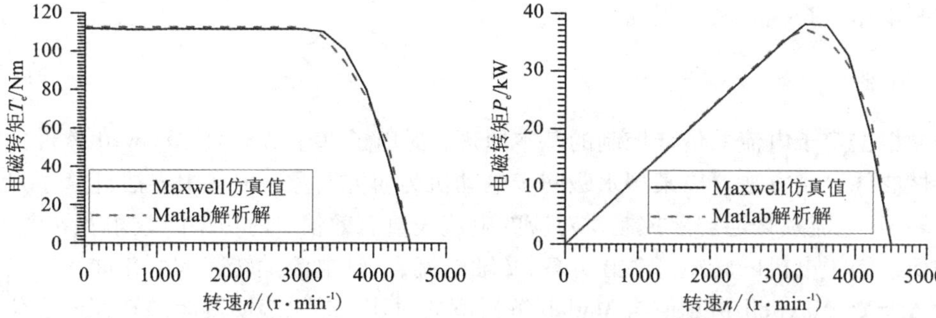

(a) 电磁转矩对比　　(b) 电磁功率对比

图 8 电磁转矩及功率随转速变化特性曲线的对比

2.2 定子电流对比分析

从图 9 中可以看出，转速从 0 r/min 增至 3000 r/min，ANSYS Maxwell 计算出的 d 轴电流恒为 0 A，q 轴电流恒为 32.58 A，与表贴式永磁电机最大转矩/电流控制即是 $i_d = 0$ 控制的理论相符。在整个速域内，ANSYS Maxwell 仿真值与 Matlab 解析解的 d 轴电流和 q 轴电流随转速变化的趋势完全一致。

以上对比结果表明，文中提出的采用 ANSYS Maxwell 软件得出定子电流的最佳控制特性曲线的方法是正确有效的。而且，与解析计算相比，采用 ANSYS Maxwell 软件可以研究特定工作点时电机内部磁场的分布情况，还可以考虑铁

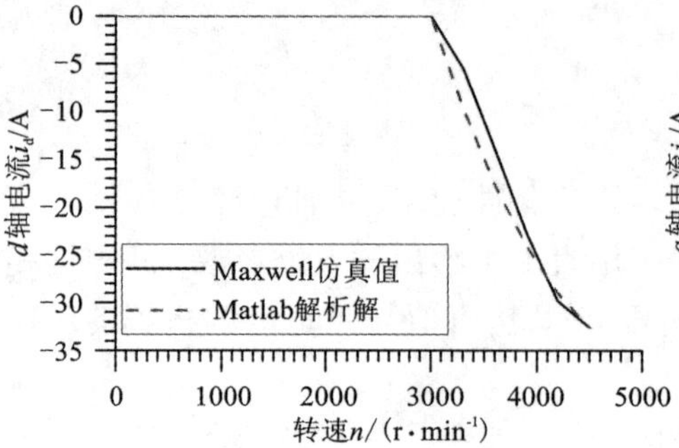

(a) d轴电流对比

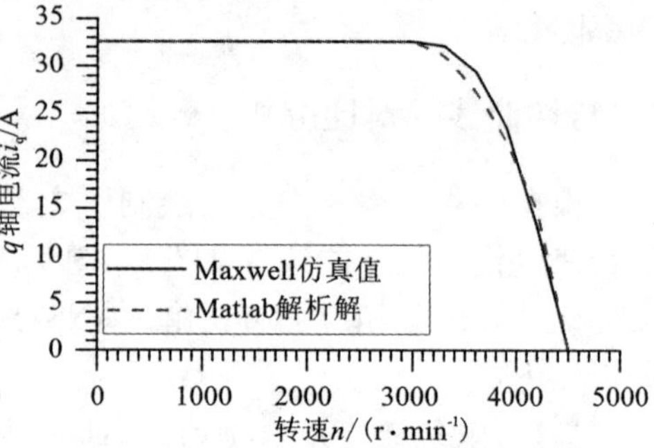

(b) q轴电流对比

图9　d轴、q轴电流随转速变化特性曲线的对比

芯饱和、涡流损耗对电感、磁链的影响。所以ANSYS Maxwell仿真值比解析解的精度更高，结果更为可信。但文中所选永磁同步电动机仅存在最大转矩/电流控制区及普通弱磁控制区，所以还需进一步验证文中关于最大输出功率弱磁控制工作点查找方法的正确性。

3　结论

根据定子电流的最佳控制的基本原理，提出了基于ANSYS Maxwell软件的特性曲线绘制方法。以某型永磁同步电动机为研究对象，按文中方法计算了最大转矩/电流及普通弱磁控制时对应的电流矢量有效值、内功率因数角及转速，进而绘制了电机的转矩、输出功率、d轴电流、q轴电流随转速的变化曲线。借助ANSYS Maxwell仿真值与Matlab解析解的对比，结果表明两者随转速的变化趋势一致。这意味着文中提出的采用ANSYS Maxwell软件仿真定子电流的最佳控制特性曲线的方法是正确有效的。

——来源：《防爆电机》2018年第4期

高速永磁同步风力发电机的通风冷却系统及温升计算

李　岩　李　广　陈国旗　丰　帆

摘　要：电机的通风冷却是电机设计的关键技术之一，对电机的尺寸和性能都有重要的影响和意义。本文简要介绍了某高速永磁风力发电机冷却系统，首先利用等值风路法对发电机通风系统需要的风量、风阻及风压进行计算，在此基础上校核该发电机风路结构设计的合理性；其次在通风系统理论计算的基础上对发电机进行了温升计算，并通过温升试验验证计算结果的可靠性。

关键词：发电机；通风；冷却

1　引言

近代电机都采用较高的电磁负荷，以提高材料的利用率，电机的单机容量也日益增大，因此有必要对电机的通风冷却系统进行研究，并在此基础上进行通风计算及温升计算以保证电机质量的可靠性。计算通风系统时，常采用风路图代替实际管道来计算系统中的各个风阻和合成风阻，这样在风扇特性已知时，就可求出通风系统的风量和风速。温升计算时，常采用等效热路法来把温度场简化为带有集中参数的热路进行计算，此方法计算简单，能得出电机绕组和铁芯的平均温升。

本文以一台高速永磁同步风力发电机（以下简称：发电机）为研究对象，通过等值风路法、等效热路法对该发电机进行通风计算和温升计算，为类似的更大容量、更高转速的发电机组设计提供理论指导。

2　结构模型

该发电机采用箱式机座的强迫通风空、空冷结构，定、转子径向设有通风道。发电机的冷却系统是由内部循环风冷加冷却器空冷两部分组成。内部风冷系统主要用来冷却发电机的转子和定子，发电机内部热空气通过风机及转子通风道的作用，进入机座顶部的空冷冷却器进行热交换，由空冷冷却器将发电机发出的热量带走，具体通风方式见下图1。

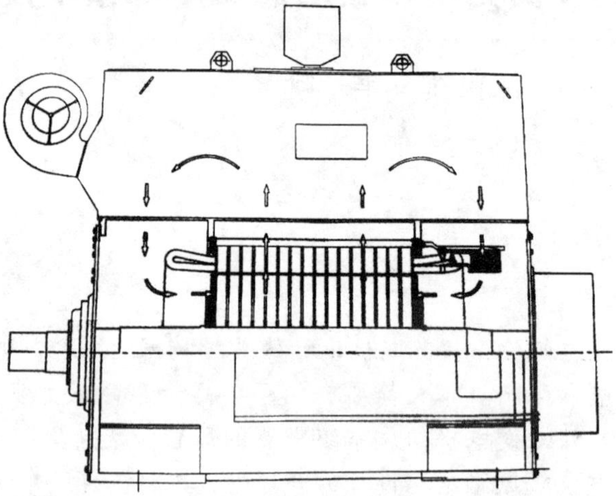

图1　发电机通风方式

2.1　发电机额定负载时散发的热量

根据能量守恒定律，发电机需要通风冷却散发的热量可由公式(1)算出：

$$\sum P = P_N(1 - \eta) \tag{1}$$

式中：P_N——发电机额定功率，W；

η——发电机的效率。

发电机额定功率2640 kW，效率为97.8%，计算得 $\sum P = 58$ kW。

2.2　发电机通风散热需要的风量

发电机冷却器通风散热需要的风量与发电机的功率、损耗、转速、绝缘等级和冷却器的结构等因素有关，可由公式(2)进行初步的计算：

$$Q_v = \frac{\sum P}{c \times \Delta t \times \rho} \tag{2}$$

式中：c——冷却介质比热容，J/(m^3·℃)；

Δt——冷却介质温升，℃；

ρ——冷却介质密度，kg/m^3。

冷却介质温升 Δt：对于 F 级绝缘，一般取25℃，将发电机需要通风冷却散发的热量 $\sum P$ 代入式(2)，计算得发电机理论介质流量 $Q_v = 1.73$ m^3/s。

3 等值风路法计算

在进行等值风路法计算时，将整个通风系统看成一组互相关联的流体通道，并用风阻来代替实际的通风管道，建立起准确的通风网络后再对风路进行求解。同时结合电机冷却器提供的风压进行迭代计算，最终得出通风系统工作点各部分流量、风速、压力等参数。

3.1 等效风路图

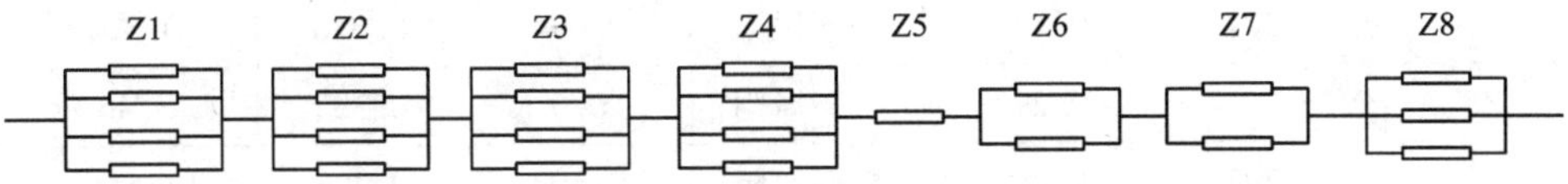

图 2 发电机等效风路图

Z1：转子气隙小变大风阻；Z2：转子气隙大变小风阻；Z3：定子摩擦风阻；Z4：定子气隙小变大风阻；Z5：电机进入冷却器(大变小)风阻；Z6：冷却器风阻；Z7：冷却器进入电机风阻；Z8：定子线圈端部拐弯风阻；Z9：转轴轴向通风风阻

3.2 电机各部分风阻

根据《电机设计》第六章电机冷却，风阻类型为摩擦风阻与局部风阻计算。各种风阻的风阻系数 ξ：

$$\xi = \rho\zeta/2$$

式中 ζ 为类型损耗系数，ζ 与风阻类型有关。

摩擦风阻的损耗系数 ζ。$\zeta = \mu l/d$，其中，μ 为摩擦系数、l 为沿程距离、d 为直径或等效直径。局部风阻的损耗系数 ζ 一般分为三种类型，面积大变小、面积小变大，拐弯风阻。面积大变小风阻损耗系数 $\zeta = 0.5[1-(A_2/A_1)]$；面积小变大风阻损耗系数 $\zeta = [1-(A_1/A_2)]^2$。A_1、A_2 为变化前后的面积，拐弯风阻系数依据拐弯角的不同，系数不同。

根据上述说明，可以计算电机各部分风阻值，电机各部分风阻见表 1。

表 1 各部分风阻计算值

项目	变化前面积/m^2	变化后面积/m^2	风阻类型	类型损耗系数	风阻系数/ξ	风阻/(ξ/A^2)
Z1	0.015	1.75	局部风阻	0.98	0.59	2393.6
Z2	1.778	0.016	局部风阻	0.495	0.297	1160.2

续表 1

项目	变化前面积/m²	变化后面积/m²	风阻类型	类型损耗系数	风阻系数/ξ	风阻/(ξ/A²)
Z3			摩擦风阻	0.459	0.275	1074.2
Z4	0.0216	2.408	局部风阻	0.982	0.589	1263
Z5	0.996	0.629	局部风阻	0.184	0.11	0.28
Z6			局部风阻			152.8
Z7	0.302	0.436	局部风阻	0.094	0.056	0.614
Z8		0.297	拐弯风阻	0.5	0.305	3.46
Z9	0.297	0.0045	局部风阻	0.492	0.295	14567.9

风阻串联合成风阻

$$Z_d = \sum_{i=1}^{n} Z_i \tag{3}$$

风阻并联合成风阻

$$Z_d = \frac{1}{\left(\sum_{i=1}^{n} \frac{1}{\sqrt{Z_i}}\right)^2} \tag{4}$$

根据图 2 等效风路图各风阻串并联情况，分别将表 1 各数值代入式(3)、式(4)计算得：

$$Z_{总} = 188.5\ \text{kg/m}^2$$

根据《电机设计》第六章电机冷却，电机的风阻特性函数为：

$$P(q_v) = Zq_v^2 \tag{5}$$

风扇的外特性曲线：

$$P(q_v) = \left[1 - \left(\frac{q_v}{q_{vm}}\right)^2\right]P_0 \tag{6}$$

式中：q_{vm} 为风扇最大风量，根据电机结构和电机转速计算获得 $q_{vm} = 5.29\ \text{m}^3/\text{s}$；$P_0$ 为风扇静压，根据电机结构和电机转速计算获得 $P_0 = 1568.7\ \text{Pa}$。

将 q_{vm}、P_0 代入式(5)、式(6)联合求解，可得实际电机风路流量 q_v 及风压 P。计算得：$q_v = 2.53\ \text{m}^3/\text{s}$，$P = 1206.6\ \text{Pa}$。

根据上述分析计算，电机的时间冷却介质流量为 2.53 m³/s，大于风扇理论冷却介质流量 1.73 m³/s，故电机风路结构设计合理。

4 电机的温升计算

发电机温升计算时假设绕组铜和铁芯的导热系数为无穷大，即“铜”和“铁”均为等温体；由于气隙中轴向气流热阻很大，定转子之间的热交换可以忽略不计，在此情况下定子和转子可以各自组成独立的二热源热路。由定子绕组中铜耗产生的热量可从三条途径散出：(1)从绕组端部表面传给空气，其热阻为 R_{C1}；(2)从通风道中的绕组表面传给空气其热阻为 R_{C2}；(3)先传给铁芯，再由铁芯传给空气，绕组铜与铁芯之间的热阻为 R_{CF}；由铁芯中损耗产生的热量可以从四条途径放出：(1)从通风道表面散出，其热阻为 R_{F1}；(2)从铁芯内圆表面散出，其热阻为 R_{F2}；(3)从铁芯外圆表面散出，其热阻为 R_{F3}；(4)先传给绕组铜，再由铜散出，此热阻取等于前面的 R_{CF}[5]。由此得到典型的二热源热路图，见图3。

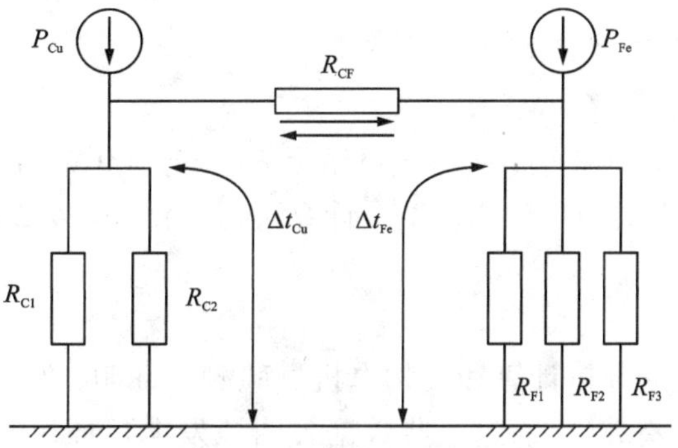

图3 典型二热源热路图

由图3可以列出以下方程：

$$\frac{\Delta t_{Cu}-\Delta t_{Fe}}{R_{CF}}+\frac{\Delta t_{Cu}}{R_{Cu}}=P_{Cu} \tag{7}$$

$$\frac{\Delta t_{Cu}-\Delta t_{Fe}}{R_{CF}}+P_{Fe}=\frac{\Delta t_{Fe}}{R_{Fe}} \tag{8}$$

合成热阻 R_{Cu}：

$$\frac{1}{R_{Cu}}=\frac{1}{R_{C1}}+\frac{1}{R_{C2}} \tag{9}$$

合成热阻 R_{Fe}：

$$\frac{1}{R_{Fe}}=\frac{1}{R_{F1}}+\frac{1}{R_{F2}}+\frac{1}{R_{F3}} \tag{10}$$

解式(9)、(10)有：

$$\Delta t_{Cu}=\frac{P_{Cu}+P_{Fe}\left(\frac{R_{Fe}}{R_{Fe}+R_{CF}}\right)}{\frac{1}{R_{Cu}}+\frac{1}{R_{Fe}+R_{CF}}} \tag{11}$$

$$\Delta t_{Fe}=\frac{P_{Fe}+P_{Cu}\left(\frac{R_{Cu}}{R_{Cu}+R_{CF}}\right)}{\frac{1}{R_{Fe}}+\frac{1}{R_{Cu}+R_{CF}}} \tag{12}$$

上述各个热阻详细分析计算过程省略，计算结果如下：

$R_{CF}=5.6\times10^{-4}$(℃/W)

$R_{C1}=8.6\times10^{-3}$(℃/W)

$R_{C2}=1.64\times10^{-2}$(℃/W)

$R_{F1}=3.54\times10^{-3}$(℃/W)

$R_{F2}=1.23\times10^{-2}$(℃/W)

$R_{F3}=1.22\times10^{-2}$(℃/W)

最后将电磁计算等效铜、铁发热量结果 $P_{Cu}=15300$ W，$P_{Fe}=30000$ W 及前述 R_{Cu}、R_{Fe}一并代入式(11)、式(12)，计算可得：$\Delta t_{Cu}=74.2$ K，$\Delta t_{Fe}=72.8$ K。

5 分析与结论

经过大量的理论分析计算和实物电机试验测量证明，发电机平均温升计算值与实测试验值偏差7%，通过这些数据表明该发电机通风冷却系统的设计计算和温升计算是相对可靠的。

——来源：《中国科技博览》2013 年第 35 期

线圈成型应力对线圈绝缘质量的影响

郑宇华　罗　超　粟诗雨

摘　要：本文通过 ANSYS 有限元模拟仿真识别大线规线圈在制作过程中的风险点，针对其制定了一系列改善措施，并从多个维度进行了验证，验证结果证明改善措施可靠，保障了大线规线圈的匝间绝缘质量。

关键词：线圈成型应力；绝缘

Impact of insulation due to winding stress

Zheng Yuhua　Luo Chao　Su Shiyu

In this article, the production risks of large gage wire were identified under assistance of ANSYS simulation and corresponding improvement actions were consequently planned and implemented to control these risks. The reliability of the improvement actions has been proved through multiple validation tests and as a result, the inter-turn insulation quality of large gage winding is assured.

Key word: winding stress; insulation

1　引言

永磁牵引系统作为高效节能装备与异步牵引系统相比，具有下一代牵引系统的特点，目前国内外已在城轨车辆和高速动车组领域进行了永磁牵引系统的深入研究，正逐步向新型快速客运列车领域拓展。中车株洲电机有限公司研发的新型快速客运列车用全封闭永磁牵引电机，功率大、轴向尺寸小、重量轻、散热能力好。为有效控制定子温升和轴向尺寸，电机设计时采取以下措施对定子进行了优化设计：

采用大线规设计，以提高槽满率，降低电阻，减少铜耗，减少匝间绝缘，降低热阻，提高散热能力；采用斜槽结构，以减少齿谐波，降低附加损耗等；减小定子端部尺寸，降低定子铜耗。这给定子线圈的制作带来了以下工艺难点：

一般牵引电机线圈的电磁线线规截面不宜超过 15 ~ 18 mm^2，而该电机达到了 28 mm^2。线圈成型应力大，线圈绕线、成型时匝间绝缘易磨损。

线圈的空间尺寸难以保证。嵌线时，槽口部位易损伤，相邻槽线圈的上下层边易干涉，翻槽线圈的匝间绝缘易磨损，试嵌合格率低。

线圈轴向投影尺寸短，线圈制作、定子嵌线空间受限。

2 线圈成型应力的有限元分析

为分析大线规斜槽线圈成型应力对线圈绝缘质量的影响，建立线圈成型有限元模型。数据分析表明，线圈成型应力主要为线圈鼻部内圆角处，绕线应力为45.3 MPa，涨型应力为50.1 MPa，小于电磁线聚酰亚胺薄膜压应力，为线圈匝间绝缘的薄弱点。

3 改善措施

理论上，线圈成型应力不会引起线圈绝缘破损。而实际制作过程中，线圈鼻部仍出现了绝缘破损的情况，且故障点基本出现在线圈鼻部。分析其主要原因是理论分析未考虑线圈成型的设备、模具状态造成的线圈受力不均。对此，对线圈成型全过程进行跟踪，采取了以下措施进行减少线圈鼻部受力：

在满足定子嵌线需求的前提下，尽可能减少线圈的端部顶弧高度。端部顶弧高度越大，电磁线鼻部受力越大。

在满足电机组装需求的前提下，尽可能增加线圈的端部轴向尺寸。端部轴向尺寸越小，电磁线鼻部受力越大。

在确保线圈端部尺寸的前提下，尽可能增大线圈鼻部内圆角。圆角半径越小，线圈绕制、成型时电磁线鼻部挤压的压强越大。

确保涨型模具工作面的尺寸形状精度。涨型模具的尺寸及其平面度直接影响线圈各处的受力同步性，从而影响线圈各匝受力情况。

优化线圈涨型程序，调整线圈各点的拉力，尽可能减少应力集中。

3.1　效果评估

对工艺优化后的线圈外观、尺寸及其绝缘性能进行测试，对其质量进行评估。根据验证内容，设计如图 1 所示的试验规程。

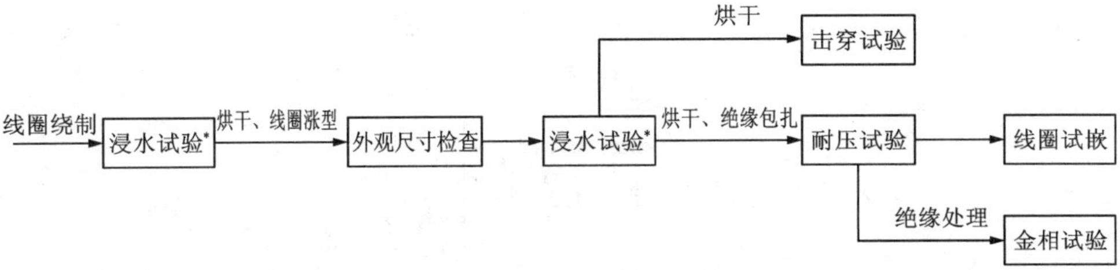

图 1　试验规程

3.2　外观及尺寸检查

对涨型后的线圈进行外观、尺寸检查。确认电磁线的聚酰亚胺薄膜无压痕、划痕。线圈线匝平整、无错位。尺寸符合图纸技术条件。5 天后再次进行尺寸测量，线圈尺寸变化在允许公差范围内。

3.3　浸水试验

对成型后的线圈进行浸水试验，分析其密封性能。如图 2 所示。

将线圈浸入水中，用绝缘电阻测试仪测定铜导体与外绝缘间的绝缘电阻值不得低于 100 MΩ。

对不合格的线圈进行解体，根据故障点表征分析故障原因，故障线圈不再进行后续试验。浸水不合格处的故障点主要分布在线圈鼻部。通过前文所述的针对性改善后，浸水合格率由 70% 提升至 100% 。

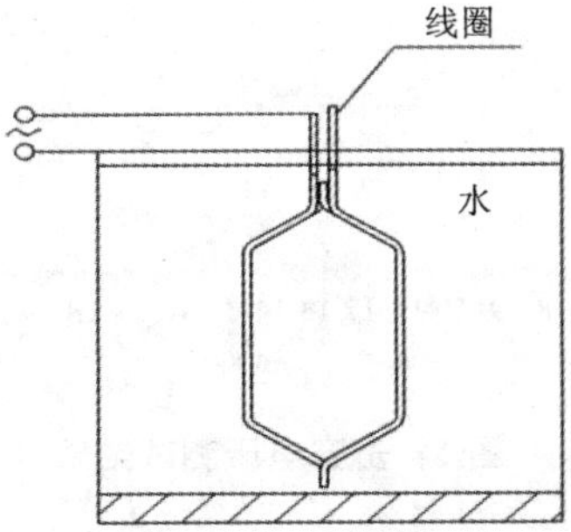

图 2　线圈浸水试验

3.4 击穿电压测试

分解成型的线圈，对单匝电磁线圈分别进行钢珠法绝缘击穿试验，分析其电气性能。如图 3 所示。

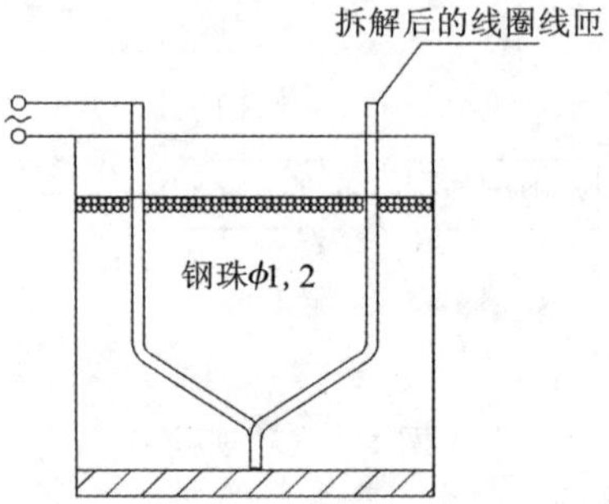

图 3 钢珠法绝缘击穿试验

将线圈剖成前后两部分，并将其分解成单匝。确认单匝线圈的直线边拐角、鼻部无挤压、拉痕。

对单匝电磁线分别进行钢珠法击穿试验。采用连续升压方式，直至试样击穿；击穿部位均在线圈鼻部，与有限元计算结果吻合。平均击穿电压为 7133 V，最低击穿电压为 5084 V，大于标准下限的 3200 V，如图 4 所示。

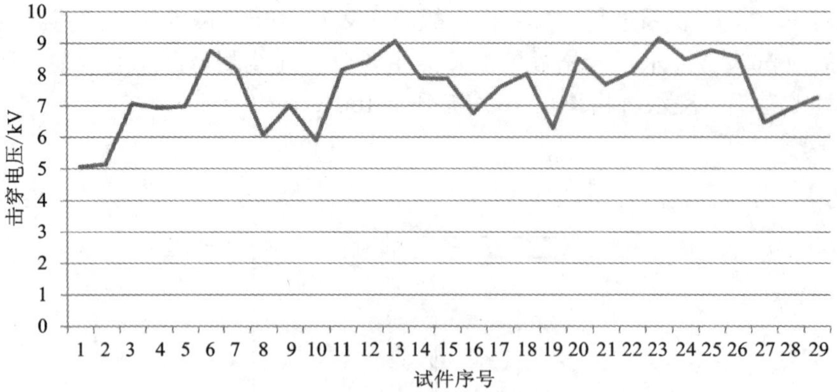

图 4 击穿电压测试结果

3.5 耐压试验

对绝缘包扎后的线圈进行耐压试验，确认线圈材质、尺寸的一致性；对线圈进行匝间耐压。将第一个线圈作为标准波形，检测其余线圈波形重合，耐压合格。

3.6 金相试验

对线圈进行绝缘包扎、绝缘处理，对线圈应力相对集中的拐角、端部、鼻部及电气强度要求较高的直线边分别进行横截面剖切。观察截面图，线圈各部位线匝紧密，各绝缘层包扎服帖，绝缘漆填充完整，无气泡。取样部位见图5所示。

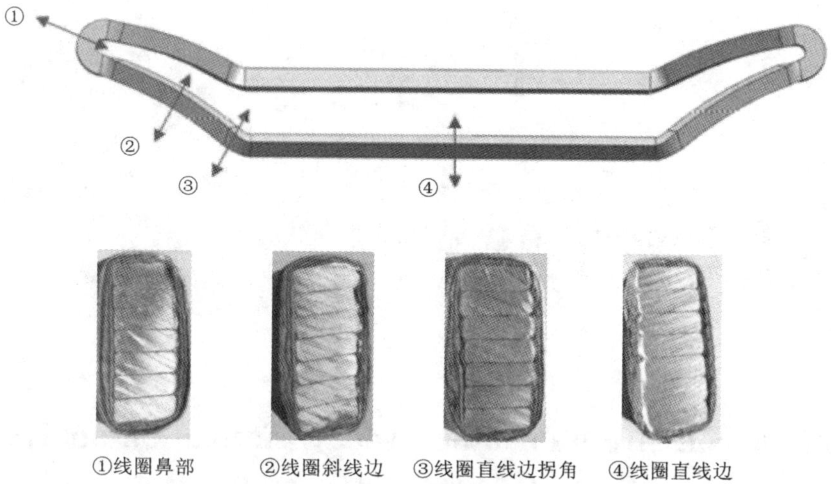

图5 金相试验取样示意图

3.7 定子嵌线验证

试制初期，槽口部位、上下层边干涉部分、翻槽线圈的匝间绝缘易磨损，试嵌合格率低。在兼顾保证线圈鼻部匝间绝缘合格率前提下，优化线圈尺寸使其满足定子嵌线要求，嵌线后的线圈绝缘性能满足设计要求。

4 总结

通过建立线圈成型有限元模型，确定线圈匝间绝缘强度的薄弱点，并针对性地在线圈工艺过程对其采取优化措施。通过金相试验、电气性能测试，确认线圈成型有限元分析正确，优化措施有效，确保了大线规线圈成型的质量。

——来源：《中国铁路装备》2018年第2期

定子线圈成形过程受力仿真分析及应用

韦在凤

摘　要：本文主要利用仿真软件，通过建立数字模型，添加约束与载荷，分析交流牵引电机定子线圈在成形过程中的受力情况。针对受力分析结果，结合线圈制作中存在的一些问题，提出了相应的解决方案。

关键词：仿真软件；定子线圈；成形

Stator coil stress forming process simulation analysis and solution of insulation damage

Wei Zaifeng

Abstract: In this paper, the simulation software is used to analyze the force in the forming process of the stator winding of AC traction motor by setting up a digital model and adding constraints and loads. According to the result of stress analysis and some problems existing in coil manufacture, the corresponding solution is put forward.

Key word: simulation software; stator coil; forming

0　引言

定子是交流牵引电机的组成部件之一，而构成定子的定子线圈一般为成型硬绕组，绕组常用的电磁线为缠绕绝缘层的软扁铜线。定子线圈在成形时，线圈的直线边四个圆角及两端鼻部与成形模具接触，且为主要的受力部位。为了验证线圈受力情况与理论分析的相符合性，通过对定子线圈建立数学模型，分析线圈各部位在成形过程中的受力情况，并根据受力分析结果，提出减少或降低线圈受力的解决方案。

1 定子线圈结构分析

一般地，交流牵引电机定子线圈由多层电磁线组成梭形线，梭形线再由成型设备进行成形。线圈成形时，主要夹紧线匝的六个部位，包括四个直线部分圆角和两端鼻部，线圈的一般结构如图 1 所示。

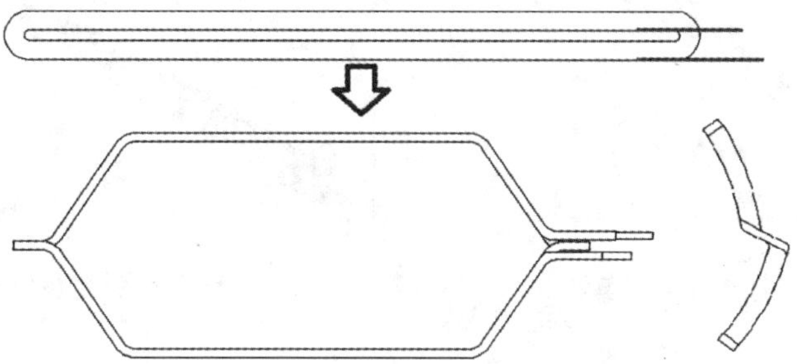

图 1　线圈的一般结构

2 线圈成形过程仿真分析

ANSYS Multiphysics 是 ANSYS 的多物理场耦合仿真模块，含有通用结构力学分析功能、热分析功能、声学分析功能、压电分析功能、电磁分析功能、流体分析功能及其多物理场耦合分析功能，通过这些功能，集结构、热、电、磁、流体及其耦合分析于一体，本文通过 ANSYS 仿真软件的结构力学分析功能，对成形过程的受力情况进行分析。

2.1 建立分析对象模型

在线圈成形过程中，一般用夹具夹紧的共有六处。定子线圈分引线端及非引线端，建立模型时，规定左侧为引线端。由于梭形线结构比较简单，采用 ANSYS 参数化设计语言（APDL）进行实体建模，并省略梭形线的两引线头。在 *XY* 面上建立梭形线的二维面模型，然后通过延伸方式，根据电磁线的宽度，沿 *Z* 轴进行延伸，建立了梭形线的体模型，具体如图 2 所示。

2.2　网格划分

梭形线使用的材料为电磁线，一般的材料为铜含量为99.9%的紫铜，经查阅金属材料手册，其弹性模量 E 为 1.15×10^5 MPa，泊松比 μ 取0.35。采用8节点的solid185单元，分别对梭形线的两鼻部和直线部分定义单元格，运用扫掠方式对梭形线实体模型进行划分网格，建立了梭形线的有限元模型，具体如图3所示。

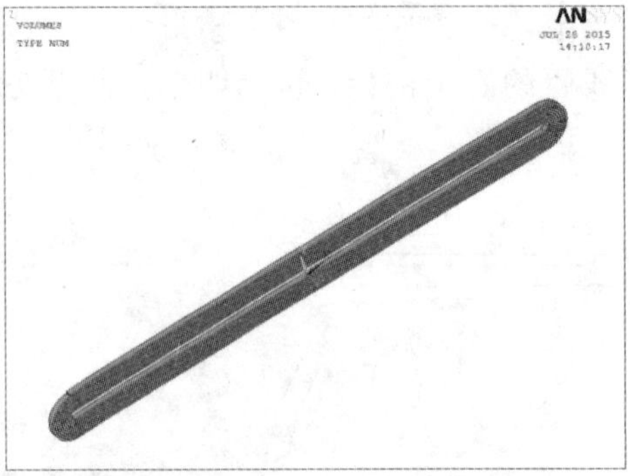

图2　梭形线实体模型

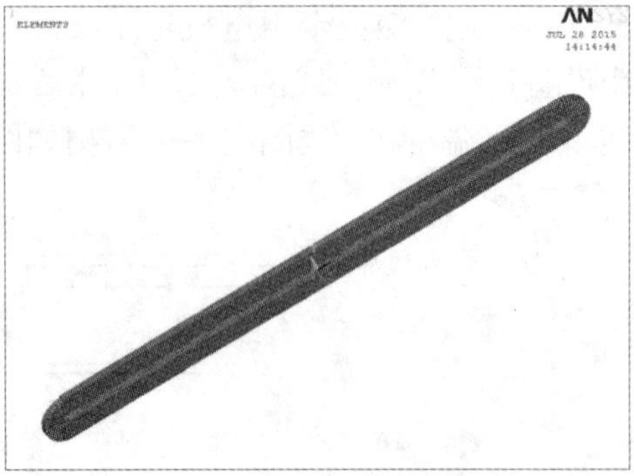

图3　分析对象网格划分

2.3　约束与载荷

根据成形设备对定子线圈成形的过程特点：先夹紧梭形线两端鼻部，再分别夹紧上下两直线边，然后是两鼻部向中心、向上移动抬高，两直线臂分别向前后两侧打开，到位后再经过顶弧处理为最终形状线圈。在AYSYS仿真过程中，结合定子线圈成形步骤，分3步对梭形线进行加载和约束，第一步，将梭形线的鼻部全约束，在梭形线成型设备夹持的直线部分沿 Y 轴加载位移约束；第二步，将梭形线的鼻部全约束，在梭形线成型设备夹持的直线部分沿 Z 轴加载位移约束；第三步，将梭形线的鼻部在 YZ 面加载扭转约束，将梭形线成型设备夹持的直线部分 YZ 面加载扭转约束。

2.4　求解结果与分析

2.4.1　定子线圈整体受力分析

运用有限元分析进行求解处理，得到了定子线圈整体的Mises stress云图，具体如图4所示。

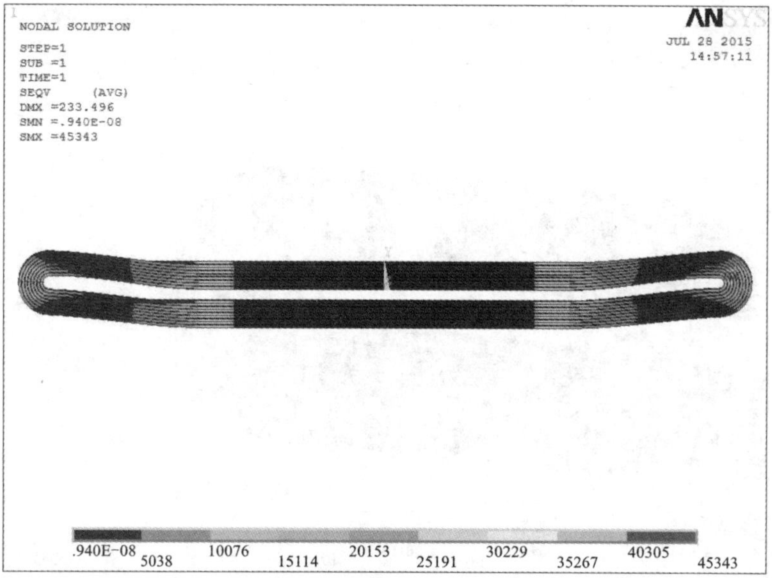

图4　线圈整体受力图

表1　有限元计算结果

线圈部位	引线端鼻部	非引线端鼻部	引线端上层直线	非引线端上层直线	引线端下层直线	非引线端下层直线
合应力/MPa	35.3	45.3	25.2	25.2	25.2	25.2

通过受力图可以看出，定子线圈在成形过程中，其四个直线部分夹具位置和两个鼻部受力较大，这与实际情况完全吻合。通过对线圈制造过程的检测控制，线圈的绝缘损伤或线匝变形错位多位于该六处，主要体现为绝缘挤伤或擦伤，绝缘受力后开裂等，同时由于线匝受力情况不一样，极易出现线匝绝缘损伤现象。

2.4.2　线圈鼻部受力分析

截取定子线圈两鼻部的 Mises stress 云图，具体情况如下图5、图6所示。

通过 Mises stress 云图，分析鼻部线匝所受应力情况，可以得知以下几点：

(1)鼻部受力基本以鼻部圆角圆心为中心点，向鼻端呈扇形分布。

(2)同一鼻部线匝半径越小，则受力越大。

(3)通过进一步比较后可以确认，由于线圈两端鼻部线匝数量不一样，非

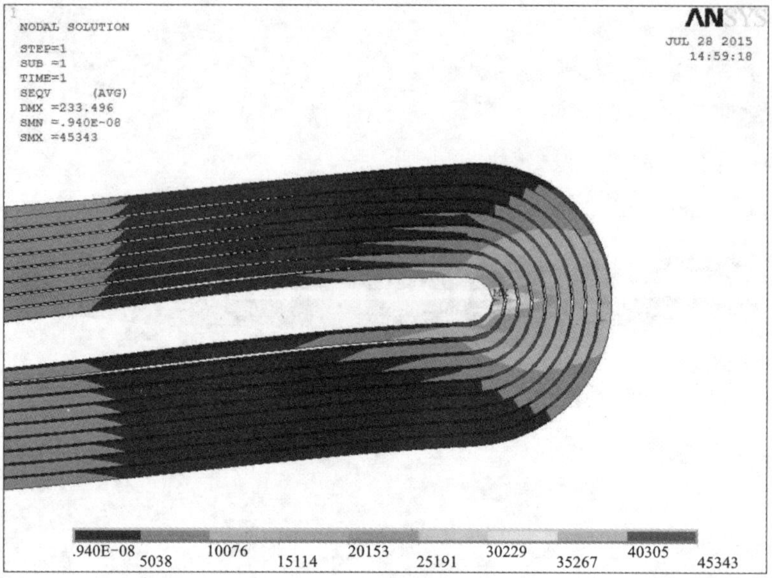

图 5　引线端鼻部受力图

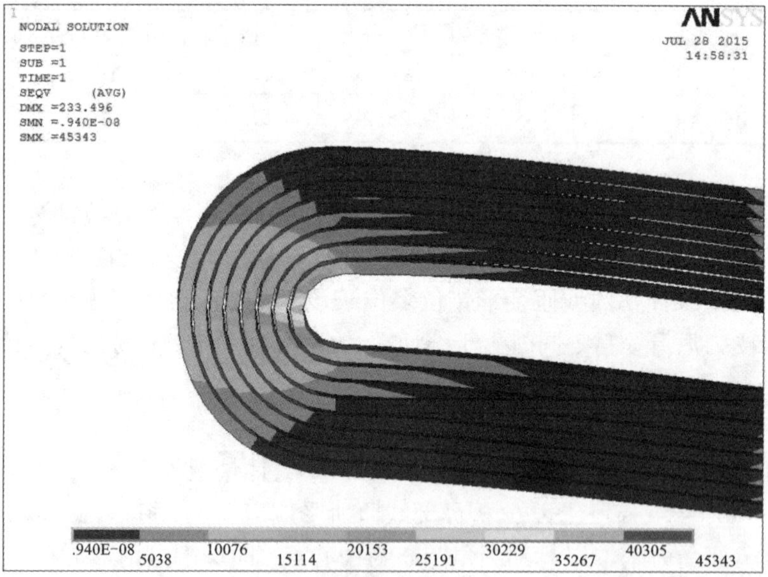

图 6　非引线端鼻部受力图

引线端比引线端多一匝导线，处于最内侧的导线受力会增大，因此鼻部最大应力值出现在非引线端鼻部的内部第一匝。

3 应用过程中产生的问题及对策

3.1 线圈绝缘损伤情况

由于线圈使用的电磁线缠绕的绝缘层可能有聚酰亚胺薄膜，预浸渍玻璃丝，聚酯薄膜云母等，这些绝缘材料经绕包后烧结或直接缠绕在铜导线上，在线圈制作时，电磁线经绕制后成形为所需的形状。由于受到外力的作用，电磁线绝缘之间发生摩擦、挤压等，导致受到不同程度的损伤。

在线圈制作过程中，若线圈存在匝间故障，通过拆开不合格线圈进行检查，可发现成形线圈的直线部分拐弯圆角处，两端鼻部线匝存在绝缘损伤的可能性最大。

综上所述，定子线圈的鼻部与直线拐弯圆角绝缘损伤，主要是由于线圈该部分电磁线在成形过程的受力较大造成，因此，解决方案主要从降低电磁线受力状况、保护电磁线绝缘等两个方面进行考虑。

3.2 解决方案

3.2.1 降低线匝受力

1）减小导线绕制张力

在线圈制作时的梭形线绕制，采用的是绕线机。导线在一定的张力作用下保持平直，在保证线匝排列紧密、不松散的前提下，减小导线绕制的张力大小，有助于降低导线表面绝缘的相互摩擦、挤压。多年的实践经验表明，绕线张力控制在 15 N/mm^2 以下，可以确保绕线后线匝的平整，减少绝缘损伤。

2）减小鼻部倾斜角 θ

线圈鼻部倾角 θ 是指线圈成形时鼻部倾斜的角度，当线圈鼻部倾角 θ 越来越大时，鼻部上部、下部的线匝越向外倾斜，则鼻部的每段线匝以鼻部圆角为支点扭曲，导致线匝之间相互摩擦、挤压，导线上受力最大或绝缘最薄弱的线匝绝缘出现损伤，发生匝间短路。

一般地，倾角应尽量地大，这样有利于线圈很好地嵌入铁芯槽中。但鼻部倾角越大，线匝变形越大，受到的应力也就越大。因此，在满足嵌线条件的情况下，应尽量减小倾角，减少出现绝缘损伤的概率。

3.2.2 绝缘保护

1）采用物料保护线匝

在线圈的四个直线拐角及两端鼻部的绝缘易破损处，采取保护措施，如增加保护用物料，则避免线匝之间直接摩擦，导线绝缘的受力情况将得到改善，基本可以杜绝绝缘损伤现象。

2)增加模具光滑度

线圈制作过程中，线匝不可避免地与模具表面进行接触，增加模具表面的光滑度，采取“镜面”模具，减少摩擦力，也可有效减小线匝绝缘受力，降低绝缘损伤。

3.3 实施效果

公司制造的某种电机线圈为单根绕制结构，线圈成形后，通过对线圈改善前后的绝缘检测，其线圈绝缘损伤情况得到了改善，绝缘检测合格率由原来的95.3%提高至99.8%，方案效果显著。

4 结束语

利用仿真软件分析线圈受力情况，通过对线圈采取降低线匝受力及绝缘保护的措施，经过以上处理的线圈，进行相应的检测后，线圈制作质量得到明显提升，大大减少了定子线圈的鼻部和直线边绝缘损伤现象。

——来源：《电机技术》2018年第2期

基于 ANSYS Workbench 的支撑座参数化结构设计

周　向

摘　要： 本文以某发电机机座支撑为例，介绍了一种基于 ANSYS Workbench 的参数化结构设计方法。文中对支撑座进行了参数化结构分析，得到输出参数随输入参数变化的响应关系，并对输入参数进行了多目标驱动优化。

关键词： 目标驱动优化；多目标优化；参数化结构设计

Abstract: Taking a generator support as an example, this paper introduced a parametric structure design method based on ANSYS Workbench. And parameter structural analyses were performed to get the response relationship between output parameters with input parameters. Based on those results, the multi goal driven optimization of the input parameters was conducted.

Keywords: goal driving optimize; multi-objective optimization; parametric structure design

机械部件的某一性能一般受多个因素的影响，机械设计过程中，多采取经验公式或经验方法给出经验值，然后根据经验值进行验证和调整。该方法对设计者本身设计水平和经验水平要求较高，且不容易找到最优的一组影响因素组合。随着现代计算机技术的快速发展，有限元仿真技术在工程界得到越来越广泛的应用。ANSYS Workbench 提供一种参数化设计开发方法，可根据设计者需要进行目标驱动优化，得到不确定输入参数对指定输出参数的影响关系，并且对输入参数进行优化，获得最佳的参数组合。在 ANSYS Workbench 的 Design Explorer 参数化设计开发模块中，输入参数可以是几何体的尺寸、材料也可以是几何体所承受的载荷等等，输出参数可以是体积、质量、应力、临界屈曲值、热流等。本文以某发电机机座支撑为例，进行参数化结构设计。

1　结构模型

支撑座为由斜支撑板、带固定孔的底板以及加强筋板组成的焊接件，示意图见图1。材料为Q345，弹性模量 $E=2\times1011$ Pa，泊松比 $\mu=0.3$，密度为7850 kg/m^3。其中，加强筋板厚、斜支撑板厚、加强筋板高等三个结构尺寸为需优化的参数尺寸，分别用 P_1、P_2、P_3 表示。P_1 初始值为30 mm，P_2 初始值为30 mm，P_3 初始值为140 mm。这三个尺寸为输入尺寸，可在ANSYS Workbench自带的Design Modeler中定义为参数尺寸，其他结构尺寸为固定尺寸，这里不做介绍。将几何体对应重量设为输出参数，用P4表示。

2　目标驱动优化

Design Exploration工具的Goal Driving Optimization功能可进行参数敏感性分析、参数变化响应分析及目标驱动优化设计。参数敏感性分析可以直观反映出输出参数随输入参数变化的敏感性程度，而响应分析可以直观反映出指定输出参数随输入参数变化而变化的响应。目标驱动优化下允许对输出参数设置多个设计目标，得到优化的输入参数组合。

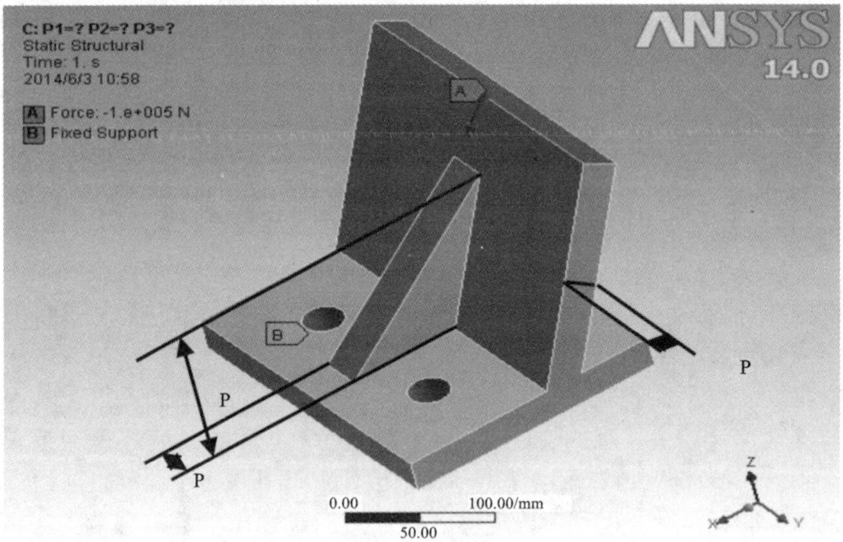

图1　支撑座参数化结构模型

Design Exploration 的目标驱动优化是通过响应面(线)来完成的，其支持方法为实验数据法。实际上是以静态结构分析为基础，通过分析输入参数的个数和变化范围，给出一定量特定分布的输入参数设计点，并对这些设计点进行求解得到对应的输出参数响应点和在响应点基础上拟合而来的响应面。然后以响应面作为数据源，以用户设定条件为目标，筛选出合适的数据点作为优化结果输出。

2.1 静态结构分析

建立 static structural 静态结构分析项，导入上述结构几何模型，定义材料属性为结构钢，以网格单元大小为 5 mm 划分网格，网格单元数为 17505，节点数为 31199，单元质量 Average Element Quality = 0.74，网格质量良好。斜支撑板受垂直于支撑面的载荷 $F = 105$ N(见图 1 载荷 A)，带固定孔的底板固定约束(见图 1 载荷 B)。建立 Equivalent Stress(等效应力)和 Total Deformation(总变形)求解项，并将二者定义为输出参数，分别对应 P_5、P_6。

2.2 设置输入参数变化范围

利用 ANSYS Workbench 的 Design Exploration 工具建立 Goal Driving Optimization 目标驱动优化项。设置输入参数的可变范围，加强筋板厚 P1 = 20 ~ 40 mm，斜支撑板厚度 P2 = 20 ~ 40 mm，加强筋高度 P3 = 80 ~ 200 mm。

2.3 参数敏感性及响应分析

求解后得出输出参数 P4、P5、P6 相对应的变化范围如表 1 所示。求解结果还可用输出参数随输入参数变化而变化的响应图来表示，这里不再详细列出。

表 1　输入参数变化情况下输出参数变化范围

输出参数 输入参数		质量 P4/kg	最大应力 P5/MPa	最大变形 P6/mm
P_1/mm	20 ~ 40	18.97 ~ 28.36	74.7 ~ 591	0.21 ~ 1.94
P_2/mm	20 ~ 40			
P_3/mm	80 ~ 200			

对输出参数随输入参数变化的响应作敏感性分析，分析结果见图 2。由图 2 可知，支撑座质量 P_4 与输入参数 P_1、P_2、P_3 的变化敏感系数均 >0，表示 P_4 随输入参数 P_1、P_2、P_3 的增大而增大；P_2 对应的敏感系数绝对值最大，表示 P_4 随 P_2 变化而变化的敏感性程度最大。同理可知，支撑座最大应力 P_5、最大变形 P_6 随输入参数 P_1、P_2、P_3 的增大而减小，且随 P_2、P_3 的变化而变化的敏

感性程度大。因此，若经验设计过程中，要调整参数 P_1、P_2、P_3，可优先考虑调整 P_2、P_3 值。

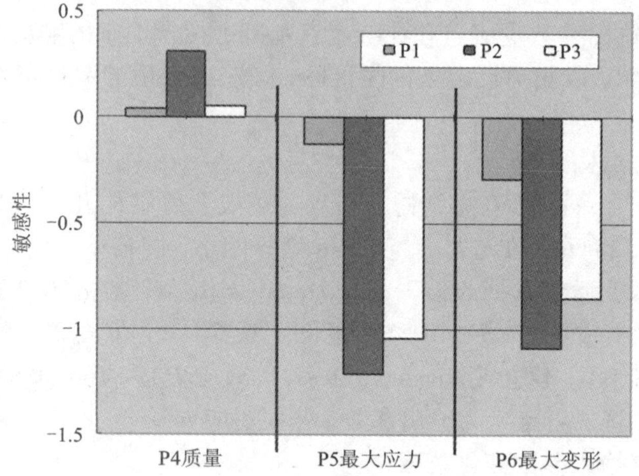

图 2　参数变化敏感性分析

2.4　目标驱动优化

以最大等效应力 $P_5 \approx 140$ MPa，最大变形 $P_6 \leqslant 0.6$ mm，几何质量最小 3 个条件进行目标驱动优化，得到合适的输入参数为 $P_1 = 21.61$ mm，$P_2 = 20.791$ mm，$P_3 = 198.58$ mm。对上述合适输入参数取整并结合常用板厚规格数据可认为 $P_1 = 22$ mm，$P_2 = 22$ mm，$P_3 = 200$ mm，得到几何重量为 $P_4 = 20.687$ kg。验证该几何尺寸下支撑座的受力和变形情况见图 3 和图 4，最大应力 $P_5 = 141$ MPa，最大变形 $P_6 = 0.55$ mm，满足设计目标要求。

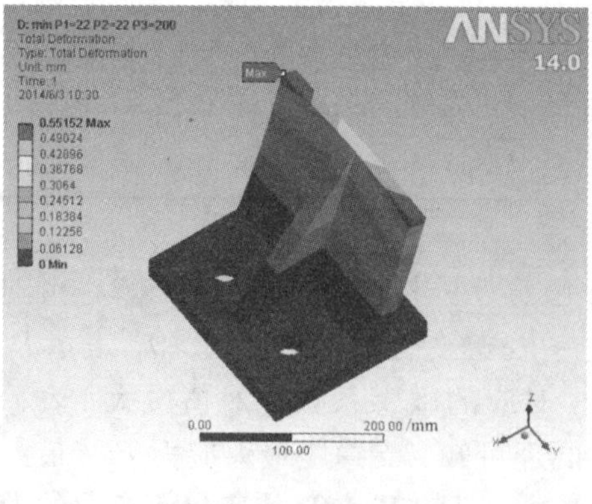

图 3　优化后支撑座应力分布云图

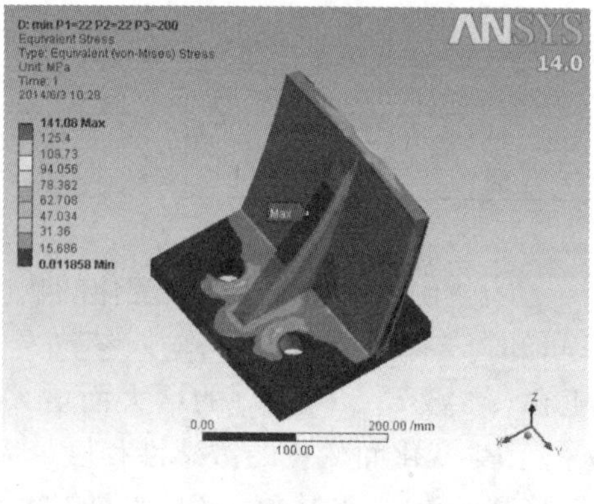

图 4　优化后支撑座变形分布云图

类似可得到 $P_5 \approx 140$ MPa，$P_6 \leqslant 0.6$ mm，几何质量最大 3 个条件下对应的输入参数，取整优化后 $P_1 = 36$ mm，$P_2 = 40$ mm，$P_3 = 96$ mm，得到几何重量 $P_4 = 26.927$ kg。验证该几何尺寸下支撑座的受力和变形情况见图 5 和图 6，最大应力 $P_5 = 142.8$ MPa，最大变形 $P_6 = 0.37$ mm。

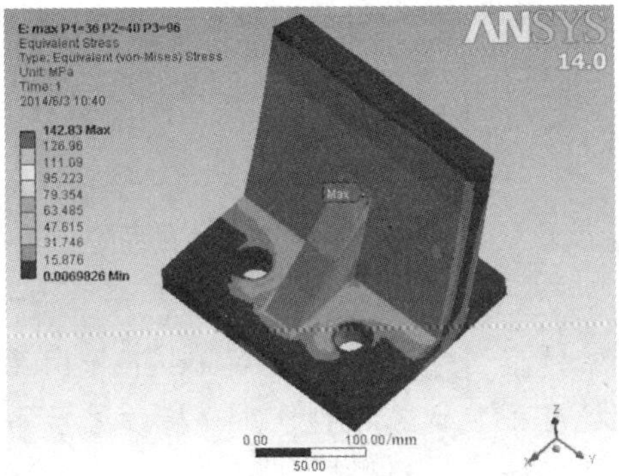

图 5　质量最大时应力分布云图

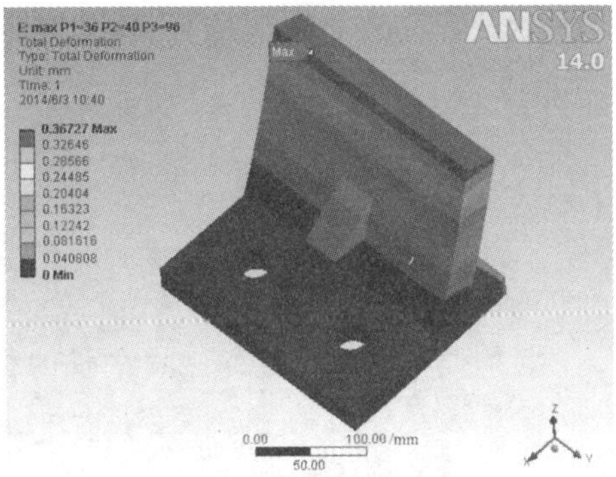

图 6　质量最大时变形分布云图

发电机安装在塔架顶部机舱内，机组对发电机总重有最大重量限制，且机械部件的重量一定程度上对应部件的成本，因此减重有着重要意义。对比上述两种结果可知，满足 $P_5 \approx 140$ MPa，$P_6 \leqslant 0.6$ mm，支撑座几何质量最大为 26.927 kg，最小为 20.687 kg，二者相差达到 23%。因此合理的尺寸设计能够在满足部件使用要求情况下有效地减轻部件质量。

3　结束语

本文介绍了一种多目标驱动优化设计方法，利用 ANSYS Workbench 的 Design Exploration 工具对某发电机机座支撑进行了结构优化分析。分析得出了支撑座几何质量 P_4、等效应力 P_5、总变形 P_6 与支撑座几何尺寸参数 P_1、P_2、P_3 间的关系和响应敏感性程度。在此基础上进行多目标优化设计，得到优化的支撑座几何尺寸参数。与传统的经验设计方法相比，该方法可以快速有效地契合设计目标。

——来源：《机械制造》2015 年 1 月

基于 ANSYS Workbench 的机座设计优化

仇超武　谭　亮　梁双全　张冬妮

摘　要：本文通过建立发电机的机座原模型，利用 ANSYS Workbench 14.0 分析其吊装运输时的静强度，再优化改进机座吊装运输模型，并分析改进后吊装运输时的静强度。通过对比分析结果，仿真验证得到机座模型优化改进后仍满足设计要求的结论，从而达到设计优化的目的。

关键词：ANSYS Workbench；机座；静强度分析

Optimization design for Machine Seat based on ANSYS Workbench

Qiu Chaowu　Tan Liang　Liang Shuangquan　Zhang Dongni

Abstract: Calculated and analyzed the Static Strength for a machine seat which its original model was established when hoisting and transportation with ANSYS Workbench 14. 0. Meanwhile, improved the hoisting-transportation model, and analyzed its Static Strength. Proving that the improved machine seat still meet the design requirements through contrastive analysis the calculation results, which achieve the goal of optimization.

Key Words: ANSYS Workbench; machine seat; static strength analysis

0　引言

发电机机座是发电机整机上极重要的结构部件之一，起着支撑保护、吊装运输和提供通风冷却功能等多种作用。机座强度分析主要考核发电机在吊装运输和正常运行等工况下机座的静强度是否满足设计要求。随着有限元技术的不断发展和完善，利用有限元法对结构部件进行分析已经成为提高产品设计质量、降低制造成本的有效手段。目前 ANSYS 公司的最新版 ANSYS Workbench 14.0 软件具有强大的结构、热、流体、电磁及其相互耦合分析的功能，其全新的项目视图功能，可将整个仿真流程更加紧密地组合在一起，通过简单的拖曳操作即可完成复杂多物理场分析流程。本文旨在使用 ANSYS Workbench 14.0 先期仿真计算发电机原机座在吊装运输时的静强度，根据吊装运输要求优化改进机座吊装吊耳位置后，再分析改进后吊装运输时的静强度，并对比吊装吊耳位置优化改进前后机座静强度的分析结果。

1　原机座静强度分析

用三维软件 NX 建立某型风力发电机的原机座模型，如图 1 所示。机座材料为碳素结构钢 Q235，弹性模量 $E=2\times10^{11}$ Pa，泊松比 $\mu=0.3$，密度为 7830 kg/m^3。

在 ANSYS Workbench 14.0 的项目中为机座模型建立静态结构分析项，导入机座模型，并自动划分网格。边界条件设置为正常吊装（四吊耳吊装）和非正常吊装（对角两吊耳吊装）两种，每种边界条件下分别设置机座自重和发电机整机重力两种载荷。需说明两点：①机座或发电机的非正常吊装在生产实际中属违规操作，此机座仿真设计中引入是为了解非正常吊装对机座或发电机所受的应力和变形的影响；②为简化建模工作量，发电机整机重力载荷通过在机座结构的相应配合面上加载质量点的方法来等效发电机定子、转子、冷却器和端盖等部件的重量。为每种工况均建立应力和变形求解项，分析结果见表 1。限于篇幅，本文仅给出发电机整机重力在正常吊装时的应力和变形云图，见图 2 和图 3。

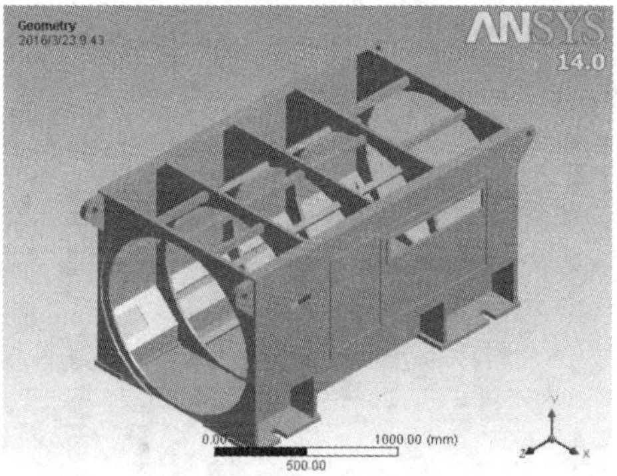

图 1　原机座三维模型

表1　原模型在不同边界条件和载荷下的静强度分析结果

序号	边界条件	加载载荷	最大应力/MPa	最大变形/mm
1	正常吊装	机座自重	5.45	0.043
2	正常吊装	发电机整机	45.15	0.205
3	非正常吊装	机座自重	13.43	0.104
4	非正常吊装	发电机整机	125.78	1.053

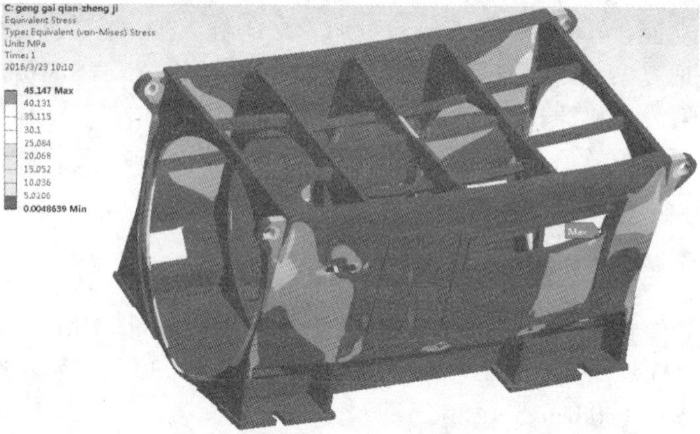

图2　发电机整机重力下正常吊装应力云图

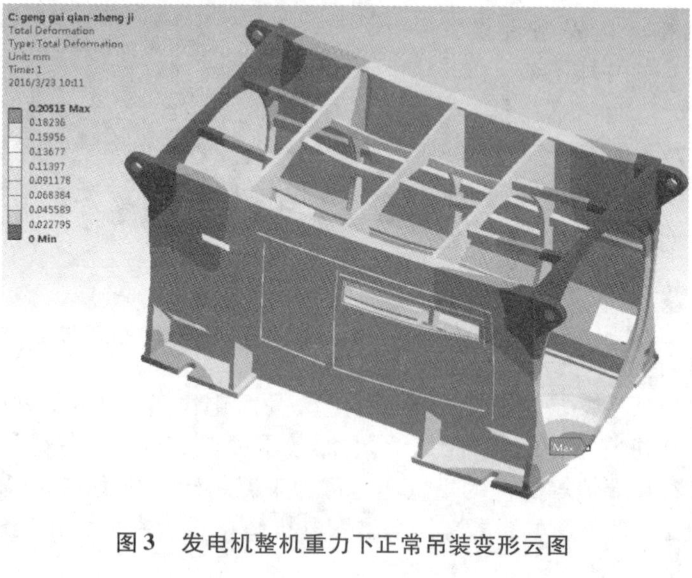

图3　发电机整机重力下正常吊装变形云图

机座的设计要求为最大应力不超过材料 Q235 的屈服极限 235 MPa 并留有足够设计裕量，最大变形不超过 0.5 mm。从表 1 可知，正常吊装工况 1 和 2 下，机座所受的应力和变形均满足设计要求。但在相同载荷下，非正常吊装工况机座所受应力和变形均比正常吊装工况时所受应力和变形要大得多，且工况 4 发电机整机非正常吊装运输时，机座最大变形量达到 1.053 mm，大大超过 0.5 mm，故在生产实际中应严格禁止此非正常吊装形式，以减少发电机的应力和变形。

2 优化改进机座吊耳位置后的静强度分析

因发电机冷却器结构更改，出现原机座正常吊装时吊耳吊具与冷却器干涉导致冷却器端部变形问题，故需优化改进机座吊装吊耳位置，避免上述现象发生。

优化设计考虑将机座吊装吊耳按图 4 所示改进以解决干涉问题。

机座设计过程的每一次改进均需重新仿真分析验证其静强度是否符合设计要求。

将改进后的机座新模型导入 ANSYS Workbench 14.0 平台，按前述的各边界条件和加载载荷重新设置，经仿真分析后的结果见表 2。同理本文仅给出模型改进后发电机整机重力在正常吊装时的应力和变形云图，见图 5 和图 6。

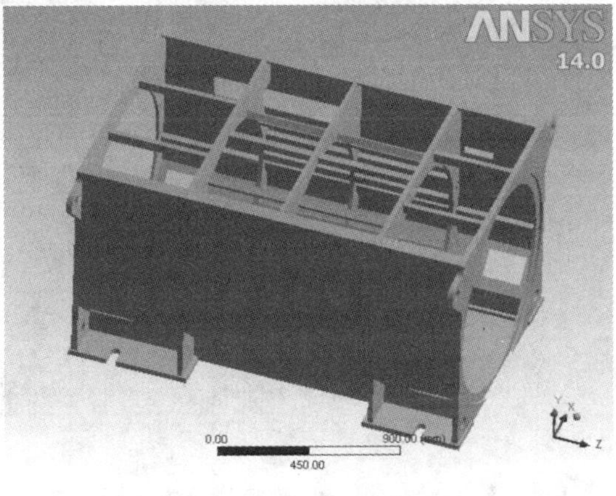

图 4　机座吊装吊耳位置改进后的新三维模型

对比表 2 和表 1，发电机机座新模型和原模型在各正常吊装工况 1 和 2 下所受的应力和变形相当，均满足设计要求。同样在相同载荷下，非正常吊装工况机座所受应力和变形均比正常吊装所受应力和变形要大得多。即发电机机座优化改进前后静强度受力分析的规律相同，说明此发电机机座优化改进机座吊装吊耳位置是可行的。

图5　新模型下发电机整机正常吊装应力云图

图6　新模型下发电机正常吊装变形云图

表2　新模型在不同边界条件和载荷下的静强度分析结果

序号	边界条件	加载载荷	最大应力/MPa	最大变形/mm
1	正常吊装	机座自重	5.12	0.039
2	正常吊装	发电机整机	45.51	0.161
3	非正常吊装	机座自重	13.99	0.105
4	非正常吊装	发电机整机	131.77	1.11

3　结论

本文通过建立机座原模型，利用 ANSYS Workbench 14.0 分析其吊装运输时的静强度，再根据生产吊装运输要求优化改进机座吊装吊耳位置模型，并分析改进后吊装运输时的静强度。通过对比优化改进前后的分析结果，得到机座模型优化改进后仍满足设计要求的结论，达到了设计优化的目的。

——来源：《工业技术创新》2016 年 04 月 第 03 卷第 02 期

牵引电机绝缘结构介电性能的高原环境模拟试验

邱　添　高云霞　周　成

摘　要：高原环境因素对牵引电机绝缘结构的介电性能有显著影响。本文研究了一种新型绝缘结构在高原环境下的介电性能，并通过"参数修正试验"和"模拟高原试验"予以相互印证。

关键词：绝缘结构；介电性能；高原环境

Simulation study on dielectric properties of traction motor insulation structure in plateau environment

Qiu Tian　Gao Yunxia　Zhou Cheng

Abstract: The plateau environmental factors had a significant effect on the dielectric properties of the traction motor insulation structure. The dielectric properties of a new type of insulation structure under the plateau environment were studied and the mutual verification was gained through the "Parameter Correction test" and "Simulated Plateau test" each other.

Keywords: insulation structure; dielectric property; plateau environment

中国高原幅员辽阔，仅青藏高原就占国土面积的25%，青藏铁路更是西部大开发的标志性工程，铁路沿线平均海拔4000 m以上，最高海拔约5100 m，高原环境因素对绝缘结构有明显的综合影响。因此，有必要开展牵引电机绝缘结构在高原环境下的性能研究。

1 试验内容

为综合判定绝缘结构在高原环境下的介电性能，研究包括两方面内容：一是根据行业标准对测试参数进行修正后的试验，简称“参数修正试验”，二是在环境应力（模拟高原环境）下考察绝缘结构性能的试验，简称“模拟高原试验”。

1）参数修正试验

试验在常规环境下进行，考察的是应用海拔高度为5100 m、基准海拔为1400 m的情况，则对地和匝间耐电压测试电压修正系数为1.575，起晕电压合格水平修正系数为1.755，击穿电压合格水平修正系数也应为1.575。

2）模拟高原试验

试验前将试样置于100℃的烘箱中烘焙10～12 h，随炉自然冷却至常温，然后将其置于模拟高原气候条件（海拔5100 m，平均气压53.2 kPa）下暴露2～3 h，并在此环境中进行性能测试。

2 试样制作

在既有额定绝缘电压等级 $U_N = 1800$ V的牵引电机绝缘结构上进行优化，减薄云母层，增加电性能更好的聚酰亚胺薄膜绝缘层，在保证电性能的同时得到了绝缘层厚度减薄的新型绝缘结构，将此结构用作为高原环境下的模拟试验对象。

文中参考GB/T 17948.3—2017附录A中规定的成型模型线圈结构制作要求，试验线圈先用t0.05聚酰亚胺薄膜2/3叠包1次，再用t 0.22云母带1/2叠包1次，单边绝缘厚度0.59 mm，然后将线圈嵌入模拟线槽中，并增加槽口绝缘、层间垫条和槽底垫条，试样如图1所示，最后对试样进行真空压力浸渍绝缘漆并烘干。

3 试验结果与分析

3.1 基本特性

对既有成熟绝缘结构进行优化得到本文中的绝缘结构后，需考察绝缘结构基本特性，如绝缘漆挂漆量、绝缘漆渗透性，确保不出现能够引起性能显著下降的其他因素。

3.1.1 挂漆量

挂漆量指绝缘漆在整个绝缘材料中的比重，绕组能否获得适宜的挂漆量，是确保电机可靠性、延长电机使用寿命的必要条件。将新的绝缘结构和既有成

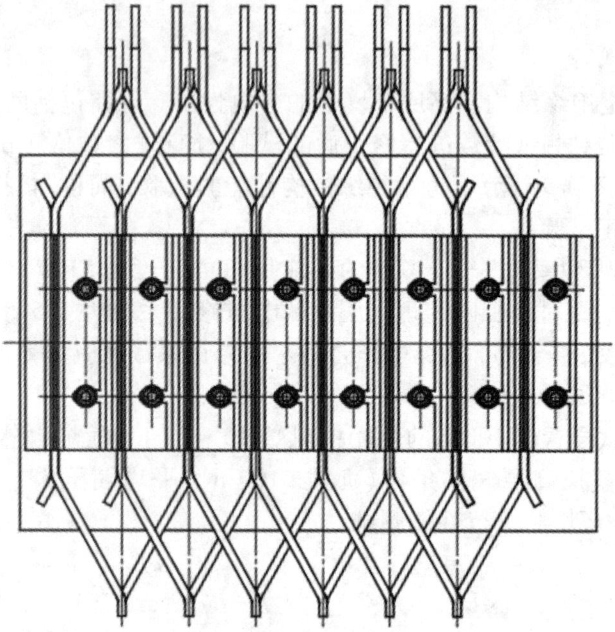

图1　试验结构示意图

熟绝缘结构进行对比，分别称量线圈在涨型后、包扎后和浸漆后的质量，然后计算线圈中绝缘漆挂漆量，计算公式为挂漆量 = $(G-F)/(G-E)\times100\%$，结果见表1，两种绝缘结构具有十分接近的挂漆性能，挂漆量均在40%左右。

表1　浸漆前后线圈重量(单位: g)

绝缘结构	涨型后(E)	包扎后(F)	浸漆后(G)	漆重($G-F$)	挂漆量(%)
本文中绝缘结构	1028.1	1072.4	1101.7	29.3	39.81%
	1029.0	1073.6	1103.3	29.7	39.97%
	1028.7	1072.5	1101.5	29.0	39.84%
既有成熟绝缘结构	1027.6	1072.3	1102.2	29.9	40.08%
	1029.0	1074.4	1105.4	31.0	40.58%
	1028.3	1073.5	1103.9	30.4	40.21%

3.1.2　绝缘漆渗透性

待击穿试验结束后，将线圈从模拟线槽中拔出，剥离线圈外包绝缘，直接观察浸渍漆渗透情况，电磁线匝间和与对地绝缘接触表面附着大量浸渍漆，如图2中箭头所示，表明绝缘漆渗透良好。

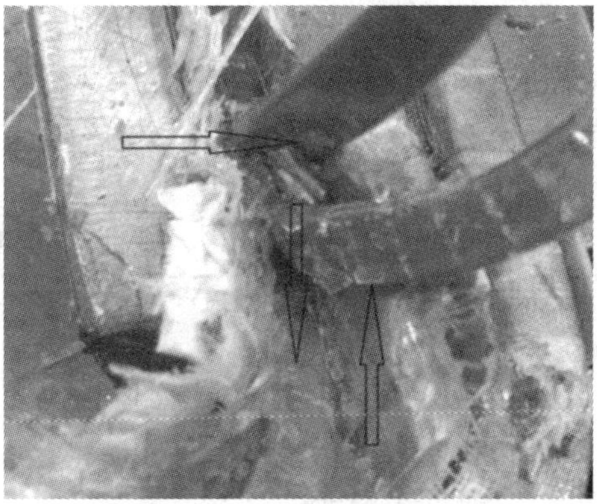

图2　绝缘漆渗透情况

3.2　参数修正试验

3.2.1　介质损耗

按照JB/T 7608—2006测量试样中各个线圈常态介质损耗，以每0.2 U_N为一档，直至1.2 U_N为止，然后再测电压在0.6 U_N时的热态(180℃)介质损耗，结果如表2所示，线圈常态介损较低，质量符合要求。

表2　线圈介质损耗值(%)

线圈	常态						180℃
	0.2 U_N	0.4 U_N	0.6 U_N	0.8 U_N	1.0 U_N	1.2 U_N	0.6 U_N
1	0.42	0.47	0.48	0.52	0.73	2.04	19.21
2	0.50	0.54	0.56	0.58	0.73	1.16	20.58
3	0.52	0.55	0.57	0.59	0.64	0.79	20.05

介质损耗源自绝缘结构本身，如易受潮污染、有气隙放电、含绝缘夹层等。介质损耗可分为电导损耗、极化损耗和电离损耗，其中极化损耗最为主要。施加工频交流电压时，极性分子随电压从正到负再从负到正的周期性变化，极性分子在固体介质中产生这种振荡的时候，与相邻分子间的摩擦产生热量，造成能量损耗。温度较高时，分子热运动会妨碍分子极化，极化损耗减小，而电导损耗的影响占主要地位，此时介质损耗将随温度增加成指数上升。

线圈在180℃时的介质损耗因素($\tan\delta$)平均值为19.95%，折算到155℃后数据也将小于20%，能满足质量要求。

3.2.2　对地工频耐压

按照TB/T 3315—2013分别对各个线圈施加工频正弦交流电，试验电压为

7.25 kV，施加的电压应从0开始，以1 kV/s的速率增加至全值，维持1 min，然后以1 kV/s的速率降至零。线圈在经受1 min工频正弦交流电加载、卸载后均未发生击穿。

3.2.3 起晕电压

按照JB/T 8439—2008在各个线圈上测量开始产生持续电晕放电的最低电压值，结果如表3所示，质量良好。

表3 线圈起晕电压测试结果

线圈	1	2	3
起晕电压/kV	7.00	7.54	7.82

3.2.4 击穿电压

测量各个线圈在常态和热态（180℃）时的工频击穿电压，升压速率为2 kV/s，结果如表4所示。按1800 V额定绝缘电压等级和8倍绝缘设计安全裕度计算，修正后的主绝缘强度应达到1800×8×1.575=22.68 kV。线圈实测常态和热态击穿电压均满足设计要求。

在击穿场强方面，线圈常态击穿场强最低值已达到39.56 MV/m，线圈热态击穿场强最低值为38.59 MV/m。

表4 击穿电压测试结果

线圈	状态	击穿电压/kV	击穿场强/（MV/m）
1	常态	24.92	42.24
2		23.34	39.56
3		24.15	40.93
4	热态	22.91	38.83
5		22.82	38.68
6		22.77	38.59

3.3 模拟高原试验

模拟高原试验在昆明高海拔电器检测有限公司的高海拔模拟试验室中完成，主要仪器设备为DYM3-1高原空盒气压表和TDB2000C高低温低气压试验箱。

3.3.1　绝缘电阻测试

分别测量试样中各个线圈在 1000 VDC 时室温下 15 s、1 min 后的绝缘电阻，并计算吸收比，结果见表5。根据 GB/T 20160—2006 知，当施加电压 1 min 以后得到的绝缘电阻读数（$R1$）大于 5000 MΩ 时，整体测量的电流在亚微安范围内，此时仪器的灵敏度、电源电压微小的变化、环境湿度、试验连线和其他无关的部件都可能极大地影响到 1 ~ 10 min 内总电流的测量值，因此，当 $R1$ 大于 5000 MΩ 时，极化指数不一定能反映绝缘的状况，建议不作为评估依据。根据 GB 50150—2016 知，额定电压 1000V 及以上的电动机应测量吸收比，且吸收比不应低于 1.2，试验结果均满足标准要求。

表5　模拟高原气候下的绝缘电阻

线圈	15s 时绝缘电阻 $R15$/GΩ	1 min 时绝缘电阻 $R1$/GΩ	吸收比
1	24.8	37.6	1.52
2	23.4	35.2	1.5
3	8.45	13.7	1.62

3.3.2　对地工频耐压

分别对试样中各个线圈施加工频正弦交流电，根据 TB/T 3315—2013，试验电压为 4.6 kV，电压应从不高于试验电压半值开始，并以 1 kV/s 的速率增加至全值，维持 1 min 然后以不小于 1 kV/s 的速率降至零，试验过程中无内部或外部的绝缘闪络和击穿或任何破坏性放电现象的发生。

3.3.3　对地冲击电压

分别对试样中各个线圈在线圈引出端与地之间施加冲击电压，波前时间为 1.2 μs，冲击波次数为 5 次，根据 TB/T 3315，冲击电压峰值为 $4 \times 1800 + 5000 = 12.2$ kV，试验过程中未发生破坏性放电。

3.3.4　介质损耗因素

测量试样中各个线圈在常态时的介质损耗，测试电压为 1000 V，测试结果见表6。由表 2 可知，线圈在模拟高原气候下的介损最小值为 1.30%（$U = 0.6\ U_N$），比常压条件下的介损因素均值 0.54% 要高，高原环境对介损的影响机制还需进一步研究，本试验重点关注试验结果，模拟高原气候下常温介质损耗 $\tan\delta 0.6\ U_N$ 的最大值 1.48%（小于 1.5%），则 $\tan\delta 0.2\ U_N < 1.5\%$，满足质量要求。

表 6　模拟高原气候下的常温介质损耗

线圈	测试电流/mA	电容值/pF	介质损耗/%
1	0.337	1091	1.48
2	0.322	1032	1.30
3	0.313	1012	1.33

3.3.5　起晕电压

测量试样中各个线圈上开始产生持续电晕的最低电压，测得最低电压值为 4.0 kV，大于额定电压的 1.5 倍，即 1800 ×1.5 =2.7 kV，满足质量要求。

3.3.6　击穿电压

测量绝缘结构中各个线圈在常态时的工频击穿电压，测试结果见表 7。按 1800 V 额定绝缘电压等级和 8 倍绝缘设计安全裕度计算，在模拟高原气候条件下的主绝缘强度应达到 1800 ×8 =14.4 kV，线圈击穿电压完全满足要求。

表 7　模拟高原气候下的击穿性能

线圈	1	2	3
击穿电压/kV	18.0	16	20
击穿场强/($MV \cdot m^{-1}$)	30.5	27.1	33.9

4　结语

通过“参数修正试验”和“模拟高原试验”测试了绝缘结构的介电性能，两种试验结果相互印证，表明该绝缘结构的各项介电性能指标均能满足高原下的性能要求，其中常态介损、起晕电压达到标准规定的优等品质量指标，击穿电压、击穿场强达到标准规定的一等品质量指标。

——来源：《电机技术》2018 年第 4 期

一款地铁车辆用直流牵引电动机的设计

温乐平　卢文冠

摘　要： 从电磁和结构设计两方面介绍了一款地铁车辆用直流牵引电动机的设计方案，并通过试验，验证了该设计方案的合理性。

关键词： 地铁；直流牵引电动机；电磁设计；结构设计

该款直流牵引电动机是为国内某大型城市地铁车辆设计的自通风的4极串励直流电机，是借鉴了国内外类似产品的结构，经过计算校核设计完成的一款产品。下面对该直流牵引电动机的设计及试验情况进行介绍。

1　性能要求

该地铁线路由于车辆运行环境较差(重污区，地铁车辆工作环境温度为+10℃ ~ +40℃，相对湿度日平均值不大于95%)，且线路短，站点多(线路总长4000 m，站点总数9个)，这就要求电机具有能适应频繁起动以及恶劣环境的运行性能和可靠性。

2　设计方案

2.1　电磁设计

该电机的电磁设计方案是根据设计技术要求，并考虑制造和运行的合理性和可靠性而进行的。确定电动机的电磁负荷以及与电磁性能相关部分的尺寸，其中包含电机的电枢冲片、主附极冲片、铁芯尺寸和各绕组数据等。选定材料，并核算电磁性能和有关参数，经过多次优化设计，最终确定电磁方案，主要的设计参数如下：

电机极数：$2p=4$；

电枢槽数：38；

电枢冲片采用冷轧硅钢片：50W470；
电枢铁芯直径：247.8 mm；
电枢铁芯长：209.5 mm；
电枢铁芯为斜槽，跨距为一个电枢齿距；
电枢绕组采用单叠绕组；
均压线数量：76 根；
主极绕组 24 匝，扁绕；附极绕组 11 匝，扁绕；
定子与电枢间隙：1.6 mm；
电机整体采用聚酰亚胺绝缘体系。

2.2 结构设计

该电动机的结构设计是根据电动机的使用要求、技术条件和电磁设计所确定的有关数据，确定电动机的总体外形、机械结构、零部件尺寸以及材料规格及性能等。如图 1 所示，该电动机主要包括定子、电枢、刷握组件、端盖和轴承等部件。

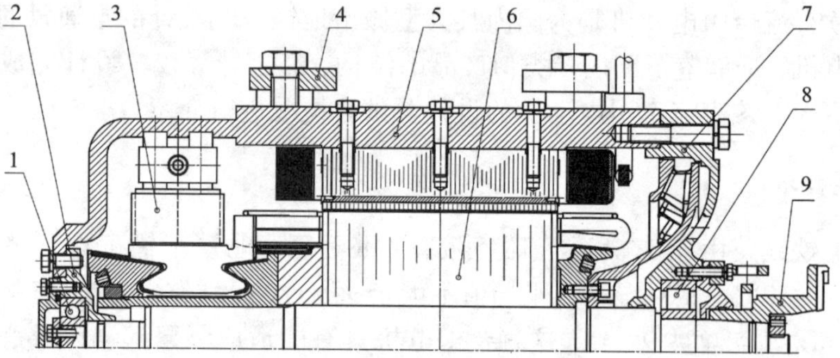

图 1 设计方案总图

1—换向端轴承；2—换向端端盖；3—刷握组件；4—吊架杆；5—定子；6—电枢；
7—传动端端盖；8—传动端轴承；9—联轴节

该电动机通过机座上方两个吊架杆悬挂在构架上，驱动轴端上的联轴节通过双万向节与转向架轴连接来传递动力。联轴节采用高强度优质合金钢材质，并经过调质处理。

2.3 定子

定子主要包括机座、4 主磁极、4 个换向极和各连线、引出线等(见图 2)。机座采用无缝钢管机壳与铸件换向器室焊接而成，它既是电动机磁路的一部分，又是电动机的主要结构部件；主磁极包括主极线圈和主极铁芯，它们用 3

个 M12 螺栓固定在机座上，主极线圈为扁绕结构，24 匝，主极铁芯采用冲片叠压铆钉焊接结构。换向极包括附极线圈和附极铁芯，它们用3 个 M12 螺栓固定在机座上，附极线圈也是扁绕结构，11 匝，附极铁芯也是采用冲片叠压铆钉焊接结构。整个定子采用 H 级绝缘结构。定子装配后进行真空压力浸漆。

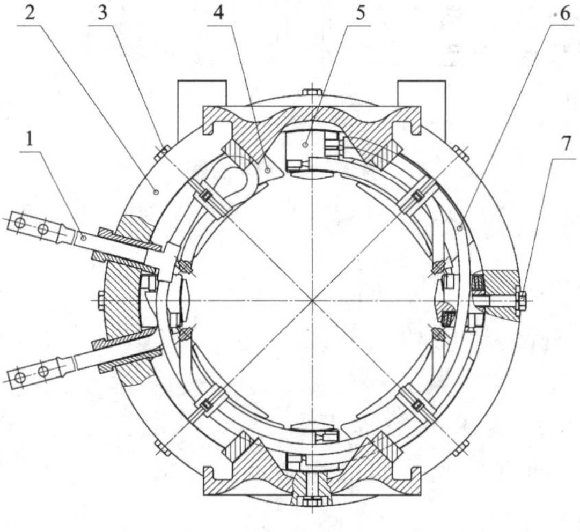

图 2　定子结构图

1—引出线；2—机座；3—主极螺栓；4—主磁极；
5—换向极；6—连线；7—换向极螺栓

2.4　电枢

电枢主要包括电枢铁芯、电枢线圈、均压线、和风扇等(见图 3)。电枢铁芯采用冲片叠压结构，依次将后支架、电枢冲片、前支架和换向器叠压在转轴上，电枢铁芯与转轴没有设计键槽，而是通过过盈配合。转轴采用高强度优质合金钢材质，并经过调质处理。电枢冲片叠压时倾斜一定的角度，跨距为一个电枢齿距，如图4 所示。电枢绕组采用单叠绕组，它们用槽楔固定在铁芯槽内，并用无纬带将前后端电枢线圈绑扎固定。在换向端装置了全额均压线，以均衡绕组并联支路中的电势。通过氩弧焊将电枢线圈和均压线引出线头焊接在换向器升高片上。换向器是燕尾拱式结构，通过大螺母将换向片和压圈固定在套筒上。换向器 V 型云母环伸出部分粘有聚四氟乙烯保护环带，且为倾斜式。整个电枢采用 H 级绝缘结构。

电枢进行真空压力浸漆后，将风扇装配到电枢轴上，用螺栓固定在后支架上。该风扇为离心式结构，空气通过换向端风罩进入(风罩内装有过滤网，防

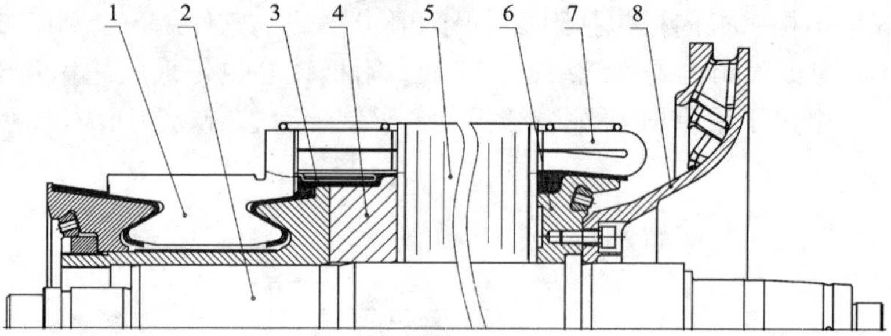

图3　电枢结构图

1—换向器；2—转轴；3—均压线；4—前支架；5—电枢铁芯；6—后支架；7—电枢线圈；8—风扇

止杂物进入电动机内），经过换向器室、电枢及定子内部，从传动端外侧的出风口排出。

在满足机械强度要求的前提下，为达到减重效果，前支架和风扇选用铝合金或铸铝材料。

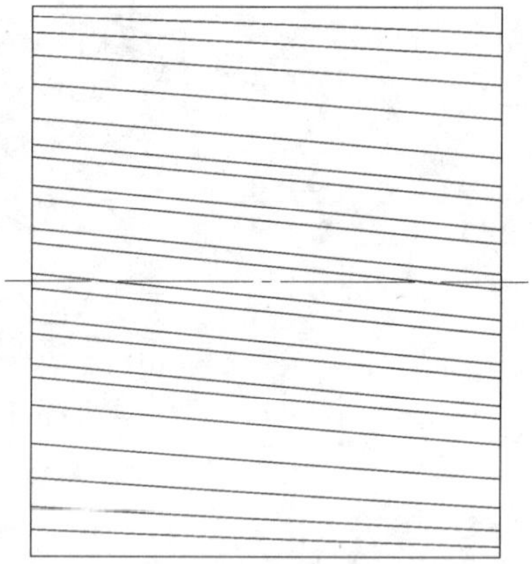
图4　电枢铁芯斜槽示意图

2.5　刷握组件

该电机共有4个刷握，通过螺钉、垫圈和刷握夹固定在机座上，垫圈采用NORD－LOCK型防松垫圈。刷握安装时保证其与换向器表面的间隙，无须进行其他调整。

刷握采用卷簧式结构，压指为恒压不锈钢弹簧，防止锈蚀并保证炭刷始终与换向器表面接触，避免压力设置中的人为错误。每个刷握上装有2个炭刷，该炭刷为分裂式设计，顶部具有绝缘凹入填塞结构，可减小传至炭刷的振动，增长炭刷使用寿命。

2.6　端盖和轴承

该电动机有2个端盖，一个在换向器端，另一个在传动端。端盖内安装有轴承。两端轴承盖上分别设计有螺堵，既可以排出废油脂，也可以注入新油脂。

为保证电机可靠性，换向端选用内圈内径为40 mm滚珠轴承，传动端选用内圈内径为60 mm滚柱轴承，且都采用进口SKF轴承。通过这一组合，承受轴向载荷的滚珠轴承，最大限度地减小了因热及制造公差引起的伸缩影响。

经过计算，选用合适的轴承与转轴、端盖间的配合公差，可以保证电机的安装游隙和运行游隙。

2.7　试验验证

按照试验大纲的要求对该电机进行了全面的试验。在样机试验过程中也出现了诸如正反转转速差较大，主极绕组温升较高等问题，经过后续设计优化，最终该电机试验成功。试验结果见表 1。

表 1　试验结果汇总表

序号	项目名称	实测值	技术要求	评定
1	输入功率/kW	75	75	合格
2	额定效率	92%	91%	合格
3	励磁率	74%	74%	合格
4	额定转速/(r/min)	2193	2195	合格
5	正反转转速差/(r/min)	35	44	合格
6	主极绕组对地绝缘/MΩ	200	≥5	合格
7	附极绕组对地绝缘/MΩ	150	≥5	合格
8	电枢绕组对地绝缘/MΩ	300	≥5	合格
9	主极绕组温升/K	156.5	180	合格
10	附极绕组温升/K	115.6	180	合格
11	电枢绕组温升/K	114.2	160	合格
12	换向器表面温升/K	81	120	合格
13	换向端轴承温升/K	30.8	55	合格
14	传动端轴承温升/K	41	55	合格
15	短时升高电压试验	无匝间击穿	500 V, 3 min 无匝间击穿	合格
16	超速试验	无有害变形	6480 r/min, 2 min 无变形	合格
17	冷态换向器跳动量/mm	0.02	≤0.02	合格
18	热态换向器跳动量/mm	0.02	≤0.02	合格
19	振动测试/(mm/s)	2.4	≤2.8	合格

3 结束语

经过不断的设计优化及试验验证，在保证该电机各项性能指标满足设计要求的同时，力求做到精益求精。目前装载该款电机的车辆即将投入正式运行，预计在运行过程中会取得满意的效果。

——来源：《轨道交通装备与技术》2018 年第 2 期

斜槽直流电机电枢线圈的设计

卢文冠　温乐平

摘　要：直流电机为降低噪音、振动等问题，采用斜槽电枢铁芯设计。本文从理论上分析斜槽直流电机电枢线圈的设计，并用试验加以验证。

关键词：斜槽；电枢线圈；直流电机

Design of armature winding of skewed slot DC motor

Lu Wenguan　Wen Leping

Abstract: In order to reduce noise, vibration, the design of the rotor iron core with skewed slot is adopted. In this paper, design of armature winding of skewed slot DC motor is theoretically analyzed and verified by experiments.

Keywords: skewed slot; armature winding; DC motor

电枢铁芯采用斜槽设计时，电机的电枢反应和传统的直槽结构有所不同，即增磁、去磁区域发生变化。为保证电枢反应的效果，斜槽电机在设计上与直槽结构相应不同。采用斜槽电枢结构的直流电机理论上有两种设计方案：(1)电刷不放在主极中心线下，其沿圆周旋转一定角度，电枢线圈按“直槽”设计；(2)电枢线圈按“斜槽”设计，电刷放在主极中心线下。由于加工等原因最终采用方案2，本文介绍方案2，斜槽直流电机电枢线圈设计。

1 理论分析

本文主要从传统直槽电机理论分析入手，再进行斜槽电机理论分析。

1.1 直槽电机理论分析

1.1.1 空载时电机磁场

直流电机空载时电枢电流为零（或很小，其值忽略不计），所以空载时气隙磁场仅由主磁极上的励磁磁动势所产生，该磁场称为主磁场如图1所示（简化为两极分析）

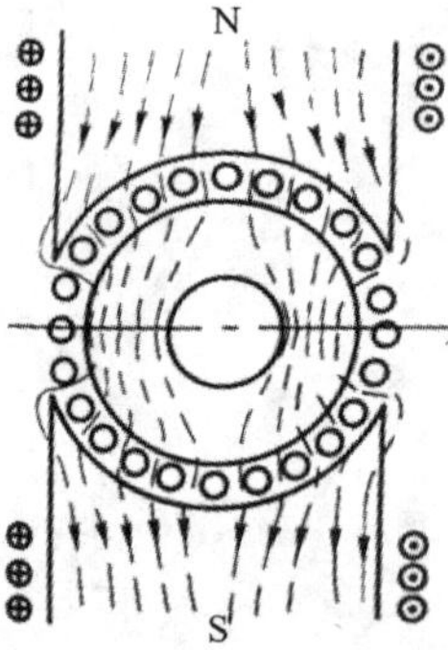

图1 空载时直流电机内的磁场

1.1.2 负载时电机磁场

当直流电机带上负载后，电枢绕组中有一定的电流流过，在电机的磁路中，又产生一个磁动势，称为电枢磁动势，并由电枢磁动势建立电枢磁场，如图2所示（示意图省去换向器和元件的端接线，把电刷直接放在几何中性线处的电枢导体上）。电刷两边不同磁极范围内导体中电枢电流的分布总是相反而对称的，因此电刷是电枢表面电流方向分布的分界线。当电枢绕组中通过电流时，若电枢上半部分导体中的电流为流出纸面，下半部分中的导体电流为流入纸面，这样电枢本身就构成了一个带铁芯的电磁铁，其磁力线分布如图2所示。由于电刷和换向器的作用，尽管电枢在旋转，每个磁极下导体中电流方向始终不变。电枢磁动势和电枢磁场是不动的，因此电枢磁动势的轴线位置总是与电刷轴重合，并与主磁场轴线垂直相交，所以又称电枢磁场为交轴磁场。

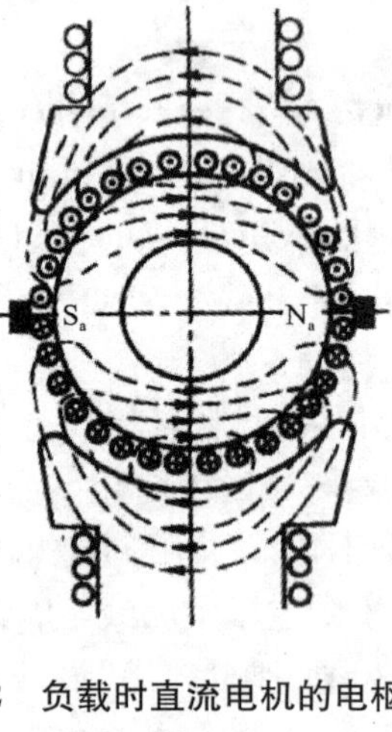

图2 负载时直流电机的电枢磁场

由上可见，负载时，电机中气隙磁场由励磁磁动势和电枢磁动势共同建立。故在直流电机中，从空载到负载，其气隙磁场将发生变化，这种变化是由于电枢电流建立的电枢磁场，使主极磁场受到影响而产生的，故将这种变化称为电枢反应。负载时合成磁场见图3。

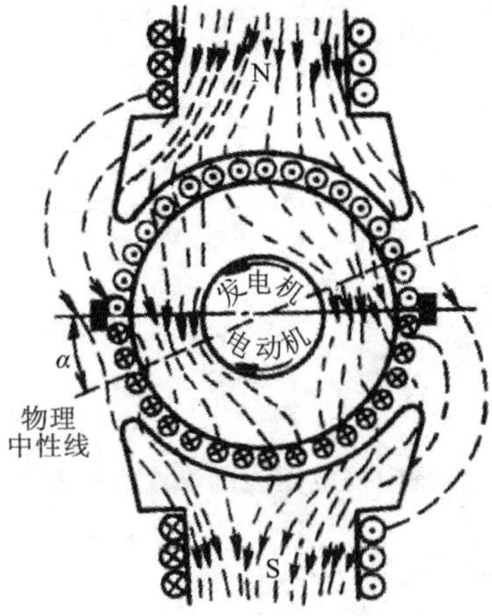

负载时合成磁场

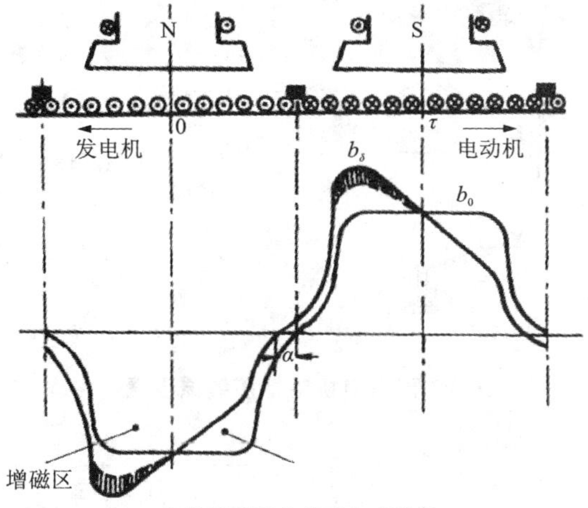

空载磁场和负载时合成磁场

图 3　交轴电枢反应

从图 3 可看出：在主极 N 极的右半部分，交轴电枢磁场的方向为从电枢表面指向主极，对主极磁场起去磁作用；在 N 极的左半部分，交轴电枢磁场的方向为主极指向电枢表面，对主极磁场起增磁作用；由此引起气隙磁场畸变，使电枢表面磁通密度等于零的位置（称为物理中性线）偏离几何中性线。对电动机而言，物理中性线将逆着旋转方向移过 α 角。不计磁饱和时，交轴电枢磁场对主极磁场的去磁作用和增磁作用恰好相等，总体上看，交轴电枢反应既无增磁、也无去磁作用。

1.2　直槽电机电枢线圈设计

由文献可知直槽电机的电枢接线原理，进而设计电枢线圈，详细过程不再赘述。以极数 $2p=4$，槽数 $Q=38$，换向片数 $K=152$，槽内每层所放的元件数 $u=4$ 单叠绕组直槽电机为例。图 4 为直槽电机电枢接线原理图，直槽电机电枢线圈在设计时线圈端部在圆周上的跨距角度相同，图 5 为直槽电机电枢线圈设计示意图。

1.3　斜槽电机理论分析

上面分析的电枢反应是电枢为直槽时电枢磁动势对气隙磁场的影响。下面具体分析电枢为斜槽时，其电枢磁动势对气隙磁场的影响。直槽和斜槽电枢铁芯见图 6。

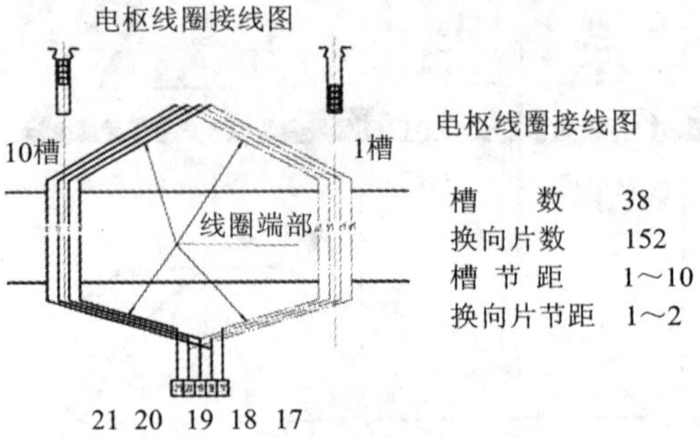

图 4　直槽电机电枢接线原理图

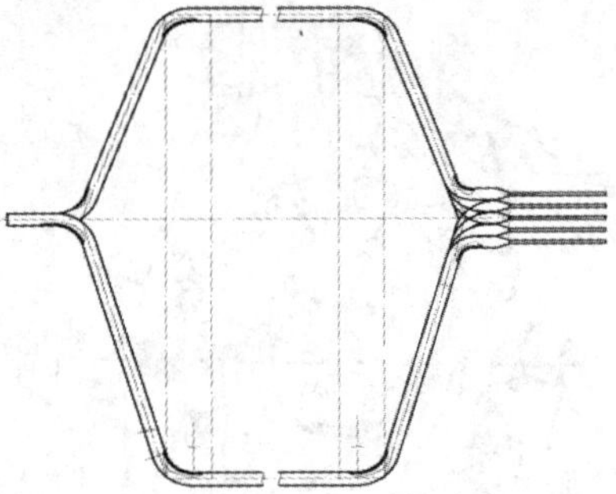

图 5　直槽电机电枢线圈设计示意图

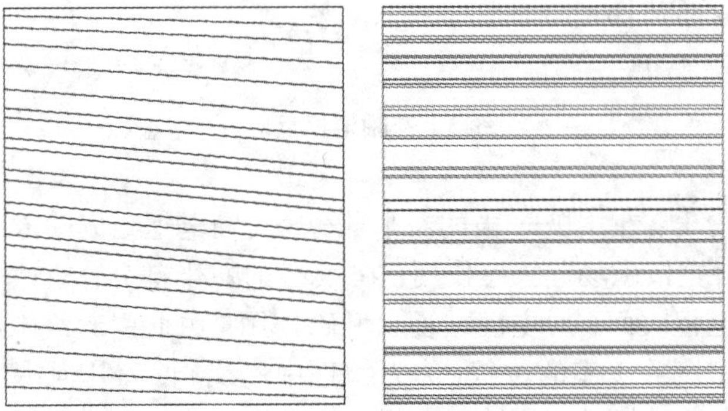

斜槽电枢铁芯　　直槽电枢铁芯

图 6　直槽和斜槽电枢铁芯

假设电枢绕组为单叠绕组，斜槽电枢线圈按“直槽”电枢线圈设计，即电枢线圈嵌线端的线圈端部在圆周上的跨距角度相同，其电枢电流和主磁场的分布见图 7。

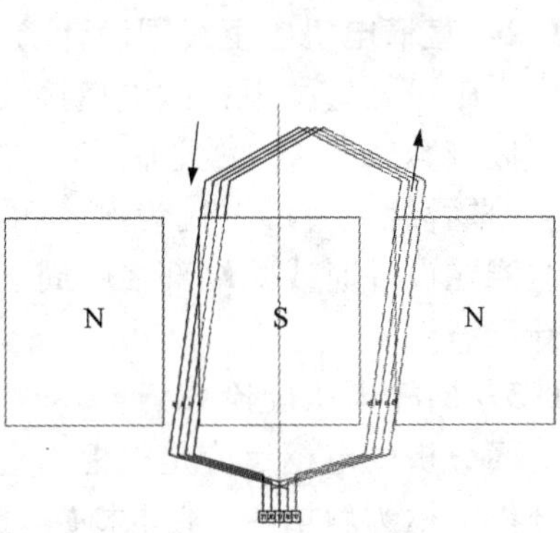

图 7　斜槽电枢电流和主磁场分布

由图 7 可知，主极和电枢电流空间分布等效于图 8，即电刷从几何中性线移动 β 角，则电枢磁动势也将随之改变。对于图 7 所示电动机而言，该情况的电枢反应将对主磁场其增磁作用。因为电枢磁动势在空间总是保持固定不动的，所以在转向不变的情况下电枢反应对电机主磁场的增、去磁作用是不变的，且正反转的增、去磁效果相反，导致电动机的正反转速差比较大。所以必须保证交轴电枢磁场对主极磁场的去磁作用和增磁作用恰好相等，即交轴电枢反应既无增磁、也无去磁作用。

1.4 斜槽电枢线圈设计

由以上分析可知，为使电机有良好的速率特性，需保证斜槽电枢的电枢反应既无增磁、也无去磁作用。斜槽电枢线圈的嵌线中点应在线圈的几何中心线上，此时电枢线圈端部在圆周上的跨距角度不等。根据跨距角度和嵌线间隙可对电枢线圈进行设计计算（计算和直槽类似），详细过程不再赘述。

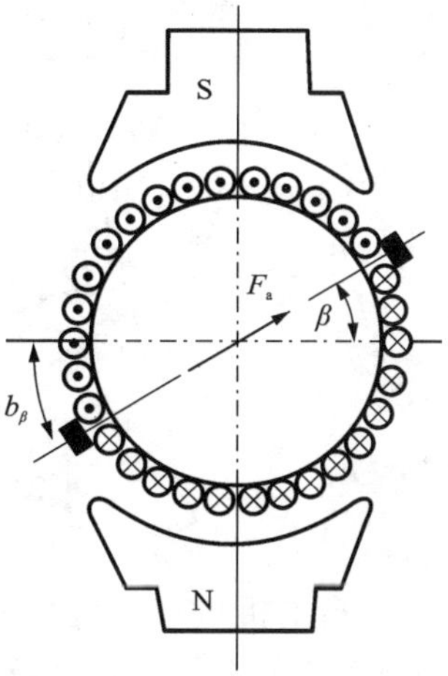

图8 等效斜槽电机图

以极数 $2p=4$，槽数 $Q=38$，换向片数 $K=152$，槽内每层所嵌放的元件数 $u=4$ 单叠绕组斜槽跨距为一个齿距的直流电机为例。图9为斜槽电机电枢接线原理图，图10为斜槽电机电枢线圈设计示意图。

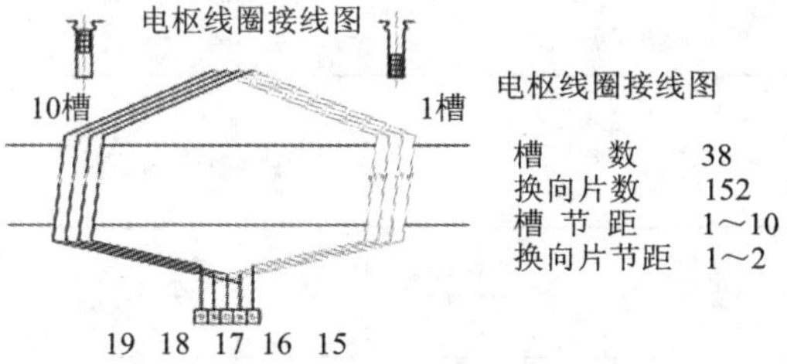

图9 斜槽电机电枢接线原理图

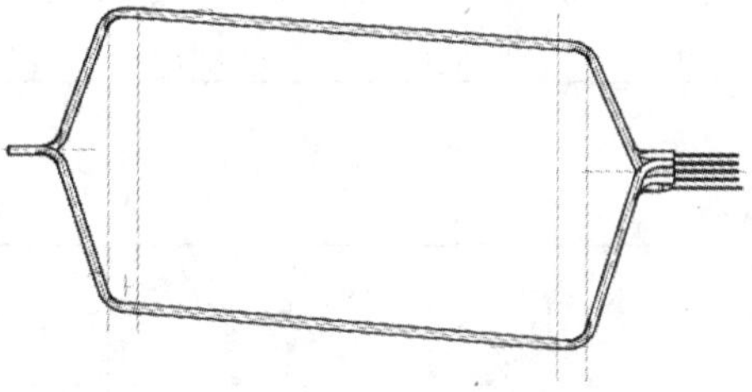

图10 斜槽电机电枢线圈设计示意图

2 试验验证

现以极数 $2p=4$，槽数 $Q=38$，换向片数 $K=152$，槽内每层所嵌放的元件数 $u=4$，单叠绕组直流电机进行试验验证。试验样机3台，其定子结构完全一致，电枢结构具体如下：

1号样机：斜槽电机，电枢接线原理按“直槽”设计（如图11）；

2号样机：斜槽电机，电枢接线原理按“斜槽”设计（如图9）；

3号样机：直槽电机（接线原理如图4）。

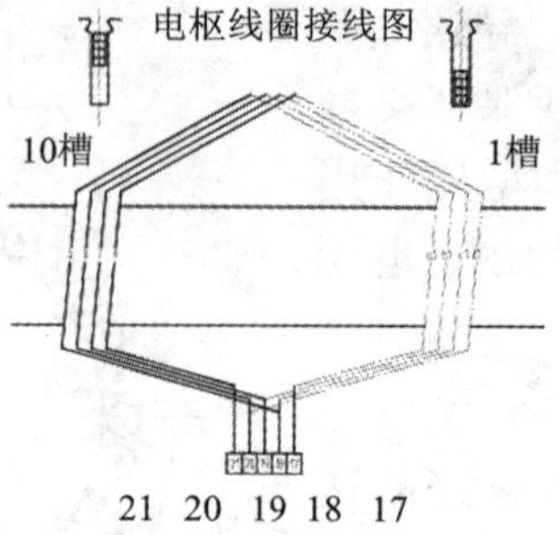

图 11 1 号机电枢接线原理图

对 3 台电机做速率特性试验，试验电压 300 V，试验电流 250 A，试验结果见表 1；对 2 号电机进行持续温升试验，试验结果见表 2。

表 1 速率特性试验结果

	正转/(r/min)	反转/(r/min)	转速差/(r/min)
1 号样机	2103	1857	246
2 号样机	2152	2109	43
3 号样机	2141	2097	44

表 2 持续温升试验结果

项目	主极绕组	换向极	电枢绕组（1～11 片）	换向器
电压/V	7.488	4. 102	—	—
电流/A	185	250	—	—
温升/K	114.8	118.6	122.5	76
结论	合格			

由表 1 试验结果可知：2、3 号样机性正反转速差较小，且在制造容差范围内（小于平均转速的 3%）；1 号样机正反转速差较大，其正转偏高是由于正转时电枢反应对主磁场起去磁作用，反转偏低是由于反转时电枢反应对主磁场起增磁作用。

3 结论

综上分析可知：直槽电枢线圈和斜槽电枢线圈的设计不同。为使电机有良好的速率特性，必须保证交轴电枢磁场对主极磁场的去磁作用和增磁作用恰好相等，即交轴电枢反应既无增磁、也无去磁作用。所以斜槽电枢线圈的嵌线中点在其几何中心线上。

——来源：《电机技术》2017 年第 6 期

圆柱滚子轴承不均匀磨损的检测方法研究与应用

郭四洲　佘宝瑛　梅荣海　杨下沙

摘　要：电机圆柱滚子轴承运行后，滚柱母线轮廓常呈现中间小、端部大的“哑铃状”不均匀磨损特征，导致滚柱端部应力集中，造成轴承早期疲劳失效。对不同磨损轮廓值的轴承滚柱进行应力仿真分析、振动故障检测及运用考核，结果表明不均匀磨损的滚柱母线轮廓 $p_t \leq 16\ \mu m$ 可继续安全运行。本文创新性提出了一种基于轮廓检测和透光检测相结合的工程应用检测技术，并应用于电机检修中的轴承磨损量定性预检和精确定量卡控，为轴承的再利用和残余寿命评估提供有力判据，对电机滚柱轴承磨损检测与电机检修工程应用的发展具有重要意义。

关键词：圆柱滚子轴承；轮廓检测；透光检测；工程应用

Application and research on detection method of of cylindrical roller bearing uneven wear

Guo Sizhou　She Baoying　Mei Ronghai　Yang Xiasha

Abstract: After Cylindrical roller bearing of motor running, the profile of roller generatrix is often small in the middle and big in the end, is "dumbbell" uneven wear characteristics. It lead to the stress concentration at the end of the roller bearing, due to early fatigue failure. The paper analyse stress simulation, vibration fault detection and the using assessment of bearing roller different wear profiles values. The results show that the uneven wear wear profiles pt values is less than or equal to 16 μm can continue to operate safely. The paper put forward a kind of detection technology based on the combination edge detection and light detection in engineering application, and applied to the motor in the maintenance of the bearing wear qualitative and quantitative inspection card control, which provides the powerful criterion for bearing reuse and residual life assessment of motor, it plays an important role in the roller bearing wear development and application of detection motor maintenance engineering.

Key words: cylindrical roller bearing; profile detection; light detection; engineering application

我国机车朝着高速重载方向发展，机车牵引电机运行于风沙、高低温、长时间跨区运行等复杂工况，电机轴承润滑不良导致轴承出现早期异常磨损，甚至发展成轴承剥离及烧损，给机车安全运行带来了全新挑战。

针对电机轴承的早期异常磨损，具有滚柱母线轮廓常呈现中间小、端部大的“哑铃状”不均匀磨损的典型特征，在电机检修中需对该类轴承进行检测及卡控，保障检修后的电机安全运行。经过系列的验证与研究，提出了透光预检和轮廓卡控相结合的轴承磨损检测技术，并制定磨损判定值定量卡控轴承，筛选出磨损值合格轴承进行装车再利用。

1 典型磨损特征及失效模式

1.1 典型磨损特征

轴承是机车牵引电机中支撑转子和定子，实现转子和定子稳定、灵活运转的关键部件。牵引电机通常配置 2 个轴承，即驱动端轴承和非驱动端轴承。驱动端主要承受载荷及处于浮动端，常采用圆柱滚子轴承。

返厂检修电机圆柱滚子轴承进行检测，发现其磨损特征高度一致。滚柱表面有不均匀磨损痕迹，中部呈亮色，两端呈暗灰色，如图 1。经测量，滚柱为哑铃型，中部直径小，两端直径大的异常磨损状态，如图 2 所示。

1.2 典型失效模式

当滚柱表面出现哑铃状不均匀磨损时，轴承的承载部位移至滚柱端部，造成滚柱端部出现应力集中，如图 3 所示。哑铃型异常磨损进一步发展，滚柱的不均匀程度增加，滚柱端部应力集中将逐渐产生剥离脱落，如图 4，最终恶化导致轴承烧损固死。

图 1　磨损圆柱滚子图

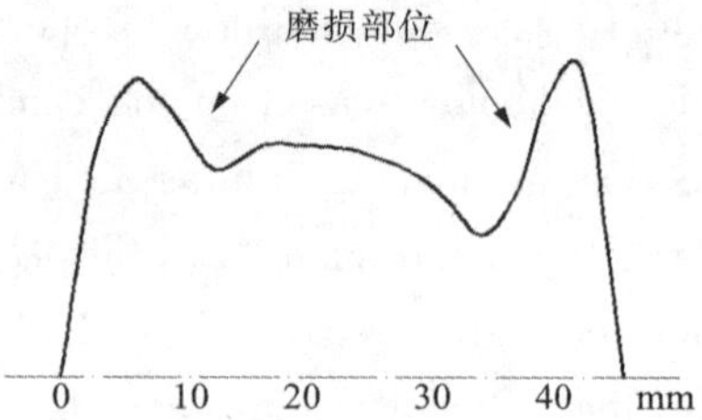

图 2　滚柱异常磨损图(纵向放大 1000 倍)

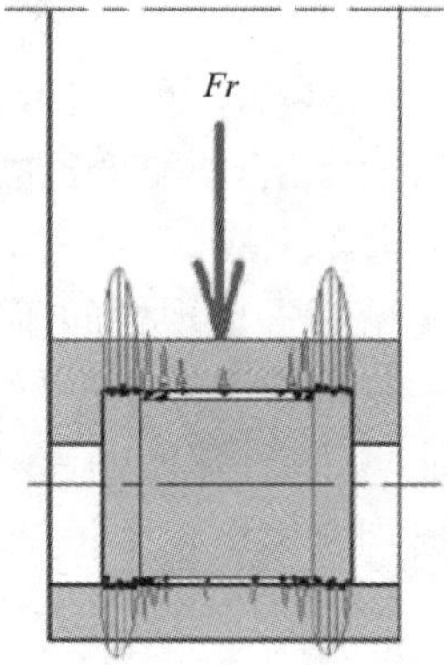

图 3　哑铃状滚柱受力示意图

图 4　滚柱剥离失效图

2　滚柱轴承磨损检测技术

为防止轴承滚柱异常磨损导致剥离、固死失效，研究一种不破坏轴承的滚柱表面磨损检测方法，定量分析轴承的不均匀磨损量，严格卡控电机轴承检测过程。

2.1　早期轴承磨损检测技术

早期牵引电机轴承磨损检测方法主要有电机旋转振动、异音判别法、轴承游隙检测、轴承外观检测及指感判别、润滑元素含量检测法等。

上述几种方法均存在一定局限性：(1)电机旋转振动和异音判别法受电机装配影响较大，无法判断振动来源于轴承还是装配对中不均问题；(2)轴承游隙检测“哑铃型”轴承，无法确定轴承滚柱中部与端部的磨损量；(3)轴承外观检测只能粗略的检测轴承是否出现剥离、点蚀、擦伤等情况，对轴承的磨损情况无法判别；(4)指感判别对检测者经验要求较高，需通过触摸滚柱表面和内外圈表面的凹凸度，无法定量轴承磨损情况；(5)润滑元素检测受油路中所有结构磨损影响，无法具体指向轴承磨损，无法精确判定轴承的磨损情况。

因此，上述方法均不能对轴承表面轮廓磨损情况进行量化分类，从而无法对轴承残余寿命进行评估。

2.2 表面轮廓检测技术

基于早期轴承磨损检测的局限性，提出了适用于工程应用的轴承表面轮廓检测技术，对轴承滚道面磨损均匀性进行量化，为轴承残余寿命评估提供依据。

轴承表面轮廓检测方法目前主要有两种：一种是表面轮廓仪检测，该方法可准确定量评定滚道面的磨损情况，但操作相对较复杂，不适用于大批量轴承检测；另一种轮廓透光检测法，该方法是磨损定性检测，方法简单实用、高效，满足工程应用的大批量轴承检测筛选，分等级进行轴承磨损评估，实现透光预判，轮廓仪检测卡控的结合性检测方法。

2.2.1 表面轮廓仪检测

表面轮廓仪检测方法为：将待检圆柱滚子轴承平放在专用工装夹具上，摸索寻找到滚柱最高点，测量滚柱最高点母线的轮廓，评估滚柱承载区域有效取样长度上最高点与最低点的高度差，即 *pt* 值。同时，可标定新轴承轮廓线，利用双轮廓检测方法评估磨损轴承与新轴承的轮廓曲线的磨损区域面积。

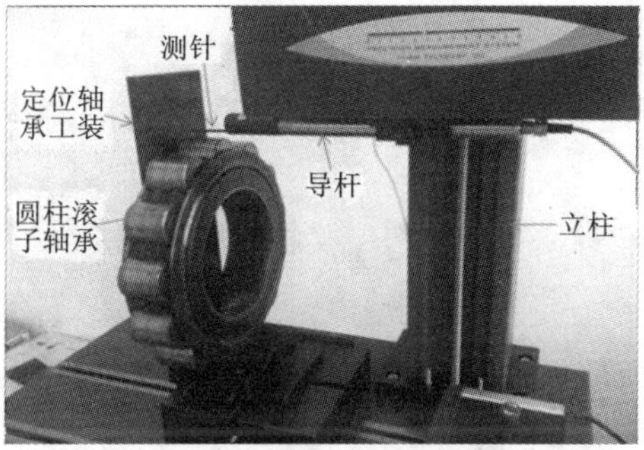

图5 表面轮廓仪检测滚柱轴承实物图

选取大量不同磨损程度的轴承进行轨道面轮廓检测，其中新轴承与 3 种典型磨损程度的滚柱和外圈表面轮廓定量检测结果如图 6、图 7 所示。

从图 6 知，运用后的 1 ~ 3 号轴承出现不同程度的磨损，磨损区域及特征高度一致，表面轮廓高度差值 *pt* 越大，轴承哑铃状磨损情况越严重。

从图 7 知，新轴承及磨损轴承外圈轨道面轮廓非直线，外圈磨损为非均匀磨损；且滚柱和外圈磨损具有正相关性，滚柱轮廓磨损严重(pt 值越大)，相应外圈滚道面磨损亦严重。因此，选取轴承滚柱磨损检测来评估轴承不均匀磨损程度。

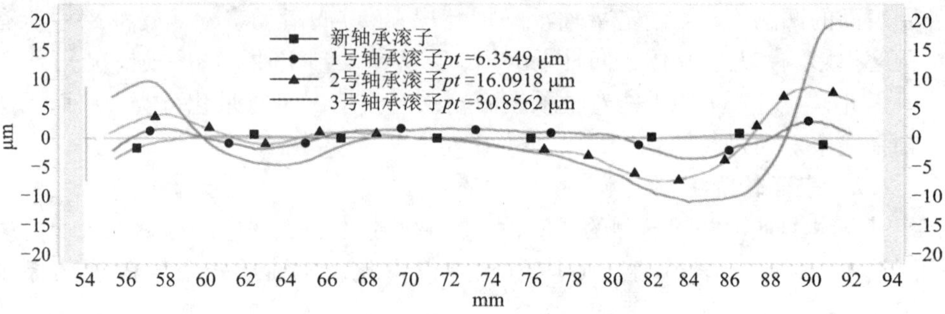

图 6　不同磨损程度的滚柱轮廓检测图

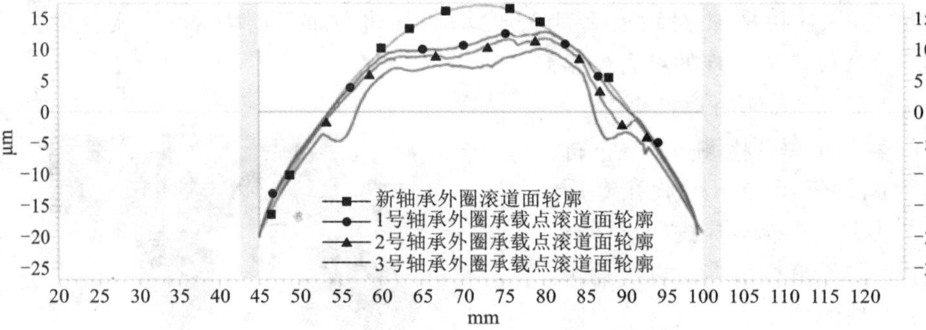

图 7　不同磨损程度的外圈轮廓检测图

2.2.2　轮廓透光检测

为适用于工程应用，开展批量性的轴承轮廓检测，规避轮廓仪检测的操作烦琐，提出一种轮廓透光检测方法。

轮廓透光检测方法为采用精度较高的直线尺，例如刀口尺；用以检测轴承滚柱母线，刀口尺与轴承滚柱母线平行紧密贴合，对刀口尺与轴承滚柱母线间隙进行透光检测，通过透光强弱程度及透光颜色定性判定滚柱表面轮廓的磨损情况。

通过大量滚柱轮廓透光检测，将滚柱轮廓磨损状况分为三个等级，并应用表面轮廓检测仪对三个等级滚柱轮廓磨损区间进行量化，如表 1 所示。

表 1　滚柱轮廓透光检测对照表

透光等级	一级	二级	三级
透光类型	不透光型	微透光型	大透光型
透光颜色	无	蓝光	黄光
磨损轮廓 pt 值	0 ~ 6 μm	6 ~ 16 μm	>16 μm
等级实物			
措施	直接再利用	轮廓仪待检	报废

经统计，经过轮廓透光检测只有不到 10% 的轴承需要用到表面轮廓仪检测进行复测判定，采用轮廓透光检测预判轮廓仪复检卡控，极大地提高了轴承检测速度和效率。

实践表明，面对工厂大批量轴承检修的工程应用，采用透光检测来预判，轮廓仪检测卡控相结合的轴承磨损检测技术，对轴承质量卡控具有良好应用效果。

3　仿真分析与应用研究

采用 Mises 应力仿真分析和单轴承动态故障检测进行不同磨损等级的滚柱轴承可行性技术评估，并进行小批量装车考核。

3.1　应力仿真分析

为分析不同轮廓磨损量的轴承应力分布，利用有限元分析软件 ABAQUS 进行建模与分析。基于磨损轮廓 *pt* 值的限值分析，本文主要对第二等级的滚柱磨损轮廓进行分析计算。

1）实体建模：根据实际轮廓检测的滚柱曲线，采用描点法对滚柱和外圈接触曲线进行绘制，并进行实体建模，考虑轴承运行实际载荷分布，优化计算模型，模拟分析轴承滚柱主要接触点与外圈接触应力，如图 8 所示。

2）网格划分：采用三维八节点减缩积分沙漏控制单元（C3D8R）对外圈和滚柱进行离散，局部接触区域采用网格细化加密，整个有限元模型共有 6899160 个单元，7572260 个节点，如图 9 所示。

3）载荷约束：基于滚柱轴承的受力分布，选取承载区载荷最大的滚柱，并进行滚柱周向约束，外圈定位约束，在滚柱上方施加均布载荷，载荷为轴承实际运行中电机载荷特性计算可得。

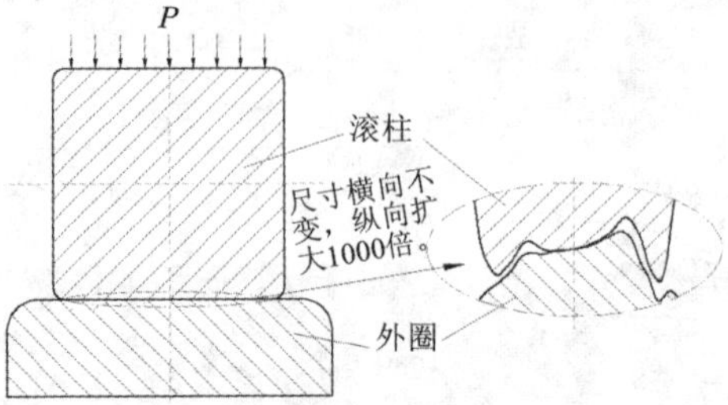

图8 应力仿真二维模型图

图9 三维模型网格划分图

4)应力求解：仿真计算可得，磨损轮廓 *pt* 值为 16 μm 的滚柱在实际应用最大载荷作用下，滚柱接触区最大 Mises 应力为 1068 MPa。经核查，轴承滚柱和外圈材料的屈服应力为 1690 MPa，表明轮廓磨损值为 16 μm 的滚柱应力水平良好，小于屈服极限。仿真应力计算如图 10 所示。

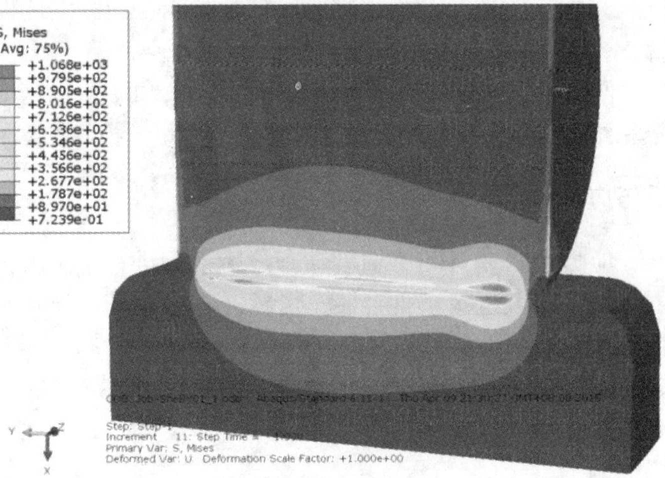

图10 接触区 Mises 应力图

3.2 单轴承动态故障诊断分析

基于旋转机械故障诊断技术、精密微冲击传感技术及计算机测控技术，可识别对单个滚动轴承的故障，自动检测出轴承内圈、外圈及滚动体等轴承组件的故障信息，和振动能量，检测原理如图 11。

分析不同轮廓磨损量的轴承振动能量及故障信息，检测结果如图 12 所示。

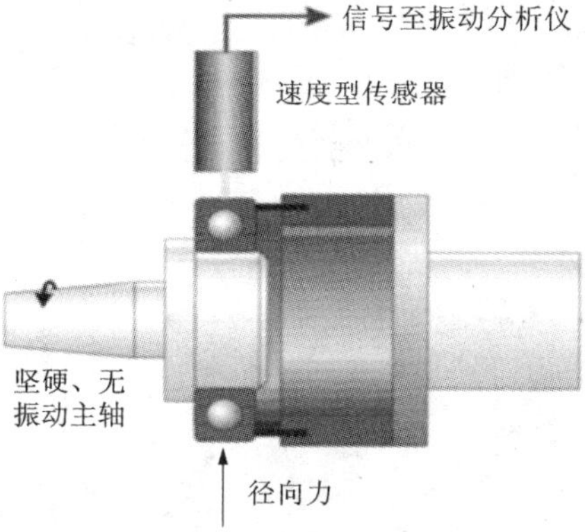

图 11　单轴承动态振动检测原理图

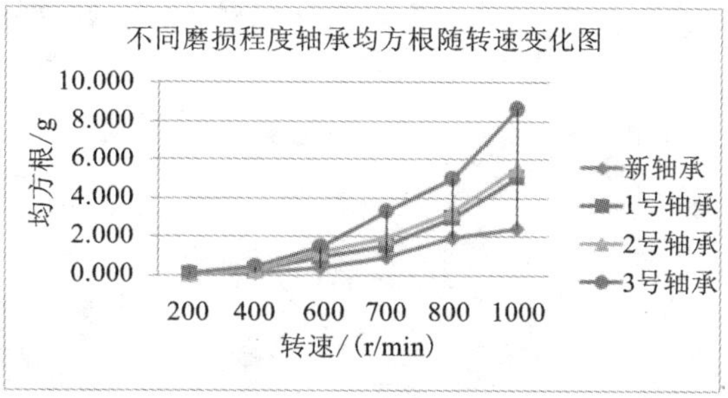

图 12　不同磨损程度滚柱轴承振动能量图

从图 12 可知，新轴承的振动能量最低，均方根值≤2.3(1000 r/min)；第一等级轴承与第二等级轴承的振动能量相近，均方根值≤5.5，均方根值在卡控值(≤6)范围内，轴承拆检状况良好，无故障，磨损小；而第三等级轴承的振动能量偏大，均方根值接近 9.5，轴承解体出现异常磨损严重或剥离。

因此，基于轴承应力计算及单轴承振动检测，轮廓透光检测检测≤16 μm 的轴承屈服应力和振动能量均在规定范围内，可以进行装车再利用。

3.3　装车考核

2013 年 8 月，对轮廓透光检测不同等级的轴承进行小批量装车考核，其中 *pt*≤16 μm 的轴承装车运行已达近 40 万 km，每个季度对在段运行的油样和顶轮检测检测跟踪，检测值均处于合格范围内，表明该类轴承目前运行状况良好。

4　结束语

本文对圆柱滚子轴承不均匀磨损的检测方法研究与应用，针对圆柱滚子轴承滚柱表面呈现典型哑铃状不均匀磨损特征，创新性提出了一种基于轮廓检测和透光检测相结合的工程应用检测技术，并应用于电机检修中的轴承磨损量定性预检和精确定量卡控。经过应力仿真分析、振动故障检测及运用考核，结果表明不均匀磨损的滚柱母线轮廓 *pt*≤16 μm 可继续安全运行。

本文的研究及磨损限值分析为轴承的再利用和残余寿命评估提供有力判据，对电机滚柱轴承磨损检测与电机检修工程应用的发展具有重要意义。

——来源：《科技创新与应用》2015 年 6 月

基于有限元分析的风力发电机冷却器结构优化设计

邹强龙　赵　震　孙胜玉

摘　要： 通过建立冷却器与发电机一体化模型进行整机模态分析，真实地模拟冷却器运行状态，同时针对运行状态下振源分析，准确地找出冷却器后端电机振动异常的原因，并通过局部刚度优化，达到解决冷却器局部振动异常的目的。

关键词： 风力发电机；冷却器；整机模态；优化设计

0　概述

双馈风力发电机作为一种发电机设备，广泛应用于风力发电机领域。对其各个部件及整体结构进行模态仿真分析，避免运行时出现振动，已是发电机设计的一个重要环节。文章以某型发电机在联调试验过程中，冷却器后端顶置风机振幅较大，导致冷却器后端电机螺栓断裂等问题进行分析。通过建立冷却器与发电机一体化模型，采用整机模态分析等手段，根据模态分析结果对冷却器结构进行局部优化设计，达到解决冷却器局部振动异常的目的。

冷却器实际运行过程中是安装在发电机本体上，因此单纯的分析冷却器本体模态意义不大，需建立冷却器与发电机一体化分析模型。用 UG 三维软件建立实体模型，在 ANSYS 有限元仿真分析软件中对三维模型进行网格划分和材料属性添加，发电机整机模型如图 1 所示。

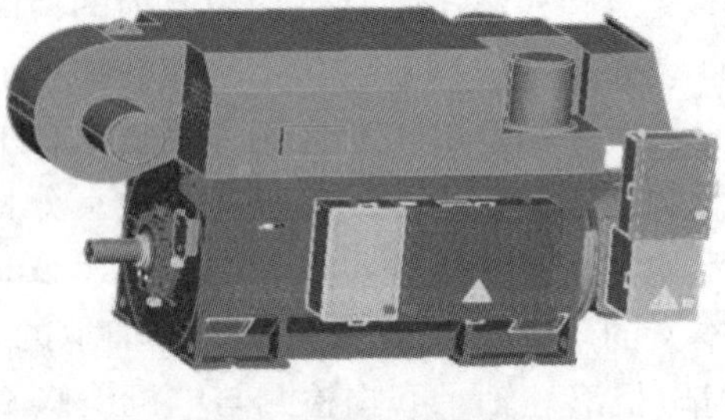

图 1　发电机整机模型

发电机主要材料及其参数见表1。

表1　发电机主要结构件材料力学参数

零件	材料牌号	弹性模量/GPa	密度/($g \cdot cm^{-3}$)
转子主轴	35CrMo	213	7.85
硅钢片	50WW470	210	7.7
机座	Q235C	210	7.85
冷却器壳体	Q235A	210	7.85
冷却器管道	铝	72	2.7

整机模态分析采用与实物一致的模型，有限元模型包括转子、定子铁芯、机座、滑环座、端盖组装、冷却器等部件，线圈质量以质量点的方式布置于硅钢片的槽内。为了模拟冷却器真实的运行状态，计算工况为弹性支撑下固有模态振型。

表2是在弹性支撑固定状态下冷却器的主要振型及频率值，见图2～图5。

表2　整机弹性支撑下冷却器的主要振型及频率值

序号	频率/Hz	振型
1	27.9	冷却器前端风机振动
2	33.7	冷却器三个电机振动
3	47.9	冷却器后端振动
4	102.6	冷却器后端风筒振动

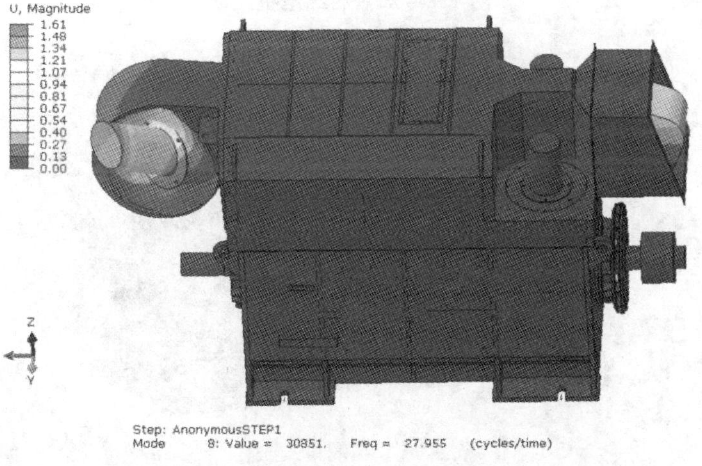

图2　冷却器前端风机振动

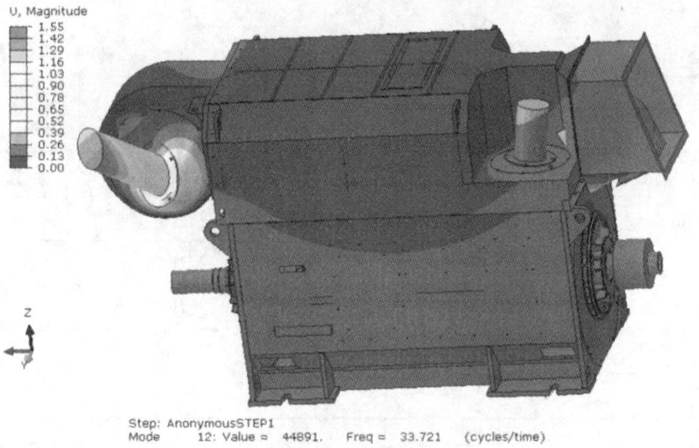

图 3　冷却器三个电机振动

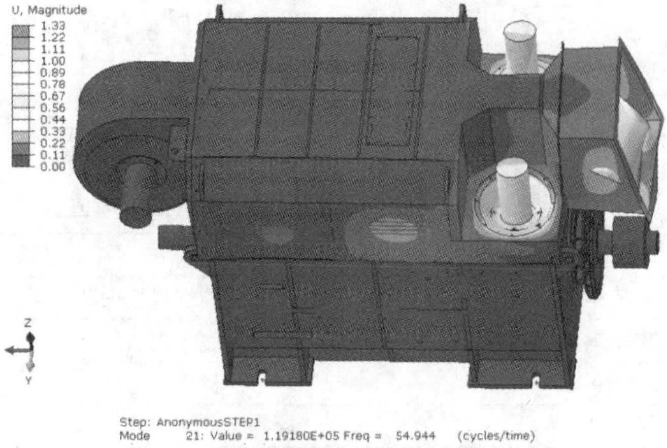

图 4　冷却器后端电机振动

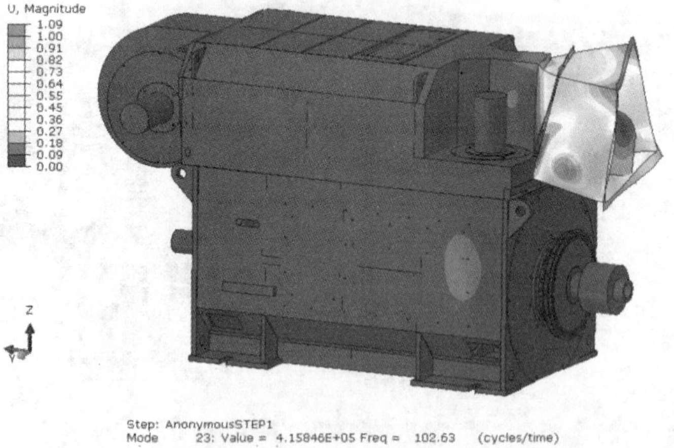

图 5　冷却器后端风筒振动

2 模态仿真结果分析

2.1 发电机振源分析

发电机运行转速范围为 700～1300 r/min，冷却器前端电机运行转速为 1440 r/min，后端电机运行转速为 2916 r/min。根据上述说明，其振源频率主要包括下列几个：

(1)冷却器前端电机转动频率为 24 Hz，后端电机转动频率为 48.6 Hz；

(2)发电机转动频率是 11.7～21.7 Hz；

(3)定子电磁激振频率 840.2～1560.2 Hz；

(4)转子电磁激振频率 1050.3～1950.3 Hz；

(5)电流激振频率：50 Hz、100 Hz。

由于高频振动不容易引起较大振幅，因此整机模态分析应关注 11.7～21.7 Hz、24 Hz、48.6 Hz、50 Hz、100 Hz 附近的振型。

2.2 模态仿真结果分析

从弹性支撑状态下的整机模态分析结果可以看出：

(1)第 1 个振型为冷却器前端风机振动，频率 27.9 Hz，与此处小电机转动频率比较接近，应进行局部刚度加强。

(2)第 3 个振型为冷却器后端振动，频率 47.9 Hz，与此处小电机转动频率 48.6、50 Hz 电流激振比较接近，应是现场振幅较大的主要原因。

(3)第 4 个振型为冷却器后端风筒振动，频率 102.6 Hz，与 100 Hz 电流激振比较接近，应进行局部刚度加强。

3 冷却器结构设计优化

3.1 固有频率

$$f=2\pi\sqrt{\frac{k}{m}}$$

从上述可以看出，固有频率 f 与刚度、质量相关。根据冷却器结构特点采取加强刚度的方法提高冷却器局部刚度。

3.2 设计优化方案

根据弹性支撑状态下的整机模态分析结果，在不改变冷却器主体结构的前提下对冷却器局部进行刚度加强，如图 6。

前端电机法兰面增加 8 根加强筋、导风罩处增加 3 根加强筋；

后端电机法兰面增加 8 根加强筋、安装面外侧加加强筋；

后端风筒四个直角处增加 4 个三角筋。

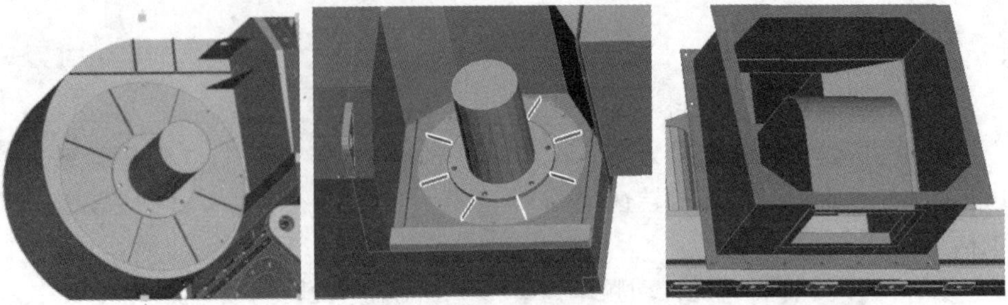

前端电机优化方案　　后端电机优化方案　　后端风筒优化方案

图6　冷却器结构优化方案

3.3　优化后模态仿真结果

冷却器的结构优化，冷却器的振型及频率有了明显改善，其主要振型明显地避开了冷却器风机转频、发电机转频及电网频率。优化后的结构通过了现场联调试验。冷却器结构优化后主要振型见表3，主要振型图见图7～图10。

表3　整机弹性支撑状态下冷却器主要振型

序号	频率/Hz	振型
1	35.4	冷却器前端风机振动
2	59.1	冷却器后端两个电机振动
3	75.7	冷却器后端电机振动
4	120.0	冷却器后端风筒振动

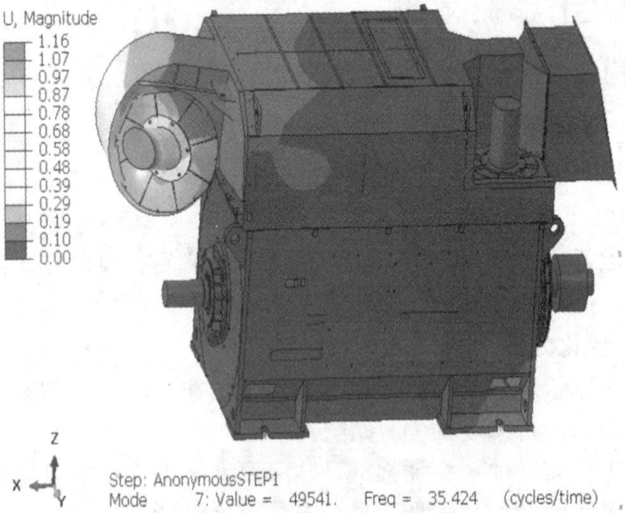

图7　冷却器前端风机振动

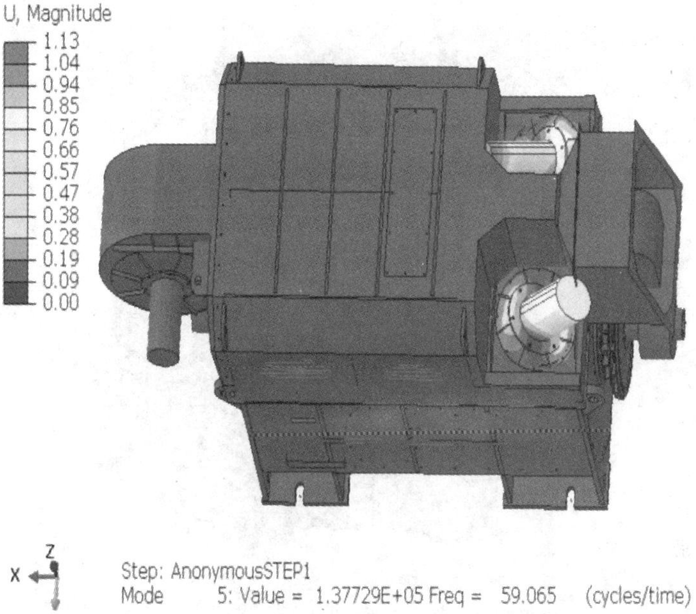

图 8　冷却器后端两个电机振动

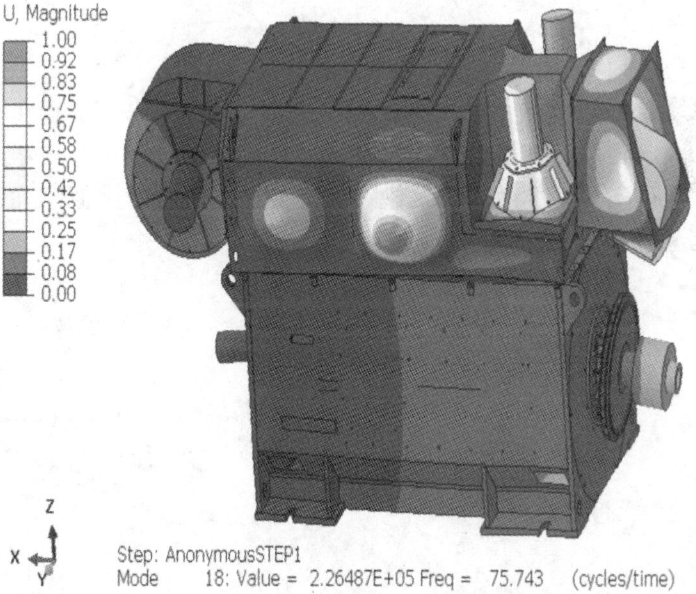

图 9　冷却器后端电机振动

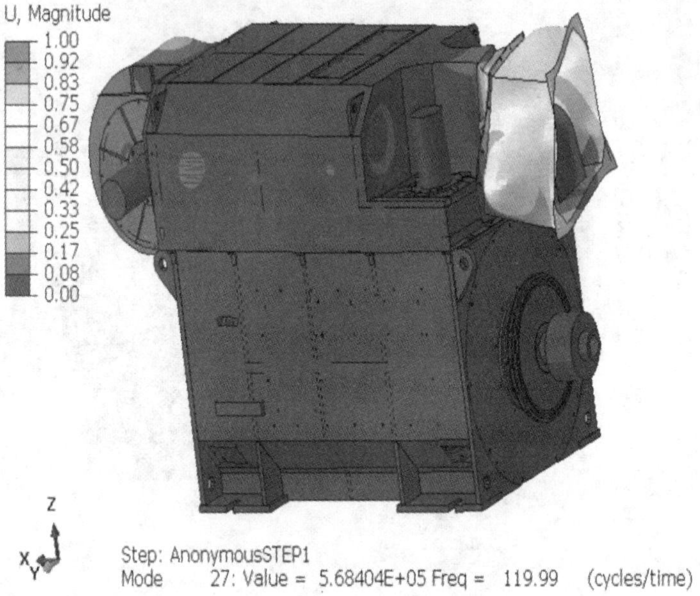

图 10 冷却器后端风筒振动

4 结束语

通过建立冷却器与发电机一体化模型进行整机模态分析，真实模拟冷却器运行状态，准确找出冷却器后端电机振动异常的原因，指导冷却器进行结构设计优化，并取得实质性的效果。该模态仿真分析方法可为类似问题的分析提供一定的参考意义。

——来源：《金属加工》2010 年 5 月

牵引电机有机硅绝缘系统和环氧酸酐绝缘系统的性能对比

梁西川　曹燕飞　陈红生　李鸿岩　唐　畅

摘　要：本文介绍了牵引电机有机硅和耐热环氧酸酐两种绝缘系统的结构设计特点，对比了两种绝缘系统的常规电气性能、热老化性能。结果表明：两种绝缘系统都具有良好的电气性能和耐热性能，有机硅绝缘系统的热稳定性表现更突出。

关键词：牵引电机；绝缘系统；有机硅浸渍树脂；环氧酸酐浸渍树脂

Abstract: The article introduces structure design features of two types of insulation system: traction motor silicone and heat-resistant epoxy, and compared conventional electrical performance and heat aging performance of them. The result shows that: the two types of insulation system are occupied with good electrical performance and heat resistance, yet thermal stability of silicone insulation system performs comparatively better.

Key words: traction motor; insulation system; silicone impregnated resin; epoxy anhydride impregnated resin

1　引言

大功率化、小型轻量化和高可靠性是重载机车和高速动车牵引电机的显著特点，而采用高性能、高耐热等级的绝缘系统则成为牵引电机实现上述目标的关键手段[1]。我国交流传动牵引电机绝缘系统采用耐热环氧酸酐绝缘体系和有机硅绝缘体系两条技术路线，都为国外引进、技术成熟、高耐热等级的绝缘系统，且在重载机车、高速动车、城轨车辆的牵引电机上得到批量化工程应用。

由于浸渍树脂特征上的差异，耐热环氧酸酐型和有机硅型属于两种不同风格类型的绝缘体系。环氧树脂具有机械强度高、电气性能稳定等特点，绝缘系统普遍采用聚酰亚胺薄膜-云母复合带+聚酰亚胺薄膜的纯薄膜结构，通过浸渍高黏结强度的环氧酸酐树脂实现绝缘结构的整体性，该结构充分利用聚酰亚胺薄膜良好的电气性能，具有绝缘薄、电气场强高的特点。而有机硅树脂的机械强度较差，具有热弹性，绝缘系统普遍采用采用少胶玻璃布云母带+聚酰亚胺薄膜混包结构，该结构充分发挥聚酰亚胺薄膜的高电气性能，同时利用玻璃布云母带对绝缘结构予以机械补强，以保证绝缘结构的整体性。

尽管两种绝缘系统属于不同风格类型，但都作为典型的高等级绝缘系统在我国牵引电机上得到广泛应用。为了确定未来牵引电机绝缘技术的发展方向，进一步研究上述两种绝缘系统的特点，南车株洲电机有限公司开展了两种绝缘系统的综合性能比对试验，并取得了阶段性成果。

2 试验

2.1 原材料技术指标

表1为两种绝缘系统核心材料——浸渍树脂的典型技术性能指标。

表1 两种绝缘系统核心材料——浸渍树脂的典型技术性能指标

项目名称		单位	典型技术性能指标(实测)	
			耐热环氧酸酐浸渍树脂	有机硅浸渍树脂
外观(试管法)		—	棕色液体	无色透明黏稠液体
黏度(23±2)℃		cp	1450	1470
固化挥发份		%	6.3 (180±2)℃，2 h	0.64 (200±2)℃，1 h
黏结强度(螺线管法)	(180±2)℃	N	34	11.4
电气强度	常态	MV/m	20.4	22.9
	浸水24 h后		18.1	22.7
	(200±2)℃		18.4	18.1
体积电阻率	常态	Ω·m	2.3×10^{14}	1.4×10^{14}
介质损耗	常态(1 kV)	-	4.15×10^{-3}	2×10^{-3}
	(200±2)℃(1 kV)		2.7×10^{-1}	1.1×10^{-2}

2.2 试样模型

为便于对比两种绝缘系统的性能，试样模型以牵引电机成熟应用、电压等级相近的两种绝缘结构为载体，两种绝缘结构的参数见表2。试样模型模拟绕组带铁芯结构，并进行相应绝缘处理。试样模型见图1、图2，每个试样模型含有6个可供测试的线圈，线圈编号1~6。

表2 两种绝缘结构的参数

	耐热环氧绝缘结构	有机硅绝缘结构
额定电压	2000 V	1375 V
逆变器中间回路电压 U_{dc}	3000 V	1800 V
逆变器类型	3点式	2点式
相对地绝缘	±1500 V	±1800 V
主绝缘结构	聚酰亚胺薄膜－云母复合带 +聚酰亚胺薄膜	少胶玻璃布云母带 +聚酰亚胺薄膜
浸渍漆	耐热环氧酸酐浸渍树脂	有机硅浸渍树脂
绝缘处理方式	整体真空压力浸渍+旋转烘焙	整体真空压力浸渍+旋转烘焙
编号	A结构	B结构

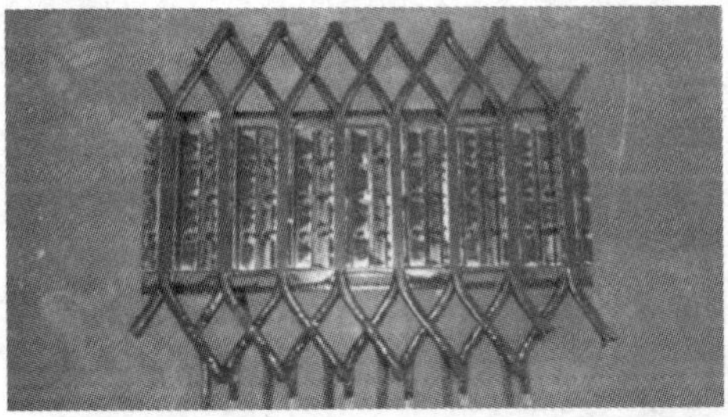

图1 A结构试样

图2 B结构试样

2.3 性能测试

2.3.1 常规电气性能

先将制备好的试样置于180℃±2℃烘箱内烘焙24 h，待试样冷却至常温时依次检测A、B结构1000~3000 V电压点下的工频介质损耗；然后将试样置于(180±2)℃的烘箱中，温度恒定1 h后检测A、B结构的1000~3000 V电压点下的工频介质损耗，最后将试样置于变压器油中下进行工频耐压试验。

2.3.2　热老化试验

热老化试验依据 IEC60034－18－31 规定的耐热等级 200℃进行评定，试验规程见图 3，试验依据表 3 设定参数循环进行，共 10 个周期。热老化试验在桂科所检测中心完成。

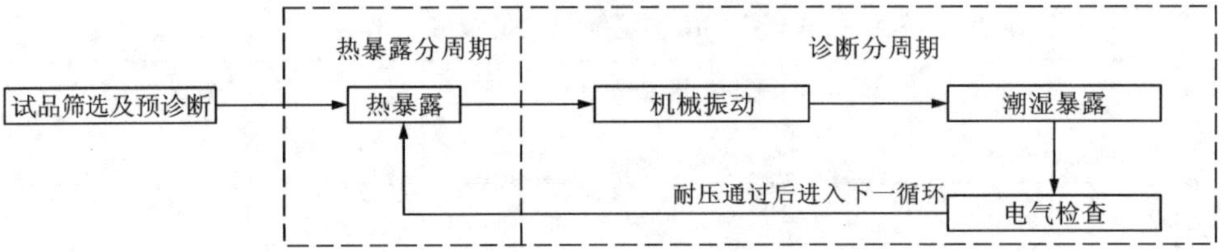

图 3　试验规程

表 3　试验参数

试验因子		A 结构	B 结构
热暴露分周期		热暴露周期数：10 个周期 暴露分周期：中温点 240℃/7 d 高温点 260℃/2 d	热暴露周期数：10 个周期 暴露分周期：中温点 240℃/7 d 高温点 260℃/2 d
诊断分周期	机械振动	振动加速度：$a = \pm 1.5$ g 振动频率：$f = 50$ Hz 振幅（峰－峰）： $x = a/(2\pi f)^2 = \pm 0.15$ mm 振动时间：1 h	振动加速度：$a = \pm 1.5$ g 振动频率：$f = 50$ Hz 振幅（峰－峰）： $x = a/(2\pi f)^2 = \pm 0.15$ mm 振动时间：1 h
	潮湿	湿度：95%～98%，表面可见凝露但不连片 环境温度：15～35℃ 试品暴露时间：至少 48 h	湿度：95%～98%，表面可见凝露但不连片 环境温度：15～35℃ 试品暴露时间：至少 48 h
	电气检查	对地耐压 试验电压频率：50 Hz 试验电压值：AC4000 V 耐压持续时间：10 min	对地耐压 试验电压频率：50 Hz 试验电压值：AC7000 V 耐压持续时间：10 min

3 试验结果及分析

3.1 常态介质损耗性能

两种试样常态介质损耗测试结果见表4，从中可以看出，A、B两种结构常态介质损耗值基本相当，其偏差在制样工艺和检测分散性控制范围之内。两种结构介质损耗在2.25 kV之前变化微弱，3 kV电压点时的介质损耗有明显增大趋势。

表4 常态介质损耗 单位/%

A结构						B结构					
线圈编号	0.5 kV	1 kV	1.5 kV	2.25 kV	3 kV	线圈编号	0.5 kV	1 kV	1.5 kV	2.25 kV	3 kV
1	0.32	0.32	0.33	0.42	1.04	1	0.46	0.47	0.48	0.52	0.90
2	0.32	0.32	0.32	0.44	0.98	2	0.52	0.53	0.54	0.53	1.85
3	0.31	0.32	0.32	0.55	1.20	3	0.46	0.51	0.54	0.69	0.84
4	0.30	0.30	0.31	0.46	1.30	4	0.77	0.80	0.82	0.85	1.86
5	0.31	0.30	0.30	0.49	1.30	5	0.57	0.58	0.60	0.61	1.80
6	0.32	0.39	0.47	0.87	1.88	6	0.56	0.6	0.73	0.76	1.09
均值	0.31	0.33	0.34	0.54	1.28	均值	0.56	0.58	0.62	0.66	1.39
增量	tan 2.25 kV - tan 1 kV = 0.21 tan 3 kV - tan1 kV = 0.95					增量	tan 2.25 kV - tan 1 kV = 0.08 tan 3 kV - tan 1 kV = 0.81				

3.2 热态(180℃)介质损耗性能

两种试样热态介质损耗测试结果见表5，从中可以看出，A结构热态介质损耗明显高于B结构。

表5 热态介质损耗 单位/%

A结构						B结构					
线圈编号	0.5 kV	1 kV	1.5 kV	2.25 kV	3 kV	线圈编号	0.5 kV	1 kV	1.5 kV	2.25 kV	3 kV
1	38.76	39.2	39.44	39.87	40.57	1	6.47	6.48	6.46	6.44	7.45
2	42.15	42.47	42.83	43.18	43.89	2	6.51	6.48	6.43	6.40	9.91

续表 5

A 结构						B 结构					
线圈编号	0.5 kV	1 kV	1.5 kV	2.25 kV	3 kV	线圈编号	0.5 kV	1 kV	1.5 kV	2.25 kV	3 kV
3	33.92	34.37	34.68	35.07	35.85	3	7.72	7.70	7.76	7.61	9.39
4	41.44	41.70	42.05	42.36	42.93	4	7.28	7.3	7.27	7.22	9.55
5	41.44	41.79	42.13	42.39	43.18	5	7.10	7.12	7.10	7.10	9.38
6	41.52	41.92	42.23	42.63	43.63	6	6.54	6.53	6.51	6.47	9.28
均值	38.76	39.2	39.44	39.87	40.57	均值	6.94	6.94	6.92	6.87	9.16

3.3 工频击穿电压

两种试样工频击穿电压测试结果见表 6，A 结构平均击穿电压相对于 U_{dc} 1500 V 具有 21 倍以上的绝缘设计裕度。B 结构平均击穿电压相对于 U_{dc} 1800 V 具有 14 倍的绝缘设计裕度。

表 6　工频击穿电压　　单位/kV

结构类型	A 结构						B 结构					
线圈编号	1	2	3	4	5	6	1	2	3	4	5	6
单个线圈值	34.0	32.2	38.6	39.8	40.1	37.3	26.0	21.0	30.1	24.8	25.1	28.3
平均值	37.0								25.9			

3.4 热老化特征

两种结构经过两个温度点、10 个周期的“热—机械—潮湿—电”老化后，绝缘都没有失效。10 个老化周期后，检测了两种结构的工频击穿电压，即老化后残留击穿电压，结果见表 7。

两种绝缘结构经过 10 个周期的“热—机械—潮湿—电”老化试样都没有失效，已经满足耐热等级 200℃级对中温点和高温点老化时间的要求，基本确定两种绝缘结构都符合 200℃或 200℃以上耐热等级，具有良好的热寿命特性。

表 7　击穿试验结果

工频击穿电压		A 结构	B 结构
初始击穿电压/kV(取表 6 中最小值)		32.2	21.0
经过 240℃、10 个周期老化后残留击穿电压及保持率	电压/kV	7.90	12.2
	保持率/%	24.5	58.1
经过 260℃、10 个周期老化后残留击穿电压及保持率	电压/kV	13.3	15.7
	保持率/%	41.3	74.7

对比两种结构初始击穿电压、热老化试验后残留击穿电压及其保持率，可以看出：环氧酸酐绝缘结构起始击穿电压高出有机硅绝缘结构 11.2 kV，但 10 个周期热老化后的残留击穿电压和保持率反而低于有机硅绝缘结构。环氧酸酐绝缘结构热老化性能衰减速率比有机硅绝缘结构要快，尽管其起始电气绝缘强度设计很高，但在同等条件下有机硅绝缘结构的热稳定性表现更突出。

4　结语

(1) 耐热环氧酸酐绝缘体系和有机硅绝缘体系都是轨道交通牵引电机成熟应用的典型绝缘系统，具有良好的电气性能和耐热性能，两种绝缘系统在我国铁路牵引电机领域已有多年应用经验，性能稳定可靠。

(2) 耐热环氧酸酐绝缘系统采用纯薄膜结构，具有击穿场强高、绝缘设计裕度高的特点，能够保证电机的绝缘寿命。

(3) 有机硅绝缘系统具有更优异的耐热性，具有更大的发展应用空间。

——来源：《绝缘材料》2013 年 46 期

高速永磁同步风力发电机的电磁设计与计算

祝令帅　李进泽　龚天明　李　华

摘　要：本文以1.5MW高速永磁同步风力发电机为研究对象，设计了两台不同转子结构的发电机方案，介绍了高速永磁同步风力发电机电磁参数的设计原则。文中建立了两台发电机电磁场二维有限元计算模型，给出了它们空载和负载工况时的电磁场分布，并分别计算了定子直槽与斜槽时一个齿距内的齿槽转矩，计算了发电机空载电压波形正弦性畸变率，给出了两台发电机负载与稳态短路参数的对比，同时，对内置式转子结构发电机转子冲片开轴向通风孔对电磁场分布及输出电压的影响进行了计算分析，为大功率高速永磁风力发电机的优化设计提供了一些有意义的参考。

关键词：风力发电机；高速永磁；电磁场

Electromagnetic design and computation on high speed permanent magnet synchronous wind generator

Zhu Lingshuai　Li Jinze　Gong Tianming　Li Hua

Abstract: In this paper, a 1.5MW high-speed permanent magnet synchronous wind generator is investigated, for which two wind generators with two different rotors, introduce how to select the design parameter, establish the finite element analysis model for the generators. The electromagnetic field of two generators operation with rated load and non-load are studied, and calculate the cogging torque within a circular pitch when straight flute and flume. and the voltage waveform aberration rate is studied with non-load. Meanwhile, the parameter with rated load and steady state short circuit are contrast with two generators. At last, calculate and analyze the effect of the output voltage and electromagnetic field when axial direction air vent is punched for the generator that the permanent magnetic built-in rotor, which may be meaningful for the design and optimize of high speed permanent magnet large wind generator。

Keywords: wind generator; high speed permanent magnet; electromagnetic field

1 引言

目前，随着风力发电机技术的不断发展和对风力发电机并网要求得越来越严格，一些新结构型式的风力发电机，如高速永磁发电机以其重量轻、高效能的优势越来越得到人们的青睐。

本文设计了两个高速永磁同步风力发电机方案，分别采用永磁体内置式和表帖式的转子结构，利用场路耦合的方法进行电磁计算分析，给出电机内部磁密和磁力线的分布情况，计算了发电机的齿槽转矩、空载电压正弦波形畸变率，同时还对转子冲片开轴向通风孔对电磁场分布及输出电压的影响进行了分析，得出一些有意义的结论。

2 发电机基本设计参数的选取

由于考虑到与风力发电机相配套的变流器输入频率不宜过高，本文所设计的两台高速永磁同步风力发电机极数取 8 极，转速为 1560 r/min，使发电机额定电频率为 104 Hz。

兆瓦级永磁同步发电机电负荷一般较大，在保证电磁性能和机械强度的前提下，尽量加大齿槽面积，增加绕组截面积，减小铜耗，以提高发电机效率。文中定子槽形均选取矩形开口槽，绕组采用短距叠绕组。

转子分别采用两种结构：内置式转子磁路结构和表贴式转子磁路结构。采用内置式转子磁路结构的发电机运行可靠、转子机械强度高，永磁体轴向插入永磁体槽并通过隔磁桥限制漏磁通；表贴式转子磁路结构漏磁系数小，永磁体用抗拉强度较高的无纬带或碳纤维绑扎固定，工程实施方便，适合大批量生产，但是增加了气隙长度，使短路电流倍数增大，同时永磁体用量的增大也增加了电机制造成本。

1.5MW 高速永磁同步风力发电机的基本设计参数如表 1 所示。

表1　1.5MW 高速永磁同步风力发电机设计参数

	方案 1	方案 2
额定电压/V	690	690
功率因数	0.99	0.99
效率	>97%	>97%
绕组方式	叠绕 Y 接	叠绕 Y 接
定子槽数	72	72
转子极数	8	8
并联支路数	8	8
线圈节距	8	8
极弧系数	0.78	0.71
绕组线规	6.3×4.0	6.3×4.0
定子外径/mm	910	910
定子内径/mm	650	650
转子外径/mm	644	636
气隙长度/mm	3	7
槽高/mm	36.7	36.7
槽宽/mm	14.6	14.6
铁芯长度/mm	800	800
永磁体牌号	38 UH	38 UH
永磁体充磁长度/mm	12	22
永磁体宽/mm	100	180
永磁体轴向总长/mm	690	690
每极永磁体间夹角	120°	—
无纬带厚度/mm	—	4
转子永磁体固定方式	内置式	表贴式

3　稳态电磁场数学模型的建立

计算时不考虑与发电机配套的变频器引起的注入谐波成分，为计算方便，对兆瓦级高速永磁同步发电机的计算区域做如下假设：

(1)不计电机外部磁场，忽略位移电流的影响，电流密度和磁矢位只有 Z 轴方向的分量。

(2)忽略电导率和磁导率的温度效应，它们仅为空间函数，铁磁材料的磁滞效应忽略不计。

(3)采用非线性二维稳态电磁场进行计算。

文中分别给出两台风力发电机的物理模型及其求解域，如图 1 所示，

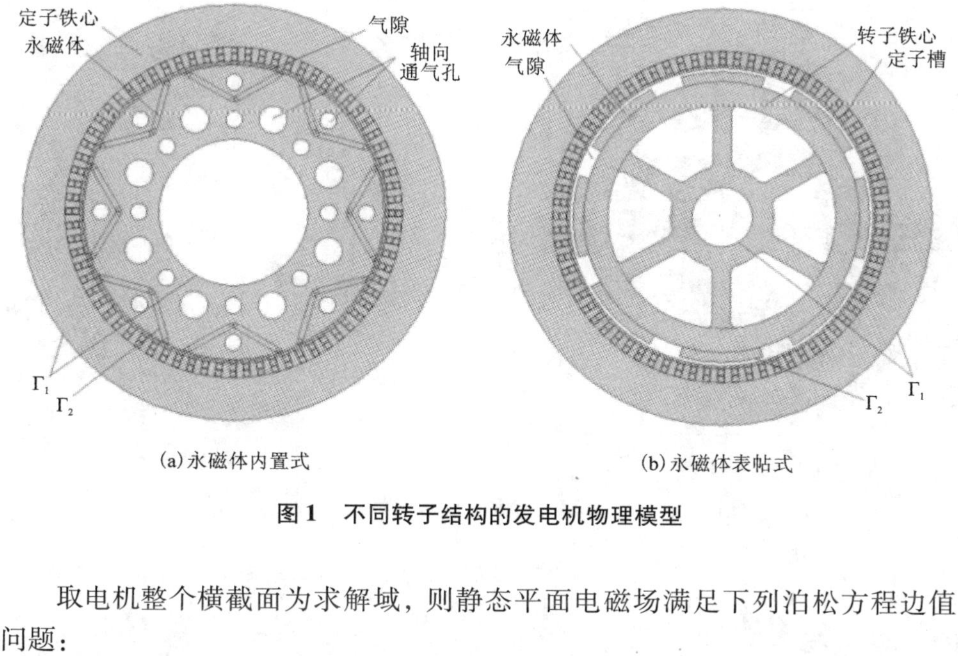

(a)永磁体内置式　　(b)永磁体表帖式

图 1　不同转子结构的发电机物理模型

取电机整个横截面为求解域，则静态平面电磁场满足下列泊松方程边值问题：

$$\begin{cases} \Omega: \dfrac{\partial}{\partial x}\left(\dfrac{1}{\mu}\dfrac{\partial A_z}{\partial x}\right)+\dfrac{\partial}{\partial y}\left(\dfrac{1}{\mu}\dfrac{\partial A_z}{\partial y}\right)=-J_z \\ \Gamma_1: A_z=0 \\ \Gamma_2: \dfrac{1}{\mu_1}\dfrac{\partial A_z}{\partial n}=\dfrac{1}{\mu_2}\dfrac{\partial A_z}{\partial n}-J_m \end{cases} \tag{1}$$

式中：Ω——求解区域；A_Z 为矢量磁位；

Γ_1——第一类边界条件；

J_z——电流密度；μ 为磁导率；

Γ_2——永磁体等效面电流边界；

J_m——永磁边界等效面电流密度；

μ_1、μ_2——永磁边界两种介质的磁导率。

把定子外表面和转子内径表面 Γ_1 作为边界面，边界上磁力线闭合，属一类强加边界条件，令其上的矢量磁位 $Az=0$。

4 基于有限元法的电磁场计算与分析

4.1 电磁场分布

基于有限元的基本原理，计算了 1.5MW 高速永磁同步风力发电机空载电磁场，并得到负载电磁场分布图，如图 2 和图 3 所示：

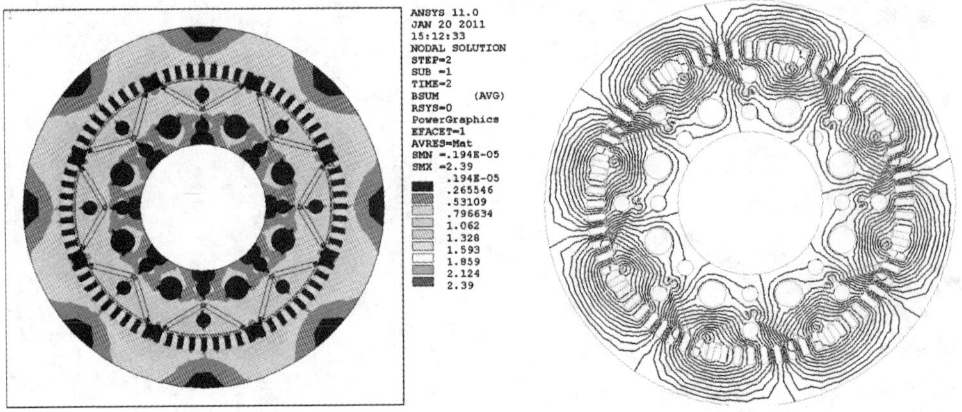

(a) 空载场磁密云图　　(b) 额定负载场

图 2　方案 1 的电磁场

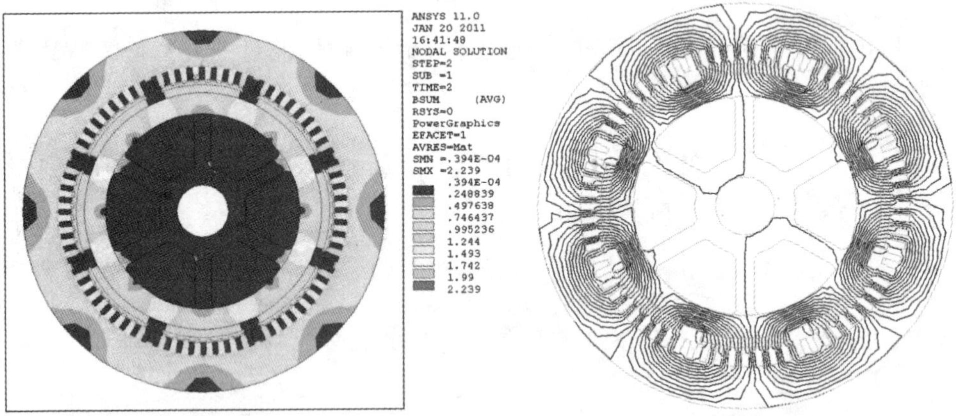

(a) 空载场磁密云图　　(b) 额定负载场

图 3　方案 2 的电磁场

从两种方案空、负载磁力线的分布情况可知，磁力线在电机整圆周内分布合理，漏磁较小。从空载磁密云图可知，方案1的最高磁密出现在磁钢槽之间的隔磁桥处和磁钢槽与转子冲片外径之间的隔磁桥处，且磁密都超过了2.2 T，使隔磁桥高度饱和，起到了隔磁的作用；方案2没有设置隔磁桥，1/3处齿磁密为1.52 T。

运用MATLAB计算软件将一个单元电机内的气隙磁密进行傅立叶谐波分析后得到基波和各高次谐波。图4中只给出方案1的空、负载径向气隙磁密谐波分解图，并标示出了气隙磁密基波与合成磁密的波形。

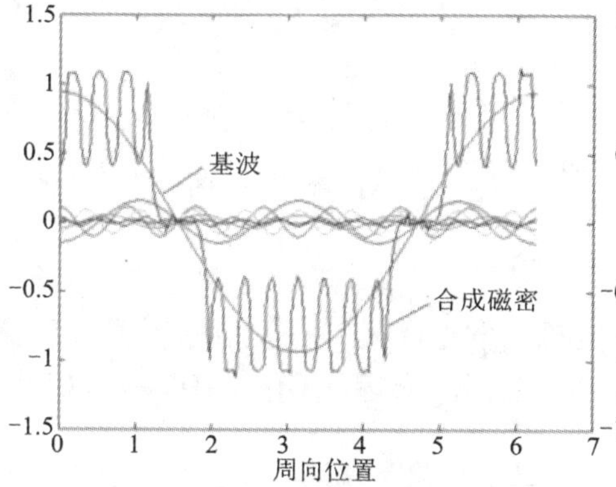

(a)空载气隙磁密谐波分解

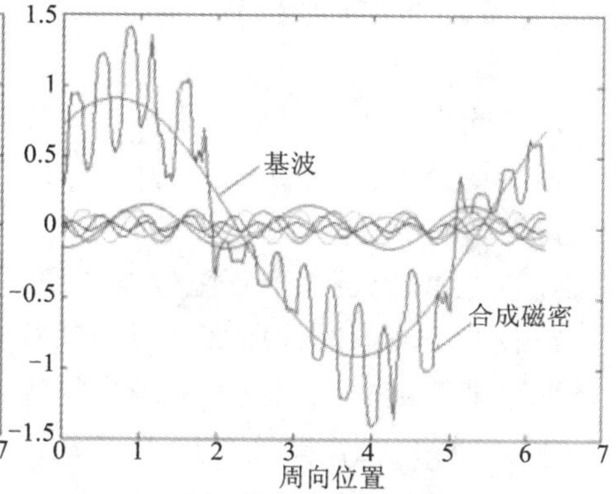

(b)负载气隙磁密谐波分解

图4　方案1的气隙磁密谐波分析

4.2　齿槽转矩的计算

在永磁电机中，永磁体和有槽电枢铁芯相互作用，不可避免地产生齿槽转矩，导致转矩波动，引起发电机振动大、噪声高，影响系统的控制精度。

在实际工程中，可根据实际情况采取斜槽、斜极、极数与槽数的组合方法，改变磁极的极弧系数、不等厚永磁体、磁极偏移、不等极弧系数组合、不等槽口宽、开辅助槽等方法均起到削弱齿槽转矩的作用。

本文中两个电机设计方案均采用定子斜槽的方法降低齿槽转矩。图5和图6是发电机定子直槽和定子斜槽(斜过一个齿距)时一个齿距内齿槽转矩变化情况对比图。

由图5和图6的齿槽转矩变化情况可知，齿槽转矩值在一个齿距内是周期变化的。定子直槽时，方案1与方案2齿槽转矩的峰值分别为509.37 N·m和181.67 N·m；定子斜槽时，方案1与方案2齿槽转矩的峰值分别为197.03 N·m和75.34 N·m，均有较大程度的降低。

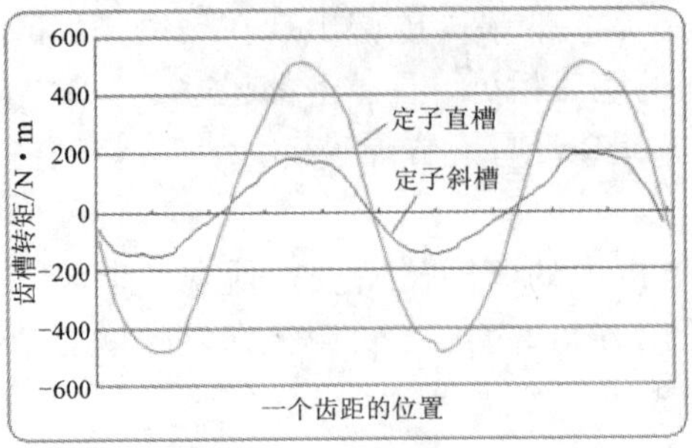

图 5　方案 1 的齿槽转矩

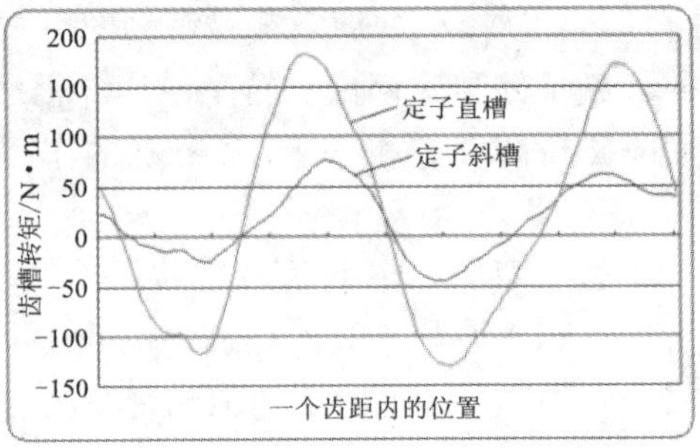

图 6　方案 2 的齿槽转矩

永磁同步风力发电机采用定子直槽时，工艺简单，成本低，适合批量生产，但齿槽转矩会稍大；采用定子斜槽时，工艺性稍差，但是会有效削弱齿槽转矩，使电机运行平稳、低噪声。

4.3　空载电压波形正弦性畸变率

空载电压波形的好坏直接影响到发电机的发电质量，一般用电压波形正弦性畸变率来衡量电压正弦波形畸变的程度。根据国家标准 GB/T 1029—2005 规定，电压波形正弦性畸变率由下式确定：

$$K_u = \frac{\sqrt{U_2^2 + U_3^2 + \cdots + U_n^2}}{U_1} \times 100\% \tag{2}$$

式中：U 为线电压的有效值：U_n 为线电压中第 n 次谐波的有效值。图 7 给出了计算获得的两台发电机基波电压与各高次谐波电压数值的对比图。

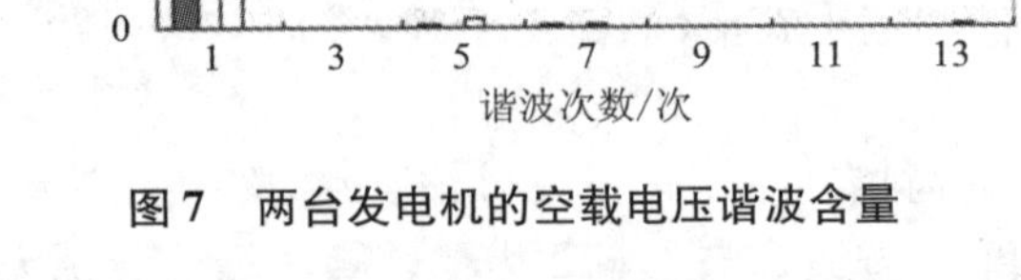

图 7　两台发电机的空载电压谐波含量

国标规定电压波形正弦畸变率限值为 5%，文中的两个发电机设计方案的电压正弦波形畸变率分别为1.16%和2.27%，均远小于国家规定的标准。

4.4 转子冲片轴向通风孔对电磁场分布、输出电压及机械强度的影响分析

图8是方案1的转子冲片开轴向通风孔前后空载磁力线分布的对比图(取局部场域)。图8(b)在转子冲片上增设了轴向通风孔，由于通风孔的存在，使磁路在转子侧产生分路。

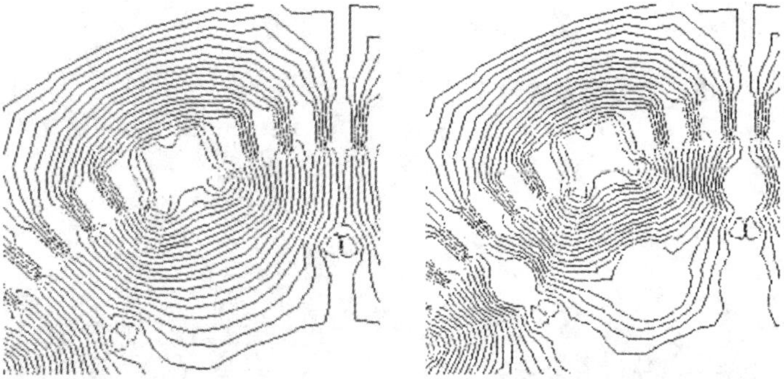

(a)转子未开通风孔(局域)　　(b)转子开通风孔(局域)

图8　转子开通风孔前后的电磁场分布

转子冲片开孔前空载气隙磁密基波幅值为0.9379 T，当转子冲片在合适位置开设直径为60 mm和36 mm两种规格的一系列轴向通风孔[如图1(a)所示]后，气隙磁密基波幅值为0.9371 T，变化非常小，空载反电动势只减小了0.35 V，并且在此情况下通过电磁计算，电机满足输出功率、输出端电压的设计要求，结合电磁场分布图可知，转子冲片开轴向通风孔对磁路影响可以忽略不计。

5　稳态短路的计算与分析

短路电磁场计算是为了校核永磁同步发电机在稳态短路工况时永磁体的工作点，来判断永磁体在最大去磁状态时是否失磁。通过负载电磁场迭代计算求得交轴同步电抗和直轴同步电抗，根据永磁同步发电机稳态短路时($U=0$)的相量图(如图9所示)，用等效磁路的方法计算短路电流倍数，并据此计算永磁体的最大去磁工作点。

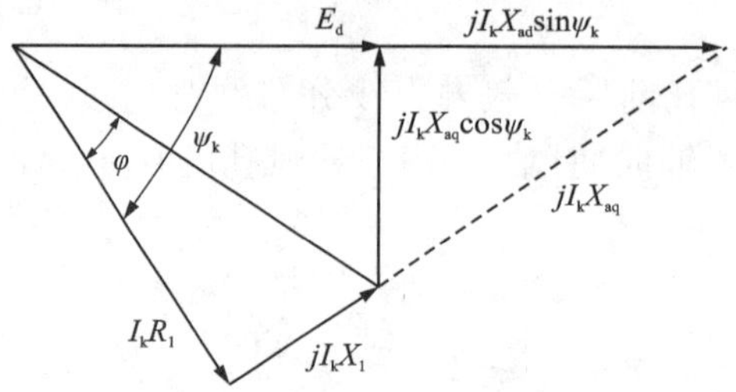

图 9　永磁同步发电机稳态短路时的相量图

表 2　负载和短路参数

	方案 1	方案 2
X_{ad}	0.12	0.051
X_d	0.14	0.069
X_{aq}	0.27	0.051
X_q	0.28	0.069
ψ_K	89.71°	88.84°
短路电流倍数	2.3	4.7

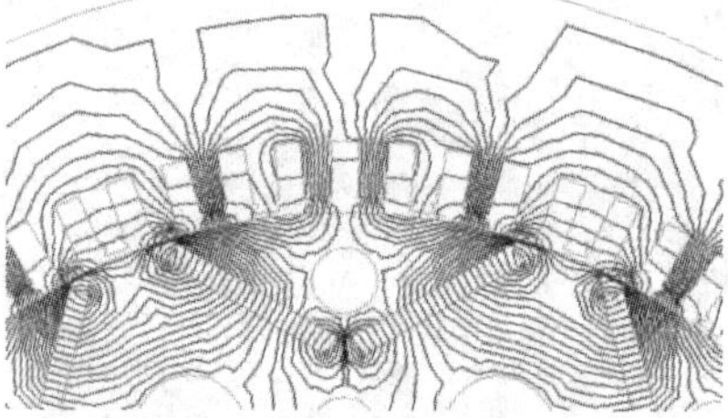

图 10　方案 1 稳态短路时电磁场分布

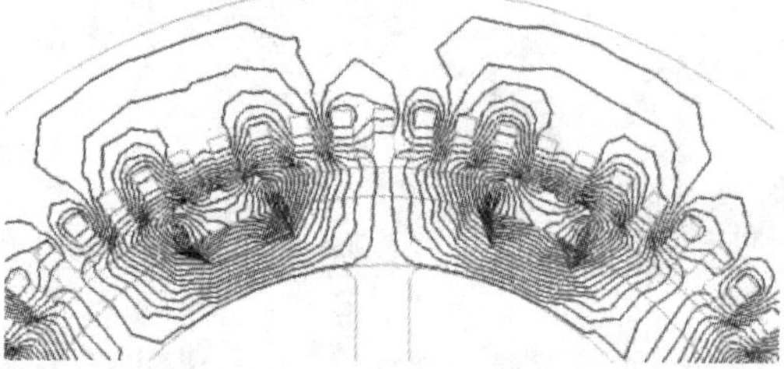

图 11　方案 2 稳态短路时电磁场分布

根据稳态短路电流倍数，经过电磁计算分析可知，方案 1 与方案 2 永磁体表面最小磁密分别为 0.35 T 和 0.12 T，永磁体均未发生不可逆的退磁（永磁材料 N38 UH 在温度为 150℃时，退磁曲线的拐点为 0.1 T），但是方案 2 作为 1.5 MW 的发电机输出 690 V 额定电压时的相电流较大，短路工况时，4.7 倍的短路电流会对变流器造成非常大的冲击，在下一步的优化设计中需对方案 2 的电机结构及电磁设计参数进行调整。

以上电磁计算与分析为大功率高速永磁同步风力发电机的设计优化提供了依据。

6　结论

本文设计了永磁体内置式转子结构和永磁体表帖式转子结构的两台 1.5MW 高速永磁同步风力发电机。它们的电磁场分布合理，漏磁较小；定子斜槽时的齿槽转矩比定子直槽时显著减小，其峰值分别为 197.03 N · m 和

75.34 N·m；空载电压正弦畸变率均远小于国标要求。

内置式转子冲片发电机转子开 60 mm 和 36 mm 的系列轴向通风孔后，使气隙磁密基波幅值降低了 0.0008 T，空载反电动势减低了 0.35 V，经过计算，发电机性能满足输出要求，轴向通风孔对发电机磁路的影响可以忽略。

方案 1 与方案 2 的稳态短路电流倍数分别为 2.3 和 4.7。经过电磁计算分析，方案 1 与方案 2 的永磁体表面最小磁密分别为 0.35 T 和 0.12 T，均未出现永磁体不可逆退磁。方案 2 的稳态短路倍数较大，需对发电机设计参数进行调整。

——来源：《电机与控制应用》2012.39(12)

工艺篇

悬挂式干式变压器安装座整体平面度控制工艺研究

蒋超发　蒋作兵　王玉龙　贺　健　刘娜娜　张燕飞

摘　要：一种轨道车辆用干式变压器采用悬挂安装方式，悬挂部分由夹件的4个安装座组成，对安装座整体平面度要求极高，由于车辆运行速度极快，若变压器安装座整体平面度不合格则会产生剧烈的振动。整体浸漆前将变压器的安装座强迫紧固在工装上使其整体平面度满足要求，但整体浸漆后拆下工装，安装座立即进行反弹，整体平面度不能满足要求。针对此现象，研究变压器整体浸漆后安装座的整体平面度能满足要求的工艺方法。

关键词：干式变压器；悬挂安装；整体平面度；研究；工艺方法

Research on the control technology of the overall flatness of the hanging dry-type transformer

Jiang Chaofa　Jiang Zuobing　Wang Yulong
Liu Nana　He Jian　Zhang Yanfei

Abstract: A dry-type transformer be hanged on the railway vehicle, the suspension parts consist of four mounting surfaces of the clamping, high requirement for the overall planeness of the mounting surface. Because of the speed of the vehicle, if the overall flatness of the transformer is unqualified, it will produce violent vibration. before the whole transformer is immersed in lacquer, tighten its mounting surfaces on the tooling so that its flatness meets the requirements, remove the tooling after the whole transformer is immersed in lacquer, the mounting surface immediately rebounded, the overall flatness of the transformer is unqualified. In view of this phenomenon, study on the technical method of controlling the overall flatness of the transformer mounting surface after it immersed in lacquer is qualified.

Keywords: dry-type transformer; hanged; the overall flatness; study; technical method

1 引言

一种轨道车辆用干式变压器采用悬挂安装方式，悬挂部分由夹件的4个安装座组成，由于车辆运行速度极快，对安装座整体平面度要求极高。若变压器安装座整体平面度不合格则会在运行过程中产生剧烈振动。变压器是由铁芯、上夹件、下夹件、线圈等配件通过铁芯装配、线圈套装、引线制作、整体浸漆等工序装配而成的复杂结构体，前期为了能将安装座整体平面度调整合格，整体浸漆前用螺栓将变压器紧固在一个工装上，强行使变压器4个安装座的整体平面度满足要求，但整体浸漆后将紧固螺栓松开变压器的安装座会反弹回没有用螺栓紧固前的状态，安装座的整体平面度不能满足要求。浸漆后变压器安装座的整体平面度若不合格则需要进行大量的返工或者不能返工造成产品报废。针对此现象，研究整体浸漆后变压器安装座的整体平面度能满足要求的工艺方法。

2 安装座整体平面度超差的影响因素分析

因素一：夹件本身质量

夹件本身安装座的平面度不合格则变压器装配后整体安装座的平面度必然不合格。夹件本身垂直度不合格则变压器装配后安装座出现“喇叭口”，导致后续无法将整体安装座平面度调整合格。

因素二：平面度调整方法

悬挂式干式变压器是一个结构复杂的装配件，装配后其整体安装座的平面度若不经过调整基本不能满足要求，整体浸漆前通过用螺栓将变压器的安装座紧固在工装上，强迫安装座整体平面度满足要求，整体浸漆后将紧固螺栓松开，变压器的安装座会反弹回没有用螺栓紧固前的状态，此种整体平面度调整方法难以满足安装座整体平面度的要求。

3 安装座整体平面度控制工艺研究

根据影响安装座整体平面度的原因分析，结合实际产品的制造经验；要保证变压器浸漆后安装座整体平面度满足要求，首先要保证夹件本身质量满足要求；其次要在变压器安装座不受外力作用下将其安装座整体平面度调整到合格状态。然后再将变压器的4个安装座紧固在专用一体化工装上，使其在转运、干燥、浸漆工序中4个安装座的整体平面度不发生变化。

3.1 夹件质量控制

1)夹件平面度检测，将两个夹件放在检测工装上，用塞尺检测夹件安装座与检测工装之间的间隙，间隙小于规定值则夹件安装座平面度合格。

2)夹件垂直度检测，将两个夹件放在检测工装上，用卷尺测量两个夹件对应位置 A 与 A' 的距离为 L_1，两个夹件对应位置 B 与 B' 的距离为 L_2，两个夹件对应位置 C 与 C' 的距离为 L_3，两个夹件对应位置 D 与 D' 的距离为 L_4，若 $|L_1-L_3| \leqslant 1$ mm 且 $|L_2-L_4| \leqslant 1$ mm 则夹件的垂直度合格。

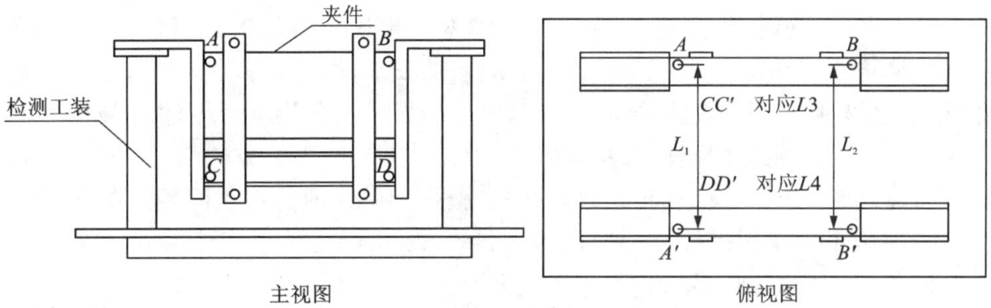

图1 夹件质量检测示意图

3.2 线圈套装后平面度调整

1)线圈套装后两侧夹件安装座成“━ ━”型(即安装座内侧向上翘)不合格状态调整方法：将4根拉螺杆松稍微松开(先松下侧2根，再松上侧2根)。将4个安装座用螺栓紧固在浸漆工装上(其中平面度最差的安装座最先紧固，然后紧固其对角线侧，用相同方法紧固后续2个安装座)，当4个安装座与浸漆工装的间隙≤0.02 mm时表明紧固到位。用 $X(1+10\%)$ N·m 紧固上方2根拉螺杆，再用 $X(1-10\%)$ N·m 紧固下方2根拉螺杆。10分钟后以紧固相反的顺序松开4个安装座的紧固螺栓。用塞尺检测各安装座的平面度是否合格。若安装座平面度仍然不合格则重复调整2~3次即可。

2)只有1个安装座内侧向上翘不合格状态调整方法：按“夹件两侧安装座成“━ ━”型不合格状态调整方法”紧固4个安装座，静放12 h，以紧固相反的顺序松开4个安装座的紧固螺栓即可。

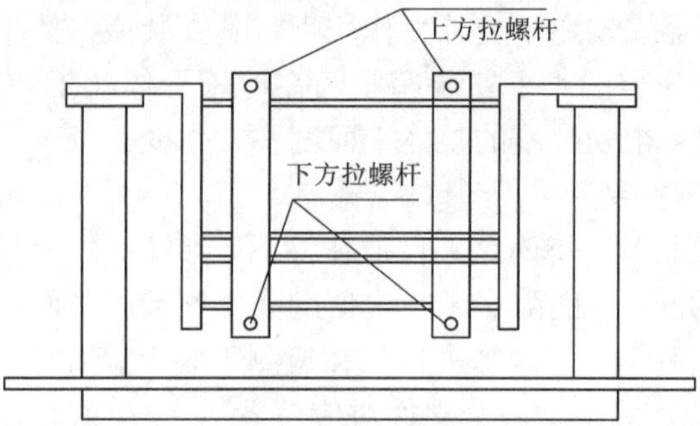

图2　平面度调整示意图

3)夹件两侧安装座成"一 一"型(即安装座外侧向上翘)不合格状态调整方法：将4根拉螺杆栓稍微松开(先松上侧2根，再松下侧2根)。将4个安装座用螺栓紧固在浸漆工装上(其中平面度最差的安装座最先紧固，然后紧固其对角线侧，用相同方法紧固后续两个安装座)，当4个安装座与浸漆工装的间隙≤0.02 mm时表明紧固到位。用$X(1-10\%)$ N·m紧固上方的2根拉螺杆，再用$X(1+10\%)$ N·m紧固下方的2根拉螺杆。10分钟后以紧固相反的顺序松开4个安装座的紧固螺栓。用塞尺检测各安装座的平面度是否合格。若安装座平面度仍然不合格则重复调整2~3次即可。

4)只有1个安装座外侧向上翘不合格状态调整方法：按"夹件两侧安装座成"一 一"型不合格状态调整方法"紧固4个安装座，静放12 h，以紧固相反的顺序松开4个安装座的紧固螺栓即可。

注：X表示设计图纸中要求的扭矩值。

3.3　平面度保持

变压器安装座整体平面度调整合格后，在浸漆工装的检测板、变压器安装座、紧固件上面涂上硅脂，再将变压器的4个安装座紧固在浸漆工装上。

变压器带专用一体化工装入炉烘潮后再次对紧固件进行紧固；变压器烘潮后带专用一体化工装进行真空压力浸漆；变压器真空压力浸漆后带专用一体化工装进行烘焙；烘焙固化后再拆除专用一体化工装，即可全过程保持变压器安装座整体平面度。

4　结语

通过对变压器安装座整体平面度不合格原因的分析，得知当夹件的平面度或夹件的垂直度不合格会直接导致线圈装配后无法将安装座整体平面度调整合格；当变压器没有在自然状态下将安装座的整体平面度调整合格就将辅助变压器的 4 个安装座紧固在浸漆工装上，则浸漆后安装座的整体平面度必定不合格。通过夹件质量控制、线圈套装后平面度调整、平面度保持等方面的控制可以保证变压器安装座的整体平面度合格。

此平面度控制方法已经用于多种轨道车辆用悬挂式安装干式变压器安装座整体平面度的过程控制中，整体浸漆后其安装座整体平面度全部合格。

——来源：《中国铁路装备》2018 年第 6 期

某型机车牵引电机传动端轴承低速轻载无飞溅润滑试验研究

毛晓军　廖保华　洪　亮　黄海军

摘　要：本文主要根据客户要求，在低速(1 km/h)及轻载工况下，测量传动端轴承无飞溅润滑条件下的温升等参数，而进行相关的电机试验，为某型机车牵引电机传动端轴承在低速及轻载工况下，无飞溅润滑提供试验验证及技术支撑。

关键词：低速；轻载；电机轴承；无飞溅润滑；试验验证

Test research on the low speed and light load of the drive end bearingno splash lubrication conditions for a locomotive traction motor

Mao Xiaojun　Liao Baohua　Hong Liang　Huang Haijun

Abstract: This paper mainly according to the requirements of customers, under the condition of low speed (1 km/h) and light load condition, measure the drive end bearing no splash lubrication conditions of temperature rise etc. parameters, and the related motor tests, for a certain type of locomotive traction motor drive end bearing at low speed and light load conditions, no splash lubrication and provide experimental verification and technical support.

Key words: low speed; light load; motor bearing; no splash lubrication; test and verification

0 前言

近年来，大功率和谐型机车引进，牵引电机传动端轴承广泛采用与齿轮箱共油飞溅润滑，驱动系统润滑由传统的“齿轮/轴承独立润滑”转变为既有的“齿轮/轴承混合润滑”，轴承润滑是由传统的密封润滑转变为既有的润滑油路与迷宫平衡气路相融混合润滑。针对中国南北气候差异复杂及沙尘、大坡道等恶劣工况的运行环境，机车润滑方式的改变给驱动系统润滑可靠性带来全新课题。对于驱动单元润滑可靠性来说，机车速度影响润滑油油量，运行工况影响润滑状态，润滑方式的变化影响轴承润滑性能等，诸多因素皆可能导致驱动系统的润滑不良乃至失效。本文深入研究在低速和轻载工况下，无飞溅润滑方式对牵引电机传动端轴承的影响，为客户提供相关的试验验证及应用研究。

1 试验思路及参数

1.1 试验思路

在被试电机中插入 PT100 温度传感器，在给油条件下，先按额定转速启动电机，直到温升稳定为止(温升 2 K/1 h)，停止供油；

然后，按试验参数继续运行电机，观察接油盒中油面下降过程，记录油绳开始滴油时间；

电机继续按试验参数运行，每 10 min 记录一次传动端轴承外圈温度、定子温度及电机 3 个方向的均方根及翘度系数值，每 30 min 记录一次电机传动端轴承 3 个方向的最大振动值。若轴承外圈温度超过 120℃，则立即停止试验；若未超过，则继续试验，试验时间 3 ~ 5 h，期间若温度达到 120℃，立即停止试验；

试验完解体电机，检测被试电机传动端轴承外观、轮廓度等参数。

1.2 试验参数

主要试验参数：被试电机转速：26 r/min；电流：290 A；加载：3409 N · m

2 试验

2.1 试验方案

表1 试验方案

阶段	试验方案	检测内容
1	被试电机在额度转速下，调节负载和风量使电机传动端轴承温升稳定在额定工况下的温度	铁芯温度、DE 轴承温度、NDE 轴承温度、进风及出风口温度、环境温度
2	被试电机停止供油，接油盒内剩油润滑，转速 26 r/min，电流 290 A，风冷。	铁芯温度、DE 轴承温度、NDE 轴承温度、进风及出风口温度、环境温度
3	被试电机停止供油，油池内剩油浸没油绳，转速 26 r/min，电流 290 A，风冷，试验持续时间 5 h	铁芯温度、DE 轴承温度、NDE 轴承温度、进风及出风口温度、环境温度、速度振动值、均方根值及翘度系数

备注：DE：传动端；NDE：非传动端

2.2 试验结果

如图 1，被试电机在额定转速下，通过调节负载和风量使电机传动端轴承外圈温度快速达到额定工况的温度（73.6℃）并稳定后（阶段 1），开始停止供油，并将电机转速调到试验转速（26 r/min），接油盒中的剩余润滑油继续从进油口流入轴承室内，当剩余润滑油界面低于进油口时（阶段 2），通过用工业纸吸收部分润滑油，使接油盒中的润滑油刚好浸没滴油绳（如图 2），开始试验，测各点的温度，检测电机 3 个方向的速度振动值、均方根值及翘度系数（阶段 3），具体试验结果如下。

2.2.1 试验温升曲线

根据试验方案要求，将 3 个试验阶段测量的铁芯温度、DE 轴承温度、NDE 轴承温度、进风及出风口温度、环境温度按时间顺序，制成温度 - 时间曲线图，如图 3 所示：

分析：从图 3 中的试验温升曲线看出，在阶段 1，在额定转速及负载下，温度上升很快，轴承外圈温度稳定在 73.5℃左右；在阶段 2，停止供油及转速降低条件下，各点温升急剧下降；在阶段 3 试验过程中，在低速、轻载、无飞溅润滑油的条件下，虽然此时的电机转速低，轴承表面油膜很难形成，但由于滴油绳还浸泡在润滑油中，还有极少量的润滑油往轴承室缓慢滴入，使轴承处于边界润滑状态，再加上电机处于强迫通风冷却状态，因此，各测温点的温度，依

图 1　低速轻载无飞溅润滑轴承温升试验

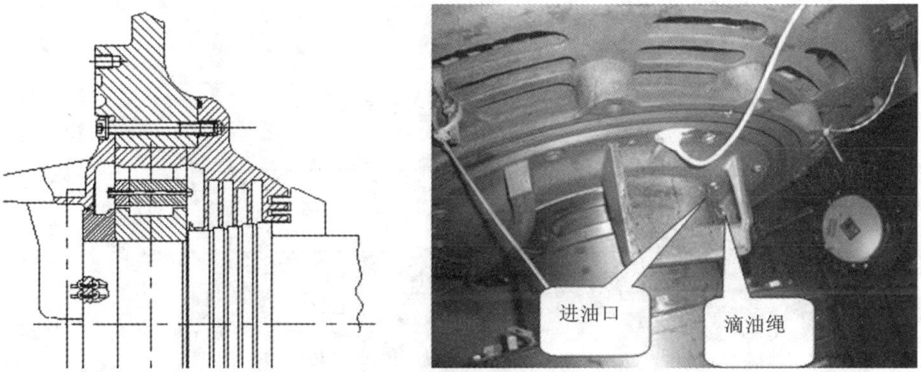

图 2　JD160 A 牵引电机轴承进油口方式

然继续下降，约 4 h 后基本达到稳定。

2.2.2　速度振动值

分析：从图 4 看，该电机的 3 个方向上的速度振动值随着试验时间的增加而上升，在 300 分钟的试验过程中，最大速度振动值达 3.8 mm/s，已超出新电机的设计要求(<3.5 mm/s)，试验表明，低速无飞溅润滑油工况下，轴承摩擦大，振动增加。

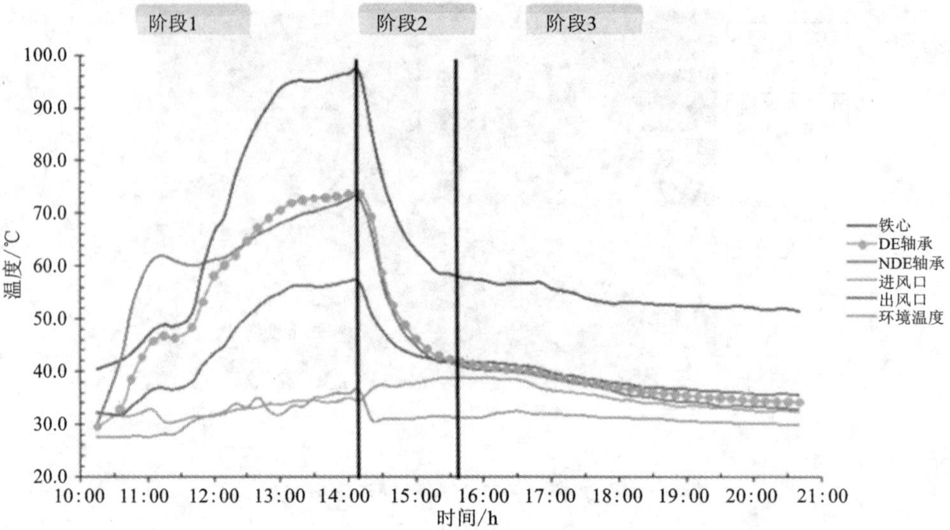

图 3　各测温点温度－时间曲线

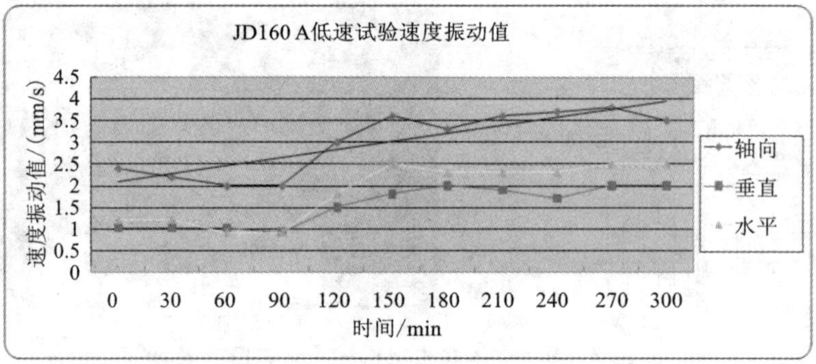

图 4　速度振动值

2.2.3　均方根值

分析：振动加速度均方根值反映轴承系统在分析频带范围内的振动大小，也就是故障程度的大小，是轴承元件在测试过程中所有合成振动能量的平均，随着故障的发展而单调增加。从图 5 中该轴承三个方向的均方根值看，在试验初期的 150 min 内，均方根值较稳定，但之后三个方向上的均方根值都有一个明显的上升趋势，预示从 150 min 后早期故障特征开始显现。

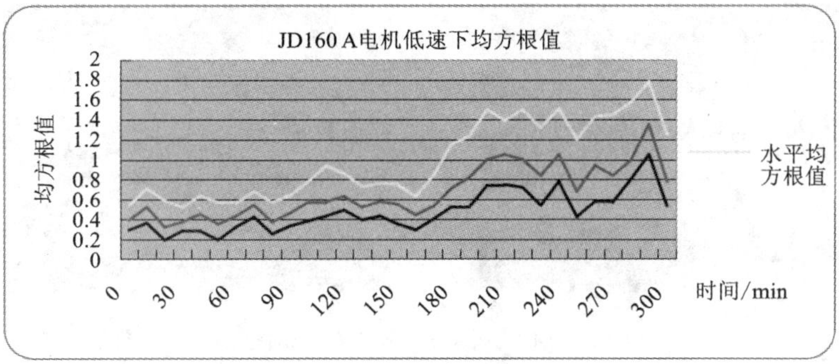

图5　均方根值

2.2.4　翘度系数

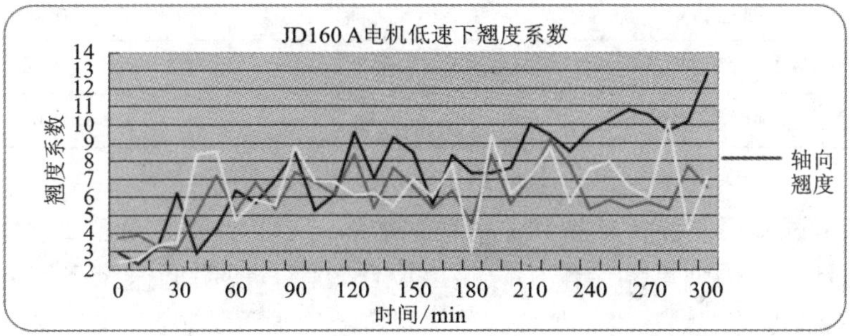

图6　翘度系数

分析：翘度系数反映轴承工作表面出现疲劳故障时，每转一周将产生工作面缺陷的冲击脉冲的大小，故障越大、冲击响应幅值越大，翘度系数对轴承早期故障较敏感，轴承一旦发生故障，翘度系数值即增大。也就是说当轴承逐步出现滚动表面损伤时，振动信号中必然产生周期性大幅值脉冲。从图6中可看出，轴向的翘度系数呈线性上升，发展非常快，而垂直和水平方向的翘度系数波动也很大，说明在低速无飞溅润滑工况下，轴承工作表面故障的发展趋势非常快。

2.3　试验后解体检查

2.3.1　轴承外观

被试电机传动端轴承共14个圆柱滚子，检查轴承内圈表面及滚柱表面，均有多条磨损划痕，但磨损较均匀，如图7所示。

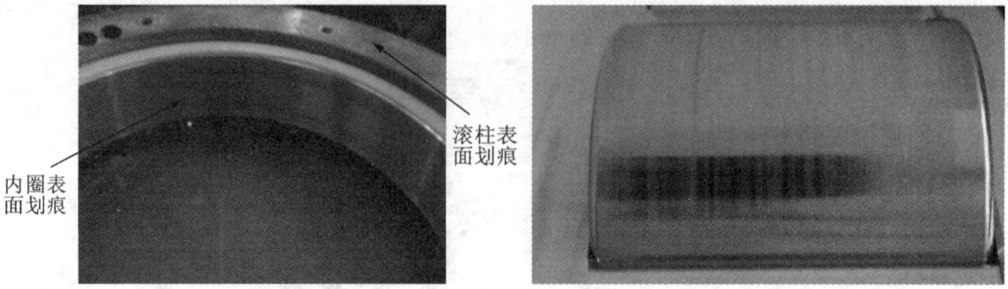

图7　轴承内圈表面及滚柱表面划痕

2.3.2　轴承游隙

表2　轴承游隙

项目	传动端轴承	非传动端轴承
出厂装配游隙/mm	0.3	0.13
试验后实测装配游隙/mm	0.44	0.14

分析：试验后实测传动端和非传动端轴承的装配游隙，明显要比出厂装配游隙大，且传动端轴承的装配游隙超出设计范围。说明低速无飞溅润滑运行300 min后，传动端轴承磨损加剧，导致对传动端轴承的装配游隙产生了影响。

2.3.3　轴承轮廓度

轴承共14个圆柱滚子，每2个滚子检测1个滚子母线的轮廓度，具体数据如表3：

表3　传动端轴承滚子母线轮廓度检测数据

圆柱滚子	N1	N3	N5	N7	N9	N11	N13
轮廓度/μm	2.15	2.76	2.19	2.83	2.21	2.29	2.11

分析：根据对新轴承圆柱滚子母线的轮廓度检测，一般在0.3～0.7 μm，但从被试电机传动端轴承滚子母线的轮廓度检测数据可知，经过低速无飞溅润滑运行300 min后，轴承磨损较大，检测的所有圆柱滚子的轮廓度全部远远大于新轴承的轮廓度，最大的轮廓度值达2.83 μm。因此，试验表明，低速无飞

溅润滑工况对传动端轴承圆柱滚子表面的磨损影响较严重，如果试验继续，该轴承将很快产生疲劳磨损而出现故障。

3 结束语

综上所述，从各项试验数据及检测结果分析可知，尽管牵引电机传动端轴承是精密可靠的机构基础体，但在低速、轻载、无飞溅润滑工况下，仅靠接油盒内滴油绳的滴油润滑，容易使轴承摩擦增大，振动值增加，工作表面磨损加剧，引起轴承疲劳磨损，从而导致早期失效。因此，研究牵引电机传动端轴承在低速、轻载、无飞溅润滑典型工况下的试验方法，了解牵引电机传动端轴承在这种工况下的影响结果，就可以为机车创造合适的运行条件，及时正确地采取科学合理的润滑措施，可有效地提高轴承及电机的使用寿命。当然，在实际运行中，机车牵引电机轴承的使用寿命不仅受到轴承本身的性能、环境工况、实际运行条件等影响，还受到其他很多因素的影响，如润滑油的性能、现场管理、状态监测等因素。因此，在科学的选油及用油、合理的管理及状态监测的基础上，如何为机车科学地选用合适的运行速度、载荷及润滑是确保牵引电机高寿命的关键所在。

——来源：《环境技术》2016 年第 3 期

磨削参数对动车端盖轴承室表面粗糙度影响的实验研究

石　江　王福杰

摘　要：本文介绍了用正交实验法分析动车端盖轴承室时，棕钢玉砂轮磨削参数对表面粗糙度的影响，通过对砂轮粒度、砂轮转速、工件转速、磨削深度等四个因素及各因素交互三水平实验数据分析，找出了在数控立式磨床上对表面粗糙度影响的一些规律，确定了降低表面粗糙度的磨削参数优化组合。本研究对端盖轴承室立式磨削表面粗糙度优化有着重要的指导意义。

关键词：轴承室、磨削参数、表面粗糙度

Abstract: Introduces traction motor bearing chamber is analyzed with orthogonal experiment method, brown jade steel grinding wheel grinding parameters on surface roughness and the effect of through to the granularity of grinding wheel, grinding wheel speed, workpiece speed and grinding depth level of four factors and three factors interaction experiment data analysis, find out the influence on surface roughness in CNC vertical grinding machine some of the rules, the lower the surface roughness of grinding parameters optimization combination, the bearing chamber vertical grinding surface roughness optimization has important guiding significance

Keywords: bearing chamber; grinding parameters; surface roughness

1　引言

本文利用正交实验方法，用棕刚玉砂轮，磨削加工动车牵引电机端盖轴承室时砂轮粒度、砂轮转速、工件转速、磨削深度等因素及不同因素的搭配对轴承室表面粗糙度的影响，从而寻找砂轮粒度及磨削参数的合理组合，提供合理选用砂轮粒度与磨削参数用量的规律。

2 实验设计

2.1 实验条件及固定因素

2.1.1 实验条件

试件采用某动车牵引电机传动端端盖半精车毛坯，材料35锻钢，其内径尺寸 ϕ130M5，所用设备 TAIYO KOKI NVG Ⅱ －8 数控立式磨床，砂轮直径 ϕ100 mm，砂轮材料为适宜于中碳钢磨削广泛应用的棕刚玉，磨削加工中使用水基磨削液，试验后以 mitutoyo 手持式粗糙度仪测量 *Ra* 值作为表面粗糙度的评定参数。

2.1.2 固定因素

本试验选择中碳钢磨削中应用最广的棕刚玉砂轮。这里不分析砂轮硬度对表面粗糙度的影响。

2.2 实验因素和因素水平

本实验采用的单因素有四个，各因素取三水平。

1）粒度：粒度是砂轮特性最重要的因素，砂轮粒度越细，单位面积上的磨粒越多，在表面上的刻痕密而细，表面粗糙度低，但粒度过细时，切削容易堵塞砂轮，使得工件表面温度升高，塑性变形加大，粗糙度反而增加，实验方案中粒度因素用代号 A 表示，国标中规定有 28 个粒度号，本试验选用中碳钢磨削中比较有代表性的砂轮粒度 45#、60#、80#、100#作为研究对象，首先进行了单因素分析，其中：砂轮转速 24 m/s：工件转速 21 m/min，磨削深度分别为 0.003 mm、0.005 mm 做了 2 组单一因素试验，其砂轮粒度与表面粗槽度的关系见图 1 所示：

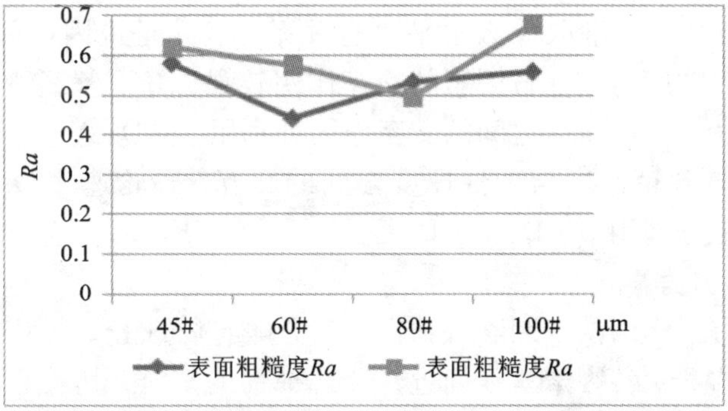

图 1 不同砂轮粒度对样件表面粗糙度影响

从单因素的指标变化来看，在砂轮粒度增加到100#，其粗糙度开始上升，因此本次正交试验所取因素三水平为45#、60#、80#。

2）砂轮速度：中碳钢磨削加工时，砂轮速度的常用范围17～35 m/s，本试验将在低速、中速、高速段各选取一种，分别取18 m/s、24 m/s、32 m/s作为砂轮速度的三水平，试验方案中砂轮转速用代号B表示。

3）工件速度：根据中碳钢磨削，其工件速度常用范围10～25 m/min，考虑到试验为内圆精磨时可适当提高，此处选用15 m/min、21 m/min、27 m/min作为C因素的三个水平。

4）磨削深度：减小磨削深度可以减轻工件材料本身的切削塑性变形，从而减小表面粗糙度值，但同时会降低生产率，根据数控立式磨床，在中碳钢磨削中的情况，其磨削深度在0.0005～0.006 mm中取值，本次试验中取三种有代表性的磨削深度0.001 mm、0.003 mm、0.005 mm作为D因素的三水平。

综上，确定正交实验中其四因素三水平见表1

表1　磨削实验因素水平表

因素水平	砂轮粒度A	砂轮转速B(m/s)	工件转速C(m/min)	磨削深度D(mm)
1	45#	18	15	0.001
2	60#	24	21	0.003
3	80#	32	27	0.005

2.3　交互作用

因磨削加工中，实验考察的四个因素不是孤立的，一个因素对指标（粗糙度）的影响与另一个因素取什么水平也有关系，也就是说因素间有交互作用，根据经验，砂轮粒度与其他各因素的交互作用较强，着重考察砂轮粒度与磨削深度、砂轮速度与工件速度之间的交互作用分别用A*D、A*B和A*C，其次考察磨削深度与砂轮速度与工件速度之间的交互，砂轮速度与工件速度的交互，实验方案中分别用B*D、C*D表示。

2.4　实验方案

经分析，交互作用的四因素三水平，能安排下来的正交表是L27(313)，为了尽可能避免混杂，各因素所在列进行了选择性的安排，其实验因素及交互在正交表中的排列见表2。

表 2　实验因素及交互在正交表中的排列

主因素	主因素	交互因素	交互因素	主因素	交互因素	交互因素	交互因素	主因素	交互因素	交互因素	交互因素	交互因素
A（砂轮粒度） 1	B（砂轮转速） 2	A*B（C*D） 3	A*B 4	C（工件转速） 5	A*C（B*D） 6	（A*C） 7	B*C（A*D） 8	D（磨削深度） 9	A*D 10	B*C 11	B*D 12	C*D 13

说明：括号内表示与此列混杂的因素和交互

表 2 中实验因素及交互在正交表中的排列表头，把表面粗糙度 *Ra* 作为输出列，即形成实验数据，详见表 3：表面粗糙度实验数据表

3　实验结果分析

3.1　实验结果

实验结果数据见表 3。

表 3　表面粗糙度实验数据表

主因素	主因素	交互因素	交互因素	主因素	交互因素	交互因素	交互因素	主因素	交互因素	交互因素	交互因素	交互因素	指标
A（砂轮粒度）	B（砂轮转速）	A*B（C*D）	A*B	C（工件转速）	A*C（B*D）	A*C	B*C（A*D）	D（磨削深度）	A*D	B*C	B*D	C*D	粗糙度 *Ra*
1	1	1	1	1	1	1	1	1	1	1	1	1	0.515
1	1	1	1	2	2	2	2	2	2	2	2	2	0.62
1	1	1	1	3	3	3	3	3	3	3	3	3	0.565
1	2	2	2	1	1	1	2	2	2	3	3	3	0.59
1	2	2	2	2	2	2	3	3	3	1	1	1	0.608
1	2	2	2	3	3	3	1	1	1	2	2	2	0.495
1	3	3	3	1	1	1	3	3	3	2	2	2	0.549

续表 3

主因素	主因素	交互因素	交互因素	主因素	交互因素	交互因素	交互因素	主因素	交互因素	交互因素	交互因素	交互因素	指标
1	3	3	3	2	2	2	1	1	1	3	3	3	0.595
1	3	3	3	3	3	3	2	2	2	1	1	1	0.578
2	1	1	3	1	2	3	1	2	3	1	2	3	0.518
2	1	2	3	2	3	1	2	3	1	2	3	1	0.537
2	1	3	3	3	1	2	3	1	2	3	1	2	0.654
2	2	1	1	1	2	3	2	3	1	3	1	2	0.577
2	2	2	1	2	3	1	3	1	2	1	2	3	0.571
2	2	3	1	3	1	2	1	2	3	2	3	1	0.643
2	3	1	2	1	2	3	3	1	2	2	3	1	0.578
2	3	2	2	2	3	1	1	2	3	3	1	2	0.521
2	3	3	2	3	1	2	2	3	1	1	2	3	0.491
3	1	3	2	1	3	2	1	3	2	1	3	2	0.512
3	1	3	2	2	1	3	2	1	3	2	1	3	0.522
3	1	3	2	3	2	1	3	2	1	2	2	1	0.597
3	2	1	3	1	3	2	2	1	3	3	2	1	0.521
3	2	1	3	2	1	3	3	2	1	1	3	2	0.472
3	2	1	3	3	2	1	1	3	2	2	1	3	0.487
3	3	2	1	1	3	2	3	2	1	2	1	3	0.574
3	3	2	1	2	1	3	1	3	2	3	2	1	0.465
3	3	2	1	3	2	1	2	1	3	1	3	2	0.493

表中第 1 列中的 1、2、3 分别代表砂轮粒度 45#、60#、80#，第 2 列中的 1、2、3 分别代表砂轮速度 18 m/s、24 m/s、32 m/s 第 5 列中 1、2、3 分别代表工件转速，第 9 列中 1、2、3 分别代表磨削深度 0.001 mm、0.003 mm、0.005 mm，交互列中的数字没有真实意义，只在计算 Ki 和极差 Ri 时使用。

3.2 表面粗糙度实验结果分析

按照正交实验的计算规则，对实验结果进行计算，所计算的实验数据见表 4，其中 Ki 为处于某列的因素或交互第 i 水平的试验结果之和，ki 为某水平因素影

响表面粗糙度 Ra 的效价值，$ki = [ki = Ki$（第 i 列/第 j 列中揔的重复）]极差 R（第 j 列）= 第 j 列中 $k1$、$k2$、$k3$ 中最大的减去最小的差；第 3 列中 A∗B 和 C∗D 混杂、第 6 列中 A∗C 和 B∗D 混杂、第 8 列 B∗C 和 A∗D 混杂。

表 4　表面粗糙度 Ra 实验结果分析表

计算值因素	A（砂轮粒度）1	B（砂轮转速）2	A∗B（C∗D）3	（A∗B）4	C（工件转速）5	A∗C（B∗D）6	（A∗C）7	B∗C（A∗D）8	D（磨削深度）9	A∗D 10	B∗C 11	B∗D 12	C∗D 13	粗糙度 Ra
$K1j$	5.115	5.040	4.770	5.023	4.934	4.901	4.860	4.779	4.944	4.853	4.758	5.036	5.042	
$K2j$	5.090	4.964	4.934	4.914	4.911	5.073	5.218	4.929	5.113	5.055	5.602	4.827	4.893	
$K3j$	4.643	4.844	5.144	4.911	5.003	4.874	4.770	5.140	4.791	4.940	4.488	4.985	4.913	
$k1j$	1.705	1.680	1.590	1.674	1.645	1.634	1.620	1.593	1.648	1.618	1.586	1.679	1.681	14.85
$k2j$	1.697	1.655	1.645	1.638	1.637	1.691	1.739	1.643	1.704	1.685	1.867	1.609	1.631	
$k3j$	1.548	1.615	1.715	1.637	1.668	1.625	1.590	1.713	1.597	1.647	1.496	1.662	1.638	
Rj	0.157	0.098	0.210	0.037	0.031	0.124	0.149	0.166	0.107	0.067	0.148	0.070	0.050	

说明：第 3、6、8 列中有混杂，把数据列出仅作参考

3.3　主要影响因素与实验指标（粗糙度）关系

（1）根据极差分析，从 Rj 值的大小可以看出，各因素对考核指标（表面粗糙度）影响的主次顺序为 A（砂轮粒度）、D（磨削深度）、B（砂轮转速）、C（工件转速），且 A 因素影响程度最大，C 因素影响最小，仅 0.031。

（2）各因素的较优位级组合由表 4 中 $K1j$、$K2j$、$K3j$ 的大小可以看出，各因素较优的位级组合为 A3B3C2D3。

（3）考核指标变化绘制趋势见图 2：表面粗糙度变化趋势

从绘制趋势图 2 看出，考核指标随因素 A、D 的变化较为显著，B、C 因素影响相对较小。

3.3　主要交付的平均效价

平均效价反映交互对实验结果的影响程度，因篇幅有限，本文只列举 6 组交互 A∗B、C∗D、A∗C、A∗D、B∗C、B∗D 中，Rj 影响最大的一组的平均效价，见表 5。

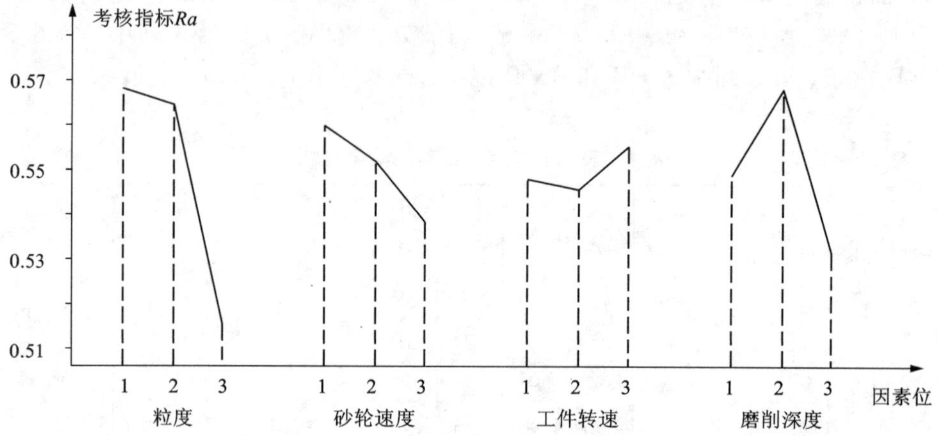

图 2　考核指标(粗糙度)变化趋势

表 5　A ∗ C 搭配表

因素搭配	平均效价
A1C1	0.541
A1C2	0.608
A1C3	0.546
A2C1	0.558
A2C2	0.543
A2C3	0.596
A3C1	0.536
A3C2	0.486
A3C3	0.526

由表 5 可见：A3C2 的搭配最好，与因素位级组合吻合，为减少实验中某一种异常数据的影响，按照 A ∗ C 的 9 种搭配重新做了三次实验，把每种搭配的三个实验结果求和，再取平均，其结果仍然是 A3C2 最优。

4　优化参数的现场验证

根据单因素及四因素三水平正交实验确定的最优参数 A3B3C2D3 组合，通过生产验证表面，不仅粗糙度值较小，表面粗糙度能较好地稳定在 *Ra* 0.46 ~

Ra 0.50 间，还取得了较好的加工效率。

5 结论

1）各因素和交互对动车牵引电机端盖轴承室的表面粗糙度 *R*a 的影响，按主次顺序排列如下：粒度—粒度和工件速度的交互—砂轮速度和工件速度的交互—磨削深度—砂轮速度—砂轮速度与深度的交互—粒度与磨削深度的交互、砂轮速度与工件速度的交互、粒度与砂轮速度交互—工件速度。

2）砂轮粒度对表面粗糙度 *R*a 的影响最大、磨削深度、砂轮转速次之、工件转速影响最小，在各因素中砂轮的影响起主导作用，要加工粗糙度低的表面时，必须首先选择确定砂轮粒度。

（1）针对动车牵引电机端盖，选择砂轮粒度为 80#时，获得表面粗糙度最低的最优的组合方案为 A3B3C2D3，此时砂轮速度为最高的 32 m/s，工件速度为中速 21 m/min，磨削深度 0.005 mm。

（2）选择砂轮粒度为 60#时，获得表面粗糙度最低的最优的组合方案为 A2B3C2D3，此时砂轮速度为最高的 32 m/s，工件速度为中速 21 m/min，磨削深度 0.005 mm。

（3）选择砂轮粒度为 45#时，获得表面粗糙度最低的最优的组合方案为 A1B1C1D1，此时砂轮速度为 18 m/s，工件速度为最低速度 15 m/min，磨削深度 0.001 mm。

（4）砂轮粒度也非越大越好，从 35 号锻钢材料的单因素试验来看，其粒度从 80#到 100#时，其粗糙度值因切削堵塞砂轮，工作面温度升高、塑性变形增大，粗糙度反而增加。

3）从正交实验结果来看，用棕钢玉砂轮磨削中碳钢端盖轴承室时，磨削深度减小，表面粗糙度降低的说法不完善。

4）用棕钢玉砂轮磨削动车牵引电机端盖内孔时，不能孤立地考虑砂轮特性和磨削参数的单因素对表面粗糙度的影响，需综合考察砂轮粒度、砂轮转速、工件转速相互间的搭配的交互影响，并按照因素间的搭配好坏确定各因素的取值。

5）就动车电机端盖轴承室加工来看，取得较低的粗糙度、较为理想的加工效率，其较优的参数组合为：选用砂轮粒度为 80#，砂轮转速 32 m/s，工件速度为 21 m/min，磨削深度 0.005 mm。

——来源：《新技术新工艺》2016 年第 12 期

高速牵引电机轴承检修技术

郭　磊　王长江　钟　博

摘　要：本文主要介绍了高速牵引电机在一个运营周期后的轴承检修技术。

关键词：牵引电机；轴承；检修工艺

Maintenance technology of the high-speed traction motor bearing

Guo Lei　Wang Changjiang　Zhong Bo

Abstract：The advantage of the Maintenance technology of the High - speed Traction motor bearing was introduced in this paper.

Keywords：traction motor；bearing；maintenance technology

高速牵引电机的运行可靠性要求非常苛刻，而轴承的可靠性是电机可靠性的关键。为了保证高速牵引电机的可靠运行，牵引电机每运营60万km后需要返厂进行轴承检修。通过先进的轴承检修技术，保证了大批量生产的高速牵引电机的质量。

1　轴承检修工艺过程

1.1　绝缘阻抗值测量

在轴承从轴承座中分解出来前，用兆欧表检查轴承绝缘阻抗值（直流

500 V，测量值 10 MΩ 以上），如果测量值低于 10 MΩ，将轴承在清洗后重新压装到轴承座再次测量，若测量值仍低于 10 MΩ，轴承报废，如图 1 所示。

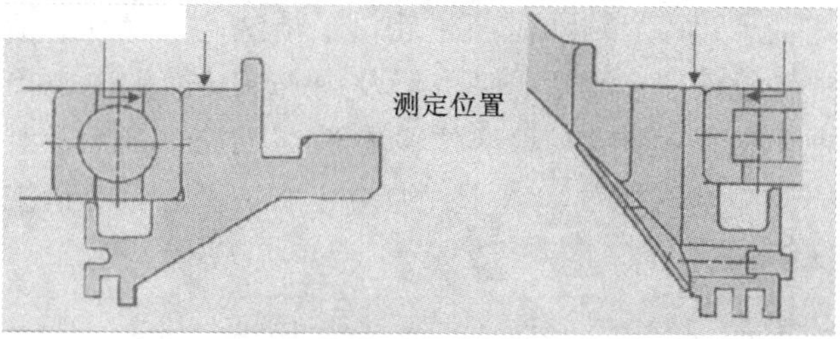

图 1　轴承绝缘阻抗值测定位置

1.2　轴承拆卸

轴承拆卸是整个检修过程中非常重要的一道工序，轴承与轴承室装配是过渡配合，需要设计专用的工装及配套专用的液压工具，如图 2、图 3 所示。拆卸过程中确保工装清洁、轻拿轻放，拆卸过程中要注意液压泵用力均匀，发现异常立即停止，重新调整导向杆确保垂直，以免损伤轴承。滚柱轴承内圈使用中频感应加热器拆卸。

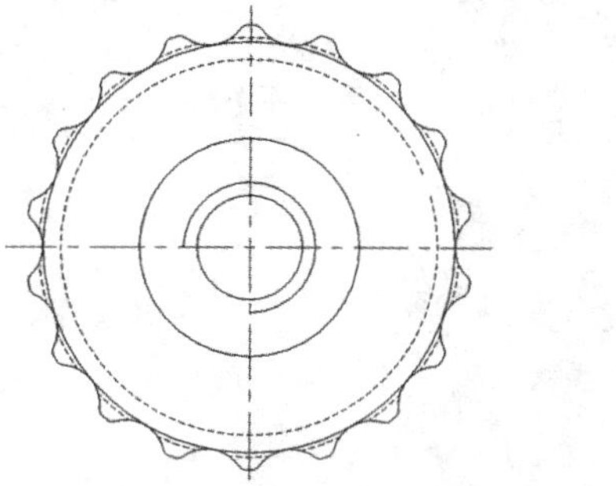

图 2　拔轴承专用卡盘

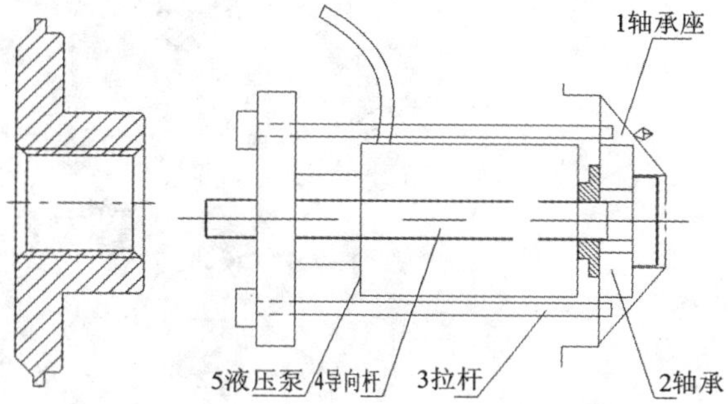

图 3　拔轴承专用工装

1.3　轴承清洗前检查

油脂状态检查：手感油脂中有没有残留油分；油脂中不存在摩擦粉末；油脂有没有乳化，即油脂有没有起白色泡沫。轴承内外圈表面状态检查：轴承外圈的绝缘层完好，绝缘层有破损的轴承报废。

轴承清洗前后需要做好记录，确保轴承成套使用。作业过程中要注意轴承清洗前切勿转动；在轴承分解、检查及装配过程中要防止绝缘层摔坏，禁止锤击轴承。

1.4 轴承清洗

用煤油清洗轴承，每个轴承需经过粗洗、精洗两遍清洗，清洗过程中仔细用细羊毛刷清洗轴承滚子、滚道、保持架及内外圈；借助手电筒及镜子目视检查轴承，确认轴承滚道、保持架等部位没有残留油脂、刷毛及其他异物。用干净且不带水分的压缩空气将轴承吹干，为防止腐蚀及生锈，清洗后立即喷涂专用的防锈油进行防锈。

2 轴承检查

2.1 轴承外圈端面、外径面检查

通过目视检查，若轴承外圈绝缘层有裂纹、剥离现象则轴承报废。借助手电筒及镜子检查轴承滚道，若滚道上有压痕则轴承报废，如图4、图5所示。

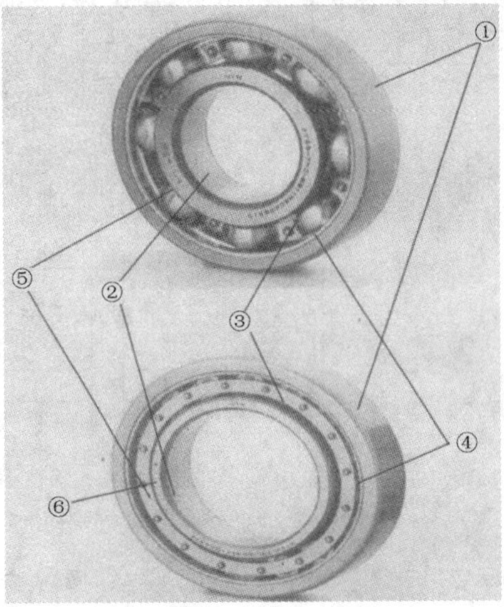

图4 轴承示意图

2.2 轴承内部的剥离状况检查

通过触摸、目视检查，确认手感油脂中没有残留油分；确认油脂中不存在摩擦粉末；确认油脂没有乳化，即油脂没有起白色泡沫。

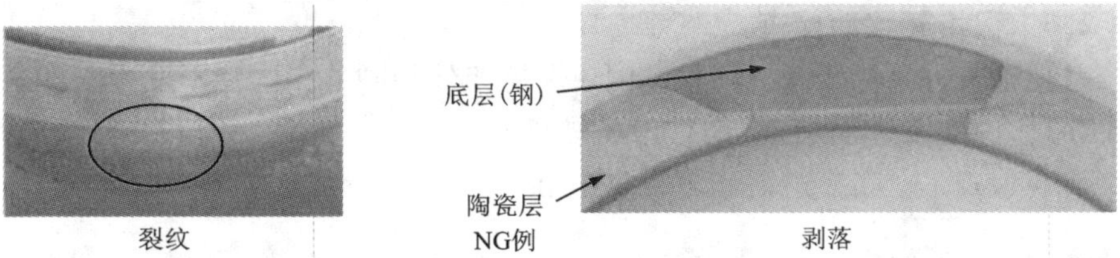

图5　外径面，端面不能有磨损，剥落；端面上不能有裂纹(NG例)

表2　油脂分析结果评价基准

管理项目	铁	铜
管理值	0.5%以下	0.3%以下

2.3　轴承尺寸检查

通过千分尺对外圈外径及内圈内径进行检测，确保其在公差范围内。

2.4　轴承内圈检查

通过目视检查，轴承内圈不得存在以下状况：轴承内圈的颜色有变化或严重变色(蓝色或棕色)；轴承内圈有裂纹；轴承内圈滚道有剥离；轴承内圈存在生锈情况；轴承内圈滚道存在有手感的印痕；轴承内圈滚道存在电蚀现象；轴承内圈与转轴的接触面有蠕变现象。

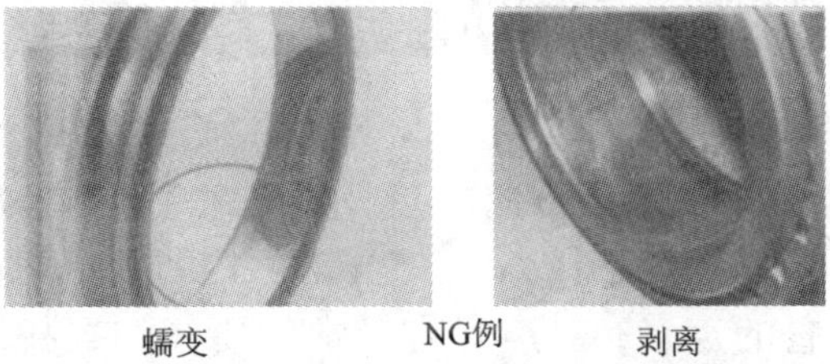

图6　内圈内径不可有蠕变，不可有剥离(NG例)

图7　内圈过热(NG例)

2.5　保持架外观检查

通过目视检查保持架，不得存在以下情况：铆钉有松动、破损，保持器整体变形、有撞击、裂纹、磨损、异常擦伤；滚子滚动不灵活，滚子上存在有手感的压痕；滚子破损、有电蚀现象；保持器做径向移动时，保持器与内圈或外圈干涉(接触)。其他异常情况需根据实际情况分析判定轴承状态后决定轴承是否可继续使用。

2.6 保持架移动检查

目视检查，保持架做径向移动时，保持架外径同外圈内径不发生干涉。

2.7 内圈滚道面检查(圆柱滚子轴承)

目视检查，内圈滚道面不可发生电蚀。

NG例

图8 内圈滚道面不可发生电蚀(NG例)

2.8 滚子滚动面检查(圆柱滚子轴承)

目视检查，滚子滚动面不可发生电蚀。

NG例

图9 滚子滚动面不可发生电蚀(NG例)

2.9 轴承滚动检查

轴承在有油膜的状态下，用手盘动，从不同方向(包括水平、垂直方向)反复旋转，感觉是否有异常的冲击(即转动顿挫不畅)，对有异常冲击的轴承不再继续使用；在旋转轴承的同时聆听它的声音，对声音有异常的要仔细查找缺陷点。

3 其他

轴承更换：如果检修电机一端更换了新轴承，则另一端必须同时更换新轴承。

其他事项：轴承拆卸后要尽快进行清洗，清洗后做好防锈处理；任何时候滚柱轴承的内圈必须与轴承外圈成套放置好；在轴承没有进行包装防护前不允许叠放；轴承拆卸清洗后要防护到位，防护好后保存在箱子里；轴承存放要注意防潮。

4 结语

既科学又严谨的轴承检修技术是高速牵引电机可靠运行的重要保证。目前，高速牵引电机轴承检修技术已成功地大批量投入到实际运营，产品运行稳定，为我国的高速铁路事业做出了重要贡献。同时，这些先进的轴承检修技术也已经成功地推广运用于干线牵引电机和城市轨道牵引电机的轴承检修中，并取得了良好业绩。

——来源：《科技传播》2013 年第 5 期

钎焊电流和冷却方式对牵引电机定子连线焊接的影响

文思静　张建安　王　山

摘　要：本文选取电机定子回路环与引出线焊接部位进行不同电流大小的钎焊试验以及冷却方式的试验，通过分析焊接部位的组织与性能，研究了工艺参数对连接质量的影响。试验结果表明：在焊接时间不变的情况下，随焊接电流增大，焊接部位的晶粒长大程度略有增加，拉伸强度及硬度略微下降；母材经750℃保温30分钟后，晶粒比原始组织有所长大，硬度有所降低；经不同冷却方式组织与性能差别不大。

关键词：电阻焊；电流；晶粒长大；冷却方式

Influence of soldering current and cooling method on stator wiring of traction motor

WEN Sijing　Zhang Jianan　Wang Shan

Abstract; In this paper, the different current sizes of the motor stator loop and the lead wire are selected, and the influence of the microstructure and properties of the welded joint on the connection quality is analyzed. The test results show that with the welding current increasing, grain growth rate increased slightly, the brazing seam heat affected zone on both sides of the grain size is uniform; parent material by 750 DEG C heat for 30 minutes, grain than the original organization grows up to some extent, the hardness is lower; by different ways of cooling cooling to room temperature microstructure and properties of little difference.

Key words: resistance welding; current; grain growth; cooling way

电动机引线与回路环的焊接是大功率异步牵引电动机制造的一项关键技术。因为电负荷和热负荷高、高速运行、频繁起制动，电机的焊接部位反复受到变化的扭曲力、电磁力、离心力、热应力等作用，很容易发生断裂。在焊接的过程中，合适的电阻钎焊工艺能够保证焊接接头部位的物理性能。本文研究了不同焊接电流和冷却方式对于牵引电机定子并头焊接部位的影响。

1 试验

1.1 试验材料

本试验中的母材为电机回路环与引线所用的材料是 TU1 无氧铜扁线，规格为 4 mm × 12.5 mm；焊料采用 HL204，规格为 0.4 mm × 11 mm。

1.2 焊前准备

1) 取回路环铜扁线与引出线铜扁线，分别截取长度为 120 mm 的试样，断口截面要保证平直。在距离端面 20 mm 处进行砂纸打磨，去除表面氧化物，然后在丙酮中用超声波清洗去除油污，最后用乙醇清洗端面，冷风吹干备用。

2) 截取大小适合的 HL204 焊片进行表面去除油污杂质的处理，用乙醇清洗后吹干备用。

3) 试件的搭接接头及尺寸情况如图 1 所示。

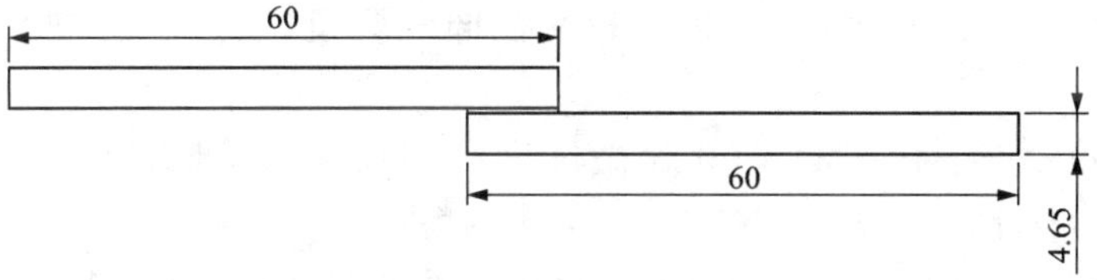

图 1　引出线与回路环一型焊接结构示意图(单位：mm)

1.3 电阻钎焊

电阻钎焊采用电阻焊机进行，焊钳装置如图 2 所示。钎料以“三明治”方式叠放，不使用钎剂，焊接周期为 12 s，不同工件分别按焊机额定电流的百分比调节，休止周期为 6 s，具体焊接参数和试样编组如表 1 所示。

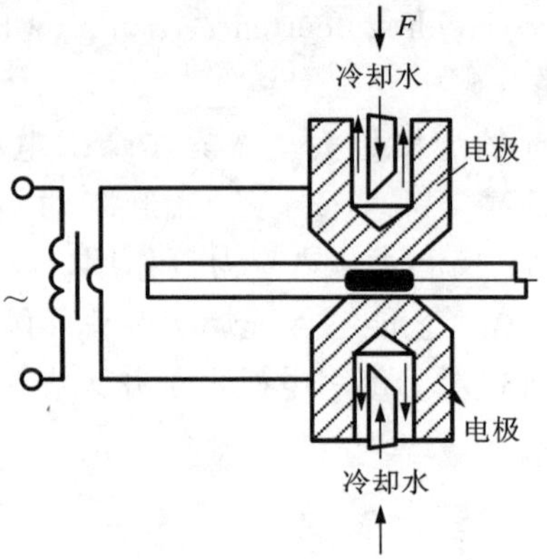

图2　焊钳装置示意图

表1　试样编组

试样编号	电流/%	加热时间/s	搭接长度/mm
1－1	40	6s	10
1－2	42	6s	10
1－3	44	6s	10

1.4　组织与性能检验

(1)拉伸试验：利用 AG－IC100KN 拉伸试验机进行拉伸试验，加载速率 5 mm/min。

(2)硬度试验：用 FM－700 显微硬度计测量显微维氏硬度，施加载荷为 50 gf 力，保持时间为 30 s。

(3)显微观察试验：利用 VHX－1000 三维视频显微镜观察接头及母材的金相组织。

2　试验数据及分析

2.1　钎焊电流对焊接部位的性能及组织的影响

由表2与表3可知，在加热时间相同的条件下，随着电流的增大，材料的抗拉强度与硬度都稍微下降，但是影响不是很大。为了进一步分析不同电流对于焊接部位的强度的影响机理，对焊接部位的母材组织进行微观分析。

表 2 焊接部位的抗拉强度

序号	电流大小/%	加热时间/s	断裂位置	抗拉强度平均值/MPa
1－1	40	6s	母材	246
1－2	42	6s	母材	243
1－3	44	6s	母材	241

表 3 焊接部位的硬度

电流大小/%	加热时间/s	平均硬度/HV
40	6s	56
42	6s	54
44	6s	52

从图 3 焊接部位的微观组织图中我们可以看出，在加热时间相同的条件下，随着焊接电流的增大，焊缝处的母材晶粒逐渐长大。由于电阻钎焊是一个瞬时大电流的加热过程，调节焊接电流有效值的大小会使内部热源的析热量发生明显的变化，影响加热过程。由于焊接时间一定，焊接电流的大小是影响母材晶粒大小的主要因素。随着焊接电流的增大，材料的晶粒都出现了明显的长大，导致材料的拉伸强度下降。晶界位错塞模型可知，钎焊部位的硬度主要与晶粒的大小有关，晶粒越小强度越大，晶粒越大强度越小。

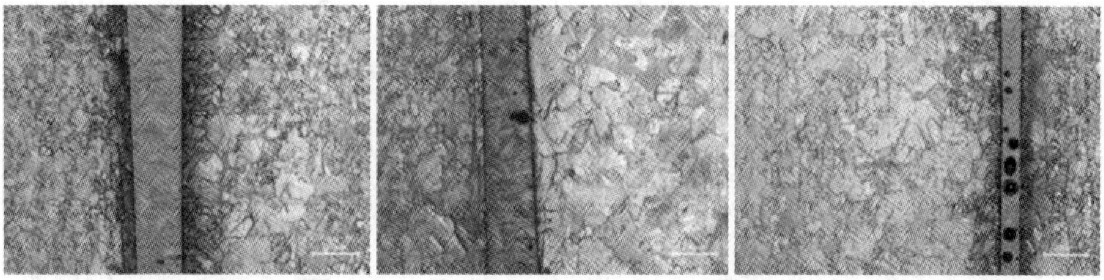

电流40%　　电流42%　　电流44%

图 3 焊接部位的微观组织

2.2 冷却方式对焊接接头性能及组织的影响

为了探究不同冷却速度下焊接接头的性能是否改变，以及其变化规律，将材料加热到 750℃保温 30 min 之后分别进行空冷、水冷、油冷和风冷方式进行冷却。不同冷却方式下焊接接头的抗拉强度及硬度数据如表 4 和表 5 所示：

表 4　不同冷却方式下焊接部位的抗拉强度

冷却方式	抗拉强度/MPa	平均值/MPa
水冷	238	241
	248	
	238	
油冷	241	241
	242	
	240	
空冷	243	240
	235	
	241	
风冷	244	239
	237	
	236	

表 5　不同的冷却速度的焊接部位的硬度

冷却方试	硬度值/HV			平均值/HV
水冷	56	54	55	55
油冷	56	55	53	54
风冷	57	55	53	55
空冷	56	56	53	55

从上表中可以看出，不同的冷却速度下的焊接部位的抗拉强度与硬度没明显差异。为了进一步分析不同冷却方式对于焊接部位的拉伸强度的影响机理，对焊接部位的组织进行微观分析。不同冷却方式得到的焊接部位的金相组织如图 4 所示。

由图可知，750℃保温 30 min 后，焊接部位的晶粒比原始晶粒显著长大，但不同冷却方式得到的晶粒大小几乎无差别，说明不同的冷却速度对母材晶粒大小影响不大。纯铜经历不同的冷却速度过程没有相的改变，不同的冷却速度后

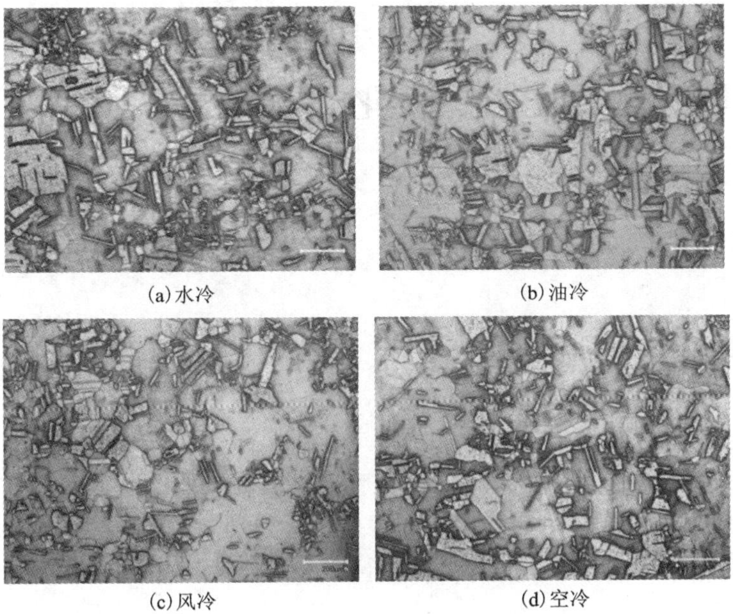

(a)水冷　(b)油冷　(c)风冷　(d)空冷

图4　不同冷却方式下的焊接部位微观组织

的晶粒大小就是加热过程中的晶粒大小。试验中加热温度一样，保温时间也相同，晶粒大小基本一致，所以不同的冷却速度后的抗拉强度值基本一样。不同冷却速度下母材的硬度也主要是由晶粒大小决定的，晶粒越大硬度就越小，晶粒越小硬度就相应的越大。由于对单相纯金属来说，不存在相的转变，晶粒的大小就决定了硬度的大小。由微观金相图我们可以看出，不同的冷却速度的晶粒大小基本一致，所以不同的冷却速度对母材的硬度没影响。

3　结论

(1)随着焊接电流的增大，材料的晶粒都出现了明显的长大，导致材料的拉伸强度下降。

(2)不同冷却方式对焊接部位的性能及组织影响较小。

——来源：《电机技术》2017 年第 3 期

斜槽定子铁芯叠压工艺优化

蔡超辉　刘　磊　姚秋华

摘　要：本文通过对永磁电机斜槽定子铁芯的结构、生产过程及生产过程中发现的问题进行分析和验证，合理地改善工艺过程及改造工装结构，保证斜槽定子铁芯槽形质量。

关键词：永磁电机；定子铁芯；斜槽

1　引言

定子铁芯是电机的重要组成部分，而永磁电机的定子铁芯与普通电机相比，较多采用斜槽结构。铁芯有倾斜角，实际是冲片每上升一个冲片厚度的高度即旋转一定角度，整个铁芯沿轴线方向呈螺旋上升，槽内部也呈螺旋状，槽侧面是非平面。使用传统定子铁芯叠压的定位方式，即以固定的定位键为导向，以槽样棒进行槽形定位的方式，难以满足铁芯槽呈螺旋状的设计要求，且容易出现凸片和散片的情况。因此，本文将对斜槽定子铁芯的制作工艺进行分析，切实提高工艺水平及产品质量。

2　产品结构介绍

定子铁芯主要由定子压圈、定子冲片、定子端板和扣片组成，通过扣片焊接，将定子压圈、定子冲片和定子端板固定成一体。定子铁芯的槽形质量是重要质量要素，关系到电机的绝缘性能和电机寿命。

3　生产过程及实物质量

3.1　生产过程

1）定子铁芯叠片

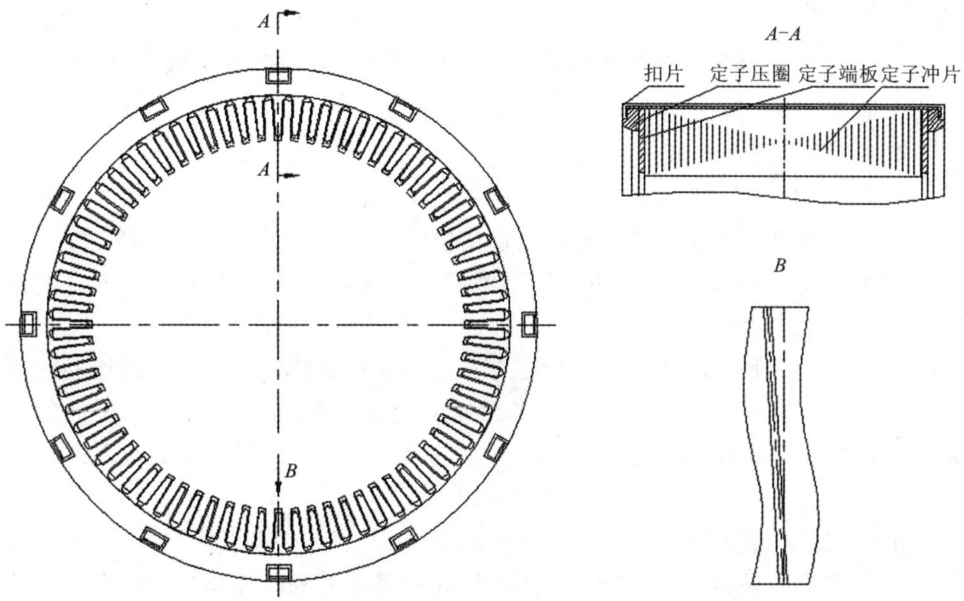

图 1　定子铁芯结构

使用叠压模具将定子压圈和定子端板定位好后，以定位键为导向进行叠片，叠片过程使用槽样棒进行定位，保证铁芯高度后，定位另一端的定子压圈和定子端板。

2）定子铁芯压装

将叠好的定子铁芯使用一定叠压力压紧后，测量尺寸，尺寸合格后拧紧螺母。

3）定子铁芯扣片安装

在扣片槽中，将扣片打扁，嵌入在扣片槽内，并进行扣片焊接。

4）定子铁芯退模

将叠压模具进行退模，取出铁芯内槽样棒。

3.2　实物质量

按上述工艺，在小批量的生产过程中，发现以下异常：

（1）定子铁芯槽形不良，不齐度较大，常出现凸片现象，凸片高度为 0.1 ~ 0.16 mm（设计要求槽形不齐度不大于 0.1 mm）。

（2）定子铁芯冲片与定子端板间出现间隙，间隙大小为 0.2 ~ 2 mm，冲片齿部可拨动。

4 原因分析

定子铁芯出现凸片和散片的情况，其原因是冲片定位不准确或冲片变形。通过分析工艺过程，发现凸片和散片的主要原因如下。

4.1 冲片因素

1) 毛刺原因：由于铁芯是斜槽，叠片过程中，上下相邻的冲片实际为轻微错位状态，使得冲片槽周边的毛刺也是错位的，因此，在定子铁芯压装过程中，冲片毛刺的交错挤压将导致冲片轻微滑移，最终导致定子铁芯槽形不齐度过大，甚至产生凸片。

2) 冲压油原因：冲片制作过程需在冲片表面抹冲压油，以保护冲槽模的刃口。冲压油夹在冲片间不易挥发，导致冲片与冲片粘在一起。受冲压油的影响，冲片与冲片间的摩擦力增大，在叠片过程中，冲片不易发生轻微错位，最终导致冲片扭曲，产生凸片。

4.2 定子端板因素

定子压圈压住定子冲片轭部，而扣片焊接将铁芯外部拉紧，导致定子铁芯齿部向外张开，形成散片。

4.3 冲片定位方式

传统定子铁芯叠压所用的槽样棒为整体条状，通过槽样棒的整体平面定位，难以实现槽呈螺旋状，且会引发冲片整体扭曲变形，导致冲片散片。

4.4 紧固方式

由于压装过程使用的是开口扳手进行拧螺母，手工作业随意性较大，片间压力不能稳定控制，若满足不了片间压力，容易导致散片。

5 工艺优化及实施效果

5.1 工艺优化

1) 冲片烘焙和预压

将冲片进行烘焙，使冲压油进行充分挥发，减小冲片间摩擦力。将冲片叠成直槽铁芯，再进行预压，减少冲片毛刺。以某型永磁电机为例，冲片厚度为 0.2 mm，毛刺要求大小不大于 0.03 mm。表 1 为预压前后毛刺大小对比情况。

2) 定子端板齿部压型

将定子端板进行弯型，定位定子端板时，弯型部位朝铁芯内部，定子端板齿部将冲片齿部压得更紧。

表 1　预压前后毛刺大小对比测试表　（单位：mm）

序	冲片 1				冲片 2				冲片 3			
位置	A	B	C	D	A	B	C	D	A	B	C	D
预压前	0.012	0.012	0.014	0.014	0.012	0.010	0.011	0.012	0.010	0.011	0.012	0.012
预压后	0.009	0.006	0.008	0.008	0.009	0.007	0.009	0.010	0.009	0.006	0.008	0.008

3）冲片分段式定位

槽样棒采用分段式交错定位方法，槽样棒取 100 mm 长，同一处位置相邻的两个槽内的槽样棒交接 30 mm 左右，以确保槽形光滑过渡，如图 2 所示。槽样棒既能精准定位，又能保证冲片不扭曲，铁芯槽内光滑过渡无凸片。

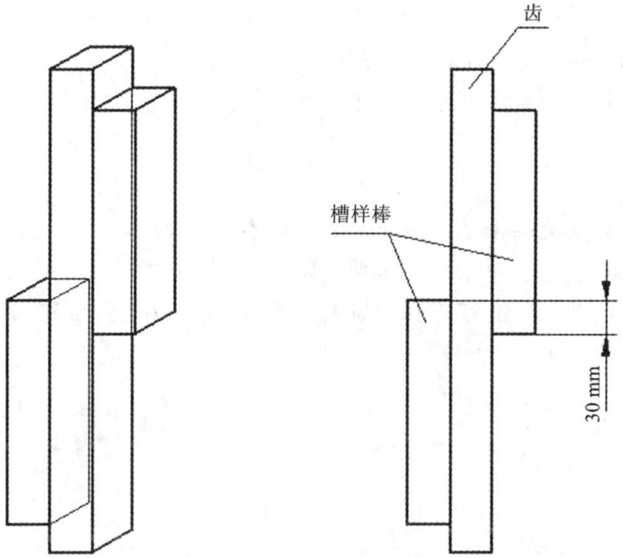

图 2　短槽样棒进行分段式定位

4）保证片间压力

某型电机片间压力要求为 $P=3$ MPa，冲片面积为 $S=107887\ \mathrm{mm}^2$，叠压力 $F=P\times S=324$ kN。根据公式 $T=kFD$（其中，T 为螺栓扭矩，k 为力矩系数，F 为螺栓预压力，D 为螺栓公称直径），若取 k 为 0.2，D 为 30 mm，叠压模具有 4 根螺杆，将公式 $T=kFD$ 换算成 $T=k\dfrac{(F-f)}{4}\times D$（其中，$f$ 为压装力），可计算

出压装力和螺栓扭矩的组合，以确保片间压力值。表 2 为理论计算的保证片间压力的组合值。

表 2　理论计算的保证片间压力组合值

序号	压装力 f	扭矩值 T	片间压力 P
1	100 kN	336 N · m	3 MPa
2	150 kN	261 N · m	
3	200 kN	186 N · m	

5.2　实施效果

按照上述工艺，生产了 20 台永磁电机，产品质量如下：

1）定子铁芯槽形良好，槽内光滑过渡，不齐度（图纸要求不大于 0.10 mm）为 0.06 ~ 0.08 mm，无凸片现象，满足图纸要求。

2）定子铁芯无散片，满足图纸要求。

6　结束语

通过对永磁电机斜槽定子铁芯的结构、生产过程及生产过程中发现的问题进行分析和验证，通过降低冲片毛刺，降低冲片摩擦力、将定子端板齿部进行弯型，改变定子冲片定位方式和保证片间压力，可有效保证冲片槽形尺寸和槽形质量满足设计要求。

——来源：《技术与市场》2018 第一期

牵引电机弹性球铰压装工艺的研究

夏红勇

摘　要：牵引电机采用弹性悬挂结构可以起到减振降噪作用，这种结构的牵引电机需要压装弹性球铰。为研究如何将弹性球铰安全、可靠地压装到机座悬挂中，确保牵引电机接口尺寸满足设计要求，设计了一整套弹性球铰压装工装，详细介绍了弹性球铰压装工艺，最后验证了弹性球铰压装工装及工艺满足设计要求。

关键词：弹性悬挂；弹性球铰；牵引电机

Study on the technology of elastic ball hinge pressing for traction motor

Xia Hongyong

Abstract: Traction motor with elastic supension structure can play the role of vibration and noise reduction, the traction motor of this structure needs to press the elastic ball hinge. To study how the elastic ball hinge is safe and reliable pressing to seat suspension, ensure that the interface dimensions of the traction motor to meet the design requirements, a set of elastic ball hinge pressing tooling is designed, detailing the elastic ball hinge pressing processes, finally verified elastic ball hinge pressing tooling and processes to meet design requirements.

Keywords: elastic supension; elastic ball hinge; traction motor

1 概述

随着轨道交通制造技术的发展和进步，对车辆的安全性和舒适性有了更高的要求，在轨道交通发展的初期，牵引悬挂元件大都使用刚性关节作为活动关节，但是由于刚性关节柔性差、不耐磨、噪声大、使用寿命短等缺点限制了其在高速轨道交通中的应用，弹性球铰是一种类橡胶和铁件混合而成的弹性连接体，由于橡胶的黏弹性，它不仅具有柔性连接的作用，而且具有缓冲振动冲击的作用，所以广泛应用于柔性连接位置，起到减震降噪的作用。

牵引电机与转向架之间连接方式通常采用刚性悬挂和弹性悬挂，由于弹性悬挂结构能起到减振降噪作用，对弹性球铰制造及压装工艺要求高，国产牵引电机很少采用这种结构。随着高速轨道交通发展特别是 120 km/h 城轨车辆出现，国内车辆厂也开始采用这种结构并要求相关配套元件国产化，为了满足弹性球铰安装工艺要求，确保批量化生产需要，本文设计了几种弹性球铰压装所需的工装，详细介绍了工装使用方法及弹性球铰压装工艺要求，最后通过批量化生产验证了牵引电机弹性球铰压装工艺满足设计要求。

2 弹性球铰压装工装

为了满足牵引电机弹性球铰批量压装保证生产进度，本次研究设计了一整套牵引电机弹性球铰压装所需的工装，整套工装包含弹性球铰预压工装、水平定位支架及弹性球铰压装工装三个部分。其中，弹性球铰预压工装包含：①挡板、②拉杆、③压套、④收缩套、⑤底板、⑥紧固螺母、⑦定位杆，详见图 1 所示。弹性球铰水平定位支架详见图 2 所示。弹性球铰压装工装包含：①顶板、②拉杆、③压板、④定位杆、⑤压套、⑥收缩套、⑦紧固螺母，详见图 3 所示。弹性球铰预压及压装过程中使用的收缩套设计成通用的，使用时可以根据产能需求，将弹性球铰预压和压装分成两个工位，采取并行作业方式可以有效提高公司产能。

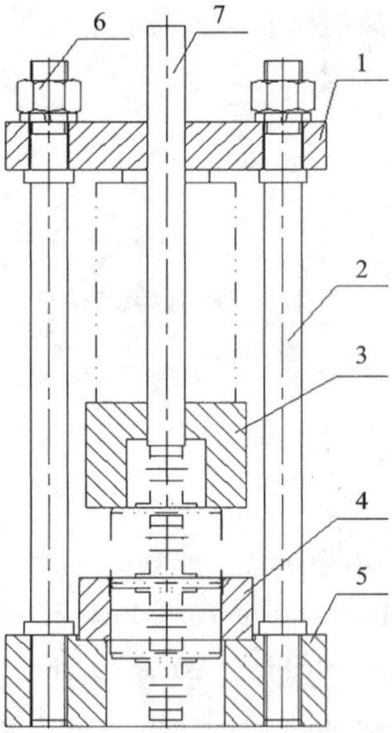

图 1 弹性球铰预压工装结构图

1—挡板；2—拉杆；3—压套；4—收缩套；5—底板；6—紧固螺母；7—定位杆

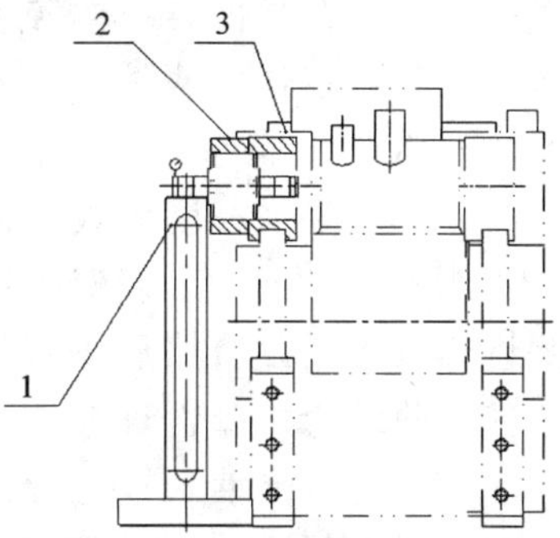

图 2　水平定位支架结构图

1—水平定位支架；2—收缩套；
3—机座弹性悬挂

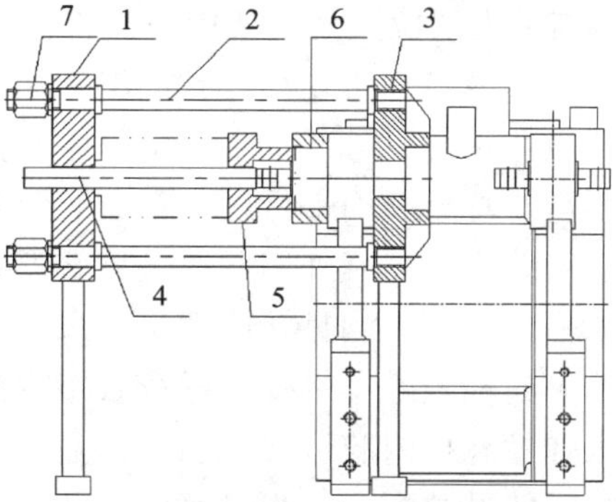

图 3　弹性球铰压装工装结构图

1—顶板；2—拉杆；3—压板；4—定位杆；
5—压套；6—收缩套；7—紧固螺母

此套工装解决了弹性球铰压装时定位困难的问题，保证弹性球铰压装过程中不被悬挂拉伤，确保牵引电机弹性悬挂接口满足设计要求。

3　弹性球铰压装工艺

牵引电机弹性球铰压装工艺由弹性球铰预压、水平定位及弹性球铰压装三个部分组成，三个部分环环相扣确保弹性球铰压装质量满足设计要求。

弹性球铰预压工艺：①组装好弹性球铰预压工装如图 1 所示，将四根拉杆紧固到底板上对应螺孔中确保拉杆下止挡与底板上表面齐平，将挡板四个通孔对齐拉杆顶部后穿过拉杆直到挡板底面与拉杆上止挡齐平，用四颗紧固螺母将挡板紧固好，确保挡板底面与底板上表面平行度满足设计要求；②将收缩套内表面涂抹一层薄薄的二硫化钼，弹性球铰预压过程中弹性球铰外表面与压缩套内腔之间起到润滑作用避免拉伤弹性球铰外表面，将收缩套放置在底板上表面定位挡中；③将弹性球铰中心与收缩套中心基本对齐后放入收缩套定位挡中；④将压套与弹性球铰中心基本对齐后放置在弹性球铰上面，如图 1 所示，将液压泵头放置在压套上面，调整位置使二者中心孔基本对齐，将定位杆从挡板中心孔插入穿过液压泵头及压套中心孔，如图 1 所示，确保压套、液压泵头、弹性球铰及收缩套中心基本重合，从而确保预压过程中弹性球铰受力均衡，避免中心错位预压过程弹性球铰被拉伤；⑤启动液压泵将弹性球铰缓慢压入收缩套，当压套下表面与收缩套上表面重合表示预压到位，泄压后拆卸下定位杆、液压泵头及压套。

弹性球铰水平定位工艺：①将水平定位支架放置在定子机座弹性悬挂侧面，调整支架位置使支架中心与弹性悬挂中心基本对齐，在弹性悬挂内腔表面涂抹一层薄薄二硫化钼起到润滑作用；②调整预压完弹性球铰的收缩套中心与弹性悬挂中心、同时弹性球铰左耳下表面与水平定位支架上表面齐平，用百分表测量左耳上表面平行度，检测平行度是否满足要求，如果平行度偏大将调整扳手安装到收缩套外表面通过旋转调整扳手调整弹性球铰平行度，确保弹性球铰水平方向尺寸满足转向架接口尺寸要求；③弹性球铰水平度合格后用铜锤沿对称方向轻轻敲击带弹性球铰收缩套外侧四点，使得收缩套上弹性球铰伸出侧进入弹性悬挂内腔(收缩套作用就是将弹性球铰压缩，使得弹性悬挂与弹性球铰之间的过盈配合变为过渡配合)，重新用百分表测量左耳上表面平行度，检测平行度是否满足要求，如果平行度偏大可以用调整扳手调整直到满足要求，移开水平调整支架。

弹性球铰压装工艺：①组装好弹性球铰压装工装如图3所示，将两根拉杆紧固到压板上对应螺孔中确保拉杆右止挡与压板左表面齐平，将顶板两个通孔对齐拉杆后穿过拉杆直到顶板右表面与拉杆左止挡齐平，用两颗紧固螺母将顶板紧固好，确保顶板右表面与压板左表面平行度满足设计要求；②将压套与弹性球铰中心基本对齐后放置在弹性球铰左侧，将液压泵头放置在压套左侧，调整位置使二者中心孔基本对齐，将定位杆从顶板中心孔插入穿过液压泵头及压套中心孔，如图3所示，确保压套、液压泵头、弹性球铰及收缩套中心基本重合，从而确保压装过程中弹性球铰受力均衡，避免中心错位导致压装过程中弹性球铰被拉伤；③启动液压泵将弹性球铰缓慢压出收缩套同时压入弹性悬挂内腔，当压套止挡与收缩套左表面重合表示弹性球铰轴向压装到位(设计收缩套及压套时根据弹性球铰轴向压入量来设定压套及收缩套轴向尺寸，确保弹性球铰轴向定位尺寸)，泄压后拆卸下定位杆、液压泵头及压套。

4 结束语

牵引电机弹性球铰压装工装简单、可靠、实用、便于操作及维护成本低，弹性球铰压装工艺已经在深圳九号线地铁牵引电机批量生产中得到验证，牵引电机弹性悬挂与转向架接口完全满足设计要求，使用效果良好，目前已交付装车运营300多台牵引电机，未出现一例弹性悬挂接口质量问题，车辆在线运营平稳。

——来源：《电机技术》2017年第3期

激光焊在永磁电机磁极盒焊接中的应用

周迪生　车三宏　顾冬林　李进泽　胡叶平

摘　要： 磁极盒结构是永磁电机制作过程中的重要结构，其焊接的可靠性对电机的稳定运行产生直接影响。采用激光焊焊接磁极盒的罩壳(316L 不锈钢)和基板(Q345D)，对焊接好的磁极盒进行密封性测试、机械振动测试和冷热冲击测试。经过上述测试后，再对磁极盒进行密封性测试，对焊接接头进行渗透探伤、金相检测和硬度检测。结果显示，采用激光焊焊接的磁极盒密封性合格，焊接接头探伤无裂纹，焊接接头金相检测结果和组织硬度检测均合格。

关键词： 激光焊；永磁电机；磁极盒

The application of laser welding in the welding of the magnetic pole box of permanent magnet motor

Zhou Disheng　Che Sanhong　Gu Donglin　Li Jinze　Hu Yeping

Abstract: The magnetic pole box structure is an important structure in the production of permanent magnet motor. Its welding reliability has a direct influence on the stable operation of the motor. Laser welding were used to weld the shell (316 L stainless steel) and substrate (Q345D) of magnetic pole box. The sealing, mechanical vibration and thermal shock of welded magnetic pole box were tested. After the above test, the magnetic pole box were sealed and the weld seam were examined by penetration, metallography and hardness. The results show that the sealing property of the magnetic pole box with laser welding were qualified, there were no crack in the inspection of the weld, the metallography test and the microstructure hardness test were all qualified.

Key Words: laser welding; permanent magnet motor; magnetic pole box

1 序言

磁极盒结构是永磁电机固定磁钢(永磁体)的一种结构，其一般由罩壳、基板、磁钢、胶组成。罩壳需具有防腐蚀能力，一般选用不锈钢材质。基板需具有导磁性和一定的强度，一般选用低合金结构钢。罩壳与基板一般采用焊接的方式进行连接，本文研究的磁极盒结构选择激光焊进行焊接。激光焊是一种先进的、成熟的焊接方法，其具有效率高、热影响区小、焊接变形小的特点，因此正在被广泛应用。

虽然316L不锈钢(罩壳材质)和Q345D(基板材质)焊接为异种钢焊接，焊接具有一定的难度。但是316L不锈钢和Q345D的碳当量均比较小，焊接性能较好。为确保焊接的一致性，使用激光焊制作三个磁极盒试样，对磁极盒依次进行密封性测试、机械振对磁极盒进行密封性测试，对焊接接头进行渗透探伤、金相检测和维氏硬度检测。经检测，三个试样的密封性及焊接接头检测结果均合格。此次验证结果对永磁电机磁极盒制作具有一定的参考价值及实践意义，为磁极盒的试验与检测提供技术支持。

2 试验材料及设备

2.1 试验材料

试验所用的磁极盒罩壳的材质为316L不锈钢，磁极盒基板的材质为Q345D，激光焊的焊丝材质为309不锈钢。罩壳、基板和焊丝的成分分别见表1、表2和表3。

表1 316L不锈钢成分(质量分数，%)

元素	Cr	Ni	Mo	C	Si	Mn	P	S	Fe
含量	16~18	10~14	2~3	≤0.03	≤1	≤1	≤0.045	≤0.03	余量

表 2　Q345D 不锈钢成分（质量分数，%）

元素	C	Si	Mn	P	S	Al	Fe
含量	≤0.18	≤0.5	≤1.7	≤0.025	≤0.02	≥0.015	余量

表 3　309 不锈钢成分（质量分数，%）

元素	Cr	Ni	C	Si	Mn	P	S	Fe
含量	22～24	12～15	≤0.08	≤1	≤2	≤0.035	≤0.03	余量

2.2　试验设备

采用的试验设备：激光焊机、密封测试仪、机械振动测试仪、冷热冲击测试仪、金相显微镜、数显维氏硬度计等。

3　试样制备及试验方法

3.1　试样制备

罩壳与基板按照图 1 进行激光焊接。焊接时要求熔深大于 0.5 mm（罩壳厚度为 0.5 mm）。焊接时图中的 *a* 值不能太小，为的是热输入集中。

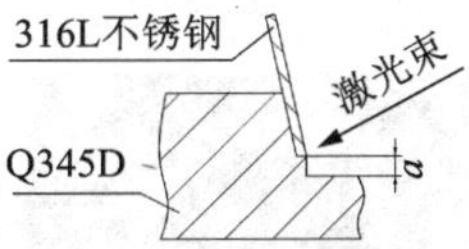

图 1　激光焊接示意图

激光焊接时需保证焊接功率、焊接速度、焊接角度、激光束的焦距、激光束的光斑大小、送丝速度、送丝角度等参数。焊接完成激光焊接后，三个磁极盒焊缝均匀，无气孔，无漏焊，焊缝外观检查合格。

3.2　试验方法

依次对三个磁极盒进行密封性测试、机械振动测试和冷热冲击测试。

密封性测试方法：将磁极盒置入密封性检测仪水槽的水中（水槽下半部分是水，上半部分是空气），然后进行抽真空，压强为 0.01～0.02 MPa，检测时间为 20 s。试验完成要求磁极盒焊缝周围无气泡产生。

机械振动测试方法：将磁极盒固定在振动平台上，在规定的振动参数（变频试验：加速度有效值约 4 g，频率 20～100 Hz，水平振动 *X* 方向 10 h、水平振动 *Y* 方向 10 h、垂直振动 10 h）下进行振动试验。试验完成要求磁极盒焊缝无裂纹。

冷热冲击测试方法：高温（85±3）℃，低温（−40±3）℃，冷热温差（125±6）℃。冷热冲击介质为空气。冷热冲击周期：12 个，每个周期 8 h（高、低温分别为4 h），温度转换时间小于 5 min。

经检测，三个磁极盒的密封性测试、机械振动测试和冷热冲击测试均合格。再进行密封性测试、渗透探伤、金相检测、维氏硬度检测。

4 测试结果与分析

4.1 密封性测试

对三个磁极盒进行密封性测试，磁极盒焊缝周围无气泡产生，磁极盒的密封性测试合格。

4.2 渗透探伤

因 316L 不锈钢为奥氏体不锈钢，没有磁性，无法使用磁粉探伤。对焊缝进行渗透探伤，未发现表面裂纹等缺陷，磁极盒的渗透探伤合格。

4.3 金相检测

金相检测分为焊接接头的宏观金相检测和微观金相检测。

三个磁极盒的焊接接头宏观金相检测图片见图 2。从图 2 可以看出，三个磁极盒焊接接头宏观金相中无气孔、裂纹，且焊接的一致性较好，宏观金相检测合格。

(a)试样1焊接接头宏观金相　(b)试样2焊接接头宏观金相　(c)试样3焊接接头宏观金相

图2　各试样宏观金相照片

三个磁极盒的微观金相检测图片见图 3。从图 3 可以看出，金相图片的灰白色区域为奥氏体(不锈钢区域)，金相图片其余区域为板条马氏体(Q345D 区域)，奥氏体区域与板条马氏体区域熔合良好，微观金相检测合格。

4.4 维氏硬度检测

使用维氏硬度计(0.3 kgf)对 316L 不锈钢和 Q345D 的母材及焊接区域进行检测。检测要求：母材及焊接区域的维氏硬度值低于 380。

经检测，316L 不锈钢的母材硬度为 167，Q345D 的母材硬度为 175。各试样焊接区域的检测位置见图 4 中一排黑点。以图 4 中不锈钢区域和 Q345D 区域交界的黑线为 0 基点，分别向不锈钢区域和 Q345D 区域中以 80 μm 为间隔

(a) 试样1微观金相　　(b) 试样2微观金相　　(c) 试样3微观金相

图 3　各试样微观金相照片

打硬度，得到图 5 所示的检测结果。

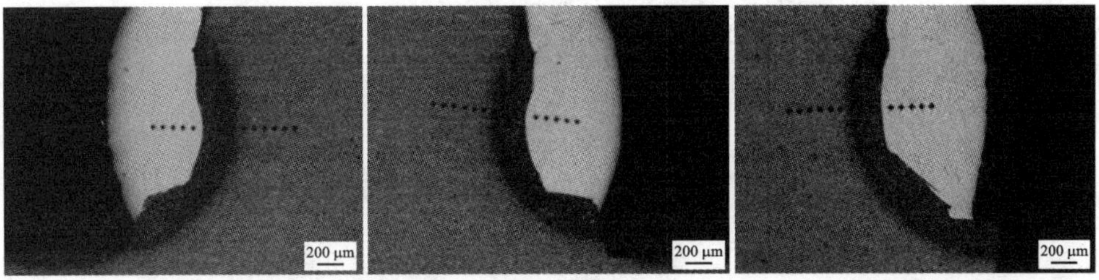

(a) 试样1维氏硬度检测　　(b) 试样2维氏硬度检测　　(c) 试样3维氏硬度检测

图 4　各试样维氏硬度检测

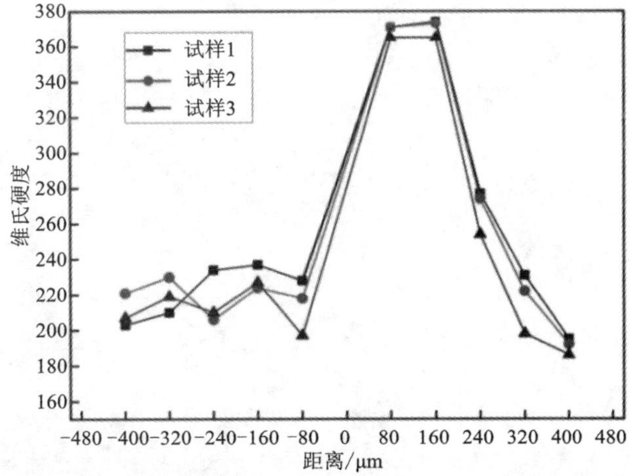

图 5　维氏硬度检测结果

从图 5 中可以看出，各试样焊接接头区域的维氏硬度值均小于 380，维氏硬度检测合格。316L 不锈钢经过焊接后硬度增加为 40 ~ 70。该处被打硬度的不锈钢是完全熔化重新结晶的，由母材（316L 不锈钢和）和焊丝（309 不锈钢）组成。该处不锈钢硬度的增加主要是因为焊丝的含碳量（0.08%）高于母材的含碳量（0.03%），其次是因为 Q345D（含碳量≤0.18%）中的碳向不锈钢中扩散，不锈钢碳含量增加会使不锈钢的硬度增加，其强化机理主要为固溶强化。Q345D 在焊接时部分母材熔化重新结晶，由于冷速很快，形成板条状马氏体，此处维氏硬度最高。其余区域随着与熔化区距离的增加，硬度依次下降。

5 结论

本试验采用激光焊对磁极盒的罩壳和基板进行焊接，焊接的效率高且焊接的一致性较好。采用激光焊焊接的磁极盒在进行密封性、机械振动、冷热冲击试验后，仍具有良好的密封性，各磁极盒焊接接头渗透探伤、金相检测和维氏硬度检测均合格。

——来源：《电焊机》2018 年 3 月

城市轨道交通车辆牵引电机整体铸造式机座变形控制

段宗玉　章细福

摘　要：城轨交通是未来城市交通发展的主要方向之一，城轨牵引电机是城轨车辆的核心部件，是其动力之源。而机座是城轨牵引电机的骨架，机座的质量直接影响着牵引电机的质量，进而影响着城轨交通的安全性，因此控制机座的质量至关重要。本文主要通过不同的工艺方法对机座的关键尺寸变形进行控制；采用二次退火消除整体铸造式机座的铸造应力；采用机座止口粗加工、套铁芯、机座止口精加工的工艺流程，有效控制机座的止口同轴度超差问题；得到机座止口同轴度小于0.05 mm，满足设计要求，解决整体铸造式机座电机的异音问题。

关键词：城轨电机；机座；同轴度；退火

Research on the deformation control of the whole casting machine seat based on urban rail traction motor

Duan Zongyu　Zhang Xifu

Abstract: urban rail transport is one of the main direction of the future development of urban transport, Urban rail traction motor is the core component and the source of its power of the urban rail vehicle. The machine seat is the urban rail traction motor skeleton, The quality of the machine seat directly affect the quality of the traction motor, thereby affecting the security of the urban rail transport. Therefore it is critical to control the quality of the machine seat. In this paper, It is control the deformation of the machine seat by different processes, eliminate the casting stress by the secondary annealing, Using the rough process, the sets core and the finishing process, It is effective control the mouth concentricity-tolerance. It gets less than 0.05 mm concentricity, meet the design requirements, solve the abnormal sound of the whole cast base.

Key words: urban rail motor; machine seat; concentricity; annealing

1 引言

牵引电机是城市轨道交通车辆的核心部件，而机座是城轨牵引电机的骨架，机座的质量直接影响着牵引电机的质量，进而影响着城轨交通的安全性。尤其是电机机座两端止口与内圆及两端面对轴线的端面圆跳动对电机的整体性能影响最大。整体铸造式机座由于铸造、焊接及加工应力的存在，使得机座的止口同轴度很难控制，止口同轴度出现偏差时，会造成气隙不均，使电机产生单边磁拉力，引起电机的振动和噪声。为了解决牵引电机的异音问题，需对整体铸造式机座的关键尺寸进行有效的控制，保证两止口同轴度满足设计要求，因此，研究机座变形控制方法是很有必要的。

2 机座的工艺性分析

机座结构为整体制造式结构，材料为铸钢，其机座示意图如图 1。关键尺寸：①机座的内腔，基本尺寸 470 mm，公差为 +0.063/0，内腔的同轴度为 0.05 mm 以内；②机座的止口，传动端止口基本尺寸为 450 mm，公差为 +0.063/0；非传动端止口基本尺寸为 471 mm，公差为 +0.063/0，两止口同轴度为 0.05 mm 以内。机座的内腔主要是与定子铁芯配合，保证铁芯与内腔充分接触，否则影响热的传导，增大电机的温升，因此应保证机座内腔的基本尺寸和内腔同轴度。机座的止口主要是与端盖配合，两止口的同轴度主要保证定转子同轴，防止定转子气隙不均，引起电机的振动与噪声。

以上分析可以看出，主要尺寸及同轴度公差都控制在 0.063 mm 之内，为了保证这些尺寸，从以下几方面进行控制：1）机座铸造会残余铸造应力，因此应消除铸造应力。2）机座两端止口尺寸不能在同一装夹下进行加工，应考虑互为基准，保证机座止口的同轴度误差。3）机座内腔主要保证内腔的同轴度，之前出现过内腔加工后喇叭口形态，为了防止出现两端喇叭口形态，应采用相应的加工方法。4）考虑装夹力的大小，装夹的位置，装夹不当易引起机座变形。

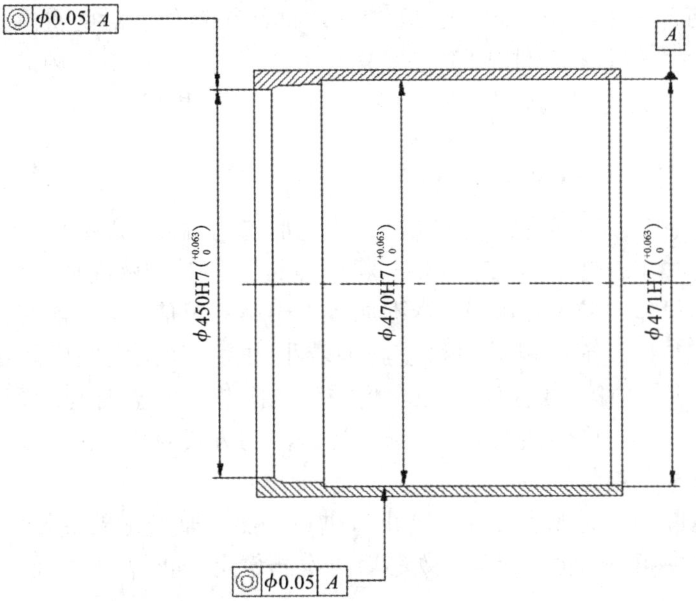

图1　机座示意图

3　机座变形控制验证方法

根据整体铸造式机座工艺性分析，确定机座制作工艺路线。考虑铸造应力，在机座铸造完成后应增加一次高温退火，考虑机械加工应力和止口同轴度要求较高，应按照机座内腔、止口都加工到位、后套定子铁芯和机座止口粗加工、机座内腔加工到位、热套定子铁芯、最后对机座止口进行精加工两种不同加工工艺路线进行验证，具体的工艺方案如下：

方案一：机座铸件→机座退火→机座内腔加工→尺寸测量→机座止口加工→止口尺寸测量→热套定子铁芯→止口尺寸测量

方案二：机座铸件→机座退火→机座高温退火→机座内腔加工→尺寸测量→机座止口粗加工→热套定子铁芯→机座止口精加工→止口尺寸测量。

4　机座变形控制验证方案的实施

4.1　试验设备

本验证过程需要用到的设备仪器有：高温电炉、复合加工中心、三坐标测量仪、内径千分尺等。

4.2 试验步骤

铸造两台机座编号为J01和J02，材质都是铸钢件。对两机座进行一次热处理退火后，对机座J01按照工艺方案一实施，主要验证机座内腔变形和机座止口变形。对机座J02按照工艺方案二实施，主要对机座止口尺寸进行测量及分析。

4.2.1 机座内腔尺寸验证过程

对机座J01按照工艺路线一实施，首先加工两端面，以端面为基准面对机座内腔进行加工，第一次是定位块与机座点接触并对机座施加一定的径向力，加工完后对机座内腔进行测量，数据如表1中第一组值；第二次是调整定位块使得定位块与机座面接触并对机座施加较小的力，加工完成后对机座进行测量，数据如表一中第二组值；第三次是在第二次装夹的基础上，设置刀具沿机座中心轴线带小角度斜线的方式，通过逐差法的方式对机座进行加工，测量数据如表一中第三组值。

机座内腔加工完成后，对机座止口进行加工，加工完成后测量止口尺寸，数据如表2中第一组值，套定子铁芯后再次测量定子止口尺寸，测量数据如表二中第二组值。

表1 机座内腔测量数据

不同状态 \ 不同位置		1	2	3	4
第一组	机座上部	469.33	469.15	469.17	469.25
	机座下部	469.20	469.22	469.18	469.21
第二组	机座上部	469.47	469.53	469.52	469.50
	机座下部	469.45	469.44	469.45	469.45
第三组	机座上部	469.85	469.85	469.84	469.84
	机座下部	469.82	469.81	469.82	469.82

注：①定位块与机座下部分接触；②对机座内腔测量按照米字型进行测量四处，并分内腔上部与下部分别测量。

表 2　机座止口测量数据

不同状态 \ 不同位置		1	2	3	4
第一组	传动端止口	450.029	450.031	450.030	450.031
	非传动端止口	471.056	471.058	471.059	471.058
第二组	传动端止口	449.938	449.942	449.941	449.942
	非传动端止口	471.133	471.135	471.131	471.132

4.2.2　机座止口尺寸验证过程

对机座 J02 按照工艺路线二实施，增加一次高温退火，进行加工，对止口粗加工预留一定的精加工余量，热套定子铁芯，对机座止口进行精加工到位，进行尺寸测量如表 3。

表 3　机座止口测量数据

不同位置	1	2	3	4
传动端止口	450.0437	450.0438	450.0436	450.0435
非传动端止口	471.0508	471.0510	471.0502	471.0504

5　机座内腔及止口数据分析

5.1　机座内腔数据分析

从表一数据可以看出，装夹定位不当影响机座的内腔精度，不仅影响机座内腔的圆度，而且影响内腔的圆柱度；对圆筒状机座加工时，应考虑定位块与工件之间的接触面积，应避免点接触；通过加工中心刀具轨迹轴向方向沿斜线加工，可以有效控制机座内腔加工喇叭口变形问题。

5.2　机座止口数据分析

从表二、表三数据可以看出，增加一次高温对火，可以有效消除铸件中的制造应力，避免机座加工完成后，制造应力的释放产生尺寸的变形；采用新的工艺路线，可以控制机座止口尺寸的变化，满足设计精度要求。

6　结论

通过对整体铸造式机座变形控制分析，寻找产生变形的原因，对关键因素采用合理的方法进行控制，并进行实验研究，可以得出：

（1）通过加工中心刀具轨迹轴向方向沿斜线加工，可以有效控制机座内腔加工喇叭口变形问题。

（2）通过高温退火可以有效解决铸造内应力问题，有效控制铸造内应力对机座关键尺寸的影响。

（3）通过对机座止口粗加工、套定子铁芯，再对机座止口精加工可以有效控制机座止口的尺寸精度，满足设计的基本要求。

——来源：《城市轨道交通研究》2013 年第 6 期

交流牵引电机机座止口加工工艺改进

王　虹

摘　要：对影响牵引电机机座止口圆圆度和相对同轴度不稳定的因素进行分析，提出改善方案并进行验证，提高机座加工 1 次合格率，实现机座止口加工工艺改进。

关键词：交流牵引电机；机座；止口加工

1　引言

某公司生产的 4400HP 配套内燃机车的交流牵引电机，其机座止口加工是机座加工的第 1 道工序；同时加工后的止口亦是后工序的定位基准。机座两端止口圆的圆度和相对同轴度都对整机装配有较大影响，止口加工质量的好坏直接决定了机座整体的加工质量。从公司近两年批量生产的数据来看，虽然通过内控工艺要求降低了返工率，但还是存在返工现象，考虑到经济成本，则需要对机座止口加工工艺进行改进，提高产品一次合格率。

2　原因分析

为确定引起机座止口圆圆度和相对同轴度不稳定的因素，分别从人、机、料、法、环方面分析。

(1) 操作者按照工艺要求找正工装或工件，并执行三检制，排除人员原因。

(2) 机座止口加工的设备采用双柱立式车床，其型号为 C5225，机床圆度精度值为 ϕ0.02 mm，端面平面度精度值为 0.03 mm，辅以工艺找正要求，现有机床精度能满足工艺要求；刀具则采用硬质合金刀 YT5 和 YT15，根据刀具性能分别用于半精车及精车工序；并对工装找正设置了工艺要求——定位止口相对工作台同轴度为 ϕ0.02 mm，工装端面相对工作台平行度为 0.02 mm，同时针对工装维护设置检查周期，定期对工装进行校核，以确保工装的状态满足工艺要求。

(3)机座是由非传动端压圈、传动端压圈及多块筋板组焊而成，进行退火处理(240℃保温8小时)。压圈毛坯从采购回厂首先入库检查，排除有铸造缺陷的毛坯件，再是压圈加工，然后压圈筋板组焊构成机座毛坯件，接着对机座毛坯热处理，最后时效处理——释放其在热处理过程中所产生的应力。按照此流程进行，可排除由材料因素引起工件变形。

(4)在机座止口加工过程中，通过添加切削液降低切削热，从而减小因切削热引起工件变形率；机座加工的工序均是在一般环境下进行，从经验值得出将止口尺寸大小控制在公差带中值，则可排除因外界环境引起工件变形，且产品尺寸符合图纸要求。

(5)如图1所示，须保证齿根距非传动端端面尺寸$109^{0}_{-0.35}$mm(图中圆点为尺寸基准标志)及机座总长尺寸724h9($^{0}_{-0.2}$)mm。因此采取立式装夹，加工顺序设为先加工非传动端，找正铁芯内孔及铁芯端板齿根部端面，辅以支撑压紧；然后机座翻面加工传动端，以工装定位，找正工装定位止口及端面，用塞尺检测机座与工装贴合面间隙，辅以压板压紧。由于压装时均是只压紧靠近工作台的部位，远离工作台部位处于自由状态，因而考虑此种压装方式是引起机座止口圆圆度和相对同轴度不稳定的因素。

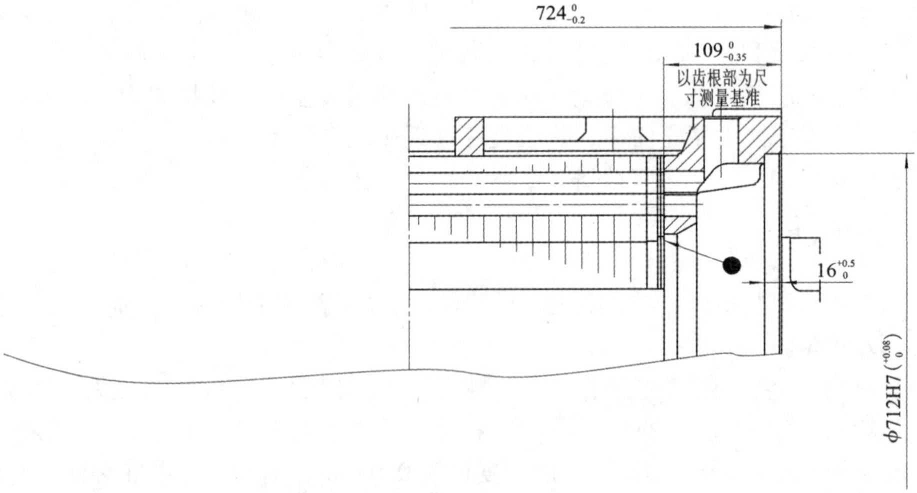

图1　机座尺寸简图

3 工艺改进

原有压装方式是：加工非传动端、传动端止口及端面过程中，均是压紧靠近工作台表面的一端，呈十字对角，远离工作台的一端未被固定，如图 2 所示。

图 2　原有压装方式

改进后的压装方式如图 3 所示。加工非传动端、传动端止口及端面过程中，靠近工作台表面的一端按照 A 线方向压紧机座对称的 2 点，在远离工作台的一端，用工装压紧压圈内腔，与靠近工作台表面的一端压紧点呈十字对角。

图 3　压装方案示意图

4 验证效果

为验证压装方式是引起止口圆圆度和相对同轴度不稳定的因素，分别对未改变压装方式的40台机座和改变压装方式的40台机座进行相应尺寸检测记录，以下分为3个方面进行说明。

4.1 非传动端、传动端止口尺寸对比

图4为压装方式改变前、后非传动端止口尺寸对比。图4可知，在加工完成本工序且经历多道后工序的情况下，更改压装方式后非传动端止口尺寸的变化均是呈减小的趋势。

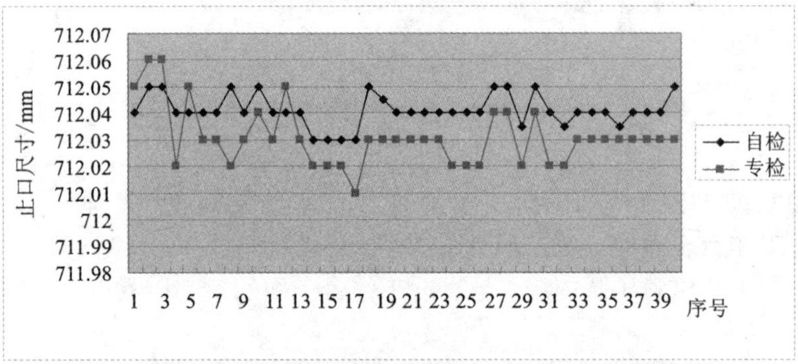

改变前非传动端止口尺寸对比

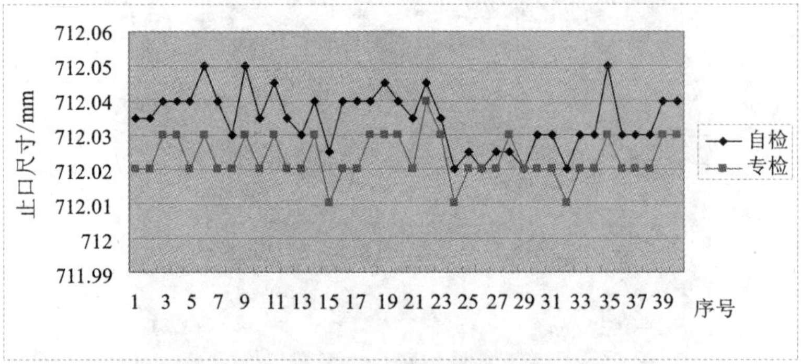

改变后非传动端止口尺寸对比

图4 压装方式改变前、后非传动端止口尺寸对比

图5为压装方式改变前、后传动端止口尺寸对比。由图5可知，在加工完成本工序且经历多道后工序的情况下，更改压装方式后传动端止口尺寸的变化几乎是呈减小的趋势，偶有跳动，存在测量误差情况；不难得出，更改压装方

式后，机座两端止口的尺寸在经历多道工序后测量，其尺寸变化减小 0.01 ~ 0.02 mm。

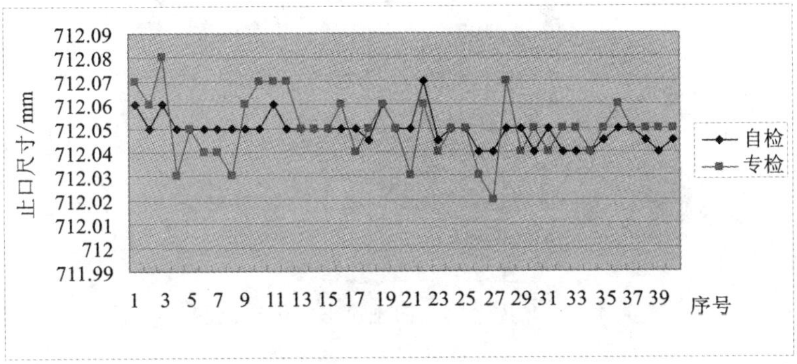

改变前传动端止口尺寸对比

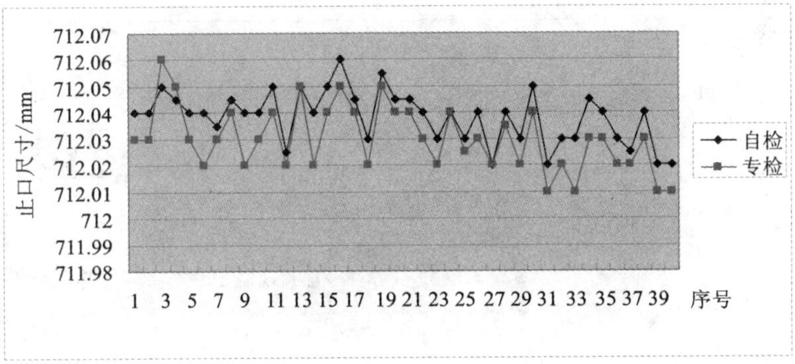

改变后传动端止口尺寸对比

图 5　压装方式改变前、后传动端止口尺寸对比

4.2　非传动端、传动端止口圆度偏差对比

图 6 为压装方式改变前、后非传动端止口圆度偏差值对比。通过对图 6 中数据处理分析，得出更改压装方式前非传动端止口圆度偏差均值为 0.047 mm，更改压装方式后非传动端止口圆度偏差均值为 0.032 mm，对比可得，更改压装方式后非传动端止口圆度偏差均值减小了 0.15 mm。

图 7 为压装方式改变前、后传动端止口圆度偏差值对比。通过对图 7 中数据进行处理分析得出更改压装方式前传动端止口圆度偏差均值为 0.053 mm，更改压装方式后传动端止口圆度偏差均值为 0.037 mm，对比可得，更改压装方式后传动端止口圆度偏差均值减小了 0.16 mm。

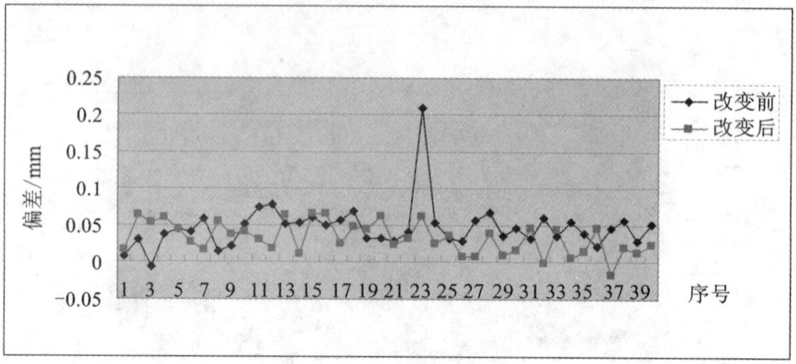

图 6　非传动端止口圆度偏差值对比图

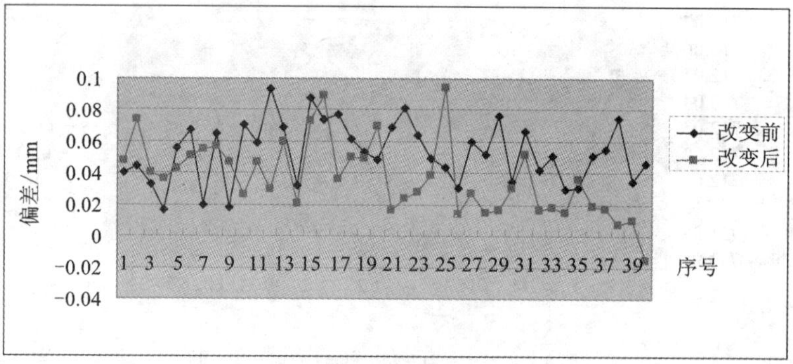

图 7　传动端止口圆度偏差值对比图

4.3　非传动端及传动端止口相对同心度偏差对比

图 8 为压装方式改变前、后非传动端及传动端止口相对同心度偏差值对比。通过对图 8 分析得出，更改压装方式后非传动端及传动端止口相对同心度偏差均值没变，均为 0.045 mm，但更改压装方式后非传动端及传动端相对同心度偏差的分布离散程度减小，因此，更改压装方式后非传动端及传动端相对同心度偏差值的波动趋势降低了。

5　结束语

针对样本数量相同的机座进行不同压装方式的试验，得出相对应的机座止口尺寸及形位偏差数据，通过后期数据处理及分析，可知改变压装方式后：机

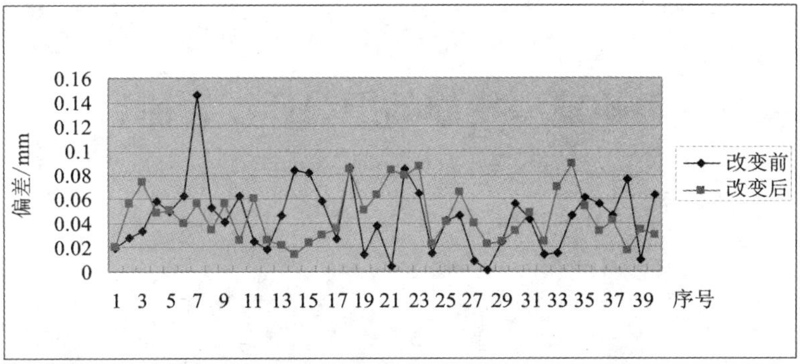

图 8　非传动端及传动端止口相对同心度偏差值对比图

座两端止口尺寸变化趋势稳定；非传动端及传动端止口圆度偏差值降为 0.03 ~ 0.04 mm；两端止口相对同心度的波动趋势降低。无论是机座止口尺寸还是形位偏差均按一定规律变化，既确保后工序加工及装配的可靠性，又降低了人力及物力的浪费。

——来源：《机车车辆工艺》2017 年第 2 期

中型风力发电机成型线圈新型热压工艺研究

熊　剑　冉继强

摘　要：描述了中型电机成型线圈热压工艺的必要性及优势，阐述了线圈热压工艺流程演变过程和不同类型线圈热压工艺的最优选取方式。通过一种新型热压成型工艺，从工艺方法上改变以往落后的热压成型技术，提升产品的工艺性和可靠性。通过推算热压机压力大小，以及有限元分析在稳态热和静应力共同作用下直线边形变分布情况，了解热压机部分参数对线圈受力面尺寸的影响，为热压工艺参数的选取提供参考依据。

关键词：中型电机；线圈；新型热压工艺；热固化胶；线圈受力面

Research on the hot-pressing technique for formed coil of medium-sized wind turbines

Xiong Jian　Ran Jiqiang

Abstarct: This paper describes necessity and advantages of the hot-pressing technique for formed coil of the medium-sized motors. The course of hot-pressing technique and the optimal selection of different types of hot-pressing technology are expounded. The outdated hot-pressing process is changed radically by a new technology of hot-pressing, which can raise product manufacturability and responsibility. According to the data of hot-pressing force and finite element analysis of deformation distribution of linear edges under the combined action of steady thermal and static stress to understand the influence of some parameters of hot press on the surface of the coils. It provides a reference for the selection of hot pressing process parameters.

Key words: the medium-sized motor; coil; new technology of hot-pressing; thermosetting colloid; force surface of coil.

1 引言

随着经济的快速发展，全球能源危机及环保问题日益凸显。清洁高效的风力，尤其是中型风力发电机领域，为覆盖小型机组和大型机组的市场需求空白而出现，其应用及技术发展直接源于市场需求的发展。其中中型风力发电机成型线圈热压工艺在电机制造中是最重要的一道工序。热压工艺的重点在于通过胶的固化，使多匝线圈形成一个整体，提高直线度，避免匝间错位，有效控制线圈截面尺寸，降低嵌线难度。

线圈热压过程中的固化胶来自原材料本身自带胶体或制作过程中外加固化胶。成型线圈热压过程中胶体来源方式的选择，决定了成型线圈热压工艺的发展方向。若设计时选用含胶量较高的多胶云母带，绝缘厚度相同情况下，绝缘强度必然比选用少胶云母带低，不利于减薄绝缘厚度。云母带的胶粘剂含量低，绝缘经过 VPI(真空压力浸漆)处理后，浸渍树脂能充分渗透，气隙少，绝缘层的导热性得到提高。而传统热压工艺若选用少胶云母带，在热压时必须涂刷浸渍漆作为固化介质，工艺过程烦琐，作业环境也会受到污染。因此一种既能选用少胶云母带作为主体绝缘，并在热压时无须涂刷固化介质的热压方式是突破传统热压方式工艺难点的关键点。本文介绍的新型热压工艺将对传统热压工艺的难点进行改善。

2 线圈热压工艺概述

中型电机线圈一般由单根或双根电磁线(铜材外表面熔覆一层聚酰亚胺薄膜，再绕包一层聚四氟乙烯薄膜少胶云母带)绕制而成，再经过包保护带、引线头去绝缘、涨型工序使线圈成型为设计图样要求。将线圈放置在线圈热压机进行热成型。通过线圈热压机对线圈直线段部位加压加温，使线圈预先预置的热固化绝缘胶软化并均匀覆盖线圈各匝间层，通过一段时间的保温保压，热固化绝缘胶冷却固化后，线圈直线段各匝间层将粘接固化成一个整体，直线度高，在后期转运及嵌线使用过程中不会出现匝间错位现象，线圈截面尺寸较非热压线圈优势明显。图 1 所示为热压成型的成品线圈，直线度高且一体性好，后期转运及下线过程不易变形。

图1　热压成型的成品线圈

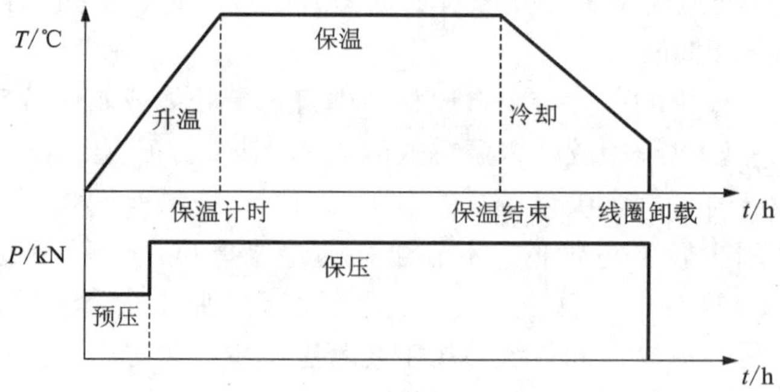

图2　热压成型工艺曲线

线圈热压参数的选取主要遵循以下三点：

1）压时线圈承受的压力大小取决于线圈的直线段受力面尺寸大小。

2）热压温度对B级绝缘而言以160～170℃为益，对F级以上绝缘以180～190℃为益。

3）保温时间一般控制在30 min以上，视线截面尺寸和绝缘厚度而定。

3　线圈热压工艺演变过程

3.1　传统线圈热压工艺一

传统线圈热压工艺一流程见图3，在热压成型前，对线圈直线段进行主体绝缘层包扎，为达到排胶固化的效果，该绝缘层一般为多胶云母带，然后再进行热压成型，最后进行外包玻璃丝带或聚酯热收缩带保护层。

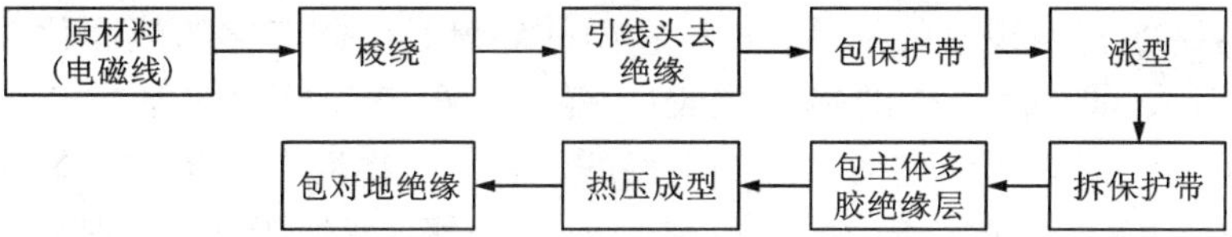

图 3　传统线圈热压工艺流程一

优点：

1）无须进行多次白布带的拆除与包扎。

2）无须涂刷热固化胶。

缺点：

1）主体绝缘层为多胶云母带，相同绝缘强度其绝缘层厚度较少胶云母带更大，限制了风力发电机设计容量和耐压等级的提升。

3.2　传统线圈热压工艺二

线圈传统热压工艺流程二见图 4，为使热固化胶更好地渗透进线圈各匝间，需对涨型后的线圈拆除保护带（一般为斜纹白布带）涂刷热固化胶（常用浸渍漆），并再次对线圈包保护带（避免热压过程损伤线圈）后，再进行线圈热压成型。

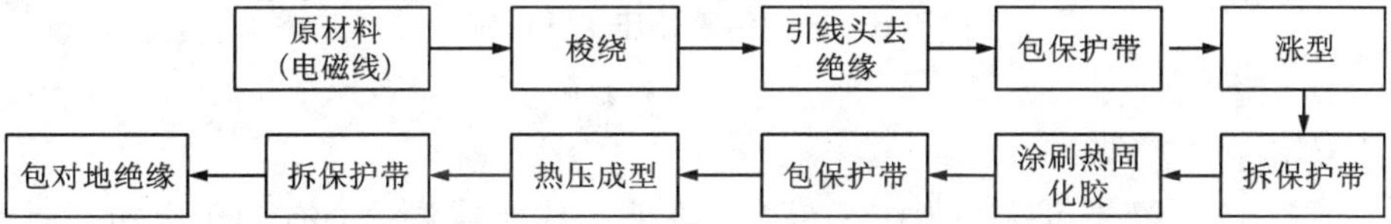

图 4　传统线圈热压工艺流程二

优点：

1）主体绝缘层可选用少胶云母带，有利于风力发电机设计容量的提升。

缺点：

1）传统线圈热压工艺由于需在涨型后拆除保护带，待涂刷热固化胶后再次进行保护带包扎，线圈制作期间需经过两次保护带的拆、包过程，工艺性差，浪费大量的人力物力。

2）涂刷的热固化胶一般为黏稠的液态胶，热固化胶在涂刷过程中和涂刷后包保护带时会随重力流淌，易对工作区台位及地面造成污染，并使进行包保护带包扎的作业人员的手部造成污染，不便于其操作。

3.3 新型线圈热压工艺

随着绝缘材料技术的发展，一种新型的环氧类半固态化的热固化胶具有良好的工艺性，即半固态化的热固化胶(冷态)—液态(加热)—固态(冷却)。将该技术运用到需热压成型的线圈的电磁线制作上，将液态固化胶均匀涂刷在电磁线本体聚四氟乙烯薄膜少胶云母带的薄膜层外，通过150℃保温保压，胶体将以半固态形式在电磁线的少胶云母带薄膜层均匀覆盖。选用上述经半固态化胶体处理过的电磁线，在线圈热压时，无须涂刷固化胶。由于半固化胶在线圈电磁线表层覆盖均匀，热压胶化时，线圈各匝间无胶体空隙，粘接牢靠。

新型线圈热压工艺流程如图5所示，使用电磁线本体绝缘层附着有半固化胶的电磁线，经过梭绕、引线头去绝缘、包保护带、涨型，然后可直接进行热压成型，再包对地绝缘。

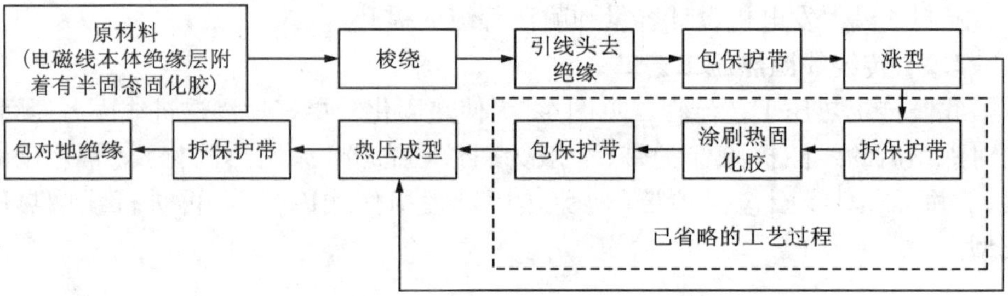

图5 新型线圈热压工艺流程

优点：

1)主体绝缘层可选用少胶云母带，降低主体绝缘厚度，有利于电机设计容量和耐压等级提升。

2)半固化胶在电磁线本体绝缘层均匀附着，固化时各匝之间胶体粘接均匀牢固。

3)由于在电磁线本体绝缘层预附着有热固化胶，无须在涨型后对线圈进行热固化胶涂刷，提高了作业现场的洁净度，避免涂刷热固化胶带来的污染；

4)无须再涨型后再次进行拆保护带、涂刷热固化胶、包保护带，简化了工艺流程，缩短了工艺周期，降低了劳动强度。

图6为新型线圈热压工艺现场图示，热压装备台面干净无涂刷固化胶带来的污染。图7为热压成型后，待拆白布带进行对地绝缘包扎的半成品线圈，白布带白皙无污染，作业环境得到有效改善。

图 6　线圈热压作业现场

图 7　热压后的半成品线圈

3.4　并绕线圈新型热压工艺

当线圈电磁线宽厚比(电磁线截面长边与短边的比值)较大时，线圈直线段与斜线段过渡的四个拐角在成型时，圆弧内侧增厚鼓包现象将不可避免，线圈成型难度大。常将线圈改为双根并绕形式，以解决这一工艺难题。但线圈窄边接触面积小，除去电磁线的圆角接触面进一步减小，光靠电磁线本体绝缘层附着的半固化胶很难使线圈并绕层间粘接在一起，须在并绕层间增加胶量，保证其粘接固化效果。通过半固化胶片的使用能解决该工艺难题。

并绕线圈新型热压整体工艺流程与前文中的非并绕线圈基本一致，如图 8 所示。唯一的区别在于，为增加并绕层间的胶量，在线圈梭绕成型时，须往线圈直线段并绕层间放入一片热固化胶片，如图 9 所示，胶片被两列并绕层完全夹持住。在热压后胶片软化后将在并绕层间进行充分的填充，保证线圈的一体性。

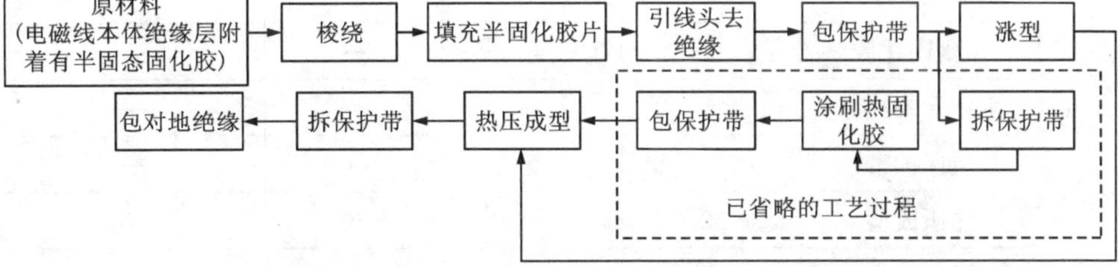

图 8　新型线圈热压工艺流程

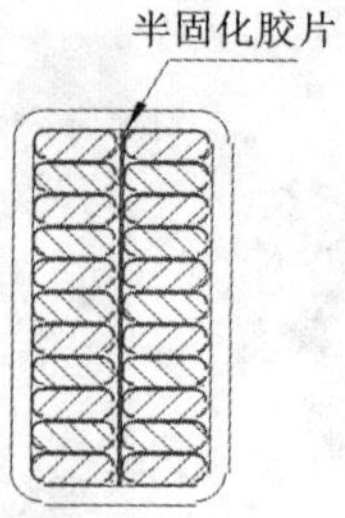

图9　半固化胶片装配位置示意图

优点：

1）并绕层填充饱满，粘接牢固。

2）前文所述所有优势。

3.5　线圈热压工艺对比分析

以我公司现有 3WF651 型 2.5MW 线圈制作过程为例，以单支线圈制作工艺用时做对比，表 1 为工艺过程及时间对照表，表 2 为四种工艺方法的工艺性优劣对比。

表1　3WF651 型 2.5MW 线圈制作过程工艺用时对照表

工艺方法		传统热压工艺一	传统热压工艺二	新型线圈热压工艺	并绕线圈新型热压工艺
各工序用时/min	梭绕	1.5	1.5	1.5	2（添加半固化胶片）
	引线头去绝缘	1	1	1	1
	包保护带	5	5	5	5
	涨型	1	1	1	1
	拆保护带	4	4	—	—
	涂刷固化胶	—	3	—	—
	包主体多胶绝缘层	5	—	—	—
	包保护带	—	5	—	—
	热压成型	30	30	30	30
	拆保护带	4	4	4	4
	包对地绝缘	10	15	15	15
总工艺用时/min		61.5	69.5	57.5	58

表 2　工艺性对比

工艺方法 工艺性改善	传统热压 工艺一	传统热压 工艺二	新型线圈 热压工艺	并绕线圈新型 热压工艺
工艺时间/min	61.5	69.5	57.5	58
是否有助于提高电机设计容量和耐压等级	△	▲	▲	▲
是否有助于改善作业环境	▲	△	▲	▲
胶体是否覆盖均匀、粘接牢固	△	△	▲	▲

注：▲表示有利于提高该项性能，△表示不利于提高该项性能

通过上述几种类型线圈热压工艺对比不难看出，新型成型线圈热压工艺优势明显：①在线圈制作工艺用时上，较传统热压工艺用时减少了 20% 左右；②在电机设计选型时可使用少胶云母带，相同绝缘厚度较其耐压等级更高，有利于提升电机设计容量和耐压等级；③无须涂刷固化胶，有利于作业环境的改善；④新型成型线圈热压工艺半固化胶均匀附着在电磁线本体绝缘层，固化时各匝之间胶体均匀粘接均匀牢固。因此该新型热压工艺是目前成型线圈热压工艺的最优方案。同时在并绕层间放置热固化胶片，又解决了并绕的线圈热压固化成型时，并绕层固化不良的技术难点。

3.6　热压压力选取及有限元简要分析

根据线圈直线边热压工艺要求，受与水平方向成 α(45°) 角度向下的力 F 作用下发生挤压形变，热压时受力情况见图 10 所示。通过铜材的最小屈服点，推算热压机对应的施加的最大压力。

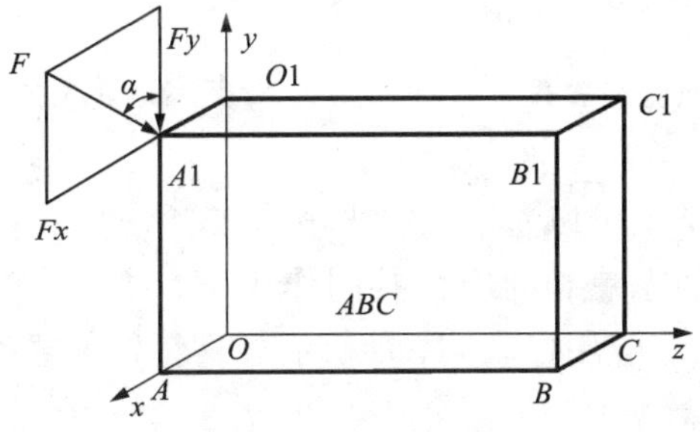

图 10　受力分析图

$$\sigma = \frac{F_A}{A} = \frac{F \times g \times \frac{\sqrt{2}}{2}}{\min\{(AB \times AA_1), (A1B1 \times A101)\}} \Rightarrow$$

$$F_a \leqslant \frac{\sqrt{2}\sigma_{\min} \times \min\{(AB \times AA_1), (A1B1 \times A101)\}}{g}$$

式中：σ—铜材的屈服强度 70～90 MPa，因此在计算最大压力时选取最小值 70 MPa 进行计算。

A—线圈受力面面积，单位 mm^2。

F_A—对应面 A 施加的压力，单位 kN；

F—热压机施加的压力，单位 kN，作用于面 $ABB1A1$ 和面 $A1B1C1O1$，与水平方向成 a。

以公司现有制作的 3WF651 定子线圈为例，选取压力 $F = 29.4$ kN、180℃热稳态工况，建立热稳态和静力学分析模型，选取直线边为分析对象。按图 10 所示的受力示意图施加载荷。下图为分析结果，其中图 11 为整个直线边施加 180℃热稳态载荷；图 12 为 $ABCD$、$DCC1O1$ 面施加固定约束，在 $ABB1A1$、$A1B1C1O1$ 面施加静力载荷；图 13 为在力－热条件下 y 方向变形云图。

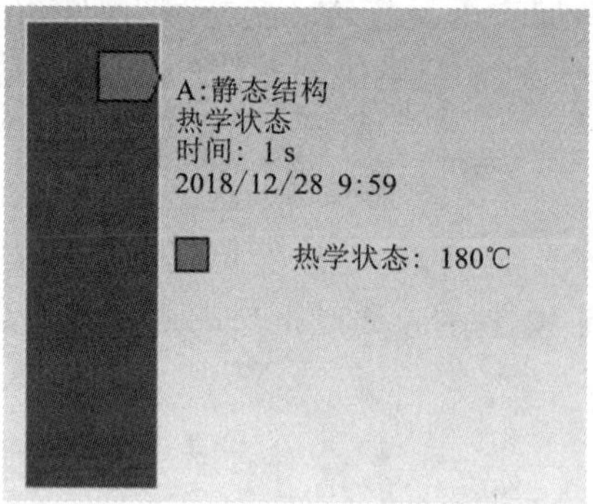

图 11　180℃热稳态加载

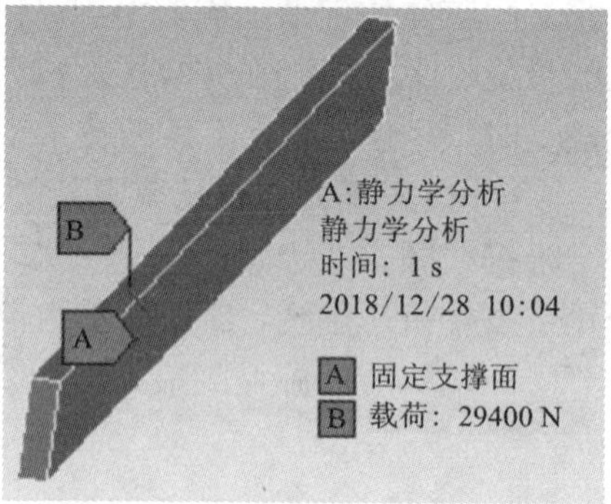

图 12　稳态热和静应力加载模型

从图 13 的形变结果可以看出，在热稳态和静力学作用下，y 方向最大变形值为 0.048 mm。在稳态热和静应力共同作用下，线圈直线边沿受力方向变形量很小。实际热压工艺应用也表明，能够有效保证线圈直线边的直线度及线圈截面尺寸要求。

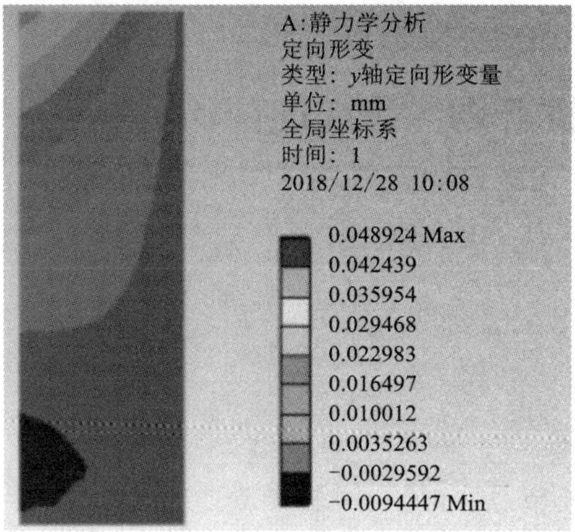

图 13　y 方向变形

4　结论

目前我公司已将新型线圈热压工艺运用于多款直驱永磁风力发电机线圈制作中，在实际运用中得到有效验证，该方法胶体均匀、固化粘接牢固，工艺性较传统热压工艺更简便，效率更高。降低主体绝缘厚度，有利于电机设计容量和耐压等级提升，是现阶段最高效、最可靠的工艺方法。

——来源：《电机与控制应用》2019 年 2 月

电机转轴内锥孔轴向窜动的原因分析

杜　婕

摘　要：电机转轴内锥孔作为电机传动介质，其质量的好坏直接影响到整机的运转情况。本文主要对电机转轴在普通内圆磨床上精磨内锥孔加工过程中转轴出现无规则轴向窜动的原因进行分析与改进。通过分析转轴的加工工艺、采用排除法逐步查找各工序造成转轴轴向窜动的原因，并通过对转轴进行工艺优化及改变内圆磨床装夹转轴的方式，最终解决了内圆磨床精磨转轴内锥孔的轴向窜动问题。

关键词：内圆磨床；轴向窜动；工艺优化

1　引言

转轴是电机旋转运动的关键零部件，在运行过程中将承受转子重力、电磁拉力和扭矩等作用，对均匀承载、强度、精度等方面要求极高。因此，转轴内锥孔质量的好坏将直接影响转轴的强度、使用寿命及行车的质量安全，某型转轴在精磨内锥孔工序时，因工序遗留等问题产生的无规律轴向窜动的现象，直接影响了转轴的正常加工，为此，如何解决该型电机转轴精磨内锥孔工序轴向窜动的问题以保证该产品的质量是必须攻克的关键点。

2　转轴加工工艺分析

该转轴按照工艺要求，分为精车外圆—粗磨外圆—钻锥度底孔—粗车内孔—钻油孔—攻丝—精车内锥孔—精磨内锥孔—精检内锥孔—压工艺芯轴—精磨外圆—精检外圆—退工艺芯轴—无损检测—终端检查等工序，如图 1 所示。然而在精磨内锥孔工序时，平均每加工 16 根转轴就有 1 ~2 根发生轴向窜动的现象，且窜动量毫无规律，导致内锥孔在正常磨削时产生极大的隐患，如不及时解决，将造成该型电机转轴生产动态滞留无法正常交出，给生产带来严重影响。

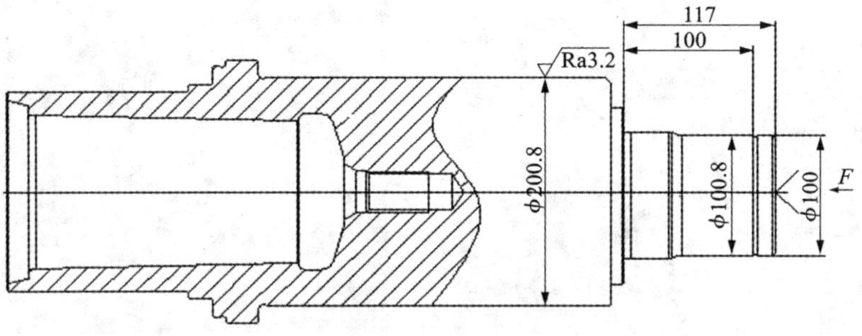

图 1　某电机联轴加工图(单位：mm)

3　现场分析与试验

针对该道精磨内锥孔工序中，由于该设备在加工其他类似转轴时，并未出现该现象，故暂且排除设备、人员的因素。按照原工艺要求，在进行试磨前，对转轴进行清理，然后将转轴平稳吊装在三爪卡盘内，为了保证不刮伤转轴外圆装夹表面及找正转轴中心，在卡爪内放入 0.2 mm 厚的铜片进行微调，待转轴放入后，夹持 ϕ100.5 ±0.05 mm 外圆，然后用中心架抱住转轴轴身，待校正完中心后，试磨内锥孔，经多次试验后发现，南非转轴偶发性的轴向窜动的原因主要有：

(1)精磨内锥孔工序，中心架在装夹转轴、支撑转轴做旋转运动时，转轴与中心架尼龙棒接触的外圆表面粗糙度不合格引起的轴向窜动现象。①粗磨时砂轮磨损导致同一砂轮宽内有 0.01 mm 锥度，及磨损后砂轮未能及时修整，导致转轴与中心架尼龙棒接触的外圆表面粗糙度下降。②在粗磨外圆后，由于后工序都需用该外圆表面进行装夹定位，以至于该外圆表面在高速旋转后产生机械磨损，同时，由于此时转轴没有中心孔，造成返工困难。待该类转轴流入精磨内锥孔工序后，在精磨内锥孔时，中心架上的尼龙棒与磨损后的转轴外圆摩擦后磨损，导致尼龙棒表面不平整，产生转轴无规律轴向窜动的现象。如图 2、图 3 所示。

(2)精车外圆工序中，刀具磨损后造成无须粗磨的转轴外圆余量过大，在精磨内锥孔工序时，卡爪会同时装夹该两处位置相邻、尺寸相近的外圆，造成重复定位。在精车外圆时，由于产品硬度不一，导致刀具在加工过程中会出现无规律的磨损，磨损后，刀具未能按照编程尺寸去掉多余的余量，保证图纸尺寸

图 2　尼龙棒磨损

图 3　中心架装夹转轴

至 $\phi100\pm0.05$ mm，反而使余量增加，据统计部分转轴的外圆，车削后的尺寸比正常尺寸大 0.3～0.45 mm 不等。使图纸上两相邻尺寸外圆只相差 0.25～0.4 mm 不等，如图 4 所示。按照工艺安排，该 $\phi100$ mm 外圆无须粗磨，故后工序很难及时发现该问题，待转轴流入精磨内锥孔工序时，内圆磨床三爪卡盘装夹转轴 $\phi100.5\pm0.05$ mm 外圆时，卡爪及卡爪内 0.2 mm 厚的铜片会同时夹住 $\phi100$ mm 外圆，造成重复定位，从而产生转轴窜动的现象，如图 5 所示：

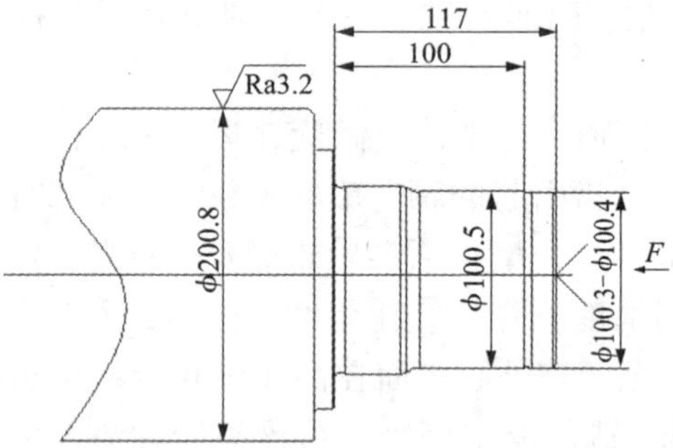

图 4　刀具磨损产生的偏差（单位：mm）

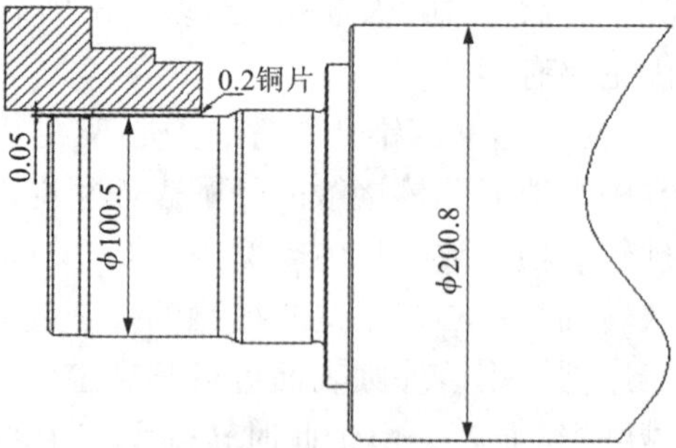

图 5　联轴牵动产生的偏差（单位：mm）

4　确定轴向窜动的解决方法

为了避免这两种现象的发生，在不影响安全与质量的前提下，确定解决方法：

1）粗磨后保证转轴表面粗糙度

在粗磨工序磨削时，及时修整砂轮，保证同一砂轮宽内不超过0.005 mm锥度，确保转轴表面粗糙度满足图纸要求。同时，对于粗磨轴身后、精磨内锥孔前轴身上有磨损的转轴，可以视情况先在内圆磨床上进行试磨，留量后，通过借助工艺芯轴对其外圆进行修磨。

2）在精磨内锥孔工序中，改变转轴的装夹位置

在精磨内锥孔装夹时，将原本卡爪夹持 ϕ100.5 mm外圆改为装夹 ϕ100 mm，并利用等高铁，在装夹时将转轴有意地往尾座端偏移，保证卡爪在夹紧时，定位安全牢靠；为了保证安全文明生产和及时监测转轴有无轴向窜动，在中心架抱住转轴后，用百分表架在中心架处外圆端面（如图6所示），以便随时检查和监测转轴在加工过程中有无窜动情况。

图6　用百分表架在中心架处外圆端面图

3）进行精车、粗磨工艺优化

为了彻底解决精车刀具磨损给后工序带来的各种问题，将 ϕ100.8 mm处外圆直接精车到 ϕ100.5 mm，不再进行粗磨工步。同时将原本不需要粗磨的 ϕ100 mm尺寸精车至 ϕ100.3 mm，留有0.3 mm的粗磨余量，精车后，直接粗磨 ϕ100.3 mm外圆至 ϕ100 mm。

5　工艺验证前后对比

经过实际验证和统计：改进前，平均每加工16根转轴就有1～2根有此现象的产生，为此，不得不通过二次返工来保证产品质量，这样，不但增加了单根转轴的制造成本，同时导致了产品因无法在第一时间达到交出状态而滞留现场，由此严重影响了5 s现场管理的正常运行。改进后，按照该方法进行实际验证，不但解决了转轴精磨内锥孔工序的轴向窜动问题，而且彻底解决了上工

序因刀具磨损等各类问题，再次影响到后工序的加工，100%保证了产品质量。

6 结束语

本文通过分析转轴的加工工艺、采用排除法逐步查找各工序造成转轴轴向窜动的原因，最后通过对转轴进行工艺优化及改变内圆磨床转轴的装夹方式，最终解决了内圆磨床精磨某电机转轴内锥孔的轴向窜动问题。此方法自实施以后，不但解决了实际磨削中转轴无规律轴向窜动的难题，有效地节约了加工成本，而且保证了该型电机转轴的使用寿命及组装后行车的质量安全。

——来源：《中国铁路装备》2018 年第 5 期

高速动车组电动机传动端端盖精车大端工艺优化

周 耀 邵瑞闽 张朝望 郑继红

摘 要：本文主要介绍了某型高速动车组牵引电机传动端端盖精车大端工序在数控车床上的加工过程。细致深入地分析了相关尺寸精度与形位公差超差产生的原因。利用精密立式车床高精度的特性，通过优化工艺安排、改进装夹方式，最终以合理的加工方法来保障产品加工的质量和效率。

关键词：传动端端盖；变形；尺寸控制；加工方法

引言

随着人们生活水平的提高，生活节奏的加快以及观念的更新，高速动车组以其舒适、快捷、安全的性能，越来越受到人们的青睐，成为大家出行交通工具的首选。而作为高速动车组动力的核心部件，牵引电机的质量则成为机车运行稳定性、可靠性、安全性的重要保证之一。传动端端盖是某型高速动车组牵引电机上的重要零部件之一，其质量的好坏，影响到端盖与轴承的配合精度和转子定位的准确性，从而影响到整台电机的正常工作。

一、传动端端盖图样

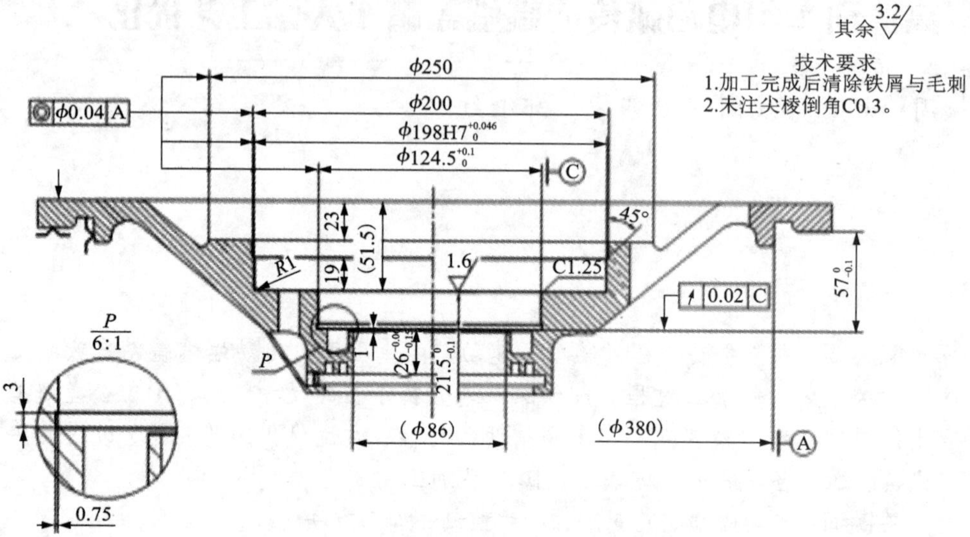

图1　传动端端盖工序图(单位：mm)

二、原工艺说明及缺陷分析

表1　原工序流程

序号	工序名称	序号	工序名称
1	划线	7	精车大端
2	焊堵块	8	磨轴承室
3	铣储油槽	9	钻孔
4	钻斜油孔	10	精整、攻丝
5	焊盖板、焊油管	11	清洗
6	精车小端		

1. 原精车工序的工艺说明及加工结果

首先需要说明的是：精车削部分(工序6、7)的加工设备为数控立式车床，装夹方式采用自定心液压三爪卡盘。具体装夹与定位基准为：

a. 工序 6 用三爪卡盘夹持工件最大外圆，以大端面定位对小端各尺寸进行加工至尺寸要求。

b. 工序 7 以工序 6 已加工的止口外圆 $\phi380$ mm 用三爪卡盘夹持，以止口端面与等高铁靠平定位。大端各尺寸中，除轴承室留 0.5 mm 精磨余量精车至 $\phi124$ mm 外，其余加工至尺寸要求。

按表 1 的工序安排对“精车小端”与“精车大端”工序加工后，经过对各尺寸的自检，发现产品出现以下几个方面的问题：

1）小端止口 $\phi380$ 尺寸超差。此处设计图纸要求为 $\phi380$ +0.078 +0.021，经实测后发现止口呈不规则椭圆状，最大处为 $\phi380.15$ mm，最小处为 $\phi379.96$ mm，最大差值为 0.19 mm，远远超出了设计的公差范围。

2）止口端面平面度超差，用百分表对止口面在平台上检测，平面度差值达到 0.05 ~0.3 mm。

3）图纸上要求轴承室底面至止口面 L570 –0.1 尺寸精度及形位公差均超差，经实际测量，L570 –0.1 实测尺寸为 57.26 mm；同时，小端止口 $\phi380$ 与轴承室同轴度图纸要求为 0.04 mm，实测值为 0.06 ~0.09 mm，超差近两倍。

2. 缺陷分析

针对以上问题的出现，经细致深入地分析，总结原因如下。

1）装夹方面

（1）由于该产品外形呈伞状，中间镂空，当使用传统的三爪自动定心卡盘装夹，在夹持过程中由于受径向夹持力的作用导致产品产生变形。当工件在加工完成后卸下时，径向夹持力被释放，变形恢复，此时，加工好的尺寸及形位公差都会产生很大的影响。受此影响，小端止口 380 mm 尺寸在工件被卸下时，尺寸自然产生变形，加之各筋板宽窄不一，所以会呈现不规则的椭圆状。

（2）由于夹持变形将直接导致被加工好的止口端面平面度超差，继而造成了以此平面作为精车大端工序的定位基准产生误差。因此，零件图上所要求的各项形位公差均得不到有效保障，造成止口端面平面度随之超差；

2）人为因素

L570 –0.1 mm 尺寸，是工序 6 加工的止口面到工序 7 加工的轴承室底面之间的距离，需要两道工序共同保证，同时，L57 mm 不能直接测量，需要通过测量其他尺寸来间接确定其尺寸的大小。受到个人测量方法与手感等差异影响，导致该位置的尺寸精度难以得到稳定保证。

三、改进及说明

1. 工艺的改进

改进措施：为了解决以上问题，经与相关工艺人员共同讨论研究后，决定将原有工序进行优化，重新制定工艺路线（如表2）。同时，为避免因装夹导致的形位公差超差，特定制了专用模具，以改变工件的装夹方式。

表2　改进后的工艺路线

序号	工序名称	序号	工序名称
1	划线	8	精车小端
2	焊堵块	9	精车大端
3	铣储油槽	10	钻孔
4	钻斜油孔	11	精整、攻丝
5	焊盖板	12	磨轴承室
6	精车大端工艺面、孔	13	精车双止口
7	焊油管	14	清洗

工艺改进说明：

a. 增加“精车大端工艺面、孔”工序，对焊接盖板与油管工序进行拆分，将焊油管调整至此工序之后。同时，对原精车小端的加工内容进行改变。具体为：将此大端端面精车平整以及内孔 ϕ198 mm 位置放量车至 ϕ196 mm，作为后续精加工小端时与专用模具的定位工艺孔和面。如此一来，就可避免因焊接盖板面积较大，产生热量较多，产品因热变形致使毛坯已加工的大端端面产生扭曲而致使大端面平面度严重超差的现象。

b. 精车小端工序时，工件以上工序已加工好的大端工艺孔、面定位，装夹在专用模具上。对止口 ϕ380 mm 处预留 2 mm 加工至 ϕ382 mm，进行半精车，精度公差值控制不变。内孔预留 1 mm 加工至 ϕ85 mm，其他尺寸按图纸加工。之所以不将上述尺寸加工到位，主要是为了保证该尺寸与轴承室的同轴度得到稳定保证。所以对于 ϕ380 +0. 078　+0. 021 mm 的精加工就安排在后工序“精车双止口”来完成。

c. 精车大端时，以“精车小端”工序半精加工的 ϕ380 mm 止口以及止口端面作为定位基准，利用专用模具装夹后，对各尺寸加工至图纸要求。这样做的好处是为了满足“互为基准”的精基准选择原则。

d. 增加精车双止口工序，在磨削轴承室工序完成后，仍以大端端面为工艺基准并利用原精车小端模具进行装夹，并以精磨好的轴承室作为基准，用百分表校正后将 ϕ380 +0.078 +0.021 mm 加工至尺寸。

2. 装夹方式的改进

因之前采用的是三爪卡盘来装夹，由于工件结构单薄，会产生较大的径向变形，进而影响到已加工的尺寸精度，而如果选用模具并采取轴向装夹的夹紧方式，则能有效避免该问题的产生。故工艺改进后选择以模具定位并采取轴向夹紧的方式来装夹。同时为保证模具自身的定位精度，模具的精加工必须在加工本工序的数控立车上完成。

具体改进措施说明：

a. 先定制模具(图 2)，模具三爪端端面应进行磨削，保证三个爪面在同一平面上，这样做的好处是，重复吊装模具时，仍能保证模具端面与三爪卡盘平面平行，不需再次加工模具端面，同时，模具内孔加工至 ϕ381 +0.20 mm，留 1 mm 余量最终在数控立车上加工。

图 2　定制模具

b. 车削模具。将模具放置在数控立车自定心液压卡盘的平面上稍微紧固后，通过手动打表将其校正在 0.02 mm 之内，然后利用三爪卡盘上已有的 T 形槽，采用螺杆夹紧模具后，再精车模具端面与内孔(模具的装夹方式见图 3)，端面车平即可，再加工模具内孔面至尺寸 ϕ3820.1 +0.08。因为唯有如此，才能可靠保证模具端面

图 3　模具的装夹方式

与数控车床主轴中心线垂直、与卡盘平面平行，并同时保证模具内孔中心线与主轴中心绝对重合。

c. 装夹工件。为了消除工件在模具上的定位误差，我们以模具端面及内孔面作为定位基准，通过已加工的双止口 $\phi382+0.20$ mm 及台阶面来定位，进行工件的装夹(图4)，如此一来，图纸设计基准 $\phi380+0.20$ mm 与模具的定位基准一致，符合基准重合的原则。可消除基准不重合误差，有利于保证加工精度。

3. 人为因素的控制

工件的尺寸控制受到较多人为因素的影响，为了避免该因素的产生，以便更好地控制关键尺寸，应主要从以下几方面做出改进：

图4　工件的装夹

编程原点的确定：

编程时，对于工件零点的选择，该工序不宜以工件端面中心作为编程原点，而是要采用止口面中心为工件编程原点，这样做的好处是：

①编制加工程序所用数值即为图纸上的尺寸数值，避免复杂的尺寸换算让人发生混淆。

②校对工件坐标系偏置数值时，操作更简单、直接。

四、总结

通过上述的工艺改进与实施，前期存在的因变形导致的尺寸精度与位置精度超差的现象得到有效解决，特别是对工件在加工过程中的装夹定位进行了有效控制，从而使关键尺寸符合技术要求。同时，经过小批量的生产验证，产品能够完全满足工艺要求，为后续的批量加工铺平了道路。

五、结束语

笔者在工艺改善的过程中，得到了许多专家、老师及同事的指教与帮助，自己也从中获益匪浅，学到了许多实用的技能和新知识，拓宽了工作中的思路，也更加明白了“学无止境”这一浅显却深刻的哲理。在今后的工作中。我会不断学习，使自己的整体素质得到提高。

——来源：《金属加工》2016 年 8 月

高速动车组电动机传动端端盖止口车削的工艺优化

张朝望　邵瑞闽　文照辉

摘　要：为了消除高速动车组电动机传动端端盖精车止口时，止口导向角在加工完成后出现毛刺和翻边的现象，选择合理的工艺方法和合适的切削参数就显得非常重要。鉴于传动端端盖止口的质量对于电动机装配时的配合关系影响很大，故本文是在原加工方法的基础上增加圆弧接倒角的工艺处理，使止口面与导向角之间有个圆润过渡，并使刀具在不同切入角度下对产品进行车削和调试。结果表明：增加圆弧接倒角的工艺处理并选择合适的切入角度是控制止口加工质量、消除毛刺和翻边的重要因素，并得到切入角度和止口加工质量图表的验证。

关键词：止口；导向角；毛刺和翻边；圆弧接倒角；切入角

引言

高速动车组电动机传动端盖如果按照通常的加工方法进行导向角的加工，会使得刀尖和工件在刚接触的瞬间产生挤压，从而造成7°7′导向角的起始位置与止口端面在加工完后出现细小毛刺和轻微翻边的现象，如此一来，不但容易存在操作者在二次返工时被毛刺扎伤的隐患，同时，由于与该止口相配合的中间端盖为铝合金材料，若装配时传动端端盖止口因肉眼看不见的毛刺翻边卡在中间端盖配合面，还会造成装配不进或配合面划伤等众多质量问题。因此，为了彻底消除因毛刺和翻边造成的各种隐患，本人结合多年的实践经验，在不与原工艺发生冲突的前提下，通过进一步优化工艺，不但成功解决了止口导向角起始端面的毛刺与翻边现象，稳定保证了产品的加工质量，同时也有效提高了电动机的装配合格率。

一、提出问题

如图 1 所示，该零件是高速动车电机传动端端盖精车止口图样。该产品每年的产量约为 8000 件，材料牌号为锻 35。由图 1 可知，当精车止口时，在 $\phi380^{+0.021}_{+0.078}$ mm 止口外圆和 L8.5 mm 止口面之间有一个 7°7′的导向角，由于角度小，且加工余量不多，故实际加工中采用一次加工成型。采用现有的方法(即刀具由工件上方直接进入切削)加工后，导向角和止口面的结合处有毛刺和翻边产生(如图 2)，不但存在割伤操作者的安全隐患，更主要的是影响装配质量。

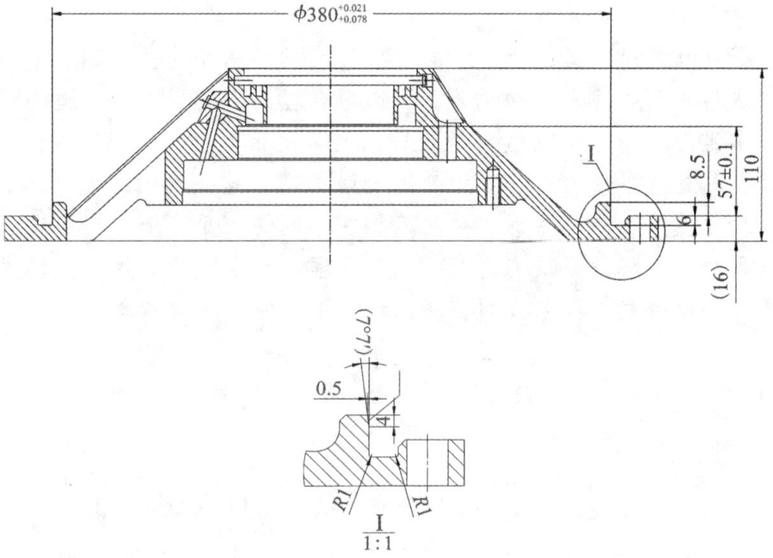

图 1　传动端端盖精车止口(单位：mm)

二、分析原因

经过向经验丰富的老师傅们请教，并结合自己的加工经验，对精车止口时产生毛刺和翻边的问题进行了认真的分析，得出问题的产生主要有以下几个原因：

图 2　产生毛刺和翻边

(1)工件材料。工件采用工艺性

能较好的优质碳素结构钢，根据国家标准 GB/T 699－88 可知：35 钢具有良好的塑性（屈服强度＞315，伸长率＞20，收缩率 ψ＞45）和适当的强度（抗拉强度＞530），未热处理的硬度＜197HBS，材质较软。切削塑性金属时，切削层的金属要经过挤压、滑移、挤裂和切离四个阶段。当该材料的工件受到切削刀片挤压时，则容易产生翻边和毛刺的现象。

（2）刀具磨损。由于刀具都具有一定的刀尖圆弧，其作用主要起修光的作用，以相对提高产品的表面光洁度。但刀尖圆弧过小，则会造成刀具不耐磨。当刀具磨损后，无疑将导致产品加工尺寸精度和形位公差无法得到稳定保证的同时，也会形成毛刺和翻边现象。

（3）加工路线。在现有的加工方法中，采用普通的切削进刀方式（如图 3），即刀具由工件上方直接进入切削，会使得刀具刀尖圆弧与工件接触的瞬间产生挤压，使导向角和止口面的结合处产生毛刺和翻边。

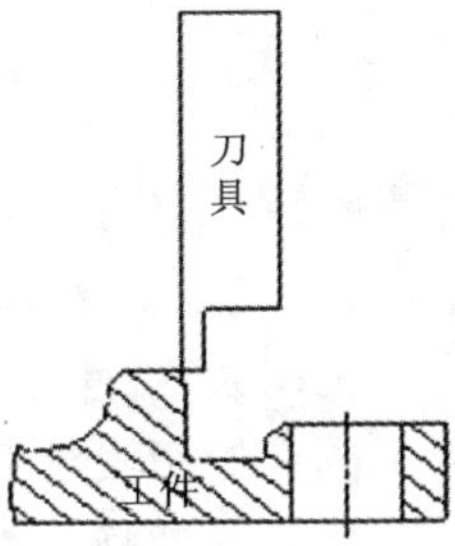

图 3　普通切削进刀方式

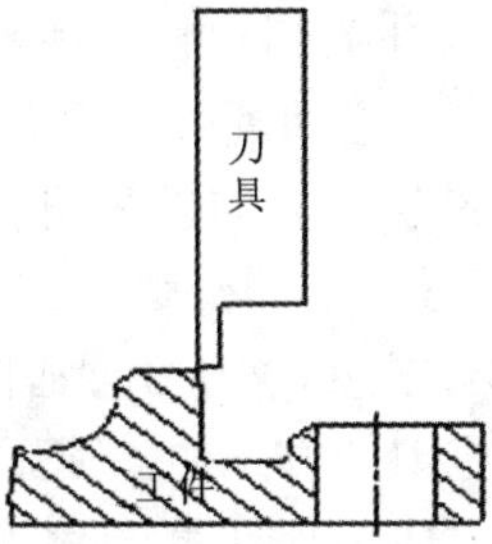

图 4　沿导向角沿长线进刀方式

三、解决问题

鉴于以上几种原因，考虑成本、时间和效率后，决定更改切削方式来解决毛刺和翻边的问题。

（一）思路和方法

1）将普通的直线进刀方式更改为沿导向角延长线进刀

原有的切削方式下，刀具从止口面与导向角的结合点开始进刀，刀具刀尖圆弧与工件接触的瞬间会产生挤压。现将导向角虚拟沿长 2 mm，刀具起点设置于延长线上，使得刀具先沿导向角的延长线空运行，然后以与导向角同样的角度切入工件（如图 4）。

2）增加圆弧接倒角的工艺处理

在不影响原工艺的基础上增加圆弧接倒角的工艺处理，使 L8.5 mm 台阶面与导向角之间有个圆润过渡，达到消除毛刺和翻边现象的目的。

（二）实施验证

方案 1　将普通的直线进刀方式更改为沿导向角延长线进刀。

通过验证发现：这种方法虽然改变了进刀路线，但在刀具与工件接触的瞬间，刀具切入工件的切削角度并没有改变，故并没有彻底消除毛刺与翻边的情况发生。

方案 2　增加圆弧接倒角的工艺处理。

在不影响原工艺的基础上增加圆弧接倒角的工艺处理，由图样可知：止口的直径为 $\phi380\ ^{+0.021}_{+0.078}$ mm。根据国家标准 GB/T 6403. 4—2008 确定直径 $\phi320\ \text{mm} < \phi \leq 400\ \text{mm}$ 对应的倒圆弧大小为 R0. 3 mm。为了不影响导向角的尺寸，满足工艺文件要求（未注倒角 0. 5 mm），选取 C = 0. 5 mm 的倒角与之相接。通过验证发现，圆弧接倒角的结合处、倒角与导向角的结合处无毛刺和翻边的现象，而在台阶面与圆弧之间又出现少许毛刺和翻边，但相比原台阶面和导向角结合处毛刺和翻边现象明显改善。

方案 3　增加圆弧接倒角并修改切入角度。

由于沿切线方向进刀可以减小刀具与工件接触的瞬间产生的挤压力。因此，在第 2 点（增加圆弧接倒角）的基础上修改切入角度，使刀具的起刀点落于圆弧（四分之一圆）的切向延长线上，使得刀具先沿圆弧切线的延长线空运行，再以圆弧进刀的方式加工圆弧接倒角过渡。因为圆上不同点的切线角度（如图 5）不同，从方便编程计算的角度考虑，选取常见角度作为刀具的切入角。同时，为了更接近导向角的角度，决定选取 60°切线方向。

通过以上的实际验证发现，采用方案 3 的加工方法后，L8. 5 mm 的台阶面与导向角之间的毛刺和翻边现象为偶尔出现，说明此方法有效。为了杜绝毛刺和翻边所带来的无效劳动（返工），故决定采取减小切入角（将 60°切线方向更换为 45°切线方向）的方法进行验证。通过再次验证发现，更换为 45°切线方向后，毛刺和翻边现象完全消失（如图 6），达到预期目的并满足图纸要求。

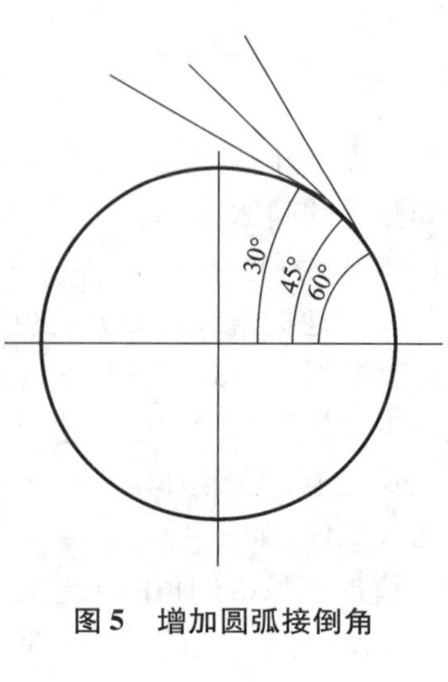

图 5　增加圆弧接倒角

（三）验证结果

为了更加确定切入角与毛刺和翻边之间的关系，随后又选取了 30°和 75°切

图 6　45°切线方向进刀加工圆弧接倒角

线方向做了验证。所得验证结果如下表所示：

切入角	毛刺和翻边现象(有/无)
30°	无
45°	无
60°	台阶面与导向角之间有少许毛刺和翻边现象
75°	台阶面与导向角之间有毛刺和翻边现象
82°53′	台阶面与导向角之间有明显毛刺和翻边现象

对照分析可知：随着切入角的减小，刀具与工件刚接触瞬间的挤压力也随之减小，毛刺和翻边出现的概率降低。从方便编程计算的角度考虑，同时，为了更接近导向角的角度，决定选取45°切线方向。

(四)难点与亮点

难点：此项改善要求台阶长度 $L=8.5$ mm 严格控制，若 L 长度过短，会使圆弧失效；若 L 长度过长，会使起刀点偏离预期，直接切入工件，达不到消除止口面与导向角结合处毛刺和翻边的效果。

亮点：根据国家标准进行参数选择，提升产品质量的可靠性。避免工件因返工造成的重复搬运，降低劳动者工作强度。消除装配时的安全隐患，保证安全文明生产。此方法可推广用于其他同类型工序的产品加工。

效果：通过对传动端端盖精车止口去毛刺的改善，彻底消除了止口面和导向角之间产生毛刺的现象，杜绝装配时候因为毛刺导致装配不进或止口配合面划伤的情况，使产品一次交验合格率由之前的98.7%提升至目前的100%；消除因返工造成的时间浪费，避免返工所导致的工件转运、重复装夹和校正等问题，使加工效率提升 12%；降低操作者工作强度；平均减少因返工造成的设备启动台时 4%；消除装配时操作者被割伤的安全隐患（图 7）。

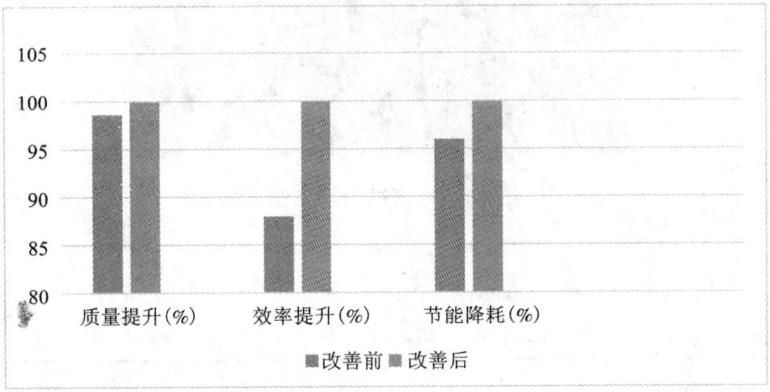

图 7　高速动车组电动机传动端端盖精车止口改善

四、结束语

通过对本实例的分析，使我更加体会到生产加工过程中细节的改善能解决大问题，带来大收益。要善于发散思维，从不同的角度考虑和处理问题。同时，明确了细节对加工质量的影响以及加工过程中所需要注意的问题，为以后解决同类型问题提供经验和参考。

在此次改善的过程中，得到了许多专家老师的指点与帮助，学到了很多实用的加工技能与知识，对自己的工作能力有了很大的提升，在此表示衷心的感谢。同时，也认识到了自己在很多方面的不足，希望能在今后的工作中得到更多的指导，为今后更多更好地解决加工过程中的难题打下坚实的基础，为公司的发展做出贡献。

——来源：《金属加工》2016 年 8 月

C 型中心螺纹孔精加工的工艺优化

文照辉

摘　要：本文主要介绍了某型高速动车组牵引电机转轴 C 型中心螺纹孔在普通车床与数控卧式车削中心上精加工的综合对比。细致而深入地分析了中心螺纹孔在普车加工过程中各尺寸超差的原因及最终的解决措施。通过工艺优化来保障产品的质量和效率。

关键词：C 型中心螺纹孔；数控卧式车削中心；解决措施；工艺优化

引言

电机转轴作为牵引电机上的核心零部件之一，由于其工序复杂，且形位公差与加工精度都非常高，因此在精加工后要达到设计的形位公差和尺寸精度要求难度非常大。作为轴类零件精加工(如车削、磨削)的定位基准，中心螺纹孔质量的好坏，对工件后续的加工质量将产生非常大的影响。中心孔质量不好，将直接影响到后工序精磨外圆与精磨锥度面的圆度与锥度接触面，从而影响到整台电机的正常工作。因此要求中心孔锥面应圆整光滑，两端中心孔轴线应同轴。

一、原工艺说明及问题汇总与原因分析

1. 工艺说明

通过对转轴中心螺纹孔的结构和图样分析(图 1)，工艺部门最初将加工该工序的设备定为普通车床(设备型号为 CA6140 车床)，具体工步为：产品吊装→转轴校正→钻 ϕ17 mm 螺纹底孔→扩 ϕ20.5 mm 过渡孔→钻 ϕ6.5 mm 螺纹沉孔→车 ϕ17.6、ϕ21 mm 过渡孔→粗钻 60°锥面→精光 60°锥面→头攻攻丝(M20 螺纹孔)→二攻攻丝(M20 螺纹孔)→卸活。

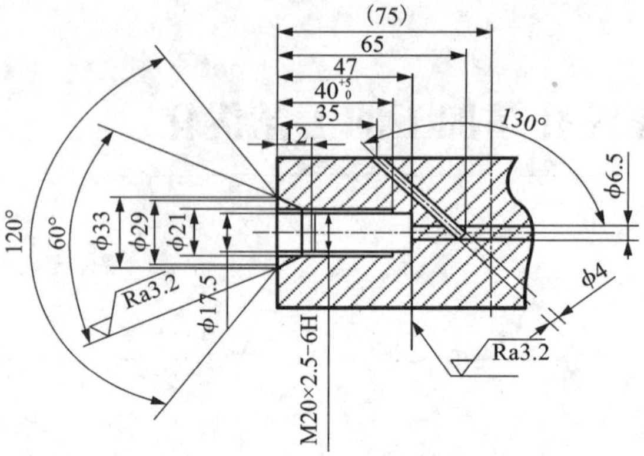

图 1　转轴中心螺纹孔的结构（单位：mm）

2. 问题汇总

经过小批量的试制加工后检查产品实物，共发现如下问题：

问题 1、螺纹底孔 ϕ17.6 mm 尺寸不能稳定保证，存在单边现象，导致产品加工出来形成局部台阶现象。

问题 2、用成型锪孔钻锪出来的中心孔不是很圆，偶然出现棱形，虽然直接用肉眼看不出来，但在电筒光的照射下，可明显看出有多菱形现象。

问题 3、M20－6H 中心螺纹孔的中径得不到稳定保证，偶然存在螺纹通止规止不住的现象。

问题 4、螺纹底部端面不平。

3. 原因分析

（1）造成 ϕ17.6 mm 螺纹孔内径存在单边现象主要原因为：中心架三个支撑点的轴承有间隙，导致转轴在加工过程中跳动产生单边现象。

（2）成型锪孔钻磨损后，因切削抗力加大且受到操作者的强行锪孔，导致锪出来的中心孔不圆，产生多棱形现象发生。

（3）造成螺纹通止规止不住的现象的原因为：使用的设备因尾座套筒间隙大，导致操作者在实际攻丝时因丝锥或尾座套筒产生摆动造成螺纹孔中径得不到有效控制。

（4）造成螺纹底部端面不平的原因为：受孔底铁屑挤压，导致平钻磨损成月牙形，造成 90°平面不平。

二、工艺改进说明

针对所有问题点及原因分析，工艺部门做出改进：将该工序使用的设备由原来的普通车床改为数控卧式车削中心加工。

为此，我们根据该设备的加工特点，重新制定了以下加工工步。

1. 工步内容

产品吊装(利用液压中心架自动找正工件)→退尾座→钻 ϕ17.5 mm 螺纹底孔→钻 ϕ6.5 mm 螺纹沉孔→粗车 60°锥面、120°护锥、ϕ21 mm 过渡孔及 L47 深度→精车 60°锥面、120°护锥、ϕ21 mm 过渡孔及 L47 深度→攻丝(M20)→进尾座→卸活

由于加工设备的改变，我们对相关刀具也做出了调整。

2. 刀具的调整

根据工艺文件得知该转轴的材料为 35CrMo，硬度为 HB≤310。由于这种合金调质钢具有较高的屈服强度、抗拉强度和疲劳强度，并且还具有足够的塑性和韧性，导致我们在实际加工过程中容易出现产品尺寸精度与粗糙度不能稳定得到保证的结果。究其原因：由于铁屑不容易折断，易造成铁屑缠绕于刀具与工件已加工表面上，进而影响到切削液对刀尖的充分冷却，致使刀片因此而受到非正常因素的磨损而出现尺寸超差，同时由于不断屑，形成长条带状铁屑的原因，导致工件已加工表面被铁屑划伤，进而影响到工件表面的粗糙度。

针对这种较难加工材料，我们对加工中所涉及的刀具做了精心挑选，并将刀具的冷却与断屑作为首先要解决的问题，已达到稳定保证产品质量的目的(表 1)。

表 1　刀具选择依据表

刀具(刀片)型号	材料	加工特性	选择原因
ϕ17.5 mm 钻头	整体合金	钻孔	加工精度与效率高、耐高温、支持内冷
镗刀刀片	硬质合金	镗孔	加工精度与效率高、带断屑槽、寿命长
ϕ12 mm 镗刀刀杆	全合金		支持内冷、防震动
M20 - 6H 螺旋槽丝锥	高速钢	攻丝	锋利、切削抗力小、易于排屑

虽然钻头与镗刀具有支持内冷的功能，但如果加工方法不当，则同样可能出现不断屑的问题，进而影响到加工质量与刀具寿命。为此，我们对钻螺纹底孔采取了啄孔式的加工方法(加工 5 mm，退 0.2 mm)，以强行断屑，辅以切削

液的强力冲洗来排屑；对镗孔则在刀片的选型(带断屑槽)与切削参数上来下手：粗镗孔时取慢转速、快走刀，以增强铁屑的剪切滑移速度，加速铁屑变形能力，使其断屑；精镗孔时则正好相反，取高转速、慢走刀的方法来保证加工质量；对于 M20 - 6g 的螺纹孔：为了能将铁屑及时排出来，我们选择了磨制螺旋槽丝锥来加工该螺纹孔，并针对机床动力头的功率与工艺文件上对该工序加工部位的要求，特制订出如表 2 所示的切削参数：

表 2　切削参数

刀具(刀片)型号	切削速度/(r/min)	切削深度/mm	进给量
ϕ17.5 整体合金钻头	800	8.75	135 mm/min
粗镗孔	600	0.5	0.12 mm/r
精镗孔	1200	0.15	0.06 mm/r
M20 - 6H 螺旋槽丝锥	50	1.25	2.5 mm/r

对于镗孔，因加工余量较大，所以我们采用了循环编程的方式来粗、精镗，使数控程序简单明了、加工余量一致，以达到提高效率与稳定保证尺寸精度与粗糙度的目的。

四、总结

1. 工艺改进后的优点

(1)改用数控卧式车削中心后，在装夹过程中，减少了产品校正工步，避免了校正过程中人为的失误，有利于产品更好的定位。

(2)随着工步的减少，不但提高了加工效率，同时减轻了操作者的劳动强度。

(3)产品质量得到了极大提升。通过以上工艺方法的改进，C 型中心孔精度得以稳定保证，合格率达 100%。

2. 工艺改进后的效果

工艺改进后的效果如图 2 所示。

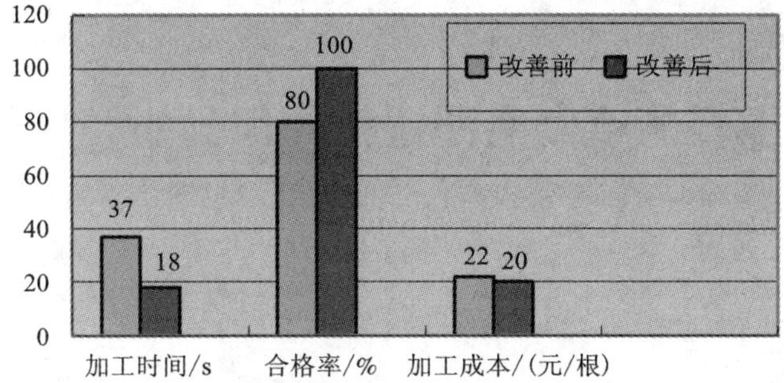

图 2　工艺改善前、后综合对比图

从工艺改善前、后的图表数据可以看出，本工序的加工时间、合格率与刀具成本分别由改善前的 37 min/根、80%、22 元/根改为改善后的 18 min/根、100%、20 元/根。通过我们对该型转轴 C 型中心螺纹孔加工工艺的探索和改进，不仅满足了设计要求，稳定了产品质量，并推广应用到其他系列城轨、动车转轴的 C 型中心螺纹孔的加工中，取得了明显效果。

——来源：《机电信息》2015 年 4 月

牵引变压器线圈绕制滑动错位原因分析及处理

施　超

摘　要：根据牵引变压器线圈结构特点，从撑条受力角度分析线圈在绕制过程中出现的二次线圈层间滑动错位及一次、二次线圈间滑动错位原因，并研究讨论一些预防措施和可行的工艺纠正处理方法。

关键词：牵引变压器；应力；分析；处理

一、引言

我国现运行的主流机车其牵引变压器为和谐系列型号，此系列型号牵引变压器均具有相同的结构特点：一体化绕制结构，即先绕制二次线圈，再在二次线圈上绕制一次线圈及其他线圈。这种一体化绕制的工艺方法生产效率高，适于周期紧张的大批量生产。但是，此型号线圈在一次线圈绕制过程中有时会发生二次线圈层间相对位置以及一次、二次线圈相对位置滑动错位的现象，对后续工序造成影响，错位严重的话将导致线圈报废。为防止这一现象的发生，本文根据牵引变压器线圈结构特点，从撑条受力角度展开分析，并研究可行的预防措施及处理方法。

二、原因分析

以某和谐型牵引变压器线圈为例，线圈结构见图 1，二次线圈采用多层圆筒式结构，层间为 T4 高密度纸板材料的撑条，撑条由线匝间数个带槽口的定位圈固定位置，然后由外层的导线绕制压紧。一次线圈与二次线圈之间依次为 T4 高密度纸板材料的外撑条、绝缘筒、T 形撑条。一次线圈在 T 形撑条上绕制（连续式结构）。一次线圈绕制耗时为二次线圈的若干倍，为达到生产衔接，需要提前绕制二次线圈（绕制完成后不卸除绕线模）。

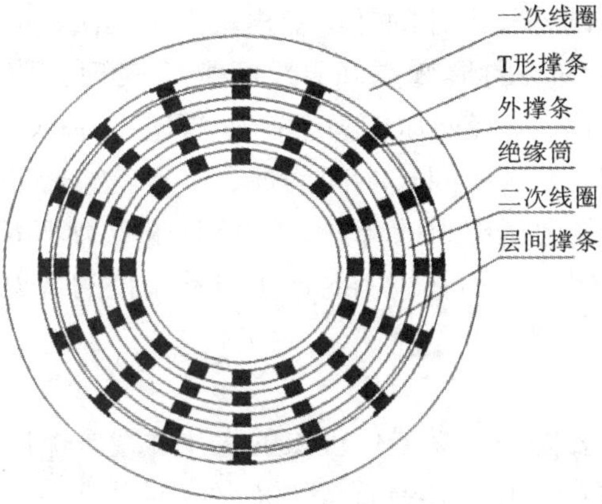

图1　线圈结构

在进行二次线圈绕制的时候，对导线施加一定的绕制张力，在径向方向，导线产生向下的径向压应力，并全部作用在层间撑条上。增加导线的绕制张力，能增大线圈内的径向压应力，使线圈更加紧密。层间撑条受到上层导线叠加的径向压应力，并作用到下层导线。若单纯考虑径向压应力对层间撑条的作用，层间撑条受到的摩擦力为：

$$f_i = \mu\sigma_i \tag{1}$$

式中：f_i——第 i 层撑条的摩擦力；

μ——摩擦系数；

σ_i——第 i 层撑条受到的总量径向压应力。

在绕制过程中，层间撑条还会受到导线张力产生的切向力以及启停绕线机时导线切线方向的惯性力，由于作用效果相同且均为切线方向，用切向力 F_i 表示，这个力与摩擦力 f_i 作用方向相反。在进行一次线圈绕制时，当 F_i 大于 f_i 时（定位圈为 1 mm 厚纸板，且数量较少，忽略其对层间撑条的卡固作用），层间撑条与导线就会产生滑动位移，造成层间撑条错位（层间撑条滑越定位圈的定位槽），即二次线圈的层间滑动错位。同样地，当外撑条所受的摩擦力小于它的切向力时，外撑条就会与内层导线或外面的绝缘筒产生滑动位移，造成一次线圈、二次线圈间的滑动错位。

通常情况下，撑条的摩擦力要大于切向力，即只有当撑条的摩擦力变小时，才会出现滑动错位的现象。影响撑条摩擦力大小的主要因素为撑条受到的径向压力，这里我们单纯考虑径向压应力。

撑条的材料为 T4 高密度纸板，厚度方向的收缩率约为5%。当撑条吸潮膨胀时，产生形变力，这个力会作用在上下层的导线上，使环向导线产生细微的弹性形变，表现为线圈外径尺寸的微小变化。由于二次线圈绕制完成后不卸除绕线模，导线没有向内层的形变空间，线圈整体表现为胀大，外径增量约为1 ~2 mm。在这个过程中，径向压应力会产生变化。昼夜间温度和湿度存在差异，若生产衔接不当，二次线圈长时间静放，撑条就会经历昼夜间的变化，反复膨胀、收缩，加速径向压应力的释放，使径向压应力不断地减小，最终使得撑条受到的摩擦力减小，继而在绕制时产生滑动错位的现象。

三、预防及处理方法

根据原因分析，要防止滑动错位现象的发生，就要保证撑条不能产生大的反复形变。恒温恒湿的工作环境是优先考虑的条件，其次合理的生产衔接是主要措施，尽可能地做到工序衔接零等待，当天绕制的线圈当天完成，尤其是在梅雨季节，这样就可以有效地防止滑动错位现象的发生。

对于发生滑动错位不太严重的线圈，可以利用天车配合来旋拉纠正（如图2 所示）。具体方法是，在线圈单侧吊装吊带，点动开启绕线机使绕线机微量旋转，当撑条复位时停止绕线机。滑动错位较严重的，纠正时不可蛮力操作，可辅以手工调整。一次线圈、二次线圈间的滑动错位有时非常大，达到几个撑条间隔，导致一次线圈引线位置发生大的位移。由于一次线圈是连续式结构，只要将外撑条及 T 型撑条调整对齐层间撑条，再更改一次线圈引线位置至正确位置即可。以上纠正措施在线圈绕制完成后实施。

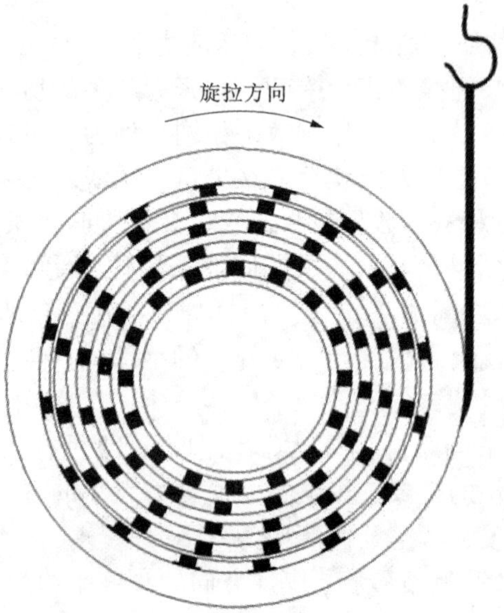

图 2　纠正方法

四、结语

通过对线圈撑条的受力情况分析，得知撑条摩擦力减小时才会引发滑动错位现象的发生，其主要原因是环境潮湿引起撑条形变导致受到的径向压应力减小。保证恒温恒湿的环境及生产衔接有序可以有效避免滑动错位的发生。利用天车配合绕线机旋拉，可以纠正线圈复位。

——来源：《中国机械》2015 年第 21 期

机车变压器温升控制与散热技术的分析研究

陈建平

摘　要：机车变压器是电力机车的重要组成部分，本文在介绍目前电力机车变压器常用温升控制机及散热技术的基础上，重点对电力机车变压器的温升控制和散热技术进行了分析和研究，并提出了温升控制和散热技术方案的改进。

关键词：机车变压器；温升控制；散热

1　概述

随着社会和电气化铁路的发展，中国高速客运专线得到了飞速的发展。牵引变压器作为电力牵引系统的重要部件和电力机车主电路中的主要电器，实现电力机车所需电能的转换，对电力机车的功耗起着至关重要的作用。温升和散热对牵引变压器设备的老化和绝缘的影响非常大，温度越高，牵引变压器老化的速度越快，这不仅直接影响到变压器设备的使用寿命和经济效益，更会影响到机车能否安全、可靠运营。

2　机车变压器温升控制与散热常用技术

机车变压器的主要热源来自变压器的铁芯和绕组的损耗，转变为热能后以传导的方式传递到变压器的表面，目前我国各型电力机车牵引变压器均采用以油为导热媒介的油浸式变压器，通过强油循环的方式将热油抽到风机中进行热交换，再通过变压器风机进行强迫风冷，将热量散发到空气中。

2.1　机车变压器散热常用技术

机车主变压器由于受机车安装空间和车辆减重的限制，普遍都采用强迫油循环风冷的散热方式，主变压器风机对主变压器进行通风冷却，通过油散热带走变压器热量，使主电路中主变压器不会因工作温度过高而引起烧损。主变压器风机由电力机车辅助电路中的一个三相辅助电机带动，通风机在散热的同时也消耗大量的电能。

如南车株洲电机有限公司自主研发的高速动车组中华之星的牵引变压器和HXD1C型大功率交流传动电力机车主变压器就采用强迫导向油循环风冷方式，通过设置两路油循环系统，将水冷变流器的水冷却和油冷却组合在一起，散热效果良好；由大同机车厂研发的200 km/h交流传动电力机车变压器也采用强迫导向油循环风冷方式，将冷却油流按指定路径进入变压器线圈内部，使线圈内部炽热点温度降低，并设置两路油循环系统冗余，使一路油循环系统故障时，变压器能维持一半的功率运行。

下面以HXD1C型交流传动电力机车主变压器散热方案为例，介绍我国目前机车变压器常用散热技术方案。

HXD1C型交流传动电力机车主变压器为单相心式结构，由铁芯、同心式绕组结构线圈、油箱及油泵等主要部件及附件组成。采用卧式方式安装主变压器和谐振电抗器共油箱，低压绕组为层式，高压绕组为饼式，辅助绕组为层式；主变压器采用强迫导向油循环风冷的双冷却回路，设有温度、油流和压力保护装置。

2.2　机车变压器温升控制常用技术

根据牵引变压器的“8℃定则”，变压器的绝缘使用寿命与变压器长期运行温度成反比，当绝缘运行的温度高于温升限值8℃，则变压器的绝缘使用寿命就缩短一半，当绝缘运行的温度低于温升限值8℃，则变压器的绝缘使用寿命就延长一倍。

为保证变压器的使用寿命，在GB 1094—2008《电力变压器》中对油浸式电力变压器各部分的温升限值进行了规定：

自然油循环和强迫油循环绕组	65℃
强迫导向油循环绕组	70℃
油顶层	55℃
铁芯表面	75℃
与变压器接触的非导电部分结构表面	80℃

考虑到机车变压器的温度传感器可能存在的偏差，将机车变压器的油温控制在50℃较为合适；在前期的机车变压器温升控制方案中普遍采用机车变压器冷却风机一直运行来确保牵引变压器有良好的散热条件，如SS4型机车在冷却柜的上部设置额定功率为15 kW的通风机，在机车运行过程中，主变压器冷却风机一直处于开启状态。

从2004年起，用户开始在SS4B型电力机车招标文件中明确规定电力机车需安装牵引变压器风机节能控制装置，电力机车变压器的温升控制技术开始迅速发展；目前我国电力机车主变压器温升控制技术充分结合现代计算机技术、自动控制技术和传感器技术，依据电力机车的实时运行状态和运行温度实时自动调整电力机车主变压器风机的运行状态，实现主变压器和主变压器风机的智能监控，如在冬季寒冷低温环境中或电力机车轻载运行时，变压器可以降低风机功耗甚至停止风机，节约电能、降低噪声，达到对电力机车主变压器温升实时监视和控制，使电力机车运行更安全、更节能、更环保的目的。

3 机车变压器温升控制与散热技术分析与改进

3.1 机车变压器温升控制与散热技术分析

目前，我国电力机车所使用的牵引变压器是从接触网上取得的25 kV高压电降为供给牵引电动机所适合的低压电，散热主要采用强迫油循环风冷方式，因而机车主变压器的渗漏油导致变压器散热不力和温升控制方案是变压器制造和运营部门的质量难题，概括起来主要有以下几个方面的问题。

1）工艺导致变压器冷却油渗漏问题

电力机车牵引变压器的渗漏油现象主要有以下两种情况：

第一种情况，因焊缝、砂眼、裂纹引起的油渗漏。在变压器的焊接、铸造过程中，由于工艺不当导致主变压器安装锥座焊接时超差大，车体架超差大等使油箱壁四周4个支撑部位受力不均，从而导致焊缝、砂眼或裂纹。

第二种情况，密封件导致的渗漏。由于变压器密封面的凹凸不平，或有残留焊渣，导致密封件密封不良或因未将密封件放正，造成密封件偏向一侧而渗油。

2）油泵质量导致漏油问题

目前我国电力机车主变压器散热系统采用高扬程、流量大的潜油泵，容易存在因电机线圈受潮或接线不良造成潜油泵绝缘阻值低，潜油泵内存有空气或油分路油道堵塞导致尾部雾化现象。

3）变压器温升控制

根据GB 1094—2008《电力变压器》中，油箱内油箱顶层的温度为55℃，因此必须通过适时控制牵引变压器的冷却设备启动或停止以保证变压器正常运行对油温的要求，将Pt100电阻温度计安装在箱盖上，风机的启动或停止以油温是否高于某一温度设定值为充要条件，但当油温在温度设定值附近波动时，会导致风机频繁启停，严重时有可能造成风机烧毁，因此需要改进目前的变压器温升控制方案，建立一种变压器温升智能控制装置。

3.2 机车变压器温升控制与散热技术改进

1)变压器渗漏油及油泵问题处理

为了解决机车牵引变压器的渗漏油问题，可采取加强对出厂变压器质量检查的力度，对出现渗漏油问题的机车变压器通过把渗漏缺陷刨掉，选用干燥、细小的焊条，对焊缝、砂眼、裂纹的渗漏进行处理的重新焊接堵漏法，对于其他形式的渗漏油，采用更换、粘堵等方法予以解决；对于机车运营过程中出现的变压器油泵问题可通过清理过滤网、油管或更换潜油泵的措施予以解决。

2)变压器散热技术的改进

可采用有限元分析法对机车主变压器内部漏磁场进行准确的计算，根据机车主变压器内部漏磁场分布情况，对变压器内部结构进行优化设计并选择合适的材料，如可采用损耗更小的非晶合金材料以有效降低变压器损耗和改进变压器散热能力；也可通过采用微槽群等新技术改进变压器散热能力，确保变压器内部不出现局部过热现象，保证变压器安全可靠运行。

微槽群散热冷却方法是通过直接在发热体外表面需要散热的部位或紧贴发热体散热区域上设置许多大小适合形成毛细力的微槽道，形成微槽群，毛细力将微槽道边的液体工质吸入到微槽道内，通过微槽道内的液体工质在受热区域形成高强度的蒸发带走发热体产生的热量，从而使发热体蒸发冷却的技术。

3)温升控制改进：变压器智能温度监控仪

为解决由于油温在设定值附件波动导致变压器风机频繁启停的问题，可以通过如下两种方案来改进机车变压器温升控制方案：

方案一：使用智能温升监控仪

通过在变压器油箱上的设置智能油温传感器把感应到的变压器油箱中的油温信号转换成与之成比例的电流信号，并将信号传送给安装在司机室的温控盒，通过温控盒把电流信号转换成温度信号在智能温升控制检测仪显示屏显示，并且能自动切换到机车原有控制模式，在控制装置发生故障时，还可以手动切换到手动控制模式，温升控制继电器和手动开关构成双重安全保护，确保装置工作可靠，保障机车的运行安全。

方案二：在变压器油温监控过程中采用温度预测法

由于油温变化是一个缓慢而且滞后的过程，只有变压器油温上升到某一设定温度并被温度计检测到后，风机才开始启动，而油温仍然会保持上升一段时间后才会下降；因此为保证变压器油温不会超过设定的温度上限，就必须在油温上升到上限温度之前就启动风机，可以采用预测温度的方法来寻找恰当的启动温度。

机车变压器油温预测法的原理是通过设置温度的采样时间，并对温度的变化过程进行分析，由当前温度和以前的温度估计出 T 秒之后的温度，用它校验风机启停的判据，以保证风机启动后油温可能达到的最高值不会超过规程规定的上限，油温预测法的温度分析程序框图如图 1 所示。

图 1　油温预测法温度分析程序图

4　结束语

本文介绍了目前机车变压器温升控制与散热技术的主要方案，在分析目前变压器温升控制与散热技术方案的基础上，提出了目前机车变压器渗漏油问题的解决措施，并提出了智能温升控制法和预测油温法温升控制两种机车变压器温升控制改进方案，对机车变压器研究者和设计者具有一定的参考价值。

——来源：《科协论坛》2012 年第 6 期

Q345E低合金钢板材弯折缺陷的研究

邓　欣　肖亚莉　贺军强

摘　要：结合低合金钢板材在牵引变压器制造过程中的使用案例，对低合金钢板材弯折缺陷产生的原因进行了分析。从弯折工艺、模具选型以及原材料属性等多个维度开展了不同的机理分析和验证，根据验证结果确认了板材局部区域的成分偏析造成的带状组织偏析是导致弯折开裂的主要原因。针对验证结果制定了弯折钢构件的缺陷检验控制措施。

关键词：低合金钢；板材；弯折；缺陷

0　引言

近几十年来，电力牵引变压器设计及工艺技术发展进程加快，尤其在动车产品领域逐步形成了具有完全自主知识产权的系列产品。与此同时，新产品在设计、材料、工艺等方面也不断遇到一些新的问题，对制造企业提出更高的要求，外供件产品的质量控制成为影响公司产品质量的重要因素，促使对外供件产品质量的管控措施必须不断地优化、提升。

本研究针对可能导致低合金钢板材弯折部件开裂的原因分别进行了分析和验证，拟通过在不同工况下对板材样件进行故障再现，以确定或者排除一种可能因素，并最终确定导致低合金钢板材弯折钢构件的开裂的原因同时制定相应的控制措施。

1　低合金钢板材开裂原因分析

变压器某一部件在弯折区域发生开裂，裂纹长约22 mm，深3～4 mm，如图1所示。该部件材质为6 mm厚Q345E钢板，对裂纹进行初步分析，推断主要原因有以下几种：

1) 弯折半径设计错误，导致板材弯折开裂。

2) 弯折工艺漏洞导致弯折开裂。

3) 板材原材料不合格导致弯折开裂。

图1　开裂试件宏观形貌

2　低合金钢板材弯折影响因素的分类验证

根据推断的主要原因，对影响低合金钢板材弯折的几类因素分别设计验证方案并取样进行试验比对。

2.1　模具选型与设计

开裂板材的材质为 6 mm 厚 Q345E 钢板，根据 DIN 6935 标准推荐要求（详见表 1），钢材的冷成型弯折，当抗拉强度在 490 ~ 640 N/mm^2 时，对应的弯折半径应该为 R12 ~ R16，实际弯折模具设计半径为 R6，小于推荐值，选取 6 mm 厚 Q345E 钢板重新制样 10 件，以 R6 为弯折半径进行弯折，未发现开裂现象。

表 1　板材弯折半径和厚度比推荐表

钢材抗拉强度 N/mm^2	折弯方向与轧制方向	板厚确定时允许的最小折弯角 R/(°)												
		1	1 ~ 1.5	1.5 ~ 2.5	2.5 ~ 3	3 ~ 4	4 ~ 5	5 ~ 6	6 ~ 7	7 ~ 8	8 ~ 10	10 ~ 12	12 ~ 14	14 ~ 16
≤390	垂直	1	1.6	2.5	3	5	6	8	10	12	16	20	25	28
	平行	1	1.6	2.5	3	6	8	10	12	16	20	25	28	32
390 ~ 490	垂直	1.2	2	3	4	5	8	10	12	16	20	25	28	32
	平行	1.2	2	3	4	6	10	12	16	20	25	32	36	40
490 ~ 640	垂直	1.6	2.5	4	5	6	8	10	12	16	20	25	32	36
	平行	1.6	2.5	4	5	8	10	12	16	20	25	32	36	40

2.2 弯折工艺过程分析与验证

钣金在折弯时截面外层材料受拉伸、内层受到压缩，导致折弯外边缘受到拉伸力量使得纤维层逐渐变长，而折弯内边缘受到压缩力量使得纤维层逐渐变短，如图2和图3所示。同时，受轧制工艺的影响，钢板在成形后将顺着轧制方向形成纤维走向，要想获取更好的弯折性能则必须考虑轧制方向，当轧制方向即纤维走向垂直于折弯线时最佳，平行于折弯线时则较差，如图4所示。

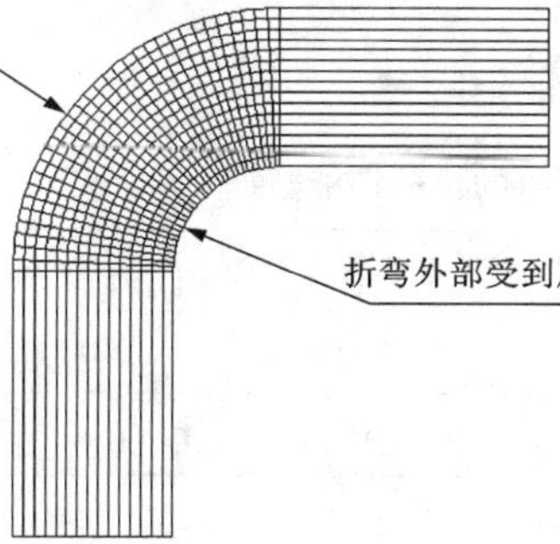

图2 折弯钣金截面纤维变化图

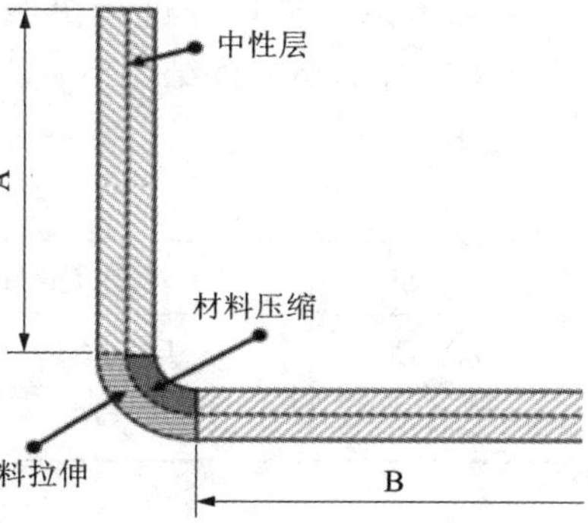

图3 折弯钣金内、外受力示意图

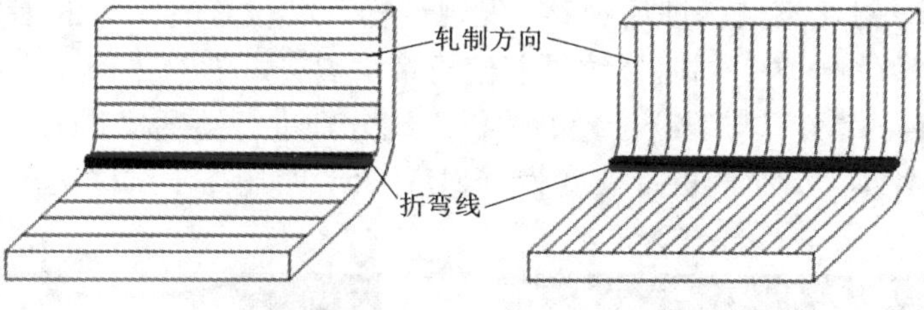

图4 轧制方向与折弯线示意图

根据材料纤维方向分别以“平行”“垂直”方式进行排版下料各6件，保持弯折半径为*R*6，模拟实际工况再次进行折弯验证，对折弯区域进行渗透探伤，仍未发现开裂现象。

2.3 原材料分析与判定

2.3.1 化学成分分析

对开裂部件取样进行光谱分析，其化学成分见表2，符合GB/T 1591—2008《低合金高强度结构钢》相关要求。

表2　开裂板材的化学成分明细

主要元素	C%	Si%	Mn%	P%	S%
标准值	≤0.18	≤0.5	≤1.7	≤0.025	≤0.02
实测值	0.0891	0.1936	1.24	0.0162	0.0042

2.3.2　机械性能分析

对开裂部件取样进行机械性能测试，试验数据见表3，符合GB/T 1591—2008《低合金高强度结构钢》相关要求。

表3　开裂板材的机械性能数据

测试点	抗拉强度 *Rm*/MPa	屈服强度 *Rel*/MPa	伸长率 *A*/%
标准值	470～630	≥335	≥21
实测值	590	440	29.5

2.3.3　微观金相分析

将折弯开裂板材在开裂部位厚度方向打磨、抛光后进行金相观察，裂纹形貌如图5和图6所示，可见裂纹内阔外窄，在裂纹两侧有沿纵向的裂纹。对试样用4%硝酸酒精溶液侵蚀后观察，发现试样开裂位置有明显的因成分不均匀造成的组织偏析现象，同时裂纹沿着偏析带扩展，如图7、图8和图9所示。

对试样正常组织与裂纹位置的偏析组织分别进行硬度检测，正常区域组织硬度为188HV0.5，而偏析带硬度为368HV0.5，明显高于试样正常组织硬度。

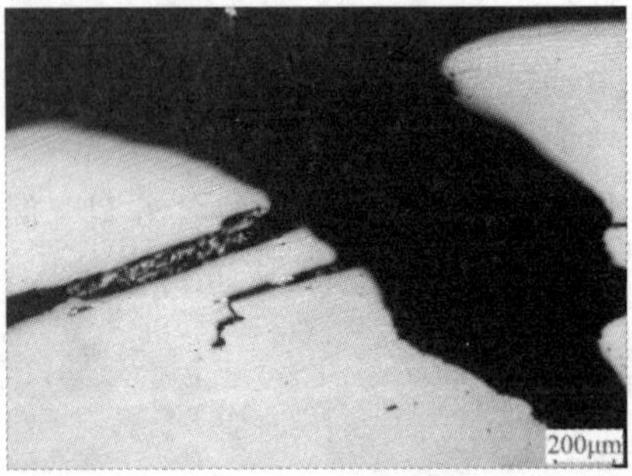

图5　裂纹头部

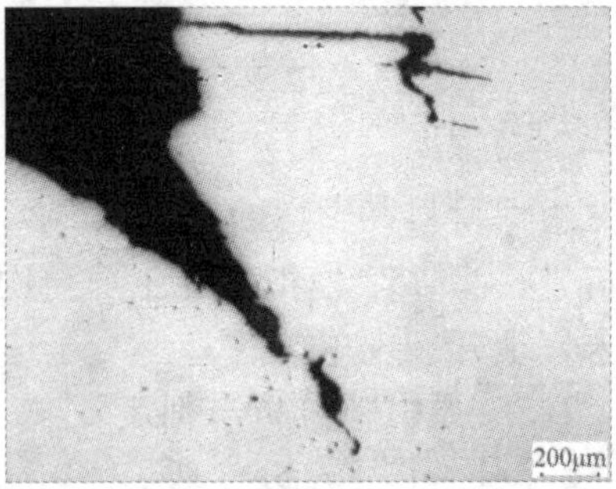

图6　裂纹尾部

图 7　试样正常区域组织

图 7　试样正常区域组织

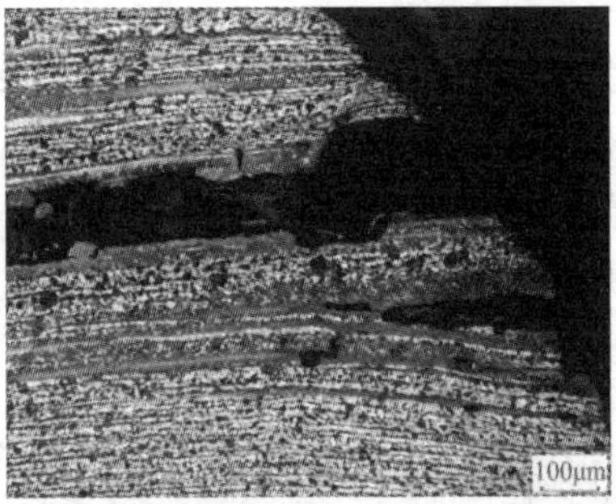

图 8　试样裂纹位置组织偏析

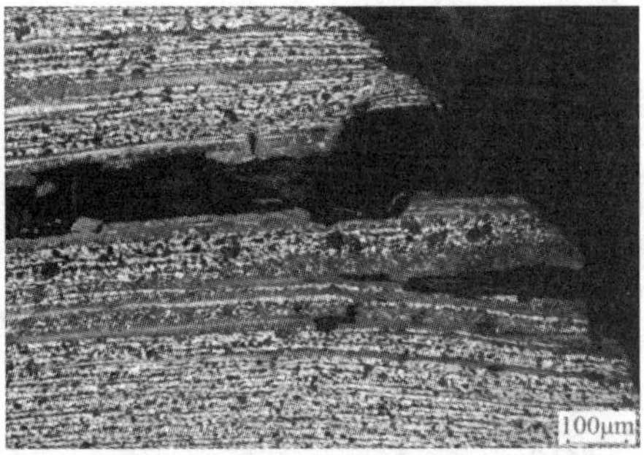

图 9　裂纹沿偏析带扩展

根据上述检测结果判定，由于在板材局部区域的近表层有因成分偏析而造成的带状组织偏析现象，而偏析带组织的硬度又明显高于钢板正常区域组织的硬度，其塑性变形能力也就较钢板的正常区域差。因此钢板在折弯时，首先在近表层的偏析带上产生裂纹，随着折弯过程的进行，裂纹扩展到板材表面，在产品上形成内阔外窄的折弯裂纹。

3　结论

（1）板材折弯半径的设计与折弯方向的选择虽然对其折弯性能有一定的影响，但一般情况下不易在简单的弯折比对试验中显现。

（2）组织成分偏析对钢材的性能有较大影响，尤其在受外力折弯、挤压时，可能会以裂纹的形式显现，是造成本次板材开裂的主要原因。

（3）在进行板材弯折工艺制定时，需保证弯折线与板材轧制方向垂直。

——来源：《中国铁路装备》2018 年 5 月

交流牵引电机出厂试验时轴承加载技术研究

赵俊程　杨下沙　曹家熙

摘　要：根据电机设计试验大纲标准要求，每台电机在组装完成后必须进行出厂试验，检验电机出厂的相关性能是否满足设计要求。通过研究开发一种适用于牵引电机轴承的加载装置，使其成功满足电机两端轴承所需最小径向载荷要求，为牵引电机试验时轴承不出现擦伤提供重要保证。

关键词：交流牵引电机；最小径向载荷；加载装置

1　概述

交流牵引电机的额定功率大，目前作为铁路高速重载电机机车首选的牵引电机，为达到相应的承载力的要求，往往选择电机转子的支撑轴承的承载力也较大，由此配置的轴承所需最小径向载荷也很大。交流牵引电机额定功率大、自身的质量轻，而牵引电机在出厂例行试验过程中，由于无外来的牵引阻力，此时依靠转子自身质量不能满足轴承所需最小径向载荷要求，轴承转动的阻尼系数降低，轴承的滚柱(或滚珠)与滚道之间产生具有损害性的滑动运动，破坏轴承油膜，进而擦伤轴承轨道表面或滚动体表面(如图1所示)。因此，需要寻求一种既不影响电机出厂试验同时能够满足轴承最小转动载荷要求的装置，对出厂试验中的电机进行加载防止轴承擦伤。

图1　交流牵引电机轴承擦伤

本文主要通过对交流牵引电机试验时轴承加载技术进行研究，设计一种适用于交流牵引电机轴承的加载装置，保证电机在出厂试验过程中对轴承施加一定的负载力，从而满足两端轴承所需最小径向载荷要求，确保电机出厂时两端轴承无擦伤。

2　确定电机轴承加载方式

根据《SKF 轴承综合型录》查找可知，圆柱轴承最小径向载荷计算公式为

$$F_{rm}=k_r\left(6+\frac{4n}{n_r}\right)\left(\frac{d_m}{100}\right)^2$$

式中：k_r——最小径向负荷系数，根据产品型号选取 0.15；

n——转速，r/min；

n_r——参考转速，r/min，参考产品型号；

d_m——轴承平均直径 $0.5(d+D)$。

根据《NTN 滚动轴承综合样本》可知，NU330 轴承参考转速为 2100 r/min，NH318 轴承参考转速为 3700 r/min。

当交流牵引电机最高转速为 2820 r/min 时，可求得 NU330 轴承所需的最小径向载荷为：

$$F_{rm}=0.15\times(6+4\times2820/2100)\times[0.5\times(150+320)/100]^2=9.41\ \text{kN}$$

当交流牵引电机最高转速为 2820 r/min 时，可求得 NH318 轴承所需的最小径向载荷为：

$$F_{rm}=0.15\times(6+4\times2820/3700)\times[0.5\times(90+190)/100]^2=2.66\ \text{kN}$$

经上述计算可知，牵引电机传动端（以下简称 D 端）NU330 轴承在2820 rpm 最高转速下所需要的最小径向载荷为 9.41 kN，非传动端（以下简称 N 端）NH318 轴承在 2820 rpm 最高转速下所需要的最小径向载荷为 2.66 kN。而转子和小齿轮自重施加给 D 端轴承垂直向下的分力 FD1 = 3.04 kN，施加给 N 端轴承垂直向下的分力 $F_{N1}=2.90$ kN。

在不对电机施加负载的情况下，通过转子和小齿轮自重只能够满足 N 端轴承所需最小径向载荷要求，不能满足 D 端轴承所需最小径向载荷要求，所以需采取某种加载方式均能满足两端轴承所需最小径向载荷要求。由于不能直接对电机 D 端轴承施加负载力，因此可以通过对小齿轮施加负载力进而间接地对 D 端轴承施加负载力。

2.1　采用垂直加载方式

假设对小齿轮施加垂直负载力为 F_y，通过受力分析进而施加给 D 端轴承垂直向下的分力为 F_{Dy}，施加给 N 端轴承垂直向上的分力为 F_{Ny}，两端轴承具体受力分析如图 2 所示。

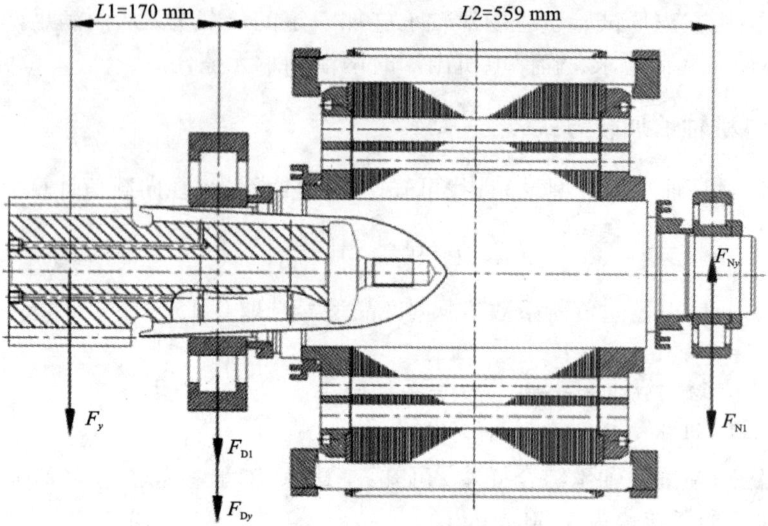

图 2　牵引电机两端轴承受力分析图

根据图 2 可知，D 端轴承所受合力 $F_D = F_{D1} + F_{Dy}$ （1）

N 端轴承所受合力 $F_N = F_{N1} - F_{Ny}$ （2）

根据力矩平衡原理，则有

$$F_y \times (L1 + L2) - F_{Dy} \times L2 = 0 \quad (3)$$

$$F_y \times L1 - F_{Ny} \times L2 = 0 \quad (4)$$

其中，$L1 = 170$ mm 为小齿轮受力中心到 D 端轴承受力中心的距离；

$L2 = 559$ mm 为 D 端轴承受力中心到 N 端轴承受力中心的距离。

为了满足 D 端轴承所需最小径向载荷要求，则有 $F_D = 9.41$ kN。

将 F_D、F_{D1}、$L1$ 和 $L2$ 代入(1)和(3)两式可求得：

$$F_y = 4.88 \text{ kN}$$

将 F_y、F_{N1}、$L1$ 和 $L2$ 代入(2)和(4)两式可求得：

$$F_N = 1.41 \text{ kN} < 2.90 \text{ kN}$$

由计算结果可知，N 端轴承所受合力不能满足 N 端轴承所需要的最小径向载荷要求。因此，采用对小齿轮进行垂直加载方式，虽然能满足 D 端轴承所需最小径向载荷要求，但不能满足 N 端轴承所需最小径向载荷要求，不能彻底消除试验过程中电机产生 N 端轴承擦伤的隐患。

2.2　采用水平加载方式

假设对小齿轮施加水平负载力为 F_x，通过受力分析进而施加给 D 端轴承水平的分力为 F_{Dx}，施加给 N 端轴承水平的分力为 F_{Nx}。

根据力矩平衡原理，则有

$$F_x \times (L1 + L2) - F_{Dx} \times L2 = 0 \tag{5}$$

$$F_x \times L1 - F_{Nx} \times L2 = 0 \tag{6}$$

而又可知

$$\text{D 端轴承所受合力 } F_D = \tag{7}$$

$$\text{N 端轴承所受合力 } F_N = \tag{8}$$

为了满足 D 端轴承所需最小径向载荷要求，则有 $F_D = 9.41$ kN。

将 F_D、F_{D1}、L_1 和 L_2 代入(5)和(7)两式可求得：

$$F_x = 6.83 \text{ kN}$$

将 F_x、F_{N1}、L_1 和 L_2 代入(6)和(8)两式可求得：

$$F_N = 3.57 \text{ kN} > 2.90 \text{ kN}$$

由计算结果可知，N 端轴承所受合力能满足 N 端轴承所需要的最小径向载荷要求。因此，采用对小齿轮进行水平加载方式，均能满足电机两端轴承所需最小径向载荷要求。

经上述核算可以确定电机轴承加载方式为对小齿轮进行水平施加负载力。

3 轴承加载装置的设计和实体制作

确定采用对小齿轮进行水平加载方式后，利用力矩平衡原理，拟采用力臂为 6:1 的杠杆，根据杠杆比选取 80 kg 的砝码，通过滑动轴承和钢丝绳对小齿轮进行水平施加负载力。

为了确保通过滑动轴承和钢丝绳对小齿轮施加的是水平力，根据电机结构的特点，设计轴承加载装置如图 3 所示。

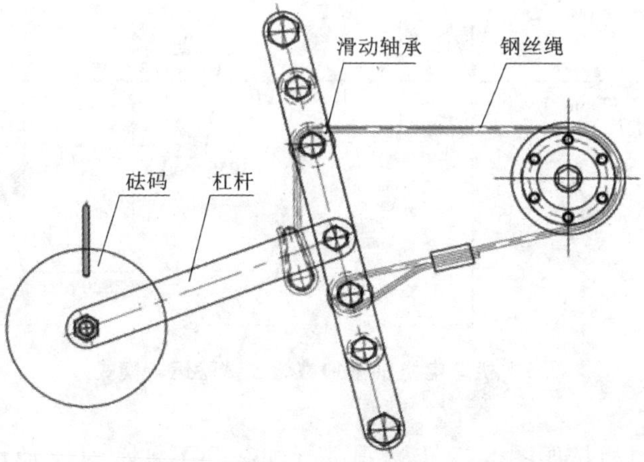

图 3　轴承加载装置设计图

实体制作的电机轴承加载装置如4 所示。

根据杠杆的力臂和砝码的重量，计算出施加在小齿轮中心孔锥面上的水平力约为 8.97 kN，转换为 D 端轴承所受的水平力约为 12.82 kN >9.41 kN，N 端轴承所受的水平力约为 3.85 kN >2.66 kN，因此采用该加载装置能够满足牵引电机两端轴承所需的最小径向载荷要求。

图 4　轴承加载装置实物图

4　牵引电机轴承加载试验验证

为了验证牵引电机采用加载装置后轴承是否出现擦伤，为此需对电机进行轴承加载试验验证，通过验证来证明该轴承加载装置的有效性和可靠性。

当轴承所需的最小载荷不够时，若轴承在高速或急加减速下进行单电机试验，则更易导致轴承出现擦伤，因此将电机轴承加载验证试验运转模式定为如图 5 所示。

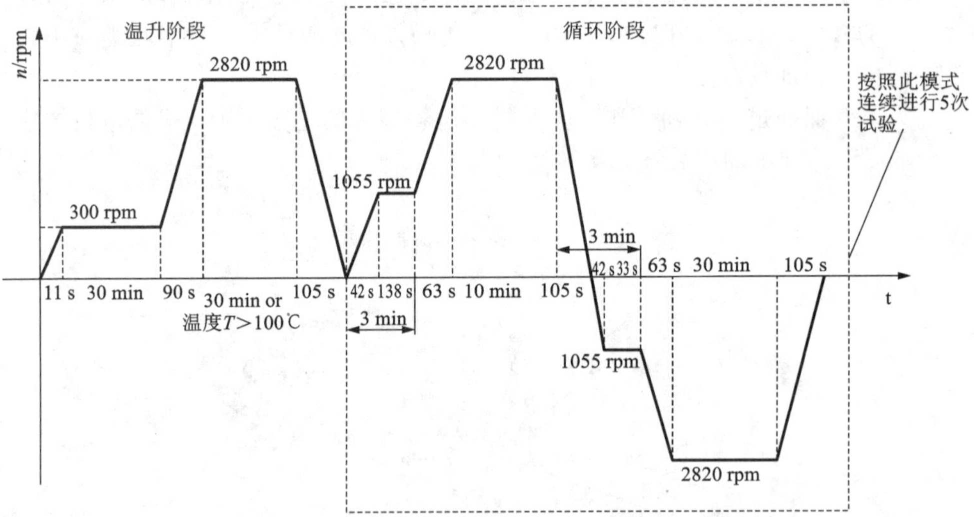

图 5　机车电机轴承加载验证试验运转模式

选取 4 台电机按照图 5 运转模式进行加载和不加载对比轴承擦伤试验验

证，共进行 4 组验证，具体的验证情况如表 1 所示。

表 1　加载和不加载对比轴承擦伤试验验证情况

<table>
<tr><th>组号</th><th>加载电机编号</th><th>不加载电机编号</th><th>加载电机解体后轴承照片</th><th>不加载电机解体后轴承照片</th><th>轴承状态</th></tr>
<tr><td>第 1 组</td><td>0446</td><td>0463</td><td></td><td></td><td rowspan="2">两端轴承完好未擦伤</td></tr>
<tr><td>第 2 组</td><td>0463</td><td>0446</td><td></td><td></td></tr>
<tr><td>第 3 组</td><td>0466</td><td>0441</td><td></td><td></td><td rowspan="2">加载电机两端轴承未擦伤，不加载电机 D 端轴承擦伤</td></tr>
<tr><td>第 4 组</td><td>0441</td><td>0466</td><td></td><td></td></tr>
</table>

选取 9 台电机采用加载装置按照图 5 运转模式进行加载下轴承擦伤试验验证，共进行 16 台次验证，其中前期试验后解体出现过轴承擦伤的电机进行多台次验证，而未出现轴承擦伤的电机只进行 1 次验证，具体的验证情况如表 2 所示。

表 2 加载下轴承擦伤试验验证情况

<table>
<tr><th>验证台次</th><th>电机编号</th><th>电机前期试验后解体电机两端轴承状态</th><th>电机加载验证后解体电机两端轴承状态</th><th>备注</th></tr>
<tr><td>第 1 台次</td><td>0619</td><td rowspan="2">出厂试验后解体电机 D 端轴承擦伤</td><td rowspan="2">两端轴承完好无擦伤</td><td rowspan="2">第 1 次加载验证</td></tr>
<tr><td>第 2 台次</td><td>0620</td></tr>
<tr><td>第 3 台次</td><td>0621</td><td rowspan="2">出厂试验后解体电机两端轴承无擦伤</td><td rowspan="2">两端轴承完好无擦伤</td><td rowspan="2">第 1 次加载验证</td></tr>
<tr><td>第 4 台次</td><td>0622</td></tr>
<tr><td>第 5 台次</td><td>0441</td><td rowspan="3">出厂试验后解体电机 D 端轴承擦伤</td><td rowspan="3">两端轴承完好无擦伤</td><td rowspan="3">第 2 次加载验证</td></tr>
<tr><td>第 6 台次</td><td>0446</td></tr>
<tr><td>第 7 台次</td><td>0466</td></tr>
<tr><td>第 8 台次</td><td>0438</td><td>出厂试验后解体电机 D 端轴承擦伤</td><td>两端轴承完好无擦伤</td><td>第 1 次加载验证</td></tr>
<tr><td>第 9 台次</td><td>0608</td><td>出厂试验后解体电机两端轴承无擦伤</td><td>两端轴承完好无擦伤</td><td>第 1 次加载验证</td></tr>
<tr><td>第 10 台次</td><td>0619</td><td rowspan="2">出厂试验后解体电机 D 端轴承擦伤</td><td rowspan="2">两端轴承完好无擦伤</td><td rowspan="2">第 2 次加载验证</td></tr>
<tr><td>第 11 台次</td><td>0620</td></tr>
<tr><td>第 12 台次</td><td>0441</td><td rowspan="2">出厂试验后解体电机 D 端轴承擦伤</td><td rowspan="2">两端轴承完好无擦伤</td><td rowspan="2">第 3 次加载验证</td></tr>
<tr><td>第 13 台次</td><td>0446</td></tr>
<tr><td>第 14 台次</td><td>0438</td><td>出厂试验后解体电机 D 端轴承擦伤</td><td>两端轴承完好无擦伤</td><td>第 2 次加载验证</td></tr>
<tr><td>第 15 台次</td><td>0619</td><td rowspan="2">出厂试验后解体电机 D 端轴承擦伤</td><td rowspan="2">两端轴承完好无擦伤</td><td rowspan="2">第 3 次加载验证</td></tr>
<tr><td>第 16 台次</td><td>0620</td></tr>
</table>

由表 1 和表 2 可知，牵引电机轴承加载试验验证共进行了 20 台次电机加载下轴承擦伤试验验证和 4 台次电机不加载下轴承擦伤试验验证，通过验证结果表明采用轴承加载装置的电机解体后无一台次出现轴承擦伤，而未加载的电机解体后 2 台出现 D 端轴承擦伤。因此，采用电机轴承加载装置在进行试验时能确保两端轴承无擦伤。

5　结语

本文研究了交流牵引电机采用垂直加载和水平加载进行对比分析来确定电机轴承加载方式，创造出一种具备先进性、实用性的轴承加载技术方法，开发出一种能满足交流牵引电机两端轴承所需最小径向载荷要求的轴承加载装置，并通过试验验证了轴承加载装置的有效性和可靠性，使其成功应用于交流牵引电机出厂例行试验，确保了交流牵引电机进行出厂试验时轴承无擦伤，保证了电机出厂质量零缺陷，达到降本增效保证质量的效果。

——来源：《技术与市场》2017 年第 7 期

牵引电机采用托举方式测量轴承游隙的工艺研究及应用

邓先平　杨下沙　郭　磊

摘　要：根据牵引电机设计图纸的要求，牵引电机组装之后需要通过测量轴承装配游隙，检验轴承装配游隙是否符合图纸要求。通过研究开发一种电机轴承游隙测量装置，能实现快速、简便、准确的测量电机轴承安装游隙，并可以适用不同型号的电机。

关键词：轴承径向游隙；托举力；托举装置

1　概述

轴承游隙分为轴向游隙和径向游隙，其中轴承径向游隙是指轴承内圈相对于轴承外圈径向移动的总距离，轴承游隙对轴承的运转精度、轴承寿命、摩擦阻力、温升、振动与噪声等都有很大的影响。

目前常用测量电机组装后的轴承径向游隙（后面简称轴承游隙）有两种方式：(1)采用天车吊升方式测量轴承游隙，(2)采用人工抬升方式测量轴承游隙值。其中天车吊升方式，难以精确操作；而人工抬升方式，存在很大的人为误差。轴承游隙是直接关系到电机轴承运行安全的核心参数，而上述两种测量方式均存在不足。

本文通过对牵引电机轴承游隙测量工艺进行研究，设计一种电机轴承游隙测量托举装置，能快速、简便、准确的测量电机轴承游隙，并可以进行推广应用。

2　装置设计

通过对现有电机轴承游隙测量工艺进行研究分析，以及现场电机装配线尺寸数据的调研，并结合压力检测系统、液压泵等关键部件的参数，设计了一种电机轴承游隙测量托举装置，装置设计图纸见图1，装置制作实物见图2。

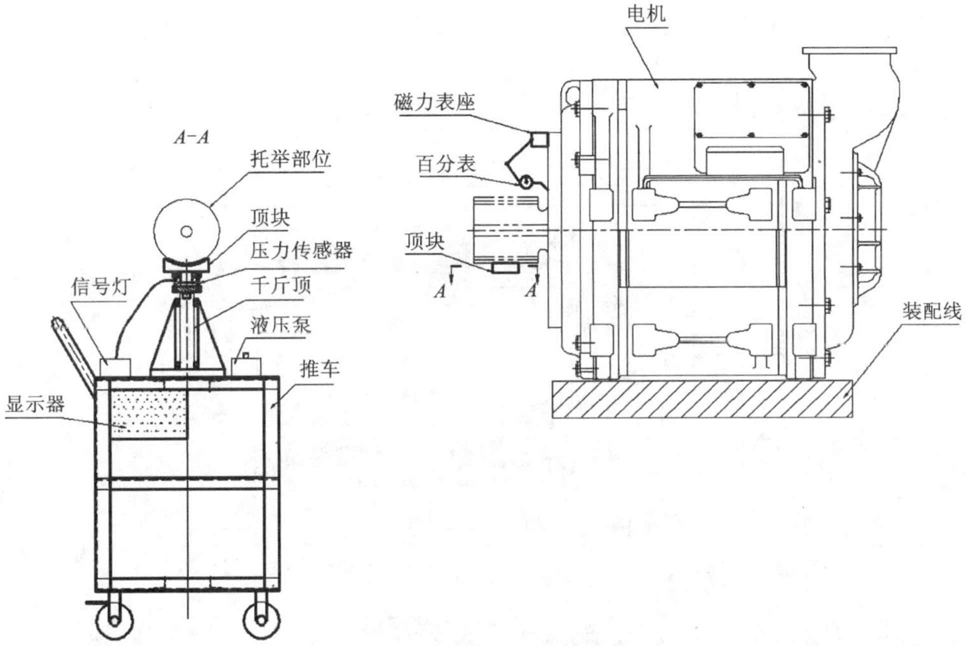

图1　轴承游隙测量托举装置设计图

本装置使用时，将磁力表座固定在端盖上，百分表表头预压在挡圈或转轴母线上，通过液压泵、千斤顶输出托举力，将转子一侧托举，并由压力传感器、显示器采集监控托举力，控制液压泵使其达到测量轴承游隙所需的托举力，则百分表的数值变化即为轴承游隙值。

图2　托举装置实物

3　试验验证

以某种型号的交流牵引电机为例，采用托举方式测量电机传动端（以下简称“D端”）轴承游隙，进行了验证。

3.1　计算托举力

测量该型号的交流牵引电机D端轴承游隙时，需要将转子D端完全托举起来，使得 D 端轴承正上方外圈、滚柱、内圈之间的间隙为零，在此过程中轴承内圈的径向位移即为轴承游隙。为计算转子所需的托举力，对转子进行受力分析，如图 3 所示：

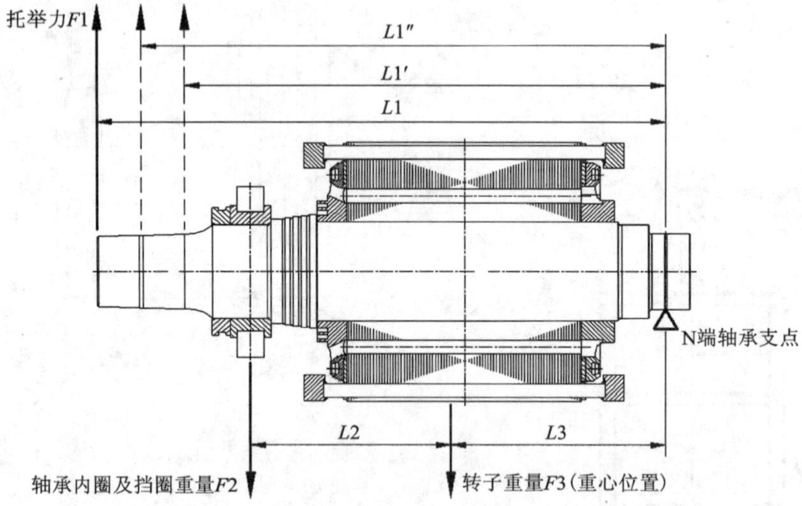

图 3　转子受力分析图

为了将转子 D 端托举起来，需要以 N 端轴承为支点，克服转子重量、D 端轴承内圈及挡圈重量，根据力矩平衡原理，则有：

$$F_1 \times L_1 = F_2 \times (L_2 + L_3) + F_3 \times L_3$$

查询图纸可知：$L_1 = 969$ mm（托举点位于转轴端面时）；$L_2 = 339.6$ mm；$L_3 = 366.9$ mm；$F_2 = 25.5$ kg；$F_3 = 635$ kg；代入上述公式，可求得托举力 $F_1 \approx$ 259 kg。

当托举点位于转轴锥面最大端时，$L1' = 817$ mm，则 $F1' \approx 307$ kg

考虑现场实际装配线空间及方便托举装置安放，取转轴油槽位置为托举点，$L1'' = 893$ mm，可求得托举力 $F1'' \approx 281$ kg；

综合上述计算分析，以转轴油槽位置为托举点，考虑实际操作过程中托举点位置以及配件重量存在些许偏差，取 D 端托举力值为 285 ~ 310 kg。

3.2　测量轴承游隙

装置定位，将推车移动至电机装配线区，使顶块位于电机转轴锥面油槽正下方，锁死推车万向轮，使得推车不再移动。

选择压力显示程序“P0”（不同程序对应不同压力值界限，可适用不同型号电机）。

输出托举力，锁紧液压泵阀门，操作液压泵使千斤顶产生向上的托举力，千斤顶推动压力传感器、顶块向上位移，直到顶块触碰到转轴，黄色信号灯亮；继续施加托举力，直到绿色信号灯亮，则表示已达到游隙测量所需的托举力，观察显示器的压力值进行确认，并停止操作液压泵。

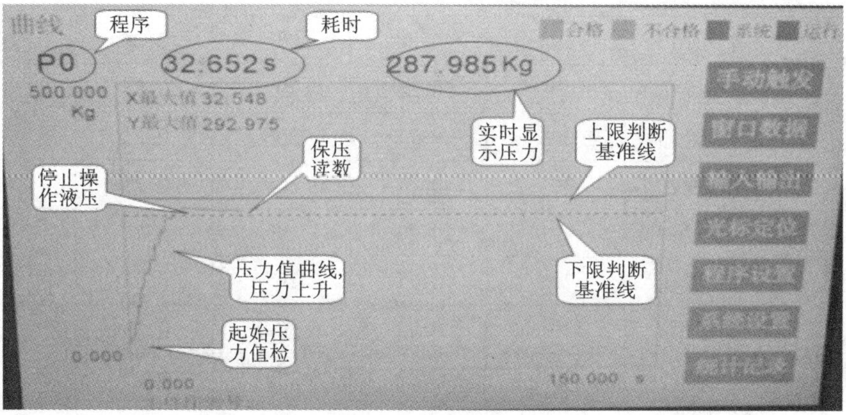

图 4　显示器的压力值界面

根据杠杆百分表的数值变化，可知电机轴承游隙值为 0.26 mm，做好记录。

3.3　验证

3.3.1　对比验证

现场选取 8 台某种型号的交流牵引电机，使用托举装置测量轴承游隙与天车吊升测量轴承游隙两种方式进行对比，结果见表 1。

表 1　两种轴承游隙测量方式结果对比表

序号	编号	测量方式	D 端轴承游隙第一次测量		D 端轴承游隙第二次复测		两次偏差 /mm
			托举力/kg	轴承游隙 /mm	托举力/kg	轴承游隙 /mm	
1	3910	天车吊升	295	0.26	290	0.26	0
		本装置托举	288	0.26	289	0.26	0
2	3911	天车吊升	300	0.24	290	0.24	0
		本装置托举	292	0.24	292	0.24	0

续表 1

序号	编号	测量方式	D 端轴承游隙第一次测量		D 端轴承游隙第二次复测		两次偏差/mm
			托举力/kg	轴承游隙/mm	托举力/kg	轴承游隙/mm	
3	3912	天车吊升	284	0.24	312	0.25	0.01
		本装置托举	297	0.25	296	0.25	0
4	3913	天车吊升	303	0.28	287	0.28	0
		本装置托举	297	0.28	297	0.28	0
5	3914	天车吊升	306	0.21	305	0.21	0
		本装置托举	303	0.21	304	0.21	0
6	3915	天车吊升	291	0.27	299	0.27	0
		本装置托举	294	0.27	295	0.27	0
7	3916	天车吊升	301	0.23	309	0.23	0
		本装置托举	300	0.23	289	0.23	0
8	3917	天车吊升	286	0.19	304	0.20	0.01
		本装置托举	290	0.19	292	0.19	0

从 8 台电机轴承游隙测量数据来看，托举装置测量轴承游隙与天车吊升测量轴承游隙结果基本一致。其中天车吊升测量轴承游隙存在两次偏差，而托举装置测量轴承游隙两次结果完全相同，测量数据更稳定精确。

3.3.2　例行试验

对上述 8 台电机进行例行出厂试验，电机运转良好，在最高转速 3452 r/min 时，测量振动值小于 3.5 mm/s，符合电机试验大纲要求。

3.3.3　验证分析

相比而言，托举装置测量轴承游隙具有以下优点：

1）提高了测量精度。天车吊装数字显示称误差为 ±5 kg，而托举装置误差为 ±1 kg；且托举装置重复测量轴承游隙不存在偏差，精确度更高。

2）数据可监控、追溯。托举装置可显示并记录整个测量过程中的力学曲线，单个程序可记录 10000 条测量数据，且可以根据需要将数据导入电脑，方便后续追溯轴承游隙测量信息，实现了制造信息化。

3）提高了生产效率。使用托举装置测量电机轴承游隙测量时间大幅减少，提高了现场生产效率。

4）确保了产品质量。轴承游隙测量过程中，天车升降时会对轴承产生 15 kg 以上的冲击载荷，而托举装置升降时给轴承施加的托举力属于静载荷，确保测量过程中不损伤轴承。

5）有推广价值。托举测量轴承游隙工艺操作简单、适用性强，已在大功率机车电机、动车电机生产中得到应用，并可以在城轨电机、工业特种电机、新能源电机等电机产品中进行推广应用。

4 结论

本文研究了牵引电机采用托举方式测量轴承游隙的工艺方法，自主设计研发了一种全新的轴承游隙测量托举装置，并与原有测量方式进行对比，托举测量轴承游隙工艺节省了人力成本，大大提升了工作效率，并减少天车等其他因素对轴承游隙测量的影响，保证轴承游隙测量的高效性和可靠性，达到降本增效保证质量的效果。通过装置预留接口进行信息化联网，最终达到轴承游隙测量数据集中统计分析以及远程监控的目的，为轴承游隙测量工序往高数字化、高信息化、高可靠性方向发展奠定了良好的基础。

——来源：《中国铁路装备》2018 年第 5 期

设备工装篇

数控线圈包带机惯性故障的优化与改造

黄 宁 万 军 张 琼 言燎原 陈 郑 谢 伟

摘 要： 重点论述了数控线圈包带机在使用中出现的惯性故障，分析数控线圈包带机的主要设计缺陷和故障频发的原因，找出解决故障问题的办法，通过分析及实践改进数控线圈包带机出现惯性的问题点，从根本上解决了长期困扰的设备惯性问题。

关键词： 数控包带机；缺陷；故障；改造

前言

随着我国铁路的高速发展，对机车牵引电机产品的需求量大增，机车牵引电机从原来的直流型转为交流型牵引电机，机车速度从原来的每小时百余公里可以提升至每小时 486.1 km，速度的提高需要产品质量的保证，产品质量的保证首当其冲的是保持生产设备良好的工作运行状态。随着线圈绝缘叠包工艺的不断改进，对线圈绝缘叠包精度的要求不断提高，以往的手工包扎由于效率低下，线圈叠包率精度受操作人员技能水平高低影响废品率居高不下，已经无法满足公司批量生产电机对线圈的需求。数控包带机正是为了满足动车、机车与城轨等电机的线圈绝缘叠包工艺，提高线圈绝缘带叠包效率，降低受操作人员影响造成的废品率，而首次定制的专业线圈绝缘带叠包设备，是制作定子线圈的关键设备之一。设备性能是否能长期保持良好的运行状态，直接关系到线圈的产品质量，由于线圈是用专业的电磁线制作，外面需要叠包 N 层绝缘带，其价格昂贵，产品质量的波动会直接造成公司生产成本提高，乃至公司经营效益受损。因此，要保证数控包带机具有良好的技术性能并能正常运行，保证各执行机构按照规定的要求平稳而协调地工作，正常的使用、维护与合理的改善就显得十分重要。

图 1　数控线圈包带机

图 1 所示为数控线圈包带机。该数控设备是 2007 年提出需求与相关厂家协商后首次定制的，2008 年上半年投入线圈试制，下半年进入批量生产，经过几年来的使用，厂家首次研发的设备出现了许多问题，给生产与维修都带来了很多困难，我们经过多次维修，对设备有了较深的认识，我们边修理边摸索边改进，设备性能有了很大的提高。归纳总结设备的惯性故障与我们改造心得如下。

1　炭刷寿命短故障原因及改善

（1）故障现象：线圈叠包过程中突然失去张力，造成绝缘带叠包不紧密，叠包失败，需剪去绝缘材料重新叠包，浪费时间与材料等。

（2）检查过程：根据故障现象查找问题，在设备的程序设置里张力数值设置为 20 N，但电磁张力装置却没有正常产生张力，旋转包带头的包带盘时，电磁张力产生装置断断续续工作，产生的张力时有时无，通过对包带头包带盘的解体拆卸，综合推断分析判断故障原因是包带头上的炭刷磨损，炭刷与包带头的包带盘上的导电环接触不良，导电时有时无，无法对电磁张力装置进行持续供电，造成电磁张力装置失效，不能正常产生张力（图 2）。

（3）故障分析：包带盘的宽度有 30 mm，为了给 2 个独立的绝缘带带盘供电，设置了 4 圈导电环，每圈导电环宽度 3 mm，而包带头的厚度只有 25 mm，所以只能安装很小的炭刷，与导电环接触的触点只有 4 mm 厚。这点厚度在包带盘每天几万圈的旋转正常磨损中，最多只能坚持半个月就得更换炭刷。成本计算：每次更换一套炭刷 3 个需 800 多元，公司 14 台数控包带机一个月就需要正常消耗近2万元以上的炭刷，加上炭刷的异常磨损和撞击损坏，费用更加惊人，为了把成本降下来，就得取消炭刷消耗，而取消炭刷又怎么实现电磁张力呢？通过查找相关资料，决定采用价格低廉的机械张力装置，使用刹车带来对绝缘带盘施加张力，通过对一台数控包带机的改造试验，线圈叠包率能达到工艺要求，改造后的成本一根刹车带几元钱，能正常使用3个月以上，对公司现有的数控包带机进行改造后，每月的设备维修费用能降低2万元以上，而且少了电磁张力装置后，包带盘上可以安装绝缘带盘的位置增加了，可以使用4个绝缘带盘，减少了操作工人更换绝缘带的时间。

(4)解决改善过程：拆除包带盘上的2个电磁张力装置及绝缘带盘，设计制作使用刹车带张力装置的绝缘带盘，在包带盘上规划新的绝缘带盘安装位置，每个包带盘上安装上4个使用刹车带张力装置的绝缘带盘，故障排除(图3)。

图2　电磁张力绝缘带盘

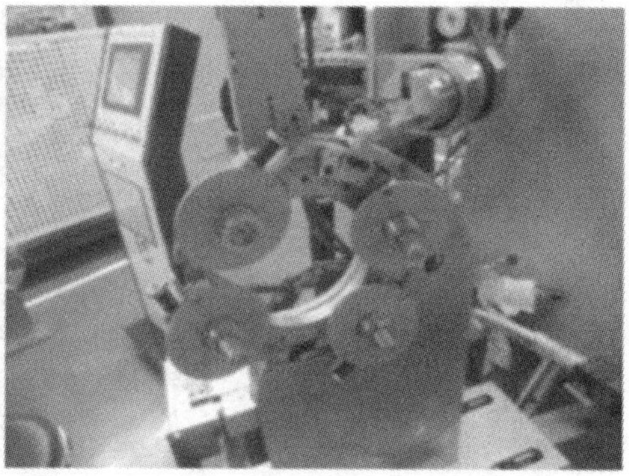

图3　机械刹车带绝缘带盘

2　编码器电缆短路故障原因及改善

(1)故障现象：启动伺服电源后，触摸屏上出现9号轴报警显示，伺服电源送不上电，设备不动作。

(2)检查过程：打开电气屏柜，发现9号轴伺服驱动器出现报警，报警号为“16”，伺服驱动器使用的是三菱伺服驱动器。

(3)故障分析：根据报警号，查找三菱伺服驱动器资料，伺服驱动器“16”号报警的含义是：编码器与伺服驱动器通信故障，引起这种报警的原因有几种可能：

①编码器故障；

②编码器连接器(CN2)断开；

③编码器电缆故障(开路、短路)。

根据由易到难的原则首先对编码器电缆进行检查发现9号轴伺服驱动器报警是因为编码器电缆短路引起的，这根编码器电缆在安装时固定位置设计不好，包带机在自动运行时编码器电缆外露，直接与导轨面接触磨损绝缘层造成编码器电缆短路。

(4)解决改善过程：将破损的编码器电缆进行更换，重新固定好编码器电缆，检查并调整其他的编码器电缆在工作中不会与其他部件接触，在外露的编码器电缆上加装线管保护，保证编码器电缆工作正常，重新上电，故障排除。

3 圆柱导轨卡滞故障原因及改善

(1)故障现象：启动伺服电源后，在工作中触摸屏上出现6号轴报警画面，机床不动作，清除报警后，又可以运行一两天，故障出现频率越来越频繁。

(2)检查过程：打开电气屏柜，发现6号轴伺服驱动器出现报警，报警号为“50”，伺服驱动器使用的是三菱伺服驱动器，清除报警，使用手动程序运行6号轴，有卡滞现象，移动一段距离后，6号轴重新出现报警号“50”。

(3)故障分析：根据报警号，查找三菱伺服驱动器资料，伺服驱动器“50”号报警的含义是：超过了伺服放大器的过载能力300%达到2.5 s以上或200%达到100 s以上，引起这种报警的原因有几种可能：

①机械故障；

②伺服电机接线错误，伺服放大器的输出UVW和伺服电机的输入UVW相位没有接对；

③伺服系统不稳定，发生振动；

④编码器故障；

⑤伺服放大器用于负载大于其连接输出能力的场合。

根据故障现象判断6号轴能工作，但工作一两天就报警，应该属于伺服放大器用于负载大于其连接输出能力的问题。而导致6号轴有卡滞现象出现的原因有2个：

①传动丝杆轴承损坏；

②圆柱导轨滑块卡滞。

拆卸下传动丝杆与伺服电机间的皮带和传动丝杆的轴承，检查传动丝杆的轴承没有损坏和卡滞现象，问题集中在了圆柱导轨滑块上，用手推动圆柱导轨滑块，有明显的卡滞现象，这时发现圆柱导轨滑块上的加油孔在滑块的上部，被安装在上面的包带头底板遮挡住了，导致操作工人在日常维护保养过程中没有办法对圆柱导轨滑块内部加注润滑油，而在导轨上加油又被圆柱导轨滑块两端的防尘套挡住了，所以圆柱导轨滑块因缺油干摩擦导致有了卡滞现象。

(4)解决改善过程：通过查找圆柱导轨滑块的图纸，找到圆柱导轨滑块侧面没有弹珠的位置，钻出一个 5 mm 的加油孔，用机油枪把机油加注进去，在加油孔上加工 6 mm 的螺纹，加装螺丝堵住加油孔防止灰尘进入，故障排除。

4 结语

本文围绕数控包带机出现的一些问题进行了分析，提出了一些解决与改善办法，对问题比较严重的机构进行了改造，大大降低了包带机的故障率，提高了生产效率，对以后解决此类问题提供了范例。

——来源：《中国铁路装备》2018 第 10 期

SINUMERIK 840D 加工中心主轴故障的分析与处理

李赛花　周　青　史新雷

摘　要： 由 SINUMERIK 840D 数控系统下的加工中心主轴在使用过程中出现以下异常：主轴空转时正常，但在换挡或带负载运转时，系统报警 25201、21612、300504、300508 错误。本文针对该问题进行了各方面的分析与排查，最终异常报警得以消除。

关键字： 840D、主轴、报警

1　问题描述

SINUMERIK 840D 数控系统下的 TH65100 125B/D 型加工中心在主轴空转时并无异常，但在换挡或带负载运转时，系统出现 25201、21612、300504、300508 报警错误。该加工中心采用全闭环控制，NCU 版本为 571.3，各轴均由 SIMODRIVE 611D 交流伺服驱动控制，且各轴控制单元采用双轴控制。

2　硬件部分的分析判断

报警号 25201、21612 内容的基本含义是"通道%1 轴%2 轴进给时 VDI 信号驱动使能被复位"，与驱动部分的硬件有关。而报警号 300504、300508 则表示"主轴电机测量系统零标记监控"，一般涉及反馈信号弱、反馈回路受到电磁干扰、反馈回路硬件损坏等原因。

主轴控制原理及各硬件间相互关系见图 1。

2.1　611D 交流伺服驱动的判断

首先，该机床各伺服轴均采用 6SN1118 - 0DM23 - 0AA0 型双轴模块控制，与主轴的控制模块一致，故对换控制模块再反复测试主轴运转，故障现象没有变化。

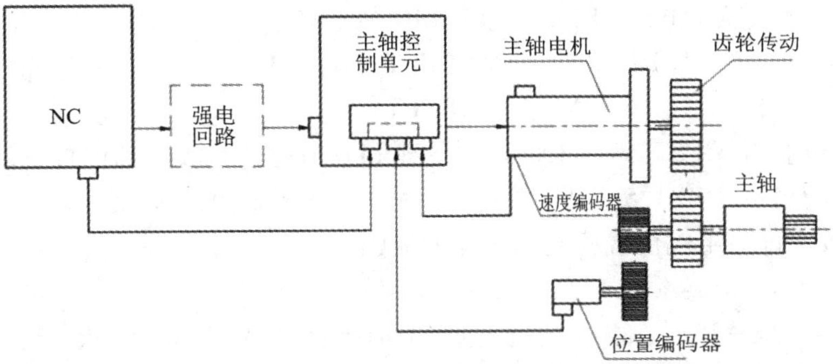

图1　主轴控制部分示意简图

其次，用全新的同型号模块替换原有 6SN1123 - 1AA00 - 0LA3 主轴功率模块，重新测试，故障现象依然存在。

由此可以判定引发 25201、21612 两个报警的原因与系统控制及驱动模块无关。

2.2　主轴电机编码器及反馈电缆的判断

反复核查编码器安装、反馈线缆及插头接口等硬件连接情况，故障现象不变。因主轴电机为 1PH7 型电机，内部转子为笼式结构，没有磁极的区别，因而不需要相应的检测转子位置的信号。ERN1381 型主轴编码器也就没有 C 相和 D 相信号，更换时就不需重新调整。用同型号的 ERN1381 主轴编码器进行替换后，发现故障现象没有变化。

从主轴驱动模块上重新放一条编码器电缆到主轴端，检测故障仍然没有变化。从上三项措施的检测结果看，排除了故障起源于编码器及反馈电缆的可能性。

2.3　参数设置及 PLC 诊断的应用

2.3.1　全闭环改半闭环的检测

为了进一步缩小故障范围，通过调整主轴的相关参数，将主轴第二编码器屏蔽，主轴由半闭环控制来判断故障有无变化。

在启动界面中，输入制造商口令“SUNRISE”，找到主轴对应的机床数据，依次修改以下参数：

MD30200(NUM_ENCS) =1;
MD30230(ENC_INPUT_NR)[0] =1;
MD30230(ENC_INPUT_NR)[1] =0;

MD31000(ENC_IS_LINER)[0]=0；

MD31000(ENC_IS_LINER)[1]=0；

MD31010(ENC_IS_DIRECT)[0]=0；

MD31010(ENC_IS_DIRECT)[1]=0。

同时，利用 STEP7 -300 软件下载 PLC 程序，修改主轴位置测量接口参数，Set = DB36. DBX1.5，保存并将程序回装。机床断电重启后，故障现象仍然存在，故可排除主轴位置检测编码器的原因。

2.3.2 主轴运转过程中的主轴使能监测

主轴出现故障后，MCP 面板上的“主轴使能”信号灯随之熄灭，其对应的接口参数为 DB36. DBX2.1，故可在机床 PLC 诊断界面下查看该参数的状态变化，也可通过监控主轴使能相关的 PLC 程序，分析控制主轴使能输出的条件。通过程序分析，影响 DB36. DBX2.1 参数信号的主要有各轴伺服使能及相关的中间变量，未发现有直接导致使能复位的必要条件。

2.3.3 主轴换挡过程的故障分析

在主轴空转状态下，分别用 M41，M42，M40 指令代码进行低挡、高挡、空挡三个挡位的切换，均会产生同类报警，且发生在电机的减速摆动阶段。

主轴三个挡位的接口参数分别对应 DB33. DBB82 的低三位，通过 PLC 诊断功能监测各挡位信号状态，挡位信号输出准确。当手动改变控制主轴档位电磁阀的阀芯，主轴能够完成挡位的切换，但在 AUTO 模式下采用 M 指令进行挡位切换，则会出现主轴伺服报警，换挡无法完成。这说明控制主轴换挡的电磁阀、机械拨叉等均正常，但因主轴机械振动导致位置信号丢失的可能性较大。

2.4 主轴电机的监测诊断

以上措施均未能排除故障，最大嫌疑便指向主轴电机。根据主轴电机在空转及带负载运转时表现出的振动大和异音现象，初步断定主轴电机轴承已严重磨损，导致转子径向窜动过大，系统无法正常读取编码器反馈信号，从而出现上述报警。

经由西门子维修中心专业拆解检测后，主轴电机诊断报告也证实了故障主因确是轴承磨损严重，同时，编码器插头处轻微的电化学腐蚀也是引发编码器零标记丢失的次要因素。

在更换两端轴承后，主轴电机重新装配并在各工况下运转测试，故障现象得以消除。

3 结束语

此次加工中心主轴故障的处理，经过了一系列的推理和判断，逐一排除各种可能，最终缩小并锁定故障源。全过程涵盖了系统硬件判断、参数设置、PLC 诊断以及机械传动检测等常用维修方法，为类似故障的处理提供了参考，具有一定的代表性。

——来源：《中国机械》2014 年 3 月

焊接机器人焊枪连接器自主研究维修

万　军　黄　宁　文得意　王新洲　邹洪勇　谢　伟

摘　要： 随着工业机器人技术的高速发展，焊接机器人已成为先进焊接设备，在各种领域中均有广泛应用，机器人维修技术也在日益发展，然而国内维修技术水平较落后，主要依靠生产厂家或进口配件来支持。本文通过对IGM焊接机器人焊枪连接器自主研究维修案例的介绍，从对故障的认知、故障类型、故障现象进行分析，结合焊枪连接器的结构及其工作原理，总结出焊接机器人焊枪连接器自主维修的检测步骤及方法，供同行参考交流。

关键词： 焊接机器人焊枪连接器自主维修；检测步骤

0　引言

焊枪连接器用于焊接电缆与焊枪连接，内部结构相当紧凑，精密，它集焊接的气路、水路、电路、导丝管、导电管与绝缘、焊枪防碰撞模块于一体，是机器手臂与焊枪的连接桥梁，机器人手臂及焊枪连接器等精密部件都是由国外技术人员负责安装、调试和维修。一旦机器人焊枪连接器受损，便需新购一整套焊枪连接器，周期20 d，价值10万元，或者送国外维修，需要3万余元，修复周期在30 d。综合考虑维修资金、生产进度，考虑降低我们企业对外部维修资源依赖程度，最重要的是更多地了解机器人内部的结构，掌握更多的机器人维修技术，我们决定自主研究、尝试修复焊枪连接器。

1　背景介绍

2016年12月，IGM机器人焊接产品出现质量异常，经检查发现IGM焊接机器人由于产品局部异常突出，焊枪与产品在焊接过程中相撞，撞枪造成焊枪TCP不准（已不能调整对准零位），焊枪防碰撞模块（防碰撞功能）失效，产品焊接位置与程序设定位置发生偏移且无规律，已经没有纠正的可能，故焊接质量无法保证，已不能正常焊接，对其全面解体检查问题为焊枪连接器被撞，局部受力过大导致防碰撞模块损坏，如图1所示。

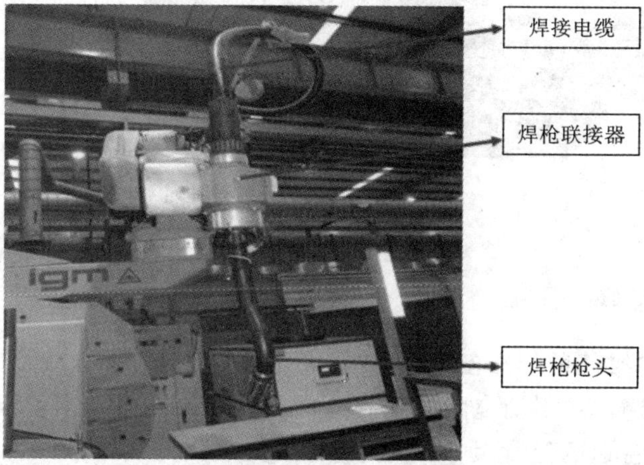

图1　焊接机器人焊枪总成

焊枪连接器用于焊接电缆与焊枪连接，内部结构相当紧凑，精密(图2)，它集焊接的气路、水路、电路、导丝管、导电管与绝缘、焊枪防碰撞模块于一体，即要保证焊枪不漏水、不漏气，又要确保焊枪连接紧固平整，导电性能良好。从焊接臂上拆下焊枪连接器后，发现内部管道都做了防漏的加固处理，没有破损痕迹，只是防碰撞模块座撞裂，我们只要想办法将撞裂的防碰撞模块座，对其拆除更换即可修复焊枪连接器，可防碰撞模块座的安装似乎是通过特殊工艺将其与连接器整体连接的，讨论很久都没有发现可拆解移动的部件。由于没有任何维修焊枪连接器的经验，也没有任何技术支持，拆卸是否需要专用工具或是特殊处理方式就不得而知了，最难的就是焊枪防碰撞模块座是如何定位的，采用哪种定位方式，外部是观察不到的，一旦强行拆卸失败，整个连接器将报废，或是安装不到位，出现焊枪漏水、导电不良现象将直接影响焊接的稳定性，影响产品的质量，也将降低焊接电缆和焊枪的使用寿命，严重的会直接造成焊接电缆烧损，可见自主研究焊枪连接器技术的难度，自主修复的难度。讨论研讨良久，可否用废旧配件来研究与修复，此配件是老IGM大修时更换下的配件，导电部分已经严重烧损，不可直接使用，但防碰撞模块座完好，我们进行研究性实验及拆解，了解其内部结构和拆解方法，推断各结构的功用。经过反复研讨决策，决定先利用废旧配件做实验进行拆解，边拆解、边推测、边了解其内部结构和边制定新的拆解方法，边总结经验如图 2 所示。

图 2　损坏的焊枪防碰撞模块

2　自主研究维修

2.1　自主维修前的准备工作

a. 观察防撞模块平衡电阻的安装位置、连接方式、线路的走向。观察测量焊枪连接器各管道的位置尺寸，方向，管接头紧固方式及紧固位置尺寸。用游标卡尺测量防撞模块座与电缆头基座的距离尺寸，确定防撞模块座的安装的准确位置。以上工作必须特别细心、谨慎、认真，因为只有一个配件，且只有一次机会，我们做好详细记录，各组件每个视角进行拍照留底确认。

b. 分析防撞模块座安装定位方式、拆卸步骤及拆卸过程中的注意事项。

c. 制定焊枪连接器维修方案，准备工具(包括自制工具)及所需材料如图 3 所示。

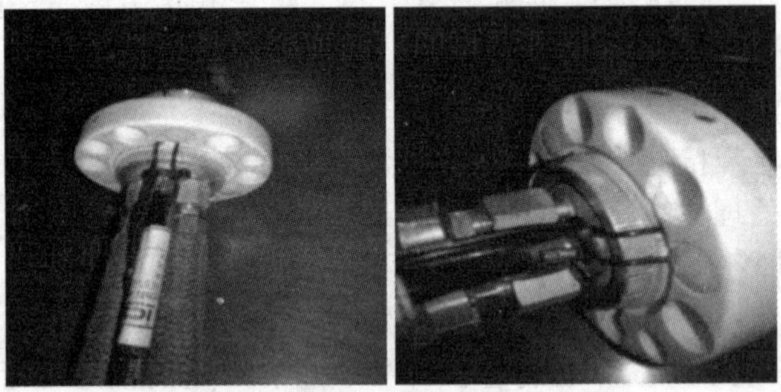

图 3　焊枪联接器实物图

2.2　拆卸与修复的过程

a. 内部管道都做了防漏的加固处理，用热风机对焊枪固定端管接口处进行加热处理，将密封胶融化，管口的紧固件采用的是一次性卡箍，用自制的小工具慢慢地将其开口处拉大，减小其夹紧的力度将管道拆除，注意不能破坏其整体的夹紧力，以免造成后面再次安装时管口处夹不紧，控压能力不够，出现漏水、漏气现象，取下焊枪端基座。

b. 平衡电阻拆除，注意三个平衡电阻的阻值在 1000 Ω，阻值不能偏差过大，否则将造成焊枪防碰撞模块失效，如图 4 所示。

图 4　焊枪联接器基座及平衡电阻的拆解

c. 用相同方法将防撞模块座端管道拆除。

d. 防碰撞模块座是一个锥形结构，端面大，顶面小，端面处用了特殊的金属加固胶将固定并帽封在里面，因此感觉防碰撞模块座与连接器是整体连接的，去除固定在防撞模块座并帽的加固胶，便看到了固定并帽。将固定并帽退出，如图 5 所示。

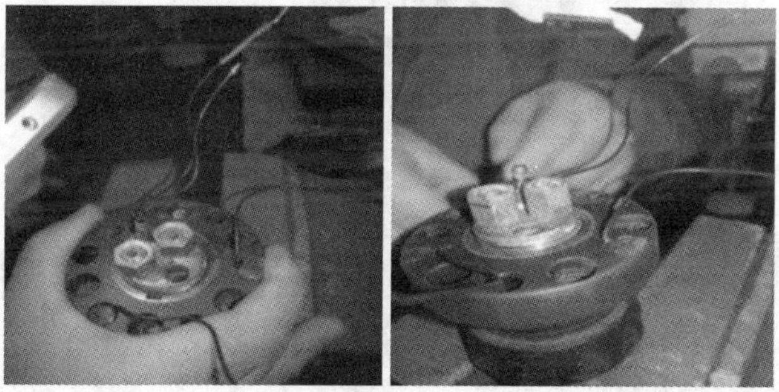

图 5　防碰撞模块座的拆解

e. 防撞模块座采用的是键的定位方式，将模块座取出时必须保持水平，保证键与键槽的配合精度，确保防撞模块的定位精度、焊枪防撞的灵敏度。

f. 将拆解下来的组件进行清理，连接基座进行打磨处理，管道及接头进行疏通处理。

g. 按相反程序进行安装，各管道接口必须按要求涂胶进行加固处理如图 6 所示。

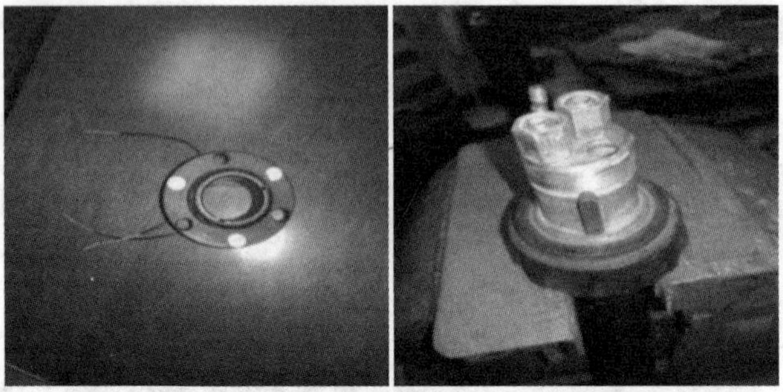

图 6　拆解后的防碰撞模块及联接基座

h. 检查确认修复后的位置数据与测绘测量的尺寸数据一致，如图 7 所示。

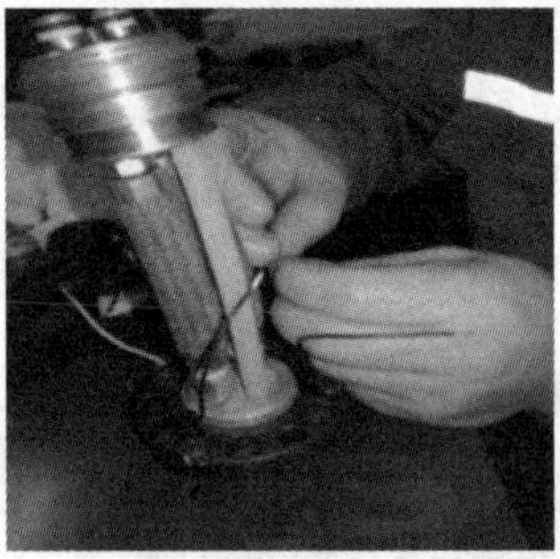

图 7　修复后的焊枪联接器

将修复的连接器安装到机器人焊接手臂，进行整机调试与现场验将修复好的焊接连接器安装并调整焊枪 TCP、重新校正机器人各轴零位、检查焊接程序，模拟焊接实物，检查确认焊接正常后，模拟产品，实物焊接，如图 8 所示。

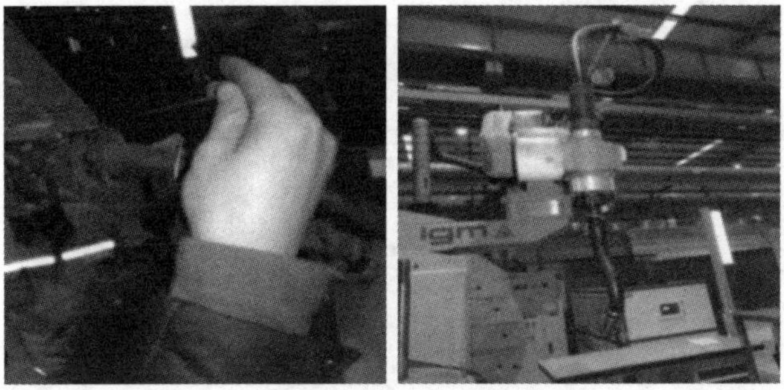

图 8　联接器的安装及整机调试

从现场调试试用情况来看，通过上述攻关措施，目前的焊接效果已达到工艺要求。课题组还指定了专人配合事业部工艺室、设备室对该项目的后续跟踪。2016 年 12 月 14 日，从上述部门传来消息：设备经过修复后，通过各项检测，该机器人能完全满足产品焊接工艺要求，成功通过评审。

——来源：《中国铁路装备》2018 第 11 期

数控线圈涨型机的惯性故障的改造

王飞跃 黄 宁 万 军 谢 伟 张 琼 盛金龙

摘 要：重点论述了数控线圈涨型机在使用中出现的惯性故障，分析数控线圈涨型机的主要设计缺陷和故障频发的原因，解决故障问题的办法，通过分析及实践改进数控线圈涨型机出现惯性的问题点，从根本上解决了长期困扰的设备惯性问题。

关键词：数控涨型机；缺陷；故障；改造

概述

该数控设备是2007年提出需求与相关厂家协商后首次定制的，2008年上半年投入线圈试制，下半年进入批量生产，经过一年多的使用，厂家首次研发的设备出现了许多问题，给生产与维修都带来很多困难，我们经过多次维修对设备有了较深的认识，我们边修理边摸索边改进，设备性能有了很大的提高。归纳总结设备的惯性故障与我们改造心得如下。

1 散热故障

(1)故障现象：设备工作8 h以内还能保证设备的正常运转，随着设备的运转时间的加长，油温不断的攀升到60℃以上，最高时达到过80℃高温，夏季工作时油温攀升的速度更快，油温升高后频繁出现故障。涨型过程中执行机构动作失误，自动控制失灵，工作机构产生爬行和抖动，造成涨型后的线圈角度无法达到图纸或工艺文件的要求，使涨型后线圈报废或返工。

(2)原因分析：数控线圈涨型机是线圈涨型生产的单一设备，加工任务重，设备只有3台，为了满足生产进度的要求，经常24 h不停机的工作。而设备油箱的散热效果差，没有安装主动散热系统，油温在设备长时间的运转中不断提升。超过正常工作油温 40℃以后，高油温导致油液发黑，加速了油质的劣化，使油液黏度降低，油液的润滑性能下降，加速了密封件的老化，加速油液在液压系统里的内泄漏，加剧液压阀阀芯的磨损及卡滞，使执行机构动作失误，自动控制失灵，工作机构产生爬行和抖动。

(3)处理过程：针对这种故障，为了加快散热降温速度，我们在设备的回油油路增加了一套降温装置，强制使回油箱的油液温度降低，油箱的油温长时间工作时基本能控制在 46℃以下，满足了正常的生产需求。

2　线圈抓线装置松动故障

(1)故障现象：由于抓线装置中铰链的连板断裂、弯曲和扭曲变形；抓线装置中铰链的连接销孔磨损或圆柱销磨损、断裂；止挡螺丝断裂等原因造成数控涨型机的抓线装置在抓紧线圈后松动，导致线圈涨型后角度无法达到图纸或工艺文件的要求，使线圈报废或返工。

(2)原因分析：数控线圈涨型机的线圈抓线装置设计为铰链结构如图 1 所示，通过抓线油缸推动用圆柱销固定在夹持装置墙板上的连板 A，带动连板 B 传动到抓线卡爪压紧夹持装置的上顶板来完成把线圈抓紧的动作如图 2 所示，为了保证线圈涨型后的角度和圆弧度，抓紧后的抓线卡爪是不能松动的，所以抓紧后的抓线装置在涨型过程中的抓紧油缸油压必须一直保持在 4 MPa 左右，才能克服线圈的反弹力抓紧线圈使线圈成型，经过我们的计算，此油压对抓线装置中铰链结构的压力非常大；线圈抓线装置由于体积小，结构紧凑，铰链的连板 A 和连板 B 是采用 10 mm 厚的 45 号钢板制作，强度和刚度达不到要求，

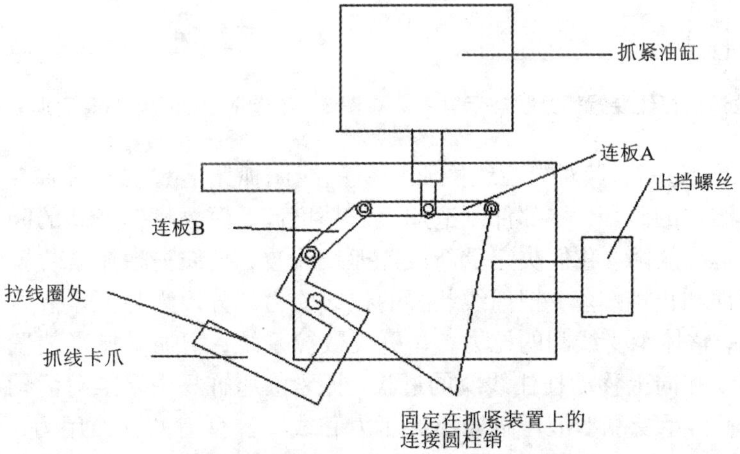

图 1　改造前抓线装置打开状态示意图

在涨型液压缸输出的压力和线圈涨型时的反作用力下，较易造成连板的弯曲破坏和扭曲变形；线圈抓线装置中的铰链连板 A、连板 B 和抓线卡爪之间是通过 5 根 6 mm 的 45 号钢圆柱销连接，由于磨损对铰链结构尺寸精度的破坏是最大的，为了保证抓紧精度，所以该配件对圆柱销及销孔的加工尺寸精度要求高，使用时由于压力大易磨损变形，甚至断裂，使抓紧装置产生松动，导致涨型后的线圈角度超差，如图 3 所示；线圈抓线装置的铰链结构是通过油缸的推动使 2 块连板形成一条直线，在死点位置达到两连板的最长尺寸，使抓线卡爪顶住抓线装置上顶面，抓紧线圈，如果压过了死点位置，两连板的距离又会变短，使抓线卡爪离开抓线装置上顶面，抓线装置打开 3 mm 左右，导致线圈涨型后角度超差，所以要依靠两颗止挡螺丝定位连板的死点位置，必须要调整止挡螺丝使连板 A 和连板 B 在成一条直线时停止移动，才能有效夹紧线圈，此时止挡螺丝受到的力很大，油缸出来的压力全加在上面，而且止挡螺丝受力方向与螺丝的轴向有一定角度的夹角，对螺丝产生径向分力，使螺丝受剪切，频繁夹持受力故止挡螺丝断裂。

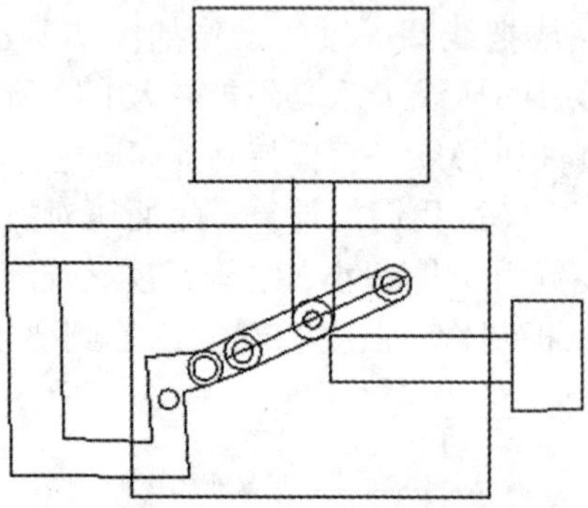

图 2　改造前抓线装置抓紧状态示意图

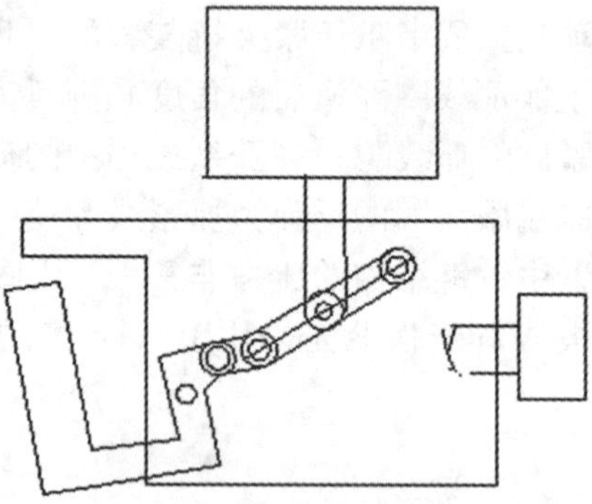

图 3　改造前止挡螺丝断裂后抓紧失效示意图

(3) 处理过程：针对数控线圈涨型机的线圈抓紧装置在实际使用中，大压力对铰链结构的破坏，零部件制造加工需精度高，而故障率又高的问题。为了从根本上解决故障，我们决定重新设计抓线装置，我们去除抓紧装置的铰链抓紧活动部件和止挡螺丝，把抓线装置的拉线受力部分改为与抓紧装置一体的固定式挂钩，整体承受线圈的拉力，并更改数控系统，增加了抓紧装置在涨型臂上向下移动和向上移动挂住线圈的过程，抓紧液压缸只用来推动活动压板把线圈压紧，不再承受涨型液压缸输出的压力和线圈涨型时的反作用力，压力可以调小到 2 MPa，移动部件承受的压力明显减少，效能又与原来完全一样，如图 4、图 5 所示。

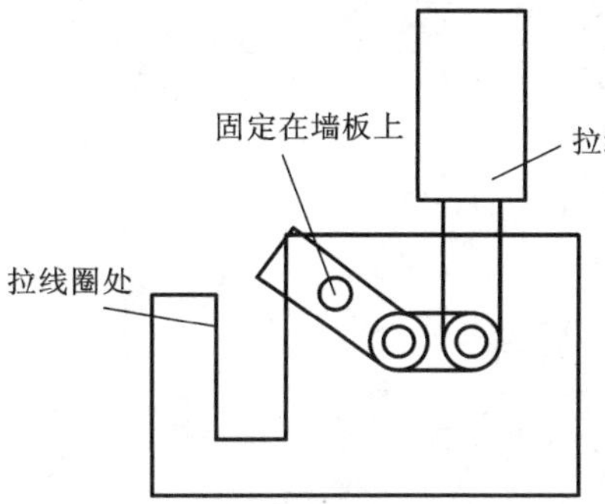

图4　改造后拉线装置打开示意图

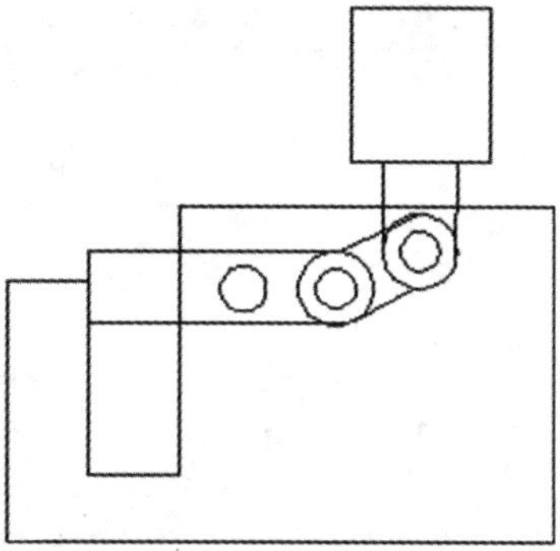

图5　改造后拉线装置压紧线圈示意图

3　涨型臂故障

(1)故障现象：由于涨型臂涨型时液控单向阀卡滞，造成回油油路只打开一半或没有打开，回油不畅引起数控涨型机的涨型臂在涨型时单臂产生爬行和抖动甚至无动作，停阀后有明显的回弹现象，由于两臂打开不同步，造成线圈扭曲变形，达不到图纸和工艺文件中的要求，使线圈报废或返工。

(2)分析原因：数控涨型机的涨型臂涨型时，前后涨型臂伸缩采用先单独后同时工作，当两臂需同步时要求同步性高，系统采用两臂单独恒压调速，通过两个涨型油缸拉动两个同轴的涨型臂，向两边打开来实现线圈涨型的圆弧度需求，如图6所示。如果涨型臂因重力或线圈的回弹应力移动位置会使线圈的涨型尺寸超差出现问题，也会影响数控尺寸定位，所以需要涨型臂增加悬停定位，来保持涨型完成后线圈的形状不会改变。设备生产厂家在换向阀两个油路同时使用了液控单向阀部件形成保压回路，当涨型臂移动到位时换向阀停止供油，两条油路的液控单向阀同时锁定油缸中的油压，使涨型臂不会因为重力和线圈变形回弹力而移动，涨型时由进油油路分出控制油路打开回油油路上的液控单向阀，油液进入油缸，推动涨型臂移动。由于功能需要第一次开机以后，液控单向阀就从此就开始承受高压困锁，导致阀芯产生变形卡滞；由于设备工作时间长，液压元件在日常生产中产生了大量的磨损颗粒混杂在油液中，设备上油泵进油管的过滤网孔洞过大，无法阻挡磨损颗粒随油液流向液压元件，造成液压单向阀受到了油液中磨损颗粒的卡滞，造成回油油路没有打开或打开一半，导致产生涨型臂两臂速度不一致、爬行甚至不移动的故障，造成线圈涨型失败报废。

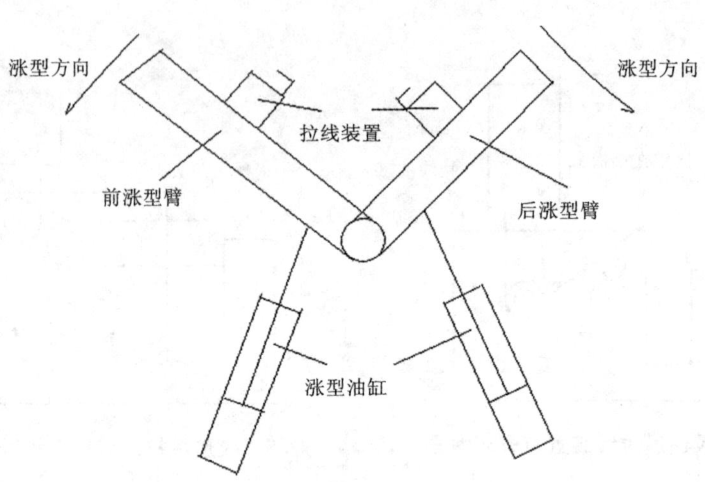

图 6　涨型臂涨型结构示意图

(3)处理过程：针对液控单向阀的卡滞故障，使用高品质的液控单向阀(力士乐品牌)，其阀芯刚度和强度较高，避免了受高压困锁阀芯变形的卡滞故障；使用及增加了孔眼更小的油液过滤网替代设备上原有的过滤网，使工作中产生的磨损颗粒经过多层的过滤无法到达液压元件，避免了由于磨损颗粒对阀芯的卡滞问题(过滤网按要求确定固定的清理时间，并在维修日志本上记录确认)，如图 7 所示。

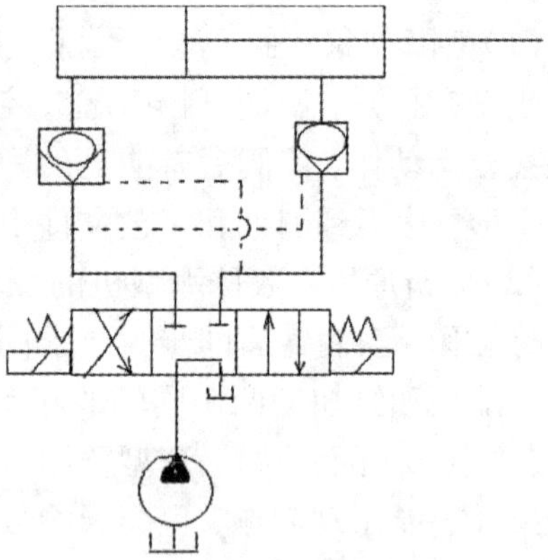

图 7　涨型缸保压回路液压图

4　结语

对设备故障的处理，需要有恒心、勤观察、用心思考、虚心请教、反复琢磨、不断学习接受新的知识，就能将工作做得好，发现问题、处理问题、分析问题、持续改进，就一定能将工作做得更好。数控线圈涨型机目前达到了稳定状态，操作者比较满意，生产效率较高，合格率较高，得到了大家的认可。

——来源：《中国铁路装备》2018 第 11 期

基于以太网的电焊机网络控制系统应用

王立强　胡　鑫

摘　要：本文介绍了一种基于以太网的电焊机网络控制系统，系统可以监视和控制电焊机工作电压、电流、收弧电压、收弧电流、焊接时间等焊接参数，以提高焊接质量，减少工艺、设备人员的工作量，并可以在后台统计出耗电量、保护气体、焊丝使用量和焊工工作时间，利于精确统计生产成本；对智能焊机可以对部分故障进行诊断，为电焊机的检修提供参考数据。

关键词：电焊机；以太网；网络控制

Application of welding machine network control system based on Ethernet

Wang Liqiang　Hu Xin

Abstract: The paper introduces a welding machine network control system based on Ethernet, the system can monitor and control the welding voltage, current, arc voltage close close arc current, welding time welding parameters to improve the welding quality, reduce technology, equipment the workload, and you can count the power consumption in the background, shielding gas, welding and welders use work time, for accurate statistics of production costs; smart welder on the part of fault diagnosis for welding overhaul provided reference data.

Keywords: welding machine; ethernet; network control

0 引言

电焊机作为焊接生产的基础设备，近年来得到了很大的发展，微机控制的电焊机已经越来越多的应用在生产中，但能够支持网络功能尤其是能够接入互联网的网络焊接设备的应用却很少。焊接设备具有网络功能，则可以实现焊接工艺的网络化管理与监控。这对于焊接质量控制和提高焊接制造过程的敏捷性具有重要意义，并且使电焊机的远程故障诊断及维护成为可能。

1 网络结构

“工业 4.0”的主题之一就是“智能工厂”，重点是智能化生产系统及过程，以及网络化分布式生产设施的实现，基于现场总线的控制系统是分布式智能生产过程的基础。本系统的宗旨是建立一个基于现场总线的车间级监控网络，目前的目标是能监视和控制电焊机的工作状态，未来可以将其他设备也纳入监控网络，如焊接后的检验，可以将检验结果直接显示在车间控制用的计算机上，并保存在管理网络的数据库中，这样仓库管理人员就可以在终端上直接查看检验结果。

由于需要控制功能，对数据传输的可靠性要求很高，所以整个网络采用 CAN 总线 + 以太网的组网方案，CAN 总线的特点是可靠性高，适时性好，布线简单，节点成本低，以太网的特点是编程环境好，应用灵活方便，通信速度快，CAN 总线 + 以太网的组网方案则同时具备这些优点。具体结构如图 1 所示。

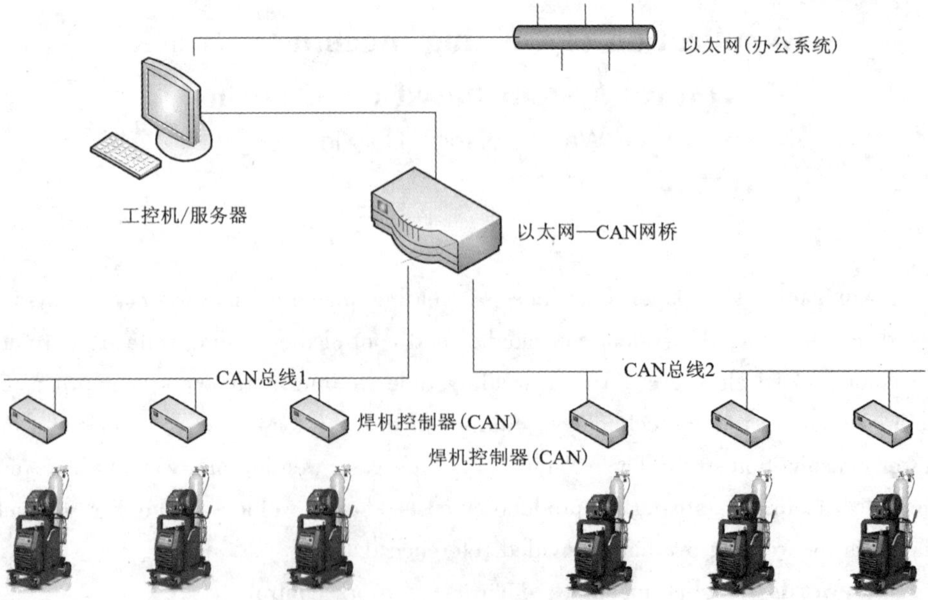

图 1 电焊机控制网络结构图

工控机/服务器布置在办公室，运行监控软件，工控机的数据通过以太网线接入网桥，转换成 CAN 总线，再通过焊机控制器实现焊机焊接状态显示，状态设置，报警，信息记录与查寻等功能，也可以通过网卡接入办公网络，将工控机功能转移至办公网络中的其他电脑。为了方便车间布线，网桥将输出 4 个 CAN 总线接口，每个 CAN 总线网段可以连接至少 256 台设备，针对本车间的具体布局，实际只需要 2 个网段，每段实际连接的设备数为 30 台左右，其他端口备用，这样总线实际带宽远小于总线容量，可以大大提高可靠性。

2 电焊机控制器

目前车间需要纳入网络监控的设备包括三种电焊机：OTC 电焊机（模拟控制）、林肯电焊机（模拟控制）、松下全数字焊机，松下全数字焊机由于预留有 CAN 接口，由生产厂家升级软件并加入新的通信协议就可以直接接入网络系统，实现参数调协与数据采集，包含给定电压、给定电流、焊枪状态、输出电压、输出电流、显示电压、显示电流、三相电压、二极管温度、正负极温度和 IGBT 温度等。OTC 和林肯的模拟控制电焊机由于采用电位器进行调节，没有数字接口，每台电焊机需要安装一个控制器，控制器的结构如图 2 所示。

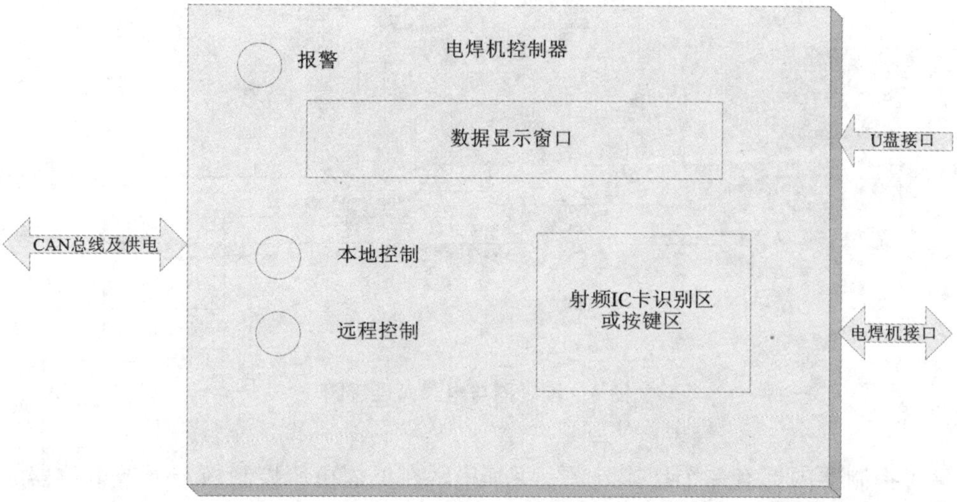

图 2 电焊机控制器结构图

控制器功能：接收 CAN 总线的指令，并按指令输出控制信号给电焊机；显示当前的设置信息，如本地控制或远程控制状态，如果为远程控制则数据显示窗口显示设置的焊接电流与焊接电压值，如为本地控制状态则数字显示窗口工号等其他信息；可以在控制计算机上将远程控制的报警指示灯点亮，提醒电焊工注意操作规范；射频 IC 卡识别，电焊机开机后，提示用户刷卡，控制器从用户卡中可以读入工号或姓名，并通过 CAN 总线发送给工控机，对由于连接不方便而没有接入实时网络的电焊机也可以读入电焊机的设备参数，工号、姓名、控制参数在控制工控机上写入；提供 U 盘接口，对由于环境问题不方便使用射频 IC 卡的设备，可以使用 U 盘代替 IC 卡的功能；设置输入按键，对无法使用 IC 卡及 U 盘的用户，可以使用按键输入工号。数字显示窗口目前采用数码管显示，显示用户工号、焊接电流电压等数字内容。

考虑到改造成本及可靠性、方便性要求，对车间现有的 OTC 和林肯电焊机控制器只支持焊接电流、电压的显示与控制，收弧电流、电压的控制，以及焊接时的开始时间、停止时间的采集，其他如三相电压、二极管温度、正负极温度和 IGBT 温度等诊断信息不提供，这样的设计方案在改造时不涉及对原电焊机的控制板改造，方便用户自行对电焊机本身进行后期维护。控制器与电焊机的连接如图 3 所示。

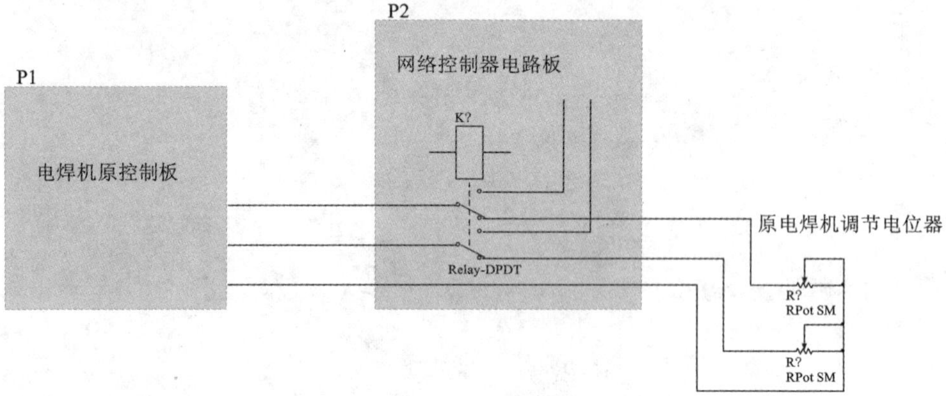

图 3　控制器与电焊机连接图

控制器内部有一个切换开关，将其串联在电焊机原控制板与调节电位器之间，切换开关的动作受网络指令控制，在远程控制时，原机的电位器被开路，控制器输出的模拟信号代替原机的电位器；本地控制时，控制器输出的模拟信号被开路，原电焊机的调节电位器被接入。这种设计不会对原电焊机的控制板做任何修改，极大地方便了电焊机的后期维护。

3 关于其他设备接入

本网络完成后，在车间这个级别就有了一个实时的、可靠性很高的网络系统，以后任何设备只要提供 CAN 总线接口，就可以接入这个网络，配合相应的软件就可以实现数据传输、数据查看等功能。对没有 CAN 总线接口，但又想接入网络的设备，也可以定制一个专用的 CAN 总线控制器，如一些检测设备，就可以在检测过程中将检测结果实时传输到工控机。

4 结束语

本文利用嵌入式网关结合电焊机单片机控制系统实现了电焊机的以太网接入，使焊接生产过程的网络化和信息化及电焊机的远程故障诊断成为可能。针对焊接生产特点，从系统的功能模型和技术体系结构等不同方面研究了基于以太网的电焊机网络控制系统，初步实现了焊接参数数据库的维护、电焊机参数远程监控和焊接规范的远程设置与网络控制。

——来源：《工程技术》2016 年 4 月

浅谈变频技术在绕线机上的应用

马建成

摘　要：本文对变频调速和电磁制动原理及特点进行了介绍及分析，对变频技术在绕线设备上的应用等进行了阐述。实践证明，绕线设备应用变频技术后，设备性能稳定，产品加工质量可靠。

关键词：变频调速；电磁制动；绕线设备；应用

Discussion on application of converter technique on coil winding machine

Ma Jiancheng

Abstract: This thesis introduces the principles and characteristics of frequency converter and electromagnetic brake, while declare the application of the technology of frequency converter in winding machine. Due to the fact, after that, the equipment function is well and the quality is more reliable.

Keywords: frequency converter, electromagnetic brake, winding equipment, application

0　引言

绕线机是电机线圈成型的关键设备之一。在生产中，由于梭型线圈的形式、匝数、电磁线截面、并绕根数等的不同，为控制绕线的质量，要求绕线机的速度可调范围大，调节方便，并具有较平稳的起动特性和制动特性，尤其是在以不同的速度绕制时，都应具有足够的转矩。随着变频调速技术的发展，绕线机采用变频调速替代传统机械变速箱调速已成趋势，如何掌握变频调速在绕线机上应用的技术，对确保设备运行稳定和加工质量尤为重要。并且变频调速具有可无级平滑调速、维护方便、费用低等优点，目前已取代直流调速系统，成为调速方案的首选。

电磁离合器具有结构紧凑、操作简单、响应灵敏、寿命长久、使用可靠、易于实现远距离控制等特点，在机械传动系统中主要起传递动力和控制运动等作用。

在性能方面主要突出点：高速应答、耐久性长、组装维护容易、不需要进行磨耗调整，可以进行扭力调整。

1　变频调速的基本原理

由异步电动机的转速公式 $n=60f(1-S)/P$ 可知，异步电动机的调速方法可分为改变转差率 S，改变极对数 P 和改变电动机供电频率 f 三种。

变频调速就是通过改变电动机定子供电频率来改变同步转速而实现调速的。要使异步电动机的供电频率可变，就必须有一套变频电源。变频调速设备就是将恒压、恒频电源转换为变压、变频调速的变频电源。它优越的性能使现在电机调速方式和使用性能得到了质的飞跃。

变频器基本原理如图 1 所示：

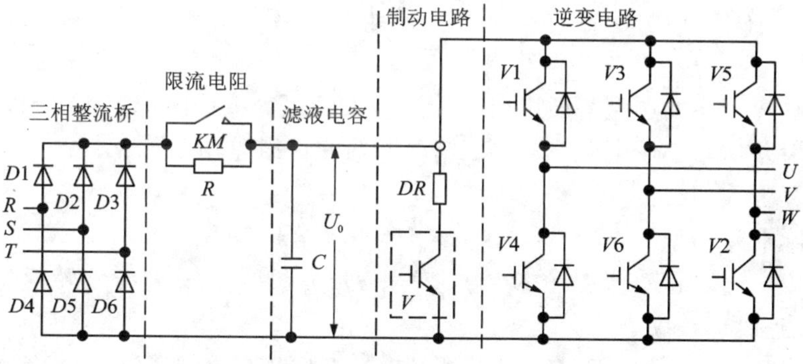

图 1　变频器基本原理图

交流电经整流桥变换成直流后，通过大容量电容 C 滤波输出直流电压 U_0，控制电路采用 PWM 或 PAM 方式有序控制 $V1\sim V6$ 的导通与关断，U、V、W 输出端输出频率可调的接近正弦波电压。限流电阻起到电流取样的作用，当出现过流情况时，限流电阻上取样电压升高，通过设置保护阈值的大小，可实现多种形式的过流保护。当电机在实现制动时，反馈的能量会使电容端 U_0 升高，通过检测 U_0 的大小来开启开关管 V，投入制动电阻，保证制动回馈的能量消耗在制动电阻上。

由公式 $E=4.44\times K\times F\times N\times \Phi$ 可以看出，在变频调速时，如果电压恒定不变，电动机的磁通 Φ 随着运行频率 f 在相当大的范围内变化，它极容易使电动机的磁路严重饱和，导致励磁电流的波形严重畸变，产生峰值很高的尖峰电流。因此，频率与电压要成比例地改变，即改变频率的同时控制变频器输出电压，保证 V/f 一定，就可以使电动机的磁通保持一定，避免弱磁和磁饱和现象的产生，实现恒转矩调速。

2　电磁制动的特点

电磁离合器是电磁制动的关键部件，是一种将主动侧扭力传达给被动侧的连接器，可以根据需要自由的结合、切离或制动。因使用电磁力来作动，称之电磁离合器，制动器，具有响应速度快，结构简单等优点。

电磁制动离合器是现代工业中一种理想的自动化执行元件，是可以使机械中的运动件停止或减速的机械零件。其原理是：激磁线圈通电时形成磁场，磁粉在磁场作用下磁化，形成磁粉链，并在固定的导磁体与转子间聚合，靠磁粉的结合力和摩擦力实现制动。激磁电流消失时磁粉处于自由松散状态，制动作用解除。这种制动器体积小，重量轻，激磁功率小，而且制动力矩与转动件转速无关，但磁粉会引起零件磨损。它便于自动控制，适用于各种机器的驱动系统。

电磁离合器的选型一般以所需传达最大转矩为依据来选定，并同时注意保证实际滑差功率小于电磁离合器、制动器的允许滑差功率。

计算公式如下：

实际滑差功率 $P=2\times 3.14\times M\times n/60=F\times V$（单位：W）

式中：M——实际工作转矩（N/m），F——张力（N），n——滑差转速（r/min），V——线速度（m/s）

电磁离合、电磁制动器在散热条件一定时，其滑差功率是一定值，因此其实际工作转矩与转速可以相互补偿，即滑差转速提高时，则许用转矩将相应下降，但最高转速不得高于其许可转速。

3 变频调速和电磁制动的应用

电磁制动器的张力控制采用手动控制，在放线过程中进行调整离合器或制动器的扭矩，从而获得所需的张力，这要求使用者检查被控材料的张力，确定调节输出力矩，这种方案可使本次改造节约一定的设备成本，并且在不增加操作者难度的情况下也能保证工艺技术要求。

两个供线盘的电磁制动器相同，采用两套相对独立的稳压可调电源，电压调整范围0～15 V DC、电流≥3 A，就能保证电磁制动器的张力大小可调，并满足线圈的绕制。我们用的稳压可调电源是基于 LT1083 系列大功率低压差三端稳压芯片的高稳定度低纹波直流稳压电源。其稳压器件 LT1083CP 系列可调稳压器的效率大大高于现有器件，可以提供 7.5 A 输出电流(需要足够人的散热器)，并能在低至 1 V 的压差条件下运行，压降在最大电流条件下保证在 1.5 V 以内，其具有输出电压稳定度高、输出电流大、低纹波、低功耗等特点，滤波电路更是采用大容量电解电容滤波，增加了输出电压的稳定性，同时本套电源做成之后具有过热、过载、短路等多种保护、为电磁制动器长时间的工作提供了更加安全、稳定的保障。

通过直流可调电源原理图，接触器 KM2 吸合将 50 Hz 220 V 交流电经变压器降压输出 15 VAC，再通过桥式整流电路，大容量滤波电路送入三端稳压模块 LT1083CP，由精密电阻 RP 调节输出的直流电压(0～15 VDC)来控制电磁离合器张力大小。

4 结束语

通过绕线设备变频技术的应用，并经现场运行，绕线设备主轴电机起动平缓，运行稳定，消除了冲击电流，降低了电磁场干扰，设备转速可在规定范围内任意调整，供线盘的张力调整比改造前也更加平滑稳定，有效提高了绕线产品的质量。

——来源：《中国科技博览》2013 年第 23 期

大功率牵引变压器铁芯组装设备国产化研究

朱华初　马建成　蒋作兵

摘　要：随着我国轨道交通的高速发展，对轨道交通牵引变压器的性能及运行可靠性提出了新的要求，本文对大功率牵引变压器的铁芯组装的工艺及装备国产化研究进行了介绍和分析，给出了大功率牵引变压器铁芯组装的工艺及装备研制过程，实践证明，所研究的设备满足工艺要求，实现了设备的自动化，提高了效率，现场使用情况良好。

关键词：大功率牵引变压器；组装设备；国产化；研究

0　引言

基于轨道交通对牵引变压器的性能及运行可靠性提出了新的要求，本文对大功率牵引变压器的铁芯组装的工艺及装备国产化选型进行了介绍及分析，给出了大功率牵引变压器铁芯组装机的工艺及装备研制过程；因此在设计自动化、高效化的先进工艺设备——大功率牵引变压器铁芯组装设备，将设备的性能、效率、安全等关键点放在重要位置上，以确保其产品质量，并达到高效、安全的目的。

1　大功率牵引变压器铁芯组装机设计

1）设备主要设计结构：设备主要由机架、翻转台、升降楼梯、控制系统、铁轭升降架、铁芯转运平车、专用料板、翻转台动梁上的铁轭组装用工装组成。

2）工艺描述：将两个铁芯柱水平吊装到设备翻转台上（图1）、调整相对位置、绑扎固定后，翻转90°垂直（图2）；进行插铁轭硅钢片、安装下夹件、安装铁芯下铁轭等配件装配；装配完成后再向反方向翻转180°，卸下装配好的铁芯组件。

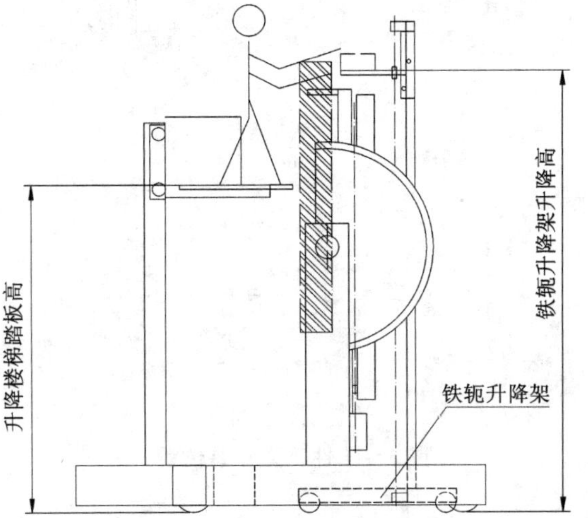

图1　总设计图

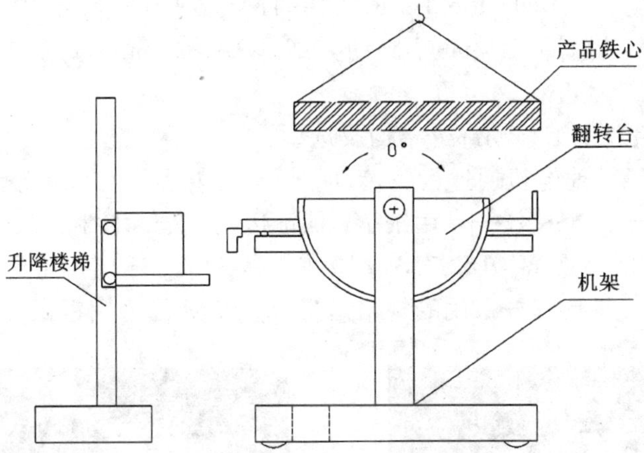

图2　工件水平安装位置

3)设备关键部件设计。

(1)翻转部分结构及选型

翻转电机选用的是SEW的减速电机，型号是：KF97DRS100M4BES，减速比是123.93，输出扭矩是：2540 N·m，制动力矩是10 N·m；传动齿轮模数是10，大齿轮的齿数是155，小齿轮的齿数是15，齿轮齿部热处理达到HRC45－50，保证齿轮齿部的强度(图3)。

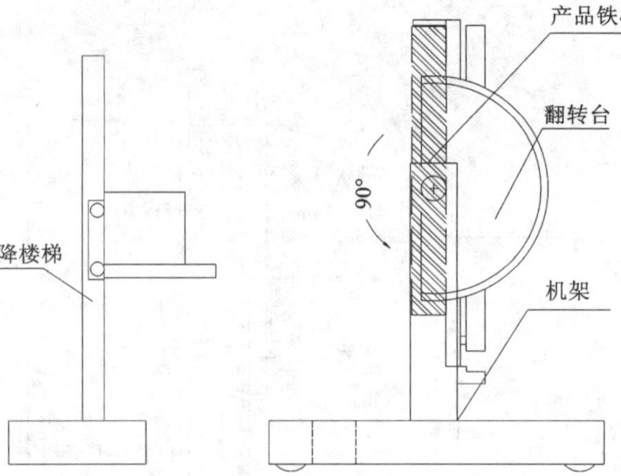

图 3　工件垂直安装位置

(2) 主架体传动结构及选型：

主架体前后移动通过减速电机通过链条带动轮子前后移动，减速电机选用 SEW 品牌，型号是：KF47DR63L4/BR/HR/TF，减速比是 104.37，输出扭矩是 192 N·m，输出转速是 12 r/min，制动力矩是 3.2 N·m；选用链条型号是单链 12 A(图 4)。

(3) 铁芯组装上下移动部分结构及选型：

上下移动经减速电机通过齿轮传动，带动丝杆上下移动实现，丝杆选用 T 型丝杆，轴承选用 NSK 丝杆专用轴承，保证传动的准确性和精度。减速电机选用 SEW 品牌，型号是 W30DRS71S4，减速比是 32.5，输出扭矩是 26 Nm，制动力矩是 5 N·m；T 形丝杆采用的规格是 Tr36X6，螺母采用铜螺母(图 5)。

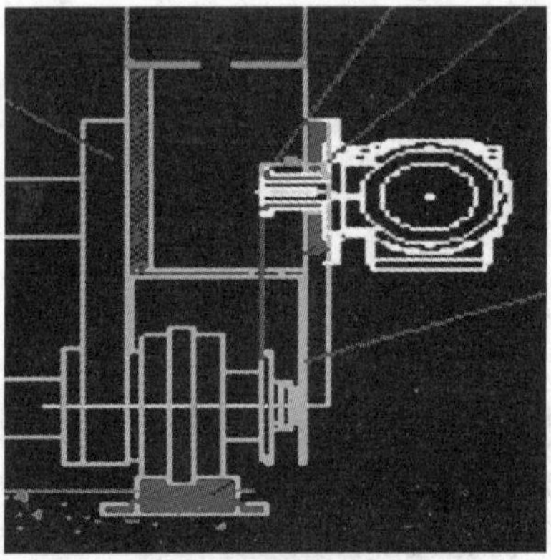

图 4　主架体传动结构

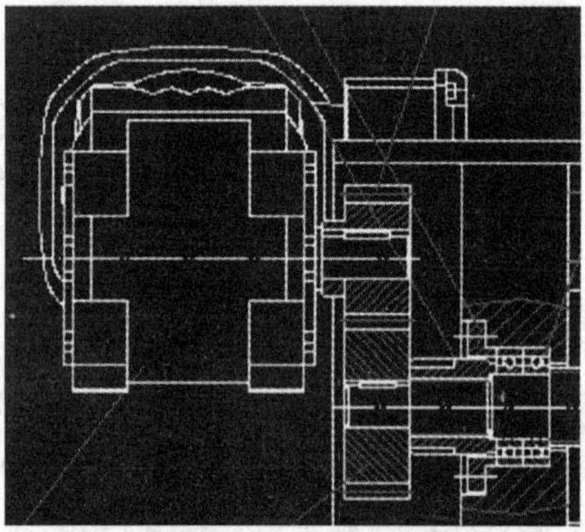

图 5　铁芯上下移动部分结构

(4)铁芯左右移动部分结构及选型：

铁芯左右移动通过减速电机和直角转换器带动丝杆实现左右移动实现，减速电机和直角转换器选用 SEW 品牌，丝杆选用台湾上银品牌，联轴器选用 SIT 品牌。减速机型号：KA29BDR63L4，减速比是 33.15，输出扭矩是 56 Nm，输出转速是 37 r/min；滚珠丝杆型号选用 32 – 6T3 – FDI(图 6，图 7)。

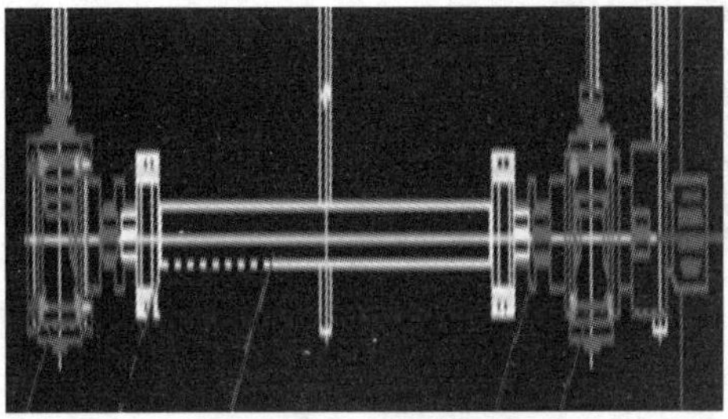

图 6　铁芯左右移动部分结构

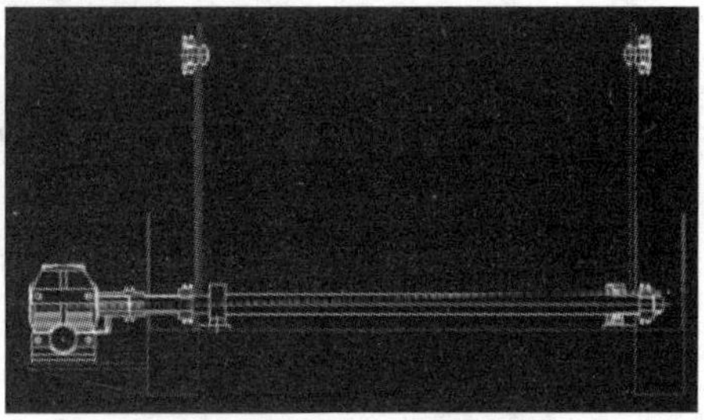

图 7　铁芯左右移动部分结构

(5)副架上下传动局部结构及选型：

减速电机通过链轮，通过链条传动实现上线移动功能，减速电机采用 SEW 品牌，型号是 S77DRS80M4/BE2/HF，减速比是 85.22，输出扭矩是 470 Nm，输出转速是 17 r/min，制动力矩是 14 Nm；传动轴支撑轴承选用 NSK 品牌。

(6)铁芯转运平车结构

本小车车轮采用 50Mn2 材质，通过手刹保证小车停在准确位置，不会来回移动，小车上面尺寸是 1400 mm × 1050 mm(图 8)。

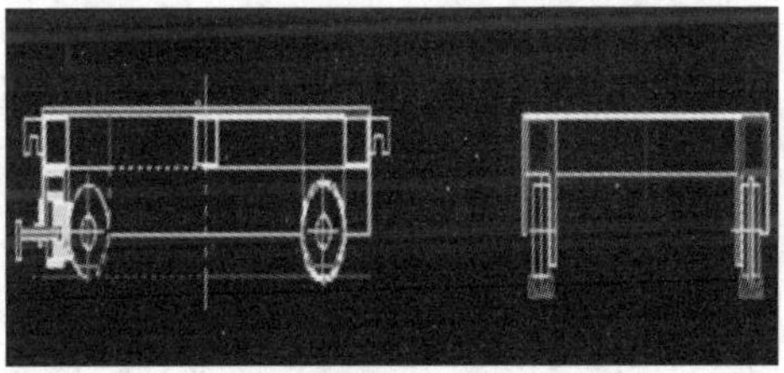

图 8　铁芯转运平车结构

4)设备机构计算说明

(1)材料及许用应力计算：铁芯组装机选用低合金钢 Q345，其屈服极限为 345 MPa，材料的许用应力用材料的屈服极限 σ_s 与安全系数 S 的商计算。根据强度计算手册规定，计算复杂应力构件时，需求当量应力(图 9)：

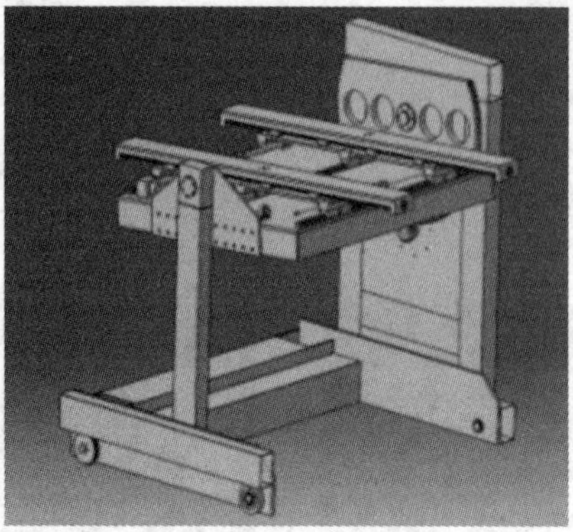

图9　铁芯组装机设计模型

$$\sigma_e = \sqrt{0.5[(\sigma_1-\sigma_2)^2+(\sigma_2-\sigma_3)^2+(\sigma_3-\sigma_1)^2]}$$

式中：σ_e 为当量应力，MPa；σ_i 为主应力（$i=1, 2, 3$），MPa。考虑有焊缝的铁芯组装机在最大可能载荷或超常载荷下许用应力为314 MPa，在运用载荷下许用应力为209 MPa。本次计算铁芯柱水平放置工况及铁芯柱垂直放置工况均为运用载荷工况，当量应力应小于209 MPa。

（2）支架与翻转平台连接销强度校核。承力框架与发动机端盖连接销直径100 mm，由前文分析可知连接销传递的最大载荷 $Q_1=60000$ N，四面受剪，则

$$\tau_1 = \frac{Q}{\frac{\pi}{4}d^2} = \frac{60000/4}{\frac{\pi}{4}\times 36^2} = 1.9\ \text{MPa}$$

此处连接螺栓材料为Q345，ϕ100连接销不均匀系数取0.94，则许用剪应力

$$[\tau_1] = 0.94\times 0.65\times 345 = 210\ \text{MPa}$$

显然 $\tau_1 < [\tau_1]$，连接销强度满足要求。

2　变压器铁芯组装机设计的特点

变压器铁芯组装机在机架、翻转台、升降楼梯、控制系统、铁轭升降架、铁芯转运、安全、环保和维修等方面具有如下特点：

（1）组装机在整体设计上考虑了变压器产品的通用性问题，能满足公司所有变压器产品的加工性能。

（2）对组装机翻台两侧位移电机进行同步设计，解决变压器铁芯组装适应公司所有变压器产品的工艺问题，特别是解决在变压器铁芯翻转过程中铁芯窗

口尺寸上下保持一致的问题。

(3)通过自动送料将铁轭片送上组装台，解决了变压器铁芯组装过程中，铁轭片靠手工搬运到升降台，再次手工搬运到组装台的繁重操作。

(4)通过对控制系统进行自动化设计，达到变压器产品制造的自动化，提高设备的自动化、高效化水平，提升了变压器铁芯组装的质量和效率问题。

(5)解决升降台在每一停止位置适时夹紧问题，以防升降台滑落的安全问题，同时解决升降台承重问题，提高升降台载重能力。

3 结束语

经跟踪设备运行试验，变压器工件组装后，工件的精度指标满足工艺要求，工件外观质量稳定且有显著改善。新研制的变压器组装机既提升了工件的质量，又节约了运行成本，实验证明该设备设计和使用效果良好。

——来源：《设备管理与维修》2016 年第 10 期

电机机座加工夹具设计改进

罗红艳　肖连新　石　江　王梓林

摘　要：本文介绍了常规电机机座加工夹具在加工过程中存在的缺陷，通过改进夹具设计，不仅可以有效避免机座两端止口同轴度超差的概率，同时可以使一套夹具适应多个不同尺寸的电机机座的装夹，以达到降本提效的目的。

关键词：电机；机座加工；夹具；止口同轴度

Fixture design improving for motor frame machining

Luo Hongyan　Xiao Lianxin　Shi Jiang　Wang Zhilin

Abstract: This paper describes a method of improve the fixture design of motor frame machining to solve the problem of location and efficiency.

Key words: motor; frame machining; fixture; concentricity of locating surface

引言

电机机座的两端止口尺寸精度及其同轴度是车削加工的重要保证指标，通常情况下的同轴度设计值均≤0.06，如果车削定位夹具的设计不合理，容易导致加工过程中出现同轴度超差的现象，同时，现行的夹具只能对应加工一个型号的电机机座，因而有必要对夹具进行改进，以满足加工精度和一套多用的效果。

一、现行夹具的缺陷分析

图 1 为某型电机机座立式车削的定位夹紧夹具，从图样方面的分析和现场实际加工情况，可以归纳出此夹具存在以下几方面的缺陷：

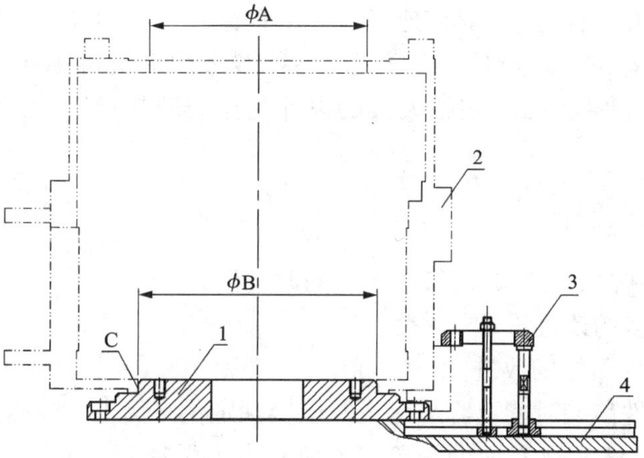

1—定位夹具　　2—被加工机座

3—夹紧压板单元　　4—机床工作台面

图 1　改进前的某型电机机座立式车削夹具

a. 工件定位精度差

精车工序时，先将 φB 加工到图样尺寸，再调头以 φB 精确定位加工 φA 到图样尺寸，为保证机座两端止口 φA 和 φB 的同轴度，精确定位精度（即 φB 与定位面 *C* 的间隙值）通常取同轴度值的 40%。假定同轴度值为 0.06 mm，则间隙值取 $0.06 \times 0.4 = 0.024$ mm。如此小的定位精度，不仅要求止口 φB 与定位面 *C* 的加工精度，同时，要求机座能够精确安装到位。由于所加工的机座重约 1 t，吊装时又难以水平，经常发生机座安装时被卡住落不到位的现象。分析其原因，除了定位间隙太小，还可从图中看出定位面 *C* 只倒了一个 45°的倒角，这样的倒角处理对工件的安装引导性不太好。

b. 夹具压紧不牢固

图 1 中的夹具在加工某型电机机座时曾出现底座幅向位移而导致批量产品报废的情况，报废指标是机座两止口的同轴度超差。经过对现场进行仔细检查，发现是因为加工过程中的车削刀片崩裂，切削力突然增大，导致夹具底座的移动，偏移量达到约 0.1 mm。

分析其产生的原因，除了切削力的突变，主要还有夹具底座在设计上存在缺陷，即底座的底面设计为一个整体光滑平面。理论上，接触面大显得接触更牢固，而实际上在夹具制造时，底面在车削加工时很难保证其平面度，致使夹具的压紧不牢固。

c. 夹具的通用性不强

从图 1 中可以看出，夹具底座只有一个直径 C 面为定位面，只能适应一种止口尺寸的机座的定位安装，这样，换一种型号的电机机座便需要换一套夹具，极大地造成多种浪费，包括夹具的设计制作周期与费用、工装更换的时间等的浪费。

二、夹具的改进设计

针对上述缺陷，对夹具进行了相应的改进设计。

1. 定位精度的改进设计

1) 工件装夹引导的改进

为了使工件吊装时能更容易落下并坐实到定位平面上，将夹具底座进行如图 2 中的改进：①定位 C 面的倒角在 L 值基本上保持不变的情况下，由 45°改为 20°~30°，这样，工件便能更容易地顺着更小的角度向下滑到定位平面 D，需要注意的是，应确保定位高度 $H'\geqslant 10$ mm；②倒角以后再在倒角处进行倒圆 $R5$ 和 $R10$，使倒角更圆滑，更利于工件下落；③对材料为 45 钢板的底座作调质处理，适当提高材料硬度，使工件装夹过程中不易碰伤定位面，确保定位间隙不损失，从而更利于工件的下落。

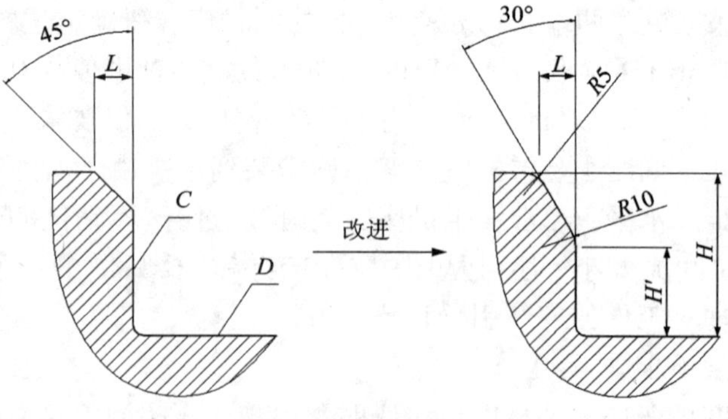

图 2　夹具底座定位面的设计改进

2)保证定位间隙值恒定的工艺规定

定位间隙值是指夹具定位面 C 的直径 ϕC 与机座定位止口 ϕB 直径的配合间隙，如图 3 所示，要保证如前所述的机座两端止口 0.06 mm 的同轴度要求，则最大定位间隙应 < 0.024 mm，假如给定夹具定位底座的加工公差为 0.005 mm，机座定位止口的加工公差为 0.014 mm，则两者的间隙最终为 0.005 ~0.024 mm。某型电机机座的止口尺寸为 $\phi690_{+0.02}^{+0.06}$，如取 ϕ690.03 mm 作为控制值，则机座定位止口尺寸应控制为 $\phi690.03_{0}^{0.014}$，夹具定位底座尺寸应控制为 $\phi690.025^{0}_{-0.005}$，这样才能有效保证最大定位间隙 0.024 mm 的要求。

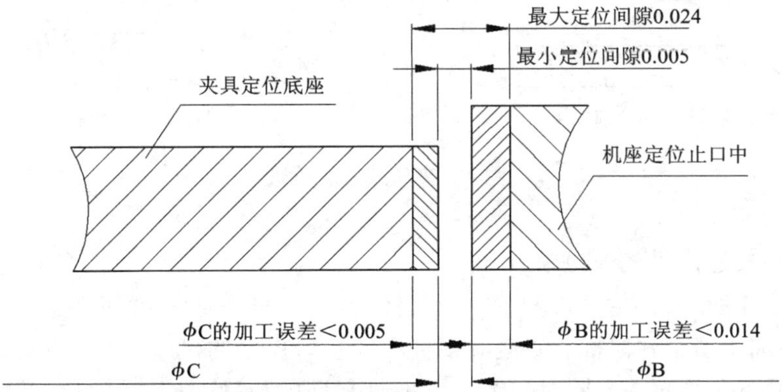

图 3　夹具与机座的定位配合间隙(单位：mm)

3)给夹具定位面留加工余量的改进设计

为了使夹具安装到机床后的定位面 C 面的同轴度和 D 面的平行度达到最小，最好的做法是将夹具的定位面由机床自身加工，因此，可以在夹具制作时给定位面留有一定的加工余量。

2. 提高夹具压紧牢固性的改进设计

由前面分析得知，压紧不牢固的主要原因是因为夹具底面是一个完全的光滑平面所致，为此，将夹具的底平面按如图 4 所示进行改进。可以看出，图 4(a)的底面与机床全部接触，图 4(b)改为了局部接触，这样一来，底面的平面度较易保证，压紧时更易与机床工作台面接触牢固，同时，还可以对接触底面做滚花等粗糙化处理，以增加接触的摩擦力。另外，将固定压紧孔改为开口 U 型，更便于夹具的装夹。需要指出的是，为了确保夹具与机床的同心，工艺方面必须强调操作者在每天开工前对夹具定位面打表校正，保持其外圆与端面的跳动量≤0.005 mm。

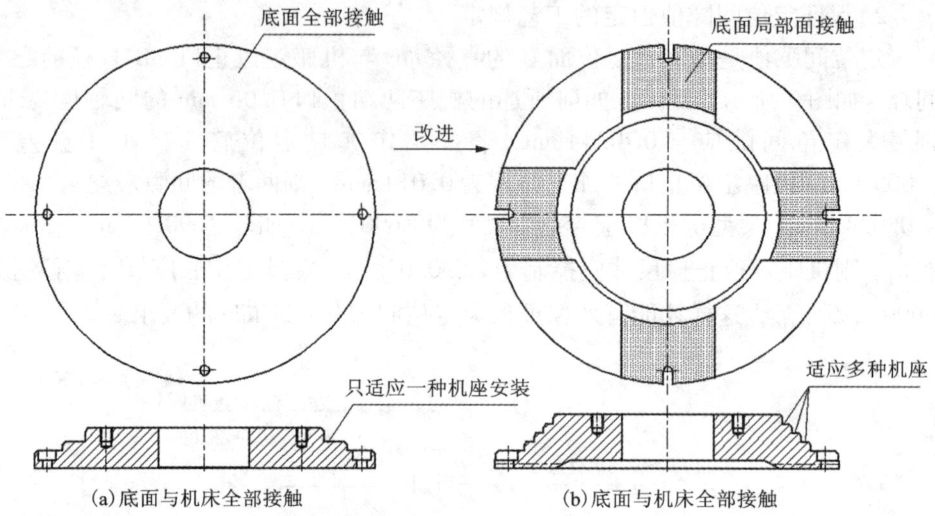

图 4　夹具底座的改进

3. 夹具通用性的改进设计

如图 4 所示，图 4(a)只有一个定位台阶，只适应一种机座的定位安装，图 4(b)加了多个台阶面，能适应多种不同止口尺寸的机座安装，这样，不仅节约了夹具的制作成本，同时也节省了夹具来回的更换时间，大大地提高了夹具设计的通用性。

三、改进效果

经过一年多时间的实际应用，改进后的夹具对产品的加工质量得到了巨大提升，机座两端止口的同轴度一次性合格率从过去的 80% 提升到 100%，且同轴度值的一致性较以前好很多，均能保证在 0.03 ~ 0.04 mm 或更小。更重要的是，再没有出现过因切削力的突变而导致夹具位移的现象。同时，夹具的通用性设计，节约了夹具本身制作成本和有效提升了生产效率。

四、总结

一件产品的质量好坏取决于多种因素，而加工夹具的合理性与科学性对加工质量和生产效率起到至关重要的作用。本文中对电机机座夹具的改进，说明了工艺工作的细致和周全考虑，可以以最小的成本投入达到最好的结果，在操作方便、质量提升、效率提高、成本降低等方面得到明显改善。

——来源：《电力机车与城轨车辆》第 40 卷第 2 期 2017 年 3 月

一种油缸驱动中央回转台方式研究

谭　曦

摘　要：该文介绍了一种中央回转台油缸驱动方式，分析其结构和工作原理，建立了动力学与运动学方程，并讨论该方式引起的系统流量波动问题。根据分析，通过对液压系统的合理控制有效缓解系统流量波动前提下，油缸驱动方式能为中央回转台提供平稳的驱动力矩。

关键词：中央回转台；液压油缸驱动；流量波动

引言

中央回转台是许多机械设备的主要组成单元，如大型数控机床、落地镗床、铣床的回转工作台，起重机回转台，风力发电机偏航、变桨的回转机构、雷达系统转台等。

上述转台一般要求的是大驱动力矩、低速、平稳且能达到一定的地位精度，同时要求高性价比和良好的可维护性。传统中央回转台一般依靠的是电、液压马达加减速机方式驱动，其结构较复杂且价格昂贵。本文研究的液压油缸驱动中央回转台方式结构简单，运行平稳，且具有高的性价比。

1　工作原理

1.1　系统结构

系统结构如图 1 所示，中央回转台外齿圈(即回转支持外齿圈)与周边分布的小齿轮啮合，液压油缸驱动小齿轮转动，从而驱动中央回转台绕中心轴自传，输出平稳的驱动力矩。

1.2　液压油缸驱动小齿轮结构

液压油缸驱动小齿轮的机构如图 2 示，液压油缸底部与一固定支点铰接，

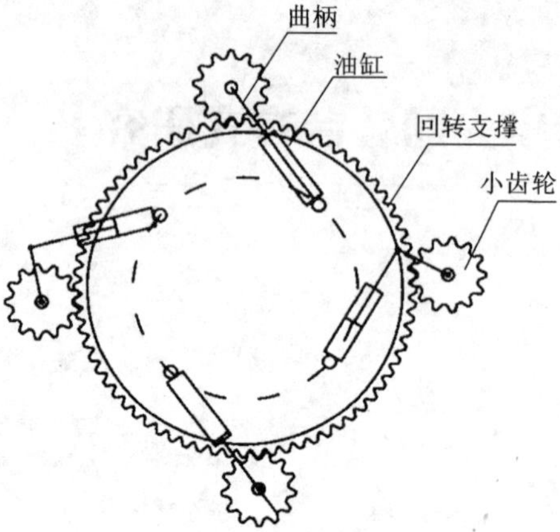

图 1　系统简图

活塞杆端部与小齿轮半径上一点铰接，形成曲柄连杆机构。通过双作用式液压缸两腔交替进、回油，活塞杆的直线往复运动与绕铰接点的摆动转换成小齿轮的旋转运动。

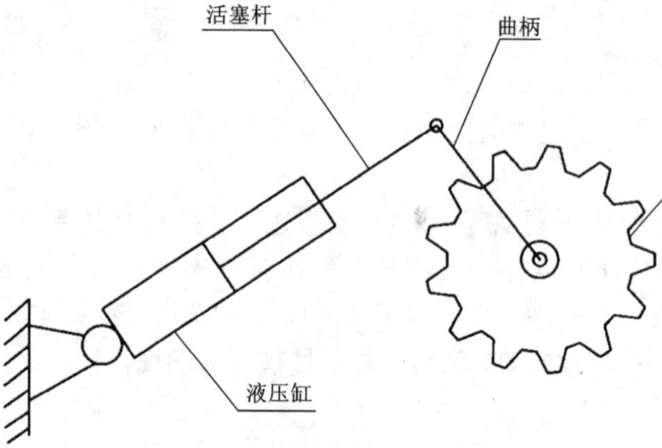

图 2　液压油缸驱动小齿轮简图

分析得知，图 2 所示机构在活塞杆与曲柄成一条直线的位置为死点位置，故需要采用若干组上述机构错开相位角布置，相互耦合来共同驱动中央的回转台外齿圈，当某组油缸小齿轮机构处于死点位置时，分布于其他相位角的上述机构（不全在死点位置）继续运动，带动其度过死点。这样的机构至少需要两组，且它们的相位角之差不能为180°，以避免死点重合。

1.3 液压系统

本系统的液压液压原理图如图3所示。多个驱动油缸并联在一起，通过变量泵供油。根据各组液压油缸的位置、相位角等信号(通过各种传感器获得)来控制相应的换向阀动作，驱动油缸的伸、缩，从而使得小齿轮旋转，继而各组小齿轮驱动与之啮合的中央回转台旋转。

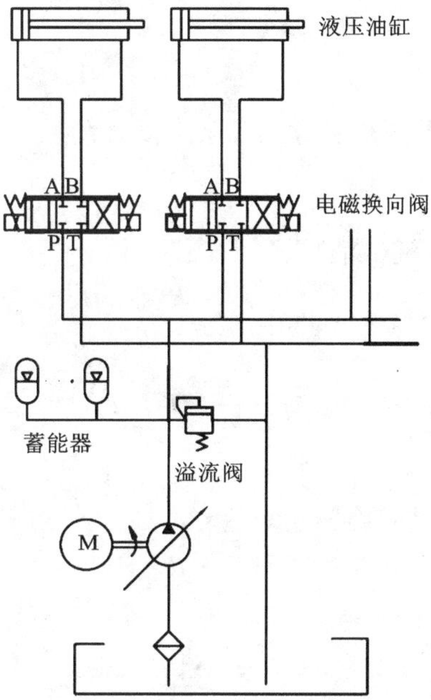

图3 液压系统简图

2 建模分析

2.1 动力学模型

如图4所示，设定参数：曲柄与 X 轴间夹角为 β_1，缸径为 D、杆径为 d、曲柄半径为 R、系统工作压力为 p、油缸安装距离为 L_0、活塞杆力为 F_1、曲柄径向力为 F_r、切向力为 F_t、大、小齿轮之间传动比为 i。

以 β_1 为自变量($0° \leqslant \beta_1 \leqslant 360°$)，$0° \leqslant \beta_1 \leqslant 180°$时，油缸活塞杆伸出：

$$\alpha_1 = \arctan\left(\frac{R \cdot \sin\beta_1}{l_0 + R - R \cdot \cos\beta_1}\right)$$

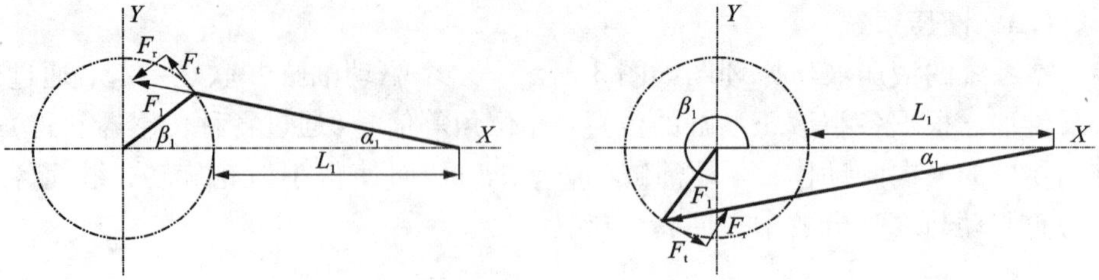

图4　受力分析

$$F_1 = p \cdot \frac{\pi}{4} D^2$$

$$F_t = F_1 \cdot \sin(\alpha_1 + \beta_1)$$

$180° \leqslant \beta_1 \leqslant 360°$时，油缸活塞杆回缩：

$$\alpha_1 = \arctan\left(\frac{-R \cdot \sin\beta_1}{l_0 + R - R \cdot \cos\beta_1}\right)$$

$$F_1 = p \cdot \frac{\pi}{4}(D^2 - d^2)$$

$$F_t = F_1 \cdot |\sin(\beta_1 - \alpha_1)|$$

单组小齿轮机构提供的旋转扭矩为：

$$T_j = F_t \cdot R \cdot i$$

系统总扭矩为：

$$T = \sum_j T_j$$

分析动力学模型可知，在系统压力 p 为定值时，系统总力矩 T 随 β_1 变化。以某雷达的中央回转台为例，其要求总扭矩 $T > 500\ \mathrm{kN \cdot m}$。采用相位角均布（相邻油缸相位角差为60°）的六组液压油缸小齿轮机构耦合驱动中央回转台，其系统设计参数如下表1所示：

表1　某雷达的中央回转台驱动系统设计参数

序号	参数	设计值	单位
1	工作压力 p	30	MPa
2	缸径 D	100	mm
3	杆径 d	75	mm
4	油缸最短安装距 L_0	420	mm

续表 1

序号	参数	设计值	单位
5	曲轴半径 R	100	mm
6	齿轮模数	20	—
7	小齿轮齿数 Z	14	—
8	大齿圈齿数 Z	128	—
9	减速比 i	9.14	—

总扭矩 $T=T_1+\cdots+T_6$；计算可得 $T=533.7\sim620.9\ \text{kN}\cdot\text{m}$，满足设计要求。总扭矩 T 随 β_1 变化的曲线如图 5 所示

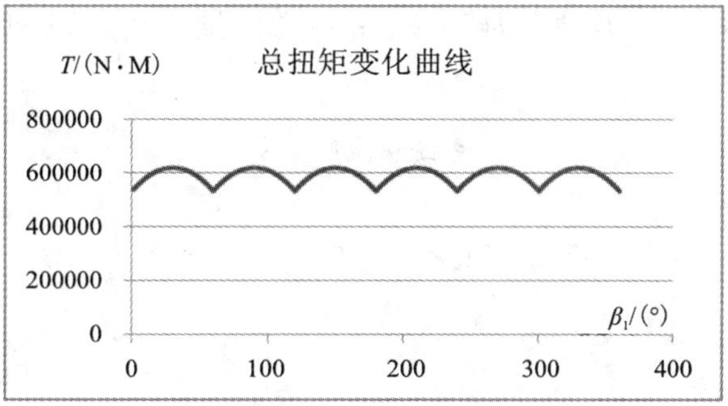

图 5　总扭矩 T 变化曲线

2.2　运动学建模与分析

如图 6 所示，曲柄与活塞杆交接点的合速度 V_t 方向与曲柄垂直，将 V_t 分解为活塞杆轴向速度 V_1，与活塞杆垂直方向(即活塞杆摆动方向)速度 V_2。设定参数：小齿轮转速为 ω'，大齿轮转速为 ω，单缸流量 Q_j。

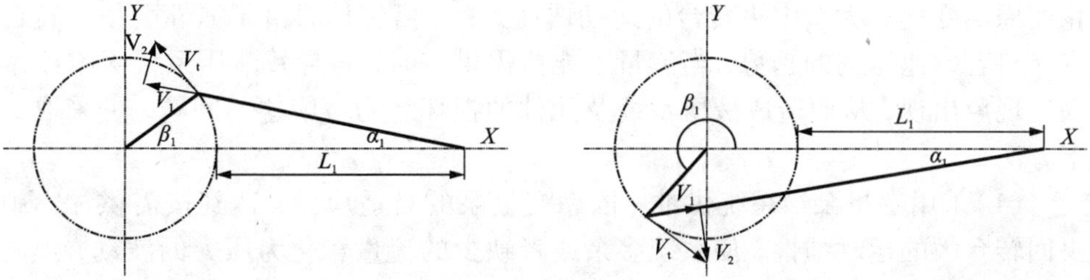

图 6　运动分析

$0° \leqslant \beta_1 \leqslant 180°$时

$$V_1 = V_t \cdot |\sin(\alpha_1 + \beta_1)| = R \cdot \omega' \cdot |\sin(\alpha_1 + \beta_1)|$$

$$Q_j = V_1 \times \pi \times D^2 \div 4$$

$180° \leqslant \beta_1 \leqslant 360°$时

$$V_1 = V_t \cdot |\sin(\beta_1 - \alpha_1)| = r \cdot \omega' \cdot |\sin(\beta_1 - \alpha_1)|$$

$$\omega' = \omega \times i;\ V_t = R \cdot \omega'$$

$$Q_j = V_1 \times \pi \times (D^2 - d^2) \div 4$$

当大齿圈转速 ω 恒定时，活塞杆运动速度 V_1 随 β_1 变化，在 $\beta_1 = 0°$和 180°位置，V_1 为 0 m/s，即死点位置。

以上述雷达的中央回转台为例，设转台转速为 $\omega = 2$ r/min，在 ω 恒定的情况下，活塞杆伸缩速度 V_1 是以 β_1 为自变量的函数，从而得到单缸流量 Q_j 也是以 β_1 为自变量的函数，系统总流量计算 $Q = Q_1 + \cdots + Q_6$，计算可得 $Q =$ 223.5 ~260.3 L/min，波动率为 14%，系统总流量随 β_1 波动曲线如图 7 所示。

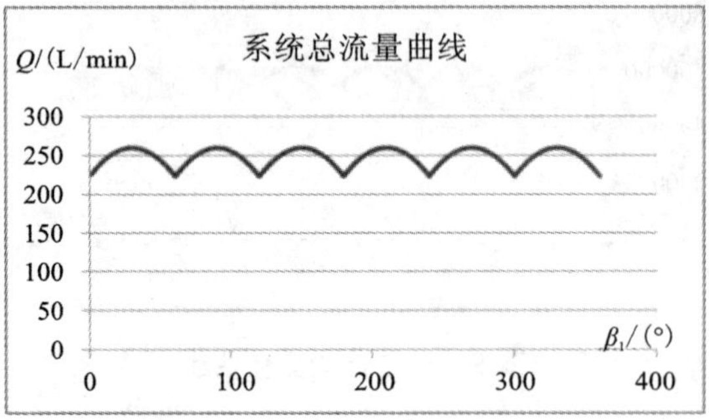

图 7　系统总流量波动曲线

3　流量波动分析和缓解方法

根据上述分析，保持中央回转台的转速恒定，系统流量 Q 必须随 β_1 的变化而周期变化。大型中央转台的运动惯性大，正常工作时由于惯性会使回转台有保持着匀速运动的趋势，当流量不能按需供应时，将导致液压系统吸空或过高压现象出现，从而造成液压系统及元件的损坏。为缓解这一问题，可采取如下方法：

（1）采用变量泵给系统供油，依靠变量泵的自适应性，达到按需供油。中央回转台大的运动惯性，使系统多余或者缺少的流量转化为压力的波动，控制变量泵斜盘角度变化，从而调整供油流量。

（2）在系统中合理设置蓄能器，吸收流量和压力脉动，缓和系统液压冲击。需要根据系统流量波动选择合适的蓄能器，以及蓄能器适合的充、放油频率。

（3）优化各组油缸的相位角分布，得出系统总流量 Q 波动最小的角度布置方案，也能在一定程度上降低波动率。以上面的雷达中央回转台为例，通过计算得出波动最优相位角布置方案为：从第一缸起两缸相位角相差 41°、79°、41°、79°、41°，此时波动率从原来均布的 14% 降为 12%，如图 8 所示。

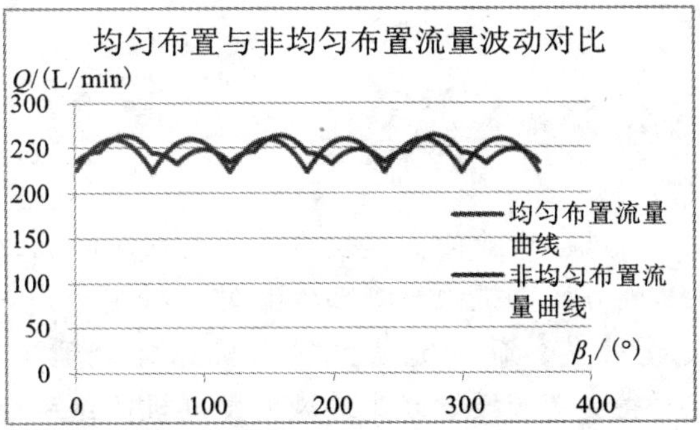

图 8　均匀布置与非均匀布置流量波动对比

4　结论

本文研究了中央回转台的一种油缸驱动方式，分析了其工作原理，建立数学模型，探讨了系统流量波动问题，并给出了缓解方法。该驱动方式结构简单、易于实现，在对系统流量波动进行有效控制的前提下，该驱动方式能输出大扭矩，且平稳无偏载，适合回转台的低速大扭矩工况。

——来源：《工程技术》2017 年 11 期

超大型风电真空压力浸漆(VPI)设备研究

袁明亮　朱华初

摘　要：随着我国风电产业的高速发展，对风力发电机的性能及运行可靠性提出了新的要求；风力发电机的核心部件是发电机定子，发电机定子制造的关键工序是绝缘处理工艺，而决定风力发电机绝缘处理工艺的关键技术指标——绝缘质量就显得尤为重要，因此对风力发电机的绝缘处理设备——真空压力浸漆设备(简称 VPI)提出了更高的要求。

关键词：超大型风电；真空压力浸漆；VPI 设备；研究

The equipment research of 6MW generator VPI-Impregnation

Yuan Mingliang　Zhu Huachu

Abstract: With fastly development of wind turbine industry in our country, we have some new requests for the performance and reliability of generators. As you all know, the key component of generator is stator, the key procedure is insulation handle process. Insulating quality is the most important technical data determining insulation handle process of generator. So we request the insulation handle equipment (VPI-Impregnation) have better quality and performance.

Keywords: ultra-large type generator; VPI installation; research

一、引言

基于6MW风力发电机的工艺设计要求，对其关键生产工序发电机定子绝缘处理工序提出了较高的要求；因此在设计高效节能的先进工艺设备——超大型风电真空压力浸漆设备(简称VPI)时，将VPI设备的性能、效率、安全、节能等关键项点放在重要位置上，以确保其产品质量，并达到高效、安全、节能的目的。

二、VPI设计构想

目前我们正在试制超大型风力发电机，根据发电机的技术参数，要求设计内径为ϕ8000 mm的浸漆设备，这在国内为首创(图1)。

图1　VPI总设计图

VPI设备由浸漆罐、贮漆罐、真空系统、输回漆系统、加压系统 、气动系统、制冷系统、加热系统、通风系统、液压系统、测量控制系统等组成。下面对设备重要系统的研究及设计说明如下：

1　浸漆罐

1)浸漆罐设计要求：浸漆罐设计内径ϕ8000 mm，罐体直边高度6800 mm。浸漆罐为立式安装形式，承载压力0.6 MPa，承载真空度≤6 Pa，工作温度5～80℃，罐体承重≥300 t(图2)。

2)浸漆罐结构设计：

(1)罐口法兰设计为错齿法兰结构，错齿部位为仿型加工成型；罐口采用氟橡胶唇边环型密封圈密封。

(2)罐盖锁紧结构为动圈式，动圈的松紧以及罐盖的开合均为液压驱动，

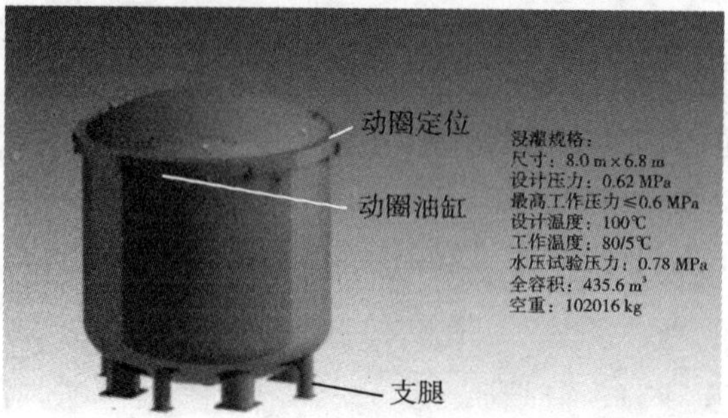

图2　VPI浸漆罐设计图

并设计开盖安全联锁装置。

(3)罐盖上设有观察窗、视孔灯，可清晰地观察浸漆罐内浸漆全过程；设计安全阀、真空压力表、电接点真空压力表等安全检测仪表。

(4)输回漆方式：在罐体上设计输回漆接口，通过管道及过滤器与贮藏罐相连，在罐体和管道最低处设计排污口。

(5)浸漆罐内加装内衬缸，既满足风电定子产品的整体卧式真空压力浸渍需求，又减少生产用漆。

3)浸漆罐罐盖开盖机构设计：

(1)浸漆罐罐盖的开、合设计为平移方式，罐盖垂直上升到位后，再整体水平往后移动，平移后的罐盖外沿需超出浸漆罐外壁，以不影响工件的吊装(图3)。

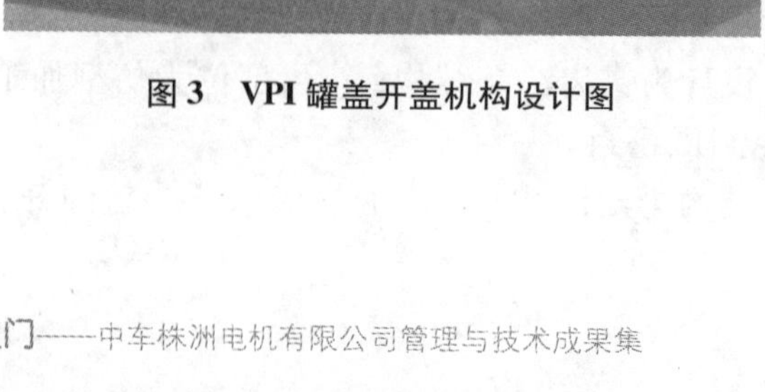

图3　VPI罐盖开盖机构设计图

(2)罐盖开盖机构计算说明。罐盖开盖机构设计为框架结构，框架结构前端由安装在浸漆罐上两油缸支撑，后端由两立柱支撑，框架与立柱由活动铰链联结。框架两边为两平行导轨。开盖时，先两油缸上升，将罐盖开启到位后，通过气动系统牵引罐盖到设定位置，完成开盖动作，如图 4 所示。

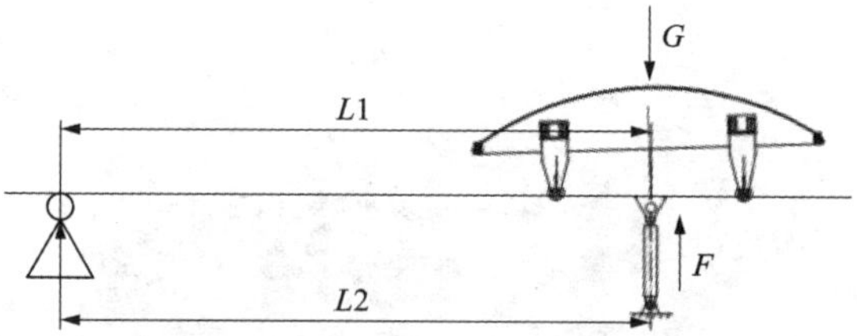

图 4　VPI 罐盖开盖机构计算图

(a)技术参数：

罐盖重量：$G=30$ t；

额定压力：$P=16$ MPa；

罐盖力臂：$L1$；

液压缸力臂：$L2$；

单台液压缸有效受压面积：A；

$\pi=3.1415926\approx3.14$；

液压缸直径：d。

(b)计算过程：

计算公式：$G\times L1=A\times P\times L2\times 2$；

如图：力臂 $L1=L2$，由两台液压缸支撑；

1 N 的力均匀地压在 1 m^2 上所产生的压强等于 1 Pa(1 Pa = 1 N/m^2)；

将数据代入公式得：$A=G\times L1/(P\times L2\times 2)=G/(P\times 2)$

30 T $=30\times10^3\times9.8=294000$ N；

16 MPa $=16\times106=16000000$ Pa $=1600000$ N/m^2

单台液压缸有效受压面积：

$A=294000$ N/(16000000 Pa $\times2$) $=9375$ mm^2

计算每台液压缸的直径 d；

根据 $A=\pi d^2/4$ 推算出液压缸直径 d 约等于 109 mm；

根据计算结果和液压缸的选择要求，当重量为 30 t 的作用力作用在两个液压缸的情况下，必须选用直径大于等于 109 mm 液压缸；因此液压缸缸径选择为 125 mm，符合受力要求。

2　贮漆罐

1）贮漆罐设计要求：贮漆罐设计内径 ϕ3500 mm，罐体直边高度 6000 mm，有效容积为 57 m^3。如图 5 所示贮漆罐为立式安装形式，可承载压力 0.15 MPa，可承载真空度≤0.1 Pa，工作温度为 5～80℃，罐体承重≥100 T。

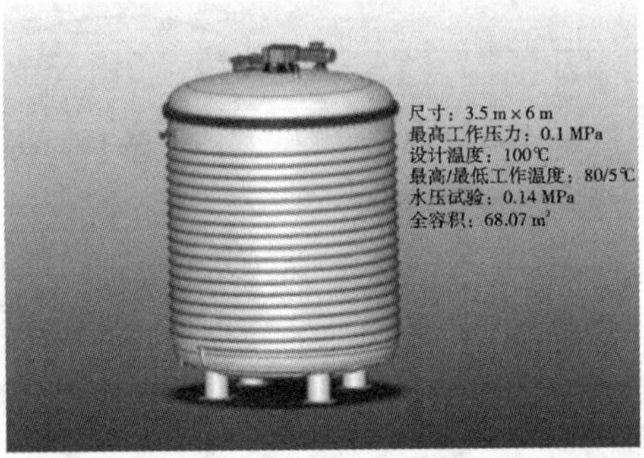

图 5　VPI 贮漆罐设计图

2）贮漆罐结构设计：

（1）罐外壁设计螺旋槽钢管带缠绕罐体，罐内为蛇形无缝钢管，钢管内部通过防冻液，可加热和冷却绝缘漆，罐体外表做防锈处理并包绝热层。

（2）罐内回漆口设计薄膜脱气速冷装置，在对绝缘漆进行脱气时，又可快速冷却绝缘漆。

（3）罐体上安装液位计，设计上下漆位设报警，当罐内无漆时自动关闭输漆阀门，防止反喷现象发生；当罐内漆满时自动关闭漆阀门，防止外溢现象发生。

（4）罐盖上安装安全阀、压力表、真空传感器和温传感器，便于罐内压力、真空和温度的监控；同时安装视孔灯与观察窗等，便于观察。

（5）罐体真空管道上安装冷凝器，将回收的溶剂输回到罐内。

3　真空系统

1）真空系统由液环泵、罗茨泵、冷凝器及真空阀门等组成，以满足浸漆设备的真空度指标要求，如图 6 所示。

2）液环泵配套变压器油箱、水路循环散热器、降温装置和温度控制装置；油箱内安装电接点温度计，当油温超过设定温度时，控制系统具有温度显示与超温报警功能，保护真空泵在允许的温度范围内正常工作。

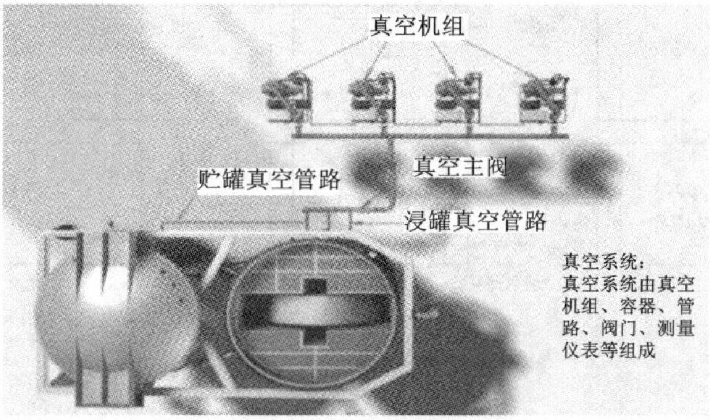

图 6　VPI 真空系统设计图

3) 真空机组前端安装阻挡式过滤冷凝器，防止泵转子挂漆；罗茨泵与液环泵之间安装冷凝器，将被抽气体中的可凝性气体吸附冷凝下来，保护真空泵的正常运行。

4) 安装设计：在真空机组前端安装安全阀，防止浸漆罐在有压力时，真空阀门有故障时气体返到真空泵，损坏真空泵。

5) 在真空机组废气排放前端设计尾气分离冷凝器及处理装置，尾气经冷凝分离后排放到大气。

4　输回漆系统

1) 输回漆系统由浸漆罐、储漆罐、输漆管道、回漆管道、磁性过滤器、气动球阀、液位计和管路等组成，如图 7 所示。

2) 输回漆方式设计为浸漆罐上输漆和浸漆罐底回漆的方式，利用浸漆罐和储漆罐之间的真空及压差进行输回漆。

3) 输回漆管道为碳钢无缝钢管，需经防腐处理，以减少钢管内臂腐蚀和挂漆；外部制作冷却水套，并加包保温层。

5　加热和制冷系统

1) 加热系统由电加热器、管道泵、膨胀罐、管路、阀门和压力表、温度控制装置等组成，实现对储漆罐中的绝缘漆加热。

2) 制冷系统由制冷机、冷水箱、管道泵、膨胀罐、管路以及压力表、温度控制装置等组成。功能：实现绝缘漆在低温环境下的贮存和真空机组的冷却。在工作完成后如果绝缘漆不进行充分冷却就进入到下一个浸漆工序，则绝缘漆的黏度将快速上升，渗透能力下降，不仅影响电机的绝缘性能和表面质量，也将严重影响绝缘漆的使用寿命，绝缘漆黏度和温度变化曲线见图 8。

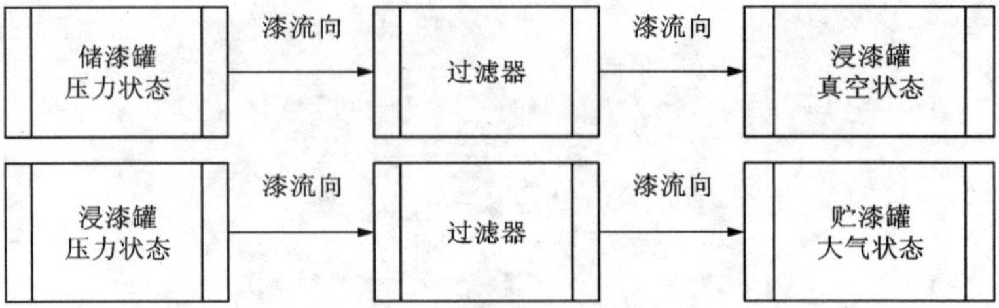

图 7　输回漆流程图

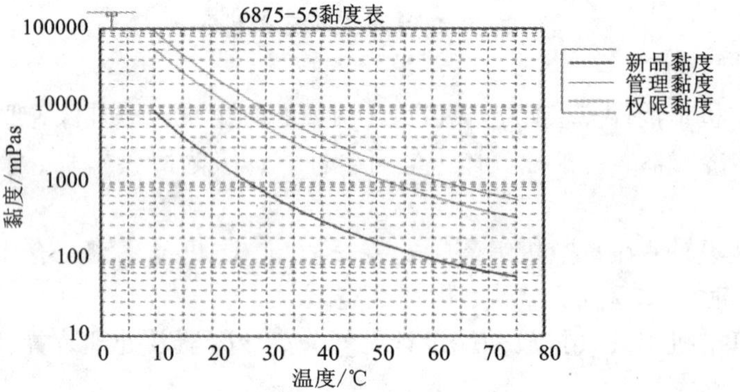

图 8　绝缘漆黏度和温度变化曲线

6　测量控制系统

测量控制系统由电控柜、PLC(带远程诊断)、工业控制机、UPS 电源、真空传感器、压力传感器、温度传感器、液位传感器、液晶显示屏、打印机及电气元件等组成，其功能如下：

1)通过工控机及液晶显示屏实现仿真动态显示操作和控制，能实现手动操作和自动操作功能；同时通过各种仪表、工控机来显示、储存各种工艺参数，并可实现远程诊断及服务，如图 9 所示。

2)通过监控系统能实现 VPI 主要工艺参数的自动检测和数据处理，储存真空、压力、温度、液位等检测数据，在计算机的液晶屏上可同时显示上述数据，同时通过可打印机输出表格(包含浸漆工艺参数、日期、时间、班次、操作者编号、工件批次、工件种类、操作员等信息)，如图 10 所示。

3)系统能实现主要工艺参数如压力、真空度、液位、温度等自动检测功能。

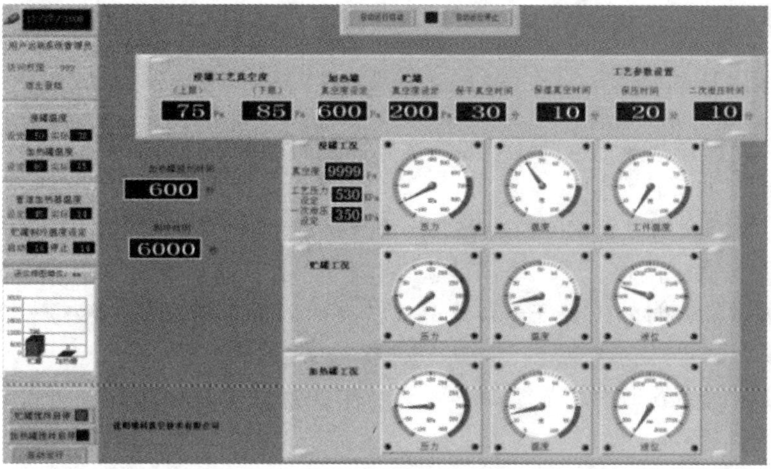

图 9　设备运行前参数设定

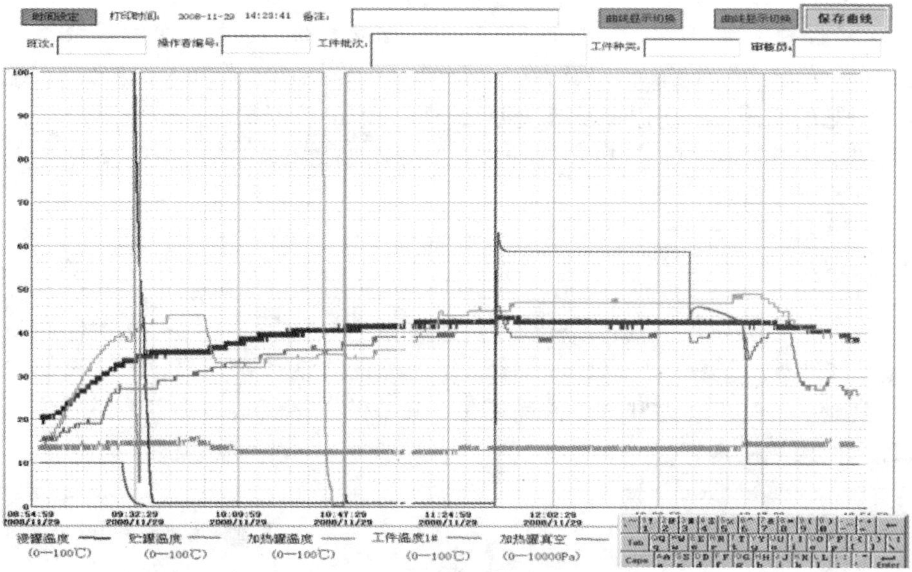

图 10　计算机报表

4）系统设计了安全报警装置功能：浸罐超压报警、浸罐抽空超时报警、浸漆罐开盖安全连锁报警、浸漆罐和衬罐液位上限报警、储漆罐液位上下限报警、加热器超温报警、冷却系统故障报警、PLC 及工控机运行异常报警，为设备运行提供了安全保障。

三、VPI 设计的特点

VPI 设备在衬罐、输回漆、加漆排底漆装置、机组布局、安全、环保和维修等方面具有如下优势：

(1)衬罐改进及优势：衬罐增加了假轴防撞导向装置，确保工件进入衬罐时假轴不与衬罐刮擦；增加了吊装工装(扁担)吊安放槽及安全围栏，确保人员进罐、出罐作业时的人身安全及产品安全；衬罐底部增加了积液槽，以利衬罐回漆干净。

(2)输回漆管道中增加了制冷水套，保证绝缘漆的低温存放条件，有利于绝缘漆的性能稳定。

(3)浸漆罐罐口增加了开盖时罐口通风装置，浸漆罐开启 30°时自动开启罐口通风装置，解决了设备开盖时对厂房空气污染。

(4)在废气排风管道增加了空气处理装置，有毒气体在排出厂房前经过了环保处理。

(5)控制系统中设计了运行记录及故障诊断系统，当每一个元件或参数出现异常，专家诊断系统会在其所在位置弹出一个对话框(友好人机界面)，说明出现问题的原因、所在位置及解决办法，可采取的临时措施。专家系统可以通过密码进入计算机，丰富和修订计算机内容，将在实际操作中的经验注入其中，建立专家档案。

四、结束语

设备经跟踪运行试验，工件浸漆后绝缘漆填充饱满，工件绝缘指标满足要求，工件外观质量稳定且有显著改善，绝缘漆的性能改善明显，绝缘漆使用寿命得到延长。VPI 既提升了工件品质量，又节约了运行成本，实验证明该设备设计和使用效果良好。

——来源：《中国科技博览》2013 年第 8 期

高海拔直驱永磁风力发电机的绕组温升分析

邵平安　王晓慧　付小敏

摘　要： 通过实例分析了1.5MW高海拔直驱永磁风力发电机在高海拔条件下的温升值，得出了高海拔发电机绕组温升的一种推算方法，并得到了开启式风冷结构的直驱永磁风力发电机绕组温升随海拔升高的递增梯度为：海拔每升高1千米，绕组温升上升5.6%。并从2.0MW高海拔直驱永磁风力发电机绕组温升推算值与仿真值、试验值的对比分析，得出绕组温升随海拔升高的5.6%递增梯度的推算方法能用于估算高海拔直驱永磁风力发电机设计初期的绕组温升值。

关键字： 高海拔；直驱永磁风力发电机；绕组温升；仿真分析

Winding temperature rise analysis of high altitude direct drive permanent magnet wind power generator

Shao Pingan　Wang Xiaohui　Fu xiaomin

Abstract: through the temperature rise analysis of 1.5MW high altitude direct driven permanent magnet wind power generator in high altitude conditions, then obtained a calculation method, and the direct drive permanent magnet wind power generator with open air-cooled structure winding temperature rise increases with the increase of altitude gradient is: At an elevation of 1 kilometre, the winding temperature rises by 5.6%.

Compared with the estimated values、simulation values and test values from the 2. 0MW high altitude direct driven permanent magnet wind power generator, abtaining a calculation method of the 5. 6% increasing gradient of winding temperature rise with elevation can be used to estimate the winding temperature rise in the high altitude direct drive permanent magnet wind power generator.

Key words: high altitude; direct drive permanent magnet wind power generator; winding temperature rise; simulation analysis.

1 引言

随着中国风电的快速发展，风电市场开始从"三北"地区向人口密度、电力负荷大、接入条件优的南方地区发展，但这些地区大多地形复杂、建设条件差，风能资源一般，针对特殊的项目环境条件，"低风速""高海拔""防台风"等概念被提出。国家能源局"十二五"第二批、第三批及增补拟核准项目总量约50GW，其中云南、贵州、青海等高海拔地区容量合计约7.1GW，占比约15%，开发容量可观。各风机厂商因市场需求纷纷推出自己的高海拔风力发电机组，相对平原机组而言，高海拔风电机组首要任务是解决发电机因海拔升高导致绕组温度增加的问题。

随海拔高度增加，空气密度降低，散热系统的散热效果下降，导致以自然对流、强迫风冷为主要散热方式的发电机温升增高。另一方面，随海拔高度的增加，环境温度下降，导致发电机冷却入口温度下降。目前，很多标准和参考文献给出了高海拔元件随海拔高度增加的温升推算方法，例如：标准 GB 20645—2006《特殊环境条件　高原用低压电器技术要求》规定：一般，海拔每升高 100 m，产品温升增加约 0.4 K；JB/T 7573—1994《高原环境条件下电工产品通用技术条件》规定：在海拔至 5000 m，即平均气压每降低 7.7 kPa ~ 10.5 kPa，温升增加 3% ~ 10%。这些标准给出的温升随海拔增加值不一致，不能正确指导高海拔直驱永磁风力发电机的绕组温升推算，下面以一款1.5MW 高海拔直驱永磁风力发电机（简称"1.5MW 高海拔电机"）为例估算直驱永磁风力发电机绕组温升值。

2 1.5MW 高海拔发电机的绕组温升分析

2.1 1.5MW 高海拔发电机绕组温升统计

市场调研一款已装机运行的 1.5MW 高海拔发电机，选取发电机分别安装在不同海拔高度（1000 m、2000 m、3000 m 典型高度）的绕组温升数据，调研数据见表1。

表1 1.5MW高海拔发电机的绕组温升数据(数据来源：风场调研数据)

发电机编号	安装地点	风场海拔高度/m	绕组最高温度/℃	环境温度/℃	绕组最高温升/K
1#	辽宁阜新风电场	1000	94	33.3	60.7
2#	云南大姚茅稗田风电场	2000	79.6	20.5	59.1
3#	云南大理晴云山风电场	3000	74	4.0	70

2.2 1.5MW高海拔发电机温升分析

(1)1.5MW发电机在2000 m海拔和3000 m海拔下绕组温升对比分析

根据表1的数据统计，云南大理晴云山风电场发电机的绕组温升比云南大姚茅稗田风电场发电机的绕组温升值高18.4%[(70－59.1)/59.1＝18.4%]。

造成温升差别的两大影响因素为：

发电机输出有功功率不同，导致绕组温升不同。

影响绕组温升值的主要因素之一是发电机的损耗大小，而直驱永磁发电机损耗主要是铜耗(占总损耗的80%以上)，根据公式$P_{Cu}=I^2R$，影响铜耗的主要参数是相电流值I，而相电流值与发电机的发电功率息息相关，所以发电机输出有功功率不同，会导致绕组温升不同。在发电机运行时，因风能量的不稳定性，发电机的有功功率在不同时刻波动明显(见图1)，所以在进行有功功率值统计时以满发前的30 min功率数据的平均值为依据，表2为云南大理和云南大姚发电机满发下的平均功率4值。

表2 不同海拔环境满发下的发电机平均功率值(数据来源：风场调研数据)

风场	风场海拔高度/m	满发前一段时间的平均功率/kW	备注
云南大理晴云山风电场	3000	1536.75	取满发前的30 min数据的平均值
云南大姚茅稗田风电场	2000	1447.1	

根据发电机铜耗计算公式$P_{Cu}=I^2R$，得到$P_{Cu}\propto I^2$。根据发电机有功功率计算公式$P=3UI\cos\Phi$，得到$P\propto I$。所以3000 m海拔下的铜耗与有功功率关系为：$P_{Cu(3000\ m)}\propto I^2\propto P_{3000\ m}^2$。3000 m海拔高度下发电机满发前的平均功率为

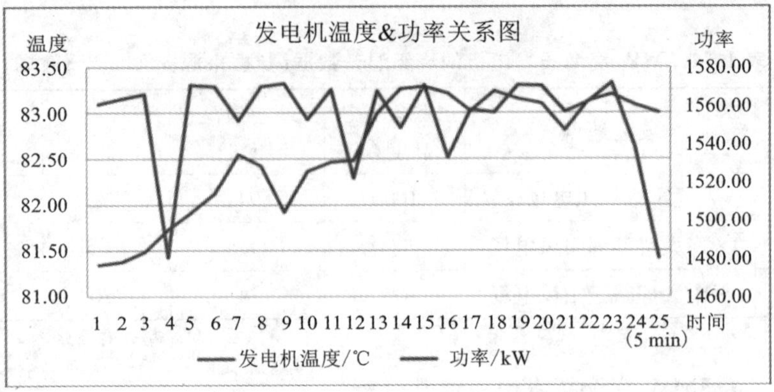

图1　云南大理晴云山风电场的1.5MW高海拔发电机的功率、绕组温度波动图

1536.75 kW(满发前30 min的平均值)；初步估算因发电功率大，云南大理晴云山风电场发电机相比云南大姚茅稗田风电场发电机的发热损耗增加为1.128倍[$(1536.75/1447.1)^2=1.128$]。绕组温升高出约12.8%。

空气密度减小导致发电机散热差，从而绕组温升增加。

随着海拔升高，空气密度越来越小，发电机散热变差，绕组温升增加，对比云南大理晴云山风电场发电机和云南大姚茅稗田风电场发电机的实际绕组温升值，在海拔增加了1000 m的情况下，绕组温升值增加了18.4%。造成绕组温升增加的原因之一是满发下的输出有功不相等，从而使绕组温升高出了12.8%，原因之二是海拔升高，空气密度低，散热能力变差。根据上述两方面的原因推算得到该发电机的绕组温升随海拔增加的梯度为5.6%/km(18.4% ~ 12.8% =5.6%)，见表3。

表3　高海拔环境因数对绕组温升的影响

温升影响项	云南大理晴云山风电场
风电场实际温升增加值	↑ 18.4%
因发电机输出有功功率增大，导致绕组温升上升	↑ 12.8%
空气密度减小导致发电机散热差，从而绕组温升增加	↑ 5.6%

结论：(1)从表3来看，由于空气密度低导致发电机的绕组温升增加梯度为5.6%/km。

(2)1.5MW 发电机在 1000 m 海拔和 2000 m 海拔下绕组温升对比分析

表 4 为调研得到的辽宁阜新风电场发电机和云南大姚风电场发电机满发下的平均功率值。

表 4　不同海拔环境满发下的平均功率值(数据来源：风场调研数据)

风场	风场海拔高度/m	满发前一段时间的平均功率/kW	备注
辽宁阜新风电场	1000	1485.2	取满发前的 30 min 数据的平均值
云南大姚茅稗田风电场	2000	1447.1	

发电功率不同导致绕组温升不同，云南大姚茅稗田风电场发电机相比辽宁阜新风电场发电机的发热损耗减小为 0.95 倍[$(1447.1/1485.2)^2=0.95$]，相应绕组温升降低约 5%($1-0.95=0.05=5\%$)。

而前面已推导了海拔每增加 1000 m，绕组温升值增加 5.6% 的结论。

所以云南大姚茅稗田风电场发电机的发电损耗减小造成的温升值下降与因海拔增加造成的温升值增加相互抵消(见表 5)，与调研得到的两风场发电机温升值接近相符合，从而证明了前期推算的结论：海拔每增加 1000 m，直驱永磁风力发电机的绕组温升值增加 5.6%。

表 5　高海拔环境因数对绕组温升的影响

温升影响项	云南大姚茅稗田中广核风电场
因发电机输出有功功率降低，绕组温升下降	↓ 5%
空气密度减小导致发电机散热差，从而绕组温升增加	↑ 5.6%
温升值变化情况	↑ 0.6%

2.3　温升分析总结

从上述 1.5MW 高海拔发电机的绕组运行数据分析得到，在同等发电功率情况下，高海拔环境对 1.5MW 直驱永磁风力发电机绕组温升影响主要为海拔高度增加，空气密度减小，导致发电机散热能力下降，绕组温升增加约 5.6%/km。因 1.5MW 高海拔发电机为风冷开启式结构，冷却效果相对比较好，其他形式的直驱永磁风力发电机可在 5.6%/km 梯度的基础上进行适当调整，从而达到绕组温升初步估算的目的。

3　实例应用

以同类型的2.0MW高海拔直驱永磁风力发电机（简称“2.0MW高海拔发电机”）为例进行绕组温升推算。

3.1　2.0MW高海拔发电机绕组温升试验值

2.0MW高海拔发电机在≤100 m海拔下试验的绕组最高温度为101.4℃，环境温度为26.8℃。计算得绕组温升为74.6K。

3.2　因海拔增加，空气密度减小，发电机散热能力下降导致的绕组温升增加

根据上述1.5MW高海拔发电机的绕组温升递增推算，随海拔高度增加，发电机绕组温升按5.6%/km递增，推算4000 m海拔条件下2.0MW高海拔发电机的绕组最高温度为：

$74.6\times(1+5.6\%)^4+25$（4000 m海拔下的最高环境温度为25℃）$=117.8$℃

3.3　仿真验算

为验证上述2.0MW高海拔发电机绕组温度值推算结论是否正确，本文采用有限元仿真分析方法进行了验算 。

2.0MW高海拔发电机为直驱永磁同步风力发电机，体积庞大、带有径向通风道且轴向分段较多，内部风路进、出口回路较多，为了计算方便，本次验算采取发电机的1/24进行等效仿真分析。计算模型包括定子、转子和冷却空气。采用简化的有限体积法，有限体积法是将计算区域划分为一系列不重复的控制体积，并使每个网格点周围有一个控制体积，将待解的微分方程对每一个控制体积积分，便得出一组离散方程，离散方程的因变量对任意一组控制体积均遵守积分守恒；简化法是针对机壳外的空气模型进行简化：发电机机壳外固体表面与空气的接触面不采用耦合边界条件，而是施加恒定的对流换热系数，这样可以降低求解温度场的难度，提高计算速度。

通过采用简化的有限体积法，发电机内部空气域按全域温度场要求采用结构与流体耦合传热计算，发电机外部空气采用了对流换热系数方法。

3.3.1　计算域模型

1）材料物性

表 2　材料物性表(数据来源:《电机内热交换》)

材料	密度 /(kg/m^3)	比热 /(J/kg·K)	导热系数 /(W/m·K)	黏度 /(kg/m·s)
固体				
绝缘材料(定子)	1500	1450	0.26	
纯铜 Cu(定子绕组)	8900	390	385	
硅钢片(铁芯)	7650	460	44.2	
			44.2	
			1.192	
42H(永磁体)	7600	502	8.9551	
钢(支架、转子支架、立柱、隔板、齿压板、压圈)	7850	480	50	
流体				
空气(40℃)普通海拔	1.128	1005	0.0276	1.91×10^{-5}
空气(25℃)普通海拔	1.183	1005	0.0263	1.84×10^{-5}
空气(25℃)高海拔	0.773~0.96	1005	0.0263	1.84×10^{-5}

2)热源分布

将电磁计算得到的各部件损耗附加在模型上，杂散损耗分别加载于定子铁芯和磁钢上。

表 3　发热部件损耗加载表(数据来源：2.0MW 高海拔发电机电磁计算结果)

发热部件	损耗/kW
定子绕组	165.5
定子铁芯(铁芯+50%杂散)	20.06
磁钢(磁钢涡流+50%杂散)	9.6

3)边界条件

空气入口为质量流量进口，空气出口为压力出口，入口空气温度取 25℃(4000 m 海拔下环境最高温度)。

3.3.2 基本假设

对于绕组内的铜导体与绝缘材料的复杂分布，为简化分析，对定子槽内做如下假设：

1) 选取发电机 1/24 模型进行分析，穿过对称面的热流密度为 0；

2) 浸渍状况良好，浸渍漆填充均匀，铜线的绝缘漆分布均匀；

3) 槽绝缘和铁芯紧密结合在一起；

4) 假定杂耗产生的热量全部通过气隙、定子铁芯径向通风道的冷却介质带走。

根据以上假设，可将定子槽内的绝缘和浸渍漆等各种材料等效成一个一定体积的绝缘材料。因 2.0MW 高海拔发电机绝缘等级为 F，所以等效导热系数取 0.26 W/m · K。

3.3.3 计算结果

将 4000 m 海拔下的边界条件（空气密度、环境温度）、损耗等加载到仿真模型里，得到发电机绕组的最高温度为 114℃，定子铁芯最高温度为 106.3℃，磁钢最高温度为 50℃，见图 2、图 3、图 4、图 5。绕组计算温度与前面推算结果（117.8℃）比较接近。

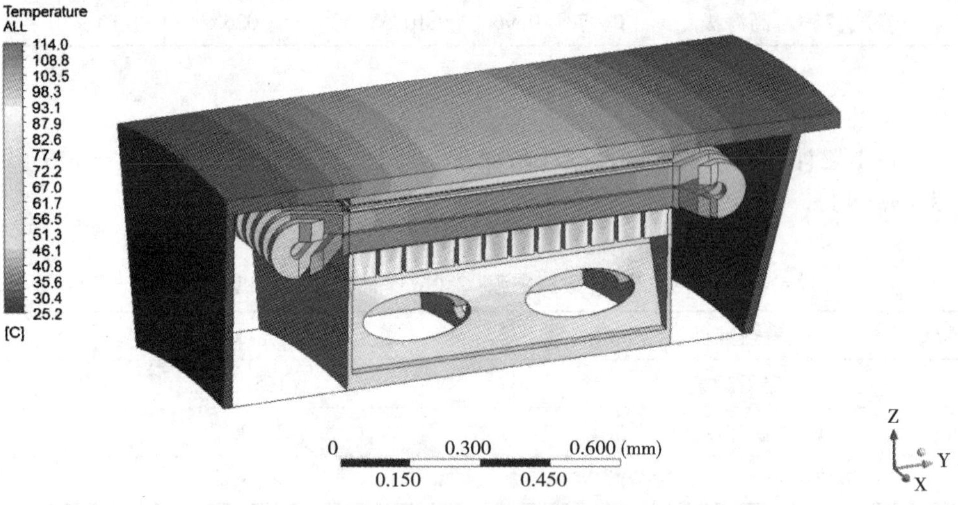

图 2 发电机整体温度分布云图

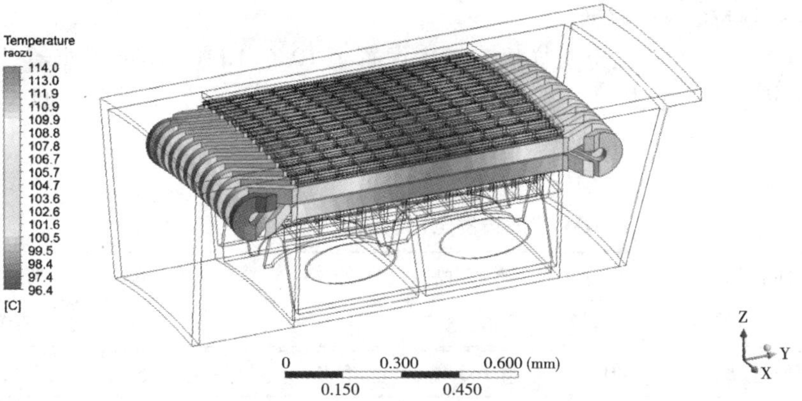

图 3　定子绕组温度分布云图

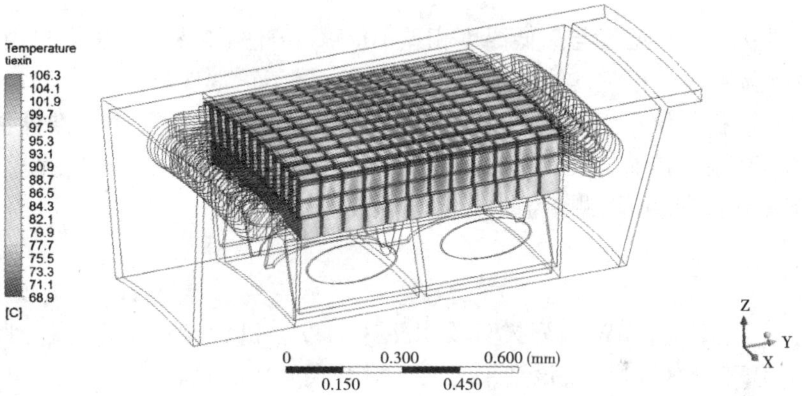

图 4　定子铁芯温度分布云图

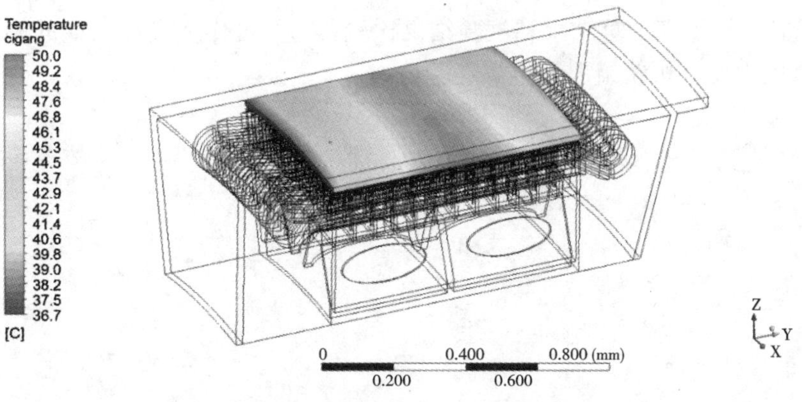

图 5　磁钢温度分布云图

3.4 样机试验数据

2.0MW 高海拔发电机样机在槽内埋置了 10 个 PT100 温度传感器，温度传感器埋置在铁芯槽内的中部，且 10 个温度传感器均布在圆周上。型式试验测得稳定后的绕组温升值见表 6。

表 6 2.0MW 高海拔发电机绕组温度值(环境温度为 26℃)

PT100 所在槽数	第 1 槽	第 22 槽	第 45 槽	第 90 槽	第 116 槽
温度值/(℃)	108.4	106.5	100	100.8	107.5
PT100 所在槽数	第 140 槽	第 165 槽	第 195 槽	第 265 槽	第 215 槽
温度值/(℃)	108.1	110.5	100.2	105	102.6

分析：1)最高温度与最低温度相差 10.5℃，直驱永磁风力发电机由于直径大，绕组温度偏差相对其他类型发电机要大，属于正常现象。

2)发电机的绕组温度最高值为 108.1℃，与有限元计算值和推算值接近，由于 PT100 温度传感器测得的是发电机某个点的温度值，并不一定是整个发电机的最高温度值，所以测量值比计算值低属于正常现象。

4 结论

(1)通过对 1.5MW 高海拔直驱永磁风力发电机运行数据推算得到绕组温升增加梯度为 5.6%/km，该结果主要针对开式风冷的直驱永磁风力发电机，其他冷却系统结构的风力发电机需要对比开式风冷结构进行参数调整。

(2)绕组温升递增结果在另一款 2.0MW 高海拔直驱永磁风力发电机上得到了验证，与仿真计算结果和试验结果比较接近，可作为设计初期的高海拔直驱永磁风力发电机绕组温升推算经验公式。

——来源：《电机技术》2018 年

地铁电机机座端面孔加工专用设备研究

胡　鑫　王立强　马建成

摘　要： 随着我国铁路行业的迅速发展，铁道部对于铁路产品的安全性越来越重视，对于各类关键部件的制造把关愈加严格，企业面对铁路行业发展的大形势，为适应发展的需求，提升竞争力，多致力于研究专用设备，牵引电机制造企业尤其如此。本文主要介绍地铁电机机座端面孔加工设备的研究。

关键词： 机座；专用设备；研究

Abstract: With the rapid development of industry of railroad in our country. The railway ministry treats the safety of railway product more and more seriously, put off more strictly to the key components' manufacturing. Enterprises face the railway industry development situation, to meet the demand of development, enhance competitiveness, Most of the enterprises dedicated to the study of special equipment, especially for the traction motor enterprise. This paper mainly introduces the research of the processing equipment for the subway motor's base hole of the end surface.

Keywords: frame; specialized equipment; research

1　引言

为彻底解决公司目前产品钻孔加工过程中人工劳动强度大，生产效率低，质量稳定性差的现状，提出从改进装备及加工手段上全面提升加工工艺手段和方法，解决钻孔质量控制乏力、加工生产效率低的问题。同时希望通过先进装备的研究与应用替代车间摇臂钻床的加工模式，最大程度地释放现场场地空间，确保产品质量和生产效率，改善现场作业环境等多重功效。

2 研究背景

2.1 地铁电机机座端面孔加工工艺

机座端面孔加工工艺：在摇臂钻床上实现传动端端面孔的钻孔、倒角、攻丝，然后通过天车翻边调头，重新在摇臂钻床钻攻非传动端面。该工艺生产方式下，操作者工作负荷相对较大、辅助时间、加工时间较长，排除天车使用的制约，整个工序时间约 70 min，且加工质量不稳定，受人为因素影响大，需占用 Z3063 摇臂钻床 1 台。

2.2 地铁系列电机生产形势

目前公司地铁系列电机的产能并不大，且由于目前市场任务以短平快为主，交货周期较短，在公司产品的生产组织形式上，基本以多种地铁电机并行生产的形式为主。

按照全年 251 个工作日计算，在未来几年之内地铁电机的产量短期内很难突破 15 台，详见表 1。

表 1 地铁系列电机生产纲领

年度	年产能	日产能
2010	648	2.58
2011	1209	4.81
2012	1360	5.5
未来预计	3000	12

2.3 设备专机技术发展趋势

专用机床，组合专用机床因其独特的设计，在其特有的产品与生产模式中，有着通用机床无法比拟的效率优势与成本优势，其生产效率成数倍或是十几倍的提升，单件加工成本大幅度下降，其生产方式一度在 20 世纪后期较为流行（特别是在具有大批量生产的汽车行业），但随着市场需求的多元化，中小批量、短平快生产为现在及后期的主要生产方式后，刚性专机、刚性生产线已经不能完全满足市场的需求，专机设备技术正在从刚性向柔性转换与发展，因此各厂家正在大力研究高效数控加工技术，以替代此前的专机的技术。可以说专机柔性化是一种趋势，也是一种市场导向所需。

3 技术方案分析

3.1 机座端面孔形式及技术要求

目前公司已经开发、生产的地铁系列电机有12种，在这12种电机中机座端面孔的情况不尽相同，共计8种端面形式，传动端面4种、非传动端面4种。根据公司地铁系列主管设计师的说法：从产品设计的角度上，目前暂无法将众多的端面情况进行“简统化”。

机座端面孔加工特点及技术要求见表2。

表2 机座端面孔加工特点及技术要求

序号	参数项目	参数范围
1	产品材质	Q235、铸钢、铸铁
2	机座高度	210 ~ 388 mm
3	孔分度圆直径	ϕ400 ~ ϕ550 mm
4	机座的最大重量	500 kg
5	钻孔规格	ϕ10 ~ ϕ16
6	攻丝规格	M12、M14
7	钻孔最大深度	50 mm
8	攻丝最大深度	50 mm
9	孔位置度要求	≤ϕ0.5 mm

3.2 刚性专机——“双工位群钻专机”

从提高生产效率和减少工件装夹次数的角度考虑，针对地铁系列电机机座端面孔加工，初步设计了如图1所示的“双工位群钻专机”。

设计思路

设备呈“+”字布置，两边各布置1个钻孔主轴箱和攻丝主轴箱，中间布置1个多工位移动滑台。工件卧式装夹、两面同时加工，钻孔、倒角采用复合钻头，在工位1上完成，钻孔、倒角完成后由移动滑台传送定位到工位2进行攻丝。

预计切削加工时间1.5 min，装卸时间8 min，工序节拍9.5 min，装卸1次。

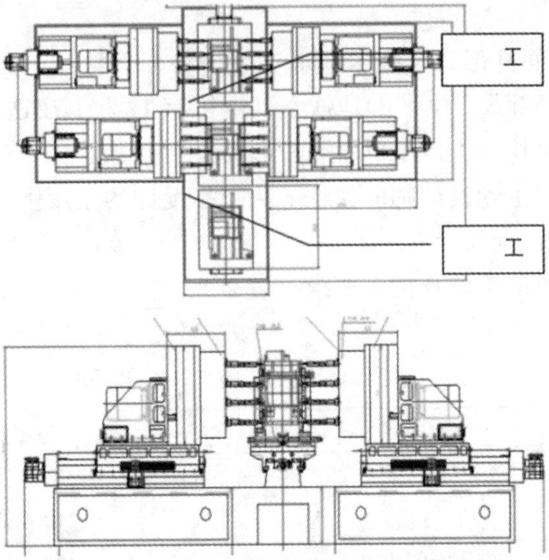

图1　双工位群钻专机示意图

方案分析

优势：加工效率高，1 次装夹成型，整个工序仅 9.5 min，相较于摇臂钻(70 min)效率提升了7倍，在单一产品，大批量生产情况下可替代7台摇臂钻。

存在的问题和技术难点：

(1)设备适应性差，一种主轴箱仅适用于1种端面孔角度分布的机座。更换产品时，需更换主轴箱、钻模板等部件，技术难度大，且一次调整需耗时2.5 h以上；

(2)多孔同时加工，工件受损风险较大，易断刀具，且复合刀具费用高、修磨难度大。

双工位群钻专机虽然其在单一产品批量生产中效率非常高，但在公司现行小批量、多品种并行的生产模式下，并不能体现其突出的效率优势，相反会造成设备闲置浪费；又因其柔性差，覆盖产品少，其功效得到很大的限制，仅能替代1~2台摇臂钻床；且一旦地铁电机产品发生变化，设备投入将失去价值。因此，针对公司目前的生产模式，相比群钻专机，柔性专机更适合。

3.3　柔性专机——“数控分度钻”

目前国内外“加工中心”制造技术成熟，功能强大，能完美地完成钻孔、倒角、攻丝工艺。但对于我公司地铁系列电机机座端面孔加工，若采用加工中心，其强大的镗、铣功能将造成浪费，且投入成本将增加 3 ~5 倍。

因此综合设备加工效率、产品适应性和减少成本投入等因素设计了如图 3 所示的“数控分度钻”。

设计思路

如图 2 所示，设备主要由 3 个动力头(钻孔、倒角、攻丝)，数控分度转台、移动滑台构成。

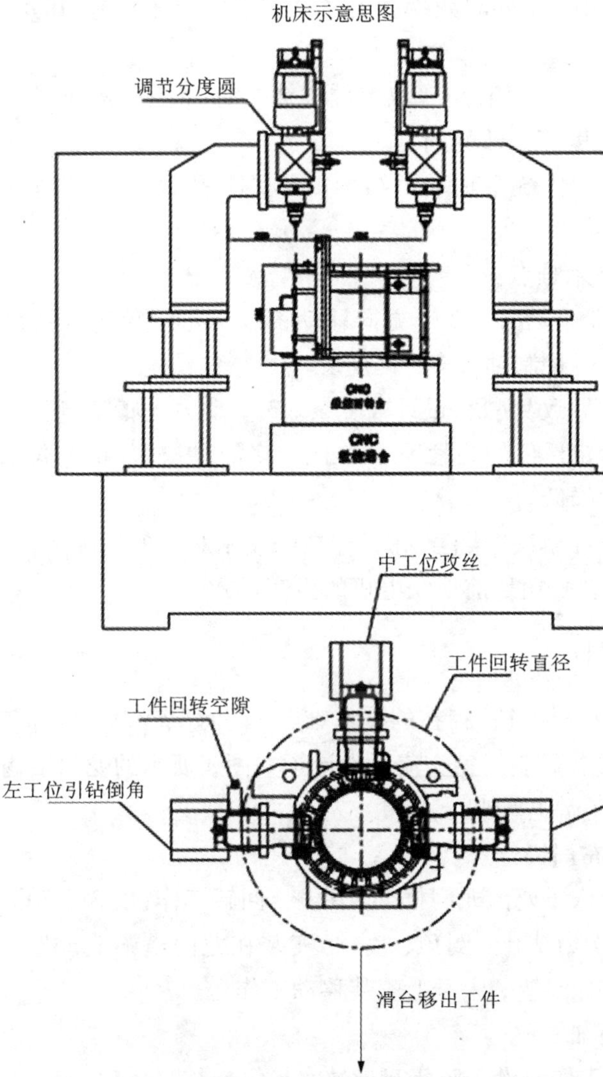

图 2　数控分度钻

立式加工，逐孔完成。先钻孔，再倒角，最后由攻丝动力头进行攻丝；然后工件退到装卸工位进行翻面，对另一面进行加工。

其动力头的位置可以前后调节，以适应不同分度圆分布的端面孔形式；数控分度加工，以适应端面孔分布角度。

预计切削加工时间 9 min，装卸时间 12 min，工序节拍 21 min，装夹 2 次。

方案分析

优势：

(1)相较于摇臂钻(70 min)效率提升了 2 倍，生产任务饱和的情况下可替代 2～3 台摇臂钻。

(2)产品适应性较强。相较于“双工位群钻专机”，有效解决了地铁系列电机机座端面孔分布角度不一致的问题。

(3)动力头结构较传统主轴动力结构简单，体积小，便于空间位置布置，设计较灵活。

存在的问题和技术难点：

(1)控制复杂。3 个动力头 3 个方向移动控制、进给控制；滑台移动控制；数控转台分度控制等，控制轴较多，较复杂。

(2)“柔性”太大导致“夹紧”设计较复杂。3 个动力头底座与 3 个滑台定位后的夹紧；数控转台定位后的夹紧等。由于机床需要“夹紧”的部位过多，造成设备可靠性、稳定性降低。

鉴于上述分析，在解决“柔性专机”存在的技术难点的情况下，“数控分度钻”的加工方式更适合公司目前地铁电机的生产模式。

4　详细技术方案设计

为解决方案“数控分度钻”存在的技术难点，同时保证设备的加工效率，经过与国内知名非标设备研制厂家交流后设计了如图 3 所示的龙门结构的钻攻专机——“数控立式组合钻攻专机”。

4.1　机床整体布局设计

如图 3 所示，机床主要由龙门框架、床身、回转工作台、3 个动力头构成。

3 个动力头(依次为钻孔、倒角、攻丝)安装在龙门横梁上，横梁与立柱紧密相连，立柱固定在床身上，床身上安装移动工作台。

机床的三个坐标轴：

ΔX 轴——回转工作台沿固定床身导轨水平纵向往复运动。

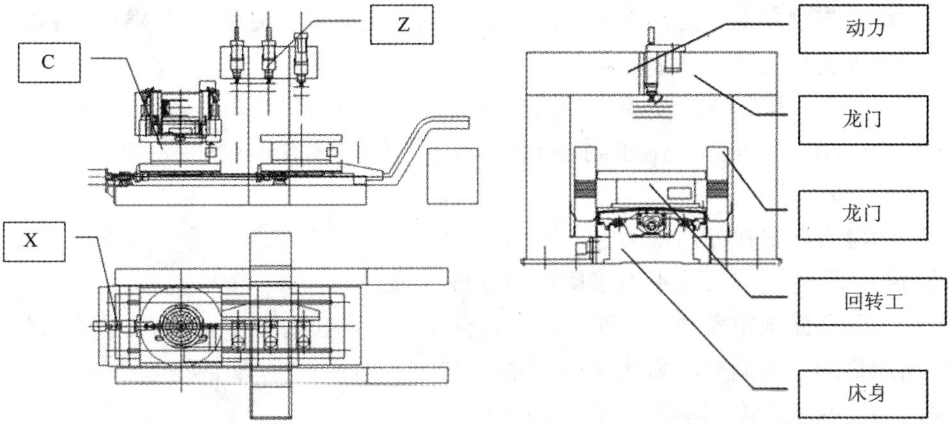

图 3　数控立式组合钻攻专机

ΔC 轴——回转工作台自身旋转。

ΔZ 轴——动力头主轴垂直往复运动。

设计思路

工件由机床左侧(图示方向)吊入，固定在回转工作台上，移动滑台将工件送入工作区域，依次完成钻孔、倒角、攻丝；然后退回装卸工位翻边，再对另一边进行加工。

预计切削加工时间为 12 min，装卸时间 12 min，整个工序节拍为 24 min，装夹 2 次。

相较于摇臂钻(70 min)，效率提升了 1.9 倍。

相较于方案“数控分度钻”，有效解决了“控制复杂”“夹紧设计复杂”等问题。该方案控制轴仅 3 个轴：移动滑台(*X* 轴)、回转工作台(*C* 轴)、攻丝动力头主轴(*Z* 轴)；仅工作台定位后需夹紧。

4.2　动力头

(1)动力头参数规程

钻孔、倒角动力头均选用台湾方技 FD6 - 130 钻孔主轴头。最大钻孔能力 ϕ16；最大转速 2000 rpm；重量 32 kg；最大行程 130 mm；油缸直径 ϕ80，推力 864 kg(油压 20 kg/cm^2)。

攻丝动力头选用台湾方技伺服精密同步攻丝动力头，最大攻丝能力 M20；最大行程 120 mm，攻丝精度 H6 级。

(2)驱动方式

钻孔与倒角主轴运动采用交流变频主轴电机驱动，实现无级调速，钻孔与倒角主轴进给运动、快速运动由液压驱动。

攻丝由伺服精密同步攻丝动力头完成，电机为西门子高性能伺服电机，主轴进给运动、快速运动由伺服控制。“伺服攻丝”技术在国内是第一次应用。

(3)安装方式

动力头固定在龙门横梁上。龙门横梁上加工制造有 3 个垂直的安装平面。动力头的马达板与安装平面采用螺栓连接。

安装平面预留安装孔，可以向上调整动力头的位置 100 mm，如图 4 所示。采用加垫的方式调整动力头主轴中心线与工作台面的垂直度及与 C 轴中心线移动平面的重合度(偏差：≤0.01 mm)。

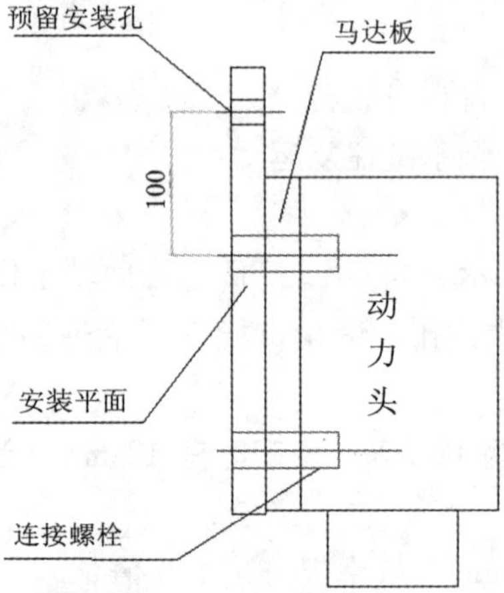

图 4　动力头安装示意图简图

4.3　龙门框架

(1)龙门框架结构及稳定性分析

龙门框架高 1980 mm，宽 2300 mm。由左右立柱和横梁组成，均采用钢板焊接加工成型，如图 5。钢板厚度平均为 16 mm，焊接完成经热时效处理后对焊缝、动力头安装平面、床身连接部位等进行加工。

为确认龙门框架的刚性和稳定性，对龙门框架受力后的变形量进行有限元分析。

本次分析，进给力 1000 N，进给量 0.33 mm，考虑到倒角，攻丝的受力远小于钻孔时受力，只做了钻孔时的受力分析。

第一次结果：只考虑了龙门框架自身重力的影响，最大位移为 0.00619 mm，如图 6 所示。

第二次结果：考虑了龙门框架自身重力以及三个动力头重力的影响，最大位移 0.006398 mm，如图 7 所示。

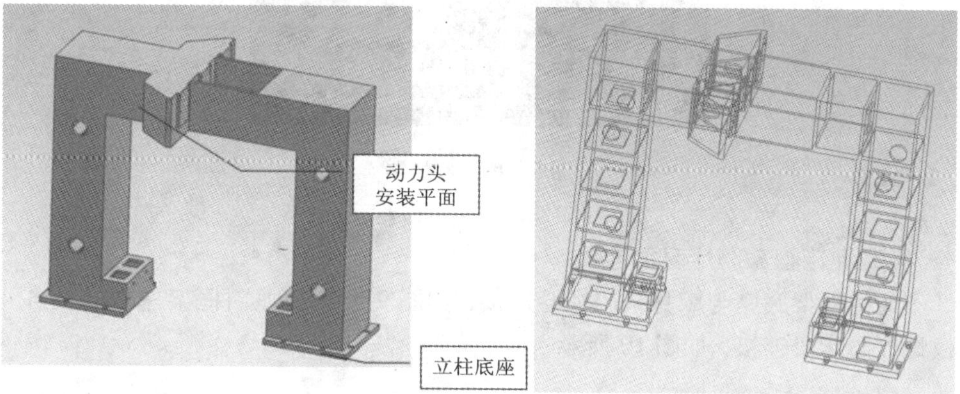

图 5　龙门框架三维模型图

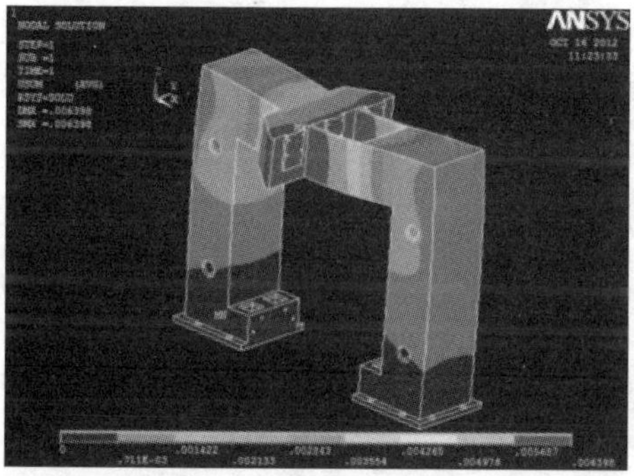

图 6　第一次结果

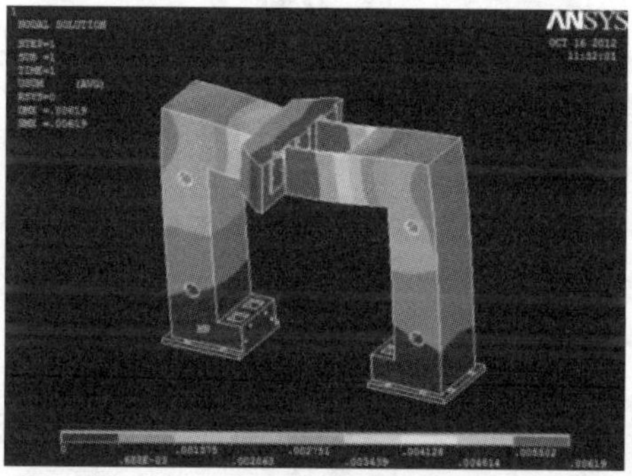

图 7　第二次结果

第三次结果：考虑了龙门框架自身重力、三个动力头的重力、进给力以及 18 N · m 的扭矩影响，最大变形量 0.007417 mm，如图 8 所示。

由此可见变形量非常小，仅为 1 μm，确认龙门框架具有足够的刚性和稳定性。

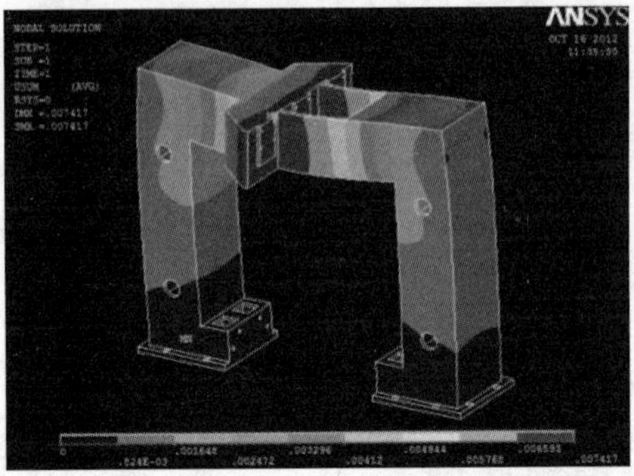

图8　第三次结果

(2)龙门框架与床身的连接

龙门框架底座与床身采用螺栓连接，如图9所示。龙门框架左右立柱各4枚螺栓与床身连接，如图10所示。

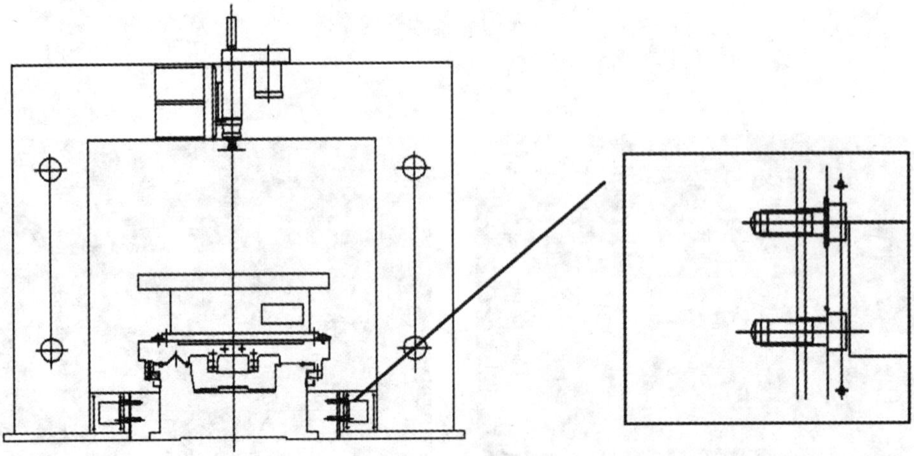

图9　底座与床身采用螺栓连接

4.4　床身

床身长3100 mm，宽1080 mm，采用树脂砂造型、高强度优质铸铁件。床身两侧制作有与龙门立柱连接部位，如图10所示。

床身导轨采用用山矩形式，具有良好的刚度、抗震性和耐磨性，精度稳定。

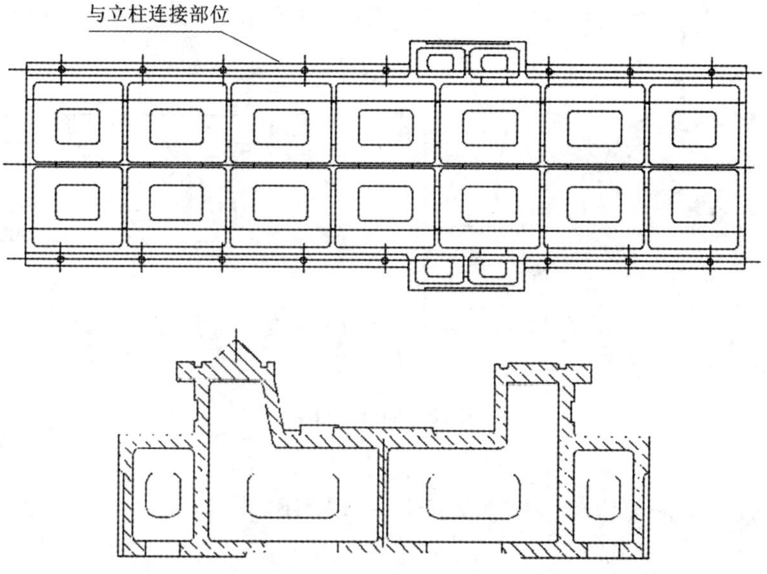

图 10　与龙门立柱连接部位

床身加工过程：粗加工后进行充分的时效处理，以消除加工残余应力，精加工在数控龙门镗铣床上采用自由装夹的方式进行高速轻切削，使机床具有良好的稳定性和精度保持性。

数控滑台安装在床身上，考虑到工件装卸安全方便，设计行程为 1500 mm。床身导轨和丝杠均采用不锈钢板全封闭护罩防护。

机床的 X 传动系统中，均设电气限位、软限位及机械限位多项安全控制措施，保证机床在安全可靠的状态下进行工作。

4.5　回转工作台

回转工作台安装在数控滑台上，根据产品最大回转直径 ϕ900，最大重量 500 kg，选用烟台华大 SK12630 型号产品，如图 11。

工作台面尺寸 ϕ1000 mm，承重 1500 kg，连续分度 360°/0.001°。

4.6　数控系统

该机床设计为地铁电机机座端面钻孔、倒角、攻丝，加工工艺较简单，选用西门子 802D 数控系统能较好满足机床设计要求。

（1）参数规格

NCU 版本号：710.2。

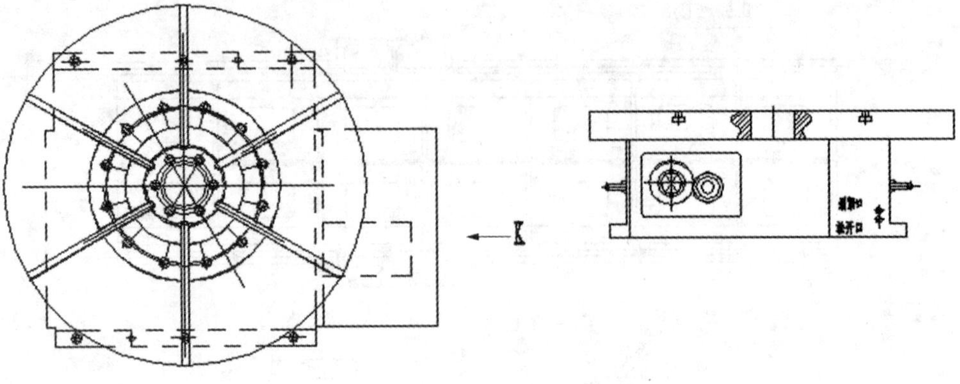

图 11　回转工作台

控制器：Intel Celeron D　1.2 GHz　512 MB。

CNC 用户存储器（缓冲区）　3M。

最大配置控制轴数（进给轴和主轴）　6 轴。

最大插补轴数　4 轴。

（2）数控功能：

进给轴功能：进给速度倍率为 0～120%，可编程加速度。在程序中修改进给轴的加速度，实现在一些关键的程序部分限制机械振动，使加工工件表面更精确。

主轴功能：各种功能的主轴监控（零速、最高速、转速在设定范围内等监控）

插补功能：通用插补器 NURBS（非一致性有理 B 样条），直线插补、圆弧插补、螺旋线插补（2D＋2）

编程功能：从主程序和子程序进行主程序调用，子程序层数≤11，中断路径≤4，跳过程序段层次数≤8 层，子程序运行次数≤9999

程序管理：NCK，硬盘的程序可进行管理；系统提供了大量铣削/钻削标准循环，铣削、钻削仿真：多面 2 维视图（动态）仿真。

刀具：刀具类型有车削、钻/铣削、磨削、沟槽锯削等，平面中刀具半径补偿可以选择趋进和轮廓返回的方式避免碰撞，通过 T 和 D 编号进行刀具偏置选择。

通信、轴监控、补偿等功能：

通信：可通过 RS232C 串行接口、USB 接口或硬盘实现数据的备份和传输。

进给轴监控：加工区的限制、限位开关的监控、软件和硬件限位开关、轮廓监控、零速监控。

补偿：反向间隙补偿、测量系统误差补偿。

(3)操作部件配置：

操作面板前端：OP010，10.4 英寸液晶显示。

人机接口单元：PCU50 CPU 2 GHz 内存 1024 M，硬盘 40 GB，采用 Windows XP 操作系统，带 USB 接口。

机床控制面板 19′，MCP。

辅助装置：

全密封空调电柜，使数控系统及轴功率模块具有良好的工作环境。

悬挂式主操作按钮站，配有可移动式电子手轮，具有轴选择、手动方向、快速进给、增量选择和急停等功能，方便操作者使用。

4.7　机床其他部件设计要求

(1)冷却系统：配备工件、刀具切削液冷却系统，每个主轴配 1 个喷嘴、供刀具冷却使用。

(2)液压系统：主要为回转工作台夹紧放松及动力头快速移动提供液压动力。

(3)润滑系统：主机润滑采用集中润滑泵供油，对各润滑点(如导轨、滚动块、主轴伸缩滑动套、X 轴滚珠丝杠等)进行润滑，并可对供油周期进行调整，以达到最佳的润滑状态。

(4)排屑系统：机床配置左右两套集中自动链式排屑装置。

(5)机床安全、防护装置：

机床设计符合标准《GB 15760—2004 金属切削机床、安全防护通用技术条件》。

机床配备防护围板，防止铁屑和冷却液飞出，便于操作者观察产品加工和机床运行情况(包含无障碍小观察窗)。

4.8　机床主要技术参数设计

(1)技术参数(见表 3)

表 3　机床技术参数

序号	项目名称	单位	主要参数
	定位精度：X、Z （采用 ISO 标准）	mm	≤0.02
	定位精度：C(任意)	″	≤20
	重复定位精度：X、Z	mm	≤0.01
	重复定位精度：C(任意)	″	≤4
	钻攻、攻丝动力头位置度偏差	mm	0.02

(2)加工能力(见表4)

表 4　机床加工能力

序号	参数项目	参数范围
1	产品材质	Q235、铸钢(20Mn5)
2	高度范围	210 ~ 388 mm
3	孔分度圆直径	ϕ400 ~ ϕ550
4	工件最大重量	2000 kg
4	钻孔规格	ϕ10 ~ ϕ16
5	攻丝规格	M12 – M16　精度等级 H6
6	钻孔最大深度	50 mm
7	攻丝最大深度	50 mm
8	孔位置度	≤ϕ0.15 mm

5 结束语

“数控立式组合钻工专机”方案通过详细的设计验证，能够承担我公司地铁系列电机机座端面孔加工的任务。目前该方案已进入制造实施阶段。

——来源：《工程技术》2016 年 4 月